重访五四新文化

陈平原

闻一多《梦笔生花》

清华学校辛酉级（1921）毕业纪念册《清华年刊》插画

壹卷
YE BOOK

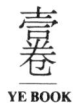

洞见人和时代

REVISITING the
May Fourth New Culture Movement

重访五四新文化

语言与文学 LANGUAGE AND LITERATURE

王风　王芳
主编

四川人民出版社

图书在版编目（CIP）数据

重访五四新文化.语言与文学/王风,王芳主编.
成都：四川人民出版社，2025.3. -- ISBN 978-7-220-13877-5

Ⅰ.K261.107；I206.6
中国国家版本馆CIP数据核字第20242JC158号

CHONGFANG WUSI XIN WENHUA:YUYAN YU WENXUE

重访五四新文化：语言与文学

王　风　王　芳　主编

出 版 人	黄立新
策划统筹	封　龙
责任编辑	冯　珺　李如一
版式设计	张迪茗
封面设计	宋　涛
责任印制	周　奇

出版发行	四川人民出版社（成都市三色路238号）
网　　址	http://www.scpph.com
E-mail	scrmcbs@sina.com
新浪微博	@四川人民出版社
微信公众号	四川人民出版社
发行部业务电话	（028）86361653　86361656
防盗版举报电话	（028）86361653
照　　排	四川胜翔数码印务设计有限公司
印　　刷	成都东江印务有限公司
成品尺寸	145mm×210mm
印　　张	22.75
字　　数	500千
版　　次	2025年3月第1版
印　　次	2025年3月第1次印刷
书　　号	ISBN 978-7-220-13877-5
定　　价	98.00元

■版权所有·侵权必究
本书若出现印装质量问题，请与我社发行部联系调换
电话：（028）86361656

总　序

王　风

"五四新文化"合称，其固定化虽晚到抗战前夕，但于今也可算是由来已久，而多已连用不可分别。不过揆诸实际，二者确是原非一体。严格意义上说，"五四运动"是发生在1919年5月4日，也可算上延伸到此后一段时间的学生和社会抗议活动，并有"火烧赵家楼"之类的"武化"之举。而所谓"新文化运动"的说法，发生于"五四"之后，与新思想、新思潮，以及文化运动，甚至新文学运动，可算是先后伴生的称谓。按周作人后来的说法，"五四从头到尾，是一个政治运动，而前头的一段文学革命，后头的一段新文化运动，乃是焊接上去的"（王寿遐：《北平的事情》，《子曰丛刊》第六辑，1949年4月1日）。从还原历史情境的视域而言，至少就《新青年》集团的角度，文学革命、五四运动、新文化运动，确实可以看作当年的"三段论"。

而对于"五四"和"新文化"，当事人的态度并不一致。如可被看作主角的胡适，就认为"在1919年所发生的'五四运动'，实是这整个文化运动中的一项历史性的政治干扰。它把一个文化运动转变成一个政治运动"（唐德刚：《胡适口述自传》第九章）。持有类似倾向看法的，在当年尤其师长辈中，其实相当普遍。

"政治"抑或"文化"，确是回望"五四"的纠结点。只是以今视之，"五四运动"的发生，固然打断了《新青年》上诸多的话题，也埋下了同人分裂的因子。但此前的"文学革命"，即便有思想等方面的论题，主体上还是集中于文学变革，甚至越来越偏于书写语言方面，很大程度上可看作晚清以来"白话文运动"与"拼音化运动"的变体再起。虽有"通信"栏沟通内外，大体上还是同人间的讨论，并未对社会产生多大影响。"五四运动"确是"搅散"了《新青年》集团。但这表面上的"中断"，毋宁说是"新文化"实质上的"打开"。正由于其刺激，诸公各自前路，使得论题更形多元，并辐射到外部，而成为全国性的公共话语，由此开创了新的文化时代。

"五四"时期的话题，很难说哪一项是原生性的，诸如文学、语言、妇女、儿童、国体、政教、民主、科学，乃至社会主义、无政府主义等等新型主张，基本上皆肇端于甲午以来的晚清民初。但这些观念结为合体，并逐渐发展成重大的全社会的方向共识，正在于有"五四运动"冲溃讨论圈子。这一运动，自身是单纯的政治抗议，无关文化。虽然早在晚清国会请愿运动中，"读书人"已经走出书斋，介入社会，推动变化。但"五四"这一天，则是以"青年"为主体，走出校门，其影响广被，方始造就中国现代的"智识阶层"。从这个意义上说，"新文化"固非"五四"的命题，但确由"五四"所成就。

"五四运动"在当年几乎马上成为反顾的基点，从周年纪念开始，至今没有中断。而最早的众声喧哗，师长们的主流意见，如蔡元培、蒋梦麟、胡适等，是反对学生丢掉主业，"罢课"走上街头。但也有另一种声音，则是联结文化，弱化运动政治性的一面。1920年5月4日《晨报》"五四纪念特刊"，主笔渊泉（陈博生）"论评"题为《五四运动底文化的使命》；梁启超《"五四纪念日"感言》，宣称"此次政治运动，实以文化运动为原动力"。至若陶孟和，则以"民国八年五月四日"，作为"新思潮"引发"弥漫全国的'精神唤醒'"的"诞生日"。

不过"五四"毕竟本质上是公民抗议的社会运动，同时作为"始作俑"的象征，历年的"纪念"，不可避免地成为各方政治势力争夺解释权的场域。北洋政府时期，共产党的纪念，直到抗战前，大体上成为"红五月"，亦即五一、五三、五四、五五、五七、五九，以及五卅系列的一个环节，"五四"被界定为现代史上人民风起云涌觉醒反抗的代表性事件之一。至于国民党方面的解读，总体上是将之归于三民主义延伸到社会层面的回声与响应。而到北伐成功，国民政府掌权，面对此起彼伏的学生运动，作为统治者，其天然反应在于维稳，因而每逢"五四"则多言其"失败"，其意自然是劝说学生安心课堂，压抑其走上街头"干政"的冲动。

相对国民党对"五四"的有意消解，共产党方面，1935年的"一二·九运动"和1936—1937年的"新启蒙运动",某种意义上同构于十六年前的"五四运动"和"新文化运动"。有张申府、陈伯达、艾思奇、何干之等,在"启蒙"的维度上重新定义"五四运动"。经过一系列论述的铺陈,领袖毛泽东一锤定音了"五四"的性质。1940年1月9日,毛泽东在陕甘宁边区文化协会第一次代表大会上演讲《新民主主义的政治与新民主主义的文化》,随后改题《新民主主义论》(据太岳新华书店1949年5月版)。这一理论入手点在文化和思想,根本上却是为中国共产党建立历史叙述的合法性。《新民主主义论》论及:"在中国文化战线或思想战线上,'五四'以前与'五四'以后,划分了两个不同的历史时期……在'五四'以后,中国产生了完全崭新的文化生力军,这就是中国共产党人所领导的共产主义的文化思想,即共产主义的世界观与文化革命论。"如此,"五四"被赋予了新的历史原点的意义,而"新文化"之"新"则在于有共产主义以为核心要素。这一合法性的阐释,让"五四"与"新文化"在全新的意义上结合起来。

这一过程中,1939年3月18日,陕甘宁边区西北青年救国联合会提议"定5月4日为'中国青年节'"。同年5月4日,在延安青年纪念五四运动20周年大会上,毛泽东将"革命青年"的标准,直接界定为是否能与"工农群众结合在一块"。并称:"五四运动所反对的是卖国政府,是勾结帝国主义出卖民族利益的政府,是压迫人民的政府。"(《在延安五四运动二十周年纪念大会的演讲》,《中国青年》第1卷第3期,1939年6月)此层层递进所针对的，明面是汪伪政府，但也不无预留了对蒋政权含蓄的暗指。

"青年节"的倡议，一开始得到全国各方的赞成。但国民党很快警觉到，"五四"已成为被共产党"染红"的节日。1942年，一方面是国民党中央很不得体地宣布："'五四'将届，中央各机关以'五四'在历史意义上虽甚重大，但非法定纪念日，更非青年节，特电各省市，本年应不举行纪念会。"(《青年节日期正在会商中 五四不举行纪念》，《中央日报》，1942年4月29日）另一方面也在努力给出自身的"五四"故事。国民党文化长老吴稚晖强硬关联孙中山："五四运动，是中山先生集了大成，竖起主义，学生起来，发动了一个崭新的划时代的文化运动……划了时代最适时的文化，精神是使用赛先生帮助德先生，物质是请教德先生发达赛先生之谓。适应时代的新文化，变了主义，就是三民主义……主义是三民新主义，文化是两位新先生。"(《五四产生了两位新先生》，《世界学生》第1卷第5期，1942年5月）这一国民党版本的"五四"和"新文化"的联结，无疑是道生拉硬拽的"截搭题"。而王星拱所撰文，则不顾蔡元培反对学生出校门，随后因而自行离职的事实，将运动归功于"自从蔡子民先生做了北京大学校长，于是有若干国民党人，以及趋向于同情国民党者"，宣布"五四"是"由国民党所导引的表现民族意识的爱国运动"(《"五四"的回忆》，《世界学生》第1卷第5期）。

但国共两党对"五四新文化"阐释权的争夺，很快以国民党方面的"弃权"而终结。1943年阴历三月二十九日（阳历5月3日）亦即黄花岗烈士殉难纪念日，三民主义青年团第一次全国代表大会，决议每年阳历3月29日为"青年节"。1944年4月16日，中华全国文艺界抗敌协会（"文协"）在六周年年会上，提案"请定五月四日为文艺节"（《文协六年 在文化会堂举行年会 邵梁潘诸氏莅会致词》，《中央日报》，1944年4月17日）。这一主张得到国民政府的事实认可。

于是双方各过各的"五四"。国民党方面虽然不断有要人撰文，将"五四"纳入国民革命的叙事脉络中，但大多不忘限定其历史作用。而延安方面，毛泽东等领袖，以及诸多"文胆"，则持续强化论述。这其中，除了联结"五四运动"与马克思主义输入、中国共产党建立的关系之外，尤其强调其相对于"辛亥革命"，是全新意义的历史起点，所谓"五四运动的杰出的历史意义，在于它带着为辛亥革命还不曾有的姿态，这就是彻底不妥协的反帝国主义与彻底不妥协的反封建"（《新民主主义论》）。意谓"五四"之于"辛亥"，正有新旧之别。对于共产党而言，作为自身的历史"产床"，"五四"不可替代。对国民党而言，"辛亥"是合法性的神主牌，"五四"不可以替代。黄花岗起义斯乃辛亥革命的先声，"七十二烈士"青春献身，正是适合的"青年"榜样。如此"五四"退而局于"文艺"，也是顺理成章的安排。

1949年以后，海峡两岸对于"五四"，自然仍是一迎一拒，各自表述。20世纪50年代到70年代，大陆方面有关"五四"的官方纪念基本没有中断，但在根据时下需要号召青年之外，大多与知识分子改造的话题相关，而受批判的对象主要就以胡适为代表。同时期台湾方面，国民党当局对于"五四新文化"心情复杂，基本已经"失联"。而如罗家伦、毛子水等当事人，及其所影响者，坚持着与胡适同调的叙事路线。1958年4月10日上午，在台北市南港"中研院"第三次院士会议开幕式上，甫就任院长的胡适与蒋介石当面起言辞冲突，可谓是二者之间"道不同"的一个最具象征性的事件了。

胡适对于"五四运动"，对于"新文化运动"，伊始持批评或拒斥的立场。虽在后来的不同时期态度有所变化，但有一点他始终坚持，即将当年的工作，命名为"中国的文艺复兴"。早期可能的根本动因，还是希望归结到自己的核心工作，即他的文学革命，从提倡不避俗语俗字，而最终成功于"国语文学"。此不啻欧洲文艺复兴时期，但丁、路德等人抛弃"神圣语言"（sacred language）拉丁语，各以土语写作，由此开创了欧西各国文学的辉煌，其在中国的翻版。而到后来，他似乎意识到"五四新文化"被普遍解释为"启蒙运动"，日益为马克思主义者掌握了界定权，于是所谓的"文艺复兴"，也就具备了理论对抗的功能。

其实，"五四运动"后不久，胡适所发表《新思潮的意义》，引尼采"重新估定一切价值"（Transvaluation of all Values），认为"新思潮的根本意义只是一种新态度。这种新态度可叫做'评判的态度'"（《新青年》第7卷第1号，1919年12

月），或许更能总体性概括他那个时代。即从"五四"前局于某种立场的"我辈数人"的持论，到"五四"后怀揣不同"药方"的各走各路。正是在这个意义上，无论历史如何逡巡回转，"五四新文化"成为现代中国无论哪个时段，都必须回眸对话的起点。

20世纪80年代的大陆学界，对于"五四新文化"，所呈现的是与时代相吻合的"开放"氛围。外部各种思潮的涌入，使得新起的知识精英阶层，有了表面上类同于"五四"之前的"同人"共识。而到90年代，随着急剧演化的社会阶层分裂，基于不同意识形态立场，则有了类似于"五四"之后的多元裂变。这其中与"五四"的对话所在多是，也极为复杂，"五四"成为显在的基于现实需求而调动的历史资源。

进入新世纪，同样与社会的转变相吻合，有关"五四新文化"的研究与论述，呈现"后出转精"的进化。而总体的倾向，是从思想到观念，从社会到文化，从文学到语言的视角转移。其显著的特点，是由以往聚焦于《新青年》的立论，而扩展到观照那个时代的侧面、反面、地方、民间。或可以说，由"五四"转而为"五四时期"。

中国的现代转型，就过程而言，从甲午到"五四"，可以看作不断演进的漫长"起点"。但1919年"五四"那天的学生运动，赋予了该时期"新文化"以巨大的历史影响。如此，此前的二十多年，成了"五四"的史前时期。其层累的思想资源，很大程度上埋没为地下的矿藏。因而，打开"五四"的空间的同时，打开"五四"的时间，或许是今时后世，需要而必要的路向。

百多年来，"五四新文化"作为现代中国的核心性提问，是不同时代的对话对象和思考动力，摩肩接踵纷至沓来的"重访"，叠加出一个不断生长的基本问题域。无可讳言，肇端于《新青年》上的思考和主张，固是元气淋漓；但因其强烈的对抗性，不免带有仓皇立论的粗糙，和执其一端的偏至。这也是在后世时被诟病的归因，大体上作为"现代"的代表，承担了亏待"传统"的责任。不过无论如何，"五四"从未过去，从未成为"历史"，从来都是"当下"，从来就是进行时；也无论誉之者还是毁之者，即其思维方式，均是"五四"的产儿。于今之世，"五四"似乎渐被推入隐晦，但这也正由于它存在。

本书编辑经年。对于我们几位编者而言，系统阅读数十年来的有关学术成果，也是个重新学习的过程。"五四新文化"研究成果宏富，在上千篇论文中选择这数十篇，事实上是非常困难的。本选集交稿后，每每感到遗珠之憾，可谓所在多有。

自然，我们应该感谢选入作者的慷慨授权，此书的分量不在编者的眼光，而在每篇文章的论述。其中有几篇因版权或其他原因，不能编入，但我们仍保留篇目于"目录"，出处于"来源说明"，以表我们的判断。

书分三卷，依论文性质丛集，但因话题交叉，也只能大致区别。同时基于希望可以通过排序略见学术史面貌的考虑，各卷选文均以发表时间先后排序。国外学者论文，以译成汉文的发表时间为据。也就是说，着重他们对汉语学界产生的普遍性影响。

本书最初动议于我所任职的北大中文系的规划，今也可作为北京大学现代中国人文研究所有关"现代中国人文史"的先期工作。其具体的择取编排，全成于三位年轻学界同道季剑青、袁一丹、王芳，在我只是召集。也得感谢出版社社长老同学黄立新兄接纳选题，封龙兄主持全程，五位责编辛勤付出。最后，谢谢邓百花女史的鼎力支持。

参考文献

罗志田：《历史创造者对历史的再创造：修改"五四"历史记忆的一次尝试》，《四川大学学报（哲学社会科学版）》2000年第5期。

袁一丹：《"另起"的"新文化运动"》，《中国现代文学研究丛刊》2009年第3期。

陈平原：《波诡云谲的追忆、阐释与重构——解读"五四"言说史》，《读书》2009年第9期。

张艳：《"青年节"抑或"文艺节"：20世纪三四十年代的五四纪念节问题探析》，《史学月刊》2015年第8期。

欧阳哲生：《纪念"五四"的政治文化探幽——一九四九年以前各大党派报刊纪念五四运动的历史图景》，《中共党史研究》2019年第4期。

编者前言

王 芳

从《文学改良刍议》到《建设的文学革命论》，再到新文学大系《理论建设集》"导言"等文，胡适建构了一套关于语言文学现代变革的历史论述，文学革命、白话文运动、国语运动乃至汉字拼音化运动等源头和展开逻辑并不一致的脉络，都被纳入了始于1917年的五四新文化运动架构之中。好处正如陈平原所说，"五四"之于中国人，正如法国大革命之于法国人，无论对其持何意见、态度怎样，都无法绕开，必须不断返顾，因而这些问题也天然受到重视。但影响越大，流弊也就越大，胡适极具统摄性和影响力的"革命"论述，很大程度上遮蔽和扭曲了上述脉络的历史发展，以及彼此之间复杂的关联。因而有效研究首先要做的，就是对这些论述进行重审、剥除与廓清。

建立在上述整理廓清基础上的历史重构工作，至今仍在延续，并因此形成了相关问题丛。譬如通过"五四"前后文学翻译和创作实验考察现代白话特征的形成，其与传统书面语资源之间的关系，或是从文学社会学的角度考察新文学群体及其与其他群体的联系交往，等等。同时，一方面研究范式随着时代诉求和社会条件变迁，另一方面，各类问题还是逐渐找到了更为匹配的研究方法，比如白话和国语的讨论方式，前者因有精英的文学翻译和创作而具有"实验"性质，而后者更多需要官方投入大量资源才能完成，往往须看作一种"工程"；又比如"五四"新文学普遍的低文学性和高政治性、高历史价值，需要有新的评价眼光和历史化方式。各类问题在不同时代范式之下如何有效生成、推进、颠覆与继续开拓，值得梳理。

作为1980年代初中国现代文学学科重建的主导者之一，王瑶对现代文学研究的基本方法定位是"文学史"。在他的论述中，文学史写作一方面必须将文学作品放置在历史进程之中考察，一方面则须以文学作品为考察中心，即"文学史应该以创作成果为主要研究对象。衡量一个作家对文学史的贡献，主要看他的作品，看作品的质量和数量，然后对它作出应有的评价"。(《关于现代文学研究工作的随想》，《中国现代文学研究丛刊》1980年第4期)与1979年史学界兴起的史学方法讨论相一致，反对"以论代史"，也反对"以史代论"，强调"史论结合"。在《中国现代文学与中国古典文学的历史联系》(《北京大学学报》1986年第5期)一文中，王瑶没有在古典文学与现代文学之间建立机械、表象的联系，而是以独特的历史观念和文学评价标准，勾勒出由今溯古、古今共振的非源流式图景。与彼时年轻一代对左翼革命的有意遗忘不同，王瑶的研究并没有完全被新启蒙意识形态覆盖，而是保留了极具分寸感的人民和民族立场，强调现代文学与社会民众的血肉联系。在这个意义上，古典文学也是民族形式的一种表现和遗产，与外国文学一同作为共时性因素不断被纳入"当下",促成民族文学的更新;同时,古典文学及其转化,也须被放置在世界文学之中评估其现代性价值。保留人民和民族立场,但强调其与世界现代性／现代化进程的一致性与对话性,这是王瑶1980年代文学史书写背后独特的历史意识,或许也是他作为"一二·九"一代历史意识的再次显现。

这一时期王瑶论著与各国高水平研究并置而不显逊色,除学养深厚外,正在于他对中国文学研究有着的自觉定位。他清楚看到,"由于社会条件不同等复杂的原因,国外学者对中国现代文学的研究无论在研究方法、评价标准或具体论点上都与我们有较大的差异",要求对于他们的研究方法、论点产生的前提有明确的认识。1980年代初期,普实克、竹内好(《鲁迅》)、夏志清(《中国现代小说史》)等海外学者论著逐渐对国内学界产生影响。其中布拉格学派领军人物普实克论文《鲁迅的〈怀旧〉——中国现代文学的先声》(1967作,沈于译)收录于乐黛云编《国外鲁迅研究论集(1960—1980)》(北京大学出版社1981年版)中,本文以文学形式的演进打破文言、白话二元对立,率先关注到鲁迅"五四"前创作的《怀旧》,指出尽管用文言写作,但《怀旧》有意弱化情节、以对话呈现内心世界的写法,正是世界性的新文学特征,与中国传统小说有着根本区别。尽管以情节结构研究为主,但普实克强调作者思想情感的现代性才是第一性的,是其在结构主义方法之外的马克思主义底色;另一方面,这背后也是现代性进程的普遍预设。

与欧美学者持现代性普遍预设不同,竹内好、丸山昇、伊藤虎丸、木山英雄等战后几代日本学者希望借由对鲁迅、毛泽东、章太炎等近现代精英思想文化人物的研究，探寻中国文明的自律性和主体性，及其如何在近代展开自我更新，以此作为日本"优等生"文化的他者和参照。其中，木山英雄《"文学复古"与"文学革命"》（《学人》第10辑，江苏文艺出版社1996年版）一文从语言文字的角度探寻晚清和"五四"两代"文学"改革者的内在联系，以及"五四"文学革命与其前史之间的关系。文章主体部分写成于1974年，对于木山而言，周氏兄弟在"五四"时期的文学革命主张和实践与前代并非断裂的，而是提供了与中国思想和文章传统之间的联系纽带。比如他指认鲁迅和周作人看似反传统的摩罗精神和宇宙意志论程度的悲哀之情，实则内含着"古典感觉"，并使用了"遗传作用"这个说法，强调"五四"文学革命的思想根基，尤其是语言文字观的根基仍在中国文明内部。本文最终完成于1996年，除自陈其理论主要来源为马克思主义外，木山在本文后记中说受到小林武的章太炎研究影响，而小林武的研究则受到西方语言学转向影响，这也提示我们注意日本学者研究在问题意识之外的方法论基因。

进入1990年代之后，随着黑格尔式的历史进程意识受挫失落，文学研究发生了历史转向，这当然可以说是一种后革命时代症候，但换个角度看，研究者也必须直面和处理中国现代文学历史价值超过审美价值的现实，从材料中提炼出方法，与西方理论展开对话。在这个意义上，1980年代的理论思考是以一种更为谨慎扎实的面目延续。基于北京大学图书馆发现的胡适《尝试集》删改底本，陈平原在《经典是怎样形成的——周氏兄弟等为胡适删诗考》(《鲁迅研究月刊》2001年第4、5期)一文中考察了胡适通过请新文学诸友人"删诗"这一举动,如何确立了"并无名篇"的《尝试集》的经典地位,并由此牵连出了人际交谊、审美眼光、白话诗理论等问题。《尝试集》这类"名著"显然无法用哈罗德·布鲁姆所谓"西方正典"加以解释,本文确是为此提供一副更为合适的眼光。

日后吴晓东在访谈中提到,至1990年代末,1980年代"纯文学"概念的历史能量用尽,取而代之的是更为开放的"文学性"概念,后者指向了对文学形式所凝结的主体状态和社会文化的双重打开。事实上,这一历程或可追溯到1985年弗雷德里克·詹姆逊(杰姆逊)的北大演讲,他对晚期资本主义条件下文化与社会关系的判断,以及民族寓言式的文本处理方式,为后革命时代的文学研究提供了一种整体性路径,即从文学形式研究入手,抵达对思想和政治问题的思考与审视,其影响一直延续至今。具体到"五四"时期的文学实践,鲁迅小说依旧是最佳对象,就此吴晓东的论文《鲁迅第一人称小说的复调问题》(《文学评论》2004年第4期)作出了很好的示范。本文运用复调理论,论证鲁迅小说的叙事者与人物之间是对话而非同一的关系,指出林毓生思想史论述的判断失误,根源在于在文本解读中混淆了叙事者与人物的声音。如此,则文学本体研究、形式研究获得相对于思想史的独立价值,也显示了文学研究的格局与野心。

与此同时,1980年代的文学意识和启蒙关怀也被转化为一种不容忽视的批判/批评能量。陈思和《试论"五四"新文学运动的先锋性》(《复旦学报》2005年第6期)一文将先锋性定义为文学面对社会充满战斗性的精神、态度与立场,以"先锋文学"作为批评概念整合"五四"新文学(尤其是初期新文学),将其与时段性的"现代文学"概念相区别。由叛逆和作战的"先锋文学"意识出发,整体性地重构"五四"新文学史论述,可以看作是"五四"与1980年代精神余韵的跨越时空共振。

前面提到了中国现代文学低文学性和高政治性的特殊品格,在"中国问题"的框架之中关注"五四"新文学,本土文学研究者不得不探寻更契合的方式。因此,一批研究者尝试将"文学"放置在社会整体架构之中,考察其位置、价值以及展开方式。姜涛在《五四新文化运动"修正"中的"志业"态度——对文学研究会"前史"的再考察》(《文学评论》2010年第5期)一文中从社会学角度对《新社会》进行考察,在"五四"时期专业化知识分工的潮流中考察"学问"与"社会"的离合,知识的专业化和等级分化使得本该由此通向点滴社会改造知识的"一元化"设想,在现实中渐行渐远。这或许可以看作对汪晖思想史相关论述(《文化与政治的变奏》,《中国社会科学》2009年第4期)的进一步追问,如果文化革命乃是"五四"知识人独特的政治介入方式,那么"纸上的事业"如何或是否需要在社会层面落实,则是一个不应回避的问题。

可堪对照的是,对于同时期的海外研究者来说,国内种种方法变革与焦虑似乎不成问题,"五四"新文学研究依旧在其独立的学科传统之中展开。研究者多关注"五四"新文学的文学现象中诸种美学、诗学、修辞要素,由此将中国新文学归入西方现代主义文学历史和理论框架之中。譬如刘皓明《从"小野蛮"到"神人合一"：1920年前后周作人的浪漫主义冲动》（《新诗评论》2008年第1期）由周作人标志性的新诗《小河》入手，提炼出这一文本的寓言（fable）特质，将其纳入作为一种民族事业的浪漫主义脉络。方志彤《一次失败的诗学探索——现代中国诗歌从意象主义到惠特曼主义的转化》（《现代中文学刊》2017年第6期）的情况比较特别。此文写于1955年，是美国最早的中国现代文学研究的成果之一，但在2010年之后才在"再发现"的意义上被翻译过来，译者看重的正是其看似粗线条、实则到位的判断，即将"五四"新诗的诗学脉络概括为从意象主义到惠特曼主义，立论大开大阖，在今天看来仍有启发，同时也可见部分海外比较文学背后颇为稳固的历史想象和方法运用。

"五四"新文学与白话文问题之间关系较为复杂，简单地说一方面是胡适《白话文学史》示范的对传统白话资源的钩稽，另一方面则是"五四"新文化人的翻译与创作实践。相较于1980年代之后"五四"文学研究主要是方法上的转变，文学研究领域内的语言研究则属于跨学科，难度更大，开始也较晚。在这方面较早展开研究的是王风的博士论文《新文学的建立与现代书面语的产生》（北京大学，2000），之后他陆续发表了一系列论文，其中《周氏兄弟早期著译与汉语现代书写语言》（《鲁迅研究月刊》2009年第12期、2010年第2期）一文指出，汉语书写语言变革的关键在于"书写形式"的变革，这个变化主要在"近代文言"中逐步实现，又以周氏兄弟为代表，"转写"到白话中，由此形成"汉语现代书写语言"；值得一提的是，这并非超个体的形式发展史研究，而是依托个案的复杂性展开，呈现历史观的具体化乃至混沌化走向。随后，张丽华《无声的"口语"——从〈古诗今译〉透视周作人的白话文理想》(《中国现代文学研究丛刊》2011年第1期)着眼文体文类，以结构主义的方式继续考察现代白话文如何在翻译实验中诞生。作者认为，周作人翻译的真正单位是文体，想要传递的是风格，并在翻译实践中逐渐明确，译入语中旧有的文学文体如乐府、五言诗等必然被新的节奏韵律、典故系统、语言审美等撑破，不得不转向涤荡了"旧风格"的白话文。

就白话文的传统资源而言，胡适尽可能多地搜集了历史上的白话文本资源，此后顾颉刚等也对其加以增补，不过大多仍属于民间俗语或精英创制，夏晓虹《晚清白话文运动的官方资源》(《北京社会科学》2010年第2期)于此之外，有意关注官方资源，强调直面官方强大的文化资本和影响力，是对"常识"的回归。夏晓虹指出，古白话文有种种来源，其中官方白话实则拥有较高层级的话语权力，譬如白话榜文告示，以及由官方和读书人共同编定的《圣谕广训》等，都是从读书人到百姓接触较多甚至熟读成诵的白话文本，其社会层面影响不可忽视。

此外，白话还有一脉较为特别的近代资源，即传教士翻译活动中的语言选择。段怀清《"深文理"：晚清新教来华传教士与"文言"及"文言文"》(《华东师范大学学报》2019年第1期)一文关注两代在华传教士翻译《圣经》策略的变迁，指出《圣经》翻译从文言到官话的语文选择，不仅是由于白话文表意上的客观优势，也建基于传教士对自晚清始的语文改良趋势的判断。作为既存在于内部、又自成一体的因素，《圣经》翻译并不是"五四"新文学的直接资源，而是与晚清至"五四"语文变革潮流构成了互相缠绕、镜照和渗透的独特关系。

相较白话文问题的"无声"，作为民族国家建立重要环节的国语问题与语音关系密切。在1990年代之后的研究中，关于"五四"时期国语运动的理解，逐渐从胡适"文学的国语，国语的文学"这一论述的含混性中挣脱出来，简单地说就是用黎锦熙的论述取代胡适的论述。国语运动更为明确地被视作一种与国家权力、社会工程关联紧密的实践，而对知识分子相关思考的评价，也不得不在其实验性／彻底性与现实可操作性的矛盾之中展开。

1990年代末，日本学者在西方研究范式的驱动下，从自身"文言一致"的历史出发，关注语言文字与民族国家的关系，中国遂成为并列的东亚民族国家样本。1990年代本尼迪克特·安德森的理论提供了一种将近现代语言文字变革与民族国家建构直接勾连的理路，如村田雄二郎和平田昌司两篇论文成文于1999年，两篇文章都提到了安德森《想象的共同体》（1987年由白石隆等译成日语，1997出版日文增订本）的影响。村田雄二郎文（《"五四"时期的国语统一论争——从"白话"到"国语"》，《东亚人文》第一辑，生活·读书·新知三联书店2008年版）认为，此前中国的国语统一论争未被充分论述，是因为研究者始终没有找到其与"社会改造"和民族问题之间的联系点，借助安德森的理论，村田将"国语"作为"语言共同体"，即"近代民族主义的一个函数"展开讨论，在此前提下关注注音字母、国音字典和教科书编纂和教师培训等具体问题。而平田昌司文（《眼睛的文学革命·耳朵的文学革命——二十世纪二十年代中国听觉媒体的发展和"国语"的实验》，《文化制度和汉语史》，北京大学出版社2016年版）则用"眼睛"和"耳朵"两个直观的词语描述国文和国语，质疑胡适延续文言教育模式，强调"多读白话文学"即可实现"标准国语"的建设，是忽略了语音的重要性。他指出，在民族国家建构的意义上，只有"声音的文学革命"，尤其是现代传媒如戏剧、广播、有声电影的发展，才有可能完成国语的社会普及；到抗战时期，这一要求更为凸显。两篇文章分别于2008年和2016年被译介进入中国学界，此间则有程巍的《胡适版的"欧洲各国国语史"：作为旁证的伪证》（《北京第二外国语学院学报》2009年第6期）。本文考证出胡适用白话文学"创造"国语的意见，源自对一本关于欧洲国语史通俗读物的关键性误读和改写，进而指出欧洲各国国语史与"五四"国语运动之间雅俗取向的错位，消解了胡适白话和文言在文体形式方面泾渭分明的判断，并指出胡适的文学革命史论述遮蔽了国语运动乃是由北京政府主导的事实。

　　这些研究从语音角度明确了国语标准化和普及工作所需要的条件，颠覆了胡适以白话文建立标准"国语"的叙述，也再次提醒我们注意口头语和书面语的区别。这一点在汉字拼音化脉络中体现得更为明显，与国语运动、白话文运动同时期展开的汉字拼音化运动，同样是在晚清到"五四"的"文言合一"变革大势之中展开的，且其方案往往更具有理论上的激进性和彻底性。王东杰《解放汉语：白话文引发的语文论争与汉语拼音化运动论证策略的调整》(《四川大学学报》2013年第4期)便试图呈现出"五四"至1930、1940年代知识界对白话文运动（汉字）和拼音化运动（汉语）看法的联动演变。从"五四"开始，胡适就有白话文到拼音化两步走的计划，因而在逻辑上，白话文运动的胜利从来不是"言文一致"理想的终点，而从另一个角度看，胡适、赵元任等设想的拼音化的白话文，本质上还是书面语的拼音化，而非口语的拼音化。1930年代对此持批判态度的汉字拉丁化倡导者，则是在记录方言和口语文法（瞿秋白）这样极端严格的"言文一致"意义上要求废汉字以解放汉语，其立足社会革命的语言文字革命，实则已经走到了一个难以实践的极限处。

在"五四"文学革命与语文变革的讨论之外，2000年之后的研究逐渐呈现出多视角、多方法的铺开状态。这一时期不少研究学者下过悲观的判语，即"现代文学30年"中最重要的问题已经做完，之后只剩下"小题目"了。事实上，研究的具体化和微观化，不仅是在研究方法上更为自觉，将大而化之的判断转化为有效的知识生产和积累，且其野心绝不止于为此前的宏大叙事做注，而是要与之构成对话或颠覆。譬如版本和物质载体成为文学研究的"内在之物"，前面提及的王风文通过《怀旧》原刊与"五四"时期自编再版整理本的比较，通向的是对近代书写体系的还原，后者并非小事。回到原刊不再仅仅意味着便于个体获得"时代感觉"，更是发现从既有"大问题"出发无法预料的"真问题"的必经之路。毋庸讳言的是，如何从具体和微观通向真问题、大问题，而非流于琐屑，也是学者在这个趋势下必须思考的。

具体而言，在新文化史和微观史学的影响下，关于"五四"文学的物质文化史、阅读史、书籍史等相关研究成果逐渐丰厚。其中藤井省三的论文《鲁迅〈故乡〉的阅读史与中华民国公共圈的成熟》(《中国现代文学研究丛刊》2000年第1期)成文较早且影响较大，最早关注到鲁迅《故乡》的阅读史，不仅叙述了一个关于文学文本"生产、流通、消费、再生产"的故事，而且呈现了其背后极具厚度的现代中国社会历史文化。较为晚近的孟庆澍《〈甲寅〉与〈新青年〉渊源新论》(《中国现代文学研究丛刊》2010年第5期)一文自觉采取微观史学的研究方法，通过对《甲寅》和《新青年》两个刊物在人事、出版、经济等方面的具体联系，描绘出二者的渊源，以及相互交织的思想文化网络，由此呈现历史是如何在偶然性中推进的。

在2000年之后的微观化研究趋势中，严家炎的《中国现代文学的"起点"问题》(《文学评论》2014年第2期)一文重启"起点"之问，显得有点特别。从"20世纪三人谈"到严家炎对中国现代文学"起点"的再定义，现代文学研究者不断重新讨论学科时段划分问题，正是试图让研究回到"中国现代文学"自身的逻辑之中，而这个逻辑究竟是什么，当然是值得一再重审的。严家炎回到"中国现代文学"的基本定义，将黄遵宪的"言文一致"主张和陈季同的法语写作视为中国现代文学的起点，并非仅仅意在拉长现代文学的时段，而是注目于晚清和"五四"的内在联系，并将中国现代文学纳入世界文学的整体框架之中，打破汉语中心的文学史观。尽管严家炎的这些看法在学界颇有争议，但借用其对黄遵宪的评价，这体现的是学人的"勇气"和"胆识"。

简单勾勒"五四"语言与文学相关研究的范式变迁，会发现研究方法与一个时代的意识形态及其历史观之间的复杂关联。从马克思主义理论及历史观，到文学研究的历史转向，行至回到"语言""文本"以及对"历史现场"的细化研究，同时又不断尝试跨出学科边界，尝试通过在历史学或社会学的框架之中，理解现代文学进而理解现代中国——面对"五四"文学和语文变革相关研究这样技术性很强的问题丛，研究者也须不断在直面材料和问题本身的科学性追求，与回应时代需求和焦虑之间寻找平衡。

另一方面，随着海内外学术交流的不断扩大与加深，国内研究受海外相关研究范式和方法的影响显而易见，但如前所述，态度、立场以及情感终究不同，本土研究者在积极意义上始终保持着某种超越学科限制的"野性"，以期由文学研究抵达对"现代中国""社会变革"的别样理解，并与理论、思想史研究、历史研究和社会学研究等形成对话。由此再看作为"他山之石"的日本学界，从反思"优等生"文化，到哀叹着"历史终结"，其对西方学术范式的系统性接纳背后始终保有清晰而执着的本位意识。无论是研究西方还是中国，其关怀始终植根于本国现实，这或许是我们今天看待前研究、同时也是展开自己的研究时所不可少的自觉意识。

目 录

鲁迅的《怀旧》
——中国现代文学的先声
.................雅罗斯拉夫·普实克/著 沈 于/译 001

中国现代文学与古典文学的历史联系..............王 瑶 010

"文学复古"与"文学革命"......木山英雄/著 赵京华/译 044

鲁迅《故乡》的阅读史与中华民国公共圈的成熟
....藤井省三 077

经典是怎样形成的
——周氏兄弟等为胡适删诗考............陈平原 101

鲁迅第一人称小说的复调问题..............吴晓东 177

试论"五四"新文学运动的先锋性............陈思和 207

从"小野蛮"到"神人合一"
——1920年前后周作人的浪漫主义冲动·················刘皓明 253

"五四"时期的国语统一论争
——从"白话"到"国语"
·····················村田雄二郎/著 赵京华/译 324

胡适版的"欧洲各国国语史"
——作为旁证的伪证·······························程 巍 363

周氏兄弟早期著译与汉语现代书写语言·············王 风 396

晚清白话文运动的官方资源·······················夏晓虹 459

《甲寅》与《新青年》渊源新论···················孟庆澍 500

五四新文化运动"修正"中的"志业"态度
——对文学研究会"前史"的再考察···············姜 涛 517

无声的"口语"
——从《古诗今译》透视周作人的白话文理想·········张丽华 538

解放汉语
——白话文引发的语文论争与汉字拼音化运动论证策略的调整
···王东杰 568

中国现代文学的"起点"问题·················严家炎　612

眼睛的文学革命·耳朵的文学革命
——二十世纪二十年代中国听觉媒体的发展和"国语"的实验
··平田昌司　630

一次失败的诗学探索
——现代中国诗歌从意象主义到惠特曼主义的转化
················方志彤（Achilles Fang）/著　何吉贤/译　647

"深文理"
——晚清新教来华传教士与"文言"及"文言文"
··段怀清　665

来源说明··················689

主编简介··················692

鲁迅的《怀旧》
——中国现代文学的先声

雅罗斯拉夫·普实克/著　沈　于/译

我已经不是第一次来探讨中国现代文学的兴起了。[①]亚洲文学史研究中最吸引人的题目莫过于考察现代文学与传统文学深刻的决裂及其原因和意义。分析把两个时代截然分开的这种决裂还能使我们更深入地理解伴随这种决裂出现的许多现象和本质。

关于这个题目，我以前的研究曾涉及较大的范围，如文学进程中作家所起作用的变化、对过去的遗产即对文学传统的新态度，以及现代作家普遍采用的描写现实的新方法等等；而在本文中，我选择了一个范围较窄因而也更具体的问题，即文学结构中的变化的真正特点，这类变化在传统文学向现代文学的转化过程中是显而易见的。我选中情节作为研究对象，试图弄清是否能通过与传统结构的比较，辨认出新文学情节结构的变

[①] 见《中国文学革命、文学史和文学评论中的东方传统文学与近代欧洲文学的对抗》，《现代语言文学国际联合会第九次大会文集》，纽约大学出版社，1965，第165—176页；《近代中国文学研究》前言，学院出版社，1964，第1—43页；等等。

化来。我要强调，我们在这里讨论的只是情节的结构，而不是主题的选择。我们将不讨论新时期的作家选择了一些什么题材这种老生常谈的问题；我感到针对文学作品的核心问题进行分析，最能告诉我们这个时期文学中变化的本质和引起变化的主要力量。

我的研究将只限于一位中国作家鲁迅，并主要限于一部作品，即小说《怀旧》。这部小说写于1911年冬，以笔名周逴发表于《小说月报》。鲁迅自己也可能忘却了这个短篇的存在，所以没有把它收进他的任何一部短篇小说集。这篇作品第一次重印是收在《鲁迅全集》第七卷的"集外集拾遗"里。①

这篇小说写于五四运动发生之前八年，因此是一个不能以当时的一般趋势来加以解释的孤立现象。这种独特性使之成为一个"纯"研究对象，几乎可以说是"临床研究"的对象；它并没有受局限在一定背景中的关系所束缚，我们也无须依据这种关系去解释它的特征。这篇小说是用文言，即传统的文学语言写成，可见即使在这方面，它也不像是受五四运动影响而创作的文学。尽管如此，当我们阅读它时，却十分清楚地感到这完全是一部新的现代文学的作品，而绝不属于旧时代的文学。

虽然这个短篇纯粹是文学作品，不是事实的记录，却用的是个人回忆这种形式，但在此我不想研究这个问题。在旧文学中，这种形式只用来以历史观点记载真实情况；作者记下他觉得可以引起未来的历史学家感兴趣的事实。然而我们将看到，

---

① 见鲁迅先生纪念委员会编《鲁迅全集》（以下简称《全集》）第7卷，人民文学出版社，1958，第257—264页。

我们在这里要探讨的根本与事实无关。我们要讨论的是一个富于想象的故事，而且是一个极不寻常的故事。

这篇小说有别于传统小说的第一点，就在于情节结构。我们也正因为这一点才选择它作为对象。这篇作品可以作为一个很好的例证来说明某些更带普遍性的结论。无论是吸取了古老的叙述传统（话本）的长处，因而适用于更广大读者的语体文写成的小说，或是受唐代文人传奇影响而创作的小说。（蒲松龄在17、18世纪之交曾赋予这种传奇小说以新的生命），都以明确的情节为基础，情节的解决也即是故事的完结。故事的发展就是这样与情节的变化相一致。任何中国小说集都可以提供大量例证，例如郑振铎编的《中国短篇小说集》，[①]这里就不必引用这类例子了。

作为鲁迅的第一次文学尝试的故事情节是怎样的呢？一开始，叙述者回忆起一个曾让他在儿时受过罪的令人讨厌的教书先生，并描述了这位先生所用的拙劣的教学方法。（我们不研究叙述者与作者本人是否可视为一人，因为这与本文的主旨无关。）先生要求这个孩子做对联，但却没有解释对仗的格律需用对应的平仄音韵。孩子并不知道平仄为何物。描绘这个迂腐讨厌的人的形象画龙点睛的一笔，是写他那光秃发亮的头紧贴着书，以致书纸被他的呼吸浸润而破烂。这样，虽然没有情节，我们却读到童年的回忆，并在心中唤起一种情绪。

经过了一大段这样的描写之后，我们才接触到可称为情

[①] 郑振铎编《中国短篇小说集》，商务印书馆，1933。

节的东西。授课被一位乡绅打断了,他是个守财奴,其讨嫌不亚于那位秃先生,而且愚不可及,即便最普通的话他也听不明白。然而秃先生对他却十分尊敬,因为这个守财奴在二十一岁时还没有后嗣,便买了三个妾;而以秃先生的观点看来,不孝有三,无后为大。

守财奴带来了可怕的消息,说"长毛"离城近了。秃先生起初怀疑能否真有其事,因为早在四十年前,太平天国起义(长毛)就已被剿灭;但乡绅说明这消息来自"三大人"时,秃先生便不再怀疑;他对"三大人"比对古代圣贤还要尊敬。

乡绅和秃先生商议如何笼络起义军。在这件事上,乡绅是有家传经验的,因为他父亲曾骗取太平军的信任,为他们做饭,最后还积攒了一大笔钱,由此而发了家。秃先生建议他设法取得起义军的信任,但不能做得太公开,因为一旦起义军被打败,政府军就会来找麻烦。最明智的办法是小心翼翼、若即若离地安守中庸。城里惊慌失措起来,人人都想外逃。一个佣人描述富家姨太太们如何准备逃跑,她们似乎视逃难为春游,想得最多的是如何梳妆打扮。

不久,乡绅的消息所激起的富于戏剧性的行动渐渐平息了。正当佣人们闲聊太平天国起义时的恐怖故事时,虚惊一场的秃先生又出现了,接着是那个乡绅,秃先生宣布这一切原是一场虚惊,是一群饥荒地区的灾民逃难。大家都高兴得大笑起来,秃先生回家去安抚受惊的家人,门前青桐树下又恢复了往常夜晚的平静。老用人王翁与奶妈李妪讲起村民们躲避长毛的恐怖故事,又讲到他们追击长毛时,争相拾起长毛为缓追而一路抛掷的金银珠宝。天下起雨来,闲聊的人们也各自回去了。孩子入睡后梦见向秃先生说话,而奶妈却梦见了长毛。

很明显,这篇小说几乎没什么故事情节的发展。一个谣传就闹得满城风雨,以此暴露出绅士们的本来面目,这一点很可能是鲁迅从果戈里的《钦差大臣》一剧中受到了启发。鲁迅的另一个短篇《风波》,也有类似的主题。[①]这类主题好像一直吸引着他。假如我们的假设成立,那么同果戈里的剧本相比时,鲁迅的写法就显得格外缺乏戏剧性。果戈里剧中的尖锐冲突和戏剧性行动显然是舞台表演所必须的,但这一解释并不足以为鲁迅这篇小说克制的语气提供依据,因为有许许多多短篇小说家都曾努力使自己的作品像契诃夫以前的剧作家的作品那样,具有戏剧性的结构。分析鲁迅的其他小说表明,他有意降低戏剧性的效果;例如,我们知道也是收在《呐喊》中的《白光》,那位年迈的疯学者陈士成的形象就比实际生活中的模特儿,那位住在鲁迅家附近的教书先生子京简括得多。[②]鲁迅的兴趣显然不在于创造能刺激读者幻想的激动人心的情节,而在别处。

回到这次研究的中心问题上来,我们可以认为鲁迅处理情节的方法是简化,把情节内容简括到单一的成分,企图不借助于解说性的故事框架来表现主题。作者想不靠故事情节这层台阶而直接走向主题的中心。这就是我以为新文学中最新的特点;我甚至想把它列成公式:减弱故事情节的作用甚至彻底取消故事情节,正是新文学的特点。我还想把它与近代画风相

[①] 《全集》第1卷,第52—60页。
[②] 见周遐寿《鲁迅的故家》,人民文学出版社,1957。

比，自20世纪末印象主义时期起，现代绘画就宣称它的目的只是"画"，而不是"描绘事件"。

我在《关于中国新文学的几点看法》一文中，联系鲁迅的小说《示众》[①]谈到这一点，我这篇文章收在《献给保罗·德米耶维叶先生的汉学论文集》里（1966，第208—223页）。《示众》完全没有什么情节，整篇小说是现实的明确而痛苦的写照，鲁迅就是要集中读者的注意力于此。鲁迅作品中还有一些类似的例子，所以削弱故事情节的作用可视为他的一项基本原则。

在同一篇文章中，我还引了捷克作家卡列尔·伽佩克收在小说集《十字路口的交叉》（1924）里的《无言的故事》，作为也是使用这种写作方法的一类似例子。值得注意的是，这个故事是收在一卷包括在短篇小说形式方面进行其他试验的集子里。我们可以认为，对于一个致力于精心设计故事情节的作家说来（侦探短篇小说是伽佩克喜爱的形式之一），简化故事情节是一种文学试验，是新趋势开始在世界文学中形成的表现。伽佩克认为这种故事情节的简化是现代散文中的一个倾向，这是对的；苏联文学批评家弗·斯克洛夫斯基在大约同一时期著有《散文理论》一书，其中用了一整章篇幅讨论"故事情节之外的文学"，也说明了这一点。斯克洛夫斯基在这一章里评论了作家罗札诺夫的三本书，他把这三本书描述为一种全新的体裁，其特点像是综合了互不连贯而又互相穿插的报道、自传的片段、作者本人的生活场景、照片等等。因此，可以说罗札诺夫

---

① 《全集》第2卷，第67—72页。

集各种新材料于书中，而且并不想把材料安排在故事情节的框架里。

在某种程度上，这也正是鲁迅努力奉行的；他用随笔、回忆录和抒情描写取代了中国和欧洲传统的纯文学形式。鲁迅作品和欧洲现代散文作家的作品体现出的这些倾向，我认为可以称为抒情作品对史诗作品的渗透，是传统史诗形式的破裂。

用文言写成的中国古代散文大多是没有情节的，在此我们不打算研究鲁迅作品中的这种倾向在多大程度上是决定于，或至少受影响于中国古代散文的特性。我们要说的只是，甚至在他早期作品中，这位中国作家就已运用了欧洲散文很晚之后才发现的写作手法。我想，由此可见现代文学的兴起不是一个逐渐吸收各种外国成分，逐渐改变传统结构的渐进过程，而根本上是一个突变，是在外力激发下一个新结构的突然出现。这个新结构完全不必与激发它产生的那种结构相类似，因为无法估量的个性和当地传统会起主要作用。

我在前面已经提到过，小说的第二部分（几乎占一半）是写佣人们回忆太平天国起义。这些回忆虽然是由长毛逼近城镇的谣传引出来的，与小说的中心主题却没有什么联系。我们已经说过，用回忆童年经历的形式叙述故事，以及故意不去发展故事情节，这是十分新颖的成分；然而，这篇小说与中国传统小说形式的最大区别，还在于记录这种无关紧要的谈话。在旧小说中，对话是发展故事情节、决定结构的一个重要手段。鲁迅这篇小说里的对话却是独立的，甚至不像吴敬梓的《儒林外史》里的对话那样，服务于更准确地刻画人物的目的。这种形式的对话仅仅表现某种气氛、某种情境,或人与人之间的种种关系,这是我们在海明威、乔伊斯或福克纳这样的西方现代作家作品中常常可以见到的。断断续续的谈话无需直接描写,就把人物展现在我们面前,表露出用别的写法无法描述的各种关系,揭示出直截了当的描写绝对写不出的人物的心灵以及他的犹疑和细致入微的思想感情。这基本上是揭示人物内心世界的主要途径。有趣的是,在中国文学中正是鲁迅用古老的文言写作时,开创了这个新方向,它要求非常敏感地使用活的语言,并具有感知和表现情感的每一种基调和细微差别的天赋本领。

这就使我们得出另一个结论:出现新文学的根本条件并不是像胡适相信的那样取决于语言,胡适曾说:"〔我的宗旨……只是提倡创造一种'国语的文学,文学的国语'。〕我们所提倡的文学革命,只是要替中国创造一种国语的文学。有了国语的文学,方才可有文学的国语。有了文学的国语,我们的国语才可算得真正国语。"[1]我们无意否认一种接近和自由吸取口语成分的新文学语言的重要性,然而必须承认,最根本的条件并非要新的语言,而是要新的作家,要具有现代修养、能用现代眼光看世界、对现实生活的某些方面有完全不同的新的兴趣的作家。革命必须首先发生在作家的头脑中,然后才能体现在作品中。

我们所讨论的这篇小说,其整个气氛表明鲁迅的作品与欧洲文学中的最新倾向颇有共同之处。正如我们已说过的,它

---

[1] 胡适:《建设的文学革命论》,《新青年》第4卷第4期,1918年4月15日,第289—306页。

是以回忆录形式叙述的，有时很富于抒情的情调。这种着重自传、回忆的方式，使人想起当代最伟大的史诗作家之一托马斯·曼说的话，他在《我如何写浮士德博士》一书中问道："我们在小说的领域里必须考虑的是否已不再是小说本身？"并引用了哈利·列文评乔伊斯《芬涅根的守灵》的话："我们当代最好的作品不是在创造故事情节，而是充满回忆，唤起人们的情绪。"①

哪怕是稍微看一看鲁迅的作品，都可以明白列文的评论可适用于他自《怀旧》以始的全部文学创作。鲁迅作品突出的回忆录性质和抒情性质，使他区别于十九世纪现实主义的传统，而合乎两次大战之间的欧洲抒情散文作家的传统。这进一步肯定了我们的观点：在亚洲，新文学的崛起是一个突然的成长过程，它产生各种类型、体裁的时间和顺序与它们的西方样本并不一样。

---

① 哈利·列文：《詹姆斯·乔伊斯》，1960，第222页。

中国现代文学与古典文学的历史联系

王 瑶

一

现代文学史是几千年的中国文学史的新的发展部分,它与古典文学的关系应该是继承与革新的关系,它们之间有着不可分割的历史联系。每一个民族的文学历史都有它自己独特的面貌和风格,这种民族特点是与人民的生活方式和美学爱好密切联系的,有着长期形成的民族传统。当然,一切民族特点都是历史性的范畴,民族传统也是不断发展的,不能把它理解为凝固的东西,这种发展就意味着革新。现代文学长期以来被称为"新文学",就是指它从"五四"开始,为了适应民主革命的要求而自觉地学习外国进步文学的充满革新精神的特点。鲁迅在谈到文学革命时指出:"一方面是由于社会的要求的,一方面则是受了西洋文学的影响"。[①]由于痛感自己思想文化的落后,要提倡民主与科学的现代思潮,当然也要求文学具有现代

---

① 鲁迅:《且介亭杂文·〈草鞋脚〉小引》。

化的特点，因此现代文学在发展中学习和借鉴外国进步文学是一种自觉的行动。这成为提倡革新的重要内容，而且从主要方面说来它对新文学的建设也是起了积极的促进作用的。但这并不说明现代文学与民族传统之间就没有联系，不仅文艺创作所反映的社会生活和它所要适应的人民的欣赏习惯具有鲜明的民族特点，而且许多作家所受的教育和具有的文艺修养都和民族文化传统有着很深的联系，这是现代文学具有民族特色的重要原因。只是为了和国粹主义者划清界限，为了进行反封建的战斗，便很少有人从理论上来作全面的论述罢了。我们可以这样来概括：现代文学中的外来影响是自觉追求的，而民族传统则是自然形成的，它的发展方向就是使外来的因素取得民族化的特点，并使民族传统与现代化的要求相适应。用鲁迅的话就是："都和世界的时代思潮合流，而又并未梏亡中国的民族性。"即要求文学发展既符合实现现代化的方向，但"其中仍有中国向来的魂灵"。① 现代文学较之传统的文学确实有了巨大的革新，但它又是继承和发扬了民族传统的。

一个民族或一个作家的文学创作带有鲜明的民族特点，是它趋于成熟的标志。没有民族特色的作品，就谈不上有什么世界意义。中国文学的历史不仅悠久，而且从未间断地形成了一条长流，成为我们民族文化传统的重要组成部分。在长期的发展过程中我们也接受过外来的影响，譬如由印度来的佛教文学，就对中国的小说戏曲发生过积极的影响。但那也是在经过

---

① 鲁迅：《而已集·当陶元庆君的绘画展览时》。

了一定的过程与阶段，在中国文学发展基础上作为营养而逐渐成为它的有机部分的。我们的民族是一个发展着的向上的民族。在它的发展过程中原是勇于和善于接受一切外来的有用事物的，鲁迅在《看镜有感》一文中所称道的汉唐时代主动地摄取外来文化的事例，就是明证。只是到了封建社会的后期，国粹主义思想逐渐占据统治地位，他们顽固守旧，敌视一切新鲜事物，从而导致了国力的衰弱和文化的停滞。因此，五四新文化运动把反对国粹主义当作一项重要任务是完全正确的。国粹主义者并不尊重我们的民族文化传统和优秀的文学遗产，他们所要保存的完全是封建糟粕和一切陈规陋习；摧毁这种顽固的保守势力，介绍和学习外来的进步文化，无疑是十分必要的。即使那种内容带有某些消极性的东西，在"五四"当时也是起了解放思想和对封建文化的冲击作用的。

就现代文学的主流说，这种介绍和学习外国文学的思潮同继承和发扬民族传统的要求并不矛盾。正是通过"五四"文学革命才对中国文学遗产提出了新的评价，把一向不受重视的小说、戏曲和民间文学提高到了文学正宗的地位。鲁迅是最早研究中国小说史的人，他深感于"在中国，小说是向来不算文学的"，[1]而鲁迅开始创作时又是"所仰仗的全在先前看过的百来篇外国作品"，[2]他的小说既是深深植根于中国现实生活的，但又确实受了外国文学的启发和影响。他自己说他后来写的作品

---

[1] 鲁迅：《且介亭杂文·〈草鞋脚〉小引》。
[2] 鲁迅：《南腔北调集·我怎么做起小说来》。

如《肥皂》《离婚》等"脱离了外国作家的影响",[①]"脱离"并不等于没有受影响,从学习、借鉴到脱离,就体现了对外国文学的一个吸收和融化的过程,也就是使它的有用成分成为具有中华民族特色的现代文学的组成部分,这实际上就体现了在继承和发扬民族文化传统基础上的革新。尽管当时许多作家的爱好、趣味和认识都不尽相同,但无论学习和借鉴外国文学或者中国古典文学,目的都是为了创造能够受到读者欢迎的新文学。这一点,大家一般还是比较明确的;因此就现代文学的主流和发展方向说,作为奠基人的鲁迅的经历、意见和创作特色,仍然是有很大代表性的。

"五四"文学革命当然也有它的历史局限和弱点,这特别表现在许多人的形式主义地看问题的方法上。在对待社会生活和文化遗产对文艺创作的关系,在对待民族传统和外国文学的主次位置的态度,以及在对新文学的源流的认识等问题上,都有过各种各样的带有片面性的看法。这种态度和看法也影响了后来的发展。例如周作人把新文学解释为明朝"公安派"和"竟陵派"的继承,[②]胡风则把它解释为欧洲文艺复兴以来的"一个新拓的支流",[③]就都是既忽略了它所产生的特定的历史条件和现实生活的基础,又片面地夸大了某一方面影响的结果。就现代文学的发展情况说,由于文学革命是在痛感祖国落后而向外国追求进步事物的条件下发生的,因此缺乏分析地

---

① 鲁迅:《〈中国新文学大系〉小说二集序》。
② 周作人:《中国新文学的源流》。
③ 胡风:《论民族形式的问题》。

接受外国影响的情况是相当普遍地存在的，甚至有的人还主张"全盘西化"，对民族文化采取了虚无主义的态度。这表现在创作上就使得一些作品的语言和艺术手法都过于欧化，与民族传统的联系比较薄弱，与人民的欣赏习惯有较大的差距，因而就使读者和影响的范围都相对地缩小了。"左联"时期的提倡大众化，抗战初期进行的利用旧形式的创作的尝试和关于民族形式的讨论，都是为了增强现代文学的民族特色，使它能够适应人民群众的欣赏习惯所作的努力。现代文学的历史说明，凡是在创作上取得显著成就，并受到人民广泛欢迎的作家，他的作品就都不同程度地浸润着民族文化传统，特别是中国古典文学的滋养的，这是形成他的创作特色的一个重要来源。

二

我们在具体考察中国现代文学与古典文学的历史联系时，不能不首先注意到两者之间的内在精神上的深刻联系。

这首先是爱国主义的文学传统，以及与此相联系的忧国忧民的思想、执着的探索精神和强烈的社会责任感。从屈原的《离骚》开始，"爱国主义"就是中国传统文学的一个中心主题；以屈原为代表的中国知识分子历来具有强烈的忧国忧民的思想，热情而焦虑地关注着祖国的命运和前途，怀着"天下兴亡，匹夫有责"的社会责任感，自觉地运用文学来为祖国和人民抒发自己的情感和抱负。古典文学的这一爱国主义传统对于现代文学特别亲切和重要，因为现代文学本身就是中国近代社会民族危机的产物；以文学为工具，唤起民族的觉醒，改变人民的精神面貌，进而促进民族的新生，这几乎是所有中国现代作家走上文学道路的最初的出发点。中国现代文学的伟大奠基者鲁迅，以完全是屈原式的诗句"寄意寒星荃不察，我以我血荐轩辕"，作为他献身祖国解放事业的决心书，同时也是他从事文学工作的宣言书，这当然不是偶然的。因此现代文学与民族解放、人民革命事业有着天然的血缘联系，关注民族命运的历史使命感与社会责任感是中国现代作家的基本品格，它与中国古典文学和民族文化的优良传统是一脉相承的。在现代文学史上，为人生的文学，通过干预民族灵魂干预社会生活，成为现代文学的基本文学观念；而"为艺术而艺术"的思潮则在现代中国始终没有得到充分发展的土壤。文学的爱国主义激情常常与执着而痛苦的探索联系在一起，屈原的"路漫漫其修远兮，吾将上下而求索"，作为鲁迅以及其后许多现代作家普遍的心境和历程，就表现了强烈的时代精神和他们共同的精神追求。中国现代文学总的看来有一种博大深沉而又抑郁悲壮的"调子"。这当然首先是历史条件和人民情绪的反映，但它与中国古典文学的精神和特色又是息息相通的。

人道主义精神是在长期的历史传统中不断积累和丰富起来的，在中国古典文学中有着深厚的基础。儒家所强调的"仁"以及后来的"民胞物与"的思想，道家的"强梁者不得其死"的自然观，都对古典文学中的人道主义精神有着深刻的影响；在文学作品中，这种人道主义传统突出地表现在对被压迫人民，特别是妇女与儿童的同情。《诗经》中有《伐檀》《硕鼠》

那样的诗篇，汉乐府中的著名篇章中就有《妇病行》和《孤儿行》，唐宋传奇以及后来的章回小说中，妇女的形象常常居于主要地位，民间文学中也有像虐待至死的童养媳"女吊"那样的形象。古典文学中对下层人民的同情和爱的人道主义传统，与现代民主主义精神和社会主义思想结合起来，就形成了中国现代文学的"人民本位主义"的传统。中国现代文学本质上就是人民的文学，它以工人、农民和知识分子为主体的人民作为文学的主要表现对象和接受（服务）对象。它不仅要求在文学内容上真实地反映人民的实际生活，表达人民的情绪、愿望和要求，而且追求为中国老百姓所喜闻乐见的文学形式；"五四"文学革命由倡导白话文开始，延安文艺整风运动从批判党八股开始，中国现代文学的变革都首先体现了文艺必须为最广大的人民群众所接受的这一历史要求。不仅如此，"对待人民的态度如何，在历史上有无进步意义"，[1]也成为对于传统文学作品的基本评价和取舍标准。"五四"时期之所以对《水浒传》这样的作品给以很高评价，就是因为它真实地反映了中国农民的反抗精神，正如钱玄同所说："《水浒》尤非海盗之作，其全书主脑所在，不外'官逼民反'一义，施耐庵实有社会党人之思想也。"[2]这是对古典文学的一次再评价和再发现，当时就是运用了这种眼光对古典文学作出了新的检阅和评价的。从《诗经》"国风"开始，一直到近代小说，一大批真实反映人民生活和愿望的作品或被发掘，或得到了新的肯定，这反过来对现代文

---

[1] 毛泽东：《在延安文艺座谈会上的讲话》。
[2] 钱玄同：《寄陈独秀》。

学的理论与创作又产生了深远的影响,突出了中国文学中的悠久绵长的人民本位主义的优秀传统。

中国现代文学是从"文学革命"开始的,它当然要反对传统文学中的一切阻碍社会进步的东西,它尖锐地提出了要打破"瞒"与"骗"的精神迷梦,睁开眼睛,揭示现代中国社会的真实的矛盾运动,把激发变革现实的热情作为自己的基本使命,[①]因此它必然以革命现实主义为基本的创作方法。"五四"文学革命在一开始就旗帜鲜明地把"推倒陈腐的铺张的古典文学,建设新鲜的立诚的写实文学"[②]作为文学革命的三大主义之一,就反映了这一历史要求。值得注意的是,"五四"文学革命的先驱者在高举现实主义旗帜、批判传统文学中的"瞒"与"骗"的反现实主义创作倾向的同时,也在古典文学中努力发掘现实主义的积极因素,作为自己所提倡的现实主义文学的渊源和依据。钱玄同在《寄陈独秀》一文中,在尖锐地批判一般传统小说"彼等非有写实派文学之眼光"的同时,充分肯定了《红楼梦》《儒林外史》《官场现形记》《二十年目睹之怪现状》《孽海花》等小说的"价值",其着眼点显然在这些作品的现实主义成就。鲁迅正是据此才对《红楼梦》给以极高评价的,他说:"至于说到《红楼梦》的价值,可是在中国底小说中实在是不可多得的。其要点在敢于如实描写,并无讳饰,和从前的小说叙好人完全是好,坏人完全是坏的,大不相同,所以其中所叙的人物,都是真的人物。总之自有《红楼梦》出来以后,传

---

① 鲁迅:《坟·论睁了眼看》。
② 陈独秀:《文学革命论》。

统的思想和写法都打破了。"[1]鲁迅在这里所说的打破"传统的思想和写法"的革新精神,"敢于如实描写,并无讳饰"的现实主义精神,都是与"五四"文学革命的时代要求相符合的,也是为中国现代文学所直接继承的。

文学的历史现象从来是纷纭的和复杂的,不能想象任何时代的文学都是清一色的;但作为贯串历史发展的重要线索,它就不可能不是我们民族文化的精髓,例如爱国主义、人民本位主义和现实主义这类文学史的重要现象。正是这些方面,我们可以鲜明地看到中国现代文学和古典文学之间的深刻的精神联系。

三

中国现代文学与古典文学的历史联系(包括继承与革新两个方面)不仅体现在文学内在精神的传统和特色上面,如果我们就文学的各种体裁来考察,就会发现二者之间存在着更为具体和更加深刻的联系。

鲁迅在20世纪30年代回顾中国现代小说的历史发展时说:"在中国,小说是向来不算文学的。在轻视的眼光下,自从十八世纪末的《红楼梦》以后,实在也没有产生什么较伟大的作品。小说家的侵入文坛,仅是开始'文学革命'运动,即一九一七年以来的事。"[2]"五四"文学革命在中国小说史上

---

[1] 鲁迅:《中国小说的历史的变迁》。
[2] 鲁迅:《且介亭杂文·〈草鞋脚〉小引》。

的意义，不仅在于由此开始了现代小说的创造，而且对中国传统小说的价值作出了新的评价；正是这两个方面构成了"小说家""侵入文坛"、小说获得了文学正宗地位的新局面。

"五四"时期，几乎每一篇关于文学革命的发难文章在猛烈批判以"桐城谬种、选学妖孽"为代表的封建旧文学的同时，对一向不被重视的以《红楼梦》为代表的优秀古典小说给以肯定的评价。胡适《文学改良刍议》就明白宣布自己是传统白话小说的继承者："吾惟以施耐庵、曹雪芹、吴趼人为文学正宗。""吾每谓今日之文学，其足与世界'第一流'文学比较而无愧色者，独有白话小说一项。"陈独秀《文学革命论》也以明清小说为"近代文学之粲然可观者"，称施耐庵、曹雪芹为"盖代文豪"，给予崇高的评价。这一事实清楚地说明"五四"文学革命并不是要打倒所有的传统文学，而是要求对它作出新的评价，是在否定中有肯定、批判中有继承的。就现代小说来说，它对于古典小说的继承也并不仅限于内在精神的联系，而是包括着艺术构思和表现手法等多方面的因素的，鲁迅的小说就和《儒林外史》之间存在着深刻的联系。鲁迅少年时代曾受过传统的教育，学过八股文和试帖诗，他对于《儒林外史》所写的"士林"风习有着深切的感受；他笔下的《白光》里的陈士成，以至《孔乙己》里的孔乙己，在精神世界上与《儒林外史》中的人物是非常类似的。讽刺艺术是鲁迅小说的显著特色，而鲁迅就给《儒林外史》的讽刺艺术以很高的评价；他说："迨吴敬梓《儒林外史》出，乃秉持公心，指摘时弊，机锋所向，尤在士林；其文又感而能谐，婉而多讽：于是说部中乃始有足称讽刺之书。……既多据自所闻见,而笔又足以达之,故能烛幽索隐,物无遁形,凡官师,儒者,名士,山人,间亦有市井细民,皆现身纸上,声态并作,使彼此相,如在目前……是后亦鲜有以公心讽世之书如《儒林外史》者。"①鲁迅还写过两篇论讽刺的文章,说明"非写实决不能成为所谓'讽刺'",所举的例子之一就是《儒林外史》中的范举人守孝,鲁迅说:"和这相似的情形是现在还可以遇见的。"②鲁迅作品中像《端午节》中方玄绰的买彩票的想法,像《肥皂》中"移风文社"那些人的聚会情形的描绘,是和范进丁忧的"翼翼尽礼","而情伪毕露"的写法可以媲美的,都可以说是"诚微辞之妙选,亦狙击之辣手矣"。在形式和结构上,《儒林外史》也是最近于鲁迅小说的。鲁迅曾经说过,由于现代社会"人们忙于生活,无暇来看长篇",因此,"五四"首先兴起的是"以一目尽传精神"的短篇小说;③但中国传统的短篇小说如唐宋传奇或宋元话本和后来的"拟话本",虽然篇幅不长,但在有头有尾、故事性很强等特点上,反而是更近于《三国演义》《水浒传》等长篇的;只有《儒林外史》"事与其来俱起,亦与其去俱讫,虽云长篇,颇同短制",④是最近于现代短篇小说的。"五四"时期的短篇创作当然主要是借鉴于外国短篇小说的格式,但是与《儒林外史》的形式和结构也是有联系的。在鲁迅的《肥皂》《离婚》等他自己觉得技巧圆熟的作品中,这种"事与其来俱起,亦与其去俱

---

① 鲁迅:《中国小说史略·清之讽刺小说》。
② 见鲁迅《且介亭杂文二集·论讽刺》及《什么是"讽刺"?》二文。
③ 鲁迅:《三闲集·〈近代世界短篇小说集〉小引》。
④ 鲁迅:《中国小说史略·清之讽刺小说》。

讫"的特点，非常明显；就是在《阿Q正传》《孤独者》等首尾毕具、人物性格随着情节的发展而展开的作品中，那种以突出生活插曲来互相连接的写法，也是颇与《儒林外史》的方法近似的。

鲁迅对中国古典文学有着深厚的修养，从整体上看，他的小说与中国古典诗歌、绘画以及戏剧艺术，都有着很深的继承关系。鲁迅总结他写小说的经验时说："我力避行文的唠叨，只要觉得够将意思传给别人了，就宁可什么陪衬拖带也没有。中国旧戏上，没有背景，新年卖给孩子看的花纸上，只有主要的几个人……我深信对于我的目的，这方法是适宜的，所以我不去描写风月，对话也决不说到一大篇。"又说："忘记是谁说的了，总之是，要极省俭的画出一个人的特点，最好是画他的眼睛。我以为这话是极对的。"[1]这里说的都是他对于传统绘画、戏剧的风格特点的追求。鲁迅所引述的是东晋画家顾恺之的观点，所谓"四体妍蚩，本无关于妙处；传神写照，正在阿堵中"。[2]中国的传统画论和戏剧理论中有不少关于传神写意的类似说法，如"论画以形似，见与儿童邻。作诗必此诗，定知非诗人"（苏轼诗），"所谓画者，不过逸笔草草，不求形似""聊写胸中逸气耳"（元·倪云林），"画者当以意写之，不在形似"（元·汤垕），以及"优孟学孙叔敖抵掌谈笑，至使人谓死者复生，此岂举体皆似，亦得其意思所在而已"（苏轼）等，都是强调从形似中求神似，由有限（画面）中出无限（诗情）的美

---

[1] 鲁迅：《南腔北调集·我怎么做起小说来》。
[2] 见《世说新语·巧艺》。

学原则。所谓"写意",实际上是对绘画、戏剧、小说……的一种自觉的"诗意追求"。中国是一个有悠久的诗歌传统的国家,诗的因素渗透于一切文学艺术形式中,形成了"抒情诗"的传统。在鲁迅的小说中,有一部分是着重客观写实的,但另一部分则具有浓厚的抒情性;在这类小说中,作者常常通过自然景物的描绘或心情感受的抒发,形成一种情调和气氛,他所着重的正是小说的"抒情"的功能;因此作品的具体描写总是追求"情"与"景(境)"的统一,着意创造诗的"意境"。《在酒楼上》的情节发生在风景凄清的大雪中的狭小阴湿的小酒店,而作品中还有一大段对于酒楼外的废园雪景的富有诗意的描写。结尾是在风雪交加的黄昏中,这一对友人方向相反地告别了;这充满了"意兴索然"的感触。《孤独者》写深冬灯下枯坐,"如见雪花片片飘坠,来增补这一望无际的雪堆"中,突然接到了两眼像嵌在雪罗汉上小炭一样黑而有光的正在怀念中的魏连殳的来信,而这位久别的正陷在绝境中的孤独者的信也正是写在大雪深夜中吐了两口血之后的,这是多么沉重、孤寂而悲凉的气氛。到最后送殓归来的时候,却是散出冷静光辉的一轮圆月的清夜,在那里隐约听到狼似的长嗥,"惨伤里夹杂着愤怒和悲哀"。这里主观心理、情愫与客观景物达到了融合的境地,是完全可以作为"诗"来领会的。鲁迅小说对中国"抒情诗"传统的自觉继承,开辟了中国现代小说与古典文学取得联系、从而获得民族特色的一条重要途径。在鲁迅之后,出现了一大批抒情体小说的作者。如郁达夫、废名、艾芜、沈从文、萧红、孙犁等人,他们的作品虽然有着不同的思想倾向,艺术上也各具特点，但在对中国诗歌传统的继承这一方面，又显示了共同的特色。

在中国现代小说史上，以赵树理为代表的一批作家，则是通过另一途径，以另一种方式取得与中国传统文学的联系的。他们所继承的主要是民间艺术的"史诗传统"，因此他们更重视小说的"说故事"的功能，在小说的结构、语言、表现方式等方面，都十分注意与以农民为主体的普通读者的欣赏习惯、审美趣味与文化水准相适应。用赵树理自己的话来说，就是"在写法上对传统的那一套照顾得多一些"，[①]所谓"传统的那一套"主要就是指"中国民间文艺传统"。赵树理曾结合自己创作实践中的体会，将民间艺术传统写法总结为四点："一、叙述和描写的关系。任何小说都要有故事。我们通常所见的小说，是把叙述故事融化在描写情景中的。而中国评书式的小说则把描写情景融化在叙述故事中的。""二、从头说起，接上去说。……我们通常读的小说，下一章的开头，总可以不管上一章提过没有，重新开辟一个场面，只要把全书读完，其印象是完整的就行，而农村读者的习惯则是要求故事连贯到底，中间不要跳得接不上气。""三、用保留故事中的种种关节来吸引读者……（这）叫做'扣子'，是根据听书人以听故事为主要目的的心理生出来的办法。""四、粗细问题。在故事进展方面，直接与主题有关的应细，仅仅起补充或连接作用的不妨粗一点。"[②]他所总结的这些民间艺术的形式结构特点，其实是可以概括宋元话

[①] 赵树理：《〈三里湾〉写作前后》。
[②] 赵树理：《〈三里湾〉写作前后》。

本以来的大部分中国传统小说的。由于对民间文艺传统的自觉继承与发展，赵树理以及康濯、马烽这一类作家的小说，常常取得了为中国老百姓所喜闻乐见的形式与风格，在促进现代小说与普通人民的结合上起了重要的作用。以鲁迅和赵树理为代表的这两类不同风格的小说家的艺术追求，说明中国现代小说与古典文学传统的联系是多方面和多角度的，也说明实现中国小说的现代化与民族化的道路是十分宽广的。现代作家既然在共同的民族文化传统中孕育成长，则无论自觉或不自觉，他的创作是不可能不与古典文学存在着某种历史联系的。艺术的天地十分广阔，我们只能就总的趋向来考察，而不能将某些明显的有迹可求的艺术特征绝对化，那是反而会顾此失彼的。

四

胡适曾经说过，在"五四"文学革命中"用白话来征服诗的壁垒"，从而"证明白话可以做中国文学的一切门类的唯一的工具"，[①]曾经是关键性的一仗。因此，当时所有的先驱者一起上阵，连自称"不喜欢做新诗"的鲁迅也"打打边鼓，凑些热闹"，[②]写了新诗五首。在理论上也采取了最为激进的姿态，胡适明确提出了"诗体大解放"的口号："不但打破五言七言的诗体，并且推翻词调曲调的种种束缚；不拘格律；不拘平仄；不

---

① 胡适：《逼上梁山》。
② 鲁迅：《集外集》序言。

拘长短；有什么题目，做什么诗；诗该怎样做，就怎样做。"①刘半农则提出了"破坏旧韵、重造新韵"，"增多诗体"②的主张。新诗可以说是彻底冲破旧体诗词的束缚，直接借鉴外国诗歌的产物。

但是，能不能据此就说中国现代新诗与古典诗歌之间不存在历史的联系呢？

我们先看一个简单明瞭却很能说明问题的事实："五四"时期的新一代作家大都能写旧诗，而且功力深厚，写得很好，如鲁迅、郭沫若、茅盾、郁达夫、叶圣陶、朱自清、田汉等人，但他们都不公开在报刊上发表旧诗。鲁迅的旧诗是杨霁云编《集外集》时代他搜罗入集的，其他的人也是一直到中华人民共和国成立后人们才逐渐知道的。朱自清把他的旧诗集称为《敝帚集》和《犹贤博奕斋诗钞》，就是表示"敝帚自珍"、不供发表的意思，这当然是为了表现他们支持诗歌革命、支持新诗的立场的，鲁迅就劝人对旧诗词"大可不必动手"。③但从以后整理、发表的他们的旧诗词中，我们仍然可以看出，这些新作家、新诗人都同时具有很高的古典诗歌的修养。鲁迅的旧诗多为近体诗，近年来研究它与屈原、李商隐、龚自珍等人的联系的文章已经很多。新加坡的郑子瑜曾经作过一篇《郁达夫诗出自宋诗考》，④列举出郁达夫的许多旧诗都从宋诗点化而来，而所举的宋诗有相当部分都是比较冷僻、为一般人所不熟悉

---

① 胡适：《谈新诗》。
② 刘半农：《我之文学改良观》。
③ 鲁迅一九三四年十月十三日致杨霁云信。
④ 见《郁达夫研究资料》。

的，这恰好说明了郁达夫古典文学修养之深厚。郭沫若说"达夫的诗词实在比他的小说或者散文还好",[①]这并不是毫无根据的。这个事实说明:"五四"时期的新作家、新诗人尽管在公开场合都提倡新诗,自觉学习外国诗歌,表现出与传统诗词的决绝姿态,但他们自幼自然形成的古典诗词的深厚修养却不能不在他们的实际创作中发生影响;尽管这种影响有一个从"潜在"到"外在"、从"不自觉"到"自觉"的过程,但这种影响存在的本身就表现出了一种深刻的历史联系。

事实上"五四"时期的新诗创作并没有、也不可能与古典诗歌的传统完全割裂。胡适在《谈新诗》里就指出了这样一个事实:"我所知道的'新诗人',除了会稽周氏弟兄之外,大都是从旧式诗、词、曲里脱胎出来的。"他并且举例说:"沈尹默君初作的新诗是从古乐府化出来的。"在同一篇文章里他还提出这样的观点:"做新诗的方法根本上就是做一切诗的方法;新诗除了'诗体的解放'一项之外,别无他种特别的做法";他在谈到"诗需要用具体的做法,不可用抽象的说法"时,所举的例证全部是传统的旧诗词,这几乎已经是一种自觉的借鉴了。朱自清认为胡适的主张"大体上似乎为《新青年》诗人所共信;《新潮》、《少年中国》、《星期评论》,以及文学研究会诸作者,大体上也这般作他们的诗"。[②]至于胡适自己写的后来被称之为"胡适之体"的白话诗,也早已有人指出是"于旧途中"

---

① 郭沫若:《望远镜中看故人——序〈郁达夫诗词钞〉》。
② 朱自清:《中国新文学大系·诗集》导言。

取了"元白易懂的一派",而排斥了"温李难懂的一派",①也就是说对中国古典诗歌传统是既有所扬弃,也有所继承的。前文谈到有人研究郁达夫旧诗与宋诗的关系,其实"五四"前后的"早期白话诗"都与宋诗存在着某种类似的关系。严羽《沧浪诗话》曾用"以文字为诗,以才学为诗,以议论为诗"来概括宋诗的特点。朱自清则进一步指出,宋诗"终于回到了诗如说话的道路,这如说话,的确是条大路"。②"五四"早期白话诗正是以"作诗如作文"为主要理论旗帜的。我们当然不能从这种历史的相似中得出现代新诗是由宋诗演化而来的,因为新诗是文学革命的产物,它主要是借鉴外国诗歌而来的;但晚清宋诗一派的流行也有它的历史的和社会的原因,而且是不可能不对"五四"初期的作家产生一定的影响的。当然,在新诗发展史上,早期白话诗带有很大程度的过渡性质。真正开一代新风的,还是郭沫若的《女神》。《女神》可以说是更彻底地打破了旧诗词的镣铐,以至闻一多批评《女神》是走到了过于"欧化"的极端。在影响很大的《女神之地方色彩》一文里,闻一多尖锐地批评"《女神》中所用的典故,西方的比中国的多多了""《女神》之作者对于中国文化之隔膜""《女神》底作者这样富于西方的激动底精神,他对于东方的恬静的美当然不大能领略"。应该说,闻一多的这种批评带有很大偏颇,因为他将《女神》的现代化特点与民族特点截然对立起来,用前者来否定《女神》与传统文化的历史联系,而这是不符合事实的。

---

① 冯文炳:《谈新诗》。
② 朱自清:《论雅俗共赏》。

《女神》中表现得十分突出的泛神论思想，就不但有西方斯宾诺莎学说、东方古印度婆罗门经典——《奥义书》的影响，而且融会了他对中国古代哲学的"再发现"和"再认识"；他是把东西方哲学和中国传统哲学思想按照自己的理解，加以溶化汇合，从而形成了他的"泛神论"思想的。收在《女神》中的《湘累》《棠棣之花》中的屈原形象、聂嫈形象，都是他用"五四"时代精神"照亮"了传统的产物。郭沫若在《女神》中所致力的是将民族文化"现代化"的意图，而不是对民族文化的"隔膜"或"不能领略"。

闻一多当时对传统文化的理解比较狭窄，并且带有某种保守的性质。在同一篇文章中，他热烈地赞颂"东方的文化是绝对的美的，是韵雅的"，主张"恢复我们对旧文学底信仰"；他的诗作《忆菊》《祈祷》，把诗人对于中国传统文化的热爱和向往，表现得非常真挚和强烈。在理论上他明确提出新诗"要做中西艺术结婚后产生的宁馨儿"，强调"真要建设一个好的世界文学，只有各国文学充分发展其地方色彩，同时又贯以一种共同的时代精神，然后并而观之，各种色彩虽互相差异，却又互相调和"；[1]他的诗歌创作就是这种主张的实践，因此闻一多的格律诗虽然受西方诗歌的影响很深，但它与中国文化传统的联系还是十分明显的。

也许更能说明问题的是中国现代派诗歌发展的历史。现代派诗歌显然是从"异域""世纪末的果汁"里摄取营养、并且以

---

[1] 闻一多：《〈女神〉之地方色彩》。

反传统为其特点的；但也正是中国最早的现代象征派诗人李金发在理论上最早提出："东西作家随处有同一的思想，气息，眼光和取材"，应"于他们之根本处"，"把两家所有，试为沟通，或即调和"。①由于李金发对于中华民族生活与诗歌传统都十分隔膜，他所谓"东西调和"不过是将文言词语嵌入诗中，这不仅没有改变他的诗过于欧化的倾向，反而增加了理解的困难，终因脱离群众而未能获得更多的读者。到了20世纪30年代，以戴望舒与何其芳、卞之琳诸人为代表的现代派诗人，不仅通晓外国文学，而且有着较高的中国古典文学修养，对处于动乱中的民族生活以及在一部分知识分子中产生的迷茫、梦幻和感伤情绪，有着深切的感受和体验，他们从法国象征派诗人那里接受了现代诗歌的观念，再去反观中国古典诗歌，从而发现了它们之间内在的一致。卞之琳在发表于《新月》第4卷第4期的《魏尔伦与象征主义·译序》中指出："'亲切'与'含蓄'是中国古诗与西方象征诗完全相通的特点。"何其芳在《梦中道路》中追述自己写作《燕泥集》的艺术渊源时也说："这时我读着晚唐五代时期的那些精致的冶艳的诗词，蛊惑于那种憔悴的红颜上的妩媚，又在几位班纳斯派以后的法兰西诗人的篇什中找到了一种同样的迷醉。"即使在诗歌形式上，中国现代诗人也发现了西方的十四行诗"最近于我国的七言律体诗，其中起、承、转、合，用得好，也还可以运用自如"。②

西方现代派诗歌与中国古典诗歌中的某些流派（如晚唐

---

① 李金发：《食客与凶羊》自跋。
② 卞之琳：《雕虫纪历》自序。

的温、李诗派）在诗的艺术思维方式、情感感受与表达方式之间存在着某种内在的相似，是一个很有意义的现象；正是这种发现使得中国的现代派诗人（从戴望舒到以后的《九叶集》诗人）能够逐渐摆脱早期象征派诗人那种对于外国诗歌的模仿和搬弄的现象，而与自己民族诗歌的传统结合起来，逐渐找到了外来形式民族化的道路。

同小说领域一样，中国现代新诗与古典诗歌传统的历史联系，道路也是宽广的。除了上述与文人诗歌传统的联系之外，从"五四"时期起，新诗作者就开始了对民歌传统的探索和汲取。刘半农提倡"增多诗体"，其中一条途径就是从民间歌谣的借鉴中创作民歌体白话诗，《瓦釜集》里的作品就是这种创作实践的收获。20世纪30年代，中国诗歌会的诗人提倡新诗的"歌谣化"。抗战时期又有从曲艺中汲取养料来创作新诗的尝试，如老舍的《剑北篇》。《在延安文艺座谈会上的讲话》之后，解放区出现了大规模地搜集、整理和学习民歌的运动，并涌现出了像李季的《王贵与李香香》、阮章竞的《漳河水》这样的民歌体叙事诗。这一趋向对新中国成立以后的诗歌创作，也产生了深刻的影响。

五

鲁迅对"五四"时期散文创作的成就曾给以很高的评价，认为"散文小品的成功，几乎在小说戏曲和诗歌之上"。[①]朱自

[①] 鲁迅：《南腔北调集·小品文的危机》。

清在《背影》序中也说:"但就散文论散文,这三四年的发展,确是绚烂极了:有种种的样式,种种的流派。"这种成功是同古典文学中的历史凭借分不开的。在散文的种种不同的样式和流派中,如果大致区分,则依习惯可分为议论、抒情、叙事三大类,而这些内容又都是在古典文学中有着大量存在的。如果说"五四"时期的现代小说、新诗和话剧主要是借鉴于外来的形式,那么散文就和古典文学传统有着更为密切的联系。"五四"时期的作家都受过传统的读古书的教育,对古代散文有基本的素养,这是散文获得成功的一个重要原因。

"五四"时期最早出现的散文作品是以议论为主的文章,即杂文。1918年4月,《新青年》第4卷第4期首设《随感录》一栏,主要作者有陈独秀、鲁迅、钱玄同、刘半农等人,从开始起这种文体就是为新文化运动开辟道路的;他们认为杂文是文学的一种主要形式,正是受了古典文学的影响。如刘半农在《我之文学改良观》中就说:"故进一步言之,凡可视为文学上有永久存在之资格与价值者,只诗歌戏曲、小说杂文二种也。"鲁迅也指出:"其实'杂文'也不是现在的新货色,是'古已有之'的。"[1]20世纪30年代关于小品文的讨论中,鲁迅还引述了由晋代清言起的中国古典文学中散文的传统,而且特别发扬了其中带有议论色彩的特点。他指出:"唐末诗风衰落,而小品放了光辉。但罗隐的《谗书》,几乎全部是抗争和愤激之谈;皮日休和陆龟蒙自以为隐士,别人也称之为隐士,而看他们在《皮

---

[1] 鲁迅:《且介亭杂文》序言。

子文薮》和《笠泽丛书》中的小品文,并没有忘记天下,正是一榻胡涂的泥塘里的光彩和锋铓。明末的小品虽然比较的颓放,却并非全是吟风弄月,其中有不平,有讽刺,有攻击,有破坏。"①现代文学中的杂文在具体写法上也许不同于这些古代作品,但对其战斗精神的继承和发展则是十分明显的。

鲁迅自己的杂文在表现方式和艺术风格上同"魏晋文章"有其一脉相承之处,这是鲁迅自己也承认的。据孙伏园记载,刘半农曾赠送过鲁迅一副对联即"托尼学说,魏晋文章","当时的朋友都认为这副联语很恰当,鲁迅先生自己也不加反对"。②什么是"魏晋文章"的特色呢?鲁迅曾用"清峻、通脱"来概括,并解释说,"通脱即随便书意。此种提倡影响到文坛,便产生多量想说什么便说什么的文章。更因思想通脱之后,废除固执,遂能充分容纳异端和外来的思想";"清峻的风格——就是文章要简约严明的意思"。③这就是说,没有"八股"式的规格教条的束缚,思想比较开朗,个性比较鲜明,而表现又要言不烦,简约严明,富有说服力。很显然,魏晋文章的这些特色,正是鲁迅平日所致力,也是在鲁迅杂文中得到继承和发展的。

就具体作者来说,魏晋时代的孔融和嵇康对鲁迅杂文的影响最大,尤其是嵇康。鲁迅曾说:"孔融作文,喜用讥嘲的笔调。"④据冯雪峰回忆,鲁迅晚年"曾以孔融的态度和遭遇自

---

① 鲁迅:《南腔北调集·小品文的危机》。
② 孙伏园:《鲁迅先生二三事》。
③ 鲁迅:《而已集·魏晋风度及文章与药及酒之关系》。
④ 鲁迅:《而已集·魏晋风度及文章与药及酒之关系》。

比"。①这里所说的"态度"是指孔融的不屈的反抗精神,并且是通过他的讥嘲笔调表现出来的。孔融文章中运用讽刺手法的地方很多,同鲁迅杂文的风格颇有类似的地方。鲁迅自己说他的杂文是"论时事不留面子,砭锢弊常取类型",②在表现方法上则是"好用反语,每遇辩论,辄不管三七二十一,就迎头一击",③这些话是可以概括鲁迅杂文的特色的。他擅长讽刺的手法,常常给黑暗面以尖利的一击;在表现方法上则多用譬喻、反语,使自己的思想能形象地表现出来;因此也常常援引古人古事来说明今人今事、引对方的话来举例反驳。而这样特点在中国文学史上的类似状态,在以孔融和嵇康为代表的魏晋文章中是十分明显的。鲁迅特别喜爱嵇康的议论文,这是人们熟知的。他说:"嵇康的论文,比阮籍更好,思想新颖,往往与古时旧说反对。"④这些话几乎可以移用来评价鲁迅的杂文。鲁迅特别欣赏嵇康的论难文章,并且对嵇康"所存的集子里还有别人的赠答和论难"⑤表示赞同;嵇康在他与别人辩难的文章中不仅"针锋相对",而且说理透辟,富有逻辑性,表述方式又多半是通过"据事以类义,援古以证今";⑥不只风格简约严明,而且富于诗的气氛。这些都对鲁迅杂文的表现方式产生过一定的影响。

---

① 冯雪峰:《过来的时代·鲁迅论》。
② 鲁迅:《伪自由书·前记》。
③ 鲁迅:《两地书·一二》。
④ 鲁迅:《而已集·魏晋风度及文章与药及酒之关系》。
⑤ 鲁迅:《且介亭杂文二集·"题未定"草(六至九)》。
⑥ 刘勰:《文心雕龙·事类篇》。

除了议论性散文（杂文）之外，"五四"时期还出现了大量的被称为"美文"的叙事性和抒情性的散文（有时也称为"散文小品"）。这类散文同传统散文的联系是更为密切的。鲁迅曾指出当时有些散文作者着意于"那和旧文章相合之点"，"写法也有漂亮和缜密的，这是为了对于旧文学的示威，在表示旧文学之自以为特长者，白话文学也并非做不到"；① 这种努力在当时是具有进步意义的。冰心的散文就属于"漂亮"这一路；郁达夫在《中国新文学大系·散文二集》导言中赞扬说："冰心女士散文的清丽，文字的典雅，思想的纯洁，在中国好算是独一无二的作家了。"郁达夫并且这样谈到了自己读冰心散文的感受："我以为读了冰心女士的作品，就能够了解中国一切历史上的才女的心情；意在言外，文必己出，哀而不伤，动中法度，是女士的生平，亦即是女士的文章之极致。"这就是说，冰心的人格与文风都是充分地体现了传统文化所特有的美的。所谓"冰心体"散文曾在"五四"时期产生过很大的影响，这同她对文体美的自觉追求是分不开的。她曾在小说中借一个人物之口这样表白："文体方面我主张'白话文言化''中文西文化'，这'化'字大有奥妙，不能道出的，只看作者如何运用罢了！我想如现在的作家能无形中融会古文和西文，拿来应用于新文学，必能为今日中国的文学界，放一异彩。"② 冰心的散文正是"无形中融会古文与西文"的典范，它既发挥了白话文流利晓畅的特点，便于现代人思想感情的交流，又吸收了中国古文和

---

① 鲁迅：《南腔北调集·小品文的危机》。
② 冰心：《超人·遗书》。

外国语言的长处，善于简洁凝练地表达现代人委婉复杂的思想和情绪。"冰心体"之所以能够风靡一时，并不是偶然的。例如冰心在《山中杂记》里有一段比较"山"与"海"的文字，她先从客观、外在的颜色、动静、视野相比，力争"海比山强得多"，语言基本上是口语化的；下面在比较处于山或海的包围中的人的主观内心感受时，就引用了两首古诗的句子："南山塞天地，日月石上生。""海上生明月，天涯共此时。"有时现代人的复杂的、难以言传的主观感受，引用适当的古典诗句反而更能传神达意。冰心有深厚的古典文学修养，她在散文里引用古诗词，似乎随手拈来，却构成了文章的有机部分。

"五四"时期强调散文语言的"杂糅"特点的还有周作人。周作人甚至认为这是现代散文语言与现代小说、戏剧语言的一个根本区别。他说："我也看见有些纯粹口语体的文章……觉得有造成新文体的可能，使小说戏剧有一种新发展"，而散文"必须有涩味与简单味，这才耐读，所以他的文辞还得变化一点。以口语为基本，再加上欧化语，古文，方言等分子，杂糅调和，适宜地或吝啬地安排起来，有知识与趣味的两重的统制，才可以造出雅致的俗语文来"。[①]周作人显然敏锐地看到了传统散文所具有的含蓄的美，也就是他所说的"涩味与简单味"，同文言文的语言形式有一定的联系，因此他企图创造一种"雅致的俗语文"；除了在内容上追求"知识与趣味"之外，在语言形式上就必然要求文言（以及欧化语，方言）与口语的

---

① 周作人：《燕知草·跋》。

"杂糅"。周作人自己的散文就是他所追求的这种"雅致的俗语文",它在内容和形式上同传统散文(特别是明末小品)存在着深刻的联系,是十分显然的。

正因为周作人注意到汉语语言文字的特点,因此他关于现代散文文体曾发表过要"设法利用骈偶"的意见;他说:"因为白话文的语汇少,欠丰富,句法也易陷于单调,从汉字的特质上去找出一点装饰性来,如能用得适合,或者能使营养不良的文章,增点血色,亦未可知。"[1]他并且据此提出了"混合散文的朴实与骈文的华美"[2]的文体要求。周作人这里提出了建立现代散文与传统散文的联系的一个相当重要的问题:就是认识到它们使用的共同的文字工具——"汉字的特质"。正是在这一点上,传统散文是积累了丰富遗产的。传统散文(包括骈文)十分重视语言文字的声调节奏和装饰性。这是在把握"汉字的特质"基础上对语言形式美的追求和创造。尽管后来有的作家发展到了极端,成为形式主义的桎梏;但为了创造新文体,从中是可以汲取合理的内核的。鲁迅就很注意这种特点,他曾应友人之请,作《〈淑姿的信〉序》(收《集外集》),"以文言文中骈文出之,全篇文字也铿锵入调"。[3]由于鲁迅有深厚的文学修养和掌握了中国语言文字的特质,在他的散文中也常有"杂用骈文句法"的地方。例如:"惨象,已使我目不忍视了;流言,尤使我耳不忍闻。我还有什么话可说呢?我懂得衰亡民族之所

---

[1] 周作人:《汉文学的传统》。
[2] 周作人:《苦竹杂记·后记》引,《答上海有君书》。
[3] 许广平:《鲁迅回忆录·同情妇女》。

以默无声息的缘由了。沉默呵,沉默呵!不在沉默中爆发,就在沉默中灭亡。"(《记念刘和珍君》)"活着的时候,又须恭听前辈先生的折中:早上打拱,晚上握手;上午'声光电化',下午'子曰诗云'。"(《随感录·四十八》)"只要从来如此,便是宝贝。即使无名肿毒,倘若生在中国人身上,也便'红肿之处,艳若桃花;溃烂之时,美如乳酪'。国粹所在,妙不可言。"(《随感录·三十九》)。在这些似乎随手拈来的句式中,就有骈散交错、起伏顿挫的特点;它形成了自然的声音节奏,加强了文章的气势。作为文学语言,白话文可以议论和叙事,是比较容易得到社会承认的;但用白话文来抒情写景,就会有许多人怀疑,因为当时还缺少这样的实绩。这就是"五四"时期为什么要提倡"美文"以及许多作者努力创作漂亮和委婉的抒情散文的原因。鲁迅自述他"没有相宜的白话,宁可引古语",而且把称他为文体家(Stylist)的批评者认为是看出了他的文学语言的特点,[1]就说明他也是十分重视文学语言的建设的。当时一些著名的抒情写景的散文名篇,如朱自清和俞平伯都写了《桨声灯影里的秦淮河》,就是为了证明"旧文学之自以为特长者,白话文学也并非做不到"。既然许多作者是自觉地与古文名篇进行文体风格的竞赛,那自然就要重视传统散文的优点和特点了,这实际上就体现了继承和革新的关系。可见现代散文尽管绚烂多彩、风格各异,但它同传统散文仍然是保持着十分紧密的联系的。

---

[1] 鲁迅:《南腔北调集·我怎么做起小说来》。

六

比之小说、散文和诗歌来，话剧同古典戏剧的关系当然要薄弱得多；各种文体都是有它自己的特点和不同的发展情况的。但"五四"时期在提高小说地位的同时，也提高了戏剧的地位。胡适在《文学改良刍议》中，为了强调白话文学的正统地位，提出"中国文学当以元代为最盛"，也就自然给以关汉卿为代表的元代戏曲以很高的评价。刘半农在《我之文学改良观》里更进一步明确提出要"提高戏曲对于文学上之位置"，认为"凡可视为文学上有永久存在之资格与价值者，只诗歌戏曲、小说杂文二种也"，而他的立论的基点也是"以现今白话文学尚在幼稚时代，白话之戏曲，尤属完全未经发见，故不得不借此易于着手之已成之局而改良之"。可见当时，重视戏剧的原因和重视小说是一样的，除了因为它的时代离现时较近，反映的社会面比较广阔，有利于新文学的建设以外，更多的是着眼于它的语言比较通俗，接近于当时所提倡的白话文；但与此同时，又对传统戏剧的内容展开了尖锐的批判。批判的锋芒主要是指向传统戏剧中封建迷信和封建伦理道德，"仅求娱悦耳目"的戏剧观念，"瞒"与"骗"的大团圆主义创作倾向，以及"戏子打脸之离奇"等"形式主义"程式。[①]可见"五四"时期对传统戏剧的重新评价，对它的肯定和否定，都是从"五四"

---

① 参看钱玄同:《寄陈独秀》，胡适:《文学进化观念与戏剧改良》等文。

文学革命的基本要求出发的。当时的先驱者们对于传统戏剧的态度也并不完全一致,主张"全数封闭"、①持全盘否定的极端态度的,仅钱玄同等一二人,刘半农、傅斯年以至胡适都主张在创造"西洋派"新戏的同时,对传统旧戏加以改良的。②他们所谓创造"新戏",着眼点完全在外国戏剧的移植,强调"西洋文学名著"的翻译与改作;也就是说,批判地继承传统戏剧遗产的问题还没有提到这些先驱者们的艺术探讨的日程。第一次在理论上明确提出这一问题的是北平艺术专门学校戏剧系的熊佛西、赵太侔、余上沅等人,他们于1926年6至9月在《晨报副刊》上创办《剧刊》,发动"国剧运动";在戏剧形式上,首先提出糅合东、西方戏剧的特点,"在'写意的'和'写实的'两峰间,架起一座桥梁",并且预言"再过几十年大部分的中国戏剧,将要变成介于散文诗歌之间的一种韵文的形式"。③但由于他们主要着力于理论的提倡,艺术实践并未跟上,更重要的是他们同时主张恢复旧戏"目的在于娱乐"的"纯粹艺术倾向",④脱离了时代与观众的需要,因而这种"国剧运动"并未能产生预期的影响。但戏剧改革的呼声和艺术实践却一直没有停止过,特别是抗日战争爆发后,很多艺术家都热心于利用旧戏形式宣传抗日的艺术尝试,当时称之为"旧瓶装新酒"。但是,在人们的认识与实践中,一般都是把旧戏曲的改造和利

---

① 钱玄同:《随感录·十八》。
② 参看傅斯年:《戏剧改良各面观》,刘半农:《我之文学改良观》,胡适:《文学进化观念与戏剧改良》等文。
③ 余上沅:《国剧》。
④ 余宗杰:《旧剧之国画的骚赏》,余上沅:《旧戏评价》。

用仅仅看作是一种普及的措施，并没有把它同话剧创作关联起来。许多人都认为要提高现代戏剧水平，仍然在于话剧运动。这样，在很长时期内，戏剧与观众的联系是一种"二元结构"：一方面，现代话剧（即所谓"新戏"）主要以城市知识分子、市民和一部分工人为观众；另一方面，传统戏曲以农村为广大阵地，同时在城市市民中也拥有大量观众。由于毛泽东在《在延安文艺座谈会上的讲话》中明确提出"文艺首先是为工农兵"的问题，因而农民的欣赏习惯成为解放区戏剧工作者关注的中心，并由此创造了以《白毛女》为代表的新歌剧作品。当时的剧作家马健翎就说："戏剧是最锐利的武器，逼来逼去，不得不注意'庄稼汉'的爱好。"[1]正是出于对农民艺术趣味的重视，对他们所喜闻乐见的传统戏曲的继承问题才引起了人们的注意。新歌剧所显示的对传统戏曲的改革成绩，实际上就是促使传统戏曲的"现代化"；与此同时，对于话剧创作的民族化也进行了多方面的探索，有些作品吸收和融汇了传统戏剧的一些艺术手法，出现了《战斗里成长》等有民族特色的作品。同样，在国统区的话剧创作中也有过类似的尝试，特别是在抗战时期历史剧的创作高潮中，尤为明显。就是在现实题材中，也产生了如田汉的《丽人行》等有鲜明的民族特色的作品。

当然，中国现代话剧主要是受西方影响所产生的一种艺术形式，但这并不意味着它同民族传统就完全没有联系。不过这种联系比较薄弱一些，而且不是表面上的罢了。曹禺谈到他的

---

[1] 马健翎：《十二把保刀·后记》。

《雷雨》时曾说过一句十分朴实、却耐人寻味的话:"《雷雨》毕竟是中国人写的嘛。"①这就是说,中国的现代剧作家在创作时必然要受到民族传统的制约,不仅他所反映的生活和所表现的思想必然带着中华民族的特色,而且他还必须考虑到中国观众的带有鲜明民族心理的欣赏要求和艺术趣味。这样,现代剧作家在借鉴外国戏剧创作经验的同时,也必然会自觉或不自觉地重视并汲取中国传统戏剧所积累的艺术经验。一些有影响的现代话剧作品如田汉的《获虎之夜》《回春之曲》,曹禺的《雷雨》《原野》,郭沫若的《屈原》《孔雀胆》等,都充分地注意到中国观众重故事、重穿插的欣赏习惯,并巧妙地运用戏剧冲突来推动情节的发展,以造成波澜起伏、跳跃跌宕的情势,紧紧抓住了观众;而这正是中国古典戏曲的特点。清代戏曲家李渔,就认为戏曲事件要"未经人见而传之","若此等情节已见之戏场,则千人共见,万人共见,绝无奇矣,焉用传之"。②中国古典戏曲是讲究情景交融的,它的唱词实际上就是抒情诗,因此诗的味道很浓。现代话剧中有些作品也是以诗意浓郁著称的,如曹禺的《北京人》《家》,夏衍的《上海屋檐下》,郭沫若的《屈原》《虎符》,以及田汉的早期剧作(如《获虎之夜》《南归》)等。这些剧作对于情景交融的诗的意境的追求——《原野》里沉郁、神秘的旷野,《上海屋檐下》"郁闷得使人不舒服"的黄梅天气,《屈原》里的雷电,都是这种诗的意境的创造,出色地体现了中国古典文学的抒情写意的美学原则。它们

---

① 胡受昌:《就〈雷雨〉访曹禺同志》,《破与立》1978年第5期。
② 李渔:《闲情偶寄》。

既是写实的，又是写意的；既是现代化的，又是民族化的；既有个人的风格特色，又实现了借鉴外国与继承传统的统一。

鲁迅曾说：只有用"现今想要参与世界上的事业的中国人的心里的尺来量"，才能真正"懂得"中国现代文学艺术。[①]这是很能概括中国现代文学的基本特点的。中国现代作家首先是"想要参与世界上的事业的"现代人，因此必然要追求文学的现代化，努力汲取外国思想文化中的优秀东西，以使中国文学与世界的时代潮流合流，并对世界文学的发展作出自己的贡献；另一方面，中国现代作家又是"中国人"，"其中仍有中国向来的魂灵"，"固有的东方情调，又自然而然地从作品中渗出，融成特别的丰神"，[②]使中国现代文学又具有鲜明的民族特色。我们从"五四"以来各种文学体裁的发展概貌中，就可以清楚地看到这种历史的特征。中国现代文学史本身就是一个不断追求外来文化民族化和民族文化现代化的过程，它正是在这种追求中日趋成熟的；就文学史的发展线索看，它与古典文学之间自然就存在一种继承和革新的历史联系。事实说明，越是有民族特色的艺术，就越有世界意义。正如鲁迅所说："现在的文学也一样，有地方色彩的，倒容易成为世界的，即为别国所注意。打出世界上去，即于中国的活动有利。"[③]鲁迅自己的作品就充分地体现了这一点，因此法捷耶夫称他为"真正的中国作家"，说"他的讽刺和幽默虽然具有人类共同的性格，但也带

---

① 鲁迅：《而已集·当陶元庆君的绘画展览时》。
② 鲁迅：《集外集拾遗·〈陶元庆氏西洋绘画展览会目录〉序》。
③ 鲁迅一九三四年四月十九日致陈烟桥信。

有不可模仿的民族特点"。①其他的作家虽然成就各不相同,但就总的方向来说,却都具有类似的特点。中国现代文学正是以自己独特的民族特色与民族风格,独立于世界文学之林的。随着国际文化交流的发展,它必将成为世界各国人民共同的精神财富,为人类文化的发展作出应有的贡献。

---

① 见《人民日报》,1949年10月19日。

"文学复古"与"文学革命"

木山英雄/著　赵京华/译

一

"文学复古",其实是我们便于表述所选取的用语,章炳麟本人并不经常使用它。他具体使用这个说法的例子如下所见:

> 像他们希腊、梨俱的诗,不知较我国的屈原、杜工部优劣如何?但由我们看去,自然本种的文辞,方为优美。可惜小学日衰,文辞也不成个样子,若是提倡小学,能够达到文学复古的时候,这爱国保种的力量,不由你不伟大的。①

> 夫讲学者之嫭于武事,非独汉学为然。今以中国民籍,量其多少,则识字知文法者,无过百分之二;讲汉学者,于此二分,又千分之一耳。且反古复始,人心所同,

---

① 章炳麟:《演说录》,《民报》1906年第6号。

裂冠毁冕之既久，而得此数公者，追论姬汉之旧章，寻绎东夏之成事……彼意大利之中兴，且以文学复古为之前导，汉学亦然，其于种族，固有益损已。①

前一段引文系他于东京在日同胞欢迎会上的演说辞。他因替邹容的革命宣传小册子《革命军》(1903)作序与邹同在上海入狱，出狱后加入孙文等人的中国革命同盟，出任该同盟的机关报《民报》的主编；在日同胞为他举行了欢迎会。在演讲中，他论述了"感情"作为革命成功的原动力，其要点在于以宗教（作为无神论和自救思想的佛教，特别是法相唯识宗和华严的菩萨行）为本的"国民道德"的增进，和以国粹为本的"爱国热情"两项；有关国粹一项中分为"语言文字""典章制度""人物事迹"三项。上述引文即为"语言文字"部分结语。后一段引文则在揭示了满洲贵族治下民间尚存"鞑靼"之侮辱语汇这一事实中蕴含的"爱国之心"之后，反驳了轻视军事的"汉学"是削弱中国之原因的见解，论述了其在弘扬种族性方面的重大效用。同一个"文学复古"，亦指意大利的文艺复兴，亦用于中国当时的古学复兴运动。本不相关的东西方两大运动被冠以同一名称，除了历史方面的类比之外，这显然地也与"文学"这一汉语语词的多义性有关。在前一段引文中所说的中国的"文学复古"，与复兴"小学"亦即有关语言文字的基本学问几乎是同义语，这是其主要特点；此外，这两段引文中有

---

① 章炳麟：《革命之道德》，《民报》1906年第8号。

一个共同之处，就是明确地将"国粹""汉学"亦即"国学"作为种族革命的文化基质。事实上，章炳麟也用行动证实了这一点：他一边在《民报》上全力以赴地宣传革命理论，一边同时主持"国学讲习会"，进而还致力于为上海的《国粹学报》提供学术论文。以不同方式理解他的这两个侧面之间的关联，将会形成有很大区别的章炳麟形象；在此首先要指出的是：在章的宏图大略里，固有的生活样式或诸种文化（国粹）和学问（国学）的自律，是国家民族独立的基础，正因如此，它们不是为政治目的服务的手段。恐怕这是问题的关键。与"五四"时代的"国粹"和"国学"的反动相比，章的这种对于自律的热切意志，在时代样态和主体内涵方面都具有不同意味，而在这一时期里他的开放性思考达到一生的高峰；再加上他痛感于传统学术逻辑性的欠缺并试图在自己独特的思想斗争中加强这种逻辑性，因而，这使得他在狱中积累的思索合着政治斗争的旋涡迸发成极富强度的语言，因其过于独特，有时不免达到奇谈的程度；然而就连这种奇谈，也足以显示传统学术在20世纪初叶全力以赴地与新世纪的现实相对垒的壮观。章炳麟使用着佛教唯识学烦琐的术语所写的论文，的确使得《民报》的读者如坠五里雾中，然而尽管如此，或者简直不如说正因如此，他的文章至今仍未丧失质疑的力度。

在进入"文学复古"的具体内容之前，对于《民报》上章炳麟的论述，有两点应予注意：一、在固守排满种族革命的立场之时，他顺应着对于现实压迫的不同根源的认识，对于从民主主义到社会主义乃至无政府主义的世界性思潮也表示了共鸣，甚至追求与国内外持上述"主义"之人的连带，当然他也不会不从中受到影响；但是，在另一方面，他又超越了把万恶之源归结于政治社会制度的无政府主义的性善说，使聚落、人类、众生也一个接一个地归于无，最后，设想了等同于佛教所说寂灭的"无世界"，以这一终极性的空无（无边）为基点回归具有限定性的有的世界（随顺有边）；这种立场为各种主义赋予了相对性价值：它们不过是相应的"对症下药"而已。① 二、国家和神这样的制度上理念上的超越性存在自不待言，对于"公理""进化""唯物""自然"这样一些新的理念偶像，章炳麟也给予了彻底的哲学批判，提倡在庄子意义上从所有的外在权威甚至社会的公共关系之中得到自由，从个体游民的自由的立场出发，鼓励东方当时历史阶段上的"个人的自觉"。② 仅从上述的粗略勾勒足以看出，章炳麟的种族革命论具有何等深远的文明论的内涵。

当初，与力主在清政府之下"立宪"的康有为诀别踏上排满革命之路的时候，章炳麟曾经预设了两段论的理路：借反满的种族性契机触发"民族主义"，借此"在二十世纪的大舞台上与虎视眈眈的列强相对抗"。但是，他一方面支持邹容排满论扩展为反对强权与普遍不平等的社会革命论；一方面又执着于区分"改制同族，谓之革命"和"驱逐异族，谓之光复"的名目。正如他后来将其解释为"从俗言之，则曰革命，从吾辈之主观言之，则曰光复"所显示的那样，事实上他在政治决断

---

① 章炳麟：《五无论》，《民报》1907年第16号。
② 章炳麟：《四惑论》，《民报》1908年第22号。

与文化逻辑之间亦感觉到了某种龃龉。①在排满革命的潮流中，曾经抵抗过清朝统治的清初大学者王船山、顾炎武、黄宗羲等等大受张扬，例如认为即使容忍王朝由暴力而更迭（革命）亦不能允许蛮族入侵，②王朝的灭亡是"国"之灭亡，因而仅仅是君主与下臣的责任，而文明的根基堕落于禽兽之程度，则是"天下"之灭亡，即使为匹夫亦不能免其责任，③等等，将满洲贵族的统治视为文明层面之"天下"的崩溃，天下的位置则显然优越于权力层面之"国"。但是，这些从"天下之民"的立场否定了满人统治的前人立场，已经难于直接照搬到排满革命的时代了。作为"春秋之义"的华夷之辨必须以"天下"为前提，而当今的威胁却来自"天下"的外部，来自拥有别种强有力文明、逼近而来的"世界"上的列强。只要不是故意视若无睹，如今的中国是作为世界中的一个国家来面对生死存亡的问题的。这一点在《国粹学报》异彩纷呈的复古论中亦多少有所表现，而从根本上说，不得不用"国粹""国学"之类在传统说法中前所未有的名称来指称传统文化，其矛盾之处亦在于此。在曾经标举孙文的"民族""民权""民生"的"三民主义"而创刊的《民报》阵营里，民族主义才是时代的大义，而章炳麟在出任主编伊始，就在他的前引演说里作了这样的致辞："诸君所说民族主义的学理，圆满精致，真是后来居上，兄弟岂敢自居先辈吗？"这诚然是面对年轻民族主义者们的谦虚平易之辞，然

---

① 参见章炳麟《驳康有为论革命书》《驳革命驳议》《革命军序》《狱中答新闻报》；均发于1903年。
② 王船山：《黄书》。
③ 顾炎武：《日知录》。

而把自己夙昔所用之民族主义也在此称之为"诸君的学理",不免使人觉得这实在是"致辞"。在此,如果说存在着某种疏离感的话,那恐怕与他对于视民族主义为一个"学理"的知性体系所持的全盘保留态度不无关系吧。并且,正如前引另一段引文所显示的那样,他一点也不想隐藏在文明论层面上露骨的"华夷"意识。与上述两个要点所显示的论述相并行,章炳麟从独特的立场论述了排满革命的根据,提出了单纯的复仇原理。[①]可以认为,使他作此反响的直接契机是当时指斥排满种族革命论落后于时代的批判,[②]而他则试图为这一系列的时代课题作出最终回答。在侵略和复仇的相互关联之中本民族中心论也当然被他相对化了,不过,他此论的动机却在于:由于和近代的国民国家的主权主义与扩张主义同步发展的民族主义意识形态被继续沿用,因而,有必要依靠复仇这一单纯反抗行为的直接性对于这种意识形态进行所谓的"解构"。毫无疑问,在这种看法的背后,存在着章所特有的思考:比起主义表达利害欲望的虚伪来,只要存在着侵略的事实,倒是向对方进行带有侮辱性的挑战以显示"华夷"式的自尊心更为接近历史的自然。这——与部分无政府主义者也带有的托尔斯泰式的人道主义的依据不同——才是道德的。所谓"历史的自然"并非章炳麟得心应手的语言,要是换成章氏语词,恐怕该是"历史之民族"或者"国粹"吧。章炳麟的复仇论中最"洁白"的形态是与仇人同归于

[①] 章炳麟:《定复仇之是非》,《民报》1907年第16号。
[②] 转向无政府主义的刘师培、张继与日本的幸德秋水等组织、章炳麟也参加的"社会主义讲习会"的《民报》和《天义报》上的广告,以特大号字强调了"光复之说果见实行亦恐以暴易暴不知其非"的意思。

"文学复古"与"文学革命"　049

尽，这也体现了章氏革命论中浓厚的道德主义色彩；顺便指出，这种"复仇"情结远远超越了当时的政治领域，深深渗入弟子的心灵，成为后来的小说家鲁迅的超理性决断和反抗之象征的原型观念。①

这些言论即便是为了从无政府主义者模仿性的空谈中解救当时面对的具体政治课题，它仍然有着相当于政治逆流的嫌疑，不过这是政治思想史所要处理的问题；我在此要涉及的是，即使有上述嫌疑，章氏依然有某种理由使他甘付如此代价也要执着于此。如果可以把这种理由称之为文化的自律或者主体性的话，那么，帝国主义时代中章炳麟的排满论，对于他的文明构想来说也具有方法论的意义。这种强烈的自负直接由古老文明之自豪所支撑，但是，当传统已经不能成为自明的前提时，便出现了根本性的危机，这种对于危机的自觉决定了章炳麟国学追本溯源的性格。并且，既然革命派的运动自身已经成为在世界史背景下回应现实的一种形态，那么，这个运动中有不少论调，在章氏看来只能是连固有文化的基础都全盘出让给西方的一种时代病。当时在巴黎的无政府主义组织的机关刊物《新世纪》上，配合世界语宣传介绍所提倡的废除汉字汉语的主张是其中最具典型性的事件。对此，章炳麟立刻进行了批判，而该刊主编吴稚晖进行了反驳，从而引起了一场论争。②在此之前的另一种论争中围绕着吴稚晖的政治节操问题所展开的

---

① 参见鲁迅《杂忆》《野草·复仇一、二》《铸剑》。
② 吴稚晖：《新语问答之杂答》《续新语问答之杂答》《书驳中国用万国新文字说后》，《新世纪》1908年第44、45、57号。章炳麟：《驳中国用万国新语说》《规新世纪》，《民报》1908年第21、24号。

人身攻击尚未降温，而在有关汉语的论争中章炳麟所进行的批判却始终扣紧问题本身，论述得相当彻底。他的汉字汉语论独富见解，并且还提出了作为教育辅助手段的36个声母、22个韵尾的标音方案，①进而又涉及了西欧学术的地域局限、哲学的意义、科学的态度、效率与文化、方言与政治的中心问题等等。在其中特别值得注意的意见，是章炳麟下面的这一段话：

> 文字者语言之符，语言者心思之帜。虽天然言语，亦非宇宙间素有此物，其发端尚在人为，故大体以人事为准。人事有不齐，故言语之字亦不可齐。②

乌托邦主义者康有为曾幻想过在未来世界的联邦政府之下设置悬之于空的球形"地球万音室"，置世界各地人于其中以制作统一的语音。在此前提下，他提出了自己的语言文字观，与章炳麟的上述论述恰成有趣对照：

> 夫语言文字，出于人为耳，无体不可，但取易简，便于交通者足矣，非如数学、律学、哲学之有一定而人所必须也，故以删汰其繁而劣者，同定于一为要义。③

吴稚晖标举科学进化与"世界大同"，指斥汉字汉语的"野

---

① 后来这成为民国时代"注音字母"的基础。
② 章炳麟：《规新世纪》。
③ 康有为：《大同书》。

蛮""低效率",他亦视语言为工具,与康有为共有着同类型的思考态度。对于这一类思考方式,章氏一贯不懈地加以批判。而将他在革命动荡中的思想斗争轨迹加以哲学性总结的是《齐物论释》。[①]这部书采用了传统方式中的一个常见做法,以注释的方式写成;它以唯识理论诠释了庄子的"齐物"思想,沿着《齐物论》的本文线索展开了各种论题,其根本性立场在于对抗以差异的同一化(齐不齐)为指归的统合主义乃至普遍主义原理,而揭示各种差异之间本来平等(不齐而齐)这样的个别主义乃至特殊主义的原理。不言而喻,这一哲学从根本上否定了进化论思想内涵的文明与野蛮的等级意识(文野之见),因此当然拒绝选择将"富国强兵"作为最高目标、争先介入由私利关系和虚构"公理"所构成的帝国主义时代的"世界"的道路。而从根本上说,任何功利性建设都不是这一哲学的目标。相反,它从庄子的"天下"中个体事物的存在方式的终极性出发,对于列强的"世界"权利进行了追问,从而试图从根本上为文明也好、人类也好争取个体无条件自主自存的权利,庄子的"齐物"与佛教的"平等"所融和而成的终极之境深远至极,以至它终于不得不超越了语言而"自证",不过从这一哲学立场反过来把捉现实中的个别语言、文字之时,作为文明的基本单位以及人类的"心思"的先验形式(apriori),这也许是危机之中的最后一块绿洲了吧!

---

① 初刊本,1901。

二

在《国粹学报》第1号卷头的发刊辞[①]中，使用了倒退到"训诂词章之末"这一当时通用的说法对传统学术的无力化表示了慨叹，把今天一般意义上的文学领域贬斥为"末"。另一方面，杂志的体例设置是：在综合性的"社论"之后设置了相当于国学诸领域的政治（政）、历史（历）、学说（学）、文学（文）四栏，这在实质上沿袭了传统的"经、史、子、集"四种分类的形式。最重要的"经"部由"政"所代替，在此可以窥见一种政治性危机意识。主编邓实总结清代的学术，断定说："未有能出乎孔子六艺之外而更立一学派也。"宣言道："有之自今日之周秦学派始。"[②]恰如邓实所示，经章炳麟的孔子批判，儒教经学被纳入诸子学说（诸子，亦即邓实所说"周秦学"的行列）；在此状况之下，将传统学术重构为"国学"的努力，显示的是政治性危机意识。

在《国粹学报》初期最不遗余力的供稿者是刘师培，他在文学栏里也发表了为数众多的论文。其中较全面地表述了刘的个人文学见解和理论的论文，有刊物初创时占该栏一半以上篇幅的《文章原始》（第1号）、《论文杂记》（第1号至第10号连载）、《文说》（第11号至15号连载）等等。现在仅就《文章原始》看其大略，其基本主张为：从汉字的字义多以右侧的声符

[①]　《发刊辞》，《国粹学报》第1号。
[②]　《国学今论》，《国粹学报》第5号。

求之（右文说）的观点出发，把文字的发生以声音先行、古代的言语从口语传承到书写的发展过程中偶语韵文的必然性作为根据，将所谓"四六骈俪"体的美文视为"文体之正宗"。正如刘本人亦明确承认的那样，这是他从同乡先学阮元那里继承的观点。阮元将六朝时代的文笔之辨（即将所有的文章表现方式区分为有韵的"文"与无韵的"笔"）与《易·文言传》传统的解释（将"文言"之文解为"文饰"之意，亦即因其有关"天"（乾）、"地"（坤）之象，其重要性导致了对语言的修饰）相结合，强调《文选》所代表的装饰性之"文"的正统性。[1] 即刘师培是站在后来成为新文学的两大攻击目标的"桐城派"与"选学派"中后者的立场上的。在《文说》中，他将同样的观点铺陈为华丽的音声美辞论，及至视《离骚》为"骈体之先声，文章之极则"。在这样传统至上的议论当中，却又同时明确刻印着时代的痕迹；在《论文杂记》中暴露出了一个矛盾：一方面倡导文学史的进化论，一方面却也试图与这种进化论逆行。特别耐人寻味的是，他把继宋儒的"语录"之后元以降的俗语戏曲小说的发展把握为"语言文字合一之渐也"，嘲笑那些"以此为文字之日下"的陋儒不懂"进化之公理"；然而笔锋一转，却又论道："然古代文词，岂宜骤废？"在此，刘尽管进行着与其后胡适的《白话文学史》主旨相通的论述，只是在价值判断上却与胡适完全相反。刘氏自身也充分意识到了这一矛盾，结果，他把与当代的新闻传媒相连接的俗语化潮流作为"大众启蒙"

---

[1] 阮元：《文言说》《文韵说》等。

的工具积极加以接受，而同时又力主为了"保存国粹"而保存古文的必要，以二元论的方式解释这一矛盾。这并且是伴随实践的理论，刘氏模仿章炳麟的《訄书》所作《攘书》系以骈俪体写成，而《论文杂记》等等却使用自由的散文体，进而为大众性革命宣传的杂志①也提供了为数众多的口语体文稿。

　　章炳麟最全面的文学论亦可见于这同一《国粹学报》的文学栏所载《文学论略》。②这本是当初在东京的"国学讲习会"以《论文学》为题所做的讲演，曾以同样的标题收入《国学讲习会略说》；③在《国粹学报》上重新发表时，作者又作了"增订"。④此外据说《太炎集》⑤中所收的同一文本题为《说文学》。⑥后来又经修改，最后成为《国故论衡》（1910）中的《文学总略》。在此，我以《文学论略》作为主要分析依据，正因为该文本是对于未见之《论文学》的增订，同时又未经《文学总略》阶段的大量删除，换言之，它在诸文本中最能充分反映时代特色。

　　《文学论略》的开头有关文学的定义十分简捷：把文字记载于竹帛之上谓之"文"，论其法式者为"文学"。进而在此定义之上，又建立了两大分类：不成陈述（不成句读）之表谱簿录等"文（文字）"和陈述（成句读）之有韵或无韵之"辞（文

---

① 《中国白话报》1903年创刊。
② 《国粹学报》1906年第9、10、11号。
③ 1906，未见。
④ 参见姜义华《章太炎思想研究》。
⑤ 1908，未见。
⑥ 汤志均:《章太炎年谱长编》。

辞)"。指出论文学者多在文字和语言共通的层面上仅对"言语"念念于心，而其实在文字和语言的非共通的层面上"文字"具有文学的固有本质。即是说，本来文字是语言的代替之物，但是当它具有了独立的功能之后，文学便植根于文字了。章炳麟在此强调的是文字所具有的固有功能。从并非"文饰"的"文字"观出发，章把在传统修辞论中与"文"相对立的"质"的立场通过强调无句读文记录性和直接指示实物的基础而彻底化了。在这一立场之上，章将实用性的公文和考据学的疏证文体置于宋以后近世才子们富于感觉表象的文风之上，以逻辑性和即物性之一致为理由视"魏晋文章"为楷模，而批判从六朝的《文心雕龙》和《文选·序》直到清朝的阮元的奢华的文学观念。尽管章炳麟避免在文中指名道姓，但显然他是针对着《国粹学报》所载刘师培的上述一系列文学论而谈的。

但是与刘师培恰成对照的这一章炳麟的文学论，并不是为批判而作的偏激之论。章氏有关推崇修辞之"质"的立场，在数年前《訄书》①的《订文》篇所附《正名杂义》②已经得到了明确的解释。《正名杂义》是集训诂和修辞的短章而成之文，其中有基于日本的姊崎正治的观点所作的论述。姊崎援引马科斯·牟拉（Max Müller）有关神话起源的"言语之瘿疣（disese of language）"说，从言语不能与事物完全一致的角度论及常常不得不依赖于比喻转义的"表象主义（symbolism）"的缺

---

① 重印本，1902。
② 这是以1889年原刻的《訄书》的《正名略例》与1902年《新民丛报》第5、9、15号连载的《文学说例》合并而成的。

陷。①章氏认为此说亦相当于对于中国的"假借"和"引申"转义法的出色说明,他列举了若干用例,以说明言语无可避免"表象主义"这一宿命般的结局,不过,将这一缺陷作为技巧而乱用,便是小学的末路和文学的堕落。②这种修辞上的注重实体的倾向,却又与朴素的反修辞论不同。岂止如此,它其实是严格至极的修辞学要求。章氏有着"文之琐细,所以为简也,词至苛碎,所以为朴也"③的想法,正因如此,他才能在批判浮华文饰的同时彻底地执着于对于古文古义的探求。例如,正如使用"神"一词可以替代有关神的冗长的定义一样,相同的动作在应用于不同对象时却也可以用不同用字表示,如刻玉称之为"琢",刻竹称之为"篆",这种区分方式所体现的古代语言的即物性与他严密的修辞学态度极为吻合。所以与单纯的情绪型的崇拜古代不同,《订文》最基本的主旨就在于"且夫文因于言,其末则言挚迫而因于文"。这亦是立足于对于文字独特的信赖,试图以正确继承古代语言创造出新语汇的方式来挽救象征着国运衰退的现代语汇不足的策略。日本人为翻译西方语言而创造的汉字新词,作为"新名词"而在中国泛滥之类的现实,对于章氏来说,不啻是"国学"被拉下王位的结果。

邓实显然以依靠包括原始儒家在内的"周秦学"来恢复中国学术本来的政治性为核心构想"国学",其间不能否认章炳麟诸子学的影响。当时,章炳麟强烈要求使"国学"独立于政

---

① 《宗教病理学》。章炳麟所记此书尚未确认。
② 《文学例说》特别以此一段为序,作为统领全篇的纲。
③ 重印本《訄书·订文》。

"文学复古"与"文学革命"　057

治，他说："学以求是，不以致用，用以亲民，不以干禄。"①如所周知，这是以"经世致用"之今文学与"实事求是"之古文学的学派间对立为背景而发的议论。章氏的"国学"大体是以这种历史语言学来表述的，而在《民报》上所发表的严格关注国家与政治限度的革命论，与此恰相呼应。正如"方今国闻日陵夷，士大夫厌古学弗讲，独语言犹不违其雅素……"②所表述的那样，章的危机意识使得他反复地回归言语文字这一最后的方舟。小学已经不再是"经学之附属品"，而是"一切学问之单位之学"；③从这一立场出发，"文学"被作为对于语言的特别书写形式的省察来加以构想。这样，文学的范围便扩展到了传统的文字文化的整个领域，《文学论略》后半部以言语的书写形式而为诸学分类，这固然是文章开头定义所引出的归结，而另一归结点即与小学密不可分的严格的修辞要求，对于章炳麟来说，则同时亦为构成这定义的前提，是他的重要观点。

三

以下，我想从另一个角度观察一下在"文学复古"潮流侧翼尝试最初的文学运动的周氏兄弟，从几个问题出发具体考察他们与章炳麟在文学观上的关系。

首先，关于文学的概念。《文学论略》在批判六朝以来虚饰

---

① 章炳麟：《国粹学报祝辞》，《国粹学报》第4年1908年第1号。
② 章炳麟：《新方言·序》，1910。
③ 章炳麟：《论语言文字之学》，《国粹学报》第2年1906年第20号。

华美的文学定义之后，也批判了"某人"相当近代式的文学定义："学说以启人思，文辞以增人感。"当然，这亦为章氏视为对文学本质的曲解。与此相关，在有别于最初演讲章的文学论的"国学讲习会"的另一个特为数位关系密切的留学生所开设的讲习会上，有这样的小插曲：据当时与鲁迅和周作人一道前去参加的许寿裳回忆说，在讲习会席间，鲁迅回答章先生的文学定义问题时说，"文学和学说不同，学说所以启人思，文学所以增人感"，受到了先生的反驳，鲁迅并不心服，过后对许说：先生诠释文学，范围过于宽泛。①许的记述相当具体，显然参照《文学论略》的本文补充了记忆细部的不足。同时，也有人指出，他们的讲习会是在《文学论略》发表两年之后的1908年开设的，以此事实判断，许的回忆缺少真实性。②但是，在周氏兄弟共同将如Andrew Lang和Rider Haggard合著的 The World's Desire 译为《红星佚史》时，在以周作人的名义所写的序言里，使用了与《文学论略》中所引完全相同的用语强调了"学说"与"文辞"的不同。序的日期是1907年2月。此外，《正名杂义》中有"故世乱则文辞盛学说衰，世治则学说盛文辞衰"的说法，将"学说"与"文辞"对立起来论述，似乎原本即是章氏的习惯。把前后的情况合起来考察，《文学论略》的这一批判以章和周氏兄弟平常的执论为基础的可能性非常之大。其实，比起这一小小的插曲来，他们自己的作品更直接地表述了更多的事实，这是不言而喻的。

---

① 许寿棠：《亡友鲁迅印象记》。
② 谢樱宁：《章太炎年谱摭遗》。

鲁迅与周作人当时的主要作品发表于紧步章炳麟之后来日的刘师培所编辑的《河南》，其中周作人的《论文章之意义暨其使命因及中国近时论文之失》①参考了美国人Hunt之说，②从西方的近代文学的诸定义出发，选择确定了一般学问和纯粹美这两个极端无法包容的、作为对于人性和时代精神的自由探索及其表现的文学概念，而用"文章"这一译语来表现它，进而将包括韵文和散文在内的狭义的创作称作纯文学。鲁迅的用语与其弟并无二致，在《摩罗诗力说》中说："由纯文学上言之，则以一切美术之本质，皆在使观听之人，为之兴感怡悦。文章为美术之一，质当亦然，与个人暨邦国之存，无所系属，实利离尽，究理弗存……特世有文章，而人乃以几于具足。"③

比周氏兄弟更早一步接受了西欧文学观的王国维，经常自觉使用日本造译语"文学"，而周氏兄弟共同的译语，却既与厌恶此种"新名词"的《国粹学报》和章炳麟同道，同时又有意识地区别于章氏"过于宽泛"的定义。姑且不论这些译语的区别，在直接或间接经由日本而向西欧学习非功利性的纯文学观念这一点上，说王国维与周氏兄弟最为接近并非过言。但是，周氏兄弟共通的反功利主义，是遵循庄子式的"无用之用"的逻辑，希图依靠文学的力量使同胞纯粹无垢的灵魂觉醒，从而使衰弱的古老文明保有再生的希望；在这一意义上，他们的反功利主义是为远大的功利服务的。而王国维所追求的，是以席

---

① 周作人：《论文章之意义暨其使命因及中国近时论文之失》，《河南》1908年第4、5号。
② *Literature, Its Principles and Problem*。
③ 鲁迅：《摩罗诗力说》，《河南》1908年第4、5号。

勒美学的"游戏"为极致的、于己是对深刻的厌世主义和忧郁症的直接慰藉的纯文学。在周氏兄弟与王国维之间,存在着不小的距离。①顺便提及,《文学论略》对于"增人感"的这样的文学定义,斥其为以杂文与小说之类的东西覆盖"文辞"者,但在其后却笔锋一转突然不知以谁为对象而痛骂道:"或云壮美或云优美,学究点文之法,村妇评曲之辞,庸陋鄙俚无足挂齿。"②

这里所说的"壮美"与"优美",是王国维借之于叔本华以论小说的用语。③王国维把他视之为艺术特殊性质的叔本华式的"厌世解脱精神"作为评价《红楼梦》的依据,称颂其为"悲剧中之悲剧";并强调这种"悲剧"并非"政治的""国民的""历史的",而是"哲学的""宇宙的""文学的"。在反功利主义的价值判断中,"政治的""国民的""历史的",与"哲学的""宇宙的""文学的"之间的对立并不像王国维那样绝对,恐怕恰恰是在这一点上,周氏兄弟和章炳麟由于革命激进主义中这种不能以概念穷尽的混沌部分而得以连接在一起。反过来,不能不说王国维的孤立是深刻的。

进而,我们不能够忽视的是:无论将文学用"华美"还是用"感情"加以定义,章炳麟反对把文学从文字文化的整个体系中剥离出来的"过于宽泛"的定义,是与这位前代大学者贯穿于整个言行中的人格魅力深切相关的。章炳麟指责韩非式的

---

① 王国维:《文学小言》《自序》《自序二》等,《静安文集》。
② 《国粹学报》1906年第9号。
③ 王国维:《叔本华之哲学及其教育学说》《红楼梦评论》,《教育世界》1904年第7—13号,收入《静安文集》。

国权主义统治术为"今无慈惠廉爱,则民为虎狼也,无文学则士为牛马也"。①这当然是使用韩非的时代称儒者之特技为"文学"这一历史话语而发的议论,它意在指出,如果游离于"文学"定义之前的传统,读书人便只有沦为权力的奴隶。众所周知的鲁迅"有学问的革命家"的评语,固然是对于世间给晚年章炳麟加封的"国学大师"头衔的异议,而其间亦充溢着鲁迅充满怀念的情意:章炳麟留给鲁迅的倾注全部学术力量参与政治的强烈印象,使得他在共鸣的同时亦慨叹当今时代已不复存在此种动人心魄之事!

其次,关于诗与诗人。在《河南》上所发表的周氏兄弟的作品之中,鲁迅的《摩罗诗力说》、周作人的《哀弦篇》,②二篇均为发于对抗祖国精神界之衰落而"别求新声于异邦"的共同动机而作的诗人论。其涉及对象从拜伦、雪莱到俄罗斯和东欧诸国以反抗暴政民族复仇为主旨的一群诗人。这两篇之间的分工意识亦明确可见。他们大量利用了英、德、日文资料作为介绍的蓝本,其间关于鲁迅的部分已经有相当详细的调查结果公之于众。③这些研究进一步明确显示周氏兄弟对于西方近代文学的理解远远超过了同时代的水准,而与此同时,通过对于资料运用时的选择方式和侧重点等具体事实的分析,亦会引起对于作者自身特性的重新思考。在此,仅就诗与诗人的观念来考察一下这一问题。

---

① 《国故论衡·原道下》。
② 《河南》第9号。
③ 北冈正子:《摩罗诗力说材源考》1—24,《野草》第9—56号。中岛长文:《蓝本〈摩罗诗力说〉》,《飙风》第5、6号。

如上所见，所谓艺术和文学的"纯粹"独立的观念，只能是在思考人的存在时视"精神"为绝对内在性的西方思想带来的观念。《论语》以"思无邪"一语概括了《诗经》三百首，就连这最为朴素的诗的定义，鲁迅和周作人也以其为圣人之教为由，作为外部的规范和强制力加以抵制，而热衷于他们认为与此截然不同的西方文学。但是，如果探讨他们追求这种纯文学诗歌的思想方式的基础，情况便有所不同。对此需要加以更具体的观察分析。在此将周氏兄弟共通的论题用共通的用语来加以概括的话，可以说是以诗人的心声来打破衰微的古文明的寂寞和萧条这一单纯明快的期待。有关诗的精神的定义，鲁迅说那是上无视神性权威、下蹂躏卑屈俗众的"争天拒俗"的摩罗的抗争；周作人则说那是膨胀到宇宙意志论程度的"悲哀之情"。兄弟二人的倾向在这一时期便已显现出资质上的差异，但无论如何，他们基本构想都在于：只有诗人的纯粹的叫喊，才能与尚可期待保存着未被实利污染的古代天真之心的同胞在神思上共鸣。在这里，"寂寞"和"萧条"都来自周氏兄弟爱读的屈原的《离骚》，"心声"正如周作人以对偶方式所引之"言，心声也，字，心画也"所示，来自汉代扬雄的《法言》。"神思"可令人想起《文心雕龙》中同名的篇名。在周氏兄弟那里，这些关键词语均是明显基于古典感觉的用语。而且，这种以"声"象征一个文明乃至国土的整体命运的想法本身，不也显示着传统的思考方式的深深浸染吗？

　　偶然载于《国粹学报》的同以《心声》为题的金一的短

文，①也促使人思考这一问题。该文采用寓言式的政论形式，使人联想起龚自珍著名的《尊隐》，其实也借用了龚文的语句；它设置了聪国子与疹国子问答的形式，以传统医学和音乐论的用语以及《易经》和《诗经》的章句敷衍"夫士，国之肝肾，夫士之言，国之声息也"的主旨，陈述了国运闭塞的悲哀和打破现状的希望。其间慨叹六朝以后"声"之"喻"，幻想以"警惕旦之士"的"搋血泪，菇古愤，引吭长叹，一啸百应"使之变为周代的"厉"声。这恰恰是在诗这一象征层面上梦想着国民精神之恢复。在此，如同"治世之音安以乐，其政和；乱世之音怨以怒，其政乖"所象征的，认为一国治乱与音乐调子有关联的儒家道德政治性音乐论（《乐记》），和天籁地籁等等概念所表达的道家宇宙生命论（《庄子》）的传统横亘其间。在周氏兄弟共同将其预言者与诗人等同对待的犹太教和基督教里面，也有启示宗教所特有的"声"的思想，但我感觉到，在周氏兄弟所描述的西方诗和诗人的背后所潜藏的，并非这种宗教之声，而是与其有别的固有声音思想。这比起"无用之用"的逻辑游戏来应该说是相当有用的遗传作用吧。金一名金松岑，在文学史上以小说《孽海花》前六回的作者而为人知；他是上海初期革命团体"爱国学社"成员，当时已有了关于俄罗斯"虚无党"的译述，②翻译了鲁迅在《摩罗诗力说》中有关拜伦事项所依据之日本人木村鹰太郎的拜伦评传，③进而还是鼓吹周作人所

---

① 金一：《心声》，《国粹学报》第28号。
② 金一编译《自由血》，1904。
③ 《文界之大魔王摆伦》。

特别关心的《女界革命》一书的作者；①因此，他与周氏兄弟并非无缘之人。不过，周作人曾经批判过《国粹学报》同一号所载金的另一篇论文《文学上之美术观》。周作人未读本文，只是批判说该文的标题便已经犯了以文学包括艺术的倒错之误；②似乎他把金视为不可救药的旧派人物。不过，我并不想讨论影响关系问题，毋宁说，我注目在这种代沟当中所存在的同一性。

章炳麟的《文学论略》中有关诗的部分，除了把它置于"有韵之文"中的一科之外，并未进行深入的讨论。继承了百科全书式的"杂家"传统的《訄书》里面，也并未为《诗经》之学单独成篇。③章的激情，并未如同以"江南名士"享有盛名的金一④那样率直地表现为诗的欲望，同时他对于这一种诗风的始作俑者，当时亦为鲁迅等所爱读的龚自珍，也苛刻地评论其为"词章之士"，视为末技之徒。⑤不过，立志于与传统文化共命运的读书人不可能对诗漠不关心。在后来以"小学""文学""诸子学"三卷为支柱而体系化的《国故论衡》中和《文学总略》同时收入了《辨诗》，就此文看，章氏诗论的要点，一言以蔽之，在于"本性情，限辞语"。而具体地说，这一时期在他为自己的诗作所附简洁的《韵文集自序》中，他在将魏晋之世所确立的五言体作为继承了《诗经》本质的诗体加以特别推重之后，这样直抒胸臆：

---

① 金天翮：《女界钟》。
② 周作人：《文章之意义暨其使命因及中国近时论文之失》。
③ 相当于《訄书》最后定本的《检论》中，首次收入了三篇关联的论文。
④ 章士钊：《黄帝魂》。
⑤ 《答铁峥》，《民报》1907年第14号。

> 余生残清之季，逃窜东隅，躬执大象，幸而有功，余烈未殄，复遭姗议，险阻艰难，备尝之矣，既壹郁无与语，时假声均以寄悲愤，躬自移录，不敢比于古人，采之夜诵，抑可以见世盛衰。

鲁迅在晚年回想中，引用了章炳麟的狱中诗作，特别提到了当时读这些诗作时的感动。对于鲁迅来说，章的这些诗与拜伦等等西方诗人的诗歌，究竟有何种程度的差别呢？而对于拜伦，章炳麟其实也以他的方式表达了与他的青年弟子们同样的关注：他曾经对最早介绍了拜伦的苏曼殊的译诗加以修改，自己也试着翻译了一首；[1]进而在论述佛教文明诞生地印度与反帝国主义的连带关系的上下文中，也曾论及拜伦支持希腊独立，[2]等等。

再次，关于小说的问题。如所周知，由于梁启超等人政治性大众教育的意图和新兴出版资本盈利要求的重合，使得清末这一时代把小说从边缘体裁推向了文学史的中心。[3]即使革命派的文学论倡导复古，只要复古意在变革，那么，对于清末的这一趋势就不可能视而不见。在《国粹学报》上，刘师培对于俗语小说的盛行一直追溯到元明时代，认为这是"进化之公理"；而《文学论略》的分类里把小说归于"无韵之文"中最后一科。从《汉书·艺文志》以来小说一直被作为"九流十家"中的最后一家，它首先意味着以文言所作的"小言说"。关于

---

[1] 姜义华：《章太炎思想研究》。
[2] 章炳麟：《记印度西婆耆王纪念会事》，《民报》1907年第13号。
[3] 陈平原《中国小说叙事模式的转变》《二十世纪中国小说史》中对此进行了全面的统计性的确认。

这一点，章氏另在别处陈述了他的见解：到六朝的《搜神记》和《幽明录》为止，虽时时涉及神怪但因其以直接和间接的见闻为主，在此意义上他承认其作为小说的价值；而"造意为巫蛊蝶嫽之言"的从唐人到林纾的文言"传奇"，作为小说名不符实。①但是，《文学论略》对于近世以后的俗语情节小说显示了与文言"传奇"不同的对待方式，他沿用《汉书》对小说所下之定义"街谈巷语、道听途说"，指出正因为是"街谈巷语"，《水浒传》《儒林外史》非"俗"而"雅"。这里所说的"雅俗"与文饰主义的文学观所要求的"巧拙"基准恰恰相反，是章氏独有的衡量是否符合体裁本来之"格"的基准。这一使用稍带诡辩色彩的论述方式肯定俗语小说的做法，不仅与刘师培和胡适的进化论无缘，而且事实上可以说它与梁启超式的作为大众教育手段的小说观念也相对立。章炳麟在批判世界语主义者的废除汉语汉字论之时，批判的众多理由之一，就是这种主张将会剥夺学得千把字便可以将就阅读俗语小说的"家人妇孺"仅有的一点"欢愉"。②与此相同，他对于俗语小说的这一看法亦根源于他思想的本质。说章氏的复古文学观与重视小说的时尚潮流背道而驰的判断已经成为一种通说，即使我们承认它大体是正确的，至少在关于俗语小说这一点上，恐怕还是有商榷的余地。重视逻辑性和即实性的章炳麟，总起来说的确对于想象的领域持冷淡态度；如在他的《五无论》中，五个阶段的无化说中作为"万物之元恶"的人本身成为无化的对象，在

---

① 章炳麟：《与人论文书》，《太炎文录初编》文录卷二。
② 章炳麟：《驳中国用万国新语说》。

此阶段，小说和神话居然完全是作为人类的"淫"与"杀"的本性之证的。但是，这一"淫"与"杀"被作为与构成他的诗论的核心的"惰性"连续之物加以论证，因而，反过来说，这就等于说小说与神话是植根于人类天性之物。对于激烈地非难诸多的开化主义者对小说所持功利性态度和皮相地指斥神话为迷信的看法，维护诗人高贵的理想和民众朴素的想象力的鲁迅和周作人来说，章氏在此点上竟意外地与他们相近。

最后，关于文学语言问题。鲁迅也好，周作人也好，都曾解释自己处于梁启超和严复的影响下所写的文章，由于章炳麟的熏陶而敢行"复古"。[①]其最显著之例恐怕是兄弟二人共同编辑的翻译小说集。[②]在他们所写一、二辑共同的序言中有这样的话："按邦国时期，籀读其心声，以相度神思之所在，则此虽大涛之微沤与，而性解思维，实寓于此。"在《略例》里，他们把尊重原文的精神一直贯彻到标点符号的层面，一一进行细致的提示。在翻译工作中尊重原典的必要性，也是章氏列举汉译佛典之范例反复强调的精神。在这部译著中，也收入了兄弟俩所喜欢的带有世纪末颓废和神秘主义色彩的心理主义和象征主义的作品，它们并不能为他们所称道的浪漫诗人形象所容纳；这一进行得过早的翻译事业伴随着不同寻常的试验，这一点是容易察觉的。在这一情况之下，章炳麟有关把文学不作为传统的文饰技巧，而是以文字基本单位加以定义的独特想法及其实践，为周氏兄弟的翻译活动暗示了行之有效的方法：他们在

---

① 鲁迅：《集外集·序言》；周作人：《鲁迅的青年时代》。
② 鲁迅、周作人编《域外小说集》第一、二集，1909。

阅读原文时，把自己前所未有的文学体验忠实不贰地转换为母语，创造了独特的翻译文体。进而，为了对应于细致描写事物和心理细部的西方写实主义，他们所果敢尝试的以古字古意相对译试验，哪怕因而失之于牵强，但恰恰因为如此，通过这样的摩擦，作为译者自身的内部语言的文体感觉才得以真正形成吧。而且在民国初年，对于他们来说，这样的文学语言，也必须是文言文，正如周作人所主张的那样：以"不依社会嗜好之所在，而以个人艺术之趣味为准"的西欧近代小说为典范，为尚未进化到同样纯粹化程度的中国小说另辟别途，应"以雅正为归，易俗语而为文言"。①这里所说的"文言"，并非意味着与后来的"文学革命"所打倒的对象在形式上判然有别，但作为与个人精神直接相关的纯文学的语言要求，它哪里是打倒的目标，相反，它具有作为建设目标的激进性质。无论如何，在真正的文学生涯的初始阶段，周氏兄弟从章氏关于语言本源性的彻底性思想之中所获得影响是不能轻视的。对这种影响关系，周作人在后来说明道："此所谓文字上的一种洁癖，与复古全无关系，却正以有此洁癖，乃能知复古之无谓。"②

这样，周氏兄弟的文学语言观，与刘师培上述二元论态度相比，对于通俗性反倒是纯粹排斥的。二元性立场并不限于刘师培一人，清末的"言文一致"论几乎毫无例外地是提倡者保有自身的传统文体，同时又在大众启蒙的层面追求作为手段的俗语化。章炳麟早在《正名杂义》里面也有关于"通俗之

---

① 周作人：《小说与社会》，《绍兴教育会月刊》1912年第5号。
② 周作人：《关于鲁迅之二》。

言""科学之言""农牧之言""士大夫之言"各相区别的议论。不过那却是将压倒多数者所使用的"农牧"的生活用语作为"粉地",将其与学者士大夫的文言相对比,因此与书面语上的二元论不同。并且,他接着批判言文一致论说:"而世欲更文藉以从鄙语,冀人人可以理解,则文化易流,斯则左矣",又说"非好为诘诎也,苟取径便而淆真义,宁勿径便也"。如上所示,从根本上说,这是对于严密的表现的要求。在这一场合,俗语便是方言土语本身,他对于言文一致论的批判也从这里生发而来,所谓:

> 俗士有恒言,以言文一致为准,所定文法率近小说演义之流。其或纯为白话,而以蕴藉温厚之词间之,所用成语徒唐宋文人所造。何若一返方言,无言文歧异之征,而又深契古义,视唐宋儒言为典则耶?……今者音韵虽宜一致,而殊言别语,终合葆存。但令士大夫略通小学,则知今世方言上合周汉者众。①

章氏自负为继扬雄《方言》之后的《新方言》(1901),简直就是这一"合周汉"之诸种实例的集大成者。从这一历时性与共时性浑然一体的独特俗语观念之中,钱玄同读取了"古今一致、言文一致之说",并使之成为他后来倡导口语文的基础。②不过既然说到此处,或许干脆越过"文学革命"的言文一

---

① 章炳麟:《汉字统一会之荒陋》,《民报》1907年第17号。
② 任访秋《章炳麟文学理论评述》所引熊梦飞《记钱玄同先生关于语文问题谈话》。

致论，联想到20世纪30年代的"大众语文论争"更为正确。其后胡适的白话文构想，与此时章氏的批判性描述相去不远，但缺少与活的方言土语相区别的紧张意识。不过，这只是事情的一个方面而已，实际上，章氏更为深刻地倾向于"古今一致"，向白话文要求普通古文之上的小学知识，从而反对不可能满足这一要求的言文一致论。他的这一观点以最为完整的论述形态形诸笔墨是其后很久之事；①然而就思考本身而言，他的上述态度与其"俗"的观念也密切相关，是始终一贯的。

就"俗"的观念而言，以《文学论略》中的"雅俗"的基准来判断的"俗"是否定性概念，章氏在与此不同的意义上还有另一种"俗"观念，它意味着在那个"齐物"的"天下"中作为其中一"物"而自生的人民生活样式。正因如此，《水浒传》和《儒林外史》可以成为"雅"，而在民间的方言土语中寻找堕落的士大夫的学问所失却了的古代活泼精神也是可能的。在此毋宁说反映了士大夫的正统人民观和风俗观，但作为摆脱官僚式的统治教化的立场，在思想上彻底到如此程度的特例，也依然是少见的。与《文学论略》相同的反对华美主义的主旨，在别的情况下亦使用"雅俗"概念的说法进行表述的，尚有如下用例可供参考：

> 太上则雅，其次尤贵俗耳。俗者，谓土地所生习（《地官・大司徒注》），婚姻丧纪，旧所行也（《天

---

① 章炳麟：《白话与文言之关系》，《国学概论》所附，1935。鲁迅对此所作的评论和《名人和名言》载同年《太白》第2卷第9期。

官·太宰注》),非猥鄙之谓。……以俗谓缦白,雅乃继起以施章采,故文质不相畔。①

章氏肯定邹容的《革命军》本文的平俗奔放的宣传效果,甚至因而反省自己的学者文章意识,这倒是有益于广义上的"俗"的观点,但是,"当于文苑"的,最后却只是《訄书》那样的作品,章炳麟用这样的语言来自赞②之时,以一人背负"国学"而目空同时代的所有文章家的自负,竟把"雅"的水准提到了高不可攀的地步。实际上,《訄书》正如鲁迅回忆的那样,是无法断句无从对付的难解之物,章氏自己所放言称之为"一字千金"的《齐物论释》,究竟起到了何种程度的影响也还是一个疑问。章氏二元意识既然如此易于上升到高蹈的水准,那么,它对于周氏兄弟所热衷的文言一元的态度倒是一种鼓励,而并非使其游移不前的反作用力。胡适也承认的"文学革命"的最佳成果,就是在周氏兄弟一元论理想的挫折所带来的全身心的体验中诞生的。

与此相对,王国维对于俗语的纯文学意义似乎有了一定程度的认识。他在《红楼梦》那样的俗语小说中发现了哲学的真实之后,不久便"疲于哲学",在填词创作方面自觉到"文学"的成功,进而又热衷于固有戏曲的改革;③他最后并未走到戏曲创作的一步,却转向了戏曲史的先驱性研究。④在其总体性成果

---

① 章炳麟:《与人论文书》。
② 章炳麟:《与邓实书》,《太炎文录初编》文录卷二,1909。
③ 王国维:《自序二》,《教育世界》152,1907。
④ 其中的一部分刊载于《国粹学报》。

《宋元戏曲考》(1912)的《序》里，可以看到他把元曲这一被从正统意识中排挤出来的文体，在"能道人情，状物态，词采峻拔，而出乎自然"的与体裁特质相关的层面上加以评价。王的填词（《人间词》）与他通常的五言七言诗（《静庵诗稿》）相比，反倒远为明了地显示了致力于纯粹诗的倾向，这是因为词这一形式对士大夫的诗作来说既近于余技，又较为适合于离开生活中的具体即事性而进行虚构性抒情。但是，依靠固有戏曲形式进行创作，有填词无法相比的困难，王对此亦有认识。[①]尽管不久之后连文学也放弃了，但王国维究竟也曾为追求纯文学的理想而一直奋斗到了传统形式的极限之处。

四

在章炳麟的文学论中占据中心位置的修辞要求，最初由《正名杂义》所提出，这一事实具有相应的意义。孔子把"正名"列举为政治的要义[②]的真意在于把它视为普遍性问题还是作为针对特定国情而对症下的药，这一点姑且不论；可以确定无疑的是，"正名"思想起源于儒家对于现实名分秩序的关心。章氏称之为"吾师"的荀子，在《正名》篇中尽管围绕着事物命名的诸种相关问题而将论述扩展到了一般语言，但是到底儒家式"正名"的观点没有变化。在《正名杂义》的序段里，把《正名》全篇以文字、音韵、修辞法的论述为主，不包含逻

---

① 王国维：《自序二》。
② 《论语·子路》。

辑学的内容作为理由，附言说"非诚正名，而附其班"；由此可见，章氏特别注重"名实"论的逻辑学侧面，不过，他所表现出的从语言现象的混乱中读出现实危机的意识，其方式本身依然使人感到儒家传统的存在。而在《国故论衡·文学总论》里，《文学论略》中我在上文称之为时代反映的部分已经大幅度删除，以《易·文言》中的"修辞立诚"一句概括了论旨。这种处理方法与章氏不久之后撤销了革命时期的批孔，甚至后悔"而前声已放，驷不及舌，后虽刊落，反为浅人所取"①不无关系。但是连他的革命论中亦充满着浓厚的道德主义色彩，当然文学论亦会受这种道德主义的支配，从这一角度看，章氏的这种处理方式并非意味着本质性的转换，而他说"修辞立诚"也并非从此时才开始。②要言之，章氏的文学论在修辞学中渗透着道德主义，从未脱离过从道德的高度以正确的修辞来调整现实秩序的意志。

周氏兄弟经由了章氏"文学复古"的熏陶，几乎同时又体验了对于西方式"主观之内面精神"和"个人尊严"的渴望；他们借用严复的旧式译语"性解"表现西方天才、"诗人"、"精神界战士"，在与他们的声音相呼应的同时，留下了文学语言的大胆实验成果。根本来说，这中间的关系只在文学语言的层面上讨论是无法穷尽的。这种种关系以鲁迅为例简略言之，则可说这是面对东方文明古国衰微的敏感高傲的灵魂，把欧化主义的时弊归结为19世纪式的"无知至上"与"多数万能"两

---

① 章炳麟：《致柳翼谋书》，1922年6月15日。
② 章炳麟：《与人论文书》。

点，从而与基督教欧洲内部的基尔凯郭尔和尼采，特别是后者对于资产阶级"末人"的轻蔑性批判发生共鸣，这已堪称一大奇观。而与此同时，他又与中国内部的章炳麟所主张的，立足于岂止是前资本主义社会，而且是前制度性原理的自存自主发生共鸣，这堪称又一个奇观。鲁迅所标示的"外之既不后于世界之思潮，内之仍弗失固有之血脉，取今复古，别立新宗"，[①]正是这两大奇观的自觉形态。实际上，如果说章氏的小学由黄侃和钱玄同等嫡传弟子所继承，东方哲学的构筑则触发了熊十力、梁漱溟的儒、道、佛三教间各种会通的尝试的话，那么，他在《民报》时期独特的思想斗争最全面的继承者，则非鲁迅莫属了。现在只举一例：鲁迅在那篇一看便知是模仿章炳麟的《四惑论》所写的未完的论文《破恶声论》[②]中，把蔑视固有宗教、礼赞富国强兵、强制国家义务的"国民论"与主张文字、语言万国通用、放弃祖国以求统一差异性的"世界人论"作为批判的标的，指出他们所依据的"科学""实用""进化""文明"观念实在不过是肤浅皮相的西欧认识的产物而已。仅仅浏览一下他所批判的项目，便可了解他是如何从相反的角度与其师有着相似的问题意识。在此意义上，20世纪中国这一巨大的矛盾，似乎已经在最初的十年里选择了鲁迅作为它的象征。

在十年之后，以传统的全面批判者姿态出现于文化界中心的周氏兄弟，为了描述生存于旧世界底层的灵魂的悲惨和滑稽，为了把本质上属于"平民"的人的际遇作为自己的事情来

---

① 鲁迅：《文化偏至论》，《河南》1908年第7号。
② 《河南》1908年第8号。

加以描述，开始从彻底的文言一元化文学语言转向一元化口语的崭新实验。过去信仰的超人天才信念之崩溃过程，在兄弟二人那里不尽一致；但是显而易见，王朝制度的最后崩溃所引起的危机的深化，是使得他们与自己曾经无视的俗语化趋势合流的诸种原因中最重要的原因。另一方面，在这一俗语化趋势的延长线上发起口语文体运动的胡适，则从西欧诸国民族文学从拉丁语文学中独立出来的过程中寻找模式，以明清小说的俗语文体和官吏、商人圈中自然发生的通用语言为基点构想了口语文体。而据胡适所称，对于这一构想来说，章炳麟的极端的文学论，以其打破"应用文""美文"区别的做法而为"文学革命"的口语一元主义战略提供了有力的前提。[1]但是在新的实验之中，鲁迅以文字的游离为重负以致对于古代的言文一致也产生怀疑；周作人一直有意识地致力于解除"文字的魔力"。考虑到这些情形，不能不注意到这样一个问题：将小学作为中国独有的特殊学问的章炳麟与周氏兄弟之间在文学上的一致之处与分歧之处所具有的意味，在不明确揭示一字之中包含着形、音、义三个独立宇宙的汉字秘密之前，是不能奢望彻底搞清的。在此时期章氏所作小学两大成果《新方言》《文始》所揭示的语言、文字的宇宙，如果从这样的观点精读，会有什么样的结果浮现出来呢？

---

[1] 胡适：《五十年来之中国文学》。

鲁迅《故乡》的阅读史与中华民国公共圈的成熟

藤井省三

一、前言

20世纪20年代初，在中华民国的首都北平，鲁迅于《新青年》上发表了一篇描写归乡的小说《故乡》。这篇作品的出现不仅代表着鲁迅文学的成熟，而且标志着中国现代化的正式的胎动。清末以来的欧化、产业化的发展，使当时中国的教育、文化方面的诸制度具备了初步的原形，形成了孕育着更进一步发展的体制。于是以大学为主的高等教育机关的现代化，学生人数的骤增，女子大学生的出现，促进了以这些新兴知识分子阶层为作者、读者、制作者的报纸、杂志的急速成长。

文体也正在向白话文急速地变化着。经过《新青年》杂志的倡导为开端的文学革命，在20世纪20年代初，小学、中学开始了白话文教科书的制作，教授白话教材的"国语"科开始出现并逐步代替教授文言作品的"国文"科。

《故乡》在发表两年后被收进单行本并引起极大的反响。

中学国语教科书领先于单行本将之收为教材，培养了知识阶级预备军的情感和理性。1949年后，《故乡》被以阶级斗争的角度进行解释，成为进行社会主义思想政治教育的中学国语教材。民国时期《故乡》的读者估计达数百万。当时的文学评论家、教科书编撰者以及国语教师对此历代的庞大读者提供了解释。读者们不断地被这些解释引导或反抗之，形成了符合自身时代状况的新的解读。在此意义上，《故乡》可以说是一本不断被重新编织的文本。《故乡》最初出现的20世纪20年代，是破除军阀割据和日本、欧美的外来侵略——所谓的"半封建半殖民地"——的状况，将名不符实的中华民国建设为真正的国民国家这一趋势高涨的时代。《故乡》描写的是大都市北京和地方城镇、乡村，知识阶级和农民、小市民之间的隔离，但知识阶级却将之作为国民国家建设的开端故事进行了解释。中华人民共和国代替中华民国以后，共产党要求人们将《故乡》作为社会主义建设的作品进行阅读。在中华民国、中华人民共和国这两个时期，《故乡》都是一篇讲述国家建设的意识形态小说。

拙论将考察不断地编织了《故乡》这一文本的民国时期的中国的阅读历史。换句话说，这将是一篇《故乡》文本的形成过程所反映的现代中国文学的生产、流通、消费、再生产的故事。

二、契里珂夫《省会》的影响

《故乡》执笔、发表于1921年，同年里鲁迅从在日本翻译发行的文库本短篇集《契里珂夫选集》中，重译了《省会》和《连翘》两篇，并于翌年将它们收进《现代小说译丛》（上海商务印书馆，1922）这一世界文学短篇集。

契里珂夫（1864—1932）是活跃于俄国第一次革命（1905）时期的左派作家。在受到俄国革命的强烈影响的大正时期的日本，契里珂夫是自由主义者和左翼文学青年所喜爱的作家，《契里珂夫选集》于1920年由关口称作翻译，东京新潮社出版发行。在翻译成中文时，鲁迅以此选集中的日本译者关口称作的《译者序》为参考，写下了《〈连翘〉译者附记》一文，对其作品做了如下评价：

> 他的著作，虽然稍缺深沉的思想，然而率直，生动，清新。他又有善于心理描写之称，纵不及别人的复杂，而大抵取自实际生活，颇富于讽刺和诙谐。

《省会》的故事梗概大致为：乘船顺伏尔加河而下，回到阔别20年的故乡的革命派知识分子，面对面目全非的故乡的街道，回想起那令人怀念的少年、青年时代，并再会学生时代的友人——现警察署新任副署长、镇压民众的干将，然后深深地失望。

考虑到《省会》和《故乡》的主要情节极为相似，且翻译与创作进行于同年这两点，可以说鲁迅的《故乡》模仿了契里珂夫的《省会》。但《故乡》并非《省会》的单纯的翻版。契里珂夫描写的是在第一次革命失败后的黑暗政治下，那些喜欢怀念那充满酸甜的青春和希望的过去的俄国知识分子的心理。与此不同，鲁迅通过对《省会》的框架进行大幅度的改变和重新构成，考察了20世纪20年代中国知识分子的精神，使《故乡》达到一种哲学的境界。

三、"文化城"北京的四合院共同体

辛亥革命（1911）后中华民国的混乱政局，使明清以来作为皇都而君临全国的北京的政治地位得到相对化。代之而起的是以"文化城"的姿态而出现的北京，其主要支撑的力量是以北京大学为顶点的大学、专科学校的老师和学生。为了自身的延续和发展，这些高等学院首先渴望的是共和国体制的实现，且不得不充当起作为其实践活动的革命运动的骨干，在这样的校园中，在拥有这样的大学于市中心的文化城北京，文化渴望着革命，革命也别无他物而以文化的姿态出现。

1870年以后的上海，为了培养被称为买办的从事海外通商的商人，欧美教会和中国的资产阶级设立了众多的学堂。但这些学堂一个年级多只有数十人的学生，与其说是现代化的学院，还不如说它充满了私塾的气氛。但北京却大为不同，1919年拥有国立19所、私立6所的高等教育机关，学生人数达1.3万人，占全国专科学校学生的四成以上。[1]可以说是当时中国最

---

[1] 甄朔林：《各省各级学校学生总数分配表（公立私立及耶稣教会立学校学生数均未列入）》，《最近三十年中国教育史》，太平洋书店，1930，第376页。

大的学生城。附带说一句，1922年北京市城内人口为91万3千人。①其中，北京大学的学生1913年的781人增至1922年的约2300名。一方面，1919年的全国的教会大学为14所，在籍者总数为2017名。北京大学一校的学生便凌驾全中国的教会大学。

在思考北京、上海两城市的关系时，北大学生的籍贯细目发人深思。本地直隶省（相当于现在的河北省）出身的学生为321名（14%），而来自江苏的有184，浙江197，安徽102人，长江下游三省，也就是说上海附近省出身的学生占483名（21%）。此外，来自全国各地的学生分别有：广东231名（含华侨），四川139名，山东147名等。②教授阵容也召集了来自全国的陈独秀、钱玄同、周作人、胡适等从日本、欧美留学归来的少壮派文人。1918年，其平均年龄竟只有30多岁，十分年轻。按同年统计，全国202名教员，直隶、北京出身的只不过12名，而来自江苏的40名，浙江的39名，安徽的17名，照样是南方出身者占多数。③

到清末为止作为皇都的北京，在民国时期以文化都市的姿态复兴时，清朝变法派为实现君主立宪制而设立的京师大学堂便成为其资本。可以说旧王朝的政治遗产成了建设新的共和国的心脏。而流入心脏的血液，是成长于上海周边区域、年轻的留学归来的教授和学生们。应该说发端于上海的欧化潮流征服

---

① 《国民日报》1922年3月20日消息。间接引自北京市社会科学研究所编《北京历史纪年》，北京出版社，1984，第389页。
② 《"民国"11年度在校全体学生分省分系表》，《北京大学日刊》，1923年4月16日号。
③ 《本校职教员学生籍贯一览表》，《北京大学月刊》，1918年4月24日号。

了北京，还是该说古都北京吸收了新兴都市上海的力量而得到了改观？

《新青年》是代表"五四"时期的杂志，其主要撰稿人为鲁迅、胡适、周作人和介绍马克思主义的李大钊等北京的知识分子，多为北京大学教授，在清末的西洋式教育制度和留学日本、欧美的制度下培养出来的二三十岁的年轻的知识分子们，集结于新文化的大本营北京大学，通过杂志宣传媒介，对更年轻的一代进行了启蒙。《新青年》高举民主与科学的旗帜，批判儒教意识形态，提倡全面欧化，进行了文学革命。这每期300页左右的堂堂正正的综合性杂志，鼎盛期的发行量竟达1.6万册。[1]

《新青年》的读者主要是北京的学生，其中来自地方它省的学生计超过一万，他们和作为此刊物撰稿人的北京大学少壮派教授们所居住的地方，是四合院住宅或以省县为单位建造的、被称作会馆兼作宿舍的同乡人集会所。北京市内的会馆多达420余处，鲁迅在1919年11月迁居八道湾以前的7年半间所居住的便是有大小84个房间的绍兴会馆。[2]其构造可以看作一个大型

---

[1] 张静庐：《近代中国出版史料二编》，群联出版社，1954，第316页。
[2] 四合院是中国北方的传统住宅，东西南北四栋房屋围绕一方形的中庭，一栋三室，一室约二十叠。在中文里院的意思。若是大型住宅，地面向南北延伸，房屋栋数增加，庭院也随之增加二三个，被称为二进院、三进院，四合院周围筑有近3米高的砖墙，与面向马路的房屋的墙壁相接，南面建有中国风格的大门。比如位于北京内城西北部的鲁迅住宅，为南北63米，东西26米，占地面积500坪左右的二进院式四合院。居住在里面的有老母亲、妻子和周作人、周建人两个弟弟及他们的妻儿，两三个佣人以及同乡，从日本来长期逗留的客人们等。平常四合院的妇女很少外出，日用品多从挑着扁担来的小贩那里购入，连娱乐都是由耍猴的、演木偶戏的轮回于各家四合院的中庭给予提供。北京周围环绕着雄伟的城墙，城里的四合院

四合院。[①]来自地方的学生与同乡，特别是兄弟、表兄弟们共同租用四合院或会馆的一室，过着同居生活。[②]这些被以县为单位的地缘——血缘关系亲密地联系在一起的人们用方言互相交流，享受同乡人烹调的家乡风味。

我把这种形成于北京知识阶层的大家庭和同乡近亲的共同体称为四合院共同体。在"异地他乡"的北京，因共通的方言和习俗而一起生活在四合院共同体的学生们，以房间或四合院为单位，共同传阅一册杂志，一份报纸，互相倾诉自己的体会和感想。[③]

又环有四方的墙壁，仿佛城中之城，数百分之一的迷你小故宫。孙瑛：《鲁迅故迹探访记事》，《鲁迅研究资料》第8集，天津人民出版社，1981。中岛长文：《北京小记一》，《飙风》第14号，朋友书店，1982。关于民国时期的北京，参照罗信耀《北京风俗大全》（H.Y.Lowe: *The Adventures of Wu*，1940，1941）藤井省三、佐藤风、宫尾正树、坂井洋史译，平凡社，1988。

① 参照《绍兴县馆简介》，薛绥之主编《鲁迅生平史料汇编第三辑》，天津人民出版社，1983。
② 《1925年北京的读书与读者层》，清水贤一郎（北海道大学助教授）的报告，日本中国学会第46次大会（1994年10月）。
③ 不可忽视"五四"时期朗读的习惯还顽固地残留着这一事实。鲁迅的短篇《端午节》（1922）里有官僚兼任大学讲师的主人公边喝酒边"将腰一伸，咿咿呜呜的就念"被当作"五四"新文学圣经的胡适白话诗集《尝试集》（1920年发行）的场面。《尝试集》中不押韵的诗占一大半，朗诵起来可够辛苦一番的。总之，从这一节可以看出当时朗读盛行，默读还未确立的读书情况。在四合院，同屋或邻居的学生即使手里没有书本，也可能通过耳听同伴的朗读而共享读书的乐趣。北京的知识阶级虽然从女性解放论的角度讨论易卜生戏剧，但轮到亲自上演自由恋爱剧时却踌缩不前。他们一面追求着与东京、莫斯科、伦敦的知识分子相同的理念，在现实中的行动却不愿大大地跨出传统的规范。这种观念与现实极其乖离的状况，可以说与四合院共同体的二重性——虽然身在文化城北京，却过着向以县为单位的语言习俗谋求自身同一性的生活——有相通之处。大都市北京被分割为四合院共同体，个人的等质流动与集合的机会很少，蔓延于学生运动里的宗派性，恐怕也起因于这种偏狭的共同体意识吧。与日本、欧洲的各都市相比，作为近代都市的

《新青年》最有力的读者是这些四合院共同体，所以可以推定它的实际读者数应达发行册数的数倍乃至十数倍。同时，阅读质量也通过共同体内部的对话得到相当的均一化。

描写为告别"故乡"而再访故乡的小说《故乡》，最初就出现在这种四合院共同体的读书空间。通过《新青年》阅读《故乡》的人，多为在异乡攻读，尔后也终归和小说中的"我"一样返回故乡的学生，或是长久别乡的老师和官僚。这些新兴知识阶层大概对《故乡》抱有深深的共鸣吧。

四、评论的再生产功能

最先把发表在《新青年》上的《故乡》评为名作，提供了最初的阅读方式的是文学杂志的评论文章。文学评论是与"五四"时期的文学革命同时诞生的制度，文学杂志是随着"五四"新文学的急速成长而复兴的。

在拥有100万左右人口的都市北京，报刊的读者为学生、教员、新闻记者、中高级官僚等两万余人的知识阶层。虽说各报的发行量分别为数千到一万，但知识阶级却将炽热的视线投向了副刊。事实上，《晨报》的发行量从1922年的7000急增至1925年的一万份，《京报》也从3000急增至6000份。走在"欧化＝现代化"的发展途中，大众文化社会还没有得以形成的20世纪20

北京还没有成熟。俄国盲诗人爱罗先珂曾在演讲《知识阶级的使命》中尖锐地批评了这种北京的知识阶级。鲁迅《端午节》是距爱罗先珂演讲后3个月写成的对此演讲的回应小说，十分幽默地描写了北京知识阶级的生活。参照拙著《现代中国的轮廓》，自由国民社，第22—31页。

年代的中国，报纸的副刊可以说是知识阶级进行宣传媒介实验的实验室和试管。

文学革命后不久以《新青年》这样的综合性杂志，此后又以同人文学杂志为宣传媒介的新文学，在进入20世纪20年代后开始打进副刊的版面。不仅如此，它紧接着还争取到商业性的文学杂志，使其成为自己的发表场所。《小说月刊》便是最成功的一例。

在清末也即20世纪初以来的上海，面向以本地上海为中心的各租界城市的买办，甚至东京等世界各地的华侨和移民，小说杂志十分盛行。人们借用清末发行于横滨的杂志名称将它们称为"新小说"。到发生辛亥革命的1911年，上海文坛出现了许多才子佳人的恋爱小说和翻译过来的欧美侦探小说，这些被称为鸳鸯蝴蝶派。当时在上海发行的此派杂志有《民权素》《小说丛报》《小说新报》等，周刊杂志《礼拜六》（1914年6月—1916年4月）在鼎盛期的发行量竟高达两万册以上。但进入"五四"时期后鸳鸯蝴蝶派走向衰颓，相继停刊。由中国最大的出版社商务印书馆自1910年7月创刊以来，一直号称为鸳鸯蝴蝶派阵地的《小说月报》也日渐低迷，1920年10月号的发行量只有两千册。随着知识阶层不断地向北京集中，阅读倾向也发生了由鸳鸯蝴蝶派转向"五四"新文学，由上海文坛转向北京文化界的质变。这是为了文学杂志的重建，商务印书馆将视线投向了北京的文学研究会。

文学研究会成立于《新青年》分裂后的1921年1月。此研究会在打出了"文学是为人生的"的口号的同时，还提出了保护职业作家的权利的要求。周作人等文学研究会12名发起人的出生年月和职业的一览表，可以说显示了知识阶级——"五四"新文学的创作者和读者——的社会分布的一角。发起人12名中，编辑2人，大学教授、学者、教员各一名，除此外20岁刚出头的学生竟占7名。令人深思的是，文学研究会虽致力于发展成为作家协会，但竟没有一个职业作家这一事实。当时的中国，连身为教育部（相当于日本的文部省）高官兼北京大学等讲师的鲁迅都只是一个兼职作家，职业作家只限于上海的"新小说"派。"五四"新文学没能够争取到足够拥有职业作家的市场。此外，除上海及其附近的两名外，其余10名均住在北京，这又活现出文化都市北京的面貌。

文学研究会只不过是北京的一个地方性的集团，但上海出版界从中找到了新的可能性和出发点。商务印书馆从《小说月报》1921年号起起用本出版社崭露头角的年轻编辑沈雁冰为其主编，开始图谋更生，并使其成为文学研究会的机关杂志。据说这次《小说月报》的复兴使它的发行量从1921年1月的革新第一号起就很快恢复到5000册，同年末达到一万。[①]

关于《故乡》的最初的评论就登载于复兴后不久的《小说月报》1921年8月号郎损的文学时评《评四五六月的创作》。

> 我觉得这篇《故乡》的中心思想是悲哀那人与人中间的不了解，隔膜。造成这不了解的原因是历史遗传的阶级

---

① 茅盾：《我走过的道路（上）》，人民文学出版社，1981。

观念……但作者的本意却在表出"人生来是一气的,后来却隔离了"这一根本观念。对于现在虽然失望,但作者对于将来却不曾绝望……我盼望这"新生活"的理想也因为"走的人多了,也便成了路"。

评论家郎损实际上是《小说月报》主编沈雁冰的笔名。新文学诞生的"五四"时期职业作家还没有出现,同样职业评论家也还未诞生。兼职作家鲁迅创作的《故乡》是由兼职评论家沈雁冰在商业性文学杂志上介绍的。

五、书店与《呐喊》的流通

1923年8月,北京新潮社发行了鲁迅的第一部创作集《呐喊》。《呐喊》在收有鲁迅代表作《阿Q正传》的同时也收进了《故乡》。《故乡》被单行本化而流通到全中国甚至海外。

新潮社是在五四运动爆发前夕的1918年11月,由北京大学学生傅斯年、罗家伦等作为发起人,和周作人等教授一起组织的文学俱乐部。以后陈独秀、胡适、李大钊和鲁迅也给予了协助。从成立后的第二年1月到1922年3月,发行综合性刊物《新潮》与《新青年》一同承担了五四新文化运动的一翼。1923年开始刊行文学丛书,最初于本年3月出版冰心(1900—1999)的诗集《春水》,接着7月出版鲁迅译爱罗先诃的童话戏剧《桃色的云》。《呐喊》是本丛书的第3卷，印数均为一千册。①因新潮社经营基础薄弱，资金不足，《呐喊》是鲁迅代垫200元经费而出版的。②但文学丛书中《呐喊》销路最好，4个月后竟能重版。

新潮社最终停止了活动，单行本的重版多由北新书局接替。北新书局取北京大学、新潮社的头两个字作为出版社社名，是由新潮社成员李志云、李小峰兄弟在1924年设立的。《呐喊》也由北新书局接替，作为"乌合丛书"的一册于1924年5月发行第3版，自此以来，直到鲁迅逝世第二年1937年的6月，共重版达24次之多。

中国的图书一般多在扉页上标明有印刷册数。我向两位研究鲁迅的日本学者请教了他们所收藏的共5版《呐喊》的印数，其中1926年5月第4版标明为7501册到10500册（正价7角），1928年9月第10版（正价同）标明为25501册到28500册，但1930年7月第14版却标记为43500—48500（正价8角）。据此可知，从再版到第14版，各版发行量为3000册，第11版以后却为5000册。如果到1937年6月的第24版为止均为5000不变的话，《呐喊》的发行累计达到98700册。但日本学者所藏版本中有两种虽标明为上海北新书局所出却没有在封面次页上明记出版年月、版数、印数。③也许也有盗版发行。这样算来，总发行量远远超过10万的

---

① 《新潮社的最新》，《北京大学日刊》，1922年12月27日号。张允侯等《五四时期的社团（二）》（生活·读书·新知三联书店，1979）中也有收录。人民文学出版社出版的《鲁迅全集》第14卷中《日记》1923年7月12日有如下记载："收商务印书馆所寄三色爱罗先珂君画像一千枚，代新潮社购置。"
② 前揭《日记》1923年5月20日，《鲁迅全集》第14卷。李小峰：《鲁迅先生与北新书局》，《出版史料》1987年2月号，学林出版社。
③ 据丸山升·樱美林大学教授和长堀祐造·庆应义塾大学教授的指教。

《呐喊》在当时可以说是一本空前的畅销书。

贩卖《呐喊》这样图书的书店,自清末以来在中国各地不断增加。我们可以以商务印书馆的分店网络为例。此出版社于1897年在上海创设,1903年在位于长江中游、中国内地的交通枢纽城市汉口设置了最初的分店。到1923年为止,形成了拥有32处店铺的分店网络。①

说起流通当然也不该忘记连接出版社与书店的邮政制度。②

---

① 根据商务印书馆等编《商务印书馆九十五年》,商务印书馆,1992,其中收录的《付录本馆四十年大事记》,分店网络的发展如下:
1903　汉口
1906　北京,天津,沈阳,福州,开封,潮州,重庆,安庆
1907　广州,长沙,成都,济南,太原
1909　杭州,芜湖,南昌,黑龙江
1910　西安
1913　保定,吉林
1914　南京,兰溪,衡阳,贵阳,香港
1914　梧州,常德
1916　昆明,张家口,新加坡
1918　南阳
1924　厦门
1925　运城
1927　武昌
1928　大同
此外在1905年的北京,1924年的香港设立有印刷所,1931年,在这些分店,印刷所工作的职员和工人超过1000人。同时,在上海总店工作的职员达1000名,男女工人达3500名。这些分店除了本社的刊行物外,也贩卖其他出版社的书籍。不管怎样,可以说商务印书馆分店网络的增加反映了中国各城市书店增加的倾向。

② 关于这一点铃木将久在其博士论文中有如下论述:
"从历史上看,邮政制度的情况是这样的。国营邮电局,在与清末以通商港口为中心急速发展起来的民信局这一民间通信网络的竞争对抗中,不断地扩大全体规模,于20年代中期大致统一全国的邮政机构。民信局主要确保了传统的物资流通,而其竞争对手国营邮电局却主要经营个人之间互相

六、"国语"科制度的诞生和中学国语教科书

1922年,新的《学校系统改革令》以大总统黎元洪之名公布发行。这就是被称为壬戌学制的教育制度改革法令。壬戌学制效法的是美国。继之1923年教育部又公布《新学制课程标准纲要》,将中学国文科的目标规定为:

(1) 使学生有自由发表思想的能力。
(2) 使学生能看平易的古书。
(3) 使学生能做文法通顺的文字。
(4) 使学生发生研究中国文学的兴趣。

这是中国现代史上最早的中学国语教育大纲,《初中国语课

关心问候的明信片等新的通信手段,以及报纸杂志所代表的现代宣传媒介。据1928年的邮电统计,出版物成为邮件的主力这一事实,可以说是邮政制度的历史情况的反映。"

铃木的论文验证了在国民国家建设和国民意识的形成日益显著的30年代的中国心脏城市上海的宣传媒介的成熟过程,论证了构成宣传媒介的主要要素的文学的变化与改观,其果之一,是他灵活应用前人所积蓄的中国现代媒介研究的成绩,解明了20年代媒介社会的形成情况。铃木在用具体的数值说明出版、报纸行业的急速成长与铁路、道路的整顿等状况后,作出以下的论述:"除此以外,当然也可以指出印刷术的进步,印刷纸张的供给等技术方面的背景。各种条件融和起来而产生爆炸性的变化的,可以说是在20年代。(铃木将久,《1930年代上海におけるトディアと 文学》,东京大学大学院人文社会系研究科1996年度博士论文未公刊)讲述故乡的丧失的《故乡》这一文本的成立和其广泛的流通,是因为有这样的20年代媒介社会的出现才成为可能的。

程纲要》由叶绍钧起草。①

配合这种初级中学新学制的新的国文教科书成为必然的需要。而且与小学国语教育的口语化相协调，初级中学国文科的白话与文言的比例也有变化，分别为一年级七比三，二年级五比五，三年级三比七，整体上文言被减了一半。于是"五四"新文学的诸作品便成了填补此空白的白话文教材。

自《狂人日记》发表以来，只有数年历史的"五四"新文学，当然缺乏应有的厚度。因此各出版社的国文教科书往往重复采用特定的作品群。其中《故乡》可以说是超级教材，经过抗日战争，到民国末的1948年，它都一直被收进各出版社的中学国文教科书。②1923年到1924年，规模最大的老字号商务印书馆出版了《新学制国语教科书（初中中学用）》全6册。以第1册为例来看，出版后的短短5年间就被重版了27次。此教科书的编者为顾颉刚（1893—1980）、叶绍钧、朱农（1887—1951），负责校订的有胡适、王云五（1888—1979）。鲁迅的《故乡》被收

---

① 关于民国时期的学制、国语科、教科书等诸制度，参考了以下书籍：
黎锦熙：《国语运动史稿》，商务印书馆，1934。
万恒德、滕碧城编《中学语文教学概论》，江苏古籍出版社，1984。
朱绍禹：《语文教育学》，中央广播电视大学出版社，1987。
罗大同、于亚中：《中学语文教学法新编》，广西教育出版社，1987。
中央教育科学研究所编《中国现代教育大事记1919~1949》，教育科学出版社，1988。
张鸿苓：《简明语文教育辞典》，吉林教育出版社，1992。
北京图书馆、人民教育出版社图书馆合编《民国时期总书目·中小学教材》，书目文献出版社，1995。

② 据《语文学习》1978年第3期上许志行的《毛主席教我学语文的一点回忆》，毛泽东在《故乡》出版于《新青年》后不久就十分爱读，曾教学生们背诵过。

在1923年8月出版的《新学制国语教科书》第5册。除了本文以外没有任何注释和习题，但用注音字母标记生字读音这一点却值得注意。

在新学制实施期间出版的一些国语教科书中，最初收入《故乡》的是1923年7月刊行的秦同培选辑《中学国语文读本》全4册，为上海世界书局出版。世界书局是1917年从中华书局分离出来的，20世纪20年代以后以发行大众小说、白话文言对照的参考书，1924年后以出版中小学教科书而急速成长为可以与商务印书馆、中华书局比肩的大出版社。《中学国语文读本》的扉页上印有1924年6月第3版的字样，大概是初版不到一年便顺利地再版了两次。令人注目的是，民国时期的出版社由商务、中华、世界分枝开去的时候，新教科书的出版发行成了新出版社得以发展的恰好契机。可以想象对当时的出版社来说，教科书是一个多么具有魅力的市场。

这些国语教科书的印刷册数虽不大清楚，但1923年中等学校在校生人数182804人，简单地用除以学年数六，可以推算出一个年级应有3万教科书读者。10年后的1933年，中等学校在校生人数为559320人，增加到3倍。1936年达到抗战前的最高潮，为627246人。[①]从几乎所有国语教材都收有《故乡》这一点来看，通过教科书阅读《故乡》的累积人数，从1923年到1937年的15年间，计要超过百万。这个数值要远远超过单行本《呐喊》的读者数。

---

① 中央教育科学研究所编《中国现代教育大事记1919～1949》，教育科学出版社，1988。

七、国语教室里的《故乡》

特级教师于漪在随笔《我深深地爱》一文中这样回忆民国时期讲授《故乡》的课堂：

> 至今我还清晰地记得几位语文老师给我们上课的情景。我永远忘不了年轻的黄老师教《故乡》一文时的眼神。他穿着长衫，戴着金丝边眼镜，文质彬彬。讲到少年闰土出现在月下瓜田美景之中时，他的眼睛睁得大大的，放出异样的光彩……他"把闰土的模样"描述得那么生动，那么富于感情，我被深深地吸引住了，犹如身历其境，品尝着其中的欢乐。[①]

于漪这一节难以忘怀的课，据推定是在1941年左右日本占领下的上海民立女子中学上的。抗日战争时期，逃离日占区奔向国统区去的中国人就达千万。无数的中国人为躲避日本的侵

[①] 于漪：《我深深地爱》，刘国正主编，陈金明、张定远、张鸿苓编《我和语文教学》，人民教育出版社，1984。于漪出生于1929年江苏省镇江市，1937年抗日战争爆发时在读小学，曾一时同全家一起逃到农村，后移居日本占领下的上海，于民立女子中学度过了初中时代。因父亲病亡而返回镇江在镇江中学念完高中。战后考入上海著名的复旦大学，于1951年在此大学毕业。以后在上海各地的中学执教，先是教历史，后成为语文老师。1978年被选为上海市特级教师，任全国语言学会理事、全国中学语文教学研究会副理事长、上海市中学语言教学研究会会长等职务。关于于漪的略历，我参考了《于漪小传》（《中学语文教学参考》1987年1月）并对本人进行了电话采访。这些均得力于首都师范大学副教授桂勤的指教和协助。

略而不得不背井离乡,在此国难当头的时代所读的《故乡》,一定会给讲述的老师、难民小女孩于漪以及她的同学们以格外的一番感受吧。有趣的是,与1930年前后的两个不显眼的实例相比,20世纪40年代初期的国语教室竟像舞台表演一样栩栩如生,《故乡》的课堂在被戏剧化的过程中,"表演"的力量一定起了作用。国语教育里的"表演",是伴随时代变化的教育方式的深化,同时也显示着教科书和教师用指导书的成熟。

如前所述,新学制开始实施后不久的1923年到1924年间刊行的世界书局、商务印书馆、中华书局各出版社的教科书,其中收入《故乡》的,除正文外没有任何注释和解说。因此国语老师不得不自己做许多准备工作,比如从名词解释到作者介绍以至作品的解释。

第一章已经说过,在《新青年》上发表以前,《故乡》就已是一个经历了复杂的变迁或流通、再生产过程的文本。而且也是一部讲述中华民国知识阶级情感与理性的小说。在把它传授给10岁刚出头的孩子们时,一定会有些老师感到困惑,找不到适当的词语来表达《故乡》所唤起的那份感动。[1]

最先给《故乡》加注的,是1929年6月商务出版的《新时代国语教科书》第5册。参加编修的有古典文学家兼商务编辑的胡怀琛(1886—1938)、陈彬和(1897—1945)、汤彬华(生卒年

---

[1] 有关民国时期国语教室里的《故乡》讲授方法,此外还参考了以下三篇文章——李霁野:《谈〈故乡〉里的几个问题——答一位教师》,《语文学习》,1959年8月;欧阳凡海:《鲁迅的书》,《鲁迅研究学术论著资料汇编》3,文献出版社,1942;徐汉安:《回忆鲁迅先生》,《同汇编》4,《新时代》周刊1948年第18期。

不明），校订为蔡元培、王云五。本书在作品末尾加了25个注，注1为此篇是从《呐喊》中选出作者自己描写回到故乡时的一篇小说。其余是名词解释。另外，有趣的是，在正文开头，《故乡》作者名标明为周树人而不是鲁迅。到抗日战争开战前夕的1937年中华书局刊行的《〈修正课程标准适用〉新编初中国文第四册》，名词解释外就有正式的习题出现了。其编者与校订分别为宋文翰和朱文叔，两位的经历均不明。只调查到朱文叔在1928年与1951年分别编著有《新中华国语与国文教科书》和《初级中学语文课本》等。

《新编初中国文》中的《故乡》分上下两篇，上篇末尾有4个名词解释。比如第一个名词是文章开头部分一句"远离了熟识的故乡，搬家到我在谋食的异地去"中的"异地"，教科书的解释为"指北平。那时作者在北平，任职教育部，并在北大教书"。

此外上篇与下篇各有两道习题。

上（1）作者回故乡时所见的景象怎样？
（2）幼年的闰土是怎样的一个人？
下（1）就闰土的话看，那时农村的情况怎样？
（2）本篇的结束，表明什么意思？

据有关中国国语教科书的调查，这是对《故乡》最初的提问。上篇（1）是以故事讲述者"我"等于作者为前提，有意使学生意识到故乡的风景所唤起的心理。上篇（2）是叫学生形成对闰土这一人物形象的认识。下篇（1）可以说是从《故乡》如何反映了农村经济的崩溃这一现实主义的角度要求学生。最后，下篇（2）是叫学生解释小说结尾一句的意义——"希望是本无所谓有，无所谓无的。这正如地上的路：其实地上本没有路，走的人多了，也便成了路。"这是要求学生在解答前三个问题的基础上，重新对《故乡》的主题进行思考。

八、"事实的文学"与"情绪的文学"
——作为再生产的评论

如前所述，关于《故乡》的最初的评论是作品问世3个月后沈雁冰（后来笔名为茅盾）的《文艺时评》。此评论可以说是围绕《故乡》，一方面认为它是描写事实，即"隔膜"这一现实所归纳出的"阶级"差别；同时也认为它是描写情绪，即"隔膜"这一感觉所产生的"绝望"感情，然后在此之上用希望的理论将二者结合起来。并且说"作者对于将来却不曾失望"，从而把作者鲁迅与故事讲述者"我"重叠起来。此后民国时期对《故乡》的评论，大都以茅盾这一解释为原型，站在"我"等于鲁迅的认识上，形成"事实的文学"与"情绪的文学"两大系谱。

从"事实的文学"的观点对"情绪的文学"的要素进行了积极批判的，是诗人朱湘（1904—1933）的评论：

《故乡》中的闰土由一个活泼新鲜的儿童一变而为中

年人，又拣选与实利主义离得很远的香炉烛台带回去，又（这里作者奏艺术上的凯旋）在草灰中藏起十多个碗碟。

我所惟一不满于这篇结构的地方便是最后的三段不该赘入。小说家是来解释人生，而不是来解释他的对于人生的解释的。①

"我"对母亲说把不要的东西都送给闰土，闰土也要了些可肥田用的灶灰，可是主人公却在离乡后的船上听母亲说发现草灰里埋有碗，据杨二嫂推理断定犯人是闰土——这就是《故乡》中从灰堆里掏出碗碟的事件。本来对在草灰里埋进碗碟的犯人到底是不是闰土这一事实，《故乡》中的"我"没有表示任何判断。朱湘是将成仿吾的"鲁迅=自然主义论"彻底化，做出闰土等于犯人的解释。但因后来左翼文学独占了"事实的文学"的系谱，此说虽成为忌禁，却作为"事实的文学"派的异端一直潜流于地底直到现在。

"事实的文学"的系谱大致如下：20世纪20年代沈雁冰等"五四"新文学派的评论家评价《故乡》是对阶级差别所产生的"隔膜"的写实，30年代无产阶级文学派的评价取而代之，认为《故乡》描写的是崩溃的经济状况。到40年代末的国共内战时期，曾被认为是蛇足的最后的"希望之路"一段，也被作为政治的期待以左翼性的文理进行了重新解释。至此，从"事

---

① 朱湘：《〈呐喊〉——桌话之六》，《文学周刊》1924年10月27日。另外，关于在日本和中国对俄国作家安德列夫进行的"事实的文学"和"情绪的文学"的解释，可参考拙著《ロシアの影——夏目漱石と鲁迅》，平凡社，1985。

实的文学"角度对《故乡》的阐释得以完成。

　　1929年《新时代国语教科书》中除详细的名词解释外还有小说描写的是"作者本人"的归乡体验即故事讲述者"我"等于作者的注释。1937年《新编初中国文》开始正式设问问及《故乡》所描写的事实内容和"希望之路"的意义，这一框架在以后近10年被原样踏袭。这种教科书的变化一方面显示了国语教育法的发展，同时也反映了从无产阶级文学派到共产党支持派的意识形态的变迁。

　　《故乡》在20世纪20年代被阅读理解为倾诉"五四"时期新兴知识阶级的不安与绝望的心情的"情绪的文学"，或者描写知识阶级与农民之间的"隔膜"的"事实的文学"。这可以说是集结于都市的新兴知识阶级这一市民阶层的先进而孤独的共和国意识的反映。他们自己将中华民国假想成共有国语这一意识形态的市民阶层的共同体。于是，在北伐战争结束的20年代末以后，新兴知识阶级在国民党的几乎是强制的领导下开始了正式的国家建设。

　　但是，此时不得不走反体制道路的共产党派系的知识阶级，开始改变从前的读法，将《故乡》这一经典著作解释为描写封建体制下的农村经济因资本主义的浸透而崩溃的"事实的文学"，从而压倒了以前的"情绪的文学"阅读法，并将"情绪的文学"论自身也列入共产党的意识形态里去。可以说这里面包含着将国家想象的主体的重心由市民阶层移向农民的意图。对以农村为故乡，即使生活在都市也多继承着故乡的生活方式的众多的知识分子来说，将农民想象为共同体的一员非困难的事。

可是，有几个农民能想象国民国家的？在1933年时中国的总人口为5.03亿，其中近九成的4.36亿属农村人口。① "五四"时期全国平均的识字率推定为10%—20%。②在30年代的城市，识字教育普及到工人阶级，据各种识字率调查，最低为15%，最高竟有77%这一"令人吃惊的数字"。③但在农村，识字率大约只有一位数。我们可以以主要由农民构成的共产党的红军、八路军为例。抗日战争时期，为增产粮食而于1941年春开始在延安东南部的南泥湾开荒的著名的八路军三五九旅部队，其1938年的识字率如下：

（单位：%）

识字数0		识字数500以下		识字数500以上		有写作能力者	
连排干部	士兵	同干部	士兵	同干部	士兵	同干部	士兵
63	85.3	22	14.2	9	0.5	6	0

（出典）延安市南泥湾"南泥湾大生产展览室"里的展示。

假设识字数500以上和有写作能力的人为识字者的话，那么在1938年时的识字率合计为干部即军官15%，而士兵只不过0.5%。可以说九成以上的人没法成为《故乡》的读者。

---

① 狭间直树等：《デヶごみゐ中国近代史》，有斐阁，1996，第5页。
② 小林善文：《平民教育运动小史》，同朋社，1985，第12页。
③ 参照前面的铃木将久博士论文。

民国时期1928年间的《故乡》的阅读史，可以说是确立于"五四"时期的知识阶级的国民国家的意识形态，使其机能发生质变而成为社会主义国家的意识形态的工具的历史。这大概就是我们考察的主要结论吧。

经典是怎样形成的
——周氏兄弟等为胡适删诗考

陈平原

中文的"经典"与英文的"CANON",都是相当郑重的字眼。除了泛指各宗教宣传教义的根本性著作,还指向传统的具有权威性的著述;其作用,不只因自身具有长久的阅读或研究价值,还可作为同类书籍的标准与典范。因此,一时代的精神价值与文化取向,往往依靠其产生的"经典著作"来呈现。

承认每个时代每个民族甚至每个专业领域都可能为人类历史奉献自己的"经典著作",如此开放的期待视野,无形中大大扩展了"经典"的队伍。基本含义没变,可遴选的标准却大为降低。在宽容的现代人眼中,"经典"可以是临时性的——只要为一时代的读者广泛认可,即不妨冠以此称。这个意义上的"经典",当然不像《论语》或《圣经》那样"坚不可摧",而是需要在历史长河中,经由一系列的沉浮,再最终确定其地位。放眼望去,你会发现,同是"经典",二十年、五十年、一百年、五百年、一千年、两千年,年纪大小与含金量的高低基本上成正比。两千年前的"经典",也会面临阴晴圆缺,但有朝一日完全被遗忘的可能性不大；反过来，二十年前的"经典"，则随时可能因时势迁移而遭淘汰出局。

一部作品之成为"经典"，除了自身的资质，还需要历史机遇，需要时间淘洗，需要阐释者的高瞻远瞩，更需要广大读者的积极参与。着眼于长时段者，往往强调历史是公正的；可在中、短时段的视野中，经典的筛选，不可避免为政治、文化、性别、种族等偏见所左右。充当伯乐的，或许只是一时冲动；随声附和者，也未见得真的十分喜欢。可声势一旦形成，将信将疑的读者，便都不敢公开挑战已成定见的"社会共识"。只是到了"忽喇喇似大厦将倾"，才会腾起钱塘江大潮般的批评声浪。如此说来，历史判断的"公正性"，并非毋庸置疑。

质疑"经典"一词的含义，或者追究某部作品是否浪得虚名，在我看来，都不如探究"经典是怎样形成的"有意思。因为不管人们如何事后诸葛亮，嘲笑当初并不明智的选择；可一部经典之得以确立，必定有其值得认真辨析的"机缘"。而对于解读一时代的文化趣味，这是个绝好的切入角度。

何为经典，不同时代、不同群体的读者，很可能会有截然不同的答复。在文化价值日趋多元的今日，要想推举众口一词的经典之作，实在是难于上青天。远的还好说，比如评选唐诗宋词；近的可就麻烦多了，比如谈论20世纪中国文学。想想谢冕等先生主编那两套关于百年中国的"文学经典"所激起的"公愤"，[①]就不难明白其中奥秘。独断之学行不通，于是退而

---

① 参见《文艺报》1997年9月27日第2版《经典，失去共识——关于两部"百年经典"的讨论》所收阎晶明、李杜、韩石山三文。

求其次，有了广泛征求意见、由若干著名作家和学者投票确定的"百年百种优秀中国文学图书"。①比起"文学经典"来，"优秀图书"的命名，未免过于平实，在众多"世纪末大餐"面前，显得很不起眼。平静过关固然是好事，可回避了极易引起争议的"经典是怎样形成的"，还是有点可惜。

我之关注此话题，基于一个基本事实：为何世纪末大结账，没有名篇入选《百年中国文学经典》的诗人胡适，②其《尝试集》竟成了"百年百种优秀中国文学图书"之一？不是评价尺度宽紧的问题，也并非评选者不同导致的偏差，作为新诗人的胡适，有名著而无名篇，此乃目前中国学界的主流意见。已经几起几落的《尝试集》，目前虽然没有多少读者，可史家就是不敢遗忘。这里涉及两种不同意义的"经典"，一是历久弥新，青春常在，依旧介入当代人的精神生活；一是事过境迁，隐入背景，但作为里程碑永远存在。《尝试集》无疑属于后者。

我要追问的是，像《尝试集》这样的作品，确立其"经典"地位的，除了人所共知的历史机遇与大师推举，还有没有别的因素。比如，作者本人的努力、同道的支持以及制度的保证，是否也是重要的因素？如此立说，很大程度并非缘于理论推导，而是胡适《尝试集》删改底本的发现，使我们得以在一窥庐山真面目的同时，反省"经典是怎样形成的"这样有趣而

---

① 参见《文学殿堂开摆世纪盛宴："百年百种优秀中国文学图书"评选揭晓》，《中华读书报》1999年8月18日第1版。
② 谢冕、钱理群编《百年中国文学经典》（北京大学出版社，1996）1927年前部分有作品入选的新诗人包括郭沫若、闻一多、徐志摩、朱湘、冯至五位。

又不太容易说清楚的命题。

一、删诗事件

无论你站在什么文化立场，谈论现代中国"新诗的奠基"，总无法回避胡适的《尝试集》。只是当论者淋漓尽致地褒贬抑扬时，往往忽略了一个关键性的细节，即通行本的《尝试集》（增订四版），并非只是胡适个人心血的凝聚。这部前无古人的新诗集，1920年3月由上海亚东图书馆推出后，当即风行海内，两年间增订两次，销售万册。为使其能够更长久地领异标新，诗人花了三个月的时间，将其删繁就简。另外，又补充了若干广受好评的新作，并认真撰写了四版自序。在这一借"删诗"确立权威性的过程中，鲁迅等同好的介入，不无"锦上添花"的意味。

鲁迅、周作人等曾为胡适删诗，此事即便算不上"路人皆知"，也绝不是什么文坛秘密。因为此等雅事，搁在"我的朋友胡适之"那里，不可能藏而不露。果不其然，在《〈尝试集〉四版自序》中，就有如下详尽的表述：

> 删诗的事，起于民国九年的年底。当时我自己删了一遍，把删剩的本子，送给任叔永、陈莎菲，请他们再删一遍。后来又送给"鲁迅"先生删一遍。那时周作人先生病在医院里，他也替我删一遍。后来俞平伯来北京，我又请他删一遍。他们删过之后，我自己又仔细看了好几遍，又

删去了几首，同时却也保留了一两首他们主张删去的。①

胡适大举宣传的"删诗事件"，很可惜，在周氏兄弟的日记及书信集，竟没留下任何蛛丝马迹。弟弟好说，这段时间刚好生病，五个月没记日记；②哥哥呢，日记在，可就是不提。这也难怪，鲁迅记日记历来十分简要，不像李慈铭、胡适等之喜欢抄上谕、贴剪报，将日记作为著述来经营。可还是有例外，比如此前几天复胡适关于《新青年》编辑方针信，日记中便有记载。③

尽管在《尝试集》的初版、再版和四版自序中，胡适一再声称自己的诗集只是"代表'实验的精神'"④"含有点历史的兴趣"⑤"可以使人知道缠脚的人放脚的痛苦"⑥，似乎自视不高。可如果只是具有"历史文献"的价值，《尝试集》根本用不着，也不应该一改再改。仔细品味，你会发现，适之先生表面上很谦卑，但一再修订旧作，而且邀请当世名家帮助"删诗"，

---

① 胡适：《〈尝试集〉四版自序》，《尝试集》，亚东图书馆，1922年10月增订四版。
② 《周作人回忆录》（湖南人民出版社，1982）一三五节"在病院中"提及，1920年12月22日赴北大参加歌谣研究会，五时散会，感觉疲倦，两天后发烧，被诊断为肋膜炎，在家养病期间写过半篇论文，还有新诗《过去的生命》。回忆如此详尽，因有日记可供查考。查已出版的《周作人日记》（大象出版社，1996），1921年1月"六日，晴，山本来诊"后有言："以下因病未记，凡五个月，今撮要记之如左。"至6月前仅寥寥四则，自不会涉及为胡适删诗一类琐事。
③ 《鲁迅日记》1921年1月3日："午后得胡适之信，即复。"见《鲁迅全集》第14卷，人民文学出版社，1981，第407页。
④ 胡适：《〈尝试集〉自序》，《尝试集》，亚东图书馆，1920年3月。
⑤ 胡适：《〈尝试集〉再版自序》，《尝试集》，亚东图书馆，1920年9月。
⑥ 胡适：《〈尝试集〉四版自序》。

实际上隐含了对于自家诗集的历史定位：不满足于"开创之功"，因而必须苦心经营其"经典之作"。

关于《尝试集》，胡适有过许多"戏台里喝彩"，从具体诗作的品鉴，到"个人主张文学革命的小史"的述说，再到"胡适之体"的阐释。①作为潜心"尝试"白话诗写作的适之先生，精益求精固然值得钦佩，有点功名心也完全可以理解。在此"制作经典"的过程中，最令人惊讶的举动，还是邀请五位当世名流为其"删诗"。

诗人有权随时随地修改自家的创作，至于请别人为一部已经名满天下的诗集"动手术"，则是另一回事。不管诗人态度如何谦虚，读者都会联想到对于中国人来说再熟悉不过的孔子删《诗》之说。据《史记·孔子世家》称，古者诗三千余篇，及至孔子，去其重，取可施于礼义者凡三百篇，孔子皆弦歌之，以求合《韶》《武》《雅》《颂》之音。孔子删《诗》的真伪与是非，后世不无争议，但毕竟以相信司马迁所言者为多。胡适并未做直接的比附，但潜意识里，"删诗"乃"确立经典"的必要程序，有"历史癖"的适之先生，应该明白此中奥妙。

20世纪20年代初的中国诗坛，开始白话诗评选，当即面临如何建立评选者权威的大问题。这时候，不约而同地，都想到了遥远的孔子删《诗》。先是1920年8月崇文书局推出许德邻所编《分类白话诗选》，节录刘半农半篇文章为序。刘文原题为《诗与小说精神上之革新》，刊《新青年》第3卷第5号，其中有云：

---

① 参见《尝试集》初版、再版和四版的自序，以及《谈谈"胡适之体"的诗》《自由评论》第12期，1936年2月。

> 然而三千篇"诗",被孔丘删剩了三百十一篇。其余二千六百八十九篇中,尽有绝妙的"国风",这老头儿糊糊涂涂,用了那极不确当的"思无邪"的眼光,将他一概抹杀,简直是中国文学史上最大的罪人了。①

紧随其后,与胡适关系十分密切的上海亚东图书馆出版了《新诗年选》,北社同人在《新诗年选·弁言》中也提到了孔子删《诗》,不过态度与刘半农迥异:

> 自从孔子删《诗》,为诗选之祖,而我们得从二千年后,读其诗想见二千年前的社会情形。中国新文学自"五四"运动而大昌,凡一切制度文物都得要随世界潮流激变;今人要采风,后人要考古,都有赖乎征诗。②

不管是"分类"还是"年选",既是筛选与淘汰,就不能不带有明显的"暴力倾向"。比附往昔孔圣人之删《诗》,无论其立论方式为赞赏抑或反驳,都是为了确立批评的标准与选本的权威。

与《分类白话诗选》和《新诗年选》的编者独掌生杀大权不同,胡适反而邀请众友人来为自家已经出版并广获好评的《尝试集》大动手术。此举之异乎常情,迫使你作多种方式的

---

① 参见许德邻编《分类白话诗选》(崇文书局,1920年8月)所收刘半农序言。
② 北社同人:《新诗年选·弁言》,《新诗年选》,亚东图书馆,1922。

解读。诗人之所以如此独辟蹊径，到底是希望依靠友人的准确判断，为读者提供更加精粹的选本；还是希望借助友人的巨大声望，为读者提供更加权威的诗集？或者二者兼而有之？当事人的动机不必过于追究；需要关注的是，此举所达成的良好效果——即促成了该诗集经典地位的确立。

在"确立经典"这个意义上，"删诗"所涉及的，远不只是诗人本身，还包括第一代白话诗人的审美眼光、新诗发展的趋向、白话诗理论与实践之间的张力等饶有趣味的问题。解读此非同寻常的"删诗事件"，单靠《〈尝试集〉四版自序》的简要介绍，无论如何是不够的。因为这只是一面之词，胡适对他人意见的转述是否准确，有无隐瞒或曲解，还有，删改的理由何在，全都不得而知。

一个偶然的机缘——北京大学图书馆新发现一批胡适遗物，其中包括当年删诗的底本，以及周氏兄弟的来信——使得揭穿谜底成为可能。本文先对新发现的史料略做介绍，再从不同侧面逐一钩稽，力图较为全面地展现这一新诗经典产生的过程。

北大图书馆新发现的《尝试集》删改本，系以1920年9月再版本做底本，封面上有如下三处或红或黑的题签：

"九，十二，廿四，用红笔删改一过。"
"十，一，一，用墨笔又删去两首。"
"叔永，莎菲，豫才，启明各删定一遍。"

数目字表示两次删改的时间，即民国九年（1920）十二月廿四日和民国十年（1921）一月一日。叔永等四人竖排并列，加一大括号，表明全都参与；本文改为横排，只好依适之先生习惯，添上三个逗号。其余的标点，均属原有。如此密集的逗号、句号，可见胡适"尝试"白话以及标点符号之信心是何等坚定。

目录页上，布满大大小小的红圈、黑圈，有代表胡适本人意见的，也有莎菲（陈衡哲）、叔永（任鸿隽）等的选择。如果众人判断分歧，胡适还会将各方意见逐一抄录，以供参考。如《蔚蓝的天上》后便有附注："豫才删，启明以为可存。莎菲删，叔永以为可删。"目录页后面，抄录了准备补进第四版的十五首新作的篇目。初版便有的钱玄同序和作者自序，则被用红笔一笔勾销。至于正文中的若干铅笔批注（据目录页上的说明，此乃陈衡哲的手笔），以及被红笔圈掉但又"失而复得"的篇作，将在具体论述时提及。

目录上，贴一小纸片，上写俞平伯的删改意见，系胡适的笔迹。估计俞氏只是口头表述，没有留下文字材料，故意见虽明确，但"不成体统"。归纳起来是，建议删去《虞美人》《江上》《寒江》《一念》《送叔永》《我的儿子》《蔚蓝的天上》；主张保留《鸽子》《看花》和《示威》。

最令人兴奋的是，目录页前，还粘贴着两封信，一署"树"，一署"周作人"。前者仅一纸，用的是"绍兴府中学堂试卷"纸，乃鲁迅笔迹无疑。后者共两页，系普通的八行笺，目前无法判断何人代笔。①

也就是说，应邀为胡适删诗的五位朋友，②都在此藏本上留下了深浅不同的痕迹。至于对胡适删诗有影响的，起码还得算上此前为其作序的钱玄同、大加讥讽的胡先骕，以及诸多书评的作者。所有这些，都为后人进一步的钩稽与阐发，提供了可能性。白话诗"奠基之作"的最终刊定，得到诸多时贤的襄助，这件事本身就耐人寻味。更何况"删诗"史料的发现，对于理解第一代白话诗人的趣味，是不可多得的机遇。因此，事虽不大，可说的话却不少。

大概是觉得白话诗的"尝试"已经过了争论期，以后当是如何"精益求精"的问题。定本《尝试集》删去颇有提倡之功的钱玄同序，对胡先骕的批评也只用戏谑的口吻轻松地打发。本文尊重胡适的选择，先围绕《〈尝试集〉四版自序》提及的任、陈、康、俞以及二周的意见展开论述，最后落实胡适的自我调整以及经典的形成过程时，方才牵涉钱玄同、胡先骕等人的褒贬文章。

二、老朋友的意见

增订四版《尝试集》前，冠有胡适1916年8月4日答叔永书。以早年书札作为"代序一"，这既体现适之先生"历史进

---

① 参见2000年10期《鲁迅研究月刊》所刊鲁迅、周作人致胡适信手迹以及拙文《鲁迅为胡适删诗信件的发现》一文。
② 主动来信的康白情，虽不在"应邀"之列，其意见也受到胡适的充分重视，故一并论述。

化"的眼光，也可看出其对老朋友的尊重。因此，请留美时期的诗友、归国后仍过从甚密的任鸿隽、陈衡哲夫妇为其"删诗"，自在情理之中。

不必做复杂的历史考证，单是翻看《尝试集》，也能感觉到胡适与任、陈夫妇的交情非同一般。诗题中有《"赫贞旦"答叔永》《送叔永回四川》《将去绮色佳，叔永以诗赠别，作此奉和，即以留别》，还有副题"别叔永、杏佛、觐庄"的《文学篇》、副题"送叔永、莎菲到南京"的《晨星篇》，以及注明"赠任叔永与陈莎菲"的《我们三个朋友》。更直接的证据来自《文学篇》的"小序"："若无叔永、杏佛，定无《去国集》。若无叔永、觐庄，定无《尝试集》。"

关于任鸿隽等人如何促成胡适的白话诗尝试，从1919年8月的《我为什么要做白话诗——〈尝试集〉自序》，[①]到1933年底撰写的《逼上梁山——文学革命的开始》，[②]再到20世纪50年代的《胡适口述自传》，[③]经由胡适本人的再三追忆与阐发，连一般读者都已耳熟能详。值得注意的是，在白话诗写作的"尝试"中，任君所扮演的角色，并非"同志"，而是"论敌"。

正是绮色佳时代的诗友任叔永的反讽与戏拟，促使胡适发誓从三事入手进行"文学革命"，甚至填了那首气魄非凡的《沁

---

① 胡适：《我为什么要做白话诗——〈尝试集〉自序》，《新青年》第6卷第5号，1919年10月。
② 此文初刊《东方杂志》第31卷第1期（1934年1月），后收入《中国新文学大系·建设理论集》（良友图书公司，1935），广为流传，对新文学史的编纂影响极大。
③ 参见唐德刚译《胡适口述自传》第七章"文学革命的结胎时期"，华文出版社，1992。

园春·誓诗》：

> 文章革命何疑！且准备搴旗作健儿。要前空千古，下开百世，收他臭腐，还我神奇。为大中华，造新文学，此业吾曹欲让谁？诗材料，有簇新世界，供我驱驰。

至于"《尝试集》的近因"，据说也是由叔永的批评引起的。胡适在答书中称："倘数年之后，竟能用文言白话作文作诗，无不随心所欲，岂非一大快事？我此时练习白话韵文，颇似新辟一文学殖民地。可惜须单身匹马前往，不能多得同志结伴而行。"[①]在胡适的眼中，老朋友任鸿隽的挑剔、反驳乃至讥笑，乃是其从事白话诗"实验"的一大动力。

这一"千里走单骑"的传奇故事，基本上出自胡适本人的自述。如此叙说，是否有贬低友人、拔高自己之嫌？看看任君的回应文字，不难明白。1919年10月30日，任鸿隽致信胡适，称其读了刊于《新青年》第6卷第5号上的《〈尝试集〉自序》后，"差不多要愧汗浃背了"：

> 我所愧的，并不是我和你那些议论，正是我那几首旧诗，因为我的诗原来是不敢拜客的。[②]

---

① 胡适：《〈尝试集〉自序》。
② 任鸿隽：《任鸿隽致胡适》，《胡适来往书信选》上册，中华书局，1979，第74—75页。

也就是说，任君不想附会时尚，对于自家当初之反对白话诗，并无丝毫悔改的意思。实际上，此前一年，任还在给胡的信中，挖苦《新青年》之所以刊载白话诗，乃是因制作方便，"在无诗可登时，可站在机器旁立刻作几十首"。至于让胡适大喜过望的支持其文学革命主张的表态，并不包括白话诗的尝试：

> 隽前书"大赞成"足下之建设的文学革命论者，乃系赞成作文之法及翻译外国文学名著等事，并非合白话诗文等而一并赞成之，望足下勿误会。①

如此决绝的口吻，加上两个月后再次来信，坚称"兄等的白话诗（无体无韵）绝不能称之为诗"，②可见任君立场之坚定。作为中国科学社的创始人、科学家兼教育家的任鸿隽，并不以文学为业，吟诗只是个人爱好。20年代的任君，仍不时给老朋友胡适寄赠诗词，但从不尝试那"无体无韵"的白话诗。③

至于陈衡哲，情况则大不一样。适之先生始终对莎菲女士很有好感，这点不必多言，此处单就"文章知己"立论。④1914年留美、1920年归国，任北大西洋史兼英语系教授的陈衡哲，

---

① 任鸿隽：《任鸿隽致胡适》，《胡适来往书信选》上册，第14页。
② 任鸿隽：《任鸿隽致胡适》，《胡适来往书信选》上册，第16页。
③ 参见《陈衡哲致胡适》及《任鸿隽致胡适》，《胡适来往书信选》上册，第253、273、399页。
④ 唐德刚关于胡适《亡女》一诗以及夏志清关于陈衡哲小说《洛绮思的问题》的解读，均很有说服力。胡、陈二君，虽系"才子佳人，一拍皆合"，

经典是怎样形成的——周氏兄弟等为胡适删诗考

日后主要以欧洲文艺复兴史研究知名，但对于早期新文学的贡献，也颇受文学史家关注。《〈尝试集〉自序》中有这么一句话：

> 这两年来，北京有我的朋友沈尹默，刘半农，周豫才，周启明，傅斯年，俞平伯，康白情诸位，美国有陈衡哲女士，都努力作白话诗。

从1918至1920年，那位远在大洋彼岸的陈衡哲女士，已经在《新青年》杂志上发表新诗《"人家说我发了痴"》《鸟》《散伍归来的吉普色》，以及短剧《老夫妻》、小说《小雨点》和《波儿》等"白话文学"。为其牵线搭桥的，应该是胡适。①因为据适之先生称，当初在美国尝试白话诗写作时，任鸿隽等老朋友一致反对，只有一位女士默默地注视并表示支持，那便是莎菲女士。

因胡适在谈论白话文学起源时的再三铺陈，世人对胡、任之间的争论多有了解；至于"我们三个朋友"中不太抛头露面的陈衡哲，其实并非与此毫无关涉。这一点，一直到1928年撰

---

① 但借用唐德刚略带调侃的说法："不幸他二人也因八字不合，而沟水东西！"参见唐德刚《胡适杂忆》（台北：传记文学出版社，1980）第195—198页，以及夏志清为该书所撰的序。
刘半农编《初期白话诗稿》（星云堂影印，1932）中收录陈衡哲《"人家说我发了痴"》一诗的钢笔手稿，其中有若干毛笔添加的引号、问号等，而且将"他们便令我将他看护"改为"他们便叫我作他的看护妇"。单是添加的标点符号，无法判断何人所为；有了那几个汉字，不难断言出自胡适手笔。

《〈小雨点〉序》时，胡适方才有所陈述：

> 民国五年七八月间，我同梅、任诸君讨论文学问题最多，又最激烈。莎菲那时在绮色佳过夏，故知道我们的辩论文字。她虽然没有加入讨论，她的同情却在我的主张的一面。不久，我为了一件公事就同她通第一次的信；以后我们便常常通信了。她不曾积极地加入这个笔战；但她对于我的主张的同情，给了我不少的安慰与鼓舞。她是我的一个最早的同志。[①]

在美的最后一年，胡适"和莎菲通了四五十次信"，其中不少涉及诗文创作。这种同道之间的互相支持，确实给正在从事"孤独的文学实验"的适之先生很大的安慰与鼓舞。可要进一步推断，将陈坐实为胡写作新诗的"烟丝批里纯"（Inspiration，即灵感），而且断言："所以新文学、新诗、新文字，寻根究底，功在莎菲！"[②]则又未免言过其实。之所以不认同唐德刚的"大胆假设"，理由很简单，未同莎菲通讯之前，胡适已开始新诗的尝试。话题其实应该掉转过来，不是莎菲女士刺激了适之先生的写作灵感，而是胡、任之争以及胡适的大胆尝试勾起了莎菲的文学兴趣。"民国六年以后，莎菲也做了不少的白话诗"，其中好些还是寄给胡适并请其推荐给《新青年》或编入

---

① 胡适：《〈小雨点〉序》，《胡适文存三集》，亚东图书馆，1930，第1096—1097页。
② 参见唐德刚《胡适杂忆》，第196页。

《努力周报》。①

莎菲女士并非一流诗人,只是修养甚佳,"作点文艺小品自遣",②还是像模像样的。起码在我看来,其新诗创作并不比胡适逊色。在胡适1922年2月4日的日记中,粘附有陈衡哲的《适之回京后三日,作此诗送给他》,不妨将其与此前胡适本人的《我们三个朋友》对比,各取同样抒发依依惜别之情的最后一节为例。先看适之先生的:

> 别三年了,
> 又是一种山川了,——
> 依旧我们三个朋友。
> 此景无双,
> 此日最难忘,——
> 让我的新诗祝你们长寿!

接下来再读莎菲女士的:

> 不能再续!
> 只有后来的追想,

---

① 参见《胡适文存三集》,第1093—1097页;《胡适来往书信选》上册,第153、156、166、193页。
② 参见《陈衡哲致胡适》,《胡适来往书信选》上册,第166页。胡适对于陈衡哲的学识与才情,似乎估计过高,因而也就期待太殷,对其因怀孕不能上课大发感慨,并追忆当初任、陈结婚时自己的贺联"无后为大,著书最佳"。最后的结论是:"但此事自是天然的一种缺陷,愧悔是无益的。"参见《胡适的日记》上册,中华书局,1985,第211页。

像明珠一样，

永远在我们的心海里，

发出他的美丽的光亮。

二者都不算好诗，胡诗过于直白，陈诗的比喻则欠高明，但尚属平实妥帖。当然，早期白话诗的"尝试"之作，不必苛求。

一个坚持"无体无韵"的白话诗不是诗，一个则是胡适白话诗写作"最早的同志"，请这两位老朋友来帮助删诗，自是好主意。问题在于，胡适似乎更看重周氏兄弟的意见，未免有些怠慢了这对老朋友。因为，仔细比勘，不难发现一个有趣的现象，即任、陈的不少意见，实际上并没有被胡适采纳。

这当然不能全怪胡适，因其牵涉到刊行增订四版的目的：到底是为了"飞鸿踏雪泥"呢，还是诗史留印记。倘若像《蔚蓝的天上》那样，"豫才删，启明以为可存。莎菲删，叔永以为可删"，那很好办，三比一，删。可仔细品味，叔永、莎菲夫妇的意见中，有些不牵涉艺术鉴赏力之高低，而只是基于怀旧心理。如《虞美人·戏朱经农》"叔永以为可留"，《寒江》"莎菲拟存"，看中的未必是艺术，而很可能只是对于共同的留学生涯的怀念。《送叔永回四川》俞平伯以为可删，目录页以及正文也都已用红笔圈掉，可仍有莎菲用铅笔做的批注："A good historical record. keep？"（"一份很好的历史记录，保存？"）。以上三诗，最后都没能进入新版。显然，胡适之所以修订并重刊《尝试集》，主要目的不是纪念友情，而是为"文学革命"提供标本。

三、学生的建议

20世纪20年代初,当新诗运动由轰轰烈烈的争辩,转为更艰苦卓绝的创造时,第一代白话诗人对于什么是"新诗"以及新诗发展趋势的判断,开始出现分歧。如周作人在《谈新诗》中抱怨"现在的新诗坛,真可以说消沉极了",老诗人不大做声,新进诗人也不见得有多大出息,"大家辛辛苦苦开辟出来的新诗田,却半途而废的荒芜了,让一班闲人拿去放牛"。[①]而胡适则在《尝试集》初版、二版、四版的自序中,对白话新诗的突飞猛进,尤其是年轻诗人的迅速成长大声喝彩:"我现在看这些少年诗人的新诗,也很像那缠过脚的妇人,眼里看着这一班天足的女孩子们跳上跳下,心里好不妒羡。"[②]评价截然不同,但周、胡二君都以年轻诗人的创作占卜新诗的前途。

周作人不以新诗为主攻方向,不只对其现状表示失望,甚至逐渐关闭"文学店",独自经营起"自己的园地"来,并最终以别具一格的散文随笔征服读者。至于自称"提倡有心,创造无力"的适之先生,"心里好不妒羡"的,到底是哪些年轻诗人?这些没有受过"缠足"束缚的新一代诗人,又是如何看待如小脚放大般的《尝试集》?这是个有趣的话题。

1935年,胡适编纂《中国新文学大系·建设理论集》时,新诗理论方面,除自家文章,还收入了郭沫若的《论诗通信》、

---

① 周作人:《谈新诗》,《谈虎集》,北新书局,1928。
② 胡适:《〈尝试集〉四版自序》。

康白情的《新诗底我见》以及俞平伯的《社会上对于新诗的各种心理观》(还有周无的《诗的将来》,周无号太玄,专攻生物学,乃著名科学家兼教育家,后不以新诗名世,此处从略)。如此选择,恰好配合最早面世的四部新诗集:《尝试集》(1920年3月)、《女神》(1921年8月)、《草儿》(1922年3月)和《冬夜》(1922年3月),可见其选文中隐含着历史及审美的判断。

尽管在日后的新文学史编纂中,郭沫若的《女神》被捧上云天,远离康白情的《草儿》和俞平伯的《冬夜》;可当初,《女神》并不被新诗的"掌门人"胡适看好。按理说,郭诗非常吻合适之先生关于"少年诗人"创作之想象:"大胆的解放"与"新鲜的意味"。因此,胡适不可能完全漠视这一正声名鹊起的同道。查适之先生1921年8月9日日记,果然有会晤郭沫若后的感想:

> 沫若在日本九州学医,但他颇有文学的兴趣。他的新诗颇有才气,但思想不大清楚,工力也不好。[①]

激情澎湃的《女神》与清新平淡的《尝试集》,二者在艺术风格上可谓天差地别;而泛神论的主张,在信仰实验主义的胡适看来,起码是无法"拿证据来"。单就文学趣味而言,胡、郭之不能互相欣赏,是再自然不过的了。至于晚年胡适的转而欣

---

① 《胡适的日记》上册,第180页。

赏"郭沫若早期的新诗",[①]如果不是别有寄托，便是事过境迁后的自我调整。

那么，让适之先生"心里好不妒羡"的，应该就是康白情和俞平伯了。《〈尝试集〉自序》中提到的近两年"都努力作白话诗"的友人，属于学生辈的有傅斯年、俞平伯、康白情三位。而傅很快转向学术研究，不再继续新诗的尝试；只有俞、康二君确实可做早期白话诗人的代表。

《胡适文存二集》中，有《评新诗集》一文，乃是集合两则书评而成：一说《草儿》，一评《冬夜》。扬康而抑俞，在书评中可谓表露无遗。如此说来，那"使我一头高兴，一头又很惭愧"的少年诗人，应该就是康白情。这一点，几乎可以板上钉钉。因为，就在写作《〈尝试集〉四版自序》的当天晚上（1922年3月10日），胡适在日记中写下这么一段富于感情色彩的话：

> 康白情的《草儿》诗集出版了。近来诗界确有大进步，使我惭愧，又使我欢喜。白情的诗，富于创作力，富于新鲜味儿，很可爱的。《草儿》附有他的旧诗，几乎没

[①] 唐德刚《胡适杂忆》第81页称："胡先生也常向我说：'郭沫若早期的新诗很不错！'他并且告诉我一个故事：有一次在一个宴会上他称赞了郭沫若几句。郭氏在另外一桌上听到了，特地走了过来在胡氏脸上kiss了一下以表谢意。"此事胡适1923年10月13日的日记（见《胡适的日记》（手稿本）第4册，台北：远流出版公司，1990）有记载："是夜沫若，志摩，田汉都醉了。我说起我从前要评《女神》，曾取《女神》读了五日。沫若大喜，竟抱住我，和我接吻。"胡颂平编《胡适之先生晚年谈话录》（中国友谊出版公司，1993）第72页关于此事的叙述多有失误，除事隔多年，更因其过于强调"郭沫若这个人反复善变，我是一向不佩服的"。

有一首好的。这可见诗体解放的重要。①

在半年后写作的书评中,胡适将这意思发挥得淋漓尽致。看来,胡适真的很欣赏康诗,以至突破一贯的稳重与矜持,说了不少过头话。如称"白情的《草儿》在中国文学史的最大贡献,在于他的纪游诗";"占《草儿》八十四页的《庐山纪游》三十七首,自然是中国诗史上一件很伟大的作物了"。②

胡适看中的是康白情之"自由吐出心里的东西",以及语言的清新活泼,这确实很符合适之先生对于新诗出路的想象。可照康白情的自述,"我不过剪裁时代的东西,表个人的冲动罢了"。③这里所说的"冲动",主要指向瞬间的情绪与感悟,而不是胡适所欣赏的"思想清楚"。康君所谓"诗是主情的文学。没有情绪不能作诗;有而不丰也不能作好"的说法,④远离胡适明白晓畅的诗歌理念,与郭沫若开列的关于"诗"的公式更有缘分:"诗=(直觉×情调×想像)×(适当的文字)。"⑤更有意思的是,康文引述"我的畏友宗白华"的话,强调诗意诗境得益于直接的观察、体悟与感兴;而郭文本身就是写给宗白华的信。

其时已留学美国的康白情,"从三万里外来信,替我加上了一个'了'字,方才合白话的文法",胡适是用很赞赏的口吻提

---

① 《胡适的日记》上册,第282页。
② 胡适:《评新诗集·康白情的〈草儿〉》,《胡适文存二集》第4卷,亚东图书馆,1924,第274、277页。
③ 康白情:《〈草儿〉自序》,《草儿》,亚东图书馆,1923。
④ 康白情:《新诗底我见》,《中国新文学大系·建设理论集》,第329页。
⑤ 郭沫若:《论诗通信》,《中国新文学大系·建设理论集》,第348页。

及此事的。而且，还做了借题发挥："做白话的人，若不讲究这种似微细而实重要的地方，便不配做白话，更不配做白话诗。"可恰恰是胡诗中这几乎无所不在的"了"字，日后备受诗人和史家的讥笑。朱湘称《尝试集》中只有十七首是真正意义上的新诗，可"这十七首诗里面，竟用了三十三个'了'字的韵尾（有一处是三个'了'字成一联）"。在讲究音律的诗人朱湘看来，如此重叠使用"刺耳"的"了"字韵，"未免令人发生一种作者艺术力的薄弱的感觉了"。[①]将近半个世纪后，史家周策纵在《论胡适的诗》中旧事重提，批评胡诗"最大一个毛病或痼疾，就是用'了'字结句的停身韵太多了"。周氏甚至下工夫做了一番认真的统计，连《尝试集》带《尝试后集》《后集未收诗稿》，"总计新体诗（旧体诗词不算）共六十八题，有'了'结的诗行共一百零一条好汉，平均几乎每诗快到两行，不为不多'了'"。[②]在白话诗提倡者适之先生眼中，首先应该关注的，是"白话"而不是"诗"。为了突出"白话的文法"，而相对割舍音律、意境以及想象力，在胡适看来，很可能是"必要的丧失"。因此，我宁肯从"性情执着"而不是"才情枯竭"的角度，来理解胡适这一不近情理的追求。

　　欣赏康白情的三万里外来信，"替我加上了一个'了'字"，与不太喜欢俞平伯的凝练与幽深，二者互为表里。就在撰写《〈尝试集〉四版自序》五天后，胡适读到俞平伯刚出版的新诗集《冬夜》，在日记中写下这么一段话：

[①] 朱湘：《新诗评（一）·〈尝试集〉》，《晨报副刊》，1926年4月1日。
[②] 周策纵：《论胡适的诗》，见唐德刚《胡适杂忆》附录，第232、235页。

俞平伯的《冬夜》诗集出来了。平伯的诗不如白情的诗；但他得力于旧诗词的地方却不少。他的诗不很好懂，也许因为他太琢炼的原故，也许是因为我们不能细心体会的原故。①

俞平伯的诗"不很好懂"，这不是胡适一个人的意见。诗集尚未出版，已经有不少这样的批评，以至朱自清必须在序言中预先澄清：

平伯底诗，有些人以为艰深难解，有些人以为神秘；我却不曾觉得这些。……或者因他的诗艺术精炼些，表现得经济些，有弹性些，匆匆看去，不容易领解，便有人觉得如此么？那至多也只能说是"艰深难解"罢了。但平伯底诗果然"艰深难解"么？据我的经验，只要沉心研索，似也容易了然；作者底"艰深"，或竟由于读者底疏忽哩。②

最后一句对适之先生颇有刺激，以至日后撰文时还专门予以引述与辩解。③日记中之所以在批评俞诗"太琢炼"的同时，又留下"也许是因为我们不能细心体会的原故"这样的活口，也可见适之先生立论的谨慎。对照俞氏"努力创造民众化的诗"之主张，胡适提及这位得意门生理论与实践之间的巨大矛盾，"平伯

---

① 《胡适的日记》上册，第287页。
② 朱自清：《〈冬夜〉序》，《冬夜》，亚东图书馆，1922。
③ 胡适：《评新诗集·俞平伯的〈冬夜〉》，《胡适文存二集》第4卷，第282—283页。

经典是怎样形成的——周氏兄弟等为胡适删诗考

自有他的好诗",却是新诗人中"最不能'民众化'的"。①

俞诗之旖旎缠绵,可谓一目了然,确实不大具有"五四"时期所推崇的"平民风格"。照康白情的说法,这既得益于古诗词的修养,也与其天生的"诗人性"有关:

> 俞平伯的诗旖旎缠绵,大概得力于词。天生就他的诗人性,随时从句子里浸出来。做诗最怕做不出诗味。所谓"就是那土和泥,也有些土气息、泥滋味",深可发明。所以古人说:"不是诗人莫做诗"。若平伯呢,只怕虽欲不做诗而不可得了。②

就个人气质而言,俞氏很可能是尝试白话诗写作的年轻诗人中"文人结习"最深、最不具有"平民风格"的。胡适的批评,让俞平伯猛醒过来,开始顺应自家的天性,不再强求诗歌之"民众化"。

在《〈冬夜〉自序》中,俞平伯还在认真地自我检讨:"我虽主张努力创造民众化的诗,在实际上做诗,还不免沾染贵族的习气;这使我惭愧而不安。"③而胡适关于《冬夜》的书评发表后,俞平伯当即开始调整思路。先是借为康白情的《草

---

① 参见俞平伯《诗底进化的还原论》(《诗》第1卷第1期,1922年1月)、《〈冬夜〉自序》和胡适的《评新诗集·俞平伯的〈冬夜〉》。
② 上海亚东图书馆1922年8月《新诗年选》中愚庵关于俞平伯语,据胡适和朱自清推断,应属康白情的手笔,参见胡适《评新诗集》和朱自清《中国新文学大系·诗集·诗话》(良友图书公司,1935)。
③ 俞平伯:《〈冬夜〉自序》,《冬夜》,亚东图书馆,1922。

儿》作序，称新诗初期将"平民的"误会成"通俗的"，实在不应该；后又以《致汪君原放书》作为再版本《冬夜》的"代序"，强调"平民贵族这类形况于我久失却了它们底意义，在此短札中更不想引起令人厌而笑的纠纷"。①在趣味和口号不太统一的情况下，俞氏忠实于自己的文学感觉，而扬弃先前的激进主张。至于"作诗不是求人解，亦非求人不解；能解固然可喜，不能解又岂作者所能为力"，②明显是在回应胡适的批评。而以下这段话，更具有积极进取的意味：

> 笼统迷离的空气自然是不妙；不过包含隐曲却未尝和这个有同一的意义。一览无余的文字，在散文尚且不可，何况于诗？③

此后，无论吟诗作文，俞平伯不再偏离这一方向，始终以"曲折幽深"而不是"一览无余"为主导风格。

在早期白话诗中，俞诗之所以显得精练、幽深，"有'不可把捉的风韵'"，与其讲求音律有关。而照朱自清的说法："平伯这种音律底艺术，大概从旧诗和词曲中得来。……我们现在要建设新诗底音律，固然应该参考外国诗歌，却更不能丢了旧诗，词，曲。"④闻一多大致认同朱自清的见解，在《〈冬夜〉评论》

---

① 参见俞平伯《〈草儿〉序》和《致汪君原放书（代序）》，《冬夜》，亚东图书馆，1923。
② 俞平伯：《致汪君原放书（代序）》。
③ 俞平伯：《〈草儿〉序》，《草儿》，亚东图书馆，1923。
④ 朱自清：《〈冬夜〉序》，《冬夜》。

中，虽对俞诗"幻想之空疏庸俗"等有所批评，但也承认"凝炼，绵密，婉细是他的音节特色"，"关于这点，当代诸作家，没有能同俞君比的。这也是俞君对新诗的一个贡献"。并且断言："这种艺术本是从旧诗和词曲里蜕化出来的。"①问题正在这里，俞诗中古典诗词的印记格外醒目，而这在正热心提倡白话诗写作的胡适看来，无疑是一大缺陷。

其实，俞平伯本人并非没有意识到这点。在《做诗的一点经验》中，俞氏庆幸自己欣逢诗歌变革的关头，"使我能离开一切拘牵，赤裸显出诗中的自我"，可又坦承"其中或还不免有旧诗词底作风。这是流露于不自觉的，我承认我自己底无力"②。而在《社会上对于新诗的各种心理观》中，俞氏提出关于新诗写作的四条具体见解，最关键的是"限制文言的使用"，即竭力与旧诗划清界线。擅长旧体诗词的俞平伯，"时时感用现今白话做诗的苦痛"，故概叹："说白话诗容易做的，都是没有尝试过的外行话。依我的经验，白话诗的难处，正在他的自由上面。"③

应该说，俞平伯早年关于白话诗的见解，大体不出胡适

---

① 闻一多：《〈冬夜〉评论》，《俞平伯研究资料》，天津人民出版社，1986，第213—249页。闻一多还将胡适与俞平伯关于新诗音节的见解相对比，批评胡适自序再版《尝试集》时自鸣得意的纯粹的"自由诗"音节，称"所谓'自然音节'最多不过是散文的音节。散文的音节当然没有诗的音节那样完美。俞君熔铸词曲的音节于其诗中，这是一件极合艺术原则的事，也是一件极自然的事，用的是中国的文字，作的是诗，并且存心要作好诗，声调铿锵的诗，怎能不收那样的成效呢？我们若根本地不承认带词曲气味的音节为美，我们只有两条路可走，甘心作坏诗——没有音节的诗，或用别国的文字作诗"。
② 俞平伯：《做诗的一点经验》，《新青年》第8卷第4期，1920年12月。
③ 俞平伯：《社会上对于新诗的各种心理观》，《新潮》第2卷第1期，1919年10月。

论述的范围，只是以自家创作经验来予以证实。尽管从一开始胡、俞二君的诗文趣味就不太一致，但在体味白话诗写作的艰难与利弊得失方面，师生二人颇多共同语言。比如，俞平伯撰《白话诗的三大条件》，称诗乃"发抒美感的文章"，"用白话做诗，发挥人生的美，虽用不着雕琢，终与开口直说不同"。①此文刊于《新青年》第6卷第3号时，胡适加一按语，对俞所举三条建议极表赞成，尤其欣赏"雕琢是陈腐的，修饰是新鲜的"的提法。

正因为师生之间颇为相知，胡适的批评带有自省的成分。白话诗是否需要如此"艰深难懂"，趣味不同，只好各说各的。至于新诗需要具体性，而不应该沉湎于哲理的陈述，其实也是胡适本人所面对的难题。俞诗"很有意味"，而且"长于描写"，只是喜欢说理这一点，让胡适无法接受：

> 平伯最长于描写，但他偏喜欢说理；他本可以作好诗，只因为他想兼作哲学家，所以越说越不明白，反叫他的好诗被他的哲理埋没了。

紧接下来，胡适马上补充一句："这不是讥讽平伯，这是我细心读平伯的诗得来的教训。"②在我看来，这不完全是客套话。在《谈新诗》中"戏台里喝采"，介绍作诗该如何"抽象的

---

① 俞平伯：《白话诗的三大条件》，《新青年》第6卷第3期，1919年3月。
② 胡适：《评新诗集·俞平伯的〈冬夜〉》，《胡适文存二集》第4卷，第288页。

题目用具体的写法"，①以及针对鲁迅建议删去《礼！》一诗的辩解——"他虽是发议论而不陷于抽象说理"，②都显示了抵抗抽象说理对于白话新诗严重的危害性。"五四""新青年"之喜欢说理，与其单独归功于泰戈尔哲理诗的影响，还不如承认大转折时代追问人生意义以及重建价值观念的迫切性。

应邀为老师删诗的俞平伯，只留下一增删篇目，而未见具体阐释。不过，仔细寻觅，还是能发现若干蛛丝马迹。建议删去《江上》，这与鲁迅的意见相同；保留《鸽子》的主张，则又与周作人的看法暗合。前者之不被接纳，出于主人的个人偏好："我因为当时的印象太深了，舍不得删去。"③至于《鸽子》，原已被作者用红笔圈掉，纯粹是因周、俞的大力保荐，才得以存留。此前两年撰《谈新诗》，胡适曾做自我检讨："我自己的新诗，词调很多，这是不用讳饰的。"举的例子就包括这首《鸽子》。④而周、俞二君明知故犯，不因《鸽子》"带着词调"而嫌弃，其对于新诗的预想目标，显然与胡适颇有距离。这涉及新诗与旧诗的界限，以及白话诗中能否采用文言、借鉴词曲，真正将此话题挑开的，并非作为学生的俞平伯，而是更具理论自觉的周作人。

---

① 胡适：《谈新诗》，《胡适文存》第1卷，亚东图书馆，1921，第254页。
② 参见拙文《鲁迅为胡适删诗信件的发现》，《鲁迅研究月刊》2000年第10期。
③ 胡适：《〈尝试集〉四版自序》。
④ 胡适：《谈新诗》，《胡适文存》第1卷，第236页。

四、二周的眼光

任、陈夫妇乃留美及归国后多有交往的老友,俞、康为北大任教时的学生,至于周氏兄弟,则是新文化运动中的同道与相知——如此不同视角交叉使用,可见胡适的请人删诗,计划是相当周详的。虽是六人三组,着眼点不同,各有其功用;但相对而言,胡适最看重的,无疑是周氏兄弟的意见。而实际上周氏兄弟也不负所托,提供的建议最为详尽,且十分得体。

不妨先看看此次新发现的周氏兄弟致胡适的信,再做进一步的分析。1921年1月15日鲁迅致胡适信全文如下:

适之先生:

今天收到你的来信。《尝试集》也看过了。

我的意见是这样:

《江上》可删。

《我的儿子》全篇可删。

《周岁》可删;这也只是《寿诗》之类。

《蔚蓝的天上》可删。

《例外》可以不要。

《礼!》可删;与其存《礼!》,不如存《失望》。

我的意见就只是如此。

启明生病,医生说是肋膜炎,不许他动。他对我说,"《去国集》是旧式的诗,也可以不要了。"但我细看,以为内中确有许多好的,所以附着也好。

我不知道启明是否要有代笔的信给你,或者只是如此。但我先写我的。

我觉得近作中的《十一月二十四夜》实在好。

树一月十五日夜

三天后(即1921年1月18日),病中的周作人还是请人代笔,给胡适去信,表明其对于"删诗"一事的重视。信件全文如下:

适之兄:

你的信和诗稿都已收到了;但因生病,不能细看,所以也无甚意见可说。我当初以为这册诗集既纯是白话诗,《去国集》似可不必附在一起;然而豫才的意思,则以为《去国集》也很可留存,可不必删去。

集中《鸽子》与《蔚蓝的天上》等叙景的各一篇,我以为都可留存;只有说理,似乎与诗不大相宜,所以如《我的儿子》等删去了也好。

关于形式上,我也有一点意见,我想这回印起来可以考究一点,本文可以用五号字排;又书页可以用统的,不必一页隔为上下两半。书形也不必定用长方形,即方的或横方的也都无不可。

你近作的诗很好,我最喜欢最近所作的两首。

一月十八日周作人

在具体论说前，请注意周作人关于书籍"形式"的建议。开本改方或横，或许是不够庄重，或许是制作困难，反正没被采纳；但书页用统的，不必隔为上下两半，这点实现了。病中的周作人，为何特别提醒"这回印起来可以考究一点"，是否意识到这将是"定本"，甚至可能是传世的"经典"？事后证明，周作人确实有先见之明：一直到1940年印行第十六版，1982年上海书店刊行影印本，以至今日学界普遍引用的，都是此经由众时贤参与删定的"增订四版"。

胡适对周氏兄弟的意见，可说是"分外重视"。查《胡适来往书信选》，1921年2月14日，胡适曾致信周作人，转达燕京大学的邀请，后有一"附启"：

> 你们两位对于我的诗的选择去取，我都极赞成。只有《礼！》一首，我觉得他虽是发议论而不陷于抽象说理，且言语也还干净，似尚有可存的价值。其余的我都依了你们的去取。①

其实，胡适不曾接纳鲁迅意见的，不只是《礼！》，还有一首《江上》。在《〈尝试集〉四版自序》中，有如下的说明：

> 他们删过之后，我自己又仔细看了好几遍，又删去了几首，同时却也保留了一两首他们主张删去的。例如《江

---

① 胡适：《胡适致周作人》，《胡适来往书信选》上册，第124页。

上》,"鲁迅"与平伯都主张删,我因为当时的印象太深了,舍不得删去。又如《礼!》一首(初版再版皆无),"鲁迅"主张删去,我因为这诗虽是发议论,却不是抽象的发议论,所以把他保留了。①

诗人当然有理由坚持自己的独立判断,周氏兄弟等人的意见也只"仅供参考"。必须在书信及序言中再三解释为何没有接纳鲁迅的意见,本身就说明后者在诗人心目中的分量非同一般。

"五四"时期的周氏兄弟与胡适,乃互相支持的"同道",但很难说是心心相印的"密友"。知识背景不同(20世纪二三十年代的中国学界,留学欧美的与留学日本的学者之间,不无隔阂),个人气质迥异(周氏兄弟偏于怀疑,而胡适则是无可救药的乐观主义者),再加上年龄的差异(1921年的胡适,刚届而立,已是名满天下;相对而言,四十岁的鲁迅与三十六岁的周作人,反不及前者"风光"),胡与二周不可能"亲密无间"。这还不涉及《新青年》该往何处去,哪一种"主义"更适合于当下的中国等大大小小的争论。

胡适与二周的关系前后有别,对于这一点,学界的看法基本一致。问题是,在描述前期的"合作"与后期的"矛盾"时,论者往往基于自身言说的需要而夸大其词。五四新文化运动时期,二周与胡适确有许多精彩的合作,比如《新青年》的编纂、北大课程的改革、新文学的提倡、小说史的研究,乃至

---

① 胡适:《〈尝试集〉四版自序》。

白话诗的尝试等。在好交朋友且待人宽厚、性情平和的适之先生心目中，周氏兄弟当然是他"志同道合"的好朋友。而周氏兄弟则未必这么看待：书札往来，彬彬有礼，加上专业上的互相支持，这还不是真正意义上的"知交"。

1929年8月30日，周作人给远在上海的胡适去信，劝其不要留恋那里的"便利与繁华"，也不必"说闲话惹祸祟"，还是回萧条的北平"教书做书"，以便"在冷静寂寞中产生出丰富的工作"。周自称写这信时，不是没有顾虑："我自己觉得有点踌躇，这未免有交浅言深之嫌吧？"[①]胡适接获此信，大为感动；只是对最后一句，颇表惊诧：

> 你信上提起"交浅言深"的话，使我有点感触。生平对于君家昆弟，只有最诚意的敬爱，种种疏隔和人事变迁，此意始终不减分毫。相去虽远，相期至深。此次来书情意殷厚，果符平日的愿望，欢喜之至，至于悲酸。此是真情，想能见信。[②]

并非近期"种种疏隔和人事变迁"才导致二周和胡适的"交浅"，这点，是少年得志、朋友遍天下的适之先生所难以领悟的。胡信中所表达的对于周氏兄弟"最诚意的敬爱"，我相信是真的；可反过来，不能要求二周也如此"相去虽远，相期至深"。这涉及各自为人处世的原则，不必强分轩轾。

---

① 周作人：《周作人致胡适》，《胡适来往书信选》上册，第539页。
② 胡适：《胡适致周作人》，《胡适来往书信选》上册，第542页。

进入20世纪30年代，鲁迅、胡适的政治立场日渐对立，以至前者在杂文中对后者颇多讥讽。可即便如此，据胡思杜告诉罗尔纲，1932年11月鲁迅因母病重返北平时，还专门"到胡适家探访，在将进书房时边笑边说：'卷土重来了！'"。①此事鲁迅日记中没有记载，也与鲁迅学界的叙述大相径庭，②但以胡思杜对鲁迅的崇拜以及罗尔纲治学之严谨，不太可能伪造此史料。而鲁迅去世后，苏雪林给备受鲁迅讥讽的胡博士去信，表白自己"向鲁党挑战"的决心，希望胡适支持其发起对于"廿五史儒林传所无之奸恶小人"鲁迅的总攻击，③胡适却在回信中表彰鲁迅的功绩：

> 凡论一人，总须持平。爱而知其恶，恶而知其美，方是持平。鲁迅自有他的长处。如他的早年文学作品，如他的小说史研究，皆是上等工作。通伯先生当日误信一个小人张凤举之言，说鲁迅之小说史是抄袭盐谷温的，就使鲁迅终身不忘此仇恨！
>
> 现今盐谷温的文学史已由孙俍工译出了，其书是未见

---

① 参见罗尔纲《师门五年记·胡适琐记》（增补本），生活·读书·新知三联书店，1998，第144页。
② 鲁迅博物馆和鲁迅研究室合编的《鲁迅年谱》增订本（人民文学出版社，2000）第3册是这样叙述鲁迅的北上的："左翼文化人士和青年学生大受鼓舞，而反动派则如临大敌，买办文人借机攻击鲁迅'卷土重来了'。"（第351页）"在同来访者谈话中，鲁迅幽默地说：'我这次一来，便有很多的人放冷箭，说我是来抢他们的饭碗，说我是卷土重来。何苦叫这些人不放心，倒不如赶快卷土重去。'这是对胡适等人的顺便一刺。"（第355页）
③ 参见苏雪林致胡适、致蔡元培信，载《胡适来往书信选》中册，第325—334页。

我和鲁迅之小说研究以前的作品，其考据部分浅陋可笑。说鲁迅抄盐谷温，真是万分的冤枉。盐谷一案，我们应该为鲁迅洗刷明白。最好是由通伯先生写一篇短文，此是"gentlemen的臭架子"，值得摆的。如此立论，然后能使敌党俯首心服。[①]

鲁迅的"深刻"与胡适的"宽容"，二者其实均有不可及处。[②]放开一点历史视野，未见得不能同时欣赏。当初之立场不同且性格迥异，尚且不一定是"你死我活"；后世论者在褒贬抑扬时，更应该多点"理解之同情"。

20世纪30年代同在北大任教的周作人与胡适，倒是相处得不错。最明显的例证是，1934年初，针对周作人发表引起很大争议的《五十自寿诗》，胡适连续写了《戏和周启明打油诗》《再和苦茶先生打油诗》《苦茶先生又寄打油诗来，再叠答之》，第二年底、第三年初又有《和周启明贺年诗》《和周启明"二十五年贺年"打油诗》。而1938年在伦敦写的《寄给在北平的一个朋友》（又名《寄苦雨庵》），更因其寄托遥深而被广泛征引。周作人晚年撰写回忆录，由于时局的关系，不愿多提与胡适的交谊，但对当初远在英国的适之先生专门写诗劝"苦雨庵

---

① 《胡适来往书信选》中册，第339页。
② 千家驹《海纳百川，有容乃大》（见罗尔纲《师门五年记·胡适琐记》（增补本）的附录）中有这么一句话："在当代学人中，我最佩服的两位——一位是鲁迅，一位是胡适。他们两人性格刚好相反，鲁迅的偏狭，胡适的豁达，适成鲜明的对照。"这里所说的鲁迅性格"偏狭"，并不是讥讽之语，因为是指向"观察问题之深刻"与"文笔之犀利"。

中吃茶的老僧"南下,以及自家之"多谢藏晖居士的问讯",①还是很肯花笔墨的。而胡适晚年着意收集周作人的著述,遥想"五四"时之并肩作战,感慨今日老友之落寞,②人所共有的怀旧心理外,也可见适之先生性情之醇厚。

回到删诗事件。胡适之所以格外看重周氏兄弟的意见,因其认定二周的文学才华在自己之上。在"五四"时期影响极大的理论表述《谈新诗》中,胡适称道周作人的《小河》:"这首诗是新诗中的第一首杰作,但是那样细密的观察,那样曲折的理想,决不是那旧式的诗体词调所能达得出的。"③而讨论过新诗写作的诸多困难,表白自己以及众新秀如何未能写出真正的新诗,接下来就是:

> 我所知道的"新诗人",除了会稽周氏兄弟之外,大都是从旧式诗、词、曲里脱胎出来的。④

特别表彰周氏兄弟的新诗,强调其不受旧诗词的牵制,不能说胡适没有眼光。鲁迅1918年在《新青年》上发表的《梦》《爱之神》《桃花》《他们的花园》《人与时》等新诗,拒绝直白的说理,追求意境的幽深,其象征手法的娴熟,以及驾驭白话的能力,确非同期半词半曲的"放大的小脚"可比。如果再考

---

① 参见《周作人回忆录》,第471—473页。
② 《胡适致杨联陞》,《论学谈诗二十年》,台北:联经出版公司,1998,第289页。
③ 胡适:《谈新诗》,《胡适文存》第1卷,第228页。
④ 胡适:《谈新诗》,《胡适文存》第1卷,第235页。

虑1919年陆续发表总题为《自言自语》的散文诗，称道鲁迅的"诗才"，不是没道理的。至于将《小河》断为早期新诗的代表作，胡适的这一观点，现已被许多文学史家所接受。

但周氏兄弟之尝试新诗写作，基本上只是"客串"，所谓"打打边鼓，凑些热闹"，①日后主要文学成就在小说与散文。即便吟诗，周氏兄弟更擅长的还是旧体。鲁迅旧诗写得好早有定评，周作人的"儿童杂事诗"，其实也颇可观。自称对于新诗"提倡有心，创造无力"的胡适，显然是在与周氏兄弟的接触中，意识到自己的局限。1922年3月4日的日记中，胡适记下鲁迅的期待以及自己的反省："豫才深感现在创作文学的人太少，劝我多作文学。我没有文学的野心，只有偶然的文学冲动。"②六天后，《〈尝试集〉四版自序》脱稿，其中多处提及鲁迅的判断。将近半年后，胡适又在日记中写下这么一段对于周氏兄弟文学才华的由衷赞赏：

> 周氏兄弟最可爱，他们的天才都很高。豫才兼有赏鉴力与创作力，而启明的赏鉴力虽佳，创作较少。③

事后证明，胡适的直觉相当准确，这段话几乎可以不做修改就

---

① 鲁迅在《〈集外集〉序言》中称："只因为那时诗坛寂寞，所以打打边鼓，凑些热闹；待到称为诗人的一出现，就洗手不作了。"(《鲁迅全集》第7卷，第4页）1926年周作人撰《〈扬鞭集〉序》，也有类似的说法："我对于中国新诗曾摇旗呐喊过，不过自己一无成就，近年早已歇业，不再动笔了。"
② 《胡适的日记》上册，第276页。
③ 《胡适的日记》下册，第424页。

"进入文学史"。

胡适对于二周删诗的建议,无论接纳与否,都经由一番认真的思考。比如,《礼!》以叙事的口吻,对世俗之以礼责人大加嘲讽,所谓"你们串的是什么丑戏,/也配抬出'礼'字的大帽子!/你们也不想想,/究竟死的是谁的老子",在胡适,肯定是有感而发。可鲁迅出于对诗歌特性的理解,不主张将此诗收入。对此,胡适不以为然,在《四版自序》中略做辩解。而为祝贺《晨报》一周年而作的《周岁》,虽是"白话",却很难说是"诗"。[1]更重要的是,鲁迅对刚诞生的白话诗有可能成为新的应酬工具,保持高度的警惕,故特别点出此乃源远流长的"寿诗"传统。[2]听从鲁迅的意见,胡适最终还是"忍痛割爱"。之所以这么说,是因为此前两年,在《〈尝试集〉再版自序》中,胡适怕被误读,"因此,我老着面孔,自己指出那几首诗是旧诗的变相,那几首诗是词曲的变相,那几首是纯粹的白话新诗"。[3]他所郑重推荐的十四首"真正白话的新诗",在增订四版中,除《周岁》外,全都赫然在目。这自然是鲁迅的意见起了作用。

周氏兄弟的删改,固然让胡适感动;而周氏兄弟的表彰,肯定更让胡适欢欣。鲁迅肯说出"我觉得近作中的《十一月

---

[1] 《周岁》共三节,请看最后一节:"我再贺你一杯酒,/祝你奋斗到底;/你要不能战胜病魔,/病魔会战胜了你!"
[2] 吟过《周岁》的第二年,胡适真的为陈仲骧父亲七十大寿撰一《寿诗》,只是没入集而已(见耿云志主编《胡适遗稿及秘藏书信》第11册,黄山书社,1994)。假如不是鲁迅的提醒,以胡适喜交游的性格,真不知日后诗集中该有多少此类纯粹应酬之作。
[3] 胡适:《〈尝试集〉再版自序》。

二十四夜》实在好"这样的话，实在不容易。更何况周作人的信中也有类似的表述："你近作的诗很好，我最喜欢最近所作的两首。"1921年1月1日出版的《新青年》第8卷第5号，刊有胡适写于1920年10月10日的《梦与诗》和写于1920年11月25日的《礼！》和《十一月二十四夜》。所谓"最近所作的两首"，当系《礼！》和《十一月二十四夜》无疑。这么说来，胡适之所以坚持保存《礼！》，或许还基于周氏兄弟意见并不一致的缘故。

比起具体篇目的增删，更重要的是对于"新诗"定义的重新调整。《尝试集》自初版起，便附有旧体诗词《去国集》。至于白话诗集中为何夹杂旧体诗词，胡适在《〈去国集〉自序》中有所交代：

> 胡适既已自誓将致力于其所谓"活文学"者，乃删定其六年以来所为文言之诗词，写而存之，遂成此集。名之曰"去国"，断自庚戌也。昔者谭嗣同名其诗文集曰"三十以前旧学第几种"。今余此集，亦可谓之六年以来所作"死文学"之一种耳。集中诗词，一以年月编纂，欲稍存文字进退及思想变迁之迹焉尔。[①]

依此序所言，之所以保存《去国集》，纯粹是为了记录当初学步的蹒跚足迹，同时以"死文学"来反衬"活文学"的无穷魅力。为了第一部"白话诗集"体例的统一，周作人一开始

---

① 胡适：《〈去国集〉自序》，《尝试集》，亚东图书馆，1922年10月增订四版，第125页。

建议删除《去国集》；后又转而接受兄长的意见,"以为《去国集》也很可留存"。

为什么《去国集》可以留存？周作人并没做进一步的说明。读了鲁迅的意见，你会明白，同样主张保留《去国集》，周氏兄弟与胡适的思路，真是相差十万八千里。简单说，胡适关注的是"白话"，周氏兄弟看重的是"诗"，故鲁迅才会对被判为"死文学"的《去国集》另眼相看："但我细看，以为内中确有许多好的，所以附着也好。"不以"文白"定"死生"，二周的文学趣味，显然与胡适之一味强调白话诗该如何脱离词曲的羁绊大有差别。

回过头来，再仔细品味那首已经被胡适本人删去、可又被周作人和俞平伯抢救回来的《鸽子》：

> 云淡天高，好一片晚秋天气！
> 有一群鸽子，在天空中游戏。
> 看他们三三两两，
> 回环来往，
> 夷犹如意，——
> 忽地里，翻身映日，白羽衬青天，十分鲜丽！

确实像胡适原先自暴短处时所说的，此诗明显受词调的影响。问题在于，旧诗修养颇深的周、俞二君，不是不明白这一点，可还是不理会胡适的解释，建议重新收录。或许，在周作人看来，诗歌只问好坏，而不必强分新旧。

这么说，不是毫无根据的猜测。两年后，即1923年4月，周作人为刘大白新诗集《旧梦》作序，专门针对时人之过于强调如何"摆脱旧诗词的情趣"，表示不同意见：

> 虽然他自己说诗里仍多传统的气味，我却觉得并不这样。据我看来，至少在《旧梦》部分内，他竭力的摆脱旧诗词的情趣，倘若容我的异说，还似乎摆脱太多，使诗味未免清淡一点——虽然这或者由于哲理入诗的缘故。现在的新诗人往往喜学做旧体，表示多能，可谓好奇之过，大白先生富有旧诗词的蕴蓄，却不尽量的利用，也是可惜。我不很喜欢乐府调词曲调的新诗，但是那些圆熟的字句在新诗正是必要，只须适当的运用就好。因为诗并不专重意义，而白话也终是汉语。①

从综论性质的《谈新诗》，到自我定位的《尝试集》各版自序，再到谈论康、俞的《评新诗集》，胡适论述白话诗之演进，基本上就是一个标准：即如何摆脱旧诗以及词曲的束缚。不要说五言七言的整齐句法不能用，"想用双声叠韵的法子来帮助音节的谐婉"，也是不可取的。"真正白话的新诗"，其音节应是"近于自然"。意识到自家"旧文学的习惯太深，故不容易打破旧诗词的圈套"，②胡适于是更多强调与词曲传统之决裂，这自然有其合理性。可作为理论表述与运动纲领，不讲个人才性，

---

① 周作人：《〈旧梦〉序》，《旧梦》，商务印书馆，1923。
② 胡适：《〈尝试集〉再版自序》。

也不利用丰富的传统资源，而只是一味逃避旧诗词那几乎无所不在的影响，其实是有欠缺的。

又过了三年，周作人为刘半农的《扬鞭集》作序，提及《新青年》时期的白话诗人，是这样评说的："那时做新诗的人实在不少，但据我看来，容我不客气地说，只有两个人具有诗人的天分，一个是尹默，一个就是半农。"前者驾驭得住文言，后者则尤擅口语，各自发挥所长，故皆有所得。①在这里，周作人偏偏不提白话诗的倡导者胡适，大概是觉得适之先生缺乏"诗人的天分"。下面这两段话，更是有感而发：

> 新诗的手法我不很佩服白描，也不喜欢唠叨的叙事，不必说唠叨的说理，我只认抒情是诗的本分，而写法则觉得所谓"兴"最有意思，用新名词来讲或可以说是象征。……中国的文学革命是古典主义（不是拟古主义）的影响，一切作品都象是一个玻璃球，晶莹透彻得太厉害了，没有一点儿朦胧，因此也似乎缺少了一种余香与回味。正当的道路恐怕还是浪漫主义——凡诗差不多无不是浪漫主义的，而象征实在是其精意。②

相信"新诗总是要发达下去的"的周作人，欣赏新诗因模仿而获得的"自由与豪华"，但强调"自由之中自有节制，豪

---

① 这一表述风格，很像章太炎《与人论文书》中的"并世所见，王闿运能尽雅，其次吴汝纶以下，有桐城马其昶为能尽俗"。（见《章太炎全集》第4卷，上海人民出版社，1985，第168页）
② 周作人：《〈扬鞭集〉序》，《扬鞭集》，北新书局，1926。

华之中实含青涩，把中国文学固有的特质因了外来影响而益美化，不可只披上一件呢外套就了事"。这里将新诗之缺乏"余香与回味"，归结为语言表述上的"唠叨"，而骨子里则是没有节制的"自由"。

1926年的诗坛，早已不是胡适们的天下。远比俞平伯"艰深难解"的新诗正迅速崛起，诗坛上也不再只是传统与欧化之争；而且，"象征"之取代"白描"，已成了实实在在的大趋势。周作人之批评新诗"晶莹透彻得太厉害了"，主要针对的不是闻一多、徐志摩为代表的新月派所标榜的"理性节制情感"原则以及"新诗格律化"追求，不是王独清之突出"感觉"与穆木天之主张"纯诗"，更不是正逐渐浮出海面的象征派诗人李金发、戴望舒。这与其说是在展望新诗的未来，不如说是为包括自己在内的"五四"一代新诗人撰写"墓志铭"。而这中间，最值得深刻反省的，当是曾领尽风骚的适之先生。

五、胡适的自我调整

如果说周氏兄弟可以先讲"诗"，而后才是"白话"；作为白话诗最早的积极倡导者（这比"新诗老祖宗"之类文学性表述更为恰当），胡适则只能先讲"白话"，而后才是"诗"。这可是时势逼出来的，由不得个人做主——谁让胡适必须时刻扛着"文学革命"的大旗。所谓"文章革命何疑！且准备搴旗作健儿"，开始只是表示一种义无反顾的决心与志气；可一旦文学革命已成燎原之势，作为最早的提倡者，胡适因而暴得大名，很难再有修正自家主张的机会。

　　就个人气质而言，胡适更像个温文尔雅的学者，而不是刚毅果断的革命家。在20世纪30年代撰写《四十自述》以及50年代口述自传时，胡适都曾提及陈独秀和钱玄同的鼎力支持乃文学革命成功的基本保证。单是书斋里的"刍议"，再精彩也不可能有多大的影响力；正是由于"三大主义""十八妖魔""桐城谬种，选学妖孽"等充满火药味的口号，以及"必不容反对者有讨论之余地"的武断，方才激起轩然大波，也因此推动文学革命迅速展开。① 有陈、钱这样"坚强的革命家做宣传者，做推行者"，当然是胡适的幸运。考虑到群众的麻木以及对抗中必不可少的损耗，革命家往往语不惊人死不休，故意将问题推到极端，既便于警醒公众，又保留折中回旋的余地。在《无声的中国》中，鲁迅曾论及这种革命家的思维方式：

> 　　中国人的性情是总喜欢调和，折中的。譬如你说，这屋子太暗，须在这里开一个窗，大家一定不允许的。但如果你主张拆掉屋顶，他们就会来调和，愿意开窗了。没有更激烈的主张，他们总连平和的改革也不肯行。那时白话文之得以通行，就因为有废掉中国字而用罗马字母的议论的缘故。②

　　这废掉汉字的"极端言论"，正是出于思想"偏激""所主

---

① 参见胡适《逼上梁山》和《胡适口述自传》第七章。
② 鲁迅：《无声的中国》，《鲁迅全集》第4卷，第13—14页。

张常涉两极端",说话"必说到十二分"的钱玄同先生。①作为一种运动策略,极端思维自有其好处。但另一方面,过于讲求"策略性",追求最大限度的"现场效果",未免相对忽视了理论的自恰与完整。假如革命不成功,这种"决绝的姿态",具有很高的审美价值;但万一革命成功,如何真正履行当初的诺言,将是一件十分困难的事。聪明者随着运动的深入而移步变形,逐渐修正姿态,转换角色,尚能在新一轮建设中发挥作用;至于立场坚定者,死守当初带有策略性的宣言,不肯做必要的妥协与调整,虽能博得"首尾一致"的赞赏,却很难再有进一步突破的可能。

胡适以文言白话断文学之死活,作为文学革命口号,简单明了,十分有效。可如此粗陋且武断的理论设计,本身存在许多问题,胡适不是不知道,也做过几番自我修正的努力,比如不断扩大"白话"的含义等,②但始终不敢模糊"斗争的大方向"。听适之先生谈论白话诗文,你会感慨其几十年没有大的变化,基本上保持少年时代的理想,这点颇令人惊讶。可仔细分辨,你还是可以发现,适之先生偶尔也会出现动摇,只不过由于更具革命家气质的钱玄同从旁提醒,于是继续前行。

针对胡适新作显示出的某种倒退的迹象,钱玄同1917年10

---

① 周作人《钱玄同的复古与反复古》(《文史资料选辑》第94辑,文史资料出版社,1984)提及"玄同所主张常涉两极端",而且这种思想"偏激","是他自己所承认的"。据黎锦熙先生在《钱玄同先生传》(载曹述敬《钱玄同年谱》,齐鲁书社,1986,第147—202页)中追忆:"从前鲁迅批评他:十分话最多只须说到八分,而玄同则必须说到十二分。"(见曹书,第173页)
② 参见1917年11月20日的《答钱玄同书》(见《胡适文存》第1卷)以及1928年6月的《〈白话文学史〉自序》(见《白话文学史》,新月书店,1928)。

月31日去信，语重心长地强调："现在我们着手改革的初期，应该尽量用白话去作，才是。倘使稍怀顾忌，对于'文'的一部分不能完全舍去，那么，便不免存留旧污，于进行方面，很有阻碍。"胡适得信，幡然悔悟，于是在11月20日作复，表白自己的惶惑与苦恼：

> 先生论吾所作白话诗，以为"未能脱尽文言窠臼"。此等诤言，最不易得。吾于去年（五年）夏秋初作白话诗之时，实力屏文言，不杂一字。如《朋友》，《他》，《尝试篇》之类皆是。其后忽变易宗旨，以为文言中有许多字尽可输入白话诗中。故今年所作诗词，往往不避文言。……但是先生十月三十一日来书所言，也极有道理。……所以我在北京所作的白话诗，都不用文言了。[①]

由"力屏文言"到"不避文言"，再到"都不用文言了"，经过这一番曲折，胡适坚定了纯用白话写作的宗旨。即便如此，在为《尝试集》撰写序言时，钱玄同还是很不客气地批评胡适仍受旧诗词的牵制：

> 不过我对于适之的诗，也有小小不满意的地方：就是其中有几首还是用"词"的句调；有几首诗因为被"五言"的字数所拘，似乎不能和语言恰合；至于所用的文

---

① 胡适：《答钱玄同书》，《胡适文存》第1卷，第54—55页。

字,有几处似乎还嫌太文。①

对于朋友如此严苛的挑剔,胡适心悦诚服,在《尝试集》初版自序中专门提及此事,并作了认真的自我批评,称自己所作新诗半新不旧:"这些诗的大缺点就是仍旧用五言七言的句法。句法太整齐了,就不合语言的自然,不能不有截长补短的毛病,不能不时时牺牲白话的字和白话的文法,来牵就五七言的句法。"接下来关于诗体大解放的论述,在新诗创立期影响极大,值得认真对待:

> 因此,我到北京以后所做的诗,认定一个主义:若要做真正的白话诗,若要充分采用白话的字,白话的文法,和白话的自然音节,非做长短不一的白话诗不可。这种主张,可叫做"诗体的大解放"。诗体的大解放就是把从前一切束缚自由的枷锁镣铐,一切打破:有什么话,说什么话;话怎么说,就怎么说。这样方才可有真正白话诗,方才可以表现白话的文学可能性。②

话说得何等痛快淋漓,可流弊也就在这里。稍有文学常识的人都知道,散文尚且不可"话怎么说,就怎么说",更何况历来以语言精粹著称的诗歌。

沉醉于"大解放"的幸福感,再加上本就不太具备"诗人

---

① 钱玄同:《〈尝试集〉序》,见初版本《尝试集》。
② 胡适:《〈尝试集〉自序》。

的天性"，胡适于是抓住是否摆脱传统诗词束缚作为新诗的唯一标准。1919年撰《谈新诗》，提及"此外新潮社的几个新诗人——傅斯年、俞平伯、康白情——也都是从词曲里变化出来的，故他们初做的新诗都带着词或曲的意味音节"，[①]显然感觉不无遗憾。到了1922年，胡适为三本新诗集撰写序言或书评，进一步阐述其理想中的新诗。基本思路是"诗体的大解放"，即如何摆脱旧诗词的影响，即便因此而失之于幼稚、直白、浅露，也都无所谓。以此标准衡量，康白情高于俞平伯，而后起的汪静之更是百尺竿头更进一步。理由很简单，"白情受旧诗的影响不多，故中毒也不深"；汪静之等少年诗人更上一层楼，因"他们受的旧诗词的影响更薄弱了，故他们的解放也更彻底"。[②]以是否摆脱"旧诗词的鬼影"作为评价新诗好坏的唯一指标，在后世的诗人及史家看来，或许有点荒谬；可对于更多关注新诗出路的适之先生来说，关键在于"白话"还是"文言"，故"稚气究竟远胜于暮气""太露究竟远胜于晦涩"。[③]

过于执着"诗体的大解放"，再加上笃信"文学进化观念"，使得在小说研究方面颇有定见的适之先生，评价新诗时，常把握不住。有艺术判断力的问题，但也与胡适尝试新诗，很大程度不是基于诗神驱使，而是服务于自觉的文学主张有关：

> 我私心以为文言决不足为吾国将来文学之利器。施耐

[①] 胡适：《谈新诗》，《胡适文存》第1卷，第238页。
[②] 参见《评新诗集》和《〈蕙的风〉序》，《胡适文存二集》第4卷，第269—288、295—308页。
[③] 胡适：《〈蕙的风〉序》，《胡适文存二集》第4卷，第295—308页。

庵、曹雪芹诸人已实地证明小说之利器在于白话。今尚需人实地试验白话是否可为韵文之利器耳。①

基于白话必为将来文学之利器这一信仰，胡适"单枪匹马"前去"新辟一文学殖民地"，其再三强调写诗只是"实验"，并非故作谦虚。从这个角度看，只要白话文运动成功，即便《尝试集》因缺乏"诗性"而被遗弃，对于胡适来说，也没有太大的遗憾。正因为入手处是"文"，着眼点是"白话"，"白话诗"只是有待征服的最后一块阵地，很长时间里，胡适的兴奋点集中在如何摆脱"文言"以及"旧诗词"，而不太追问是否具有诗的"意境"——直到1924年《〈胡思永的遗诗〉序》和1936年的《谈谈"胡适之体"的诗》，才将语言表达与意境营造结合起来。而一旦"白话"不是评判新诗好坏的唯一标准，根基深厚的传统诗词之影响必将浮出海面。在这中间，与周氏兄弟以及梁启超的书信往来，对胡适重新反省关于"新诗"的想象，很可能起关键作用。

鲁迅称《去国集》中"确有许多好的"，周作人批评传统根基深厚的刘大白"竭力的摆脱旧诗词的情趣"，这些"异议"，对于一直检讨自家白话诗中残留词调的胡适来说，应该说颇有触动。而与梁启超关于白话诗的争辩，以及借鉴小令写作新诗之可能性的探讨，对于胡适的调整思路，当也不无关系。

在白话诗问题上，梁启超与胡适意见不一致，并且有过直

---

① 《胡适留学日记》第4册，商务印书馆，1947，第996页。

接的争论，可惜相关史料大多缺失，故史家语焉不详。①1920年10月18日梁启超致信胡适，希望胡评阅《清代学术概论》，并称自己准备撰文讨论《中国哲学史大纲》，另外，还有"超对于白话诗问题，稍有意见，顷正作一文，二三日内可成，亦欲与公上下其议论"。②《胡适来往书信选》上册收有一大约写于1920年底或1921年初的《胡适致陈独秀》，其中也涉及此事：

> 梁任公有一篇大驳白话诗的文章，尚未发表，曾把稿子给我看，我逐条驳了，送还他，告诉他，"这些问题我们这三年都讨论过了。我很不愿意他来旧事重提，势必又引起我们许多无谓的笔墨官司"，他才不发表了。③

以梁启超之"为人最和蔼可爱，全无城府，一团孩子气"，见胡适暴得大名，竟"有时稍露一点点争胜之意"，④如此性情，不大可能因后辈的反驳而隐匿自己的意见。查《张元济日记》，1920年10月21日张氏往访梁启超时，梁"言有论本朝诗学一稿，亦即可交稿"。⑤据夏晓虹考证，梁氏信函与张氏日记

---

① 张朋园《胡适与梁启超——两代知识分子的亲和与排拒》（见李又宁主编、纽约天外出版社1990年12月印行的《胡适与他的朋友》第一集）着重讨论梁、胡政治上的接触，学术上的见解，彼此的友谊三方面，其中涉及关于白话诗的争论，可参考。
② 梁启超致胡适信，见丁文江、赵丰田编《梁启超年谱长编》，上海人民出版社，1983，第922页。
③ 胡适：《胡适致陈独秀》，《胡适来往书信选》上册，第119—120页。
④ 参见1929年1月20日胡适参加梁启超大殓归来所写的日记，《胡适的日记》（手稿本）第8卷。
⑤ 《张元济日记》下册，商务印书馆，1981，第771页。

所述，应同指一文，即梁启超为选编金和与黄遵宪二家诗所写之序。书未编成，序也未定稿，可这则收入《饮冰室合集》的《晚清两大家诗钞题辞》，①对于理解这场隐匿在历史深处的争论，还是很有帮助的。

梁启超的基本观点是，"因为诗是一种技术，而且是一种美的技术"，故"格律是可以不讲的，修辞和音节却要十分注意"。自称"并不反对白话诗"的任公先生，在批评守旧的"老先生"不该蔑视文学史上早已"粲然可观"的白话诗的同时，顺带扫了一下完全排斥文言的"偏激之论"：

> 至于有一派新进青年，主张白话为唯一的新文学，极端排斥文言，这种偏激之论，也和那些老先生不相上下。就实质方面论，若真有好意境好资料，用白话也做得出好诗，用文言也做得出好诗。如其不然，文言诚属可厌，白话还加倍可厌。

这种各打五十大板的论调，当然是胡适等新派人士所不愿接纳的。说梁启超因胡适的反驳而不愿发表此文，目前尚无确凿证据；但梁氏此文迟迟未能定稿，起码是知道其立说关系重大，需要从容斟酌。白话缺乏锤炼，表达复杂的情感与思绪有困难，这是"五四"时期反对废除文言者常持的见解，梁启超不过是将其限制在新诗写作："我觉得极端的'纯白话诗'，事实

---

① 参见夏晓虹《诗骚传统与文学改良》，浙江文艺出版社，1998，第293页。

上算是不可能；若必勉强提倡，恐怕把将来的文学，反趋到笼统浅薄的方向，殊非佳兆。"以上的说法还偏于防守，接下来任公先生开始主动出击了：

> 我也曾读过胡适之的《尝试集》，大端很是不错。但我觉得他依着词家旧调谱下来的小令，格外好些。为什么呢？因为五代两宋的大词家，大半都懂音乐，他们所创的调，都是拿乐器按拍出来。我们依着他填，只要意境字句都新，自然韵味双美。我们自创新音，何尝不能？可惜我们不懂音乐，只成个"有志未逮"。而纯白话体有最容易犯的一件毛病，就是枝词太多，动辄伤气。试看文言的诗词，"之乎者也"，几乎绝对的不用。为什么呢？就因为他伤气，有碍音节。如今做白话诗的人，满纸"的么了哩"，试问从那里得好音节来？……字句既不修饰，加上许多滥调的语助辞，真成了诗的"新八股腔"了。①

批评"满纸'的么了哩'"的新诗，直接指向已经名满天下的"尝试"，如此刻薄的评价，自然不可能为胡适所接受。至于表彰《尝试集》中"依着词家旧调谱下来的小令，格外好些"，估计也不会让胡适高兴。因为，未能完全摆脱词调的影响，这正是他在《尝试集》的三则序言中所再三检讨的。

而在梁启超，如此立说，绝无挖苦讽刺的意味。日后，梁

---

① 梁启超：《晚清两大家诗钞题辞》，《饮冰室合集·文集》之四十三，中华书局，1936。

氏甚至受胡适成功"尝试"的引诱，写作起分行加标点的小词来。即所谓"近忽发词兴"，"日来颇为小词消遣"，并相信"此间可辟出新国土也"。①1925年6月22日，梁启超致信胡适，附一小词，且称："即用公写法录一通奉阅，请一评，谓尚要得否？"同月26日，又寄上《好事近》和《西江月》各一首。②大概是胡适回赠两诗，7月3日复信中，梁启超除再次附词三首外，还对胡诗略加点评：

两诗妙绝，可算"自由的词"。石湖诗书后那首若能第一句与第三句为韵——

第一句仄，第三句平，——则更妙矣。

去年八月那首"月"字和"夜"字用北京话读来算有韵，南边话便不叶了（广东话更远）。念起来总觉不顺嘴。所以拆开都是好句，合诵便觉情味减。这是个人感觉如此，不知对不对？我虽不敢说无韵的诗绝对不能成立，但终觉其不能移我情。韵固不必拘定什么《佩文斋诗韵》、《词林正韵》等，但取用普通话念去合腔便好。句中插韵固然更好，但句末总须有韵（自然非句句之末，隔三几句不妨）。若句末为语助词，则韵挪上一字（如匪报也，永以为好也）。我总盼望新诗在这种形式下发展。

拙作《沁园春》过拍处试如尊论（犯复），俟有兴，

---

① 参见梁启超致林志钧及梁启勋书，见丁文江、赵丰田编《梁启超年谱长编》，第1042—1043页。
② 参见丁文江、赵丰田编《梁启超年谱长编》，第1038—1041页。

当更改之,但已颇觉不易。

又有寄儿曹三词写出呈教(乞赐评)。公勿笑其舔犊否?①

强调新诗必须讲究音节,而且最好有韵,这点与章太炎、鲁迅师徒的意见大致相同。②新诗在寻求突破的过程中,"以解放相号召",唯恐受制于旧诗词曲。可三十年后,朱自清发现,新诗独独接收了"韵脚"这一宗遗产,"足见中国诗还在需要韵,而且可以说中国诗总在需要韵"。③此说并未为所有诗人及史家所接受,新诗是否需要押韵,始终是个争议很大的问题。至于称入《尝试后集》的《瓶花》和胡适生前未曾入集的《八月四夜》"两诗妙绝",实在很有眼光。这可是以理智冷静著称的适之先生平生少有的好情诗,后者以周邦彦《关河令》一词的"酒已都醒,如何消夜永?"作结,乃巧妙的文体挪用;④前者

---

① 丁文江、赵丰田编《梁启超年谱长编》,第1044—1045页。其中若干错漏,据台北世界书局1959年版《梁任公先生年谱长编》校改。又,1961年9月20日胡适与秘书谈话时,特别提到梁启超"他给我的信很多,有封很长的谈词的信",指的应该就是这一则(见《胡适之先生晚年谈话录》,第220页)。
② 据曹聚仁《关于章太炎先生的回忆》(见《文思》,北新书局,1937),章太炎认为:"凡称之为诗,都要有韵,有韵方能传达情感;现在白话诗不用韵,即使也有美感,只应归入散文,不必算诗。"鲁迅则在《致窦隐夫》(《鲁迅全集》第12卷,第556页)中称:"我以为内容且不说,新诗先要有节调,押大致相近的韵,给大家容易记,又顺口,唱得出来。"
③ 朱自清:《新诗杂话·诗韵》,《朱自清全集》第2卷,江苏教育出版社,1988,第402页。
④ 初刊《现代评论》第2卷第46期(1925年10月)的《八月四夜》全诗如下:
我指望一夜的大雨
把天上的星和月都遮了;
我指望今夜喝得烂醉,

以范成大《瓶花》作引子，也明白无误地标示其诗学渊源。二诗都是白话，但传统的印记十分清晰，故梁启超一针见血地指认其为"自由的词"。

若是早年，对于如此评价，胡适可能很不高兴。可现在不一样，经由二周以及梁启超的提示，加上自家撰写《白话文学史》和编选《词选》的体会，胡适对于"白话诗"之夹杂"词调"，有了全新的认识。1928年6月的《〈白话文学史〉自序》重提他所理解的白话"有三个意思"，[①]故"白话文学"应该"包括旧文学中那些明白清楚近于说话的作品"。这样一来，不只《史记》《汉书》里有许多白话，乐府歌辞、佛书译本基本上是白话，"唐人的诗歌——尤其是乐府绝句——也有很多的白话作品"。词呢，尤其是东坡、稼轩的小词，不也符合"说得出，听得懂""不加粉饰""明白晓畅"这白话三大特征吗？当然也该算是"白话文学"了。

作为定本的《白话文学史》只论述到唐代，此前的《国语文学史》，则有专门讨论两宋的"白话词"的第三编第四、第五两章。"这种词用的当日小百姓的言语，写的是当日的感情生

把记忆和相思都灭了。
人都静了，
夜已深了，
云也散干净了，——
仍旧是凄清的明月照我归去，——
而我的酒又早已全醒了。
酒已都醒，
如何消夜永？

[①] 在1917年11月20日的《答钱玄同书》中，胡适为反驳对手的批评，曾大为扩展"白话"的含义。

经典是怎样形成的——周氏兄弟等为胡适删诗考　155

活，所以他们是宋代白话文学的代表。"基于这一判断，胡适极为赞赏欧阳修、柳永、李清照、辛弃疾、陆游等人的"白话小词"，称其创作"真是绝妙的文字"，与吴文英那样"古典文学的下下品"不可同日而语。①

1927年，上海商务印书馆出版胡适编选的《词选》，②前有一胡适撰写的自序，将词史分成三段："苏东坡以前，是教坊乐工与娼家妓女歌唱的词；东坡到稼轩、后村，是诗人的词；白石以后，直到宋末元初，是词匠的词。"对"诗人的词"，胡适最为欣赏："这些作者都是有天才的诗人；他们不管能歌不能歌，也不管协律不协律；他们只是用词体作新诗。这种'诗人的词'，起于荆公、东坡，至稼轩而大成。"在叙述词的演变历史时，胡适强调的是"词的用处推广了，词的内容变复杂了，词人的个性也更显出了"，故特别喜欢表彰"绝好的小词"。③比如谈论辛弃疾，便是："他的小令最多绝妙之作；言情，写景，述怀，达意，无不佳妙。辛词的精彩，辛词的永久价值，都在这里。"④

胡适本人对于白居易的诗以及辛弃疾的小词早有兴趣，《胡适留学日记》中不乏记载，《四十自述》中也有所交代。只是由于提倡白话诗的需要，胡适方才压抑这一趣味，竭力摆脱"旧

---

① 参见胡适《国语文学史》，《胡适文集》第8册，北京大学出版社，1998，第92—115页。
② 1958年台北读者书店重印此书时，改题《白话词选》。改题不见得是胡适本人的主意，但起码胡适的论述，容易给人这种印象。
③ 胡适：《〈词选〉自序》，《胡适文存三集》第8卷，第997—1005页。
④ 参见胡适编选《词选》中论辛弃疾则，商务印书馆，1927。

诗词"的影响。以"删诗事件"作为标志，胡适开始调整自己的阅读与写作姿态。一方面是白话诗已基本站稳脚跟，不必再刻意回避文言或词调的渗透；另一方面也是因教学需要以及个人兴趣转移，胡适开始选读"旧诗词"。对于如此转折，二周信件到底起多大作用，尚难断言。但写于1928年3月9日的《读〈双辛夷楼词〉致李拔可》，希望对方注意自己的小诗"不知颇有词的意味否"，抄录的正是被梁启超断为"自由的词"的《瓶花》，可见梁氏意见受到尊重。这与前几年的不断检讨无法摆脱词调的影响，真有天渊之别。更重要的是以下这段话：

> 近年因选词之故，手写口诵，受影响不少，故作白话诗，多作词调，但于音节上也有益处，故也不勉强求摆脱。①

我想补充的是，促使其作白话诗时"多作词调"的，远不只是"因选词之故"。

1935年12月，文学史家陈子展发表《略论"胡适之体"》，分析胡适新作《飞行小赞》之不同于《尝试集》：

> 老路没有脱去模仿旧诗词的痕迹，真是好像包细过的脚放大的。新路是只接受了旧诗词的影响，或者说从诗词蜕化出来，好像蚕子已经变成了蛾。即如《飞行小赞》一

---

① 胡适：《读〈双辛夷楼词〉致李拔可》，《东方杂志》第25卷第6号，1928年3月。

诗，它的音节好像辛稼轩的一阕小令，却又不像是有意模仿出来的。①

两个月后，胡适撰《谈谈"胡适之体"的诗》作答，公开亮明其借鉴词调写作新诗的经验。而且强调这不是"新路"，而是自己驾轻就熟早已"走惯了的一条'老路'"。对于如何借变换韵脚、松动平仄、调整句式来获得写作的自由，没有比这段自述说得更明白的了：

其实《飞行小赞》也是用"好事近"词调写的，不过词的规矩是上下两半同韵，我却换了韵脚。我近年爱用这个调子写小诗，因为这个调子最不整齐，颇近于说话的自然；又因为这个调子很简短，必须要最简练的句子，不许有一点杂凑堆砌，所以是做诗的最好训练。我向来喜欢这个调子，偶然用它的格局做我的小诗组织的架子，平仄也不拘，韵脚也可换可不换，句子长短也有时不拘，所以我觉得自由得很。至少我觉得这比勉强凑成一首十四行的"桑籁体"要自由得多了！②

至此，作为新诗人的适之先生，总算完成了艰难的自我调整，直面所谓的"胡适之体"的生机与缺陷，坦然宣布"我近

---

① 陈子展：《略论"胡适之体"》，《申报·文艺周刊》第6期，1935年12月6日。
② 《谈谈"胡适之体"的诗》，《自由评论》第12期，1936年2月。

年只做我自己的诗",而不再力不从心地扮演什么"领路人"的角色。

作为白话诗的提倡者,胡适始终坚守文言/白话这个边界,此乃其安身立命的根基,故矢志不移,这点很好理解。在保卫自己的学术贡献方面,胡适有充分的自觉。从早年的《〈尝试集〉自序》,到晚年的《胡适口述自传》,凡提及新诗,胡适总是死死咬住两个关键词:"白话"与"实验"。至于早年很计较的摆脱词调的影响,20世纪20年代中期开始逐渐松动。到了自己出场介绍如何借鉴小令创作新诗时,我们对"胡适之体"的特色以及走向,便都心中有数了。胡适从来不是大诗人,《尝试集》的价值主要在于"尝试";但除此之外,语言的清通,意境的平实,还有上接中国诗歌史上的元白诗或苏辛小词,仍然自有一番天地,不该被后来者一笔抹杀。①

六、经典地位的确立

作为现代文学史上的"经典之作",横空出世的《尝试集》,一开始辉煌夺目,但很快就遭遇各种严峻的挑战;几经沉浮,历尽沧桑,方才战胜各种巨大的障碍——从艺术趣味到意识

---

① 胡适晚年的诗友周策纵在《论胡适的诗》(见《胡适杂忆》附录)中称胡适欣赏元、白与袁枚,喜欢看小说,"他早期新诗的试作,往往脱不了浅显绝句、歌行、小令、苏、辛所喜用的中调,以至打油诗等的气氛,不为无故也"。"我以为胡适的诗较好的一面是文字流利,清浅而时露智慧。最好的几首往往有逸趣或韵致。……梁启超说他特别喜欢的还是胡的小词,可说很有道理。"

形态——最终屹立在世纪末的文学领奖台上（假如"百年百种优秀中国文学图书"也算一种奖的话）。这对于本不具有艺术天赋的适之先生来说，实在是个奇迹。

想当初，即便是好朋友，比如陈西滢，也都对胡适的白话诗不太恭维。在《新文学运动以来的十部著作》中，陈源推举的是《胡适文存》，而不是《尝试集》，理由是：

> 我不举《尝试集》是因为我不信胡先生是天生的诗人，虽然他有些小诗极可爱。我们只要看他说的："文中有三个条件：第一要明白清楚，第二要有力能动人，第三要美"，和"美就是'懂得性'（明白）与'逼人性'（有力）二者加起来自然发生的结果"，就可以知道他的诗不能成家的缘故，同时也可以了解他的说理考据文字的特长了。①

被认为不是"天生的诗人"的胡适，竟凭借一部只有若干"极可爱"的"小诗"的《尝试集》，闯入"经典作家"的行列，确实是不可思议。

可细细寻觅，你还是能发现《尝试集》之走向成功，并非纯属偶然。这里包括20年代之经由"删诗"而产生"定本"，20世纪30年代的经由"辨体"而凝结"风格"，20世纪50年代至70年代的经由"批判—平反"而形成"经典"。在这中间，作品本

---

① 陈西滢：《西滢闲话》，新月书店，1931，第335页。

身的潜能以及时代思潮的激荡，固然是主要因素；但周氏兄弟的推波助澜，也起了不小的积极作用。

《尝试集》初版时，为其大力鼓吹的，是刚结识不久的好友钱玄同。在《〈尝试集〉序》中，擅长"疑古"的玄同先生，对这第一部个人撰写的新诗集褒奖有加：

> 适之这本《尝试集》第一集里的白话诗，就是用现代的白话达适之自己的思想和情感，不用古语，不抄袭前人诗里说过的话。我以为的确当得起"新文学"这个名词。①

不愧是目光如炬的史家，专门在"用现代的白话达适之自己的思想和情感"上做文章，钱氏此说，即便到了今日，也还站得住脚。

正因为是"第一部"，《尝试集》的出版，招来不少批评。其中三胡的争论，最为引人注目。先是自称"这二十多年里头，几乎没有一年不在诗里讨生活"的胡怀琛，站出来大批《尝试集》，而且自告奋勇，替胡适改写诗句。在他看来，胡适这一派新诗"根本的缺点"在于：

> （1）不能唱。只算白话文，不能算诗。
> （2）纤巧。只算词曲，不能算新诗。②

---

① 钱玄同：《〈尝试集〉序》。
② 胡怀琛：《胡适之派新诗根本的缺点》，《时事新报·学灯》，1921年1月11日。

如此批评，火气太盛，毫无善意可言，颇有将白话诗一棍子打死的架势。不过一年后上海泰东书局出版此君所编《〈尝试集〉的批评与讨论》，辑录不少相关论述，与后世的"批判集"还是大有差别。其中收有朱执信的《诗的音节》和《答胡怀琛函》，二文初刊《星期评论》第51、52号，着重反驳胡怀琛《读胡适之〈尝试集〉》对新诗音节的批评，强调"一切文章都要使所用字的高下长短，跟着意思的转折来变换"，"音节决不是就这样可以有刻板的规则定出来的"。①朱文反过来嘲笑胡怀琛根本不懂新诗的音节，并且逐一批驳其为《尝试集》所做的修改。

如果说胡怀琛的缺点是"食古不化"，那么，胡先骕的毛病则是"食洋不化"。刊于《学衡》第1、2期的《评〈尝试集〉》，洋洋洒洒两万余言，大量引用西儒语录，且夹杂不少英文单词，最后只是想说明"《尝试集》之价值与效用，为负性的"，即让人明白"此路不通"。具体论述时，批评胡诗乃"枯燥无味之教训主义""肤浅之征象主义""纤巧之浪漫主义""肉体之印象主义"，所言多大而无当；至于称集中最佳之诗作为《新婚杂诗》《送叔永回四川》，则更让人摸不着头脑。②如此文风，自然招来读者的反唇相讥。式芬刊于《晨报副镌》的《〈评尝试集〉匡谬》，即以其人之道还治其人之身，故意挑出胡文关于外国文学的四点谬误"略加匡正"，进而指责其"不合于'学者之

① 朱执信：《诗的音节》，《星期评论》第51号，1920年5月23日。
② 胡先骕：《评〈尝试集〉》，《学衡》第1、2期，1922年1、2月。

精神'"。①

至于胡适本人,对胡怀琛"这种不收学费的改诗先生"只是觉得好笑,并没有认真对待。1920年5月和9月的《时事新报·学灯》上,分别刊有胡适致张东荪和胡怀琛的信,对此略加辩驳。称"我很希望大家切实批评我的诗,但我不希望别人替我改诗",②还是比较客气的;下面这段话,可就有点居高临下了:

> 我在我的《尝试集》再版自序(已付印)里,对于先生最初评《尝试集》的几段意见——胡适之上了钱玄同的当,别人又上了胡适之的当——略有几句评论,因为我认那个意思还有讨论的价值,至于先生后来"正谬"的四条,恕不答辩了。③

不屑与胡怀琛争论的适之先生,在《〈尝试集〉再版自序》中,只是以"守旧的批评家"轻轻发落,甚至不提论敌的姓名。相对而言,胡适还是比较在意喝过洋墨水的胡先骕的批评的。《〈尝试集〉四版自序》并没有直接回应《评〈尝试集〉》的具体观点,而是避实就虚,以"胡先骕教授居然很大度的请陀司妥夫士忌来陪我同死同朽,这更是过誉了,我更不敢当了"作结,虽则俏皮,却未免过于轻巧。或许,两年中销售一万

---

① 式芬:《〈评尝试集〉匡谬》,《晨报副镌》,1922年2月4日。
② 胡适:《致张东荪》,《时事新报·学灯》,1920年5月12日。
③ 胡适:《答胡怀琛》,《时事新报·学灯》,1920年9月12日。

部,而且得到周氏兄弟等"天才都很高"的朋友诸多好评,让胡适有点飘飘然。

虽然胡适颇为谦恭地称自家诗集之所以值得再版,只是"可以使人知道缠脚的人放脚的痛苦";但广泛征求朋友意见,大规模地增删修订,还是有艺术上的追求。甚至可以说,适之先生其实是踌躇满志,对《尝试集》很有信心,希望其流传久远,这才需要如此精雕细磨。就在撰写《〈尝试集〉四版自序》的前几天,胡适完成了《五十年来中国之文学》,其中述及文学革命时有言:

> 我可以大胆说,文学革命已过了讨论的时期,反对党已破产了。从此以后,完全是新文学的创造时期。[1]

正是基于这一判断,胡适不屑与胡怀琛争论,对胡先骕的批评也没有认真回应。可"白话诗"的"反对党"破产了,不等于《尝试集》可以免受批评。接下来,原本处于同一阵营的新诗人的批评,更使胡适难堪。

1923年的中国诗坛,出现两则"横扫千军如卷席"的雄文,一是周灵均的《删诗》,将胡适《尝试集》、郭沫若《女神》、康白情《草儿》、俞平伯《冬夜》等八部新诗集分别以"不是诗""未成熟的作品"等罪名大加讨伐。[2]对批评家之为了一己"快意","提起一支屠城的笔,扫荡了文坛上一切野

---

[1] 胡适:《五十年来中国之文学》,《胡适文存二集》第2卷,第211页。
[2] 周灵均:《删诗》,《文学周刊》第17号,1923年12月。

"草"的做法，鲁迅甚为不满。①相对来说，成仿吾的《诗之防御战》更具理论意义。也是拿《尝试集》《草儿》《冬夜》等开刀，语气也很激烈，可还是讲道理的。此文发在《创造周报》第1号，批评对象减去郭沫若，添上周作人，颇有"党同伐异"的嫌疑。但指出早期新诗"摆脱了词调""洒脱了白话"以后，所选择的"小诗"以及"哲理诗"方向存在很大偏差，②还是颇有见地的。

笼统地批评白话诗，不管语气如何刻薄，对胡适来说都无伤大雅。到了1926年，才气横溢的新诗人朱湘登场，形势为之一变。在《评闻君一多的诗》中，朱湘称为避免朋友间互相标榜，"越熟的人越在学问上彼此激励"，为自己立下这么一个批评准则：

宁可失之酷，不可失之过誉。

其实，不只评闻诗，评胡适、康白情、徐志摩、郭沫若等人的诗集，朱君都取此策略。如欣赏郭沫若的浪漫激情与雄奇想象，可批评其"对于艺术是很忽略的，诚然免不了'粗'字之讥"；轮到康白情，更是不客气，称其取"反抗的精神与单调的字句"的努力，"完全失败了"；批评康君时，顺带连"与康君同行的"俞平伯也一起嘲笑一番。至于徐志摩，朱湘的评价更加刻毒：

---

① 鲁迅：《"说不出"》，《鲁迅全集》第7卷，第39页。
② 成仿吾：《诗之防御战》，《创造周报》第1号，1923年5月。

> 徐君没有汪静之的灵感，没有郭沫若的奔放，没有闻一多的幽玄，没有刘梦苇的清秀，徐君只有——借用徐君朋友批评徐君的话——浮浅。①

如此脾性，如此眼光，落在《尝试集》上，当然不会特别宽容。刊于1926年4月1日《晨报副刊》上的《新诗评（一）·〈尝试集〉》，以这么一句全称判断结尾：

> "内容粗浅，艺术幼稚"，这是我试加在《尝试集》上的八个字。

如此"盖棺论定"，乃基于以下几个判断：《尝试集》中真正的新诗不多，倒是旧诗或旧诗的变体占优势；在诗歌中谈主义本就是笑话，"胡君居然以诗的经验主义相号召"；"胡君的诗没有一首不是平庸的"；"胡君'了'字的'韵尾'用得那么多"，起码证明作者艺术力的薄弱。②朱氏的批评，虽稍嫌刻薄，却不无洞见，因而颇受关注。朱自清讲授"新文学研究"课程时，专门引述其批评《尝试集》"'了'字的'韵尾'用得太多"；③而草川未雨《中国新诗坛的昨日今日和明日》之谈及《尝试集》，"没有一首能称得起完全的新诗体，也就没有一首使人满意的"，④基本上是抄袭朱湘的意见。

---

① 参见朱湘《中书集》，生活书店，1934，第328、376、379、382、397页。
② 朱湘：《新诗评（一）·〈尝试集〉》，《晨报副刊》，1926年4月1日。
③ 参见《朱自清全集》第8卷，第88页。
④ 参见草川未雨《中国新诗坛的昨日今日和明日》，海音书局，1929，第51页。

朱湘横刀立马的英姿，预示着新一代诗人的崛起。此后十年，作为新诗人的胡适，基本上隐入历史深处。不只胡适一人，早期白话诗的提倡者，此时已大都归隐山林，很少在诗坛抛头露面了。以至1932年底刘半农编印《初期白话诗稿》时，感慨文艺界的变动"把我们这班当初努力于文艺革新的人，一挤挤成了三代以上的古人"。[1]假如不是文学史家陈子展关于"胡适之体"的提法引起争议，胡适与后起的新诗人，很可能就此相忘于江湖。

1935年12月6日《申报·文艺周刊》第6期发表陈子展的《略论"胡适之体"》，谈及"新诗运动隔成功之日还远，到新诗的路决不止一条，不妨'殊途而同归'"。其中称"胡适之体"也是新诗发展的一条新路，[2]引起很大争议。一个月后，还是在《申报·文艺周刊》上，子模发表《新诗的出路与"胡适之体"》，批评胡诗在"旧诗词的骨架中翻筋斗"，体现"有闲阶级的'闲适的'意态"，并断言"放脚似的'胡适之体'的时代早已过去了"，新诗出路，在于充实的社会内容以及熟练的口语。文章的结论很明确："在这个时候还把'胡适之体'特别提出来，认为新诗的一条路，结果只有'此路不通'吧。"[3]

在这场争论中，"有赞成的，有反对的，听说是反对的居

---

[1] 刘半农：《〈初期白话诗稿〉序目》，《初期白话诗稿》，星云堂书店影印，1933。
[2] 陈子展：《略论"胡适之体"》，《申报·文艺周刊》第6期，1935年12月6日。
[3] 子模：《新诗的出路与"胡适之体"》，《申报·文艺周刊》第11期，1936年1月17日。

多"，这并不出乎胡适意料之外。倒是陈子展的殷切期待，[①]很让胡适感动，于是以《谈谈"胡适之体"的诗》作答，顺便表白自己作诗的三条戒约，连带对批评家之忽略《尝试集》中真正的好诗表示惋惜。

这起码是胡适第三次谈论自己作为早期新诗代表人物的"体"与"派"了。只不过前两回发言不甚要紧，也不被关注；这回可不一样，乃生死攸关。1920年为《老树行》作跋，胡适提及1915年在美国留学时撰写此诗，如何惹来朋友的嘲笑，以至"他们都戏学'胡适之体'，用作笑柄"。[②]1924年为《胡思永的遗诗》写序，其中有云："他的诗，第一是明白清楚，第二是注重意境，第三是能剪裁，第四是有组织，有格式。如果新诗中真有胡适之派，这是胡适之的嫡派。"[③]轮到《谈谈"胡适之体"的诗》，主要是表白"我做诗的戒约至少有这几条"："第一，说话要明白清楚"；"第二，用材料要有剪裁"；"第三，意境要平实"。梁实秋称这三条中，"惟独胡先生所标榜的'明白清楚'是不可不特别注意的"，并进而大谈"'白话诗'亦可释为'明白清楚的诗'，所以'明白清楚'应为一切白话诗的共有的特点，不应为'胡适之体'独有的特点"之类，

---

① 陈子展的《略论"胡适之体"》是这样结尾的："胡先生呵！你不要说'提倡有心，创造无力'。我很希望你仍旧拿出先驱者的精神，在新诗上创造一种'胡适之体'。"
② 胡适：《跋"老树行"》，见《尝试集》增订四版，第171页。
③ 胡适：《〈胡思永的遗诗〉序》，《胡思永的遗诗》，亚东图书馆，1924。

实在是不得要领，只能理解为梁氏在"借题发挥"。[①]胡适倒是很清醒，再三强调这三大戒约只适应"我自己的诗"，并不具有普遍性与绝对性。

适之先生此文的新意与重点，在于将文体上的"明白清楚"与意境上的"平实淡远"二者有机结合起来，总算较好地为"胡适之体"做了定位。"在诗的各种意境之中，我自己总觉得'平实'，'含蓄'，'淡远'的境界是最禁得起咀嚼欣赏的。"回首平生，最能代表这一方向也最值得向读者推荐的，是那首写于1920年11月25日、刊于《新青年》第8卷第5号的《十一月二十四夜》：

> 老槐树的影子，
> 在月光的地上微晃；
> 枣树上还有几个干叶，
> 时时做出一种没气力的声响。
> 西山的秋色几回招我，
> 不幸我被我的病拖住了。
> 现在他们说我快要好了。
> 那幽艳的秋天早已过去了！

引录完全诗后，胡适感叹："这诗的意境颇近于我自己欣羡

---

① 梁文着重强调："近年来新诗有很大一部分日趋于晦涩"，原因是"模仿一部分堕落的外国文学，尤其是模仿所谓'象征主义'的诗"。见《我也谈谈"胡适之体"的诗》，《自由评论》第12期，1936年2月。

的平实淡远的意境。十五年来,这种境界似乎还不曾得着一般文艺批评家的赏识。"①这里所说的"一般文艺批评家",当不包括周氏兄弟。因为这首《十一月二十四夜》,正是当初鲁迅和周作人为删诗事复信时所着力表扬的。

经由这一番自我调整与自我表彰,"胡适之体"定位明确了;但其历史意义之得以凸显,还有赖于现代教育制度以及文学史著述的形成。新文化运动的积极成果,除"德""赛"先生的普及等外,还包括大学课程的巨大变化:此前不登大雅之堂的"小说""戏曲"成了必修课;一改中国人的崇古倾向,将"近世文学"纳入考察视野;注重"欧洲文学"的讲授等。②刚刚过去的"文学革命",在胡适撰于1922年的《五十年来中国之文学》中,还只是个"光明的尾巴";而1929年朱自清在清华大学讲授"中国新文学研究",则已"登堂入室"。一旦"新文学"的历史成为大学乃至中学课堂讲授的对象,有开创之功的《尝试集》必定优先进入新一代读书人的视野。与之相关的文学史著述,在为"新文学"追根溯源时,也都不可能遗漏胡适的贡献。"中国新文学"课程及著述,作为一种知识传授,首先强调作品的"历史意义",其次才是已经变化了的"审美标准"。读者不再单独面对具体诗作,而是更多地从整体上思考新文学的历史发展轨迹,这使得本已"退居二线"的《尝试集》重新焕发了"青春"。

---

① 胡适:《谈谈"胡适之体"的诗》,《自由评论》第12期,1936年2月。
② 参见拙文《新教育与新文学》,《北大精神及其他》,上海文艺出版社,2000,第246—277页。

对早期白话诗评价不太高的朱自清，①编选《中国新文学大系·诗集》时，似乎故意冷落开创者胡适——仅入选9首，与闻一多的29首、徐志摩的26首、郭沫若的25首，实在不成比例。以篇数计，排在胡适前面的，依次还有李金发、冰心、俞平伯、刘大白、汪静之、康白情、朱自清、何植三、冯至、潘漠华、朱湘、徐玉诺、蓬子等。可讲授"中国新文学研究"课程时，却不能不在"初期的诗论"以及"初期的创作"两节中，将胡适排在第一位。②与此相类似，王哲甫所撰《中国新文学运动史》，认定胡适"在新诗的创作上并不算是成功"，可还是承认"他在新诗坛上实地试验，为提倡新诗的急先锋，其功绩不可谓不大"。③而表扬"胡适之体"的陈子展，在《最近三十年中国文学史》中，也给予胡诗恰当的评价："其实《尝试集》的真价值，不在建立新诗的轨范，不在与人以陶醉于其欣赏里的快感，而在与人以放胆创造的勇气。"④

应该说，到了抗战前夕，对于诗人胡适的历史定位，学界的意见已渐趋一致。如果不是20世纪50年代急风骤雨的批胡运动，此故事本该告一段落。可说来有趣，正是这风云突变，以及随之而来的长达二十多年的"冷冻"，使《尝试集》赚够了大批正直学者的同情，以至在70年代末"重现江湖"时，当即获

---

① 在《选诗杂记》（见《中国新文学大系·诗集》）中，朱自清称："我们现在编选第一期的诗，大半由于历史的兴趣：我们要看看我们启蒙期诗人努力的痕迹。他们怎样从旧镣铐里解放出来，怎样学习新语言，怎样寻找新世界。""只是'历史的兴趣'而已，说不上什么榜样了。"
② 参见《朱自清全集》第8卷，第85—88页。
③ 王哲甫：《中国新文学运动史》，杰成印书局，1933，第100页。
④ 陈子展：《最近三十年中国文学史》，太平洋书店，1937，第227页。

得不少不虞之誉。甚至可以说，当20世纪末中国学者投票选举"百年百种优秀中国文学图书"时，《尝试集》之所以能够顺利入围，与这被打入冷宫二十多年的"苦难的历程"不无关系。

新中国成立后，为统一思想、规范课程而设计的《中国新文学史》教学大纲，其第一讲第一章第二节"文学革命的理论及其斗争"，本该是胡适最有可能露脸的地方，可开篇竟是"胡适主张的批判"，[①]这几乎预示着此后三十年胡适在大陆学界的命运。1951年出版的王瑶所撰《中国新文学史稿》，虽也批评胡适在"五四"时期"形式主义的态度"，但毕竟在第二章"觉醒了的歌唱"中开篇明义："胡适的《尝试集》出版在1920年，是中国的第一部新诗集。"随着政治局势日益紧张，胡适在新文学史上的地位也岌岌可危，越来越趋向于扮演反面角色。1955年，作家出版社刊行丁易著《中国现代文学史略》，因作者去世，没来得及修改，还在欣赏胡适的《人力车夫》"表示对劳动者的同情"。[②]紧接其后出版的张毕来著《新文学史纲》和刘绶松著《中国新文学史初稿》，都称《尝试集》"不但思想感情不是新的，连表现方法也几乎完全没有新的因素"；至于胡适参加新文化运动，那是因"作为美帝国主义的代言人，企图投机

---

① 老舍、蔡仪、王瑶、李何林：《〈中国新文学史〉教学大纲》，《新建设》第4卷第4期，1951年7月。
② 见该书第249页。顺便说一句，胡适发表在《新青年》第4卷第1号上的这首《人力车夫》，因朱自清在《〈中国新文学大系·诗集〉导言》中给予表彰，而后又被各种现代文学史所引录，影响极大；其实，这并非胡适的"代表作"，刊行增订四版《尝试集》时，胡适已将此诗删去，鲁迅等人也未表示异议。

取巧，以达到其个人野心和反动的政治目的"。①有趣的是，在1955年那场席卷全国的"胡适思想批判"运动中，《尝试集》领受的炮弹其实是最少的，②专门的批判文章只有林彦刊于《西南文艺》1955年2月号的《胡适的〈尝试集〉批判》。这场批判运动，主要针对的是胡适的"反动政治思想"，而不是什么诗才之高低，故林文也努力在胡诗如何"直接为资产阶级、为帝国主义服务"上做文章。如此偏颇的视角，给日后的平反留下很大的空间——只要政治形势变迁，《尝试集》就可以毫不费力地重返文学史。

中国共产党十一届三中全会确定改革开放路线后，"忽如一夜春风来"，正面评价胡适的论文大量出现在大陆报刊上——此前二十多年，只有中国台湾、香港和日本有过若干像样的研究论著。而最早集中出现"平反"声音的，莫过于《尝试集》研究。单是1979年，就先后有蓝棣之、秦家琪、文振庭、龚济民、周晓明、朱德发、亦坚等分别撰文"重新评价"《尝试集》，③这还不包括若干讨论"五四"文学革命或新文化运动中的胡适的文章。最后提及的亦坚之作，题为《从鲁迅为胡适删

---

① 参见：张毕来《新文学史纲》第1卷，作家出版社，1955，第86页；刘绶松《中国新文学史初稿》上卷，作家出版社，1956，第41页。
② 参见生活·读书·新知三联书店1955—1956年刊行的八辑《胡适思想批判》。
③ 参见刊于《四川师院学报》1979年第2期的《中国新诗的开步——重评胡适的〈尝试集〉和他的诗论》（蓝棣之）、《南京师院学报》1979年第3期的《重评胡适的〈尝试集〉》（秦家琪）、《江汉论坛》1979年第3期的《胡适〈尝试集〉重议》（文振庭）、《辽宁大学学报》1979年3期的《评胡适的〈尝试集〉》（龚济民）、《破与立》1979年第5期的《重新评价胡适的〈尝试集〉》（周晓明）、《山东师院学报》1979年第5期的《论胡适早期的白话诗主张与写作》（朱德发）和《上海师大学报》1979年第2期的《从鲁迅为胡适删诗说起》（亦坚）。

诗说起》，是一则不到五百字的短文，但很值得玩味。该文借用胡适《〈尝试集〉四版自序》的叙述，指出，"单是五四时期鲁迅为胡适删诗一事"，就足以说明鲁迅与胡适的关系非同一般。以鲁迅的崇高地位，来为胡适的重新出场提供合法性，实在是妙不可言。另外几篇论文，也都在论述中提及此充满玄机的逸事。

此后二十年，随着中国现代文学史的讲授与著述日趋成熟，作为新诗开创者之一，胡适的贡献得到了充分肯定，[①]《尝试集》也就成了每个受过高等教育的人所必须知道的"文学常识"。只要白话诗的路子不被完全否定，这所谓的"新诗的老祖宗"就不可能被一笔抹杀。许多比胡适更有天赋的诗人，比如朱湘，也不可能取而代之。在这个意义上，《尝试集》确实成了"经典之作"。

诗人兼批评家艾略特（T.S.Eliot）在《什么是经典作品》中，曾区分绝对的与相对的两种不同的经典作品，主要着眼点在作品的魅力与生存时空。"其一是普遍的经典作品"，不受时间与地域的限制，永久地为全人类所欣赏；"其二是那些相对于本国语言中其他文学而言的经典作品，或者是按照某一特定时期的人生观而言的经典作品"。除了个人才华，"普遍的经典作

[①] 进入20世纪90年代，胡适作品大量刊行，最有影响的当属中华书局陆续推出的《胡适学术文集》、黄山书社1994年版《胡适遗稿及秘藏书信》（42册）、北京大学出版社1996年版《胡适书信集》（3册）、北京大学出版社1998年版《胡适文集》（12册）、光明日报出版社1998年版《胡适精品集》（16册）、人民文学出版社1998年版《胡适文集》（7册）和安徽教育出版社1999年版《胡适著译精品选》（19册）。

品"之得以产生,还有赖于某一文明、语言、文学乃至心智与习俗的"成熟"。[1]在这一论述框架中,经典的产生明显受制于政治生态及文化霸权。比如,在欧美文化占据主导地位的19、20世纪,中国作家的想象与表述,便因与之密不可分的文明、语言、心智、习俗的"不成熟",而在很多论者看来不可能具有"普遍性"。美国学者布鲁姆(H.Bloom)所设想的走向经典之路——与政治利益无涉,乃纯粹的美学竞争,[2]起码在东西文化、南北经济尚存在巨大落差的今日,是不太现实的。

即便将论题局限在同一文化传统,经典的推举,也不可能完全摆脱政治权力的渗透与时代思潮的激荡。尤其是当世人谈论"经典"时,实际上是将"阅读趣味"与"文化记忆"混合起来。许多耳熟能详的作家与作品,并没有真正进入当代人的阅读视野;而不少当代读者欣赏的作品,又未能登大雅之堂。这种"历史的"与"审美的"视角之相对分离,在某种意义上说是合理的,因其所设想的目标并不相同。必须经由很长时间的对话与磨合,两条视线才有可能基本重叠——到那时候,专家与公众的趣味依然有异,那是另一个问题。在此之前,作品距离我们太近,其流风余韵依旧影响着今日的文学创作,论者在为某一文学现象、流派、风格、文体追根溯源时,很容易将其作为"鼻祖"或"祸首"来褒贬抑扬。再加上文学史家的推波助澜,我们所面对的,其实并非素面的、而是经由多重化装,

---

[1] 参见艾略特《什么是经典作品》,《艾略特诗学文集》,王恩衷编译,国际文化出版公司,1989,第188—205页。
[2] 参阅 Harold Bloom, *The Western Canon*, Harcourt Brace & Company, 1993,第15—41页。

因而有着巨大的光环或阴影的作品。

正如本文所着力阐发的,《尝试集》之所以成为现代中国文学史上声名显赫的"经典之作",主要不系于胡适本人的才情,很大程度是"革新与守旧""文言与白话""诗歌与社会"等冲突与对话的产物。在史家眼中,与文学生产同样重要的,是文学接受的历史。而制约着公众趣味与作品前程的,包括若干强有力者的独立判断与积极引导(比如周氏兄弟之应邀删诗),以及作为知识传播的大学体制(比如"中国新文学"课程的开设)。[1]至于因意识形态纷争而导致某部作品"突然死亡"或"迅速解冻",使得20世纪中国的文学接受史显得扑朔迷离,因而也更具戏剧性,更值得追踪与玩味。

除此之外,还有一点同样值得我们深思:在经典形成的过程中,作者并非毫无可为。像胡适那样借助于自我完善(不断修订自家作品)、自我阐释(撰写《尝试集》三序)以及自我定位(关于"胡适之体"的论述),有效地影响读者的阅读与史家的评价,这在文学史上既非前无古人,也不是后无来者。因此,在讨论文学生产、文学接受以及文本阐释时,我们会惊讶地发现,已被"杀死"了好多次的"作者"依旧顽强地活着,并迫使史家无法完全漠视其存在。

---

[1] 参见John Guillory, "Canon", *Critical Terms for Literary Study*, Edited by Frank Lentricchia and Thomas Mclaughlin, The University of Chicago Press, 1995, pp.233-249, 中译本见《文学批评术语》, 张京媛等译, 香港:牛津大学出版社, 1994, 第319—340页。

鲁迅第一人称小说的复调问题

吴晓东

鲁迅小说中的复调问题在近些年的研究中得到了关注，如严家炎先生的《复调小说：鲁迅的突出贡献》一文，[①]即是从总体上把握鲁迅小说的复调特征。本文则限于讨论鲁迅包括《狂人日记》和《伤逝》在内的第一人称小说。在我看来，鲁迅的第一人称小说更吻合于复调理论，也更有可分析性。

所谓小说中的复调，按巴赫金的研究，其基本含义是指一部小说中有多种独立的、平等的、都有价值的声音，这些声音以对话和辩难的关系共存。[②]鲁迅第一人称小说的复杂性即多从这些复调式的声音中来。这些具有充分价值的不同声音既各

[①] 严家炎：《复调小说：鲁迅的突出贡献》，《中国现代文学研究丛刊》2001年第3期。又如吴晓东、倪文尖、罗岗：《现代小说研究的诗学视域》（载《中国现代文学研究丛刊》1999年第1期），也尝试从复调的角度对鲁迅小说进行诗学范畴的初步归纳和提升。

[②] 巴赫金指出："有着众多的各自独立而不相融合的声音和意识，由具有充分价值的不同声音组成真正的复调——这确实是陀思妥耶夫斯基长篇小说的基本特点。"巴赫金：《陀思妥耶夫斯基的诗学问题》，生活·读书·新知三联书店，1988，第29页。巴赫金讨论的是陀思妥耶夫斯基的长篇小说。就复调特征的展开的充分性而言，长篇小说当然是更好的形式，但这并不意味着短篇小说与复调无缘，相反，从鲁迅短篇小说的复调因素中更能见出鲁迅处理世界的方式的复杂性以及艺术思维的深刻本质。

自独立而又彼此对话与参照，在鲁迅的小说中组成了一个多声部的话语世界。这些对话或辩难的声音，在鲁迅的小说中大致以两种形式存在，其一是人物的对话形式，如《在酒楼上》中"我"与吕纬甫的对话，《祝福》中"我"与祥林嫂的对话以及《头发的故事》中"我"与N先生的对话。其二则是小说文本的结构形式。如在《狂人日记》中，我们固然在小说主体部分听到的是狂人的声音，但是鲁迅又在日记前加了一个小序做出交代，称这不过是一个被迫害狂的呓语。这就在某种意义上构成了对狂人声音的解构，从而使小序和正文之间生成了一种小说结构和形式层面的潜对话关系。又如《伤逝》的副标题"涓生的手记"，它的存在不仅提示了《伤逝》是一部手记体小说，而且意味着小说之上或小说之外还有一个更超越的观察者在审视着"手记"中讲的故事，形成的是一种类似布莱希特表现主义戏剧中的间离效果。这个"间离"的观察者可以是叙事学意义上的隐含作者，也可以是理想读者，小说的理想读者可以通过小说的副标题洞见作者的叙述策略，进而把作者的立场与涓生的表白区分开来，不至于把涓生的姿态完全等同于作者的态度，保持与小说中涓生叙事的距离，从而才可能以理性的眼光审视涓生。而这种审视的态度，正是小说作者的态度，因此可能也是作者要求读者应该具有的态度，使读者成为一个更超越的观察者。副标题"涓生的手记"的另一个作用则在于，它使"手记"中的记述成为一个已经尘埋了的过去时的文本，因此这个更超越的观察者也有可能是现在的涓生，从而使小说生成了两个"我"，一个是手记中叙述的过去的"我"，一个是把手记呈示给读者的现在的"我",两个"我"之间也有可能构成潜在的对话关系。第一人称叙事的魅力之一就是不同时间位置的两个"我"之间的这种对话关系。[①]一个现在时中"我"的存在,意味着小说的回忆有一个最终的参照和判断尺度,有一个理想化的站在最后的制高点上的主体的存在。正是这一潜在的主体观照着手记中的故事,使"我"的回忆纳入一个更超越的叙事框架中,获得了再度阐释的可能性,从而增添了文本释义的复杂,并使小说有了两个释义空间:一个是手记中的过去时态的阐释空间,一个是现在时的阐释系统。两个系统之间构成的也是一种潜对话关系。

在巴赫金看来,这种在形式层面生成并固定下来的潜在或内在的对话关系,比表面上有两个人物在小说中对话更值得重视,从而构成了更具有诗学意义的形态。正如巴赫金所说:"恰恰是话语这种内在的对话性,这种不形之于外在对话结构、不从话语称述自己对象中分解为独立行为的对话性,才具有巨大的构筑风格的力量。"[②]从这个意义上理解,鲁迅小说中的复调也同样构成了一种风格,具有从诗学层面进行深入阐释的可能性。

[①] 第一人称小说中的"我"还可以更复杂,如普鲁斯特《追忆似水年华》中有三个"我":"叙事的我""回忆的我""行动的我"。《追忆似水年华》中的对话关系,既有"叙事的我"与"回忆的我"的对话,也有"叙事的我"与"行动的我"的对话,还有"回忆的我"与"行动的我"的对话。可参见热奈特《叙事话语 新叙事话语》,中国社会科学出版社,1990。
[②] 巴赫金:《长篇小说的话语》,《小说理论》,河北教育出版社,1998,第58页。

一、第一人称叙事的潜对话模式

在鲁迅的第一人称小说中,《在酒楼上》是值得深入阐发的一部。小说中叙事者"我"与人物吕纬甫的对话与潜对话,也构成了一个合适的切入点。《在酒楼上》潜藏着的多重语义,在很大程度上与小说潜在的对话性相关。

与《孤独者》《祝福》《故乡》等小说一样,《在酒楼上》也是由第一人称"我"来讲述他人的故事。但有意味的是,"我"又是小说中一个同样值得分析的形象。在重视几部小说中被叙述出来的魏连殳、祥林嫂、闰土、豆腐西施、吕纬甫等人物的同时,也需要对叙事者"我"的作用加以关注。在这几篇小说中,"我"是不是一个纯粹的叙事者?除了叙事之外,"我"是否还是一个有主体性的独立形象?"我"是否还生成了其它的结构性的功能?"我"与小说人物之间生成的是怎样一种关系?对于这些问题的解答,《在酒楼上》提供了一个极好的个案。

在《在酒楼上》中,尽管"我"主要讲述的是吕纬甫的故事,但是作者同时对"我"也倾注了别样的关切。小说一开始就交代了"我"的身份背景和心理状态:"我"从北地向东南旅行,绕道访了家乡,就到了离家三十里,当年曾经在这里的学校里当过一年教员的S城。"深冬雪后,风景凄清",在"懒散和怀旧的心绪"中,"我"独上一家以前熟识的叫一石居的小酒楼。小说这时描绘了楼下废园中老梅斗雪的风景,进而引入了对"我"的心理描写:

> 我转脸向了板桌,排好器具,斟出酒来。觉得北方固不是我的旧乡,但南来又只能算一个客子,无论那边的干雪怎样纷飞,这里的柔雪又怎样的依恋,于我都没有什么关系了。我略带些哀愁,然而很舒服的呷一口酒。

小说很自然地从叙事过渡到心绪,羁旅之愁的刻绘为接下来与吕纬甫的相逢奠定了心理期待。而上述对叙事者的勾勒,一方面使"我"构成了小说中独立的人物形象,另一方面则为与吕纬甫的邂逅和对话提供了必要的前理解。叙事者"我"与吕纬甫接下来的邂逅构成了一种情境,进而生成了潜在的对话性。这种对话性主要还不是指小说中我和吕纬甫的对话,两个多年不见的朋友一下子突然相逢,肯定有寒暄,这种寒暄当然称不上复调意义上的对话性。而且,在小说中,叙事者与吕纬甫的寒暄很快就变成了吕纬甫的独白。这时"我"的作用在表面上看只是把吕纬甫的独白串联起来,体现的是纯粹的叙述功能。

由此,《在酒楼上》变成了由"我"叙述出来的吕纬甫所讲述的两个故事,一个是他千里迢迢回故乡为三岁就死去的小弟弟掘墓迁坟的故事;一个是他为了满足母亲的心愿给母亲当年邻居的女孩子顺姑送剪绒花的故事。这两个故事构成了小说的主体部分。从启蒙立场着眼,写这两件事是为了表现吕纬甫的"颓唐消沉","随波逐流地做些'无聊的事'","然而,当我们暂时忘掉叙事者潜在的审视的目光,只关注吕纬甫讲的故事本身,就会感到这其实是两个十分感人的故事,有一种深情,有一种人情味,笼罩着感伤的怀旧情绪。我们猜测,《在酒楼上》

有可能是鲁迅最个人化的一篇小说,吕纬甫所做的两件事可能是鲁迅所真正激赏的带有鲜明鲁迅特征的事情,让人感受到一种诗意的光芒"①。尤其是第一个故事中的"掘墓迁坟",更是具有象征性意义的行为:

> "……我当时忽而很高兴,愿意掘一回坟,愿意一见我那曾经与我很亲睦的小兄弟的骨殖:这些事我生平都没有经历过。到得坟地,果然,河水只是咬进来,离坟不到二尺远。可怜的坟,两年没有培土,也平下去了。我站在雪中,决然的指着他对土工说,'掘开来!'我实在是一个庸人,我这时觉得我的声音有些希奇,这命令也是一个在我一生中最为伟大的命令。但土工们却毫不骇怪,就动手掘下去了。待到掘着圹穴,我便过去看,果然,棺木已经快要烂尽了,只剩下一堆木丝和小木片。我的心颤动着,自去拔开这些,很小心的,要看一看我的小兄弟。然而出乎意外!被褥,衣服,骨骼,什么也没有。我想,这些都消尽了,向来听说最难烂的是头发,也许还有罢。我便伏下去,在该是枕头所在的泥土里仔仔细细的看,也没有。踪影全无!"

鲁迅把掘墓的细节和吕纬甫的心理写得如此细致,而"一生中最伟大的命令"也是有些夸张的措辞,理解这种夸大其词须要

---

① 吴晓东、倪文尖、罗岗:《现代小说研究的诗学视域》,《中国现代文学研究丛刊》1999年第1期。

了解"坟"的意象在鲁迅作品中的象征性含义。①联系鲁迅的其他文本，可以认为，"坟"是过去生命的象征，坟中沉埋的是生命记忆。鲁迅在《坟·题记》中即称他之所以"造成一座小小的新坟"，"一面是埋葬，一面也是留恋"。掘坟的行为则表征着对已逝生命的追寻，挖掘的是自己的生命记忆。而挖到最后，坟中"踪影全无"，用鲁迅习用的语汇来说，即"空空如也"。这一细节也多少反映了鲁迅惯常的"虚空"的心理体验。因此，有理由说吕纬甫身上是有鲁迅的影子的。吕纬甫的声音可能更代表鲁迅心灵深处的某种声音。同时，当吕纬甫连篇累牍地讲述自己的故事，在呈现自己的生存境遇时，吕纬甫就在自白中成为一个独立的主体。读者由此几乎不再听到叙事者的声音，以至于有可能忽略"我"的存在，全神贯注于吕纬甫的故事。

但这并不意味着叙事者的"声音"完全消失。与陀思妥耶夫斯基笔下的叙事者不同，在陀思妥耶夫斯基的小说中，叙

---

① "坟"的意象或许正是一个把现实和已逝的生命记忆结合在一起的典型意象，"坟"在处理文化记忆以及人与生活世界的历史性方面是非常重要的符码。福柯曾经考察过西方的墓园，认为墓园在西方是有别于一般文化空间的地点。"直到18世纪末叶，墓园都一直被安置在城市的中心，紧临教堂"，但"从19世纪初叶起，墓园开始被放置在城市边界之外……病魔的主题经由墓园和传染病而散播，持续到19世纪末叶。因而19世纪人们开始把墓园移到郊区。此时，墓园不再是城市神圣和不朽的中心，而变成了'另一种城市'，在此每一个家庭拥有它晦暗的长眠处所"。这就是西方墓园所经历的"一个重大的转变"。参见福柯《不同空间的正文与上下文》，包亚明主编《后现代性与地理学的政治》，上海教育出版社，2001，第24页。但在中国"坟"的意象有所不同。典型的中国的坟尚不在城市中的公墓，而是乡野中的坟墓。按废名在小说《桥》中的说法，"坟"同山一样是大地的景致。一座坟提示给你的，就是这个地方的现实生存与祖先与过去的一种维系，从而让这个地方具有了历史感。中国的坟就在人间，是乡土生活世界的组成部分。鲁迅对"坟"的意象尤其偏爱，他自己最喜欢的照片也是自己题写的"我坐在厦门的坟中间"。

鲁迅第一人称小说的复调问题 183

事者声音往往是真正隐退的，这种隐退标志着陀思妥耶夫斯基在小说中力图回避自己的主观声音、价值立场、道德判断，他只让人物自己说话，他的小说由此呈现出巴赫金所说的"众声喧哗"的对话性。巴赫金的"复调"理论，指的正是陀思妥耶夫斯基小说中话语杂陈的对话特征。陀思妥耶夫斯基的不同人物的声音都是自足的，往往都有存在的合理性，又都在与其他声音辩难，更重要的是与作者辩难。而作者则往往回避自己的价值倾向，因此你搞不清他到底赞成哪一个人物的立场，或者说人物的立场都是作者的立场。巴赫金认为这表明了作者其实是在内心深处进行自我辩难。这种辩难性和复调性标志着某种统一的一元性的真理被打碎了，没有什么人掌握唯一正确的真理。从复调性的角度看来，很难说小说中哪个人物代表作者的声音，称某个人物是作者的化身或者影子的说法是很难成立的。任何一个人物都只是小说中的一个人物而已，没有谁能代表权威立场，更不代表某种真理性，正像昆德拉说的那样："小说，是个人想象的天堂，在这块土地上，没有人是真理的占有者……但所有人在那里都有权被理解。"[1]

但是《在酒楼上》的区别在于，我们从小说中是能够感受到叙事者的声音与态度的，之所以说"感受到"，是因为鲁迅没有让叙事者"我"直接发表评论。小说写出来的是吕纬甫的自说自话，但我们从吕纬甫的独白中可以感受到叙事者是有立场的，而这种立场恰恰对吕纬甫构成了压迫。小说中写吕纬甫讲

---

[1] 昆德拉：《小说的艺术》，生活·读书·新知三联书店，1992，第155页。

完自己从太原回故乡给三岁就死掉的小弟弟迁坟的故事后，吕纬甫有这样一段话：

> "……阿阿，你这样的看我，你怪我何以和先前太不相同了么？是的，我也还记得我们同到城隍庙里去拔掉神像的胡子的时候，连日议论些改革中国的方法以至于打起来的时候。但我现在就是这样了，敷敷衍衍，模模胡胡。我有时自己也想到，倘若先前的朋友看见我，怕会不认我做朋友了。——然而我现在就是这样。"

从中可以看出，叙事者"我"是有自己的态度的，但他的态度却是通过吕纬甫的话间接表现出的。当然也可以说这是吕纬甫感到心虚，在当年一起参加革命的老战友面前自觉地意识到自己的颓唐。所以吕纬甫的独白中有一种自我辩难的成分，正像《祝福》中的"我"以及《伤逝》中涓生也有自我辩难的声音一样。这种自我对话和申辩，按巴赫金的说法，也是一种复调的对话性的表现。

对话性与辩难性在鲁迅小说中之所以值得关注，是因为它是处理不同的甚至彼此冲突的声音的方式。在吕纬甫的自我辩难背后，其实有一种个人空间和公共空间，私人话语和革命话语，个人行为和群体行动的冲突，同时也是个人记忆和集体记忆，诗意叙述与宏大叙述的冲突，或者说是个人趣味、心灵归宿与社会责任、道义承担之间的冲突。《在酒楼上》的潜在的对话性正是边缘话语与主流话语之间的冲突与潜在的对抗。在小说中这种对抗正是通过叙事者"我"与吕纬甫的对话性结构委婉曲折地表达出来的。吕纬甫的话语尽管处在被压抑的状态，但是它毕竟得到了宣泄的途径，也就被间接地彰显出来。它在被质疑和否定的同时，也就有可能获得存在的历史性与合理性。如果只看到鲁迅对吕纬甫的颓唐持一种批评的态度，就很难意识到这种对话性的冲突以及吕纬甫个人记忆和诗意叙述存在的合理性。

吕纬甫的两个故事表现的是对伦理、温情以及个人日常生活和个体记忆的回归，但他的个人化记忆以及他故事中的渴望和诗意在小说中面临的是启蒙主义的宏大叙事的压迫，其存在的合法性同时又是被小说叙事者"我"甚至被吕纬甫自己深刻质疑的。这种质疑，除了体现着主流话语与边缘话语之间的冲突与潜在的对抗之外，也体现了鲁迅自反性的思维习惯。鲁迅的艺术思维的特质和魅力也正在此，他往往在提出一个命题的同时，又对这个命题加以反思和怀疑。而这种反思和怀疑的过程，在鲁迅这里即是一个自我对话的过程。《野草》尤其是这种自我怀疑和对话的经典文本。而在小说中，这种对话性则面临着一个吻合于小说体裁的形式化的过程。而叙事者"我"与人物间的对话与潜对话的关系模式，就是一个"形式化"的有效方式。尽管对话往往并没有真的发生，如《在酒楼上》；或者更是发生在叙事者的内心深处，如《故乡》和《祝福》。这就是鲁迅第一人称叙事的潜对话的模式。

二、反传统与传统认同的冲突

《在酒楼上》曾经倍受海外学者的关注，譬如林毓生和李欧梵都集中讨论过吕纬甫的内在声音表现出的更复杂的意识，进而探讨鲁迅思想意识的复杂性。

在《中国意识的危机——"五四"时期激烈的反传统主义》一书中，林毓生把鲁迅的意识分为三个层次：第一个是显示的层次，或者说是有意识层次，鲁迅的激烈的反传统主义即属于这种显示的层次。第二个是隐示的层次，是虽然有意识但鲁迅没有明言的层次。第三个是下意识的层次。[①]

林毓生富有启示意义的是他谈论鲁迅意识的前两个层次——显示的层次和隐示的层次——的冲突。在显示的层次上，鲁迅表现出的是彻底的激烈的反传统，但是在隐示的层次上，却表现出"献身于中国知识和道德的某些传统价值"，[②] 用林毓生更通俗的说法是一种"念旧"，即对传统价值的热情。这就在鲁迅的意识中产生了一种强烈的紧张。讨论这种紧张关系是很吸引人的，因为林毓生认为，这种紧张不是形式上或者逻辑上的矛盾。我认为这是一种价值结构意义上的紧张关系。在某种意义上说，这种紧张构成了鲁迅思想冲突的核心内容，至少在五四新文化运动时期

---

① 下意识层次林毓生没有多谈，但是他认为谁想要了解鲁迅的下意识，就应该去读《野草》。通过《野草》了解鲁迅的下意识，这一点在今天差不多已经是鲁迅研究界的一种共识。
② 林毓生：《中国意识的危机——"五四"时期激烈的反传统主义》，贵州人民出版社，1988，第235页。

是解读鲁迅的关键性问题。这种冲突构成的张力会把鲁迅拉向哪里？鲁迅有没有解决这种紧张关系？他又是如何解决的？林毓生认为，研究鲁迅如何应对这种紧张，对于了解鲁迅复杂的意识具有关键性的作用。他的做法是通过细读鲁迅的一篇小说来讨论这个问题，这篇小说就是《在酒楼上》。

林毓生和李欧梵都十分看重周作人在《鲁迅小说里的人物》中提供的证据，即《在酒楼上》中的迁坟的故事和送剪绒花的故事"都是著者自己的"。李欧梵由此认为"在主人公对自己过去经历的叙述中，潜藏着鲁迅生活的许多真实插曲"，"甚而在某个情节中，叙述者和主人公都成了鲁迅自身的投影，他们的对话纯然是戏剧性的作者本人的内心独白"。[1]林毓生也据此进行推断，认为鲁迅借助吕纬甫的故事来表现自己的意识，因此可以把小说中吕纬甫和叙事者"我"的对话，看成是鲁迅在他自己心中所进行的交谈。换句话说，"我"与吕纬甫都反映着鲁迅的思想，而吕纬甫所表现出来的"念旧"，正是鲁迅的复杂意识的隐示的层面。吕纬甫的矛盾在于他曾经是个到城隍庙里拔掉神像的胡子的反传统的斗士，因此，他所做的迁坟之类的事情与他的曾经有过的革命信仰是冲突的。吕纬甫的这种冲突在林毓生看来当然也正是鲁迅的冲突，它体现出的是反传统和传统的认同之间的冲突。

我们以往习惯于把鲁迅反传统和"怀旧"的冲突看作是情感和理智的矛盾，即在情感上眷恋中国的过去而在知识上信奉

---

[1] 李欧梵：《鲁迅创作中的传统与现代性》，乐黛云主编《当代英语世界鲁迅研究》，江西人民出版社，1993，第90页。

西方的价值。比如汉学家列文森（Joseph Levenson）也是用这种模式来解释这种鲁迅式的紧张和矛盾的，这就是我们熟悉的所谓"历史"和"价值"的二分法。但是林毓生对这种二分法却有所质疑，他认为用历史与价值的二分解释鲁迅的冲突是不顾具体历史根源的复杂性的一种僵硬解释，因为鲁迅意识中的冲突，并不在于情感和思想这两个范畴之间，而在于思想和道德的同一范畴之内。换句话说，鲁迅的反传统和认同传统，都是出于"理性上的考虑和道德上的关切"，[①]而不涉及情感领域的问题，它是价值和理性的同一层面的问题，因而它是不可解决的。它是一个真正的康德意义上的二律背反，即传统在鲁迅这里完全构成了两个对立的命题。一个命题是：传统是必须抛弃的，它引发的正是"五四"的文化逻辑——彻底反传统的激进主义文化姿态；而另一个命题则是：传统是应该继承的，用林毓生的话来说，"中国传统的完整秩序业已崩溃，但它的某些成分未必就丧失其同一性和影响力"。这是两个对立的命题，所以它是无解的。也许在今天会有许多人问为什么无解？我们完全可以扬弃坏的传统，继承好的传统，对传统完全可以一分为二。我认为这是对待传统的一种理想化态度，不符合"五四"的历史语境和文化逻辑。正如林毓生所指出的那样，鲁迅意识的冲突"是20世纪中国文化空前危机的象征"，这种危机在当时的绝大多数激进主义者看来正是传统的整体性危机，它在"五四"激进主义知识分子那里形成的是一种整体观思想模式，不可能

[①] 林毓生：《中国意识的危机——"五四"时期激烈的反传统主义》，第179页。

寻求一个多元论的解决冲突的方法。林毓生称，因而在鲁迅的思想中无法产生可供选择的分析范畴，所以鲁迅的意识的危机仍然没有缓解，而中国文化的危机则必须借助于与传统彻底决裂才能最终解决。但这就意味着把传统的价值无差别地全盘抹杀，就像在90年代的文化保守主义者那里传统一下子又都成了好的东西一样，都是二元对立的思维模式的结果。

"五四"的彻底反传统可以说是一种文化意义上的弑父行为，它最终必然在反传统的一代人心里造成逆反体验，造成鲁迅式的冲突、紧张甚至分裂。而鲁迅的这种分裂是更深刻的，因为它是价值和思想同一层面之内的分裂。如果仅是理智和情感的冲突到好办了，人们最终总会在理智和情感之间做出反应和选择，要么遵照理智，要么屈从情感。尽管选择的痛苦无法避免，但总是可以选择的。相比之下，价值层面的冲突则显然是更要命的。所以研究者常常说鲁迅是分裂的，痛苦的，冲突的，矛盾的，他的思想总是处在一种内在的紧张状态之中，而且是不可调和的，其根本的原因正是价值层面的紧张与冲突。这是现代人的宿命，它也是属于尼采的，属于卡夫卡的，属于王国维的，当然也是属于鲁迅的。但也正是这种冲突造就了这些世纪思想者的深刻。①

---

① 林毓生对鲁迅意识中的冲突的分析值得借鉴之处是他把问题复杂化、历史化和语境化的方法。所谓"复杂化"，即是说我们所遭遇的西方和传统问题，不是用非此即彼的思路就能解决的，也不是诉诸简单的价值立场和单一的理论视野就能奏效的，我们面对的完全可能是悖论式的局面。当初李泽厚用"启蒙与救亡的双重变奏"来概括中国现代历史，就是试图把现代史描述为

三、第一人称叙事的诗学

林毓生对《在酒楼上》的分析存在的问题是把吕纬甫完全认定为作者鲁迅。小说中的吕纬甫表现出对传统价值的认同，林毓生由此推断说："鲁迅自己一生中也从未在理智和道德上违反这种传统价值，因为他就是小说中的吕纬甫。"[1]这种三段论式的演绎未免有简单化之嫌，小说文本因此直接成为思想史研究的材料。

如果说林毓生对《在酒楼上》的文本解读指向了思想，那么另一种方式则是指向形式。林毓生的问题也许正是出在对小说的形式问题的忽略，叙事者"我"在小说中的功能尚未进入他的视野，因此，他的分析无法解决小说中反映出的思想冲突和紧张关系以及复杂和矛盾的话语到底是如何具体地落实在小说的形式层面的。[2]具体到《在酒楼上》，小说所透露出的反

一个内在的悖论图景，尽管他的这种"变奏"的勾画也不免陷入了二元论的陷阱。所谓"历史化和语境化"，即把问题放到历史和现实语境中，看看它们是不是真正成为了问题，又是怎样成为问题的，在当时的历史语境中这些问题是怎样产生出来的，当时的人们又是怎样应对的。譬如关于传统与现代性，真正有意义的问题不是讨论有没有一个完美的现代性以及自足的传统存在于那里，而是把传统与现代性内在化于20世纪的历史实践中，然后可以发现，传统和现代性都不是自足的，它们已经在20世纪的历史叙述中经历了一次次的叙述、阐释与重构，因此考察到底有没有一个自足的传统以及有没有一个理想的现代性，即使不是不可能的，也是没有多大意义的。考察传统与现代性问题的出发点和归宿都应该是20世纪中国的历史语境与现实处境。

[1] 林毓生：《中国意识的危机——"五四"时期激烈的反传统主义》，246页。
[2] 因此林毓生的方法仍然是思想史的方法，而关注叙事者和叙述形式，则是诗学的方式。

传统和怀旧之间的紧张正形式化为叙事者"我"与吕纬甫的对话关系,这是一种小说内在的结构性关系,是一种形式化的要素。而对《在酒楼上》的解读试图提升到形式诗学的层面,就不能只关注吕纬甫的故事。从小说诗学的角度着眼,更应引起重视的恰恰是叙事者"我"。由于"我"的存在,吕纬甫讲述的故事便被置于叙事者再度讲述的更大的叙事框架中。吕纬甫的故事便成为以"我"为中介的故事。一方面吕纬甫的故事经过了叙事者"我"的再度转述,另一方面,"我"同时也充当了一个审视者的角色,吕纬甫的自我申辩、自我否定正因为他一直感受着"我"的潜在的审视的目光。[1]从而"我"与吕纬甫之间呈现为一种内在的对话关系,这种对话性一方面表现为小说的叙述形式,另一方面则表现为价值观意义上的对话,小说的更深层的语义正由这种关涉价值观的对话关系显示。而小说中的"我"与吕纬甫的潜在的对话,最终可以看作是作者两种声音的外化。"我"和吕纬甫的辩难,正是作者的两种声音在对话,在争辩,在冲突,而且很难说哪一种是主导性声音。前引李欧梵的话称"叙述者和主人公都成了鲁迅自身的投影,他们的对话纯然是戏剧性的作者本人的内心独白",论者是从内心独白的意义上理解对话的,但是这种说法解释不了为什么鲁迅费尽周折地把本来的内心独白对话化?为什么鲁迅不让吕纬甫直接来呈示内心独白,而偏偏要动用了一个叙事者来叙述吕纬甫讲的故事?李欧梵和林毓生强调的都是叙事者"我"与吕纬甫的同

---

[1] 参见吴晓东、倪文尖、罗岗《现代小说研究的诗学视域》,《中国现代文学研究丛刊》1999年第1期。

一性，而小说的对话性本身指向的更是差异性，就是说，当鲁迅可能认同吕纬甫的诗意叙述和个人性话语的同时，他也在反省这种话语，小说中的"我"在很大程度上代表的就是反省的立场，从而使"我"与吕纬甫的话语之间表现出一种辩难性。这就是在小说的叙述层面以及价值层面所生成的叙事者"我"与人物的潜对话关系。

在鲁迅第一人称叙事的小说中，"我"与他者的话语总体上都构成了一种对话性的复调关系，进而生成了一种复调的诗学。正像巴赫金所说："不同'语言'（不管是什么样的语言）之间是可能产生对话关系的（一种特殊的对话关系），也就是说它们可能被看作是观察世界的不同视角。"[1]对话性的存在，使鲁迅小说中并置了双重甚至多重声音，这些矛盾、冲突的话语和声音，印证了巴赫金复调诗学所阐释的多声现象和杂语现象，决定了鲁迅观察世界的多维视角，也决定了鲁迅小说世界的开放性和多重阐释性，很难以单一的价值标准作最终裁决。在鲁迅小说中你时时会意识到存在两种话语，两种言说的方式，两种文体，两种语义系统，最终就像《在酒楼上》表现出的那样，有两种价值体系，这两个维度之间就有一种辩难性。这种辩难也包括人物以及叙事者的自我辩难，如吕纬甫、涓生的自我辩解。尤其是涓生更是像陀思妥耶夫斯基笔下受良心、道德感谴责的人物。《祝福》中的叙事者"我"也表现出类似的特征：

---

[1] 巴赫金：《长篇小说的话语》，《小说理论》，第73页。

我很悚然,一见她的眼钉着我的,背上也就遭了芒刺一般,比在学校里遇到不及豫防的临时考,教师又偏是站在身旁的时候,惶急得多了。对于魂灵的有无,我自己是向来毫不介意的;但在此刻,怎样回答她好呢?我在极短期的踌躇中,想,这里的人照例相信鬼,然而她,却疑惑了,——或者不如说希望:希望其有,又希望其无……。人何必增添末路的人的苦恼,为她起见,不如说有罢。

　　魂灵的有无,我不知道;然而在现世,则无聊生者不生,即使厌见者不见,为人为己,也还都不错。我静听着窗外似乎瑟瑟作响的雪花声,一面想,反而渐渐的舒畅起来。

祥林嫂的发问,在"我"的内心中掀起了波澜,"悚然""背上也就遭了芒刺一般""惶急""踌躇"等语,都表明作者遭遇了表达的困境,背后则是良知的困扰。而颇费踌躇的措辞,欲言又止的句式,含糊其词的语义,进退维谷的姿态,都展示给读者一个内心声音复杂化的叙事者形象。《祝福》中的"我"除了承担叙事的功能外,也一直呈示着自己的主体化的声音,尽管这是一种暧昧不明的声音。这种暧昧不明也是叙事者遭遇价值困境,进而进行自我辩难的反映。而从另一个角度说,"我"其实也一直在心中与祥林嫂进行潜在的对话,只是没有被说出,这未说出的声音更表明了叙事者的一种非确定的态度和立场。

可惜这个声音是不充分的,所以它有一种未完成性。[①]独立分析鲁迅的任何一篇第一人称小说,"我"的形象都有一点单薄。但是,如果总体上考察《故乡》《在酒楼上》《孤独者》《祝福》等小说的第一人称叙事,"我"就形成了一个第一人称叙事者系列,可以称之为"归乡"叙事模式中的叙事者。把这些小说放在一起读,叙事者"我"的形象就更值得分析了。"我"主要是讲述他者的故事,但也同时在展示叙事者自我的心路历程,总体上就呈现出一个在困惑和痛苦中彷徨的现代人的形象,一个寻路者的形象。《故乡》的结尾"希望是本无所谓有,无所谓无的。这正如地上的路;其实地上本没有路,走的人多了,也便成了路"以及《彷徨》的题记"路漫漫其修远兮,吾将上下而求索"都突现了这个寻路者的形象。而"路"的意象也隐喻着精神与灵魂的探索。李欧梵就说可以把鲁迅的"虚构小说的行动看作是精神上'探索灵魂'过程,既是探索他的民族的灵魂也是探他个人的灵魂"[②]。如果说在一部小说中"对意义的探求

[①] 《故乡》中叙事者的声音也是如此,譬如"我"以下的心理活动:"我躺着,听船底潺潺的水声,知道我在走我的路。我想:我竟与闰土隔绝到这地步了,但我们的后辈还是一气,宏儿不是正在想念水生么。我希望他们不再像我,又大家隔膜起来……然而我又不愿意他们因为要一气,都如我的辛苦展转而生活,也不愿意他们都如闰土的辛苦麻木而生活,也不愿意都如别人的辛苦恣睢而生活。他们应该有新的生活,为我们所未经生活过的。""我想到希望,忽然害怕起来了。闰土要香炉和烛台的时候,我还暗地里笑他,以为他总是崇拜偶像,什么时候都不忘却。现在我所谓希望,不也是我自己手制的偶像么?只是他的愿望切近,我的愿望茫远罢了。"叙事者"我"在表达自己的希望,但是同时又在自我质疑这种希望,这种心理模式与《在酒楼上》和《祝福》有相似性,尽管在《故乡》中这个叙事者的声音完成得相对完整。
[②] 李欧梵:《鲁迅的小说——现代性技巧》,乐黛云主编《当代英语世界鲁迅研究》,第41页。

始终是由叙事者承担的"，[①]那么在鲁迅的第一人称小说中，这个探索意义的承担者就是叙事者"我"。这就是第一人称叙事者所承载的意识形态功能。[②]对第一人称的考察因此不单是纯粹的叙述学以及形式诗学的问题，正如刘禾所提示的那样，第一人称背后还有政治学。[③]第一人称堪称是意识形态想象的最理想的载体，在它的身上，凝聚着文学作品中思想形态和结构形式之间的紧张关系。

鲁迅的第一人称小说的复调特征表明，作为一种文本形式存在的小说在结构层面必然生成某些形式化的要素，从而把小说结构成一个内在统一体。文学作品中内在化的思想和结构性的紧张关系最终总会在形式层面表现出来，在这个意义上，形式总是内化了社会历史内容的"有意味的形式"。正像杰姆逊（詹明信）在评价卢卡奇时所说："卢卡奇教给了我们很多东西，其中最有价值的观念之一就是艺术作品（包括大众文化产

[①] 让·伊夫·塔迪埃：《普鲁斯特和小说》，上海译文出版社，1992，第16页。
[②] 第一人称叙事还有另一重要的功能，即美学功能。第一人称叙事者带来的是"距离控制"的美学效果。对小说中的距离问题考察的最充分的是布斯的《小说修辞学》，书中提出了小说中存在的几种距离：价值距离、理智距离、道德距离、情感距离、时间距离等（参见布斯《小说修辞学》，北京大学出版社，1987）。第一人称叙事的美学效果即是拉开作者与读者的距离，叙事者成为读者与作者之间的中介。按李欧梵的说法，这一中介的存在使读者不会把小说中的观点误认作是鲁迅本人的思想态度，所以"鲁迅的第一人称叙事远非是自传性的，它是一种有效的方式，使鲁迅可以与他的同时代读者保持距离"（李欧梵：《鲁迅的小说——现代性技巧》，《当代英语世界鲁迅研究》，第47页）。第一人称的作用因此更是功能性的，结构性的，审美性的。参见吴晓东《鲁迅小说的第一人称叙事视角》，《记忆的神话》，新世界出版社，2001。
[③] 可参见刘禾《现代中国小说中的第一人称叙事的政治》(*The Politics of First-Person Narrative in Modern Chinese Fiction*, Ph.D.diss., Harvard University, 1990.)。

品）的形式本身是我们观察和思考社会条件和社会形势的一个场合。有时在这个场合人们能比在日常生活和历史的偶发事件中更贴切地考察具体的社会语境。""卢卡奇对我来说意味着从形式入手探讨内容，这是一个理想的途径。"① 作为西方马克思主义学者的杰姆逊最终关注的是政治、经济、文化、意识形态诸种领域，但是他的方法论中最重要的特征之一是从不放逐形式与审美问题："我历来主张从政治社会、历史的角度阅读艺术作品，但我决不认为这是着手点。相反，人们应从审美开始，关注纯粹美学的、形式的问题，然后在这些分析的终点与政治相遇。"也正是在这个意义上，杰姆逊格外重视布莱希特：

  人们说在布莱希特的作品里，无论何处，要是你一开始碰到的是政治，那么在结尾你所面对的一定是审美；而如果你一开始看到的是审美，那么你后面遇到的一定是政治。……而我却更愿意穿越种种形式的、美学的问题而最后达致某种政治的判断。②

  尽管如此，形式的和美学的问题在杰姆逊那里仍还有手段的迹象，而我认为形式本身正是本体和目的。正像罗兰·巴尔特在《写作的零度》中所说："写作在本质上是形式的道德。"形式所积淀和凝聚的"意味"更内在也更稳定，形式所隐含的

---

① 詹明信：《晚期资本主义的文化逻辑》，生活·读书·新知三联书店，1997，第13页。
② 詹明信：《晚期资本主义的文化逻辑》，第7页。

东西往往更深刻，形式最终暴露的东西往往也更彻底，形式更根本地反映了作家的思维方式和他认知世界传达世界的方式。

以"表现的深切和格式的特别"著称的鲁迅小说正是认知与传达世界的形式化的方式，其经典性和成熟性正表现在思想内容的形式化。鲁迅的意识形态想像通常是在形式层面得以沉积，这构成了鲁迅小说经得起审美批评和形式研究的重要原因。所以本文的目的不是要确证鲁迅的小说也有复调性，不是为了证明他和陀斯妥耶夫斯基一样了不起，而是探讨鲁迅的小说思维与文本形式的关系，探讨鲁迅话语世界的复杂性、对话性甚至冲突性以及探讨鲁迅呈现世界的特殊方式，进而探讨内在的紧张、冲突的话语类型和思想模式是如何转化为有意味的形式的。而形式诗学的出发点正是寻求使小说组织成统一体的诗学机制，这种诗学机制是文本内部的，也是形式化的。形式诗学关注的是这样的问题：作品的形式是怎样构成的？它与世界的关系如何？作家又是怎样通过形式传达世界的？哪些是只有通过形式才能看到的东西？一部小说如何把关于生活世界的断片化的经验缝合在一起？小说中使文本成为共同体的主导的形式因素到底是什么？由主导的形式因素又派生出哪些微观诗学机制？又有哪些诗学机制具有相对的普适性？这些都是形式诗学追寻的问题。

四、文本中的主体建构问题

前面说过，当吕纬甫在连篇累牍地讲述自己的故事，在呈现自己的一种生存境遇时，吕纬甫就在自我陈述中成为一个主体。但这种说法太简单化了，主体的问题要远为复杂。吕纬甫的主体性是不是自足的？小说中的叙事者"我"的逼视有没有构成对吕纬甫的主体性的消解？文本中的主体是如何建构的？鲁迅所建构的是什么样的主体？这都是可以进一步追问的问题。

研究者注意到鲁迅在作品中处理的往往都是一些分裂的或者不健全的主体。阿Q的主体性就是不健全的，孔乙己是一个妄想性的人格，狂人则是个分裂的主体。这不是说狂人得的是一种精神分裂症，而是说狂人在自己的日记中表现出两种形象，一个是自我扩张的反传统的斗士的形象，另一个则是绝望的忏悔者的形象。狂人最终震惊地发现"我也吃过人"，以致他"不能想了"，这就是狂人"原罪"意识的自觉，所以有论者说《狂人日记》"把一种极度分裂的内省之声引入了中国文学"，[1]这在中国文学中是前所未有的。

《伤逝》也表现为主体性的欠缺和分裂。这也许是鲁迅小说中最难解读的一篇，关于它已经有的每一种阐释模式都似乎不完全到位，原因也许在于小说中的主体存在着矛盾甚至分裂。小说的副标题"涓生的手记"标明小说是涓生的独白体，似乎不存在复调倾向，但是这是一个矛盾的自我辩解的叙事者，他的叙述是有缝隙的，甚至是分裂的。已有的阐释大都立足于涓生的叙述，而没有质疑他的叙述本身，所以就容易产生问题。

倘若孤立地审视《伤逝》中涓生的手记，读者往往更注意

---

[1] 刘禾：《跨语际实践》，生活·读书·新知三联书店，2002，第183页。

其中不失深刻的思想以及不乏真诚的忏悔。在手记中,涓生叙述的关键词是"空虚""真实""遗忘""说谎""悔恨""生存""死亡"等等。[①]在小说的结尾一段这些关键词尤其高密度地出现:

但是,这却更虚空于新的生路;现在所有的只是初春的夜,竟还是那么长。我活着,我总得向着新的生路跨出去,那第一步,——却不过是写下我的悔恨和悲哀,为子君,为自己。

我仍然只有唱歌一般的哭声,给子君送葬,葬在遗忘中。

我要遗忘;我为自己,并且要不再想到这用了遗忘给子君送葬。

我要向着新的生路跨进第一步去,我要将真实深深地藏在心的创伤中,默默地前行,用遗忘和说谎做我的前导……

一系列关键词被组织进了一个复杂而矛盾的话语情境中。这些其实是大而无当的抽象词汇的确显出涓生思想的深刻,他思考的是关于生存、虚空等哈姆雷特式的大命题,往往会把读者的视线引向形而上的领域,我们就会忽略其实这是推卸责任的更高明的借口。以前我的确相信的是涓生的思想,涓生认为只有当生与死的问题自明了之后,爱才有所附丽,先要生存,

---

① 《伤逝》中一共出现了25个"空虚"("虚空"),10个"真实"的字眼。

然后才谈得上爱情，所以涓生有更本体的困惑和执着。如果追寻整个小说中涓生的逻辑，会发现涓生强调的也正是"真实"害死了子君，而不是他的抛弃。他坚持的是"真实"，不想虚伪地许诺还爱着子君，尽管他的自我辩护本身仍然表现出人格的虚伪性和分裂性。

刘禾在《跨语际实践》一书中认为，通过悼念子君的死，涓生就使自己的"伤"获得了人们的同情。同时涓生的叙述又压抑了子君的故事，他是按照对自己有利的方式操纵着叙事，并从死者的沉默中获益。所以涓生的书写，是为了将子君的幽灵"从自己的记忆中放逐"。[1]从涓生的立场说，他如果要重建自我，就必须遗忘自己的痛苦和悔恨。所以我认为《伤逝》表达的仍然是一种鲁迅式的"为了忘却的记忆"。记忆有时是必须忘却的，一旦有些记忆不断地复现，就会带来痛苦。所以从鲁迅这里你可以看到，人类不光是与遗忘抗争，也在与记忆抗争，鲁迅的记忆就是为了忘却，为了遗忘。[2]涓生的哲学就是一种遗忘的哲学，他的回忆的深层机制正是为了忘却，所以才要以遗忘和说谎为先导。遗忘背后有一种快乐机制，即忘掉痛苦和悔恨，才能快乐地活下去，而有着太多的记忆是很难向前迈

---

[1] 刘禾：《跨语际实践》，第238页。
[2] 这和普鲁斯特的哲学就大相径庭。普鲁斯特把记忆看成是人的本性，人只能在自己的记忆中维持主体性。所以莫洛亚在给《追忆似水年华》作的序中说：人类毕竟都在与时间和遗忘抗争。他们本想执着地眷恋一个爱人，一位友人，某些信念；遗忘从冥冥之中慢慢升起，淹没他们最美丽、最宝贵的记忆。总有一天，那个原来爱过，痛苦过，参与过一场革命的人，什么也不会留下。莫洛亚说出了普鲁斯特试图表达的更潜在的含义，即"寻找失去的时间"其实是与时间本身以及与遗忘相抗衡的方式。

步的，哪怕是一些美好的记忆，这恐怕是《野草》中的过客拒绝小姑娘的施舍的更内在的原因。

《伤逝》的主题因此可以概括为遗忘与逃避。而涓生的懦弱，最终则根源于他的自我中心的世界。按刘禾的说法，涓生是用"关于真实和谎言的争辩"，"来代替现代主体性的深重危机"。所以刘禾认为，涓生也表现为一种"分裂式自我"，这种分裂在小说中具体表现为"叙事的自我"和"体验的自我"之间的分裂："叙事的自我"的依据只能在现在时，也就是叙述的当下来找，叙事总是根源于"叙事的自我"现在的需要。涓生的叙事动机就是为了逃避过去的记忆，他对过去的故事有着"权威的，指示性的控制"。"如果说先前涓生用言语将子君从他的生活中逐开，那么现在他则倚赖写作行为消除对她的记忆，将这记忆抛入遗忘之中。"① 叙事的自我依据的就是他的现在的遗忘机制。也可以说，涓生的"叙述的自我"试图否定当初的"体验的自我"，他的分裂也正表现为"叙事的自我"和"体验的自我"的分裂。②

从文本的内部结构和内在逻辑上看，无论是《狂人日记》还是《伤逝》所表现出的分裂的主体性，都构成了中国现代文学主体建构过程中的象征。现代文学的创生过程，也是现代主体是否能够建构以及如何建构的过程。人们都熟悉关于"五四"启蒙主义的最通常的表述，即"五四"的主题是人的

---

① 刘禾：《跨语际实践》，第241页。
② 这意味着文本内的主体是可能以对抗的方式存在的。这种对抗，在《伤逝》中表现为两个涓生的不同声音的反差，一个是当下的叙述的涓生，一个是过去的被叙述的涓生。这种主体的对抗，也是小说的内在的杂声的反映，恰是复调诗学感兴趣的问题。

发现。但是，这个现代主体的创建过程却不是那么简单的。刘禾就发现现代的"自我"范畴是极不稳定的，"因为个人常常发现自己最终在社会秩序的迅速崩溃中失去了归属"，[1]郁达夫笔下的多余人形象恰恰印证了这一点。"五四"时期最值得重视的两个小说家无疑是鲁迅和郁达夫，郁达夫的现代品格在李欧梵看来在于他的小说经常表现的是"破碎的、无目的以及充满不确定性因素的旅程"，郁达夫的多余人多是漂泊者的形象。如果说，鲁迅的过客的主体性是被一种超目的论的哲学支撑，换句话说，跋涉本身就是一种目的论，那么郁达夫的零余者则是无目的的徘徊的形象，"徘徊在女人和男人、东方和西方、传统与现代、知识分子与农民之间，郁达夫笔下的旅人无法为自己找到一个稳固的立足点"。[2]可以说，《沉沦》就已经开始了郁达夫的现代主题的表达，即现代性的危机是一种个人和民族的双重危机，民族国家的危机必然要反映为主体的危机，[3]最终则决定了主体的不确定性。

鲁迅的作品同样反映了主体性的危机，"在而不属于两个世

---

[1] 刘禾：《跨语际实践》，第132页。
[2] 刘禾：《跨语际实践》，第210页。
[3] 在《沉沦》的结尾，主人公蹈海自尽，这种死亡无疑有一种象征性，是主体缺失的必然结果。但是更值得分析的是主人公蹈海前的独白："祖国呀祖国，我的死是你害我的！你快富起来，强起来吧！你还有许多儿女在那里受苦呢！"在郁达夫这里，现代主体性的崩溃，就与现代民族国家的范畴建立了不可分割的联系。曾有评论者说《沉沦》结尾是失败的，小说一直写的是青春期的压抑，是零余者的个体意义上的心理危机，结尾却简单而且牵强地把小说主题提升到爱国主义和家国政治层面，显得十分不协调。我以前也认同这种说法，但是不容忽略的是，郁达夫的这个主题模式是现代小说惯常的模式，的确反映着中国现代主体的建构过程与民族国家之间千丝万缕的联系。

界"即同样是个体在社会秩序的崩溃中失去归属的体验。《野草》因此堆积了一系列二元对立式的范畴:

  天地有如此静穆,我不能大笑而且歌唱。天地即不如此静穆,我或者也将不能。我以这一丛野草,在明与暗,生与死,过去与未来之际,献于友与仇,人与兽,爱者与不爱者之前作证。
  为我自己,为友与仇,人与兽,爱者与不爱者,我希望这野草的死亡与朽腐,火速到来。要不然,我先就未曾生存,这实在比死亡与朽腐更其不幸。

——《题辞》

  我不过一个影,要别你而沉没在黑暗里了。然而黑暗又会吞并我,然而光明又会使我消失。
  然而我不愿彷徨于明暗之间,我不如在黑暗里沉没。
  然而我终于彷徨于明暗之间,我不知道是黄昏还是黎明。我姑且举灰黑的手装作喝干一杯酒,我将在不知道时候的时候独自远行。

——《影的告别》

  ……于浩歌狂热之际中寒;于天上看见深渊。于一切眼中看见无所有;于无所希望中得救。……

——《墓碣文》

文中并置的一系列的范畴差不多都是分裂性的，它正是不稳定的主体性的内在表征。所以鲁迅曾经同样面对主体的危机。但是，中国现代作家中只有鲁迅才真正做到了正视主体的分裂性，正视中国现代主体的不成熟不健全和不稳定性，正如有研究者指出的那样，中国文学一直有个致命的缺陷，即"不敢或不愿正视主体的根本残缺，不敢或不愿把自身连同世界放在一处进行审视"。"鲁迅是唯一的例外，而新文学的发展并不由于鲁迅的出现而改变主潮，相反，鲁迅那种主体矛盾和分裂的呈现方式一直是其他作家们颇感陌生和不以为然的，也一直被作为鲁迅自身的某种缺点来对待。"与此同时，中国作家却总有办法保持主体完整的最后幻觉。①所以在作家们建构的主体性虚幻的完整与实际上的缺失之间，就有了裂痕。杰姆逊说："我们总乐于把自己设想为统一完整的主体……要是每当我们把自己表现为整体时我们都能起而打碎这一幻觉，正视矛盾和特殊经验的多重性，我们就正是在以辩证的方式思考问题。"②因此，鲁迅对统一完整的主体幻觉的打破，对现代主体分裂性的正视，以及他毕生对瞒和骗的揭示，都表明他是最清醒的现实主义者。

另一方面，鲁迅在揭示了现代主体性的危机的同时，也把个体命运置于历史和生存境遇中去观照与关怀。鲁迅小说中"我"与人物的关系在一定意义上构成的正是对话性的境遇关系，他的第一人称小说因此表现出了一种"交互主体性"的倾

---

① 薛毅：《无词的言语》，学林出版社，1996，第193页。
② 詹明信：《晚期资本主义的文化逻辑》，生活·读书·新知三联书店，1997，第36页。

向。① 小说的意义是在对话性的境遇中体现的，而意义也正生成于人物命运的彼此参照。这当然并不是说叙事者与人物就是现代意义上的主体，而是说"我"与他者的对话关系反映出鲁迅总是把笔下的人物境遇化与历史化。所谓的主体因此并不是一个自我中心化的范畴，而是一系列关系的确立，即确立我和他人，我与外部世界的关系，从而生成一种交互主体性。② 这就是鲁迅的复调小说最终显现给我们的问题。③

---

① 20世纪现象学和存在主义的"交互主体性"的概念，可以参考《主体性的黄昏》（弗莱德·R·多尔迈著，万俊人等译，上海人民出版社，1992）一书的梳理。在西方对主体性理解的历史中，笛卡儿是重要的一环。在笛卡儿式的"我思故我在"中，主体性是由我自己的思想确立的。而现象学和存在主义则主张一种交互主体性，即把主体性理解为一种人与人的关系和境遇。在此前比如霍布斯的哲学中，人类的状态被描述为一种人与自然环境和社会环境之间的对抗状态，一种易卜生式的个人独抗大众的主体性。而到了胡塞尔和海德格尔这里，人生存在与他人组成的关系和境遇中。读存在主义的文学，会发现"境遇"是最重要的存在主义文学主题，而意义也产生于人的境遇，就像托多罗夫在《批评的批评》中说："意义来源于两个主体的接触。"所以主体性存在于主体之间，即所谓主体间性（inter-subjectivity）。这也是巴赫金的对话诗学受到广泛重视的原因所在。
② 这样一来，甚至阿Q也同样有主体性。鲁迅写《阿Q正传》，一开始阿Q是被嘲弄的对象，在《晨报副刊》最初发表时，孙伏园是放在"开心话"栏目中。但渐渐地鲁迅认真起来了，阿Q也就有了主体性，孙伏园也觉得不很开心，于是第二章就移到了"新文艺"栏。从叙事学的角度说，《阿Q正传》从最初的全知叙事渐渐转向了阿Q的人物视角，小说焦点开始围绕着阿Q的行为和意识，我们就读到了作者对人物的同情和哀怜。最后小说竟然进入了阿Q的思想和下意识层面，当阿Q记起四年之前在山脚下遇见恶狼的体验，这就差不多是鲁迅自己的体验介入了。这就是理解的同情的过程，也是主体化的过程。
③ 当然更复杂的话题是中国现代历史中的主体性建构问题，以及历史中的主体与文本中的主体之间的关系问题。而这已经不是本文所能企及的课题了。

试论"五四"新文学运动的先锋性

陈思和

"五四"新文学运动在20世纪中国文学史上究竟起了什么样的作用？这个问题长期以来似乎不证自明，因为它是20世纪中国文学的源泉或者是唯一的文学传统。在中国现代文学史著作里，"五四"新文学运动是作为整个现代文学的起点。按照这样的自在逻辑，1917年以后将近一个世纪的中国文学发展轨迹，基本上是"五四"新文学的逻辑发展之结果；[①]而1917年以前的晚清和民初文学，只是"五四"新文学运动的准备阶段，它们的价值与否，取决于对"五四"新文学的形成是否有铺垫作用，并且依据进化论的观念，"五四"新文学运动一旦正式登上文学舞台，所有以前的"旧"文学都失去了存在的意义，不仅封建遗老们的旧诗词和旧语体作品都成为废纸，连作为新文学准备阶段的前现代文学因素（诸如林纾的翻译、梁任公的散

[①] 20世纪80年代的文学史研究中，对新文学史的描述基本采用了这一思路。如黄子平等《论20世纪中国文学》，见黄子平等《20世纪中国文学三人谈》，人民文学出版社，1988；陈思和：《中国新文学整体观》，上海文艺出版社，1987；李泽厚：《20世纪中国文艺一瞥》，见《中国现代思想史论》，东方出版社，1987；等等。

文以及晚清小说等等）也都成为过时的东西而被历史淘汰。

1985年，学术界提出"20世纪中国文学"的概念，开始把"五四"前二十年的文学与"五四"新文学作为一个整体来考察，但是考察的范围依然局限在以新文学为标杆的文学史视野，把"现代性的焦虑"作为一个特定视角来整合20世纪文学史。近二十年来对20世纪文学的整合基本是沿着这一思路。但是海外的汉学研究却出现了另外一种视角，以哈佛大学王德威教授的《被压抑的现代性：晚清小说新论》[1]一书为代表，提出了"没有晚清，何来'五四'？"的著名论点。王德威教授指出："五四"新文学不是扩大了晚清小说的表现内涵，而是压抑或者遮蔽了晚清小说中"现代性"因素的发展，进而讨论了晚清小说中的"被压抑的现代性"（repressed modernities）。这其实是一个非常重大的问题，其意义在学术领域还将被进一步探讨。另外，随着近年来学术界对文学资料的进一步发掘，以往不被人们所关注的文学史料正在不断地涌现出来。在大陆，对陈寅恪、钱锺书一脉文人诗的文学渊源的研究，牵引出一批近代诗人及其旧体诗创作的研究资料，与此相关的还有沦陷区文学资料的挖掘与重视，也展示了被"五四"新文学所否定的另类文学在现代文学领域中传承的一面；[2]在台湾，随着对日据时代殖

---

[1] 王德威：《被压抑的现代性：晚清小说新论》，宋伟杰译，台北麦田出版社，2003。关于"没有晚清，何来五四？"一文可参见第15—34页。（David Der-wei Wang, *Fin-de-siècle Splendor: Repressed Modernities of Late Qing Fiction, 1849-1911*, Stanford University Press, 1997.）

[2] 近年来相继出版的有《陈寅恪诗集》（清华大学出版社，1993）、钱锺书

民地文学的研究，一大批"古典诗"①创作引起了愈来愈多学者的关注和整理；②再者，随着文化研究热而兴起的大众文化研究以及雅俗文学鸿沟被消解，原先被看轻了的通俗文学，也逐渐进入了学术界的研究视野，③尤其是在香港文学研究领域。这些文学现象和文学资料的再现，不管学术界是否承认它们的文学史地位，其客观存在不能不要求研究者去面对和研究。同时迫

《槐聚诗存》（生活·读书·新知三联书店，1995）和《石语》（中国社会科学出版社，1996），"中国近代文学丛书"（上海古籍出版社，2003—2004）相继整理出版郑孝胥、樊增祥、陈三立等近代诗人的诗集。相关研究见刘衍文《〈石语〉题外》等，曾在《万象》杂志连载，后收入《寄庐茶座》（汉语大词典出版社，2004）。日本学者木山英雄（Kiyama Hideo）前几年对中国新文学作家的旧体诗也有系统研究，中译的有对扬帆、潘汉年以及郑超麟的旧体诗的研究论文（见陈思和等编《无名时代的文学批评》，蔡春华译，广西师范大学出版社，2004），有对聂绀弩、胡风、舒芜、启功等旧体诗的研究论文（赵京华译，见《文学复古与文学革命：木山英雄中国现代文学思想论集》，北京大学出版社，2004）

① 台湾"古典诗"的概念是指：时间范围从明郑（1661—1683）起始，经历清（1683—1895）、日据（1895—1945）时期，前后将近三百年；体裁以古典文学中的古体诗、近体诗、杂体诗及乐府诗为限（参见《全台诗凡例》，见《全台诗》第1册，台北远流出版公司，2004，第4页）。可见，台湾的"古典诗"包括了1945年以前所有的旧体诗创作。

② 台湾学术界在整理日据时期文学材料上有很大的收获。如对林献堂、张丽俊日记的整理，可以看到栎社的吟会创作活动，《全台诗》和《全台赋》的编撰整理以及许多旧杂志被影印等，都有重要的意义。如台湾文社发行的《台湾文艺丛志》，除了提供《全台诗》相关诗作的搜罗外，也提供了当时台湾传统文人广泛吸纳东西洋文史知识、开拓视野的前瞻企图。又如《汉文台湾日日新报》《三六九小报》《南方》《风月报》等几乎以传统文人为主的刊物，保留不少旧文学的史料，也是台湾通俗文学的大本营，对台湾传统文学之古今演变和现代转化，都提供了新的思考资源。

③ 关于通俗文学的研究，范伯群教授的研究提出了新的文学史观点。他多次引用朱自清的话，认为"鸳鸯蝴蝶派'倒是中国小说的正宗'"，并努力将通俗文学与新文学结合起来，使之成为20世纪中国文学史的"两翼"（参见范伯群、孔庆东主编《通俗文学十五讲》，北京大学出版社，2003；范伯群《近现代通俗文学漫话之三：鸳鸯蝴蝶派'倒是中国小说的正宗'》，《文汇报》1996年10月31日）。

使研究者去进一步思考：面对这些新材料的发现，如何通过文学史理论的自我更新和整合，完成新一轮的关于20世纪文学的描述和理解？

这就势必涉及对"五四"新文学运动在整个20世纪中国文学史上的地位和作用的重新认识和界定。本文所要探讨的，是把"五四"新文学运动及其发展形式放在整个现代文学的创作状况中，力图更加准确地把握它在当时的意义与作用，以及它作为一种文学精神和文学传统的发展过程。它究竟是20世纪现代文学的唯一的源泉或者唯一的传统，还是20世纪文学中一个带有先锋性质的革命性文学运动？它是如何在整个20世纪中国文学史上发挥作用的？它通过怎样的形式来体现它的先锋性？这些问题涉及对一系列文学史现象的再评价，作者不可能、也没有能力给以全面的回答，本文只是从分析"五四"新文学运动所含有的先锋性因素着手，从先锋文学运动的意义上来探讨"五四"新文学运动对当时中国文坛所产生的作用，进而为研究上述问题提出一种思路，供研究者进一步讨论。

在中国，"先锋文学"是一个外来的概念。它在西方除了指第一次世界大战前后某些激进文学思潮以外，本身还包含了新潮、前卫、具有探索性的艺术特质。[①]所谓"先锋精神"，意味着以前卫姿态探索存在的可能性以及与之相关的艺术可能性，

---

① "先锋"一词，在中国古代是指军队作战的先遣部队。在法国，avant-garde一词最初出现在1794年，也是用来指军队的前锋部队。"1830年，由于傅立叶、欧文、蕾德汶等英法空想社会主义者对一种有着超前性的社会制度和条件的建构，这个术语也被借用，并曾一度成为乌托邦社会主义者圈子里的一个流行的政治学概念。在这方面，将其与乌托邦相关联无疑暗示了它

它以极端的态度对文学共名状态发起猛烈攻击，批判政治上的平庸、道德上的守旧和艺术上的媚俗。"五四"初期陈独秀曾经把"急先锋"这个称号加在首倡"八不主义"的胡适头上，[①]毛泽东后来论述"五四"时期知识分子与中国革命的关系时，也使用过"先锋"的比喻。[②]在那个时候，"急先锋"或者"先锋"的概念大约还是一个指代冲锋陷阵的军事术语，与西方文艺思潮中的先锋精神还是有很大区别，但在实际意义上已经包含了上述有关特征。所以，虽然当初没有人用"先锋"这个词来形容"五四"新文学思潮的前卫性，但在今天，我们重新审视以鲁迅为代表的新文学运动，指出它的先锋性不仅十分恰

与现状（或传统）的不相容性的叛逆性。1870年，随着早期象征主义诗歌的崛起以及接踵而来的现代主义思潮的盛行，这个术语便进入了文学艺术界，用来专门描绘新崛起的现代主义作家和艺术家，因此在相当一部分写作者和批评家那里，这一术语仍有着极大的包容性，直到有的学者将本世纪的达达主义、未来主义、超现实主义、表现主义等思潮流派统称为'历史先锋派'（historic avant-garde）并将其区别于少数几位现代主义艺术家时止。"（转引自王宁《传统与先锋现代与后现代——20世纪的艺术精神》，《文艺争鸣》1995年第1期，第38—39页。该段话是王宁引自Charles Russell, ed., *The Avant-Garde Today*, University of Illinois Press, 1981.）而卡林内斯库在《现代性的五副面孔》一书里，对"先锋"这个概念追溯得更远，认为在16世纪的一本叫作《法国研究》（*Recherches de la France*）的文学史章节里，已经用"先锋"一词来形容当时的诗歌领域一场"针对无知的光荣战争"（A glorious war [was then being waged] against ignorance）中的诗人们。卡氏还指出，无政府主义者巴枯宁、克鲁泡特金等都对这个词的内涵与使用作过贡献。（马泰·卡林内斯库：《现代性的五副面孔》，顾爱彬等译，商务印书馆，2002，第106页。）

① 陈独秀《文学革命论》："文学革命之气运，酝酿已非一日，其首举义旗之急先锋，则为吾友胡适。"载《新青年》第2卷第6号，1917年2月1日。
② 毛泽东《青年运动的方向》："五四以来，中国青年们起了什么作用呢？起了某种先锋队的作用。……什么叫做先锋队的作用？就是带头作用，就是站在革命队伍的前头。"（《毛泽东选集》（一卷本），人民出版社，1968，第529页）

当，也有利于把握它与当时整个文学环境之间的关系。

一、新文学作家对西方先锋文学运动的关注

"先锋派"一词在西方指的是20世纪初期与现代主义思潮有直接关联的文学艺术运动，但两者仍然是存在着明显的差别。早期的象征主义诗人波德莱尔在他那个时代已经敏锐发现了"先锋"这一概念被用在艺术流派上的尴尬。他轻蔑地称其为"文学的军事学派"（the militant school of literature）。他批评"法国人对于军事隐喻的热烈偏好"（the Frenchman's passionate predilection for military metaphors），因为"先锋"一词，既有战斗与狂热的一面，也有绝对服从纪律的一面。它与"自由"既有某种联系，也有天然的对抗性。波德莱尔对"先锋"一词所揭示的矛盾状态，也是先锋派文学与现代主义文学之间的异质所在。[①]在20世纪60年代的美国学术界，先锋派几乎就是现代主义的同义词。但在欧洲，各个国家对此都有不同的理解。尤其在德国，法兰克福学派影响下的学者彼得·比格尔的《先锋派理论》一书，针对美国哈佛大学教授波焦利的同名著作进行了不同观点的论战，他的基本论点就是：资本主义社会的高度发展，使文学艺术已经很难像巴尔扎克时代那样对政治社会产生影响，所以19世纪末开始，现代主义（指的是象征主义、唯美主义等思潮）的兴起强调了艺术的"自律"（"为艺术而艺术"）

---

① 参阅马泰·卡林内斯库《现代性的五副面孔》，顾爱彬等译，第119页。

而脱离社会的实践,而先锋艺术正是对这种艺术自律体制的破坏,使艺术重新回到生活实践中去,因此,先锋艺术与现代主义是相对立的,它不仅批判资产阶级的传统艺术(现实主义),同时也批判现代主义的脱离社会实践、沉醉于文本实验的自律行为。[①]从西方文学史的角度来说,真正称得上先锋文学艺术运动是从1909年以后的各种新潮文学宣言开始的。它大致上包括了未来主义、达达主义、超现实主义、表现主义等等,它们多半是由政治、艺术态度都比较激烈的小团体运动和少数出类拔萃的艺术大师所组成。

从时间表上我们大致可以看到,中国的现代文学运动的起始时间与西方的先锋派文学几乎是同时期的。我们在考察"五四"新文学运动的外来影响因素时不能不注意到它所包含的现代主义和先锋性的因素。中国20世纪文学与古典文学之间最重要的区别,就是它所具有的世界性因素,它是在中国被纳入世界格局的背景下发生和发展起来的文学,中国作家与其他国家的作家有机会共同承受人类社会的某种困境——尤其是现代性的困境——以及表达出自己的感情。"五四"新文学运动在1917年发生,有着强大的外力推动,就文学而言是在西方文艺精神的感召下展现其新质的。本节要考察的是,"五四"新文学运动作为一场具有先锋性质的文学运动,它在接受西方文艺精神中,西方的现代主义艺术和先锋派艺术是否成为其主要的内容。

---

① 参阅彼得·比格尔《先锋派理论》,高建平译,商务印书馆,2002。

"五四"时期，中国新文学运动的发起者所面对的西方文化文学潮流，可以分为两类思潮：一类是西方文艺复兴以来的人文主义思潮以及由此衍生的为人生的俄罗斯文艺精神；另一类是西方资本主义发展过程中衍生出来的各种现代主义的反叛思潮，它可以追溯到尼采等人的哲学思潮和西方恶魔派的浪漫主义文艺思潮，社会主义思潮也属于后一类。这后一类具有"恶魔性"特征的现代反叛文化思潮，与前一类的人文主义思潮既有千丝万缕的联系，又是前者的反动。"五四"新文学所接受的西方文艺精神与之前的中国文人翻译西方小说热潮有着本质上的区别。晚清以来，大量翻译成中文的西方小说主要是走市场的畅销书，其中通俗小说文类占了主要的成分，而在当时所引起关注的西方文艺思潮中，主要是恶魔型与言情型两种浪漫主义思潮，[1]在许多中国人对这个内涵充满矛盾的浪漫主义思潮的接受中已经夹杂了现代反叛因素。关于这一点，我们从王国维早期的美学论文中对康德、叔本华思想的接受，鲁迅早期的论文《文化偏至论》《摩罗诗力说》等对浪漫主义和现代哲学的阐述里面，已经大致可以有所了解。

"五四"新文学发轫之初，两类西方文艺思潮是同时交杂在一起传入中国的。但对新文学运动的发起者来说，他们直接关注的是同时代所流行的、具有现代反叛意识的文艺精神。

---

[1] 参阅李欧梵《中国现代作家的浪漫一代》(*The Romantic Generation of Modern Chinese Writers*, Harvard University Press, 1973.) 李欧梵把传入中国的西方浪漫主义思潮分为两类，一类属普罗米修斯型的强悍、反抗的浪漫主义，另一类为少年维特型的感伤的、抒情的浪漫主义，前者在中国的代表有鲁迅、郭沫若等，后者在中国的代表有苏曼殊、郁达夫、徐志摩等。

陈独秀在宣言式的《文学革命论》里公然宣告："欧洲文化，受赐于政治科学者固多，受赐于文学者亦不少。予爱卢梭巴士特之法兰西，予尤爱虞哥左喇之法兰西；予爱康德赫克尔之德意志，予尤爱桂特郝卜特曼之德意志；予爱倍根达尔文之英吉利，予尤爱狄铿士王尔德之英吉利。"[1]这里"予爱"与"予尤爱"之分，虽然是着眼于政治哲学与文学思潮之间的区别，但也鲜明地表现出新文学的发动者心目里的西方文学英雄究竟是哪些人——雨果、左拉、歌德、豪普特曼、狄更斯和王尔德中，雨果、歌德是法德两国的浪漫运动领袖，都属于"恶魔"型的人物，左拉因为德雷福斯事件成为正义的英雄，王尔德更是惊世骇俗成为社会异端、唯美主义大师，豪普特曼则是德国后期象征主义的戏剧大师，除了英国的狄更斯是比较传统的现实主义作家外，其他的英雄都是以反社会抗世俗而闻名的"斗士"。陈独秀引进这样一批西方英雄的目的是什么呢？在同一篇文章里他继续说：吾国文学界豪杰之士，有以这些西方文学英雄自居，"不顾迂儒之毁誉，明目张胆以与十八妖魔宣战者乎？予愿拖四十二生的大炮，为之前驱"！[2]"十八妖魔"指的是明代以来"前后七子"与"桐城派"四大家，为中国古典文学的主流和传统，陈独秀之所以引进西方的文学英雄的反叛精神，就是为了向传统发起猛烈进攻，而他自己身为新文学运动的"总司令"，却愿为"前驱"去冲锋陷阵。——军队之前驱者，就是"先锋"。

---

[1] 陈独秀：《文学革命论》，《新青年》第2卷第6号，1917年2月1日。
[2] 陈独秀：《文学革命论》，《新青年》第2卷第6号，1917年2月1日。

波焦利的《先锋派理论》一书的主要观点，是强调了先锋派写作对语言创造性的普遍关注。这种关注"是一种'对我们公众言语的平淡、迟钝和乏味的必要的反应，这种公众言语在量的传播上的实用目的毁坏了表现手段的质。'因此，玄秘而隐晦的现代小说语言具有一个社会任务：'针对困扰着普通语言的由于陈腐的习惯而形成的退化起到既净化又治疗'的作用"。①如果按此观点来理解西方先锋派，他们在语言上的革命先驱，可以追溯到雨果时代的法国和歌德席勒时代的德国，——从这个意义上，新文学运动的领袖所崇拜的西方文学英雄，大多是在文学史的各个时期具有先锋性的前驱者，他们对中国的先锋作家和西方的先锋作家有同样的意义。虽然新兴的西方先锋派理论竭力要划清先锋派与历史上的先锋人物的界限，仿佛反传统

---

① 波焦利的这部著作，我读过台湾张心龙译的《前卫艺术的理论》（台北：远流出版公司，1992）。在大陆，赵毅衡在《今日先锋》1995年第3辑上发表《雷纳多·波乔利〈先锋理论〉》（"Renato Poggioli, *The Theory of the Avant-Garde*"），给以较为简括的介绍；此外，在周宪、许钧主编的《现代性研究译丛》（商务印书馆，2002）里，有多种关于先锋派的理论著作都提到了波焦利的这部书，其中比格尔的《先锋派理论》一书载有英国理论家约亨·舒尔特-扎塞的英译本长篇序言《现代主义理论还是先锋派理论》（"Foreword: Theory of Modernism versus Theory of the Avant-Garde", by Jochen Schulte-Sasse），对波焦利的理论作了清算。本引文即引自这篇序言：
Poggioli is no exception to this tradition. In his view, the tendency of "avant-garde" writing to concentrate on linguistic creativity is a "necessary reaction to the flat, opaque, and prosaic nature of our public speech, where the practical end of quantitative communication spoils the quality of expressive means." Thus the hermetic, dark language of modern fiction has a social task: It functions as "at once cathartic and therapeutic in respect to the degeneration afflicting common language through conventional habits."（Peter Bürger, *Theory of the Avant-Garde*, Translated by Michael Shaw, Foreword by Jochen Schulte-Sasse, University of Minnesota Press, 1984, "Foreword", p.viii）

的先锋派艺术家都是从石头里蹦出来似的，但从中国现代文学外来影响的接受史来说，这种渊源关系是不能忽视的。"五四"新文学运动从酝酿到发轫时间在1915—1919年，发展于20世纪20年代初期；西方未来主义运动酝酿于1905—1908年，意大利诗人马里内蒂发表未来主义宣言是1909年，德国表现主义文学运动兴起是在1911年左右，达达主义创立于1916年，法国超现实主义的口号最初提出是1917年，超现实主义杂志《文学》创刊于1919年，诗人布勒东发表超现实主义宣言是在1924年，差不多都是与中国"五四"新文学运动同步的文艺风潮和社会运动。在东西方文化交流不是很畅通的状况下，中国的新文学发起者很难直接从同步的西方思潮里获得思想资源，但是他们从西方先锋派文学的前驱者们——恶魔派浪漫主义思潮、批判现实主义思潮和早期现代主义思潮（包括象征主义、唯美主义、颓废主义等思潮）吸取了具有先锋性质的思想和行动的精神资源，完成他们的先锋美学追求，是完全可以理解的。

然而，作为先锋派文学思潮的西方未来主义、表现主义、达达主义、超现实主义等，在中国20世纪20年代的大型文学杂志上都被当作流行的时尚文学思潮介绍过，甚至被有意模仿过。"五四"初期有一个阶段广为流行的西方主流文艺思潮是新浪漫主义，或称表象主义，是象征主义的别称，顺带了刚刚兴起的先锋派文艺。在沈雁冰刚刚接手主编《小说月报》时，他以进化论为思想武器，认为中国文学发展到今天，应该推广的是表象主义。为此，他写了《我们为什么要提倡表象主义》等文章来鼓吹，但胡适及时劝阻了他。胡适认为西方的现代主义文学之所以能够立住脚，全是靠经过了写实主义的洗礼，如果没有写实主义作为基础，现代主义或会堕落到空虚中去。沈雁冰接受了胡适的劝告，在《小说月报》上改变策略，转而提倡写实主义。[①]但沈雁冰仍然是新文学作家中最敏锐的文艺理论家，他是第一个全面关注和介绍西方先锋派文学的人。1922年他在宁波的《时事公报》上发表演讲《文学上各种新派兴起的原因》，着重分析了西方的未来派、达达派和表现派文学思潮。对于同时代西方先锋派文艺的信息，在他主编的《小说月报》上得到了密切关注和全面介绍。

我们不妨看一下20世纪20年代初期西方先锋派文学中的两种主要思潮在中国的介绍情况：

（一）未来主义（Futurism，意大利语是Futurismo）

未来主义是欧洲最早兴起的先锋派文艺思潮，1905年意大利诗人马里内蒂创办《诗歌》杂志，团结了一批青年诗人，形成一个风格独特的自由诗派，并在以后的"自由诗"讨论中提出了若干未来主义的主张。1909年2月20日，马里内蒂正式发表《未来主义的创立和宣言》，标榜未来主义的诞生。第二年他又发表《未来主义文学技巧宣言》，进一步阐述了理论主张。未来派很快就波及绘画、戏剧、音乐、电影等艺术领域，在法国形成了立体主义未来派，在俄罗斯出现了马雅可夫斯基为代表的左翼未来派。意象派诗歌的领袖人物庞德曾经说过："马里内蒂

---

① 关于这个问题，可参考拙文《中国新文学发展中的现实主义》，见陈思和《中国新文学整体观（修订版）》，高等教育出版社，2022。

和未来主义给予整个欧洲以巨大的推动。倘使没有未来主义,那么,乔伊斯、艾略特、我本人和其他人创立的运动便不会存在。"[1]中国几乎同步地介绍了未来派。1914年章锡琛从日本杂志翻译了《风靡世界之未来主义》,介绍未来主义在意大利如何产生及其赞美战争、赞美机械文明等特点,并且罗列了未来主义在世界各国的流行。如果说这还是比较粗浅的介绍,那么到了20世纪20年代,中国新文学作家对未来派的关注渐渐地实在起来。当时意大利唯美主义文艺在中国风靡一时,尤其是著名作家邓南遮(Gabriele D'Annunzio)的创作,沈雁冰、徐志摩等人都有过长篇介绍,但沈雁冰在介绍了唯美主义思潮不久,转而介绍意大利的未来主义思潮,1922年10月他撰文指出:"正像唯美主义是自然主义盛极后的反动一样,未来主义是唯美主义盛极后的反动。"[2]由此可见,吸引沈雁冰的还不是未来派文学的具体作品和美学理想,他关注的是世界性的文学思潮的替代进程,有一种强烈的惟恐落后于世界潮流的心理支配着他对西方文学的关注。其实在1918年,马里内蒂的未来主义已经与意大利的法西斯主义公开合作,成为一种反动的政治思潮,但沈雁冰似乎对此浑然不觉。直到1923年底他才注意到意大利的法

---

[1] 参见唐正序、陈厚诚主编《20世纪中国文学与西方现代主义思潮》,四川人民出版社,1992,第244页。该段话原出自德·马里亚编《〈马里内蒂和未来主义〉序》,蒙达多利出版社,1977。
[2] 沈雁冰:《未来派文学之现势》,《小说月报》第13卷第10号,1922年10月10日。

西斯主义，[1]第二年沈雁冰转而鼓吹俄罗斯的未来主义诗人马雅可夫斯基，指出俄罗斯马雅可夫斯基的未来主义和意大利马里内蒂的未来主义之间的不同之点，认为前者"是表现无产阶级的革命精神的"，而后者是"除浅薄的民族主义而外，又是亲帝国主义的"，[2]区分了两种未来主义运动。[3]在1925年发表的《论无产阶级艺术》的长文里，沈雁冰已经开始提倡无产阶级文学，对未来派等的批判意识加强了，但他仍然认为："未来派意象派表现派等等，都是旧社会——传统的社会内所生的最新派；他们有极新的形式，也有鲜明的破坏旧制度的思想，当然是容易被认作无产阶级作家所应留用的遗产了。"[4]语气里仍然是欣赏的。倒是创造社作家对未来主义的理解比较感性，着眼于思想内容和美学精神。郭沫若对未来派的理解要感性得多，他在

---

[1] 沈雁冰在《小说月报》第14卷第12号（1923年12月10日）的"海外文坛消息"中"汛系主义与意大利现代文学"一题，批评法西斯主义在意大利抬头，沈雁冰注意到未来主义企图向法西斯主义靠拢，但他认为，那只是马里内蒂等人企图效法俄罗斯的未来派向苏维埃政权靠拢，仅仅是为了得到政府的承认。他说："汛系主义（即法西斯主义——引者）和未来派思想，原来并没有相通的地方；未来派中人见汛系党敢作敢为毫无顾忌，遂引以为同调……遽想奉为Patron（保护者），未免近于是单相思。"可见沈雁冰对意大利未来主义还是取同情的态度。

[2] 玄珠（沈雁冰）：《苏维埃俄罗斯的革命诗人》，《文学》旬刊第130期，1924年7月14日。

[3] 这种说法其实也是不准确的。意大利的未来主义运动本来就非常复杂，尤其是后期分化为不同政治态度。"随着政治斗争的日益尖锐化，未来主义运动的分化日益严重。这是未来主义运动后期极其重要的特征。马里内蒂最终走上了同墨索里尼同流合污的道路。帕拉泽斯基等人公开树起了批评马里内蒂的旗帜。左翼未来主义者同马里内蒂划清界限，毅然为劳动人民的自由而战斗，投身于反法西斯斗争的洪流。"（吕同六：《意大利未来主义试论》，见柳鸣九主编《未来主义、超现实主义、魔幻现实主义》，中国社会科学出版社，1987，第23—24页）

[4] 沈雁冰：《论无产阶级艺术》，《文学》周报第196期，1925年10月24日。

《未来派的诗约及其批评》一文中，节译了未来派关于诗歌的宣言，然后批评了未来派的理论主张和艺术形式，认为其"毕竟只是一种彻底的自然主义"。郭沫若那种天马行空的诗歌很像未来派诗艺，尤其语言上的那种将中外各种语汇杂糅一体的文风，似乎应该对未来主义的诗歌有所借鉴。但是郭沫若本人对马里内蒂不屑一顾。他翻译了马里内蒂的代表诗《战争：重量+臭气》，觉得只是"有了这么一回事。……但是它始终不是诗，只是一幅低级的油画，反射的客观的誊录"。[①]郁达夫针对未来主义主张彻底抛弃传统、摧毁一切博物馆美术馆的虚无主义态度也提出了批评："未来派的主张，有一部分是可以赞成的，不过完全将过去抹杀，似乎有点办不到。"[②]20世纪20年代后期，随着对苏俄新兴文学的关注，俄罗斯诗人马雅可夫斯基被反复介绍，俄罗斯的未来主义则依附于诗人而得以彰显。

未来主义的艺术也受到中国接受者的关注。《小说月报》第13卷第9号发表馥泉翻译日本现代派诗人川路柳虹（Kawaji Ryuko）的《不规则的诗派》一文，详尽介绍西方未来派、立体派等"不规则"的诗歌，特别翻译并影印了法国立体派未来主义诗人阿波利奈尔（Guillaume Apollinaire）的诗歌《下雨》，整首诗歌形式就像是雨点子随风飘拂的形状，以象形来体现诗的意义。戏剧家宋春舫在1921年翻译了马里内蒂的多种未来派剧本，发表于《东方杂志》和《戏剧》，《东方杂志》是商务印书

---

① 郭沫若：《未来派的诗约及其批评》，《创造周报》第17号，1923年9月2日。
② 郁达夫：《诗论》，见《郁达夫文集》第5卷，花城出版社、（香港）三联分店，1982，第222页。

馆主办的综合性时事文化刊物，很少发表文艺作品，其对未来派的重视可见一斑。①而且，未来主义的影响也是立竿见影的，1922年即有人模仿未来派戏剧创作《自杀的青年》一剧，也自称是未来派戏剧。②在小说领域，沈雁冰以茅盾为笔名创作第一部中篇小说《幻灭》，还念念不忘未来主义崇尚强力的艺术特征，他在小说里塑造了一个英雄男子强连长（名字叫强惟力），作为静女士的最后一个恋人。而这个人公然声明自己是个未来主义者，热烈地歌颂战争。据沈雁冰说这个人物典型是根据生活中的原型塑造的，或可以理解为，未来主义的美学理想在当时是一种流行的潮流。③

《子夜》的开篇，茅盾以怪异的笔调描写暮色上海：

> 从桥上向东望，可以看见浦东的洋栈像巨大的怪兽，蹲在暝色中，闪着千百只小眼睛似的灯火。向西望，叫人猛一惊的，是高高地装在一所洋房顶上而且异常庞大的霓虹电管广告，射出火一样的赤光和青燐似的绿焰：Light, Heat, Power!

---

① 宋春舫一共翻译过六个未来派剧本，四个发表在《东方杂志》第18卷第13号（1921年7月10日），两个发表在《戏剧》第1卷第5号（1921年9月30日），并加前言和后记给以批评。
② 重庆联合县立中学校校友所编《友声》第3期（1922年6月20日）为戏剧号，刊有姜文光创作的未来派戏剧《自杀的青年》和《我的戏剧谈》。唐正序、陈厚诚主编的《20世纪中国文学与西方现代主义思潮》里有详细介绍，参见第250页。
③ 据沈雁冰说，"强惟力"的原型是青年作家顾仲起，其未来主义的美学理想主要体现在对战争刺激的迷恋上。参阅茅盾《我走过的道路》（上），人民文学出版社，1997，第386页。

接着，又是"1930年式的雪铁龙汽车像闪电一般驶过了外白渡桥"。我们注意到，茅盾不仅特意选了三个英文单词来形容上海的都市现代性特征：光、热、力，而且这段描述所含的美学意境，都隐含了未来主义文学对他的影响的痕迹。

（二）德国表现主义（Expressionism，德语是Expressionismus）

表现主义思潮兴起于20世纪初，起始于绘画音乐，1911年引入文学领域，[①]在戏剧、诗歌、小说等领域全面铺展，成为一场轰轰烈烈的文学革命运动。[②]表现主义艺术反对客观表现世界，强调主观世界、直觉和下意识，要求用怪诞的艺术手法来表现世界的真相，柏格森的生命冲动和时间绵延的学说、弗洛伊德的潜意识的学说都是他们的思想理论资源。这是对欧洲文艺复兴以来的文学传统最为激烈的挑战。表现主义作家的政治态度，主流是积极的、反抗的，对资本主义社会的残酷与非正义的本质，竭尽全力地给以揭露和抨击。但从艺术上来看，似乎概念化的痕迹也非常严重。

表现主义的先驱者是瑞典的戏剧大师斯特林堡。《新青年》

---

① 1910年德国《狂飙》（Der Sturm）杂志创刊，1911年《行动》（Die Aktion）杂志创刊，都是表现主义的重要阵地。1911年表现主义评论家威廉·沃林格尔（Wilhelm Worringer）在《狂飙》上发表文章，被视为表现主义的宣言。
② "五四"作家有把德国表现派比作文学革命运动。如宋春舫《德国之表现派戏剧》中说："顾表现派之剧本，虽不无訾议之点，然乘时崛起，足以推倒一切大战以来戏曲之势力。今非昔比，……惟德国之表现派新运动，足当文学革命四字而无愧，譬犹彗星不现于星月皎洁之夜，而现于风雷交作之晚，一线微光于此呈露在纷纷扰攘之秋，而突有一新势力出而左右，全欧之剧场舍表现派外盖莫属也。"（《东方杂志》第18卷第16号，1921年8月25日）

很早就翻译介绍了他的作品，在当时他是作为与易卜生齐名的大师被广泛介绍。由于表现主义的文学主张与"五四"新文学运动的反传统反社会的激进立场非常接近，所以很快就得以传播和关注。当时介绍表现主义的理论文章很多，主要是转译自日文，大批留日学生都深受那些文章的影响。沈雁冰担任主编期间的《小说月报》成为宣传表现主义的大本营。1921年《小说月报》第12卷第6号发表海镜（李汉俊）译黑田礼二（Kuroda Reiji）的《雾飘（Sturm）运动》，介绍德国表现主义艺术流派。下一期的刊物上又发表海镜译梅泽和轩（Umezawa Waken）的《后期印象派与表现派》，继续介绍先锋派艺术。再紧接着一期上有"德国文学研究"专栏，载海镜译山岸光宣（Mitsunobu Yamagishi）的《近代德国文学的主潮》、厂晶（李汉俊）译金子筑水（Kaneko Chikusui）的《最年青的德意志的艺术运动》、李达译片山孤村（Katayama Koson）的《大战与德国国民性及其文化文艺》、程裕青译山岸光宣（Mitsunobu Yamagishi）的《德国表现主义的戏曲》，四篇论文从各个侧面或多或少都介绍了德国表现主义艺术运动。与此同时，宋春舫发表《德国之表现派戏剧》，载《东方杂志》第18卷第16号，介绍表现主义剧作家恺石（Georg Kaiser）和汉生克洛佛（Walter Hasenclever）的作品，并翻译汉生克洛佛的代表剧本《人类》（Die Menschen）。他作序说："表现派的剧本，不但在我国是破天荒第一次，在欧洲也算是一件很新奇的出产品。"[1]

---

[1] 宋春舫：《宋春舫论剧》第1集，中华书局，1923，第85页。其文章《德国之表现派戏剧》也可见此书第75—83页。

表现主义的文艺观直接影响了"五四"新文艺作家们,尤其是创造社社员。郭沫若在《自然与艺术——对于表现派的共感》等一系列文章里,反复强调艺术必须创造,反对模仿。他斥责西方的自然主义文学、象征主义文学、未来主义文学,认为都是"摹仿的文艺",而极力赞扬德国新兴的表现派,声称对其"将来有无穷的希望"。[1]1920年郭沫若发表诗剧《棠棣之花》,以后又连续创作了《女神之再生》《湘累》等诗剧。据作者自称,"诗剧"这种形式是"受了歌德的影响"以及"当时流行着的新罗曼派和德国新起的所谓表现派"的影响,"特别是表现派的那种支离灭裂的表现,在我的支离灭裂的头脑里,的确得到了它的最适宜的培养基"。[2]但是与这些剧本相比较,郭沫若的早期小说更具有表现派的艺术,正如斯特林堡在《鬼魂奏鸣曲》里让死尸、鬼魂与人同台演出,郭沫若在小说里让骷髅与人一起交流诉说、让人的肉体与"神"相分离,并让肉体变形为动物尸体等怪异的手法比比皆是。郭沫若的早期小说在"五四"时期有很重要的地位,之所以后来没有受到重视,除了郭沫若有更高的诗名以外,还有一个原因就是这些比较典型的表现主义艺术手法后来在占主流的现实主义的狭隘审美观下被遮蔽和被忽视。表现主义手法在"五四"一代作家的创作里是非常普遍的现象,鲁迅、郁达夫等著名作家的小说里到处可见。

---

[1] 郭沫若:《自然与艺术——对于表现派的共感》,《创造周报》第16号,1923年8月26日。
[2] 郭沫若:《学生时代》,人民文学出版社,1979,第68页。

20世纪20年代初欧洲表现主义思潮影响到美国，诞生了表现主义戏剧大师奥尼尔，他的代表作《毛猿》《琼斯皇》等对中国的前卫戏剧家们产生了极为重要的影响。中国戏剧家洪深与奥尼尔是前后相隔几届的哈佛大学同学，他回国后在奥尼尔的影响下创作了中国特色的表现主义戏剧《赵阎王》，虽然在票房上惨遭失败，但是毕竟为中国的表现主义戏剧积累了经验，为20世纪三四十年代曹禺的表现主义因素的话剧《原野》等获得成功打下了基础。

达达主义、超现实主义运动由于起步晚，对"五四"初期的新文学运动关系不大，20世纪20年代只有零星的介绍，[①]直到30年代戴望舒、艾青等现代派诗人登上诗坛，才逐渐显现出一定的影响。但作为先锋派的未来主义、表现主义的艺术流派，对于"五四"新文学初期的先锋因素的形成，其意义是重要的。尤其是这两大先锋派的政治文化主张都极为激烈和极端，反传统的呼唤极有气势，既充满了战斗的色彩，又弥漫着孤军奋战的悲怆，这种典型的先锋派的文化气质，与"五四"初期《新青年》为首的反传统精神在气质上非常接近，这是值得我们进一步研究的。

但是，指出这一点并不是片面地强调先锋文艺的影响作

[①] 1922年4月10日幼雄根据日本杂志上的文章改写的《驮驮主义是什么》发表于《东方杂志》第19卷第7号，介绍了欧洲达达主义艺术的起源与特点。这是迄今查到的资料中最早专门介绍达达主义的一篇文章。1922年6月沈雁冰在《小说月报》第13卷第6号的"海外文坛消息"的《法国艺术的新运动》中对"大大主义"（即达达主义）也作了简要的介绍，以后陆续还有介绍。关于超现实主义的介绍比较晚，能找到的是1934年黎烈文翻译爱伦堡的《论超现实主义派》，载《译文》第1卷第4期。

用。因为第一,中国的先锋精神本来就是混迹于浪漫主义的恶魔性、唯美主义的颓废性以及现实主义的启蒙和批判,甚至还有自身文化传统中的反叛因素,杂糅成一种以反叛社会、反叛传统为主要特点的文艺思潮,其先锋品质不可能是单一的构成。第二,即使西方的先锋运动与中国的先锋运动之间毫无因果的影响关系,也同样给我们提供了一个研究的参照系:即具有先锋意识的东西方知识分子如何在世界转变的紧要关头发出相似的战斗者的声音。中国文学与西方文学是在两种完全不同的环境下产生先锋运动的,新文学运动是广泛的社会整体运动中的一翼,与新文化运动密不可分,整体性地参与促进了社会文化的全面转型,其影响的深广不局限于文学,所以"五四"时期的中国先锋运动要比西方的先锋运动更具有对社会传统的颠覆性。本节引入西方先锋派文艺在中国的介绍资料,只是为了强调此时此刻中国与世界的同步性,然后在同步发展中再考察中西先锋派文学思潮的差异性。

二、中国先锋精神的特征
——"吃人"意象、对抗性批判和语言欧化

"五四"新文学运动之初的文化背景,与西方先锋派文艺的产生背景之间,有一个值得玩味的现象。欧洲在19世纪末,由于殖民地的成功开发,经济发展得到了短暂的飞跃,从殖民地掠夺来的大量资源和廉价劳动力产生的剩余价值,缓和了资本主义国家内部的阶级斗争和经济矛盾,欧洲各国的经济状况和生活环境都有了改善，并且各国政府可以分出利润来收买参与政治权力的工人领袖，真正的工人反抗意志无从表达，精神自由的追求被弥漫社会舆论的庸俗物质主义所掩盖，因而产生了普遍的精神压抑和精神危机，极端的反抗行为只有通过无政府主义者发起的恐怖活动来解决。艺术家深刻感觉到艺术不再有力量参与社会的进步与改造，批判现实主义对社会问题的局部批判，越来越成为资本主义民主的一种招牌；另一部分艺术家则以颓废放荡、玩世不恭的态度来表示对社会的轻视，形成了文学艺术领域的唯美主义思潮。唯美主义以艺术的自我实现为目的，故意忽略了对社会的批判性介入，同时由于资本主义艺术体制的健全，艺术市场化也是在此时形成了巨大的涵盖力，把一切艺术都迅速变成商品。先锋运动的产生正是这种消极颓废的艺术观的反动，先锋艺术以自身的惊世骇俗的表现，企图使艺术重新回到社会反抗的立场，发挥它的批判功能。而中国从晚清到民国初年，一场资产阶级革命刚刚推翻了封建王朝，但由于缺乏充分的准备，历史转折时期的一切混乱都暴露出来，人们对共和国的理想破灭，精神陷入了新的危机。本来致力于思想宣传的文艺这时候失去了它的原有功能，人们不再相信文学所宣传的社会进步的理想。社会功能的丧失使文学迅速转向两种倾向：一是原先的革命者失去了参与政治的机会以后，转向传统文人放浪形骸的颓废形态，文学创作恢复了古典文学中的士大夫自娱性功能。南社即为典型，南社社员政治上是激进的，但文学观念上相当保守，也可以说是中国式的唯美主义和颓废主义思潮；另一种倾向是，市场经济形成了文学创作的商品属性，许多文人以创作来追求商业利润，文学性受到市场操作，形成了通俗文学的繁荣。所谓鸳鸯蝴蝶派文学主要是指这一派文学。比格尔在分析先锋派产生的背景时提出了"艺术体制"的概念，他解释说："这里所使用的'艺术体制'的概念既指生产性和分配性的机制，也指流行于一个特定的时期、决定着作品接受的关于艺术的思想。先锋派对这两者都持反对的态度。它既反对艺术作品所依赖的分配机制，也反对资产阶级社会中由自律概念所规定的艺术地位。"[1]西方社会是因为资本主义经济发达和体制完善而造成物质主义对精神的压抑，导致文学的商品化市场和唯美主义的自律；中国是因为资产阶级革命的不彻底、资本主义艺术体制的不健全和社会的混乱黑暗，导致了自娱的唯美主义的游戏文学与媚俗的追求利润的通俗文学。从表面看两者仍然有相似的发生环境，中国的先锋运动首先把批判的矛头指向南社的诗歌创作和鸳鸯蝴蝶派的通俗文学，提倡为人生的文学，其意义可以从这里得到解释。

"五四"新文学运动是在启蒙意识与先锋精神的合力下形成的一个巨大的批判阵营。西方文艺复兴时期的人文主义思潮与20世纪初西方先锋性的反叛思潮同时传到中国，同时引起中国作

---

[1] 彼得·比格尔：《先锋派理论》，高建平译，第88页。这段引文的英文与出处是：
The concept 'art as an institution' as used here refers to the productive and distributive apparatus and also to the ideas about art that prevail at a given time and that determine the reception of works. The avant-garde turns against both the distribution apparatus on which the work of art depends, and the status of art in bourgeois society as defined by the concept of autonomy.
（Peter Bürger, *Theory of the Avant-Garde*, Translated by Michael Shaw, Foreword by Jochen Schulte-Sasse, p.22）

家的关注。两者之间，既有互不可分的一面，但还是存在着文化渊源上的差异。我们从周氏兄弟在"五四"时期的言论中可以明显感受到这种差异的存在。周作人在"五四"时期的文章里基本上没有什么先锋派的因素，他的《人的文学》一文最能证明，坚持人道主义、坚持理性精神、略带一点艺术上的唯美与颓废倾向，是周作人贯穿一生的作风，新文学运动彻底反传统的战斗始终让他感到格格不入，他最终放弃了激烈的批判立场，转向唯美主义文化。他在20世纪20年代提出"美文"的写作原则以及强调个人的专业精神，都可以看作是与先锋精神的分离。鲁迅与周作人自有许多不同之处，但根本不同的一点，则是鲁迅始终坚持了先锋立场。周氏兄弟早年吸收西方学术的渊源不同，周作人追求的是西方理性与科学、神话等雅典精神传统；而鲁迅追求的则是热血沸腾、舍身爱国、激进主义的斯巴达精神传统，从这一传统结合中外世纪末哲学思潮，形成了特有的先锋精神。我们从鲁迅在"五四"时期发表的杂感对传统文化采取的肆无忌惮的否定态度，以及在《狂人日记》中关于吃人问题的探讨，可以看到鲁迅笔下所呈现的反叛性。鲁迅早期的现代反叛思想，是从达尔文、尼采一路发展而来，达尔文提出生命的进化论学说、尼采直接高呼"上帝死了"，从科学与人文两个方面颠覆了基督教文明的超稳定性，而《狂人日记》几乎本能地把这一反叛思想融入本民族传统文明的颠覆因素，不仅颠覆了"仁义道德"的传统意识形态，也颠覆了"人之初性本善"的儒家人性论的基本信条，并且因揭露了人有一种"吃人"性，进而对弥漫于当时思想领域的来自西方的人道主义、人性论思潮也进行了质疑。①这与西方在20世纪初所兴起的先锋文学思潮的锋芒所向基本保持了一致性。狂人原先以为自己发现了吃人的秘密而别的人尚不知晓，他以众人皆醉唯我独醒的态度劝转大哥觉悟，但终于失败了。这时候的狂人还是一个人道主义者。但紧接着他感到恐惧的是，吃人的野蛮特质不但渗透于四千年的历史，而且也弥漫于当下的社会日常生活，更甚于此的还深深根植于人性本身，连他自己也未必没有"吃过人"。这才是狂人感悟问题的真正彻底性，彻底得让人无路可走，顿时失去了立足之地。从人道主义到反思人的"吃人"性，这就是《狂人日记》不同于清末谴责小说的地方，它显然不仅仅在社会的某一层面上揭露出生活的黑暗与怪异，而是对整个社会生活的人生意义以及人道主义的合理性都提出了质疑。这种彻底性正是西方现代主义小说的先锋性的重要特征之一。②

波焦利曾把西方先锋精神特征归纳为四种势态（moments），分别为行动势态、对抗势态、虚无势态和悲怆势态。③我觉得，像鲁迅所描绘的"吃人"的意象，就是一种行动势态的表达，这是一种心理上的动势（psychological dynamism），用故作惊人

---

① 关于鲁迅的这一思想特点，可参阅拙文《现代中国的第一部先锋之作：〈狂人日记〉》，见《思和文存》第1卷，黄山书社，2012，第28—51页。
② 我们在卡夫卡的作品里根本无法找到现代人的出路究竟在哪里，它对人的生存处境从根本上提出了怀疑。《狂人日记》具有非常相似的意义。这是卡夫卡与巴尔扎克之间的根本差异，也是以鲁迅为代表的新文学与晚清民初的谴责小说和言情小说的根本差异。
③ 波焦利的原书中对这四种态势的表达是：activism or the activistic moment, antagonism or the antagonistic moment, nihilism or the nihilistic moment, and agonism or the agonistic moment.（See Renato Poggioli, *The Theory of the Avant-Garde*, trans. from the Italian by Gerald Fitzgerald, Harvard University Press, 1968, pp.25–27）

的夸张艺术手法，引起惊世骇俗的效果。

行动的乖张必然带来主体与社会习俗的对抗。新文学运动的发起者们自觉站在与社会公众对抗的立场上，展开他们的自觉挑衅。西方先锋派文艺本身是针对了"为艺术而艺术"的唯美主义而出现的反动，出现在欧洲第一次世界大战前后，那时资本主义社会的体制已经出现了松弛、崩坏的迹象，不是铁板一块坚不可摧了，所以给艺术介入社会提供了新的希望。彼得·比格尔甚至解释说：Avant-Garde中的"前缀avant并非，至少并不主要指要求领先于同时代的艺术（这尤其适用于兰波），而是声称位于社会进程的顶端。一个艺术家属于先锋主义者并非因为创造了一部新作品，而是要用这部作品（或者放弃作品）谋求另外的事：实现圣西门式的乌托邦或社会进程的加倍前行，这是兰波赋予未来诗人的一项任务"。[1]我们如果从这一角度来理解"五四"新文学运动的发展趋向，就不会惊讶于为什么这场运动的最终指向是对社会的批判和改造，也不会惊讶于为什么新文学运动的骨干力量几年以后都转向了实际的政治运动和政党活动。事实上，"五四"新文学运动发起者们的心里

---

[1] 引自彼得·比格尔为迈克尔·凯利主编的《美学大百科全书》撰写的"先锋"（Avant-Garde）条目：
The preposition avant means not, or at least not primarily, the claim to be in advance of contemporary art (this is first true of Rimbaud), but rather the claim to be at the peak of social progress. The artist's activity is avant-gardist not in the production of a new work but because the artist intends with this work (or with the renunciation of a work) something else: the realization of a Saint-Simonian utopia or the "multiplication" of progress, a task that Rimbaud assigns to the poet of the future. (Peter Bürger, "Avant-Garde", in *Encyclopedia of Aesthetics*, Vol.1, ed. by Michael Kelly, Oxford University Press, 1998, p.186)

都是存在着一种社会理想的,并以此乌托邦为精神目标来批判社会现状和提出改造社会现状的药方。《新青年》[①]创办之初,陈独秀就在《敬告青年》里向青年们提出六条标准:自主的而非奴隶的、进步的而非保守的、进取的而非退隐的、世界的而非锁国的、实利的而非虚文的、科学的而非想象的。[②]其中"实利的"一条最不能理解。在今天的语境下就是要讲实际利益。陈独秀认为这是世界性的趋向,中国的青年不能什么都像儒家那样只讲究虚伪道德,讲义不讲利。这与西方的先锋精神是有关的。这种先锋精神的指向,就是要求介入社会,改变社会现状。陈独秀甚至公然鼓吹青年人要学日本的"兽性主义",所谓"兽性主义",就是"曰意志顽狠,善斗不屈也;曰体魄强健,力抗自然也;曰信赖本能,不依他为活也;曰顺性率真,不饰伪自文也。皙种之人,殖民事业遍于大地,唯此兽性故;日本称霸亚洲,唯此兽性故"。[③]这种赤裸裸的效法殖民主义的极端言论,如果对照先锋派崇尚强力、歌颂战争的极端态度,也就不奇怪了。

强烈的改造社会愿望以及与社会习俗的对抗性,使新文学运动的发起者对传统抱有虚无的态度。[④]在中国,几乎没有达达主义者那样追求纯粹的无意义,他们的心中都是怀有满腔救国

[①] 《新青年》第1卷名为《青年杂志》,第2卷才改名为《新青年》,本文为了行文一致,都用《新青年》,特此说明。
[②] 陈独秀:《敬告青年》,《青年杂志》第1卷第1号,1915年9月15日。
[③] 陈独秀:《今日之教育方针》,《青年杂志》第1卷第2号,1915年10月15日。
[④] "五四"时期的先锋作家对传统采取的虚无主义态度,某种意义上可以看成一种策略。事实上,陈独秀、鲁迅诸先驱本身对传统文化都有深刻的研究和贡献。所以这种虚无主义的态度只流行了很短暂的一个时期。

的理想方案，但是他们敢于指出传统的无意义，认为一切神圣的东西，只要妨碍今天的发展，都是可以推翻的。如陈独秀在《新青年》上发表《本志罪案之答辩书》，是一篇引火烧身的先锋派文献。他在文章里直认不讳自己的立场是"破坏孔教，破坏礼法，破坏国粹，破坏贞节，破坏旧伦理（忠孝节），破坏旧艺术（中国戏），破坏旧宗教（鬼神），破坏旧文学，破坏旧政治（特权人治）"。① 而鲁迅对传统文化的轻蔑与批判态度也表示了这种自觉："苟有阻碍这前途者，无论是古是今，是人是鬼，是《三坟》《五典》，百宋千元，天球河图，金人玉佛，祖传丸散，秘制膏丹，全都踏倒他。"② 他曾公然主张青年人不读中国书，另一个激进主义者吴稚晖更是公开号召把线装书丢到茅厕里去。这种虚无主义使人联想到西方先锋派对传统文化的彻底决绝的态度。常为人诟病的是意大利未来主义者公然宣布要"摧毁一切博物馆、图书馆和科学院"，③ 而俄罗斯的未来主义者则宣布"把普希金、陀思妥耶夫斯基、托尔斯泰等等，从现代生活的轮船上扔出去"。④

先锋文学为了表示它与现实环境的彻底决裂和反传统精神，往往在语言形态和艺术形式上也夸大了与传统的裂缝，它通过扩

---

① 陈独秀：《本志罪案之答辩书》，《新青年》第6卷第1号，1919年1月15日。
② 鲁迅：《华盖集·忽然想到（六）》，见《鲁迅全集》第3卷，人民文学出版社，1981，第47页。
③ 马里内蒂：《未来主义的创立和宣言》（Fondazione e Manifesto del Futurismo），吴正仪译，见柳鸣九主编《未来主义、超现实主义、魔幻现实主义》，中国社会科学出版社，1987，第47页。
④ 布尔柳克等：《给社会趣味一记耳光》，张捷译，《文艺理论研究》1982年第2期。

大这种人为的裂缝来证明自身存在的革命性，对传统的审美习惯也采取了颠覆的态度，以违反时人的审美口味和世俗习惯来表示与现实的不妥协的对抗。这些现象表面上是技术性的，其实仍然是一种精神宣言。从语言形态和艺术形式的反传统的标志来看，"五四"新文学运动作为先锋文学运动的特征更为明显。鲁迅是第一个自觉到这个特性的人，他的《狂人日记》一发表，立刻就拉开了新旧文学的距离，划分出一种语言的分界。我很赞同这样的观点："五四"之后形成的白话语言体系及现代汉语，本质上是一种欧化的语言。现代白话与传统白话之间的区别不是在形式即语言作为工具的层面上，而是在思想思维即语言作为思想的层面上。现代白话是一种具有自己独特的思想思维体系的语言体系。[①]中国自古就有白话文学，胡适作过专门的研究，撰写过《白话文学史》。晚清以来，知识分子出于宣传维新改革思想的需要，使白话逐渐进入了传媒系统，为更多的民众所接受。晚清文学在黄遵宪"我手写我口"的倡导下，不仅白话入诗，而且大量方言也成为小说创作的工具。《海上花列传》的苏州方言就是最典型的一种。所以学界长期有一种看法：即使没有新文学运动，白话文也迟早会成为文学语言的正宗，这是由现代文学的性质所决定的。这种设想自然有它的道理，但是我们应该注意到的是，"五四"新文学中大量欧化语言的产生，与传统白话文自然而然的发展轨迹并不是一回事，这是另外一个语言系统进入中国，形成了一种全新的思维方法。"五四"新文学运动所提倡的

---

① 参见高玉《现代汉语与中国现代文学》，中国社会科学出版社，2003，第59页。

现代白话文，可以说是开创了一个新的语言空间。只要把《狂人日记》与任何一篇晚清小说对照读一读就很清楚了。关于这一点，现代白话文的提倡者也未必全都意识到，胡适就始终坚持：白话文只是表示用口语写作，他所强调"要有话说，方才说话"，"有什么话，说什么话；话怎么说，就怎么说"，[1]都是一个口头语的提倡。这个口头语，就是晚清以来大量小说的主要用语。而鲁迅创作用的恰恰不是这样的白话文，他不是胡适那样的口语白话文实行者，他是用欧化语言的表达方式，用西方的语法结构来创造一种新的文体，形成了现代汉语精神的基本雏形。汉学家史华慈尖锐地指出："白话文成了一种'披着欧洲外衣'，负荷了过多的西方新词汇，甚至深受西方语言的句法和韵律影响的语言。它甚至可能是比传统的文言更远离大众的语言。"[2]这也就是新文学长期无法解决语言大众化问题的根源所在。我们不妨读一下《狂人日记》的语言，这种语言有独特的语法结构，用得非常拗口：

> 四千年来时时吃人的地方，今天才明白，我也在其中混了多年；大哥正管着家务，妹子恰恰死了，他未必不和在饭菜里，暗暗给我们吃。
>
> 我未必无意之中，不吃了我妹子的几片肉，现在也轮到我自己，……

---

[1] 胡适：《建设的文学革命论》，《新青年》第4卷第4号，1918年4月15日。
[2] 本杰明·史华慈：《〈五四运动的反省〉导言》，转引自高玉《现代汉语与中国现代文学》，第59页。

狂人为了表达自己也曾经"吃人"这一痛苦事实，用了几个"未必"来转折地表达句子的意思，把句子搞得晦涩难读，却又是非常符合逻辑。这就是非常典型的欧化句子。还有，运用大量的补语结构：

你们要不改，自己也会吃尽。即使生得多，也会给真的人除灭了，同猎人打完狼子一样！——同虫子一样！

不仅惊叹号和破折号的运用十分奇特，语言结构上也很奇特，与中国人一般的口语习惯完全不一样。像这样的奇特语言，怎么能说是传统白话文呢？欧化的句式必然带来欧化的表现效果。新文学作品有时候难读难懂，主要是反映了当时的中国知识分子面对西方许多新的思想激起对自己文化传统的深刻反省，思维混乱、感情复杂是必然的。像鲁迅的文学语言，给人带来的最震撼的就是这个效果。《野草》里的晦涩难懂的语言隐藏着无穷的潜在魅力。从鲁迅开始，中国的文学进入了一种现代语写作，而不是一般的口语写作。所谓的现代语写作，就是用标准的现代语法，尽最大的力量来表达现代人的思维方式，表达现代人所能感受到的某种思想感情。

我们再读郭沫若早期的诗歌如《女神》诸篇，大量的中外名词夹杂在一起，大量的现代科学名词入诗，加之世界性的开阔视野和奇特的想象，展示出一种令人目不暇接的万花筒的异彩：

哦哦，摩托车前的明灯！

你二十世纪亚坡罗!

你也改乘了摩托车吗?

我想做个你的助手,你肯同意吗?

哦哦,光的雄劲!

玛瑙一样的晨鸟在我眼前飞腾。

——《日出》(1920)

大都会的脉搏呀!

生的鼓动呀!

打着在,吹着在,叫着在,……

喷着在,飞着在,跳着在,……

……

一枝枝的烟筒都开着了朵黑色的牡丹呀!

哦哦,二十世纪的名花!

近代文明的严母呀!

——《笔立山头展望》(1920)

啊啊!不断的毁坏,不断的创造,不断的努力哟!

啊啊!力哟!力哟!

力的绘画,力的舞蹈,力的音乐,力的诗歌,力的律吕哟!

——《立在地球边上放号》(1919)

用摩托车来形容日出,用黑色的牡丹来形容大工业,显然是对中国传统优雅的审美习惯的颠覆，而在最后一例里，诗人试图把对强力的歌颂贯穿到绘画、音乐、诗歌、舞蹈等各种艺术形式上去。虽然西方先锋派艺术首先是出现在艺术门类中，然后再传染给文学，而当时中国的现代音乐、现代绘画还处于起步阶段，只有文学能够独立承担起先锋运动的使命，但是郭沫若在诗歌里，不仅给现代各种门类的艺术以新的生命，而且使各类艺术因素都融汇到他的诗歌创作里去，使《女神》如横空出世一样，把"五四"新文学的实绩推到了一个与世界文学同列的高度。这种语言风格是胡适的《尝试集》所开创的白话诗风气以及那种哥哥妹妹的民间情歌传统不能望其项背的。

三、"五四"新文学的先锋精神与现代文学的关系

本章在论述"五四"新文学运动的先锋因素时，一开始就试图加以说明，在"五四"初期，西方人文主义思潮和现代反叛思潮同时影响了新文学作家；同样的原理，即使在一部分具有先锋精神的作家的文学世界里，也融汇了多种外来文学的影响因素，绝不可能为先锋因素所独占。但是我们从"五四"初期新文学运动的发动及其发展状况来看，毋庸讳言，当时就新文学而言，确实存在过一个类似西方先锋派文艺的先锋运动，它构成了"五四"时期新文化运动中的先锋性，以激进的姿态推动文学上的破旧立新的大趋势。这个运动大致可以陈独秀、钱玄同为代表的《新青年》思想理论集团，鲁迅、郭沫若为代表的先锋文学创作，沈雁冰、宋春舫等为代表的翻译引进和理论介绍为基本范围

以及《新青年》《创造季刊》《小说月报》等杂志以各种不同的方式显现其先锋姿态和先锋精神,在"五四"新文学运动初期发挥了积极的、几乎是核心力量的作用。

先锋文艺不等同于现代主义文艺,过去我们常常把两者混同起来,把先锋派文艺看作是现代主义文艺内部的几个规模不大的派别。然而两者最重要的区别是——先锋文艺的锋芒指向"为艺术而艺术"的唯美主义文艺思想,而现代主义各种流派中也包含了"为艺术而艺术"的文艺观念。中国现代文学史上曾流行过由波德莱尔、马拉美等象征主义诗歌,王尔德、魏尔伦等唯美主义和颓废主义以及意识流、性意识等理论构成的现代主义文艺思潮,它们对作家的影响,主要体现在具体的创作美学追求;而先锋精神在中国作家身上所体现出来的主要是文学态度与文学立场,主要体现在文学与社会的关系方面。两者的分野在"五四"时期就得到体现。作为先锋文艺精神的主要特点之一,"五四"初期新文学运动中的"为艺术而艺术"的唯美主义倾向并没有得到普遍的响应,新文学运动的发起人只是针对传统的文以载道的弊病,提出了艺术自身的独立审美的价值,[①]但其出发点仍然是强调文学要介入社会生活,有助于社会进步;创造社成员提倡"为艺术而艺术",一边强调"反抗不以

---

① 陈独秀《致胡适之〈文学革命〉》中探讨"八不主义"中"须言之有物"一条时,阐述了著名的观点:"鄙意欲救国文浮夸空泛之弊,只第六项'不作无病之呻吟'一语足矣。若专求'言之有物',其流弊将毋同于'文以载道'之说?以文学为手段为器械,必附他物以生存。窃以为文学之作品与应用文字作用不同。其美感与伎俩,所谓文学美术自身独立存在之价值,是否可以轻轻抹杀,岂无研究之余地?"(《新青年》第2卷第2号,"通信"栏目,1916年10月1日)

个性为根底的既成道德",一边呼吁艺术要"反抗资本主义的毒龙",张扬个性与反抗资本主义也达到了高度的一致性。[1]所以,以往文学史把"五四"初期的"为人生的文学"和"为艺术的艺术"这两种观念简单对立起来是有失偏颇的。"五四"新文学运动的先锋精神,一开始就决定了文学与社会的对抗性,新文学是对旧社会体制的批判和抗争,在这一点上,上述两种观念没有根本的异议。从"五四"初期的外来影响上看,俄罗斯批判现实主义的文学,浪漫主义的恶魔派文学,其本身都有复杂内涵和多元因素,但是中国新文学作家真正欢迎的外来因素,都集中在反抗社会体制和批判文化传统这两个方面,这与狂热反对传统的先锋精神是不谋而合的。"五四"作家反传统的彻底性,使他们超越了各种艺术思潮流派的自身局限,在先锋精神这一点上统一起来。不过,强调唯美主义、强调艺术形式至上的文艺观点在"五四"时期并非没有影响,只是没有占据主流的位置,直到20世纪20年代后期才慢慢地流行开来(如戴望舒的现代主义诗歌),30年代的许多优秀诗歌和小说的诞生(如京派文艺圈的有些现代派创作成果)才逐渐体现出真正的现代主义的因素。而对于"五四"初期的激进主义的反叛文学思潮,与其用现代主义,毋宁用先锋精神来概括更为确切。

先锋精神不是"五四"新文学运动的全部,但它是新文学运动中最激进、最活跃的一部分力量,它的基本发生形态可以用"异军突起"来概括。"先锋"一词,原先是用于军事领域,

---

[1] 郭沫若:《我们的文学新运动》,《创造周报》第3号,1923年5月27日。

指一支小部队孤军深入，直临前线与强敌作战。在两军对阵敌情未卜的情况下，先锋部队就含有投石问路的性质，战场上胜负难卜、生死危亡的考验使之处于高度紧张的精神状态；更加吊诡的是，先锋与自己大部队的关系也相当暧昧。古代军事上有"将在外，君命有所不受"的说法，意味着前线战场上军情瞬息万变，全靠先锋部队充分发挥主体的能动性，过于拘泥主帅命令反而会遭受全军覆没的危险。这也从另一个角度反映了先锋与主帅之间的辩证关系。换句话说，先锋更加具有独立色彩，它不仅集中力量攻击它的敌人，也会反过来对主帅操纵的大部队生出异己性，这就有了"异军突起"的说法。从文学的先锋精神看，他们除了攻击墨守陈规的传统以外，对本营垒中的主流力量多半也是采取了猛烈抨击或者不屑一顾的傲慢态度，他们至少会觉得，作为主流的文化趋向在它们的掌握者操纵下已经失去了活跃的生命力，已经不足以担当起指挥和领导向传统势力进攻的重任。这就是俄罗斯的未来主义者高喊着要把普希金、陀思妥耶夫斯基、托尔斯泰抛到海里去的原因。中国现代文学史上凡带有先锋性质的文学运动大约都有过类似的经历，新文学运动发起者们对晚清以来的文学革命先驱多有微词，鲁迅在《狂人日记》里对人道主义的质疑，创造社崛起之时针对文学研究会和鲁迅的大肆攻击，左翼文学发动对鲁迅、茅盾的围剿等等，都是属于这类先锋运动前后树敌必然伴随的狂妄与紧张相交杂的心理反应。

由于先锋运动的孤军深入和前后树敌，它在实践上不可能有很长远的坚持。一般来说先锋运动在文学史上都是彗星似的短暂，如同火光电闪稍瞬即逝，伴随而来的是一场场激烈的争论，搅得周天寒彻，但很快就会过去，显出战场的平静和寂寞。所以我们考察先锋文化的成功与否，必须看它与主流文化究竟处于一种什么样的关系。法国先锋派剧作家欧仁·尤奈斯库（Eugene Ionesco）曾经说得很有意思：

> 先锋派就应当是艺术和文化的一种先驱的现象，从这个词的字面上来讲是说得通的。它应当是一种前风格，是先知，是一种变化的方向……这种变化终将被接受，并且真正地改变一切。这就是说，从总的方面来说，只有在先锋派取得成功以后，只有在先锋派的作家和艺术家有人跟随以后，只有在这些作家和艺术家创造出一种占支配地位的学派、一种能够被接受的文化风格并且能征服一个时代的时候，先锋派才有可能事后被承认。所以，只有在一种先锋派已经不复存在，只有在它已经变成后锋派的时候，只有在它已被"大部队"的其他部分赶上甚至超过的时候，人们才可能意识到曾经有过先锋派。[①]

尤奈斯库这么说，显然不是针对具体的文学先锋流派而言的，他泛指某种先锋文学艺术现象只有事后才会被人意识到，指出了真正的先锋运动确是认清了社会文化潮流的趋向而不是故意地装疯撒娇，先锋派是否成为真正的先锋要经得起时间与

---

① 欧仁·尤奈斯库：《论先锋派》，李化译，见《法国作家论文学》，生活·读书·新知三联书店，1984，第568页。这段引文的法语原文如下：

历史进程的考验，他们所追求的艺术目的是否能为"大部队"即主流文化所容纳，是先锋得以成立的标志。如果"先锋"了一阵以后无声无息，那就不是真正的先锋。这一特征毫不掩饰地道出了先锋派在反媚俗的同时，必将有另一种媚俗的倾向，它有急于求成、急于被主流文化承认的功利性和迫切性，这也是自称先锋派的艺术家会自觉接受某种权力的合作的根本原因所在（如俄罗斯未来主义者向苏维埃政权靠拢，法国超现实主义诗人阿拉贡、艾吕雅等加入了法国共产党，都可以从这一角度来认识）。我们从这一定义来看"五四"新文学运动，就不难意识到它的先锋性是经得起时间考验的。其标志当然不仅仅是其存在下去，而是"五四"的先锋主张——反传统的立场、深刻的批判精神、语言的欧化结构、开创性的新文艺形式等等，都逐渐被主流文化所接受，并且形成了我们所说的"五四"新文学传统。

这样，由于先锋性的存在，新文学运动就呈现出特别复杂的形态。我们从考察先锋运动与主流文化的关系的角度，来回

Ainsi, l'avant-garde serait donc un phènomèna artistique et culturel précurseur: ce qui correspondrait au sens littéral du mot. Elle serait une sorte de pré-style, la prise de conscience et la direction d'un changement⋯qui doit s'imposer finalement, un changement qui doit vraiment tout changer. Cela revientàdire que l'avant-garde ne peut être généralement reconnue qu'après coup, lorsqu'elle aura réussi, lorsque lesécrivains et artistes d'avant-garde aurontétésuivis, lorsqu'ils auront crééuneécole dominante, un style culturel qui se serait imposè et aurait conquis uneépoque. Par conséquent, on ne peut s'apercevoir qu'il y a eu avant-garde que lorsque l'avant-garde n'existe plus en tant que telle, lorsqu'elle est devenue arrière-garde; lorsqu'elle auraétérejointe et même dépassée par le reste de la troupe.（Eugène Ionesco, "Discours sur l'avant-garde", in: *Eugène Ionesco*, Notes et Contre-Notes, Gallimard, 1962, p.26）

应本文一开始所介绍的王德威教授的"被压抑的现代性"和范伯群教授所持的"鸳鸯蝴蝶派小说为正宗"说,就能得到进一步的启发。在20世纪前二三十年中国文学发展的过程中,我们不妨把新文学运动中某些激进因素(不是新文学的全部)看成一个异军突起的先锋派文学运动,也就意味着新文学运动内部存在着一个与同时代的文学主流之间"断裂"的形态,而从晚清到民初的文学向"五四"新文学发展的总体过程则是当时中国文学的主流。当时中国社会面临着三千年未有之大变局,文学凭着敏感的特性,自然而然地充当了回应社会破旧立新的先声。新旧文学之分野是存在的,但未必如后来的文学史所描绘的那样清晰。古典文学历来有雅俗之分,晚清时期新因素的出现,主要是在俗的一边,如小说戏曲等,一是充当了资产阶级政治改革的宣传工具,二是迎合了半殖民地刚刚兴起的通俗文化市场。而雅文学一边,即士大夫们的诗文写作,毕竟还是慢了一拍,直到黄遵宪才发生了缓慢的变化,即使到南社时代,仍然是在传统的旧文学形式里打圈。"五四"前一二十年中国的雅俗文学都在发生变化,比较显著、或者说直接影响了20世纪文学走向的,是俗文学发挥了前所未有的作用。在这个意义上,范伯群教授引朱自清的"正宗说"有一定的合理性,毕竟当时的俗文学全盘继承了古典小说的文学遗产。但从雅文学创作一边来考量,如诗文方面,俗文学则无法左右其中,继往开来(台湾沦为日本殖民地以后,古典诗创作还有进一步的发展空间)。晚清到民初的主流文学依然是在社会生活的推动下发生着变化,文学为了适应社会的需要,其新的主题的确立,西方文学的翻译介绍，语言的通俗化大众化，文化市场体制的建设等等，都在有条不紊地发展着。民初政治的混乱与黑暗，使原来旨在政治改良的晚清白话小说的创作势头有所遏制，而繁荣一时的两大潮流：一个是唯美颓废倾向的旧体诗词和言情骈体小说，一个是文化市场上的通俗读物（包括各种通俗性的狭邪、黑幕、武侠、滑稽小说等等），都有了长足的发展。在这两大文学潮流中，包含着现代意识的白话文学并非没有增长，这就是王德威教授所说的"被压抑的现代性"的多种文类的晚清小说，也在按照自身逻辑发展着。王教授指出的"没有晚清，何来五四"，在这个意义上提出质问是相当有力的。

关于"被压抑的现代性"这个概念，王德威教授的阐述中含有多重的意义：（1）它代表一个文学传统内生生不息的创造力。这一创造力在迎向19世纪以来西方的政经扩张主义及"现代话语"时，曾经显现极具争议性的反应。（2）指的是"五四"以来的文学及文学史写作的自我检查及压抑现象。在历史进程独一无二的指标下，作家勤于筛选文学经验中的杂质，视其为跟不上时代的糟粕。（3）泛指晚清、"五四"及20世纪30年代以来种种不入（主）流的文艺实验。① 虽然这部著作主要是在第三种意义上讨论晚清小说文类中的"被压抑的现代性"，但是我更重视的是第二种意义上所含的方法论，即如何理解中国文学的现代性问题。如作者所说："晚清小说求新求变的努力，因其全球意义及其当下紧迫感，得以成为'现代'

---

① 王德威：《被压抑的现代性：晚清小说新论》，第25—26页。

时期的发端……晚清作家却发现自己在思想、技术、政治、经济方面,身处世界性交通往来中。他们所面临的要务,乃是即刻掌握并回应西方的发展。"①中国作家的这样一种能力是在中国特定环境下的实践中培养出来的,因此,讨论中国文学的现代性因素,不能简单地以某一种现代性的标准绝对化,而排除中国文化自身发展中出现的多种现代化要求。王德威教授非常准确地指出了中国文学的现代性问题上的世界性因素:"作为学者,我们在跨国文学的语境中追寻新与变的证据之际,必须真的相信现代性。除非晚清时代的中国被视为完全静态的社会(这一观念早已被证明是自我设限),否则识者便无法否认中国在回应并且对抗西方的影响时,有能力创造出自己的文学现代性。"②王教授这一论述,与我过去阐述的"中国文学的世界性因素"③不谋而合。也许,在今天人们的阅读经验里,

---

① 王德威:《被压抑的现代性:晚清小说新论》,第40页。原文及出处如下:
"late Qing fiction distinguished itself as the beginning of a "modern"(rather than merely "reborn") ear by its global relevancy and its immediate urgency. [……] Qing writers found themselves already in the midst of ongoing worldwide traffic in intellectual, technological, and politico-economic goods. Qing writers were faced with the task of immediately grasping and responding to developments that had taken centuries to mature in the West."(David Der-wei Wang, *Fin-de-siècle Splendor*: *Repressed Modernities of Late Qing Fiction*, 1849—1911, p.18)

② 王德威:《被压抑的现代性:晚清小说新论》,第41页。原文及出处如下:
"I am only suggesting that as critics we must really believe in modernity – in the pursuit of the new and innovative in the context of international literature. Unless China in the late Qing is seen as a totally static society, a notion that has repeatedly been shown to be untrue, one cannot doubt its capacity to generate its own literary modernity in response and opposition to foreign influences."(David Der-wei Wang, *Fin-de-siècle Splendor*: *Repressed Modernities of Late Qing Fiction*, *1849-1911*, p.19)

③ 详细论点可参考拙文《20世纪中国文学的世界性因素》,收陈思和《中国当代文学关键词十讲》,复旦大学出版社,2002。

晚清小说仅仅具有当时的市场功能，很难与今天我们所理解的现代性问题联系起来，而王德威教授指出的是，现代性的多种可能性本来存在的，后来是在文学史的统一观念支配下被自我检查和压抑掉了。这是王教授的理论最能击中我们目前文学观念的要害之处，引起了我对传统文学史观念的重新审视。本文所提出的"五四"新文学的先锋性的观点，正是为了解释王教授的质疑。长期以来我们混淆了作为先锋文学和主流文学之间的界限，把作为一场具有先锋性的"五四"新文学运动视为文学史的新的起点，即用先锋文学的规范营造了一个20世纪中国文学的普遍规范和战斗传统，而取代了之前的主流文学的多样性，也涵盖了以后的所有复杂多元的文学现象，这样的理解当然是可以的，但是付出的代价则是牺牲或者漠视了晚清以来近二十年的文学实践及其以后的文学实践的丰富内涵，对于中国可能出现的多种现代性的追求，只能做出简单的教条的理解。我提出"五四"新文学的先锋性并非抹杀了它奠定文学新局面的意义，而是要重新定义它与晚清以来主流文学的关系。作为异军突起的先锋文学运动，它正如尤奈斯库所分析的："一个先锋派的人就如同是国家内部的一个敌人，他发奋要使它解体，起来反叛它，因为一种表达形式一经确立之后，就像是一种制度似的，也是一种压迫的形式。先锋派的人是现存体系的反对者。"[①]严格地说，先锋派不是建立新的文学范式，而是通过对

---

① 欧仁·尤奈斯库：《论先锋派》，李化译，见《法国作家论文学》，第569页。这段引文的法语原文如下：
L'homme d'avant-garde est comme un ennemi à l'intérieur même de la cité qu'il

主流文学的主要体系的出击，使批判的、创新的因素进入主流文学的范式，使传统的内涵在它的攻击下变得更加充实更加丰富，进而也更加贴近时代变化的需要。用尤奈斯库的话来说，就是当先锋文学的批判、创新的因素被主流文学接受并改变了主流文学的方向，先锋才完成任务，才能被确认为先驱者。1921年白话文获得国家教育部门的承认并给以推广，先锋性的新文学运动完成了自己的使命，白话文学因此进入了文学教育体制，"五四"文学革命的任务已经完成。这时候，具有强烈先锋意识的鲁迅等人敏感地意识到原有阵营被解体了。这意味着作为一场先锋文学运动已经取得了部分的胜利，它已经开始转化，逐渐与主流文学的"大部队"融会成一体了。

所以，我想把20世纪的文学史理解成两种文学：一是随着社会生活的变化而自然发展的主流文学，从晚清到"五四"以及"五四"以后的各类文学现象，构成了一个内涵丰富的多元的文学主流现象；二是在时代的剧变中出现的异军突起的先锋文学。主流文学本身也在随时代的变化而变化，发展进程是自然的、常态的，主要形式是努力适应市场的文学创作；而先锋文学是超前的、激进的、突击性的，以前卫的因素揳入主流文学，为主流文学添加新鲜的血液。在中国现代文学史上，大的像"五四"新文学运动、革命文学运动、左翼文艺运动等激

---

s'acharne à disloquer, contre laquelle il s'insurge, car, tout comme un régime, une forme d'expression établie est aussi une forme d'oppression. L'homme d'avant-garde est l'opposant vis- à -vis du système existant.（Eugène Ionesco, "Discours sur l'avant-garde", *in: Eugène Ionesco*, Notes et Contre-Notes, Gallimard, 1962, p.27）

进文学运动,小的如创造社、沉钟社、狂飙社[1]等先锋社团,它们对文学史的作用有大有小,有正有负,都可以看作是此起彼伏的先锋文学思潮。先锋文学是短暂的,其主要形式是运动,当主流文学接纳它们而发生了相应的变化以后,其先锋意义也就丧失。如果从这样的角度来认识文学史的发展,那么,中国现代文学既包含了"五四"新文学运动的先锋性因素,又不是先锋文学所能完全涵盖的。中国现代文学是一个整体,有它自身对先锋文学的或吸取或排斥的选择指标和规律。比如说"五四"文学提倡白话文学和引进西方文艺形式,这些因素因为更加符合现代性而被主流文学所吸纳,形成了20世纪20年代以后的新文学主流,但是欧化的语言形式并没有被完全接受,新文学强烈反对的旧语体文学也没有被完全取消,最明显的证据之一就是旧体诗的写作,连最著名的新文学作家(如鲁迅、陈独秀、郭沫若、郁达夫、田汉等),都没有放弃过旧体诗的写作。还有,新文学运动反对京剧也从未取得成功,相反倒是促使了旧剧的革命和改良,"文化大革命"中京剧成为最新潮最革命的"样板"。所以,先锋文学看上去很激进,但最终的存在仍然要取决于主流文学的吸纳程度,它不可能全部改变以致刷新主流文学,形成一个全新的方向的流变。

"被压抑的现代性"之所以被压抑,主要的原因不是"五四"新文学形成的文学机制,而是文学史的研究者忽略了

---

[1] 狂飙社在20世纪20年代曾经具有强烈的先锋意识,曾被称为"中国的未来派",在表现主义戏剧创作方面,狂飙社作家也有相当的成绩。可参阅唐正序、陈厚诚主编《20世纪中国文学与西方现代主义思潮》。

先锋文学与主流文学的辩证关系。我们过去习惯上把文学史视为断裂的文学史，即一个新的文学范式取代另一个范式，新的文学永远战胜旧的文学，把新文学运动看作是一种全新的范式，并以这样的范式来取舍各种文学史现象。这样的文学史必然是狭隘的文学史，必然会排斥许多异己的文学现象。"五四"新文学的先锋运动不可能全盘取代晚清以来的现代文学的主流进程，但它以新的激进主张融入主流文学，使主流文学出现了许多新因素，出现了某些激烈变化，但原来的文学并非完全不存在。再简而言之，在过去我们所认定的"五四"新文学范式下的文学史著作里，之所以不能容纳张爱玲、沈从文、钱锺书、张恨水等作家，之所以不能如实介绍许多作家的旧体诗创作、戏曲创作以及文言文写作，都不仅仅是狭隘的政治观念所致，有一个不容忽视的原因就是文学史观念的局限性，"五四"新文学的范式确实无法容纳这些另类的作家和作品。

如果以这样的观念来重新审视文学史，那么，王德威教授所提出的"被压抑的现代性"的晚清文类如狭邪、黑幕、武侠、科幻奇谭等，并非因新文学登上舞台而消失。首先是在新文学范式以外的通俗读物中一应俱全，并且还出过相当有实力的人物和作品（如周天籁的《亭子间嫂嫂》等新狭邪小说，张恨水的《八十一梦》等讽刺黑暗小说，还珠楼主的融武侠与科幻奇谭于一炉的《蜀山剑侠传》、蔡东藩的历代演义、程小青的侦探小说等）。1949年以后，这些文类又转移到香港和台湾等地区，特别地繁华起来，出现了创作的"大家"。这是中国整体文学地图所决定的。政治区域的分割和政权的变动都不能割裂文学史的完整性和流动性。但我还要强调的是文学史的另外一种现象，即在所谓的新文学范式下面，仔细关注文本就可发现，主流文学虽然接受了新文学的范式，但并不能将这些晚清小说的基本范式取消掉，所不同的是，在各种传统文类里加入了新的时代所需要的话语。以1949年以后各种文类的创作被控制最严的历史时期为例，武侠小说所反映的正义性和传奇性，被大量的革命历史题材，尤其是抗日战争题材中的草莽英雄故事所取代；公案小说和推理小说，被大量的反特故事和惊险故事所取代；科幻奇谭作品被大量科普读物和畅想未来的作品所取代，这些文类所含有的现代性，依然在各种变了形态的作品里曲折地存在着。先锋文学的观念虽然能够风靡一时，但终究不能够完全取代传统发展而来的现代主流文学的创作实绩。所以，只要我们掌握了两者之间的辩证关系，仍然能将这些质疑深入讨论下去，继续开拓20世纪中国文学史研究的学术视野。

从"小野蛮"到"神人合一"
——1920年前后周作人的浪漫主义冲动

刘皓明

> "你不明白吗,"我说,"我们先从给儿童讲寓言(mythos)开始,寓言从整体看是假的,但是其中也有真实?"
>
> ——柏拉图《城邦》

> 与一切活的合一,在蒙福的自我遗忘中重返自然的宇宙,这是思想和喜乐的巅峰,……
>
> ——荷尔德林《旭裴里昂》

在中国现代文学史和思想史上,就兴趣的广博和思想历程的漫长与曲折而言,无人能出周作人其右。1920年前后是周作人成为新文化运动主要人物之一的关键期。我们只需把目光投向这个短暂的时期,周的文学观和哲学观,就已经显示出微妙的、不容忽视的变化和修正。这些变化和修正之所以引人瞩目,尤其在于周作人作出它们时,有明显的挣扎和痛苦的痕迹；①而它们之所以重要，乃缘于它们是理解周作人未来发展的一把钥匙。尽管它们显得零散、不成形也不系统，但在1918年末至1921年底，这些观念和思想的变化，明白无误地昭示出一种趋向，而这种趋向所指，我称之为浪漫主义。认这一趋向为浪漫主义，对我们理解周作人此时和此后的思想世界有工具之效，对我们理解中国现代文学史和思想史，也有很重大的辐射意义和连锁后果。

我对浪漫主义或浪漫派这个词的使用，是遵循了20世纪中期以来确立的批评传统。这个传统把在主要是世俗的处境中，在内心里对于拯救的寻求，看作是"浪漫派的崇高主旨"。②从1918年末以降的三年里，周作人的文学观和哲学观，与浪漫主

---

① 参见《山中杂信》第一封，所署日期为1921年7月5日；周作人：《周作人书信》（1933／2002；以下简称《书信》），第5页："我近来的思想动摇与混乱，可谓已至其极了。"本文所引周作人结集著作，均使用止庵所编的《周作人自编文集》，全三十五册，河北教育出版社，2002。引用这一套文集中个别作品时，如在标题后有圆括号，圆括号中有为斜杠所分割的两个不同年份，例如上面的（1933／2002），则斜杠前为初版年份，其后为止庵版出版年份，但是页码依照止庵版。本文所引用的1949年前周作人所有未结集作品，均收在陈子善、张铁荣合编的《周作人集外文》（海南国际新闻出版中心，1995），全两卷。周作人作品具体系年，参考了张菊香和张铁荣的《周作人年谱》（天津人民出版社，2000）。

② 参见M·H·艾布拉姆斯（M.H.Abrams）《自然的超自然主义：浪漫主义文学中的传统与革命》（*Natural Supernaturalism: Tradition and Revolution in Romantic Literature*）（W. W. Norton, 1973）第一章"这是我们的崇高主旨"（"This is Our High Argument"），第17—70页。除了《自然的超自然主义》，20世纪中叶以来在北美论浪漫主义的最有影响的著作还包括——但不仅仅限于——诺思洛普·弗莱（Northrop Frye）的《恐怖的对称：威廉·布莱克研究》（*Fearful Symmetry: A Study of William Blake*）（Princeton U.P., 1947）、M·H·艾布拉姆斯的《镜与灯：浪漫主义理论与批评传统》（*The Mirror and the Lamp: Romantic Theory and the Critical Tradition*）（Oxford U.P., 1953）、哈罗德·布鲁姆（Harold Bloom）的《雪莱的神话创造》（*Shelley's Mythmaking*）（Yale U.P., 1959）和《异象中的伴侣：英国浪漫主

义的某些最核心的方面均相吻合。目前迅速扩大着的周作人研究，迄今尚未把周作人的思想纳入浪漫主义的历史和理论框架中来考察。但是倘若不把它纳入这种历史和理论的语境里，就将很难，如果不是完全不可能的话，解决属于他后来生活的许多问题，同时也会让我们很难获得对"五四"时期更深刻周密的理解。在本文中，我将通过考察周作人的白话诗和在1920年前后的那些重要的批评文章——特别要集中考察和儿童文学、文学中的超自然主义、超验主义和社会乌托邦等有关的问题——来证明和阐发周作人的浪漫主义倾向。通过识别他所接受的资源、追踪他的某些文学和哲学构思的形成过程，并通过阐明它们在跨国的、历史的、思想的和文学的背景中的意义，我将试图实现历史和理论的融合。我的目标是要提出一种清晰的理论和历史模式，这个模式将展示为同浪漫主义完全吻合。

诗歌解读》（*Visionary Company: A Reading of English Romantic Poetry*）（Cornell U.P., 1961）、杰弗里·哈弗曼的《华兹华斯的诗 1787—1814》（*Wordsworth's Poetry 1787—1814*）（Yale U.P., 1964），另外还有保罗·德·曼（Paul de Man）关于让·雅克·卢梭、威廉·华兹华斯、和弗里德里希·荷尔德林的许多论文。我对北美浪漫主义研究的最新发展状况并非不了解，比如那些新历史主义（New Historicism）旗号下的研究专著。但就是这些最近的浪漫主义批评学派也都或公开承认或默认弗莱、艾布拉姆斯、布鲁姆、哈特曼和德·曼的著作中的前提和基本观点。我这篇论文中的讨论，并不会因为回避了这些最新学者所提出的问题而被削弱。需要特别强调的是，遵循这个批评传统，本文所使用的浪漫主义概念，不同于李欧梵在《中国现代作家的浪漫一代》（*The Romantic Generation of Modern Chinese Writers*）（Harvard U.P., 1973）中不加说明地作为理论前提的那个"浪漫（the Romantic）"的概念。尽管在他的研究中，他所触及的某些个别问题和本文的论题不无关联，比如，郭沫若的泛神论和神话创造，但是他不加检讨所认定的"浪漫"，实质上是感伤主义（sentimentalism），同本文乃至西方批评传统中的浪漫概念判然有别，倒是符合庸俗意义上的所谓"浪漫"。

一、从前，有个寓言：《小河》

今天，周作人最长的白话诗《小河》[①]曾经引起轰动以及它被称为白话诗的"第一首杰作"这一事实，可能会让中国普通的诗歌读者感到惊讶。但是周作人的弟子、批评家和诗人废名（1901—1967）20世纪30年代中期在北京大学讲新诗时，就这样褒奖过这首诗。在这个讲座中，废名还解释了，这首诗在白话诗歌史上之所以重要，就在于它在1919年前后带来一种"新鲜感"，[②]而这种"新鲜感"建立在"其所表现的东西，完全在旧诗范围以外了"。另一位同时代的批评家朱自清（1898—1948），在树立新文学经典的选集《中国新文学大系》的诗歌卷导言中，对这一评价表示赞同。[③]两位批评家都暗示，这首诗除了与传统诗歌形成鲜明的对比外，就是与当时所发表的其他白话诗相比，也具有创新性。废名特别指出，是周作人的这首《小河》，而不是胡适（1891—1962）那些被认为是打响了反传统诗歌战役第一枪的早期白话诗，让一种全新的诗学破土而出，并因此标志着白话诗与传统之间根本的决裂。这就是为什么这首诗，用废名的话

---

① 不包括收在周作人的白话诗集《过去的生命》（1929 / 2001）后面的那些散文"诗"。
② 废名：《谈新诗》（北平新民印书馆，1944），收入陈子善编《论新诗及其他》，辽宁教育出版社，1998，第70页。
③ 尽管并没有专门谈到这首诗，朱自清指出，周作人的白话诗及其兄鲁迅的白话诗，都在根本上同传统诗歌决裂了，因此之故，在早期其他白话诗人中间特立挺出。参见朱自清《中国新文学大系·诗集·导言》（上海良友图书公司，1935；以下简称《大系》），第1—3页。

256　重访五四新文化：语言与文学

来说，被看作"新诗中的第一首杰作"。[1]

周作人自己也很看重《小河》，他晚年写成的自传《知堂回想录》，就用了两章（131和132）的篇幅来记叙这首诗的写作背景。因而可以说，这首诗受到的关注是独一无二的，超过了他所有其他白话诗。在关于《小河》的这两章中的第二章里，周作人用大量篇幅引了他在1944年所写的一段关于《小河》的札记。[2]这则札记含有对这首诗的形式的论述，宣称这首诗的形式可以归为"譬喻"。如今，"譬喻"一般理解为"明喻（simile）"或者"比喻（metaphor）"。然而，在周作人那里，这个词所指的，必是某种类似于"寓言"的东西。在现代汉语中，"寓言"这个词常被视作对应于英语的"fable"，而fable在英文中本义是虚构的故事，其中虚构是这个词的核心意义，同事实或纪实相对立。[3] "譬喻"应被理解为"fable"（寓言），尤其因为周作人曾在别处提出，形象化的譬喻表现（figurative representation），或者说象征手法（symbolism）——周作人将它等同于中国传统诗学中三个基本概念之一的"兴"——应该成为中国现代诗歌的主要表达方式。[4]照他看来，在传统诗学的三

---

[1] 陈子善编《论新诗及其他》，第70页。
[2] 周作人：《知堂回想录》（1970/2002）下册，第442—448页。关于1944年的札记，参见周作人的《老虎桥杂诗》。这是周作人在1946—1949年间写作的旧体诗的合集，其首次出版的完整的版本，见止庵编《周作人自编文集》（见第254页脚注①），第92—94页。
[3] 见《牛津英语大辞典》（OED）"fable"条。
[4] 参见他在1926年为刘半农（1891—1934）的诗集《扬鞭集》撰写的序言；收入《谈龙集》（1927/2002），第41页。需要指出的是，周作人对"兴"这个术语的解释是具有创新性的，与这个术语的经典解释有差异。对"兴"最为重要的传统解释之一，参见詹锳《文心雕龙义证》第8卷，上海古籍出版社，1989，第1329—1372页。近来对"兴"的经典解释的讨论，

从"小野蛮"到"神人合一"——1920年前后周作人的浪漫主义冲动

个基本概念中,"兴"较"赋"和"比"更为根本。按照这种对中国古典诗学的主要概念所进行的重新阐释,周作人自己的这首诗就必须放在"兴"——即形象化的譬喻表现——的范畴内来考察。

《小河》所讲述的,是一条流动的小河被一个农夫的堤堰所截的故事。这首诗包含会说话的稻苗、能表情活动的桑树和小动物等形象。它们都能用语言来表达对受阻遏的小河的同情和对它们自己状况的担忧。显然,这首诗所包含的,绝不仅仅是"比"。它与"赋"——这个词往往和它在古典模式中可见的那种铺张,甚至浮夸的文风是同义的——也没有什么关系,因为从风格上说,它是那样的朴实。作为一个明白无误地用非现实主义的模式(会说话的水稻和动物)写成的故事,《小河》所讲的故事,是靠"象征手法",即靠"形象化譬喻",来传达其含义的。出于这个原因,按照周作人的术语定义,这首诗应该属于"兴"的范畴。"譬喻",作为"兴"的一种形式,可以被翻译为"fable",因为一个"fable"就是"一个虚构的、与超自然的或者非凡的人物和事件有关的故事",而且往往含有某种实用的教训。[①]由于《小河》讲述了一个虚构的故事,利用了被赋予生命和智能的物体作为故事中的人物,以此来传达,据作

参见苏源熙(Haun Saussy)《中国审美问题》(*The Problem of a Chinese Aesthetic*)(Stanford U.P., 1993),第122页以降。宇文所安(Stephen Owen)把兴理解为"能感情的意象"(affective image),同周作人把"兴"视为譬喻或象征的看法较接近,见《中国文学思想选读》(*Readings in Chinese Literary Thought*)(Harvard U. the Council on East Asian Studies, 1992),第45—46页。

① 见《牛津英语大辞典》(OED)"fable"条。

者自己的说法,某种伦理的和政治的信息,因此,《小河》符合"fable"(寓言)这个词的所有定义。①

如果我们把前面两位批评家对这首诗的评价,同作者自己对它的形式的评价结合起来,那么把这首诗看成是一个突破,就很有理由了。因为和当时的其他白话诗相比,《小河》中那个详尽的虚构故事是很独特的。比如,它与胡适早期的白话诗相比,就有明显的不同。尽管胡适率先试验写作白话诗,但他对抒情诗的理解是诗主要还是由景物的瞬间构成的,要么就是为诗人的情绪或转瞬即逝的情感状态所引导支配的。②在风格和语言方面,《小河》与沈尹默(1883—1971)的白话诗相比,也很突出。沈尹默在新诗运动之初发表的那几首白话诗中还保留着

---

① 在1944年的札记(同前,参见周作人的《老虎桥杂诗》)中,周作人以他特有的自贬的口气指出,《小河》在形式上并没有什么新鲜之处,而对譬喻的使用,在外国文学中,但尤其是在中国文学中,已有先例。然而,在这里,他似乎有些自相矛盾。因为在这首诗于1919年第一次在《新青年》上发表的时候,他在附记里将他这首散文化的诗与波德莱尔《巴黎的忧郁》(Le Spleen de Paris)的散文诗联系在一起,见《新青年》1919年第2期,第91页;收入陈子善、张铁荣编《周作人集外文》(以下简称《集外文》)上册,第306页。在那时,他并没有说这首诗从中国的什么先例那里得了灵感。二十年后,他却具体举出《中山狼传》为中国文学中使用譬喻的一个先例。《中山狼传》是一个16世纪的寓言,其中的角色有一只会说话的狼和一棵拟人化的树。[参见马中锡(1446—1512):《东田文集》,《丛书集成初编》,商务印书馆,1936,第2150—2151页]。他还把自己的这首诗同运用寓言的"外国民歌"相提并论,但是并没有具体说出是哪些民歌。在1944年,他实际上推翻了先前关于《小河》与欧洲文学的关系的陈述,转而声称这首诗传统的成分多于西方的成分。然而,正如后文将要证明的那样,这并不符合事实。

② 他在《新青年》第2卷第6期上发表的一组早期白话诗,大部分和传统的山水或景物绝句差别不大,特别是其中的《朋友》、《月》三首、《江上》,第1—2页。

明显的传统诗歌的痕迹，读起来很像乐府和词。①与那时产生的大多数白话诗不同，《小河》并不是一幅风景素描，②而是包含着一个完整故事，而且这个故事显然是虚构的、寓言性的，或者用周作人的话来说，是用了"象征"手法的。同时，与同时代的很多白话诗不同，《小河》的语言是平实的、不做作。特别是在废名那里，诗歌构思的整体性和完全，以及句法的整体性，是现代诗的两个决定性特征，③因此，正是这个用平实流畅的语言叙述出来的虚构故事的完整性，使得这首诗在废名眼里，成为白话诗的第一首"杰作"。

一个更理论化的解释，可以进一步揭示周作人的叙事诗所具有的革命性意义。中国传统诗学，在其形成阶段，摇摆于表现说和教化说之间。④其中表现的倾向，是这两者中更为根本的，这在郑玄的《诗谱序》中，表述为那句众所周知的名言：

---

① 他的词风格的白话诗，见沈尹默《落叶》，《新青年》第4卷第2期，1918，第104页；他的乐府风格的白话诗，见沈尹默《除夕》，《新青年》第4卷第3期，1918，第229页。

② 小诗的泛滥变成了一个十分严重的问题，以至于让周作人在《论小诗》（1922年6月）中将它作为一个问题提出来。见周作人《自己的园地》（1923/2002;），第43—49页。朱自清后来也谈到了二三十年代蹩脚的景物短诗泛滥的现象，见朱自清《短诗与长诗》，《朱自清全集》，台南出版社，1967，第107—109页。

③ 陈子善编《论新诗及其他》，第25—28页。废名关于作为现代诗必不可少的"完全"概念，参见刘皓明《废名的表现诗学：梦、奇思、幻与阿赖耶识》，《现代中国文学与文化》（*Modern Chinese Literature and Culture*）第13卷第2期，2001，第37—39页。中译见《新诗评论》2005年第2期，第91—124页。

④ 参见刘若愚（James J.Y. Liu）《中国诗歌艺术》（*The Art of Chinese Poetry*）（The U. of Chicago P., 1962）。刘若愚将中国传统诗学分为四类，其中头两类为"教化论（the didactic view）"和"个体论（the individualistic view）"，而且先于后两类出现。他所说的"个体论"，与我所说的"表现论"是一致的的，而且，在理论上，这种观点比教化论更为根本。

"诗言志"。[1]当"志"受到了道德原则的规范时，诗的表现说，就变成教化说。这种表现理论，和西方诗学的根本观念形成鲜明对比。后者将诗歌看作摹仿。[2]通过语言的中介来摹仿人类的行动，就必然导致叙事或者讲述故事，有时候还要加以戏剧化，在近代以前，就是竖琴式诗歌也有很强的故事甚至戏剧化成分；与此相反，表现观的诗歌理论不利于编造或者讲述故事。[3]实际上，它更有利于那种直接的主观感叹的泛滥，这在早期白话诗中经常能见到。同这样的表现论相对立，诗人的角色——他个人的天赋、感情或者欲望——在西方直到18世纪下半叶才得到很大重视。[4]对诗歌本质的表现论看法，在中国传统诗

---

[1] 郑玄乃引自《尚书》。《毛诗·大序》诠释这一思想为："诗者，志之所之也。在心为志，发言为诗。"《十三经注疏》上册，中华书局，1979，第262、269页。《大序》对《尚书》中论述的诠释，可参考宇文所安《中国文学思想选读》，第40—41页。

[2] 关于中国诗学与欧洲诗学之间的这种根本差异，余宝琳（Pauline Yu）以出色的明晰和精确作出过表述，参见余宝琳《中国诗歌传统的意象解读》（*The Reading of Imagery in the Chinese Poetic Tradition*）（Princeton U.P., 1987），第1章，第3—43页。对摹仿论的历史和理论的简要说明，读者可以参考艾布拉姆斯《镜与灯》，第8—14页。从公元前5世纪以来，摹仿论在西方诗学史和文学批评史上的大部分时期一直都占统治地位。与西方诗歌的摹仿论和中国传统诗歌的表现论漫长的传统相比，在西方，诗歌的表现论，是伴随着浪漫主义美学兴起的，因而是一种较晚的现象。对西方传统中各种表现论的总结，参见上书第21—26页。苏源熙关于中国传统诗学中"中国喻言（allegory）的不可能性"的论述，进一步突出了周作人寓言化的《小河》的革命意义。参见苏源熙《中国审美问题》，第13—46页。

[3] 关于乐府作为有条件的叙事诗，参见余宝琳《中国诗歌传统的意象解读》，第37页。

[4] 在评论亚里士多德在《诗学》中将不同的功能赋予诗歌中不同的要素时，艾布拉姆斯说："诗人凭自己的技巧从自然事物中提炼出形式，再把这形式赋予人工的媒介物，因而他是不可或缺的能动因，是办事人；但是他个人的能力、情感或欲望却不要用来解释一首诗的主题或形式。"艾布拉姆斯：《镜与灯》，第11页。

学中的后果就是，虚构性故事并没有占据突出的地位，相比之下，西方诗学从一开始就在故事和诗歌之间建立起了一种密切的联系。比如，在《城邦》中，柏拉图就用mythos这个词——在英文中，或译为寓言（fable），或译为故事（story），①或译为志异（tale）——来指像荷马那样的诗人所讲述的虚构的故事。②后来，亚里士多德在《诗学》的篇首，将mythos（故事情节）的组织，列为一首好诗所必需的几个根本特征之一。③

还没有证据表明，作为首个或者首批学习古希腊语的中国人，以及第一个对柏拉图和亚里士多德有系统了解的中国人，周作人是在研究了柏拉图和亚里士多德之后写下这首诗的。然而，《小河》在根本上背离了本质上是表现派的中国诗学的基本原则，采用了柏拉图和亚里士多德最先提出的欧洲诗学的最基本的宗旨：作诗就是作故事（poesis is mythopoesis）。④然而如

---

① 初版于1871年的便雅悯·乔伊特（Benjamin Jowett）的英译本，一直到周作人的时代，都是最通行的，其中就用了"故事（story）"来翻译"mythos"。
② 比如John Burnet编《柏拉图全集》（Platonis Opera）（Clarendon P., 1902）第4卷，p.377a—d。
③ 亚里士多德：《诗学》（De arte poetica liber），Rudolf V. Kassel编（Oxford U.P., 1965），p.1447a。又见S·H·布切尔（S. H. Butcher）：《亚里士多德的诗歌与美术理论》（Aristotle's Theory of Poetry and Fine Art with a Critical Text and Translation of the Poetics）（Dover Publications Inc., 1951），第6页。布切尔将"mythos"翻译为"情节（plot）"。傅汉斯（Hans H. Frankel）指出，"双重身份或者变形的故事，在中国的民间传说中，和在其他文明的神话和传说中，都很普遍。但在中国文学中，它们更多地出现在散文、小说和戏剧中，而不是诗歌中。在中国，没有奥维德这样的诗人让变形成为诗歌中的焦点。"《梅花与宫闱佳丽：中国诗歌赏析》（The Flowering Plum and the Palace Lady: Interpretation of Chinese Poetry）（Yale U.P., 1976），第5—6页。这一评论与下文的讨论有关。
④ 后来，在1924年的两篇散文《神话的辩护》和《续神话的辩护》中，他公开为文学中的神话辩护。两文均收入《雨天的书》（1925 / 20002），第160—162，

果无论柏拉图还是亚里士多德都不是其直接来源，那么周作人在《小河》中是如何抵达西方诗学的这一根本原则的呢？

二、……这寓言是儿童一样的

《小河》是一个采用了万物有灵论（animism）的寓言。其中的角色是会说话的植物和能表情的物体。就万物有灵论而言，它在本质上与主角是一只会说话的猴子的《西游记》没什么不同，也与几篇其他没有《西游记》那么有名的中国传统小说或者传说并无不同。这类小说或寓言包括15或16世纪的《中山狼传》，周作人曾把它同自己这首诗相比较。然而，这样的类比会引起麻烦，特别是在20世纪10年代末和20世纪20年代初新文化运动如日中天的时候：这些传统小说中的万物有灵论，与"五四"作家所倡导的科学与人道主义人生观岂不相冲突吗？万物有灵论的寓言，比如《小河》，不也同此前不久周作人所谴责的传统小说一样，犯了宣扬迷信的罪吗？[①]这种超自然的寓言，难道不应该从周作人及其"五四"的同仁作家们所设想的新文化中清除吗？——就像柏拉图要把荷马从城邦中驱除那样，因为据说他的那些故事（mythos）诽谤和丑化了诸神，因而被看

163—165页。他的这种辩护，又见于一次公开的演讲《神话的趣味》，收入陈子善、张铁荣编《集外文》上册，第631—636页。在上述两篇散文的前一篇中，他使用了希腊字"mythopoios（作神话者）"，这表明他知道神话（mythos）和诗歌（poesis）之间的关系。

[①] 参见他著名的《人的文学》。在文中，《西游记》和其他一些传统志怪小说，被列入"迷信的鬼神书类"这一名目下，并要从现代文学中清除出去；周作人：《艺术与生活》（1931/2002），第13页。

作是不真实的。毕竟，周作人怎样才能够将《小河》（写于1919年1月）与他一个月前刚发表的著名的《人的文学》调和起来呢？在《人的文学》中，他把《封神演义》《绿野仙踪》《聊斋志异》统统贬斥为"迷信"，说它们宣扬"神仙""妖怪"。①

在启蒙运动之后的欧洲文学发展中，超自然主义让出了长期占据的中心位置，退回到一两种专为超自然主义保留的体裁里。其中，儿童文学可能是最重要、最无邪的。这一点在西方，从格林兄弟（the Grimm brothers）、汉斯·克里斯蒂安·安徒生（Hans Christian Andersen，周作人译作"安得森"）、刘易斯·卡罗尔（Lewis Carroll），直到最近的哈利·波特系列的儿童文学传统中，都得到验证。如果我们把《小河》看作是安徒生等人的传统下，针对儿童而写的一个寓言——这在英语中通常被称为Märchen（童话），②一个德文借词——或者至少是为仍保持着一颗童心的现代成年读者写的，那么，诗中的万物有灵论对那些潜在的理性主义批评家来说，就应该能说得过去些了。

---

① 周作人：《艺术与生活》（1931/2002），第12—13页。在这篇文章中，在批判了中国古代的志怪小说之后，周作人指出，它们在"民族心理"研究上，可能会有价值，甚至在文艺批评上也可以容许，但作为一种主义，应该被排斥。
② 从词源学上说，Märchen是Mär的一种小品化形式，即kleine Mär。Märchen与一般的叙述（Erzählung, Geschichte）首要的区别在于，Märchen与"真实的故事"（wahre Geschichte）是相对立的。换句话说，Mär或者Märchen是一种虚构（fiction）。正是出于这一原始的意义，格林《德语词典》（*Deutsches Wärterbuch*）中，将Märchen解释为fabula（故事）。英语单词fable，正是由这个拉丁词演化来的。这个词的词源、意义和用法，见雅各（Jacob）和威廉·格林（Wilhelm Grimm）兄弟《德语词典》（Verlag von S. Hirzel, 1885）第6卷，第1618—1620页。在谈到"童话"的时候，周作人坚持使用这个德语词，而不是常见的英语词"fairy tale"；周作人：《童话的讨论》，陈子善、张铁荣编《集外文》上册，第375页。

的确，周作人正是以这样的方式，来让这首诗和他对描写超自然生灵的那些传统小说的指责，得到调和的。

在《小河》写作的半年前，即1918年6月，周作人在一篇题为《安得森的十之九》的文章中，①对汉斯·克里斯蒂安·安徒生的童话（"童话"丹麦语为Eventyr）的中文翻译做了评论。在这篇评论中，周作人认为，把安徒生的童话翻译成文言，是个双重错误，因为这位丹麦人的文学作品具有两个特征："小儿一样的文章，[……]野蛮一般的思想"，它们与汉语文言所必有和所暗示的东西是背道而驰的。一方面，他的童话的风格，是孩子般的，或者，用与安徒生相识而又常被周作人当作权威来引用的英国文学学者G·戈斯（G.Gosse）的话来说，"它是松弛的、不规则的、直接的儿童语言"。②周作人认为，口语化是安徒生童话的第一特色。另一方面，他的童话所体现出的思维和想象方式，十分接近儿童的思维。而儿童的思维，周作人援引戈斯的话说，类似于野蛮人的思维。③

周作人从安特路·阑（Andrew Lang，1844—1912）、哈

---

① 此文的写作日期，系依据周作人将此文收入《谈龙集》（第148—153页）时所署的日期。它最早以《随感录》（第24篇）的题名发表于《新青年》第5卷第3期（1918年9月15日）。
② 戈斯：《北欧文学研究》（*Studies in the Literature of Northern Europe*）（1883），第180页。周作人曾多次引用此书。
③ 周作人引用了两大段戈斯论安徒生的文章，其中出现了"小野蛮"这个词（《谈龙集》，第151页）。周的戈斯引文我没能找到原文，但是，戈斯在别处曾用"野蛮人"（savage）这个词来描述儿童。参见戈斯的《原创诗》（"Original Poems"），《叶与果》（"Leaves and Fruit"），William Heinemann，1927，第187页。

利孙（Jane Harrison）[1]等人类学家那里得知，野蛮人的思维，其特征常常是相信万物有灵（animism）。[2]同样的信仰，或者至少，这种万物有灵论的倾向，也见于喜欢幻想和阅读像安徒生等所写的那类故事的孩子身上。在这样的故事中，玩具、家具器物和动物，都有了生命，并且依照社会常规法则行事。显然，周作人所指出的安徒生童话的两个特征，对于《小河》也是适用的：它的风格也是纯口语的、松弛的，几乎就像对小儿说话一样的语言；它具有"野蛮人"的想象，因为它使用了能做表情的植物、会说话的动物以及其他被赋予了生命的事物，来演出一个寓言。然而，正如周作人在《人的文学》中所指出

---

[1] 阑、哈利孙和詹姆斯·弗雷泽爵士（Sir James Frazer）所属的人类学学派，叫作进化人类学。作为一种学说，它在人类学领域早已过时了。同弗雷泽不同，阑和哈利孙都算不上是现代人类学史上的重要人物。这两人的影响，主要限于文学批评领域。仅就周作人受阑和他所属学派的影响而言，阑和哈利孙的理论从今天的人类学角度看是否正确，与我们无关。我们所关心的，是周作人如何接受他们的理论并用来服务于自己的目的。

[2] 阑的《神话仪式与宗教》（*Myth, Ritual and Religion*, Longmans, 1887）（周作人的圣经之一）中《野蛮人的心灵状况》（*The Mental Condition of Savages*）一章指出："野蛮人在自己和世间万物之间不划固定的界线。……日月星辰与风均被他赋予人类的感情和言语，不仅鸟兽鱼类为然。"第48—49页。这段话对周作人非常重要，以至于在他评论安徒生的中译本十年之后，还将这段话大段翻译并录入一篇1933年的文章中，《习俗与神话》，《夜读抄》（1934/2001），第16—17页。在他又一个十年之后写成的自传性文章《我的杂学》中，周作人又概述了这段话，并补充道："由此可得到类似的神话传说之意义也。"周作人：《苦口甘口》（1944/2002），第69页。关于哈利孙，周作人发表了他翻译的她的《神话学》（*Mythology*）（Marshall Jones, 1924）一书的引言，其中讨论了万物有灵论在神话形成过程中的作用；《神话学》；参见《希腊神话引言》，收入《谈龙集》，第60—61页。除了阑和哈利孙的著作外，周作人还收藏了爱德华·克洛德（Edward Clodd）（1840—1930）关于这一主题的著作《万物有灵论，宗教的起源》（*Animism, the seeds of religion*）（1905）。见他1913年6月20日的日记，《周作人日记》3卷影印本，（以下简称《日记》上册），大象出版社，1996，第454页。

的那样,这两个特征与新文化运动的宗旨可能并不完全协调。不错,安徒生的童话与周作人这首诗的口语化风格,与新诗运动的一个主要目标的确是完全符合的,即用白话来反对文言以及旧的诗歌辞藻;但是,作为寓言的标志的万物有灵式的想象却不会,因为这似乎和当时所鼓吹的启蒙原则相悖,就像《西游记》和其他中国旧的志怪小说一样,很可能在煽动迷信。在"五四"作家反对古代迷信的热潮中,——他们其中一些人公开反对所有宗教——,[①]《小河》中的万物有灵论可能会造成严重问题。它可能会被看作是迷信的、蒙昧的过去的残留物,而且会潜在地危及五四运动所拥抱的严格的科学主义信条。周作人在1918—1919年间的写作中的这种矛盾,反映了他在欧洲启蒙运动的理性主义原则和艺术想象力原则之间做出选择时,所经历的挣扎。它还突显出包括周作人在内的持论较公允的思想者们,在"五四"时代所面临的理论难题的严重性。

然而,周作人的困窘很快就得到克服。与其他"五四"作家不同,由于对西方文学以及人类学的最新发展了解较全面,周作人最终能够承认,万物有灵论和其他形式的超自然主义对想象力来说是不可或缺的,并为之开脱。在1920年后不久,他便得出结论说,超自然主义出现在文学中,不仅是说得过去的,而且确实是必要的,在根本上是人道的。在《人的文学》与《小河》发表差不多三年半之后的1922年4月,周作人发表了一篇重要的文章《文艺上的异物》。在这篇文章中,周作人第一

---

① 比如李大钊(1889—1927)和蔡元培(1867—1940)两位最著名的"五四"人物,就支持1922年成立的非宗教大同盟。

次毫不含糊地宣称，科学的原则"不能为文艺批评的［唯一］标准"，而万物有灵论，尽管对国民文化的发展是有害的，然而用于艺术中还是很有意义的。[1]而且，他还特别为欧洲浪漫主义作品中所运用的超自然主义进行了辩护。这将在下文中作为重点提及。[2]实际上，他不但对文学中的万物有灵论持宽容态度，而且在同一年，甚至还在一份提倡宗教自由的宣言上签名。[3]因而，如果《人的文学》代表了周作人对理性原则和艺术想象之间的关系所进行的思考的第一个阶段，《文艺上的异物》则体现了它的最终结果。正如《小河》与其他20世纪20年之后的文章所表明的那样，周作人表现出一种对超自然主义越来越兼顾全面的态度，这种态度让《人的文学》中的立场向《文艺上的异物》中的立场的过渡，变得清晰可辨和可理解了。尽管他经过了一些内心的挣扎才得出《文艺上的异物》中的结论，他还是当时唯一有资格得出这一结论的人，因而能在20世纪20年代认可和保卫超自然主义在艺术想象中的作用。从某种角度说，20世纪20年代中期著名的科学与人生观的论战——那些相信科学的力量可以解决人生中所有问题、并因而宣布一切不严格遵守科学原则的观念为不足信的一派人压倒了他们的对手——显示出周

---

[1] 周作人：《自己的园地》，第27、30页。
[2] 周作人：《自己的园地》，第27页。需要注意的是，周作人将Romantic这个词翻译为"传奇"，而不是通常的音译"浪漫"。
[3] 《主张信教自由者的宣言》反对的是李大钊和蔡元培刚刚建立的非宗教大同盟（见第266页脚注③）。该宣言刊于1922年3月31日《晨报》；收入陈子善、张铁荣编《集外文》上册，第395页。参见苏文瑜（Susan Daruvala）《周作人与中国对现代性的另类回应》（*Zhou Zuoren and an Alternative Chinese Response to Modernity*, Harvard U. Asia Center, 2000，第200—202页。

作人与"五四"和"五四"后以科学和理性启蒙为中心的关于现代性的权威话语之间，存在着多大的分歧。[1]与许多"五四"的同代人和后继者不同，周作人的人性观念和对现代中国文学的展望，在1920年前后得到很大拓展，最终超越了那种严格要求"从科学性上说必须是正确的"的诗学准则。其结果，是他拒绝不分青红皂白地谴责超自然主义。对他来说，超自然主义，对于作为物种的人和作为个体的人的发展来说，都是不可或缺的。相应地，它在人的文学中的出现，同样也是不可或缺的，而且实在是有裨益的。

周作人从人类遗传的角度对超自然主义所得出的理解，是他对万物有灵论和文学中其他形式的超自然主义看法的理论基础，而这种理解主要来自19世纪末和20世纪初在西方占统治地位的进化人类学（evolutionary anthropology）。其实，周作人对人类学的了解也就仅只这些。[2]进化人类学是在他钻研希腊神话时进入他的视线的。[3]早在1903年，周作人甫抵东京时，他就对神话，主要是希腊神话及其现代研究，产生了浓厚兴趣。这种兴趣产生的最初动力，仅仅是出于了解西方文学基础知识的需

---

[1] 参见当时的论战文集，张君劢、丁文江编《科学与人生观》，亚东图书馆，1925。周作人可能参与了这场论战，参见苏文瑜《周作人》，第177页。
[2] 参见第265页脚注[3]。苏文瑜在她书中，称安特路阑等人的人类学为"文化人类学"，这是错误的。
[3] 周作人：《我的杂学》，《苦口甘口》，第66—68页。更早的记述，参见《发须爪序》，《谈龙集》，第36—37页。近来的研究，参见王靖献（C.H. Wang）《周作人的希腊学》（Chou Tso-jen's Hellenism），黄德伟（Tak-wei Wong）编《东西笔较文学：跨文化话语》（East West Comparative Literature: Cross-Cultural Discourse）（香港：香港中文大学出版社，1993），第335—336页。

要。但是,他很快就认识到通过人类学来研究神话——不仅限于希腊神话——的更大价值。① 这特别是因为当时在英语世界主宰着希腊神话研究的,是以哈利孙、安特路·阑和詹姆斯·弗雷泽(周译:茀来若)为代表的人类学研究。这些人类学家的著作,将他引向了关于人和文化的更为普遍的问题。在1944年写作的自传性文章《我的杂学》中,周作人透露说,他在人类学中作进一步探索的动机,就是要了解人在自然中的位置,而人在自然中的位置,首先要涉及文化的起源和发展问题。在思想上,对文化起源问题的好奇,最终将他引向了对"野蛮人"的研究。他指出,野蛮人可以分为三类:古代的野蛮人,小野蛮和文明的野蛮人。② 作为一个业余的人类学研究者,也由于中国缺乏可以提供证据资料的海外殖民文化背景,不难理解,周作人对第一类原始人没有机会接触。他在人类学研究领域中所作的任何工作,都只能限于第二和第三类,即"小野蛮"和"文明的野蛮人"。周作人所说的"文明的野蛮人",指的是那些仍然表现出某些原始习俗的"文明"人。不难理解,周作人在中国社会能找到很多这样的例子。中国旧时的志怪小说和故事,根据《人的文学》的说法,正属于这一野蛮人的范畴。而至于"小野蛮",周作人根据戈斯和其他人的说法,指的是儿童。儿童是野蛮人,因为他们处于个人发展的原始时期,就像原始人是人类发展过程中的儿童一样。③

---

① 苏文瑜详细论述了周作人在日期间对西方,主要是英国的神话传说研究的浓厚兴趣;苏文瑜:《周作人》,第84—90页。
② 周作人:《我的杂学》,第72—73页。
③ 尽管他使用了"小野人"(die kleine Wilden)这个术语来表达不同的意思,

周作人对他所说的"儿童学"——这是个来自德文（Pädologie）的新造的词——的兴趣，和他对神话和人类学的兴趣一样由来已久，事实上是后者的一部分。这一兴趣产生于他在东京的时候。作为其儿童发展研究的重要部分，周作人转向了儿歌文学或为儿童而作的文学。他从1912年，即由东京回到故乡绍兴后一年，到1917年定居北京之间这几年的日记，表明他的很多研究都集中在儿童文学上：他到处收集英文和日文的相关著作；①他还在家乡分发搜集儿歌童话的告示；②他撰写并在当地发表了关于童话和儿歌的论文。③其中的四篇，连同后来在北京写的七篇关于同一主题的文章，都收入了1932年出版的文集《儿童文学小论》中。这四篇文章属于他首批严肃的文学论文。还有更多1917年前写作的关于儿童文学或相关主题的文章和翻译，没有被作者收入集中。更为重要的是，在新文化

迪特尔·里希特（Dieter Richter）关于18世纪人们对"野孩子"的兴趣的讨论，与我的讨论有关。他从若望·保禄（Jean Paul）那里引用的"儿童半是兽半是野人"的说法，可以用来诠释周作人的"小野蛮"；里希特：《陌生的孩子：论市民时代的童年形象》（*Das fremde Kind: Zur der Kindheitsbilder des bürgerlichen Zeitalters*）（S. Fischer，1987），第139—165页。

① 他这一时期收藏的关于这一主题的著作包括格林的《童话》、安徒生的《童话》；刘易斯·卡罗尔的《阿丽思漫游奇境记》（*Alicein Wonderland*）；莉娜·蔼堪斯泰因（Lina Eckenstein）的《儿歌比较研究》（*Comparative Studiesin Nursery Rhymes*）（1906）；波特·兰德·麦克林脱克（Porte Lander Mac Clintock）的《小学里的文学》（*Literaturein Elementary School*）（1907）；高木敏雄（Takagi Toshio）（1876—1922）的《童话研究》（《童话の研究》）（无出版日期）。见《日记》1921年10月1日、11月4日、12月5日、12月24日；又见1913年1月13日、1914年3月30日日记和1917年7月得书书目。
② 周作人：《征求绍兴儿歌童话启》，陈子善、张铁荣编《集外文》上册，第151页。
③ 在这些论文中，有一篇关于安徒生的生平的文章《丹麦诗人安兑尔然传》，《集外文》，第147—150页。

运动的高潮，周作人是将儿童文学作为他对中国现代文学的总构想中的一个基本组成部分来呈献的。然而这一事实几乎被所有的文学史家忽略了。他关于儿童文学的文章《儿童的文学》（1920年10月首次进行演讲，两个月后发表），紧随他对中国新文学的构想的三篇著名文章之后：《人的文学》（1918年）、《平民的文学》（1918年12月）、《新文学的要求》（1920年1月）。这四篇文章一起成为《艺术与生活》（1931）这本文集的前四篇。这本重要的文集所收入的文章，其作者认为表达了他迄于20世纪20年代中期对文学和生活的确定想法。[1]很明显，论儿童文学的文章，被作者置于和前三篇更著名的文章同等的位置，而人们如果认识不到这第四篇文章的意义，就不可能理解他对中国现代文学的整体构想。[2]

从一开始，周作人就把儿童文学，或者说Märchen——他执意使用这个德文词，而不是英语的fairy tale或者wonder tale[3]——理解为在根本上是与神话或传说（saga）一样的。[4]早在1908

---

[1] 另外一篇写于1921年的文章《个性的文学》（《谈龙集》，第146—147页），根据其标题来看，似乎是"……的文学"这一系列中的一篇，但没有收入到《艺术与生活》中。这一事实可以证实我的观点，即将《儿童的文学》收入这本文集中，是经过周密考虑的，同时也表明了周作人对这一问题的重视。
[2] 批评家们对这四篇关于儿童文学的文章尚未给予足够的重视。《中国新文学大系》建设理论集的编者决定收入前三篇，但没有收入第四篇。参见卜立德（D.E.Pollard）《周作人与自己的园地》（"ChouTso-jenand Cultivating One's Garden"），《泰东》Asia Major New Series11.1（1965），第186页以降。
[3] 关于他为什么更青睐德语词Märchen而不是英语词fairytale，详见他后来给赵景深的回信，《童话的讨论》，陈子善、张铁荣编《集外文》，第375页。
[4] 参见周作人《童话略论》，《儿童文学小论》（1932/2002），第4—5页；《童话研究》，同上，第1—13页；《童话的讨论》，陈子善、张铁荣编《集外文》，第375—376页。

年，周作人就写过和发表了一篇题为《论文章之意义暨其使命因及中国近时文论之失》（以下简称《文章及其使命》）的重要论文。这篇论文和鲁迅在同一年写作、发表在同一份刊物上的《摩罗诗力说》一样，都是用文言写的。①在这篇论文中，周作人引了约翰·哥特弗里特·封·赫尔德（Johann Gottfried von Herder，1744—1803）的观点，即认为文学是民声的表达。根据赫尔德的说法，"民声"（Stimme des Volks或vox populi）在一个民族的早期历史阶段，或者在其人民文明的原始阶段，表达得最为有力，它被保留在那些含有古代神话和英雄传说的歌诗中。②依照赫尔德的"民声"说，周作人在《文章及其使命》一文中认为，童话同样也是天籁（vox caeli）的表现。③他从赫尔德那里推论出，童话与原始人或古人的歌谣一样，保留着同样的灵的纯洁和同自然的亲近，因为童话与生命的早期阶段相关，正如古代的歌谣是人类历史早期阶段的产物一样。因而，童话和那些古代歌谣一样，同样可以被看作是天籁的载体。

后来，在20世纪10年代和20年代，周作人转向了安特路·阑，

---

① 《摩罗诗力说》连载于1908年2、3月号的《河南》杂志，后收入《鲁迅全集》第1卷，人民文学出版社，1981，第63—115页。周作人的文章发表在同一杂志的5、6月号上。见陈子善、张铁荣编《集外集》上册，第33—58页。

② 赫尔德充满激情地主张和捍卫这一观点，在其《论莪相和先民歌谣的通信节选》（Auszug aus einem Briefwechsel über Ossian und die Lieder alter Völker）中表达得最详尽，《赫尔德作品集》（Johann Gottfried von Herder Werke）（Deutscher Klassiker，1985）第2卷，第447—473页。

③ 陈子善、张铁荣编《集外文》上册，第58页。顺便说，赫尔德被认为是现代人类学的先驱之一。参见多马·海兰德·埃里克森（Thomas Hylland Eriksen）和芬·西维尔特·尼尔森（Finn Sivert Nielsen）合著：《人类学史》（A History of Anthropology）（Pluto，2001），第13页。

并转述了他对童话所作的人类学解释，提出童话在根本上与mythos（神话）和saga（传说）是一样的。周作人在转述时特地使用了西文原文。①周作人将阑的《神话、仪式与宗教》（*Myth, Ritual and Religion*）奉为圣经。在这本书中，童话被当作神话的一个体裁分支，对它的研究构成了人类学的一部分。②以阑为依据，周作人试图通过展示不同民族和文化的童话之间的相似性，来把童话以及其他文学体裁中那些明显非理性的因素合法化。这种普遍论的观点认为，在那些彼此之间差异巨大的民族和文化中所各自产生的童话里，存在着共同的模式和结构。这种观点为周作人的文学和哲学主张提供了很好的支持，作为基础支撑着并统一了周作人多种多样的观念和思想兴趣。没有这个基础，这些观念和兴趣会显得散漫无章，甚至相互矛盾。因而，周作人对童话及其与人类处境中更广泛的关注之间关系的思考，其背后的推论，就可以进行如下的概括：既然，按照阑和其他进化人类学家的说法，在地理上和文化上相隔遥远的民族的神话和童话，具有一些相似之处，而这些相似之处又意味着人类发展的共同模式，那么，仅因为古代神话和童话中含有超自然因素，就简单地排斥或清除它们，在思想上就是幼稚的；既然儿童时期在很多方面与人类进化过程中的早期相似，那么，儿童对万物有灵论的故事或童话的需要，就像我们的祖先需要神话一样，是完全可以理解的、合法的。确实，这些故

---

① 见周作人《童话略论》，《儿童文学小论》，第4页；《童话研究》，同前，第12页；《安得森的十之九》，《谈龙集》，第149页。
② 阑：《神话、仪式与宗教》第2卷，第301—307页。

事对他们的心理和精神的健康来说，是不可或缺的。更重要的是，古代神话和现代童话的模式与结构，正如周作人从阑和其他人类学家那里了解到的那样，并不是某种过去的东西，或者某种仅仅属于原始人的东西；它们渗透在我们各个时代的文明和文学之中。①

周作人建立在进化人类学基础上的关于童话的想法，使得他对文学之一般，而不仅止是对儿童文学，有一个更为全面的理解。把文学看作一种人类活动这样一种文学观所具备的全面性和历史感，使周作人有别于许多持一种狭隘而实用的文艺观的同代人。他对文学更开阔的看法，让他最终超越了他早些时候基于"迷信"对中国传统文化和文学的批判。我们后面将会看到，这种文学观使他甚至接受了超验主义（transcendentalism）。

周作人的童话观和超自然观，如上所述，来自像阑这样的人类学家。在接受了阑的进化人类学之后，周作人在讨论儿童文学的时候不再提赫尔德。然而，在西方文学和思想史的广阔背景下，阑的人类学和周作人由之派生出的观念，特别是有关童话的观念，不应该被看成是一种孤立的学说。事实上，它可以回溯到赫尔德的时代。人类学在19世纪末和20世纪初取得的

---

① 阑：《神话、仪式与宗教》第2卷，第301—307页。在周作人沉浸于阑关于当代文化中的神话的思想大约三四十年之后，诺斯洛普·弗莱区分了未移位的神话（undisplaced myth）和移位的（displaced）神话。前者主要指那种以传统神话系统为基础的神话，后者指现代作家常在自己的作品里暗示与古代神话传统等同的原型结构。弗莱：《批评的解剖：论文四篇》（*Anatomy of Criticism: Four Essays*, Princeton U.P., 1957，第136—140页。

进步，除了欧洲人在非洲、大洋洲和美洲进行殖民的因素外，也是18世纪晚期以来欧洲的几种文学和思想潮流的结果，这些潮流不仅仅是达尔文的进化论。①这种广泛的思想背景，在周作人那些取材于或者传播英国进化人类学思想的文章中，都可以感觉到。在他最重要的文章《儿童的文学》中，周作人用进化人类学作为论说的根据："照进化说讲来，人类的个体发生原来和系统发生的程序相同：胚胎时代经过生物进化的历程，儿童时代又经过发达的历程。"②但是，在这个进化论的外表下，在更深的层次上，这种人类发展观同样可以回溯到欧洲的浪漫主义。③进化论早已被认为是支撑着中国文学和民族现代性话语的主要西方理论之一。与之相比，周作人对儿童文学所做的理论说明中的浪漫主义因素，还没有得到充分的、学术上的关注。然而，它们同样对中国现代文学史和思想史具有深远的影响和意义。在讨论周作人的儿童文学观的同时，有必要介绍一下有关的浪漫主义概念和这些概念的相关历史。

三、对童年的文学兴趣的浪漫主义根源

珀西·比希·雪莱（Percy Bysshe Shelley，1792—1822）在其著名的反击一位理性主义者对诗歌的攻击的时候，曾经说：

---

① 参考埃里克森和尼尔森论浪漫主义的那一节，《人类学史》，第12—15页。
② 周作人：《艺术与生活》，第25页。
③ 参见埃里克森与尼尔森《人类学史》，第12—15页。

"野蛮人之于时代就如同儿童之于年龄。"①用"野蛮人"比况儿童，雪莱走在了周作人前面。实际上，以"小野蛮"这个词指儿童，周作人是从19世纪晚期英国文学批评家戈斯（Gosse）那里转借来的，它成为周作人最喜欢用的词。然而，雪莱其实并不是唯一的也不是第一个持这种看法的人。若望-雅克·卢梭（Jean-Jacques Rousseau，1712—1778）把人的自然状态同文明状态相对比，才是现代童年崇拜的真正根源，②而德国的大历史（Universalgeschichte）观，为那种把人类史想象为个体生命历程的观念，提供了基础。③对卢梭和受他影响的欧洲浪漫派来说，文明状态是堕落状态，它偏离了与生俱来的天然的优雅状态，给人类戴上枷锁。弗里德里希·席勒（Friedrich Schiller，1759—1805）修正了卢梭的观点。他意识到真正的自然状态，很可能远非让人感到愉快和舒服，并认可用理性来取代自然状

---

① P·B·雪莱（P.B. Shelley）：《诗辩》（*A Defense of Poetry*）（1821）；Donald H. Reiman和Sharon H. Powers编《雪莱的诗歌与散文》（*Shelley's Poetry and Prose*）（W·W·Norton，1977），第481页。雪莱的论敌是多马·拉夫·皮科克（Thomas Love Peacock），他在《诗歌的四个时代》（"Four Ages of Poetry"）（1820）中认为，在理性、科学、形而上学和政治经济学的时代，诗歌是一种无用的过时的东西。参见H.F.B. Brett-Smith和C.E. Jones编《多马·拉夫·皮科克文集》（*The Works of Thomas Love Peacock*）（1934）第8卷，第24—25页。
② 参见彼得·柯文尼（Peter Coveney）《童年的形象，个体与社会：对英国文学中这一主题的研究》（*The Image of Childhood, Individual and Society: A Study of the Theme in English Literature*）（Penguin，1967），第40—41页。乔姆巴蒂斯塔·维柯（Giambattista Vico）与卢梭的观点相似，见《新科学》（*The New Science*），Thomas Goddard Bergin和Max Harold Fisch英译本（Cornell U.P.，1968），第36—37、50部分。然而，由于维柯的著作直到20世纪才广为人知，因此，对儿童的想象力的思想史上的兴趣，其源头仍应归于卢梭和他的后继者们。
③ 参见艾布拉姆斯《自然的超自然主义》，第201—217页。

态的必要性；然而，他还是承认，自然状态是人类想象中最理想的状态。

在《美育书简》（*Über die ästhetische Erziehung des Menschen in einer Reihe von Briefen*）的第三封信中，席勒用童年和成年的比喻来分别描述自然状态和文明状态，他的描述揭示了自然状态（人类史上的野蛮状态和个人的童年）何以对文明人具有怀旧的吸引力：

> 因此，人在他的成年，以人为的方式找补回他的童年，在观念中构造了一个自然状态，这种自然状态他虽从未经验过，但必然要由人的理性规定来假设出来。在这个理想状态中，它给了自己一个目的，在实际的自然状态中他对此却一无所知，它还给了自己一个选择，而那时他实际上是没有选择的。于是，他现在仿佛要重新从头开始，出于清醒的洞察和自主的决定，把独立状态交换为契约状态。①

对席勒来说，是想象力让理想中的自然状态成为必需的，没有想象力，人就会变成蛮子（Barbar），就像没有理性人会变成野人（Wilder）一样。②在另一篇著名的批评论文《论天真的诗与感伤的诗》（*Über naïve und sentimentalische Dichtung*）中，

---

① 弗里德里希·席勒（Friedrich Schiller）：《文集》（*Gesammelte Werke*）（Aufbau, 1955）第8卷，第403页。
② 弗里德里希·席勒（Friedrich Schiller）：《文集》（*Gesammelte Werke*），第408页。

他更直截了当地宣称:"我们的童年是我们在有教养的人性那里仍能遇到的唯一未被摧残的自然。因此,如果我们身外自然的任何足迹,都把我们引向童年的话,那是不足为奇的。"[①]道德的和感伤的人,依照卢梭和席勒的说法,是丧失了天恩(natural grace)和天真(naïveté)状态的人。对这种人来说,"儿童变成了一个神圣的对象,这个对象借一个观念(Idee)的伟大,消灭了任何经验的伟大。"席勒从康德那里借用了两个最基本的概念来阐发儿童的神圣:"它在知性判断(die Beurteilung des Verstandes)中不管失去了什么,都在理性判断(die Beurteilung der Vernunft)中丰富地重新赢回了。"[②]

圣婴(the holy child)的意象,当然起源于基督教。但是,浪漫主义赋予了它一种全新的意义。在这个基督意象的背景下,浪漫主义者创造了所谓"浪漫派儿童(Romantic Child)"这一形象。作为一个文学主题,它贯穿了约从1789年起五十年左右的时间。它是包括布莱克、华兹华斯、诺瓦利斯等诗人在内的英国和德国主要浪漫主义诗歌中的中心主题。它还超出了文学之外,塑造了社会上通行的童年的现代形象。

以上是以席勒的美学理论为基础,对浪漫派抬高童年背后的理论的简要阐述。然而,周作人,如前所述,并不是主要通过文学和美学来接近童年这一主题的。正如他在《我的杂学》中所声明的那样,童年这一主题一开始是作为进化人类学的一

---

① 弗里德里希·席勒(Friedrich Schiller):《文集》(Gesammelte Werke),第563页。
② 弗里德里希·席勒(Friedrich Schiller):《文集》(Gesammelte Werke),第550页。又见里希特《陌生的孩子》,第249—250页。

部分引起他注意的。当他虔诚地阅读安特路·阑的时候，他注意到阑的这样一个观点，即童话是神话的一个分支。这一人类学入手点，规定了他最初对童年的兴趣和构想。翻译成具体的话，这就是说周作人并没有去钻研卢梭、席勒、华兹华斯或者诺瓦利斯。周作人最初对儿童文学的兴趣，在于那种为童年写作的文学，而不是关于童年的文学。这就难怪他最初写下的和儿童文学有关的作品，更多是学术性的，而不是创作性的。在整个20世纪10年代和20年代初，周作人尽力搜集、翻译和研究各种儿歌、童话，以及其他体裁的儿童文学。值得一提的是，在从事这项工作这一点上，他与格林兄弟，即雅各（1785—1863）和威廉（1786—1859）不无共同之处。格林兄弟收集并在1807年出版了他们经典的儿童和居家童话，他们自己被称为"浪漫主义时代之子"，[①]尽管他们不算是创作家。[②]

周作人从阑那里获得的人类学研究途径，又进一步为他对美国一些有关早期教育和儿童文学的著作的阅读所增广，比如H·E·斯喀特尔（H.E. Scudder，1838—1902）的著作。后者曾经与安徒生以及《小说之童年》(*The Childhood of Fiction*)、《民间故事与原始思维研究》(*A Study of Folk Tales and Primitive Thought*)（1905）的作者J·A·麦扣洛克（J.A. MacCulloch,

---

[①] 茵格波·韦伯-科勒曼（Ingeborg Weber-Kellermann）:《格林兄弟儿童与居家童话》序言（*Kinder-und Hausmärchen gesammelt durch die Brüder Grimm*）（Insel, 1984）第1卷, 第2页。

[②] 周作人对包括格林兄弟作品的童话分类，见散文《童话》,《书房一角》（1944/2002）, 第7页。然而，周作人收集童话，并不像格林兄弟那样，背后有要建立一个宏大的种族和语言学模式的想法。

1868—1950)有过书信往来。周作人的《儿童的文学》,还有其他几篇在20年代早期写作和发表的关于这一主题的文章中的基本原理,就是从这些文献中得来的。这些西方著作,教给他从事儿童文学的人类学研究和历史研究的方法论,而且,一时间,周作人似乎完全致力于此。他发掘出鲜为人知的中国古代儿歌集,用现代的思想观念加以评论;①他评论新出版的儿歌集,赞扬它们的成就,也指出它们的不足;②他还对西方经典儿童文学作品的翻译进行评点,比如刘易斯·卡罗尔的《阿里思漫游奇境记》(*Alice in Wonderland*)和安徒生的《童话》,③有时候,他也亲自动手翻译。④通过自己的努力,周作人让学者和大众提高了对儿童的心理、智力和精神健康的必要性的认识。他的努力得到了回报:当时对这一题目有一场踊跃的公共讨论,这些讨论保留在赵景深(1928)编的几部论童话的论文集里。⑤

然而,周作人虽然最初是从当代进化人类学、而不是从

---

① 周作人:《吕坤的演小儿语》(1923),《谈龙集》,第165—168页。
② 周作人:《读童谣大观》(1923),《谈龙集》,第169—174页;《读各省童谣集》(1923),《谈龙集》,第175—180页。
③ 周作人:《阿丽思漫游奇境记》(1922),《自己的园地》,第54—57页;《王尔德童话》(1922),《自己的园地》,第63—66页;《安得森的十之九》(1918),《谈龙集》,第148—153页。更晚一些的文章《安徒生的四篇童话》(1936)回顾了他是怎样接触到安徒生作品的,见《风雨谈》(1936/2002),第167—174页。
④ 周作人翻译的安徒生的《卖火柴的女儿》初刊于《新青年》第6卷第1期,1919年1月15日。
⑤ 赵景深:《童话评论》,新文化书社,1928。赵景深在1922年就童话问题与周作人有过通信;周作人的回信发表在1月25日、2月12日、3月29日、4月9日《晨报副刊》上;参见《集外文》上册,第375—380页。

浪漫派的高祭坛上降落到儿童游戏场的，但这并不应掩盖他的这一事业的浪漫主义性质，也不应减轻他对浪漫主义遗产的欠债。而且由于他最终并没有成为一名早期教育的活动家或学者，也没有成为一名人类学家，而是做了一个文学批评家、诗人和散文家，因此，对于理解他的文学思想来说，揭示他从人类学家那里和其他地方接受到的浪漫主义遗产就愈发关键了。周作人或许没有像钻研阑那样深入钻研过卢梭和席勒，但是现代人们对神话的兴趣——作为儿童文学的主要体裁的童话，就属于神话中的一种，而且，现代进化人类学也正是从神话研究中诞生的——有着明显的浪漫主义根源。实际上，对席勒所说的"孩子般的民族（kindliche Völker）"的研究，[①]特别是对其神话的研究，与文学上对童年的兴趣，有着共同的理论基础和旨趣。周作人在不止一处表示，通过浪漫主义先驱赫尔德，他对这段历史是熟悉的。

在欧洲，对"孩子般民族"的研究，始于对欧洲各民族童年期的研究。这一研究开始时集中在对他们的神话和传说的研究上。在18世纪晚期的欧洲，正如对童年的兴趣一样，对作为文学和哲学模式的古代神话的日益浓厚的兴趣，是对英国的牛顿和洛克以及法国的启蒙哲学家们所代表的那种主流理性主义的一个反动。乔姆巴蒂斯塔·维柯（Giambattista Vico，1668—1744）和赫尔德这两位公认的现代神话研究的奠基人，都出于，或者部分地出于，纠正启蒙运动的乐观和唯物的理性主义

---

① 席勒：《文集》第8卷，第549页。

的需要。既然在整个18世纪和19世纪大部分时期，维柯的影响微乎其微，在对古代神话的重新思考和在促进人们对北欧传奇和神话的文学与思想兴趣的过程中，是赫尔德起了关键的推动作用。赫尔德生活在一个古代神话的谬误和迷信被戳穿了的时代，但是他并不同意那种简单地把神话的使用从现代文学中完全废除的观点，不过他也反对泛滥于现代文学中的把古代神话当点缀或学究式地运用神话的做法。相反，他要求德国文学应该从在古代诗歌中创造和使用了神话的那种诗的精灵中汲取灵感。[1]在赫尔德看来，古人在神话中保存的对生命力不受阻碍的表达，应该能帮助现代诗人建立一种新神话。只有这种对神话的创造性运用，才能让现代诗人超越对古人的简单模仿。[2]对神话加以创造性运用的思想，促使赫尔德在古希腊罗马文学中的神话这种通常的资源之外，又在北欧神话中去寻找别样的资源。实际上，连同卢梭在欧洲思想界引发的对原始状态的热情，他在希腊罗马之外寻找神话和他的大历史观，导致了思想界生成一种氛围，而这种氛围最终引向了现代人类学的诞生。[3]从阑那里，也从其它地方，周作人了解到现代进化人类学对包

---

[1] 赫尔德：《论神话的新用途》（"Vom neuern Gebrauch der Mythologie"），《新近的德国文学论片段，第三辑》（*Fragmente über neuere deutsche Literatur dritte Sammlung*）（1767），收入《文集》（*Werke*）第1卷，第432—455页，特别是第435、447—455页。关于对北欧神话传说的兴趣，参见赫尔德《关于莪相和先民歌谣的通信节选》，《文集》第2卷，第45—54页。
[2] 《文集》第1卷，第449—450页。
[3] 赫尔德首先是一位历史哲学家。他雄心勃勃的著作《人类历史哲学的观念》（*Ideen zur Philosophie der Geschichte der Menschheit*）提供了一个他所设想的大历史的宏大建构。

括浪漫派先驱赫尔德在内的德国浪漫主义作家遗产的债。①

　　作为他对神话研究的贡献的一部分，赫尔德还在很大的程度上促进了原始主义在文学中的兴起，而正如上面我们对席勒美学思想的阐述所示，这种原始主义与童年崇拜有直接关系。作为原始主义者，对于影响并先期了席勒的赫尔德来说，在本质上，野蛮人的心灵比文明人的更有诗性。"一个民族越有野性，也就是说，越生机勃勃，越有自发性。"赫尔德在著名的《关于莪相和先民歌谣的通信节选》(*Auszug aus einem Briefwechsel über Ossian und die Lieder alter Völker*)中恣洋挥洒地写道：

　　　　他们的歌——如果他们有歌的话——也一定就越有野性、越生动、越自由、越感性、越抒情！一个民族的思维方式、语言和教育越是远离人为的、科学的方式，它的歌就越不是为了纸笔而作，他们的诗就越不是死文字：在它的歌的抒情的、生动的、舞蹈般的节奏里，在其图画的栩栩如生里，在其内容、情感的一贯性和急迫性里，在词语、音节甚至在很多人那里包括字母的对称性里，在旋律

---

① 在《神话，仪式与宗教》中，阐对19世纪早期德国的神话研究表示敬仰，第23页以降。德国学者的开拓性著作又是浪漫主义时代精神的产物。在《神话、仪式与宗教》中，阐并没有提到赫尔德的名字，但极有可能的是，周作人在别的人类学著作中了解到了赫尔德。不管怎样，周作人确实在关于欧洲文学史的著作中，了解到了神话研究领域中这位德国先驱者。事实上，在周作人自己关于欧洲文学史的讲义中，我们看到有一段文字就是专讲赫尔德的，《欧洲文学史》(1918 / 2002)，第171页。另外，对赫尔德在人类学发展史中的贡献的评价，特别是关于他对民族、语言、神话的定义，参见埃里克森、尼尔森《人类学史》，第13、27—28页。

的运动里，在属于活生生的世界、属于教诲与民族歌曲、并与之一同消失的千千万万其他东西里，——在这一切里面，而且只在它们里面，存有其本质、目的以及创造神奇的全部力量，它们为这些歌所拥有，为了成为民族的极乐、驱动力和永远的世代相传与欢乐的歌！[①]

周作人充分认识到这段话的重要性，并在他的《欧洲文学史》（原本是1917年在北大的讲义，次年出版）中引用了它。[②] 赫尔德赞扬原始人更具诗意，距离席勒赞扬童年是文明人一生中最理想的阶段，只有一步之遥。依据他们共同的对文明的不信任，尚未开化的，即儿童和古代民族中才有的自然状态，被认为最适于神话创作（mythopoesis）和想象。因而，就算周作人对席勒的美学思想没有详细的了解，他在神话、野蛮人的思维及其与诗歌的密切关系等方面对赫尔德的了解，足以令他成为浪漫主义事业的一个有意识的继承者。

应该强调的是，对赫尔德来说，创造性地运用古代神话的紧迫感，很大程度上要归因于德国的"落后"，因而它急于创造出一种能与英国文学媲美、能和法国文学对抗的民族文学。[③] 从一开始，赫尔德对在德意志文学中使用希腊罗马神话的指示和

[①] 赫尔德：《关于莪相和先民歌谣的通信节选》，《文集》第2卷，第452页。
[②] 周作人：《欧洲文学史》，第171页。
[③] 作为亲英的人，赫尔德曾到不列颠群岛旅行过。英国作为经济上和文化上更为先进的国家，对赫尔德来说，是德国应该效仿的文化模范。关于他对英国的热情，见赫尔德回忆他在英格兰和苏格兰旅行的段落，《关于莪相和先民歌谣的通信节选》，《文集》第2卷，第455—456页。

他对北欧神话的热情，就是一个更大的民族事业的一部分。对他来说，与发源于地中海地区的古典神话不同，北欧的神话和传奇是"民族的"。以北欧传统为基础创造一种新神话，将是对地中海古典传统霸权的一种反动。因为这个和其他的原因，他一直孜孜不倦地推广北欧文学。他对北欧传奇、民歌和其他形式的诗体民间传说怀有极大热情，他还以自己的声名赌所谓莪相（Ossian）诗歌的真实，后来才揭穿所谓莪相诗歌其实是苏格兰人麦克弗生（Macpherson）伪造的。①赫尔德的喜好对文学史产生了深刻影响。先不论别人，歌德曾回应了他的号召，他的号召促成了狂飙突进（Sturm und Drang）运动，这是德国文学史中一段广为人知的佳话。这段历史，周作人的《欧洲文学史》自然不会略过。②格林兄弟搜集德国童话的工作，也应放到这一背景下来考察。在整个欧洲文学史中，对无论北方还是南方神话的狂热兴趣，和要制造"北方太阳"的热忱，③连同浪漫主义的童年形象，共同促进了德国和英国浪漫主义作为反启蒙主义的最高运动的诞生。

---

① 值得注意的是，赫尔德对民歌和民谣的兴趣，具有一种人类学维度，基于他"对野蛮人的热情"（"Enthusiasmus für die Wilden"）。参见《关于莪相和先民歌谣的通信节选》，《文集》第2卷，第456页；又见里希特：《陌生的孩子》，第158—159页。周作人十分了解18世纪的德国文学，包括德国人对莪相的热情以及珀西（Percy）著名的英国民歌集；《欧洲文学史》，第170页。
② 同上，第171页。
③ P·H·马莱（P.H. Mallet）在《丹麦史与凯尔特人纪念碑》（*History of Denmark and Monuments of the Celts*）结尾部分写道："谁知道哪天太阳不会从北方升起呢？"转引自杰弗里·H·哈特曼：《文学史上的华兹华斯与歌德》（"Wordsworth and Goethe in Literary History"），《不起眼的华兹华斯》（*The Unremarkable Wordsworth*, U. of Minnesota P., 1987），第5—60页。

就热衷于神话、民谣、民间诗歌、儿歌和旧中国的野蛮习俗而言，周作人几乎成了赫尔德的化身。[①]凡是德国和其他欧洲浪漫派作家涉猎过的主题，几乎没有不引起周作人注意的：他对儿歌和民间传说的热忱、他对原始主义的兴趣、他对性解放的提倡、他对文明的不信任、他为了反对垂死的道德主义和文明而对在儿童和原始人身上表现最为明显的生命力的肯定、他的寓言创作，[②]乃至他的爱希腊（philhellenism，不管有多么不正统，在深度、得力的教授和学识方面有多么不足）。[③]实际上，他和赫尔德之间的相似，超出了他们各自兴趣之间的共同点。因为他们各自的思想兴趣和他们所面临的历史处境背后的动机，也有许多共同之处。一方面，在赫尔德那里，古典神话和它在理性时代的尴尬处境，促使他在自己的北欧传统中去寻找他类的替代品；另一方面，英国对民间传说的研究以及吸收了民间传说的英国文学——包括伪造的衮相——对赫尔德来说，都是德意志文学要效仿的榜样。（事实上，那时的大不列颠，在

---

① 周作人（《欧洲文学史》，第171页）知道赫尔德收集过欧洲民歌并出版了专集，后来定名为《歌谣中的民声》（*Stimmen der Völker in Liedern*）[见《民谣》（*Volkslieder*），《文集》第3卷，第9—521页。]
② 赫尔德在1773年留下了一份手稿，题名为《古代寓言52则及其新用法》（"52 Alten Fabeln mit neuer Anwandung"），这是他在文学上和人类学上对"神话的现代运用"的兴趣的一部分。这些寓言选本，见《文集》第3卷，第753—760页。同赫尔德的《古代寓言》一样，周作人《小河》的写作，表现出对寓言这一体裁同样的艺术上和思想上的兴趣。
③ 周作人学习古希腊语的过程是不合常规的。一开始他更感兴趣的是希腊白话文（koine），而不是古典希腊文，他的古典希腊文水平，还不足以令他熟练阅读和欣赏最优秀的古典希腊作家。部分由于这一原因，除了萨福（Sappho）和谛阿克利多思（Theokritos）外，在1949年之前，他很少留意第一流的古典作家。参见周作人《知堂回想录》上，第257—259页，又见王靖献《周作人的希腊精神》，第368—370页。

德国人的想象中,几乎每一方面都是先进的。)在周作人那里,中国传统文学和文化正统的破产,以及更先进更适合现代的欧洲文学和文化的涌入,促使他在先前被压制的文化中去寻找一种中国正统文化的他类替代品。在这种探索中,欧洲的——特别是英国的和德国的——文学史,为周作人提供了有价值的榜样。因而,和赫尔德一样,在周作人的思想追求背后,有一个关乎民族的主张打算,即克服中国的落后,创造一种有价值的中国现代文学。这个关乎民族的打算给他所从事的工作注入了紧迫感。因而,几乎在每一个方面,而不仅仅是在童年崇拜方面,不管他自己对此有多少自觉,周作人都是在忠实地追随着一位德意志的(还有英国的,尤其是在考虑到雪莱的时候)浪漫派先驱的足迹,在1920年前后的批评文章中,周作人显示出明白无误的浪漫主义倾向和冲动。

四、儿童的声音——威廉·布莱克

如上所述,周作人对儿童文学的兴趣,大约开始于1905年左右在东京的时候。但这一兴趣,直到五四运动前不久,一直未能引他欣赏欧洲经典的关于童年的文学。要考察他是怎样发现欧洲文学中那些经典的关于童年的文学,我们就必须要回到他和白话诗的关系上来。

周作人被认为有"建立(中国现代)诗坛"的功劳。然而，他却屡屡拒绝接受"诗人"这一头衔。[①]从他一生的工作来看，我们也会同意，他主要不是个诗人。与他的散文相比，他的诗歌作品为数不丰。他主要是个散文家，而且在这方面罕有能与之媲美者。他声明不是诗人，也可以从他阅读浏览的书目中得到支持。在他的日记、讲稿和散文中所载或所反映的书目中，诗歌所占比例不大。但由于他早期的白话诗实验，他的名字将永远和中国现代诗歌联系在一起。尽管他一辈子都在写诗，他作为一个诗人的声誉和资格，却主要是建立在1920年前后写作的有限几首白话诗的基础上的。[②]他在1931年后写的那些打油诗，尽管在数量上大大超出了他的白话诗，在文学和历史重要性上，都不能与他的白话诗相提并论。基于这一事实，他在诗歌领域里短暂却严肃的早期探险，就显得非常重要了，而这种探险主要是受一位英国浪漫派诗人激发的，并且这一影响又与童年和其他浪漫主义主题有着内在的联系，就使得他的白话诗作品特别值得考察。

我们已经证明，《小河》与周作人在安徒生《童话》里所看到的特征之间，存在着一些相似之处。但是，除了周作人总结出的安徒生童话的一般特征，比如万物有灵论、松弛直白的语言等等这些多数童话都有的，而不仅仅是安徒生童话独有的

---

① 比如，在1929年为他的白话诗集撰写的序言中，周作人说："我不知道中国的新诗应该怎么样才是，我却知道我无论如何总不是个诗人。"《过去的生命》，第1页。
② 在中国，人们现在似乎对周作人后来的诗歌更感兴趣，部分原因在于，这些诗现在较过去易见。然而，就文学史而言，周作人在诗歌方面的声誉和重要性，还是建立在他早期白话诗的基础上。

特征，还没有文本上的证据能够证明，周作人的诗歌直接受到了那位丹麦人的影响。作为一首诗体作品，《小河》另有灵感来源。

如上所述，在20世纪10年代的大部分时间里，周作人一直专注于研究和搜集儿歌。但是，在这个十年的末期和20世纪20年代初期，可能是为了配合当时方兴未艾的白话诗运动，要为它注入活力，周作人发表了几篇论诗的文章，向中国读者介绍几位欧洲诗人。这些诗人包括萨福、谛阿克列多思、雪莱和波德莱尔。[1]尽管他很喜欢希腊的东西，但是，萨福和谛阿克列多思与他自己的创作并没有明显的关系。雪莱和波德莱尔对他的文学观有着更为直接的影响，但他自己的气质与这两位性格独特的诗人差别很大，而他所处的环境，也与他们的诗歌世界相去甚远，使他不能直接从他们的诗歌中获取灵感。尽管周作人在《小河》首次发表在《新青年》时的说明中承认，他的这首诗在缺乏格律方面同波德莱尔那些散文诗——他翻译了其中

---

[1] 关于萨福，周作人在所发表的两篇文章里翻译过她的几首诗，一篇是《希腊的小诗》，刊于《晨报文学旬刊》第5号，1923年7月，后收入《谈龙集》，第97—113页；另一篇是《希腊女诗人》，写于1923年前，收入《自己的园地》，第190—193页。周作人所翻译的几首谛阿克列多思的牧歌，刊于1921年12月4日和27日《晨报副镌》；他翻译的雪莱的诗《致英国人民》（"To the People of England"）[原文见《珀西·比希·雪莱诗歌全集》(*The Complete Poetical Works of Percy Bysshe Shelley*)，Thomas Hutchinson编，Oxford U.P.，1932，第569页]的片段，刊于1922年3月30日《晨报副镌》，他又在《诗人席烈（即雪莱）的百年忌》中纪念雪莱去世100周年，文章刊于1922年7月12日《晨报副镌》，后收入《谈龙集》，第19—23页。周作人从波德莱尔的《巴黎的忧郁》中翻译的几首散文诗，刊于1922年1月9日、27日《民国日报》；后来，他又在1922年1月25日《晨报副镌》上发表了《三个文学家的纪念》，介绍了波德莱尔、福楼拜和陀思妥耶夫斯基，文章收入《谈龙集》，第14—17页。

一些①——好有一比，但写乡下的《小河》与波德莱尔写都市的《巴黎的忧郁》（"Le spleen de Paris"）之间并没有多少共同之处。在他的诗歌写作中，除了避开雪莱和波德莱尔以外，周作人作为读者和批评家，也具备足够的鉴别力，使得他不大看重安特路·阑和哈夫洛克·蔼里斯（Havelock Ellis）的诗作，尽管他很欣赏他们的散文作品。

然而，周作人的白话诗确实仿效了某位欧洲诗人。文本证据和传记研究表明，当时其天才刚开始得到西方批评家深入理解的神秘诗人威廉·布莱克（William Blake，1757—1827），②在1920年前后比任何别人都更是其诗歌灵感的主要来源。③

现有的传记证据表明，周作人在1917年，大概第一次，得到了一本布莱克作品集。④在日本时，他极有可能已对这位英国

---

① 他翻译了5首波德莱尔的散文诗，《散文小诗》，刊于1921年11月20日《晨报副镌》。
② 马悦然（N.G.D. Malmqvist）在他的《布莱克在中国》（"Blake in China"）中并没有提到周作人对布莱克的接受和翻译，文章刊于《布莱克，插图本季刊》（*Blake, an Illustrated Quarterly*）第8卷第1期（1979年夏季号），第24—28页。应该承认，他的文章主要关注的是1949年新中国成立后这段时期，然而，他似乎并不了解周作人将布莱克介绍到中国来的早期开拓性工作。在《中国现代文学批评发生史》（*The Genesis of Modern Chinese Literary Criticism: 1917-1930*）（Curzon，1980）第20—21页关于胡适和周作人的章节中，玛利安·高利克（Marián Gálik）的确没有忽略周作人在自己的批评文章中对布莱克的注意，但并没有详细阐述其意义。
③ 于耀明的《周作人与日本近代文学》（《周作人と日本近代文學》）（翰林书房，2001）指出，周作人的白话诗受到了日本当代诗人千家元麿（1887—1948）的影响。尽管周作人的白话诗那种不做作、平实、口语风格，可能在某种程度上受到了风格类似的千家的诗歌的影响，但如下文所示，周作人的某些最重要、最有影响的白话诗中的构思和想象，必须在布莱克的流行的诗歌作品中寻找来源。于耀明：《周作人与日本近代文学》第6章，第125—151页。
④ 在当年12月的藏书目中，记录了一本布莱克诗选，但没有给出原标题、编者或出版信息。《日记》上册，第722页。

诗人有所了解，然而，如果是这样的话，他并没有留给我们足够的线索。[1]在1917年左右，他至少得到了两种版本的布莱克诗集，这一点很可能表示他当时兴趣的强烈程度。[2]然而，现在还不清楚他阅读了这两本诗集中多少首长诗，因为没有好的注释，这些诗是非常深奥晦涩的。但是我们知道，他确实阅读了布莱克最流行也最容易阅读的诗作，即《天真之歌》("Songs of Innocence")和《经验之歌》("Songs of Experience")。这两篇作品在主题上对于童年的关注，可能是最能引起周作人注意的东西，也可以解释他兴趣的陡增。在《欧洲文学史》中关于18

---

[1] 在1918年4月19日在北京大学所作的关于日本当代文学的演讲中，周作人宣称，布莱克和托尔斯泰是日本白桦派所接受的外来影响的主要来源（周作人：《日本近三十年小说之发达》，《艺术与生活》，第145页）。不只是在文学方面，周作人在很多其他方面受深惠于日本白桦派。比如，周作人的乐观的、个人主义的人文主义，受白桦派作家的哲学信仰影响很大。参见史蒂芬·W·科尔（Stephen W. Kohl）、松冈洋子·麦克莱恩（Yoko Matsuoka McClain）、远山亮子·麦克兰（Ryoko Toyama McClellan）《日本文学的白桦派：概观与评论》[*The White Birch School (Shirakabaha) of Japanese Literature: Some Sketches and Commentary*, U. Oregon, 1975]，第16—23页。周作人极有可能是在与白桦派作家的交往中了解到布莱克的。比如，1914年的《白桦》杂志（第5卷第4期）刊登了一篇关于布莱克的译文，并配有由布莱克的版画插图。同样值得注意的是，周作人大概并没有从阚那里获得任何关于布莱克的知识。阚出于自己维多利亚时代的趣味，在他的《英国文学史：从〈贝奥武甫〉到史文朋》（*History of English Literature: from "Beowulf" to Swinburne*）（初版于1912年）中对布莱克只字不提。在1918年十二月日记里的当年所获外国书目录上，有一本巴西尔·的·赛林考特（Basil de Selincourt）的《威廉·布莱克》（*William Blake*）（《日记》上册，第812页）。巴西尔·的·赛林考特的书（初版于1909年）是继亚瑟·西蒙（Arthur Symons）开创性的著作《威廉·布莱克》（*William Blake*）(1907)之后，研究布莱克的又重要著作。亚瑟·西蒙是他那个时代著名的作家兼学者。周作人收藏了好几种他的著作，并且对这些著作都很熟悉。因而，赛林考特之外，周作人完全可能也看过西蒙论布莱克的著作。

[2] 第二本布莱克作品集，在1918年1月的日记里所获外国书目录上有记录，《日记》上册，第796页。该书同样也没有出版信息。

世纪英国文学那一章里，周作人用了整整一节来介绍布莱克。①其中《经验之歌》被描述成"以真纯之诗，抒写童心"。②除了作品原本外，周作人还罗致了一些对布莱克的批评著作。1918年2月，他弄到卡罗琳·F·E·斯珀津（Caroline F.E. Spurgeon）的《英国文学中的神秘主义》（*Mysticism in English Literature*）（1913）一书。③他在自己关于布莱克的文章中引用了这本书。④从这本小书里，周作人对这位神秘诗人的神话系统的复杂性有了更多的了解，并且开始意识到，布莱克不仅仅是一个专写儿童诗歌的诗人。在接下来的两年里，他写了一篇关于布莱克的诗歌与思想的文章，并用不同的标题发表了两次。⑤此前，周作人从未在任何一个现代欧洲诗人那里这样下工夫，而且是在这样一个相对较短的时期内。

关于布莱克的影响，比间接证据更有说服力的证据，存在于周作人1920年前后写作和发表的白话诗里。实际上，在《小河》中，在诗歌构思和意象方面来自布莱克的影响，就已经可感了。下面这首诗是布莱克的《经验之歌》中的第二首，它极有可能为《小河》的写作提供了灵感。

---

① 周作人：《欧洲文学史》，第167—168页。
② 《欧洲文学史》，第167页。
③ 参见当年所获外国书目录，《日记》上册，第799页。
④ 周作人：《勃来克的诗》（1918），《艺术与生活》，第100—101页。
⑤ 第一次发表时题为《勃来克的诗》（1918），后收入《艺术与生活》，第101—107页；后来再次发表时题为《英国诗人勃来克的思想》，刊于《少年中国》1920年第1卷第8期，第43—48页。

"Earth's Answer"

Earth rais'd up her head,

From the darkness dread & drear.

Her light fled:

Stony dread!

And her locks cover'd with grey despair.

Prison'd on watry shore

Starry Jealousy does keep my den

Cold and hoar

Weeping o'er

I hear the Father of the ancient men

Selfish father of men

Cruel jealous selfish fear

Can delight

Chain'd in night

The virgin of youth and morning bear.

Does spring hide its joy

When buds and blossoms grow□

Does the sower

Sow by night□

Or the plowman in darkness plow□

Break this heavy chain,

That does freeze my bones around

Selfish! vain!

Eternal bane!

That free Love with bondage bound.

土地的回答

土地抬头,

从可怕又可厌的黑暗。

她的光逃掉:

石样的恐惧!

她卷发罩着灰色的绝望。

囚在水边

星的嫉妒令我穴窟

冰冷苍白

哭着

我听见古人的父

自私的人父

残忍嫉妒自私恐惧

难道快活

锁在夜里

青春的处子和黎明能忍受。

春天岂会藏其喜乐

在幼芽和百花生长时?

> 播种人岂
>
> 在黑夜里播种？
>
> 或是耕夫在暗中耕地？
>
> 砸碎这沉重的锁链，
>
> 它冻僵我全身筋骨
>
> 自私！徒劳！
>
> 永远的毒害！
>
> 把自由的爱用绳索束缚。[1]

在构思、修辞和意象方面，这首诗和《小河》都有相似之处。两首诗的主题都是受阻的生命力渴望被释放。而且，两首诗都使用了土地和水的意象。在布莱克的诗中，土地被"囚在水边"，而在《小河》中，中心构思是被堤堰阻遏的水流。周作人后来声称，《小河》表达的是一种儒家式的对天下的忧惧。[2]然而，在诗文中，没有什么能把对这首诗的解释局限在儒家的框架里。布莱克的"把自由的爱用绳索束缚"，就像同样受困于嫉妒的锁链的兽人（Orc）一样，[3]可以指想象力和性自由。同样，如果把《小河》放在作者整体的思想兴趣中来考察，"把自由的爱用绳索束缚"也可以，或者说比儒家式的忧惧更可能，是这首诗的主题。毕竟，周作人当时正大力倡导哈夫洛克·蔼

---

[1] David V. Erdman编《威廉·布莱克诗文全编》（*The Complete Poetry and Prose of William Blake*）（Anchor Books, 1988），第18—19页。

[2] 周作人：《知堂回想录》下，第442—444页。

[3] 布莱克：《由理生书》（*The Book of Urizen*）第7章第4节，收入Erdman编《诗文全编》，第80页。

里斯的高度自由化的性伦理。在《小河》中,"水要保住他的生命,总须流动,便只在堰前乱转"暗示,在诗中被截流的水,的确应该被理解为被遏制的生命力的譬喻。这样的解读,与周作人反对以伦理、迷信和伪善的名义对生命力进行任何压制的观点,是相一致的。

在他所有的白话诗中,包含着一个完整寓言的《小河》,与布莱克诗歌中的神话创造方面,可能是最接近的,尽管它那松弛的风格与布莱克的《土地的回答》的紧张节奏并无共同之处,而且它所讲述的寓言,就复杂性而言,无法与《土地的回答》只是其中一小部分的那个宏大的神话系统相比。但作为一种创造神话的尝试,《小河》仍然可以看作是以创造神话的布莱克为榜样的。

然而,《小河》并不是唯一一首受布莱克灵感激发的诗。事实上,它也不是周作人最典型的模仿或者效法《天真之歌》与《经验之歌》的诗,因为它的主题同儿童或者童年并没有直接关系。但是他的白话诗中有相当一部分,就童年的主题乃至就构思、意象甚至语言而言,都显示着受《天真之歌》与《经验之歌》影响的不容置辩的痕迹。[①]下面这首写于1921年4月20日的诗,就是一个例子:

---

① 除了前面已讨论过的和下文即将讨论与提到的诗外,值得一提的是,《过去的生命》中的《苍蝇》一诗,亦步亦趋地模仿了布莱克的《经验之歌》中的同题诗《苍蝇》("The Fly")。

小孩

一个小孩在我的窗外面跑过

我也望不见他的头顶

他的脚步声虽然响

但于我还很寂静

东边一株大树上

住着许多乌鸦,又有许多看不见的麻雀

他们每天成群的叫

仿佛是朝阳中的一部音乐

我在这些时候

心里便安静了

反觉得以前的憎恶

都是我的罪过了

与这首诗相对应的,是分别收在《天真之歌》与《经验之歌》中的两首《乳母之歌》。在周作人的《小孩》中,小孩子的吵闹声,反悖式地让诗人获得内心的安静。这样获得的安静,又让诗人意识到先前对安静的丧失,并由此清除了他精神上的不安静的根源。《天真之歌》里收的第一首《乳母之歌》中,特别是其第一节,儿童的叫喊声能造成同样的效果:

When the voices of children are heard on the green

And laughing is heard on the hill,

My heart is at rest within my breast

And every thing else is still

Then come home my children, the sun is gone down

And the dews of night arise

Come come leave off play, and let us away

Till the morning appears in the skies

No no let us play, for it is yet day

And we cannot go to sleep

Besides in the sky, the little birds fly

And the hills are all covered with sheep

Well well go & play till the light fades away

And then go home to bed

The little ones leaped & shouted & laugh'd

And all the hills ecchoed

当孩子的声音回荡在草坪

笑声响在山冈,

我心安于胸中

别的也全都寂静

回家吧,孩子们,日已平西

夜露升起

来,来,别再游戏,我们走

等黎明重现天际

不不让我们游戏,因为还是白日

我们不能入睡

更何况天上有鸟飞

山坡为羊儿遮蔽

好好去游戏直到天光曚微

再回家入睡

小儿们又跳，又叫，又笑

山丘全都回应

《经验之歌》中的《乳母之歌》属于经验世界，在语气上是讽刺的。但在儿童的声音招致乳母的反思这一点上，周作人的《小孩》仍然遵循了其范本。布莱克的第二首《乳母之歌》是这样的：

When the voices of children are heard on the green

And whisperings are in the dale:

The days of my youth rise fresh in my mind,

My face turns green and pale.

Then come home my children, the sun is gone down

And the dews of night arise

Your spring & your day, are wasted in play

And your winter and night in disguise.

当孩子的声音回荡在草坪

呢喃响在豁谷：

我青春的日子在心中鲜活升起，

我脸转青转灰。

回家吧，孩子们，日已平西

夜露升起

你们的春你们的天，浪费在游戏里

你们的冬和夜穿上伪装。

这两首《乳母之歌》，比《土地的回答》更能代表《天真之歌》与《经验之歌》。[①]这是因为虽然童年在《天真之歌》与《经验之歌》中是中心主题，《土地的回答》却与童年主题没有直接关系，所以，这两首《乳母之歌》与周作人自己的创作计划关系更密切。

周作人在布莱克那里，发现了对他所钟爱的"小野蛮"这一主题的诗的表现，并且被布莱克的《天真之歌》与《经验之歌》的诗歌魅力所俘获，这也许不无偶然。但是，布莱克把童年作为他的《天真之歌》与《经验之歌》的主题，则绝非偶然。生活在人的内在和外在的天性开始削弱洛克和牛顿所代表的理性主义的时代里，正如彼得·柯文尼（Peter Coveney）正确指出的那样，布莱克"是我们的现代感受力的第一个受害者"。对布莱克来说，童年等于想象力，而儿童，或者任何有想象力的人，都与培根、牛顿和洛克这样的"白痴的推理者（Idiot Reasoners）"相对立。在1799年8月23日致特鲁斯勒（Dr.

[①] 对这首诗有意思的讨论，参见小E·D·荷什（E.D. Hirsch, Jr.）《天真与经验：布莱克导论》（*Innocence and Experience: An Introduction to Blake*, Yale U.P., 1964），第31页以降。

Trusler）的著名信中，布莱克清楚地说明，他推举儿童，乃是因了他们的想象官能：

> 我觉得人在这个世界可能会幸福。我也知道，这个世界是一个想象和异像（vision）的世界，在这个世界上我所画的我都能看见，但每人见到的都不一样［……］对我来说，这个世界完全是一个延续的幻想和想象所成的异象，有人这样告诉我的时候，我觉得备受鼓舞［……］
> 但是我很高兴发现我同类中大多数都能够明了我的异像，尤其是儿童，他们在观看我的画时所感到的快乐过我所望。无论青年和童年皆非愚蠢或无能，有些儿童是愚人，正如有些老人也是那样。但是，绝大多数是在想象力和灵的感受一边的。[1]

灵的感受首先存在于"异像"的官能里。说绝大多数儿童是"在想象力和灵的感受一边的"，实质上等于说，"野蛮人的心灵内在地比开化了的人的心灵更有诗意"。显然，布莱克基于儿童内在的更强的想象力官能而给予儿童重要的地位，在本质上与浪漫主义关于童年状态更接近自然、更能创造神话的形象是一致的。尽管对布莱克而言，儿童的天真是一种未经组织的天真，他称之为"Beulah（安乐地）"，而且它仅预示了、但本身并不是那种组织起来的天真或者伊甸园（Eden），然而"无

---

[1] Erdman编《诗文全编》，第702—703页；柯文尼的讨论，在《儿童的形象》第55页。

论青年和童年皆非愚蠢或无能",不应被看不起、受斥责或受教训。①

在《小孩》中,同样,周作人让小孩成为带来平静的信使和激发反思的人。孩子不是像周作人以早期教育为主题的那些讲稿和散文中所出现的那个样子,是教育的对象和成年人监管的对象。相反,在这里,儿童无意中成了成年人的老师和监管人。从受监管到成为成年人灵的监管人,周作人事实上透露出他思想中的一个重要转变。这一转变不但突出了他提倡儿童文学时总能显示的人文主义动机,而且带有一种在他的批评文章中不那么明显的灵的或者说精神的维度。它给了对童年的表现一个意识内的（immanent）维度。实际上,这个维度几乎接近宗教。

五、入神（enthousiasmos）与忘我（ekstasis）,或者神人合一（henkaipan）

布莱克的第一首《乳母之歌》和其他许多诗中,特别是《天真之歌》里的诗中,有着明显的基督形象因素。人们想不到这些因素会出现在公开宣布不信教的周作人身上。②但是,像《小孩》中"反觉得以前的憎恶／都是我的罪过了"这样的诗句,离宗教情绪已很近了。然而,《小孩》在他所有的白话诗

---

① 我们应指出,如上文所概括的那样,席勒在真正的自然状态和理想的自然状态之间做出了类似的区分。前者是不宜人的,后者是美育的终极目的。
② 关于周作人对他个人的信仰和宗教的声明,见《主张信教自由者的宣言》,陈子善、张铁荣编《集外文》上册,第395页。

中并不是最有宗教性的。在写作《小孩》四个月后写出的《对于小孩的祈祷》，正如标题所暗示的那样，在语气上更具有宗教性：

对于小孩的祈祷

小孩呵，小孩呵

我对你们祈祷了

你们是我的赎罪者

请赎我的罪罢

还有我未能赎的先人的罪

用了你们的笑

你们的喜悦与幸福

用了得能成为真正的人的矜夸

在你们的前面，有一个美丽的花园

从我的头上逃过了

平安的那边去罢

而且请赎我的罪罢

我不能够到那边去了

并且连那微茫的影子也容易望不见了的罪①

在《天真之歌》和《经验之歌》中，没有具体哪一首诗

---

① 《过去的生命》，第32—33页。作者自注中解释说，这首诗本来是用日语写成并发表的。中文本系他自己的翻译。

能被指作本诗的原型。然而,《天真之歌》常常暗示,儿童离神更近。《小黑孩》("The Little Black Boy")、《扫烟囱的孩子》("The Chimney Sweeper")和《捡到的男孩》("The Little Boy Found")都暗示这些孩子会升天堂。《乳母之歌》和其他的诗(比如《摇篮曲》("A Cradle Song")、《羔羊》("The Lamb")、《婴孩的喜乐》("Infant Joy"))都公然把婴儿和圣婴联系在一起。周作人《对于小孩的祈祷》中的小孩,扮起来自《天真之歌》中的基督形象,因而成了诗人的"救赎者"。[①]

考虑到周作人并不掩饰自己不相信传统的超验主义,包括基督教,他白话诗中的基督形象因素确实就非常显眼了。这些因素不是无谓的,就像他之后有些年轻诗人那样。这些诗人在自己的诗歌中嵌入一些庸俗廉价的基督教意象,仅仅是为了制造异域情调和出于审美上的势利。[②]这些因素反映出,周作人对宗教以及宗教与文学关系的看法,有了微妙的变化。在《对于小孩的祈祷》写成和发表的同时,周作人,尽管并未皈依,在一封公开信中,却对基督教在中国社会的作用,作出了一个更为积极的评价。[③]在1921年9月3日的这封信中,他指出,"要一新中国的人心",基督教是一个合适的选择。这首暗含基督教调子的诗,显示出他对基督教态度的这种转变,事实上超越了信中所表达的社会的与民族国家的考虑。实际上,这首诗指向了他

---

① 《过去的生命》中的其他几首白话诗都带有基督的余音,比如《荆棘》《歧路》《小孩》("我看见小孩……")。
② 比如梁宗岱(1904—1983)的《晚祷》,商务印书馆,1925。
③ 《山中杂记》第6封信,所署日期为1921年9月3日。《书信》,第15—16页。

的文学观中一个很重要的、却从来没有得到应有关注的方面。[1] 周作人不仅仅从布莱克那里借用了童年的母题,他还接受了一种超验的维度,并把它带入了中国当时的文学和文学话语中。

周作人曾在介绍布莱克的文章中引用过斯珀津的《英国文学中的神秘主义》一书。在这本书中,斯珀津将布莱克最著名的诗歌中那种儿歌风格与他的神秘异象和超验的感受联系在一起:

> 布莱克在使用神秘的方法,在那些表面上很微小的事物中结晶出一个伟大的真理方面,是特别大胆和有创意的。其中一些,我们在《箴言篇》("Proverbs")中已经看到了,而《无知的占卜》("the Auguries of Innocence")无非是一系列这样的事实,是最深的智慧的仓库。其中一些具有儿歌般的朴实,它们把儿童语言的清新直白,同受灵感激发的预言家的深奥的真理结合起来。[2]

这里提到的《无知的占卜》,也是周作人最喜爱的一首诗。在前面提到的介绍布莱克的文章中,[3]他翻译了这首诗开篇著名

---

[1] 苏文瑜简略地提到了周作人关于文学和宗教密切相关的思想,他在1921年的一篇文章中表达了这一点(后文将会讨论)。但苏文瑜没有追溯这种思想的西方渊源,也没有讨论它丰富的含义和对周作人思想发展的意义。然而,她确实是第一个引起我们注意这一问题的人。苏文瑜:《周作人》,第17—78页。

[2] 卡罗琳·F·E·斯珀津(Caroline F.E. Spurgeon)的《英国文学中的神秘主义》(*Mysticism in English Literature*, Cambridge U.P., 1913),第146—147页。

[3] 周作人:《勃来克的诗》,《艺术与生活》,第210—213页。

的四行格和随后两个偶行。

> To see a World in a Grain of Sand
> And a Heaven in a Wild Flower
> Hold Infinity in the palm of your hand
> And Eternity in an hour
> A Robin Red breast in a Cage
> Puts all Heaven in a Rage
> A Dove house filld with Doves & Pigeons
> Shudders Hell thro all its regions.
> 一粒沙里看出世界，
> 一朵野花里见天国，
> 在你掌里盛住无限，
> 一时间里便是永远。
> 一只笼里的红襟雀，
> 使得天国全发怒。
> 满关鸠鸽的栅栏。
> 使得地狱全震动。

不仅如此，周作人并不满足于引用和翻译这首格言诗；他还试图以诗体来模仿布莱克这首诗的情感与创意。1921年夏，周作人在北京西北郊养病。在这个疗养地，他写了一组诗，其中第五首最有布莱克风味：

山居杂诗·五

一片槐树碧绿的叶

现出一切的世界的神秘

空中飞过的一个白翅膀的白蛉子

又牵动了我的惊异

我仿佛会悟了这神秘的奥义

却又实在未曾了知

但我已经很是满足

因为我得见了这个神秘了

  这首诗亦步亦趋地模仿了布莱克的《无知的占卜》开篇的四行格的模式,这一点应该是昭然若揭的。[①]比他模仿布莱克的《天真之歌》和《经验之歌》写成的那些儿童诗更引人注目的是,这首诗中对超验世界的更明白的暗示。他描绘了一个自然的世界,而这个自然的世界同时又是它之外它之上的超自然世界的显现。考虑到这一点,"神秘"这个词,就特别关键了。它两次出现在这首短诗中,在周作人的诗歌词汇中非常不同寻常。跟随布莱克,周作人在他的小诗中公开承认,存在理性所不能理解的神秘。与《小河》中对万物有灵论的采用相比,这

---

① 在《山中杂记》第4封信(所署日期为1921年7月14日,周作人在西山养病期间发表)中,周作人引用了布莱克这首诗的前四行。这进一步确证了当时写作的《山居杂诗》第5首与布莱克的《无知的占卜》之间的联系。

一承认标志着向超自然主义迈进了一大步。[1]比起儿童诗里对基督形象的暗示，这是关于作者宗教情绪的更有力的证据。在他的其他儿童诗中所潜藏着的东西，在这里被明确表达出来了：《山居杂诗》的第五首表明，效法《无知的占卜》，周作人也相信无知（天真）的力量可以——借用托马斯·布朗爵士（Sir Thomas Browne）的话来说——"从自然之花中吮啜神性（suck Divinity from the flowers of nature）"；[2]这意味着尽管他不能够让自己皈依基督教或者其他任何一种有神话系统的宗教，而且尽管他尽可以像华兹华斯那样宣称：

> 所有的神力——所有的恐怖，单个儿的还是成伙的，
> 所有曾被赋予人形的——
> 耶和华——同他的雷霆，以及天使们
> 歌呼的合唱，天庭的御座——
> 我经过它们一无做惧。[3]

他仍然能够接纳一种自然的超自然主义，而这种自然的超自然主义是可以被纯洁的心灵——原有的和重获的天真——

---

[1] 周作人的文章《文艺上的异物》(《自己的园地》1922年4月，第27—30页) 显示出，自发表《小河》以来，周作人对文学中的超自然事物，包括万物有灵论，的想法有了多大的发展。
[2] 托马斯·布朗爵士：《医生的宗教》(Religio Medici) 第1部分第16节，收入L.C. Martin编《医生的宗教及其他》(Religio Medici and Other Works, Clarendon P., 1964)，第15页。
[3] 威廉·华兹华斯（Thomas Hutchinson编，Ernest de Selincourt校订）：《诗歌全集》(The Complete Poetical Works) (Oxford U.P., 1969)，第590页。

感知到的。这种神秘的存在在他对文学的看法上就意味着，对他来说，文学在其最高状态里，是为神所激发的，而且，由此可以推断，对于这种意义上的神性来说，它是其应有的载体。尽管这可能显得与他那种通常被概括为世俗的人道主义的文学观相矛盾，然而，这和他以进化人类学为基础的关于人的一般看法，有着相同的思想来源。无论如何，这首诗绝不是一个孤立的、无谓的例子，而我们也不能够把它看成是纯粹的诗歌辞藻，没有真正的思考和感受充实它。

然而，乍看上去，如果把《山居杂诗·五》和周作人最著名的一些论文学的言论放在一起读，这首诗中的超验倾向会显得很有问题。在这里和其他一些诗中存在的超自然主义的暗示与在他一些最著名的批评文章中对这些思想的否定之间，似乎存在明显的矛盾。在写这首诗的一年半之前（1920年1月）写成的著名的《新文学的要求》中，周作人将"神性"和"兽性"排斥在他所构想的中国新文学应有的内容以外。他宣称，中国新文学所需要的，是与为艺术而艺术或者唯美的文学相对立的"人生的文学"。"人生的文学"，他宣称，"是人性的；不是兽性的，也不是神性的"。[1]这一思想背后的根由，根据周作人的说法，就是"凡是人情以外人力以上的，神的属性，不是我们的要求"。[2]

尽管在早期的批评文章中对超自然主义进行了这样的否定，周作人并没有坚定地反对一切超验主义。在那一年的后

---

[1] 周作人：《艺术与生活》，第19页。
[2] 周作人：《艺术与生活》，第20页。

期，他对那种代表了"人情以外人力以上的"文学，似乎变得更宽容了。先是在10月26日，在前面提到的《儿童的文学》演讲中，他为那种"保存着原始的野蛮的思想制度"的文学进行了辩护。①一个多月之后，在11月30日，他在燕京大学做了《圣书与中国文学》的演讲。②《圣书与中国文学》是理解周作人关于宗教或其他任何形式的超验主义与文学的关系的观点最重要的文献。在关键地方，它修正了作为《艺术与生活》一书中前三篇文学论文的基础的那种纯世俗主义，在文学中赋予了超验更大的作用。同样还是借助于进化人类学对诗歌起源的解释，在这篇演讲中，周作人描述了在原始社会中宗教仪式是如何进化成艺术的。按照他的说法，起初，唱歌、跳舞、雕刻绘画，仅仅是一种自发的感情的表达，并不在乎在观众面前表演。当这些活动的仪式和法事方面的功能衰减之后，它们就带有艺术性了。"从表面上看来变成艺术之后便与仪式完全不同，但是根本上有一个共通点，永久没有改变的，这是神人合一，物我无间的体验。原始仪式里的入神（Enthousiasmos）忘我（Ekstasis），就是这个境地。"③周作人试图用具有新柏拉图主义色彩的浪漫派作家所钟爱的一个非常重要的《圣经》段落，来定义这种境地。④在这个段落中，耶稣替他的门徒们祈祷说：

---

① 周作人：《艺术与生活》，第29页。
② 和论儿童文学的讲稿一样，这篇讲稿也被收入前书，第33—34页。
③ 周作人：《艺术与生活》，第33—34页。
④ 与《太》《可》《路》这三篇同证福音书相比，《约翰福音》显示出来自包括诺斯替教（Gnosticism）在内的东方神秘主义和来自诸如柏拉图主义的希腊神秘主义的影响痕迹。它很可能是经由斐洛（Philo）希腊化的犹太教而受到

从"小野蛮"到"神人合一"——1920年前后周作人的浪漫主义冲动　311

"使他们都合而为一（hina pantes henōsin）；正如你父在我里面，我在你里面，使他们也在我们里面。"①

入神与忘我，就是雪莱所说的"走出我们自己的本性"。②这就是说走出我们自己的本性，和神或者无限合而为一，或者用雪莱自己的话说就是："诗人参与了永恒、无限，和太一。"③这种神人合一的思想，是浪漫派一个最根本的思想。雪莱的《诗辩》和他整个的诗歌观就都是坚实地建立在这一思想的基础之上的。雪莱之外，德国浪漫派典范诗人弗里德里希·荷尔德林（Friedrich Hölderlin，1770—1843），也将这一思想当作他诗学的最基本信条之一。在他的书信体小说《旭裴里昂，或希腊隐士》（Hyperion order der Eremit in Griechenland）中，他让主人公旭裴里昂反复吟诵这样的句子："神人合一，这是神的生活，这是人的天堂。"就好像是在唱诗念经一样。④

周作人嗅到了"神人合一"这一浪漫派观念中的新柏拉图主义气味，认出了其《启示录》式的末世拯救的维度。在《圣书与中国文学》中，周作人指出，通过入神和忘我而实现的神人合一，就是新柏拉图主义所提倡的接近神的方法。这样明

    后者影响的。参见P·费尼（P.Feine）、J·贝门（J.Behm）：《新约导论》（Introduction to the New Testament; Werner George Kümmel校订，Howard Clark Keel英译；Abingdon，1973），第200—234页。

① 《约》17.21。
② 雪莱：《诗辩》，收入雷曼和鲍尔斯编《雪莱的诗歌与散文》，第487页。雪莱的"走出我们自己的本性"的说法，表露出一种强烈的柏拉图主义色彩。他把这种状态称作爱，并将它描述为"把我们自己同不属于我们自己的思想、行动或者人身上的美等同起来。"
③ 同上，第483页。
④ Friedrich Beiβner编《全集》（Sämtliche Werke, Kohlhammer，1951）第3卷，第8—9页。

确提出新柏拉图主义，说明周作人对他所传布的艺术起源观中的新柏拉图主义内涵，是有充分意识的。[①]在《圣书与中国文学》的演讲后不久，在少年中国学会的一次关于宗教的演讲中（1921年3月），周作人告诉听众，宗教朝向未来的趋向，也是文学所具有的。[②]把艺术创作看作入神与忘我，这一看法所具有的《启示录》式的末世与超验含义，动摇了人们对他的美学所做的一般性概括——即世俗的人道主义——的根基。如果人们只考察周作人《艺术与生活》中前三篇著名的文学论文——《人的文学》《平民文学》《新文学的要求》——而忽视其他文章的话，在很大的程度上，这样的概括还是说得过去的。但是，倘若我们注意不到1920年周作人文学观念的变化，我们就会忽略中国现代文学批评史上的一个重要发展，也会忽略一种其后续发展的重要来源。作为周作人沿人道主义路线展望未来中国文学的一个最晚的发展阶段，《圣书与中国文学》清楚地表明了周作人对中国现代文学的最终设想：它应该有一个超验的维度。尽管他自己的诗歌作品从未超出含蓄的自然的超自然主义，例如《山居杂诗》第五首，然而，通过引用"入神"和"忘我"这两个词，他在理论上对文学中的宗教和超验经验更开放了，实际上，他为其他作家沿这一方向的未来发展，发了权威许可证。比如，在他文学思想发展中这个公开的超验阶段过去后很久，他仍因废名的小说《桥》中的人物"有点神光"而加以

---

① 周作人：《艺术与生活》，第34页。
② 周作人：《宗教问题》，《少年中国》1921年第2卷第11期，收入陈子善、张铁荣编《集外文》上册，第341页。

褒奖。①

周作人的美学思想在1920年超越了世俗人道主义而达到那样的高度，绝非偶然。这反映了他当时整个的思想、心理和精神状况。我们必须记住，同样是在1920年，他对一个乌托邦的合作社计划的推动最积极，这个计划就是新村运动。后来他把三篇写于1919年和1920年的关于新村运动的文章，连同五篇前面提到过的文学论文，收入到同一本文集中，即《艺术与生活》。正如周作人在《艺术与生活》的自序中告诉我们的那样，这两组文章分别表明了他对艺术和生活的看法，而他的那些文学宣言和对新村运动的提倡是"相当的"。因而，周作人将自己关于美学的文章和关于社会乌托邦的文章一起编入《艺术与生活》中，就是个深思熟虑的决定了，这意味着在超验美学和社会理想主义之间存在着不可分割的联系。

对理想社会的向往与文学中的超验主义之间的密切联系，还可以在另一篇重要文章中看到。1922年，为了纪念雪莱逝世百周年，周作人撰文赞扬了雪莱对一个能够与想象力相符的理性社会的热情，并把他同拜伦诗中个体的那种恶魔式的破坏做了对比。②通过引用雪莱为《解放的普洛美透思》（Prometheus Unbound）所写的序言中的一段话，他解释了雪莱以威廉·戈德文（William Goldwin）的社会理论为基础的社会理想主义与他的浪漫主义诗歌之间那种精微而至关重要的统一性：

---

① 周作人：《桃园跋》，《永日集》（1929 / 2002），第73页。
② 周作人：《诗人席烈的百年忌》，《谈龙集》，第18—19页。

> 我的目的只在使［……］读者的精练的想象略与有道德价值的美的理想相接；知道非等到人心能够爱，能够感服，信托，希望以及忍耐，道德行为的理论只是撒在人生大路上的种子，无知觉的行人将把他们踏成尘土，虽然他们会结他的幸福的果实。①

在自序中，雪莱明确指出，这首诗，虽不是说教诗，却与理想社会的异象有着不可分割的联系。在他对雪莱的讨论中，周作人如实地阐明了雪莱对理想社会的异象展望和诗歌之间有着不可分割的联系的看法。考虑到他投身新村运动与发表这篇关于雪莱的文章在时间上很接近，那么，他对雪莱的社会理想与诗歌作品之间关系的格外重视，就不能被看成仅仅是对一段熟悉的文学史的简单回顾或者对一位英国诗人例行公事的纪念了。事实上，在利用引文或关于他人的评论来传达或注解自己的观点方面，周作人是个高手。通过介绍雪莱，周作人微妙地表达了自己对社会理想主义和诗歌之间的相互交织的关系的看法，而周作人在那篇百年忌的文章中所阐述的雪莱的社会理想和诗歌之间的密切联系，映照出周作人当时在自己的社会理想和文学观之间的统一性。由此，周作人在《艺术与生活》中将自己的文学论文和关于社会乌托邦的论文并置的编辑策略，和他论雪莱的文章，都毫无疑义地告诉我们，对周作人来说，乌托邦的异象和《启示录》式的末世异象是相辅相成的。

---

① 雪莱：《诗歌全集》，第203页。周作人译文，见《谈龙集》，第11页。

新村运动，对周作人来说，就像是雪莱眼中的戈德文那种正义社会。它是受基地设在日本的新村运动激发的空想社会主义运动。①当武者小路实笃（Mushanokōji Saneatsu，1888—1976）在日向建立起第一个新村的时候，周作人深为它的理想所吸引，以至两次到日本考察了新村原址。在根本上，周作人对新村运动的热情来自它的人道主义。②这种人道主义与周作人的文学论文中表现出的那种人道主义是一致的。周作人拥抱这一乌托邦运动，是因为他相信在它的理想状态中，新村运动的合作社会在满足大众福利最基本要求的同时，能够保证个人主义。在一篇收入文集的文章《新村的精神》中，周作人宣称"新村的精神，首先在承认人类是个总体，个人是这个总体的单位"。③这让我们想到周作人认为对于他所翻译和编入《点滴》中的那些外国小说来说最为根本的人道主义原则。在写于1920年的《点滴》序言中，周作人认为集中所有短篇小说都有一种人道主义的精神：

---

① 在英语世界，关于周作人对新村运动的参与，最为全面的研究是周昌龙（William C.L. Chow）的《周作人与新村运动》（"Chou Tso-jen and The New Village Movement"），《汉学研究》（Chinese Studies）第10卷第1期，1992，第105—135页。关于周作人对新村运动的参与的历史细节，可以参考此文。在日语世界中的详细研究，见于耀明《周作人与日本近代文学》第8章，第185—205页；英语中的研究，又见苏文瑜《周作人》，第5—51页。关于武者小路实笃对新村运动的参与，见大津山国夫《武者小路实笃研究，实笃与新村》（《武者小路實篤研究，實篤と新しき村》，明治书院，1997），又科尔、麦克莱恩、麦克兰《日本文学的白桦派》，第22页ff，第47—50页。
② 关于作为新村运动的基本理念的个人主义的人道主义，参见上书。
③ 周作人：《新村的精神》（1919），陈子善、张铁荣编《集外文》上册，第312—313页。

单位是我，总数是人类：人类的问题的总解决也便包涵我在内，我的问题的解决，也便是那个大解决的初步了。这大同小异的人道主义的思想，实在是现代文学的特色。因为一个固定的模型底下的统一是不可能，也是不可堪的；所以这多面多样的人道主义的文学，正是真正的理想的文学。①

毫不奇怪，在这里，周作人提出对个体中的普遍人性的展示应是中国现代文学唯一正当的主题。②这种人道主义一方面将周作人引向社会乌托邦的异象，另一方面让他拥抱超验感受的文学表现，这两个思想动态都源于他对人的内在的善的人道主义信仰。作为一种信仰，相信人内在的善，与斯珀津所说的布莱克对"人内在的神性"③的信仰非常相近。事实上，在《人的文学》里，周作人的确引用了布莱克来为人性是灵与肉的统一体这一观点辩护。但是在1920年前后，周作人在这种肉体与灵魂的平衡的观点上，比他文学生涯中的其他任何时期都更明显地倾向于唯灵思想和观念论。④在这一时期的写作中，他反复使

---

① 周作人：《苦雨斋序跋文》（1934 / 2002），第15—16页。
② 周作人：《新文学的要求》，《艺术与生活》，第19页。
③ 斯珀津：《英国文学中的神秘主义》，第132页。
④ 周作人：《艺术与生活》，第10—11页。他所引用的布莱克的段落来自《天国与地狱的结婚》（*The Marriage of Heaven and Hell*）："人并无与灵魂分离的身体。因为这所谓身体者，原止是五官所能见的一部分的灵魂。"《诗文全编》，第34页。"观念论"是对Idealism的翻译，过去或译为"唯心主义"（这个译法容易令人误解，不从），或译为"理想主义"。以下所有所谓"理想的"，同时也就是"观念的"，"理想主义的"，也就是"观念论的"。

从"小野蛮"到"神人合一"——1920年前后周作人的浪漫主义冲动　317

用"理想的"这个词——理想的文学、①理想的写实主义、②理想的人的生活，③而他将人道主义文学等同于理想的文学，表明了这种超验的倾向。④他称欧洲经典作品——他认为它们是中国将来文学的模范——为理想的文学，因为它们包含着他所阐述的那种人道主义，就像他称乌托邦的新村运动的人道主义原则为"理想的"一样。理想的文学和理想的社会都将体现并最大限度地实现作为物种和作为个体的人的生命。⑤他关于人的思想，是这种人道主义的中心。这种思想最终既是理想的又是目的论的，因为它超越了所有经验现实，其用处在于作为一个目标。这种关于人的理想观念，在本质上是对人的现实环境的抽象，把任何有关文化、国别、种族等偶然特征或者其他经验环境抽去。⑥它是人注定要成为且有能力成为的一个目的论的楷模。文学，作为对人的理想化的异象的展现，因此也是理想的。作为入神与忘我的艺术和文学，意味着艺术家有如神附身一样必须为这样的人的理想所激发，超越他那个经验的、世俗的自我。周作人援引托尔斯泰说，最高的艺术必须同时是宗教的，而对于艺术作品来说，要成为宗教的，就是要表达神人合一。⑦

---

① 见上文所引的1920年撰写的《点滴》序言，《苦雨斋序跋文》，第16页。
② 周作人：《新文学的要求》，第19页。
③ 周作人：《新村的理想与实际》，《艺术与生活》，第216页。
④ 参见周作人《新文学的要求》最后一段，《艺术与生活》，第23—24页。
⑤ 参见周作人《新村的理想与实际》，《艺术与生活》，第213—220页。
⑥ 参见周作人《新文学的要求》，《艺术与生活》，第19页。
⑦ 周作人：《圣书与中国文学》，《艺术与生活》，第35页。

六、结语

自20世纪中叶以来,在作为欧洲文学史上一个历史阶段的浪漫主义的定义上,批评界已达成共识,这个共识被艾布拉姆斯的名作《自然的超自然主义》的标题简明扼要地概括了。自然的超自然主义,正如18世纪末和19世纪初英国和德国文学中所体现的那样,是以在自然环境中获得的《启示录》那样的经验为中心的。《启示录》那样的经验,在艾布拉姆斯遵循《圣经》批评中通常的解释所使用的意义上,"意味着一个异象,在其中,旧世界被一个新的、更好的世界取代了"。[1]同对这种经验的传统描述不同,浪漫主义在重启超验传统时,一般都限制在自然世界中,并不进入旧的神话系统。作为一场广泛的文学和思想运动,欧洲的浪漫主义包含了很多不同方面,其中,童年崇拜、文学和哲学中对野蛮人的兴趣、各种形式的自然主义、社会政治的激进主义等最为突出。周作人在寻求中国现代文学和中国未来社会的过程中,尽管从多种不太系统的资源中接受影响,却表露出了所有这些浪漫主义方面。从推动儿童的身心健康,到倡导乌托邦社会,周作人具备所有浪漫派的资历。实际上,他曾经呼吁当时的新诗运动要吸收浪漫主义的诗学,而不是他所谓的古典主义。[2]

---

[1] 艾布拉姆斯:《自然的超自然主义》,第41页。
[2] 在为刘半农的诗集《扬鞭集》撰写的序言中,他批评白话诗的主流倾向是"晶莹透澈得太厉害了",并指出,"(诗歌)正当的道路恐怕还是浪漫主义——凡诗差不多无不是浪漫主义的,而象征实在是其精意"。《谈龙集》,第41页。

我们已经看到，在这个短暂时期，周作人为他自己也承认是理想主义的那种关于未来中国和中国文学的异象所鼓舞。和欧洲那些逆启蒙运动而动的浪漫派一样，周作人在与"五四"时期以理性和科学为基础的启蒙主张相配合的同时，也用他自己的浪漫派的种种追求补充和修正它。如果理性、世俗和科学可以说是五四运动的主流话语模式，周作人的浪漫主义追求，甚至在他后来转向培养趣味推崇闲散雅致之前，已经提出了对文学和民族现代性的"另类"（alternative）设想。①但是，这种"另类"设想很难说是"中国的"。与他后来他越来越依赖先前被禁的或偏僻的中国旧时材料的做法不同，在周作人的思想发展史中，这个浪漫主义阶段很明显是西方的。这种对现代性的设想，本质上属于苏文瑜所说的那种"第二层次的现代性（second-order modernity）"，即以18世纪晚期和19世纪初的西方为典型模式的现代性。②然而，正是这种对西方模式的服从，使得周作人的浪漫主义热情出了麻烦。在很大程度上，这是因为周作人对中国现代文学的浪漫主义设想，和他以人道主义为基础的乌托邦灵感，与他的那些欧洲前辈相比，晚了一个多世纪。在20世纪全球资本主义的发展以及中国快速融入它——不管多么被动多么勉强——的过程中，适于周作人的人道主义和浪漫主义的那种历史势头早已丧失了。尽管他也许并不能从一个全球的角度对这种迟到有足够的认识，周作人意识到，他的人道

---

① 苏文瑜在《周作人》中试图证明，周作人代表了"中国对现代性的另类回应"。为了证明这一观点，她主要关注周作人在20年代末和30年代这个时期的文学生涯。
② 同上，第14—15、28页。

主义和浪漫主义异象的意识内趋向，与总是挫败它的物质现实之间，是不协调的。这想必是他在20世纪20年代初期感到那样痛苦的主要原因。

最终，周作人不得不承认，他的乌托邦和浪漫主义异象，"没有多大的觉世的效力"。[①]于是，在他的浪漫主义阶段还没得机会充分展开之前，他就把它了结了：1923年《自己的园地》的发表，实际上标志着这个浪漫主义阶段的夭折。[②]尽管"迟到"和"无效"，他这几年里的浪漫主义探险其实还是产生了深远的影响。毛泽东，还有其他几位后来中国共产党的奠基人受了周作人的新村运动的激发，绝非偶然的历史事件。[③]周作人在那几年里拥抱的乌托邦和《启示录》式的异象，反映了一种深层的民族渴望，回过头来看，它预示了后来发生的一切——连同其所有的修改和扭曲。[④]不管有多短暂，周作人在1920年前后的浪漫主义冲动把他和当时其他主要文学和思想人物区别开了。那些人参与新文化运动的动机，与《启示录》式的异象或

[①] 在《艺术与生活》自序中，周作人回顾了他过去对社会乌托邦和人道主义的理想主义热情。他"觉得这种生活（即新村运动的主张）在满足自己的趣味之外恐怕没有多大的觉世的效力"（第2页）。

[②] 在谈到《艺术与生活》中写1924年以后的三篇文章和写于此前的其他文章之间的明显区别时，周作人似乎要把1924年说成是他思想发展上的一个转折点。见《艺术与生活》原序，第2页。然而，尽管在1923年后不久写成的某些文章中仍然表现出了和1920年前后写出的那些文章同样的倾向，《自己的园地》还是可以被方便地看成是周作人思想发展的分水岭。

[③] 关于这一段历史，参见周昌龙《周作人与新村运动》，第120—124页。

[④] 王斑的《历史的崇高形象：二十世纪中国美学与政治》（*The Sublime Figure of History: Aesthetics and Politics in Twentieth-century China*, Stanford U.P., 1997）讨论了超验灵感的一些重要方面。他称之为20世纪中国文化和政治中的"崇高形象"。

超验的灵感没什么关系。那个常常罩在他和他的同代人头上的称号——"偶像破坏者"——因此必须要被看成是一个并没有包含全部事实的否定性描述。因为它仅仅描述了他想要废除的，没有描述他想要建立的。有了这一《启示录》式的倾向，他那种通常被人们用纯世俗的概念来讨论的人道主义，就不乏味了。周作人与胡适不同，后者事实上更是一个偶像破坏者而不是建设者，并且在气质上是绝对世俗的。周作人的前瞻异象，和他对这个异象的描述，构成了他对新文化运动的最重要的贡献。

尽管他后来很快从这三年里的"理想主义"倒退出来，他所接受的浪漫主义文学事业项目，却大部分留了下来。事实上，这些项目在很大程度上规定了他后来的思想兴趣和发展。这主要体现在他后来的文学生涯中。比如，他继续写作关于儿童和童年的诗，终生不辍：在20世纪40年代他重又写起关于儿童和童年的诗来，只是不再使用自由体，而是重新启用了传统格律；而且他选取这一题材，更多是出于对民间传说的学术兴趣，而不是出于任何明显的浪漫主义事业计划。[①]他的另一个从浪漫主义阶段残留的兴趣，就是对旧时超自然传奇的爱好。在20世纪30年代和40年代，他写了为数不少这方面的散文，它们

[①] 在1947年，诗人为这组诗起名《儿童杂事诗》。本来它包括两卷共48首诗。第二年，周作人又增加了24首，总共72首诗。他打算出一本诗集。但是，直到1973年，即作者逝世6年后，这本诗集才得以完整出版。关于后一点，参见止庵编《老虎桥杂诗》（见前第259页脚注②的讨论），第52—75页。另见手稿影印本，丰子恺配图，钟叔河编《儿童杂事诗图笺释》，中华书局，1999。

是显示他散文写作艺术已臻炉火纯青的标本,尽管它们已不再有1920年前后的写作中那种公开的浪漫主义关怀。

就文学史来说,周作人的浪漫主义遗产与通常被描述为现实主义、科学主义和理性主义的五四运动的占主导地位的遗产之间存在着冲突。[①]尽管从未能像后者那样被树立为经典,然而,周作人的遗产是丰富而深广的。追随周作人的一些人,属于现代文学中最有趣的文学人物之列,这些人物通常与所谓的"京派"联系在一起。具体地说,在把儿童经验提升为最有想象力、最接近超验方面,在自然的环境中呈现超自然方面,在经由自然和童年来追求《启示录》式的异象方面,废名都以其导师和朋友周作人的不容置疑的继承人身份特立挺出。如果周作人没能在艺术创作中让自己被那些浪漫主义冲动冲得很远,那么,可以说,他的这些冲动在自己最有天赋、最忠诚的弟子身上得以实现了。[②]

[①] 关于"五四"时期作为文学表现的主流模式的现实主义,参见安敏成(Marston Anderson)《现实主义的局限:革命时代的中国小说》(*The Limits of Realism: Chinese Fiction in the Revolutionary Period*, U. of California P., 1990)。

[②] 除了废名外,著名的还有俞平伯(1900—1990)、沈从文(1902—1988)、李广田(1906—1968)、何其芳(1912—1977)。关于京派的美学和哲学特征,参见许道明《京派文学的世界》,复旦大学出版社,1994。又见解志熙《美的偏至:中国现代唯美颓废主义文学思潮研究》,上海文艺出版社,1997,特别是第2章。

"五四"时期的国语统一论争
——从"白话"到"国语"

村田雄二郎/著 赵京华/译

一、引言——"问题"的时代

1919年10月，北京大学校内报刊的一角刊登了题为《问题研究会章程》①的一则短文。文中列举了当时社会上所议论的各种问题共71项，呼吁会员们之间多做研究，"以学理解决问题"，是一个表达意见主张的广告。研究会的名称有些不同寻常，让人感到其研究对象很是茫然，不过在当时的读者看来，研究会名的所指大概是一目了然的。因为，这章程乃是对胡适向文化界倡导的"多研究些问题，少谈些'主义'"②做出的一个真诚回应。

胡适在这篇引起争论的随笔中，面对青年学生"空谈"什么"社会主义""过激主义""无政府主义"等提出强烈批评。他认为，中国面临的各种社会问题，不是靠谈"主义"就能解决

---

① 《问题研究会章程》，《北京大学日刊》，1919年10月23日。
② 胡适：《多研究些问题，少谈些'主义'》，《每周评论》，1919年7月20日。

的，需要通过"研究问题"进行一点一滴的渐进改良。"五四"新文化阵营从"科学与民主"大同团结的阶段开始各自逐渐向特定的"主义"倾斜，我们可以将胡适的文章理解为是站在实用主义的立场上向这种趋势敲响警钟。针对这种主张，马克思主义者李大钊则写了《再论问题与主义》，以和气稳健的笔调反驳胡适的观点，这也是众所周知的。李的论点在于强调，"问题"和"主义"并非像胡适所说的那样可以简单分开，社会经济问题的根本解决，还是需要"主义"的力量。这就是最早显露出《新青年》阵营政治上之分裂的"问题与主义"之争。

毋庸置疑，《问题研究会章程》的作者对胡适的主张产生了共鸣。研究会的名称自不待言，《章程》第八条规定问题研究会的任务为"以学理解决问题"而排除了"以实行解决问题"的方法，明确表示了对"主义"之"空谈"的否定姿态。如果考虑到当时年仅25岁的毛泽东不久决然成为"主义"者，那么，这也可以称之为青年时期一个意外的插曲。[①]不过，对于一名在北京大学图书馆谋得月薪四元的事务助理员职位、在首都努力吸收波涛汹涌之"新思潮"的农村青年来说，成了新文化运动巍然屹立的明星胡适的信奉者，也没有什么奇怪的。毋宁说，这反映了胡适给"五四"青年思想上的影响之巨大。

---

① 《问题研究会章程》落款为9月1日，原文无署名。而同是《北京大学日刊》10月23日上登载的《邓康（中夏）启事》，现已查明起草者为毛泽东。10月初，因为参加母亲的葬礼，毛突然返回老家湖南，故《章程》发表时不在京。《章程》寄到北京，是经邓中夏之手发表的。这期间的经过，参见中共中央文献研究室等编《毛泽东早期文稿》，湖南出版社，1990，第402—403页。

这里要关注的是，仿佛显示了"五四"时期社会认识之一方面的《章程》中，所列举出的一系列"问题"的内容。这些涉及方方面面的"问题"，把胡适提出来要解决的紧要问题如"从人力车夫的生计问题到大总统的权限问题"，"从卖淫问题到卖官卖国问题"，"从解散安福部问题到加入国际联盟问题"，"从女子解放到男子解放问题"等等进一步具体化，无所不包。作为对胡适提出的"研究问题"建议的忠实回应，大概没有比这个详细的"问题"表更详尽的了。

从某个角度讲，这是一个缺乏系统性的问题表，而引人注目的是以"教育问题"开始到"女子问题""白话文问题""孔子问题""东西文明会合问题"这样一种排列方法。其中也涉及政治外交乃至经济财政问题，但重视的比重相对轻一些。当然，排列的先后顺序未必反映了对于"问题"认识的轻重，不过很明显，当时的毛泽东对于和政治有一定距离的社会文化问题表示了更大的关心。这与其说显示了毛的个性化视角，不如说反映了构成《新青年》《每周评论》的读者群体之学生、知识青年一般的思想倾向。与胡适主张的"研究问题"相关而被选为主要研究对象的更主要是教育、妇女解放和儒教伦理等这样一些与时代相呼应的"社会改造"课题。

在这一点上，毛泽东乃是比起"谈政治"来更优先考虑文化、伦理改造的五四新文化运动的产物。实际上，他起草《章程》之后，于故乡长沙积极参与"女子问题"的启蒙活动，还发表了许多有关妇女独立和自由恋爱的文章。仅看他这一时期的著作目录，也会让人感到，妇女解放这一社会问题的解决是毛泽东最关心的事情。同时，对于在湖南省立师范学校教国文的毛泽东来说，教育问题也与他一生的志向密切相关。

《章程》中提到的第一项"教育问题"之下列举了17个小项目。从"教育普及问题""中等教育问题"到"大量派留学生问题""杜威教育说如何实施问题"等，对于曾经考虑终身以师范教育为职业的毛泽东来说，无疑都是十分切要的"问题"。特别是当国文教师的毛还对"国语教科书编纂问题""中等学校国文科教授问题"感兴趣，于《章程》起草前后，曾向奉职教育部的同乡前辈黎锦熙发出信函，讲到自己对"国语问题"研究的热情。①

那么，这一时期毛泽东讲到的与社会改造相关联的"国文问题"是怎样的问题呢？从中国近代国语统一、语言改革运动的历程观之，当时语言的哪个方面成了问题？提出了怎样的观点？"五四"俗语革命之中应有的"国语"是怎样被表征的？以及，它与民族同一性的形成是怎样关联在一起的？本文通过考察作为中国近代语言民族主义转折点的"五四"时期国语统一论争，试图对这些问题有所触及。

提到"五四"时期的语言文字问题，一般会想到始于1917年胡适发表《文学改良刍议》②的文学革命（白话文运动）。作为现代中国的言文一致运动，不仅是文学语言的文体和语汇，还包括传统观念体系的革新，其"革命"的划时代性自不待言。讨论

---

① 见毛泽东"致黎锦熙信"，1919年9月5日。另，这封书简与毛谈论妇女解放问题的文章一起，收入《毛泽东早期文稿》。
② 胡适：《文学改良刍议》，《新青年》第2卷第5号。

言文一致的标准语成立条件的国语统一论争，也是因为有了"白话"对"文言"的胜利才得以出现。或者可以说，作为对文学革命的"补课"或第二阶段而由教育界进一步提出了有关"标准国语"的定义和性质的问题。从这个意义上讲，如后面所述，旨在文学语言革命的白话运动和提出"标准国语"理念的国语统一论争，实在是二而合一的。把这两个源流不同的运动合二为一，才确立了"五四"白话=国语的优越地位。

本文要论述的这场国语统一论争在当时有多数教师、学生和新闻记者参与，形成了一场大规模的论争，可是后来却几乎被人们所遗忘。[①]甚至作为唯一一部近现代中国国语运动史的黎锦熙的《国语运动史纲》（1934），其作者虽为论争的当事者之一，也只是对其经过做了简略的介绍。我觉得比起现代文学史对"五四"白话运动的大书特书来，这种忘却实在是不合理的。

可能有多种多样的原因吧，其中一个原因大概是由于论争的内容限于围绕"国语"语言内部问题，结果，没有充分找到与"五四"时期成为流行语的"社会改造"之联结点。论争发生的1920年至1921年间正是所谓"五四"的退潮期，另一方面，又是面对不久即将来临的国民革命而"主义"的兴起逐渐明朗化的时期。在政治实践中发现"社会改造"方向的人们，

---

① 成为"五四"国语统一论争主要舞台的是上海《时事新报》副刊《学灯》。从1920年10月到1921年6月，该报曾组织了6次国语问题的特辑。本文使用了上海图书馆所藏缩微胶片版，以及台湾中国国民党中央委员会党史委员会收藏的"吴稚晖档案"中的剪贴材料。另外，《中华教育界》《教育杂志》等有影响的杂志也参与了这场国语讨论。论争的概要还可以通过上述报纸杂志记事的选集《国语问题讨论集》（朱麟公编，中国书局，1921）了解到。

大概感到通过语言文字的改革实现中国之再生的道路过于遥远了。或者，也许是随着论争的展开，问题的焦点分散开来而不够集中，造成了后来对该论争的记忆逐渐模糊起来。

另外，好像白话文学的主要倡导者们总体上也对这场论争不大怎么关心。胡适在后来总结性地回顾"五四"文学革命的文章中提到了这场论争，说国语先生们围绕"京音""国音"哪个更标准的论争，与"我们提倡国语文学的人"是不相干的在将"白话文学"的命运寄托在采取官话和方言以创造新文体的胡适看来，似乎讨论国语标准音的"国语先生们"实在是很迂远的存在。①

然而，从当时以及后来作为指导国语政策的基本方针这一点来看，这场论争所发挥的作用绝非微不足道。如后面所述，在论争过程中提出的意见和建议，多为教育部的国语政策所采纳。而且，20世纪30年代和50年代语言改革论争中所议论的问题，实际上基本与这场"五四"国语统一论争的问题类型相同。更重要的是，处于论争核心位置上的国语标准音的确定，初看起来仿佛是沉潜于语言内部的问题，但其实蕴含着无法还原的外部性问题。这不仅仅是指语音中心主义之言文一致的主张即将文字定位于次要的、外围的因素一事。给语音（音韵）以语言上的特权地位这种思考本身，仿佛是排除了语言之外的事实一样，而实际上却是被语言之外的事实所深深规定着的。这里所谓"语言之外的事实"，直白地说，正是形成民族国家的

---

① 胡适：《中国新文学大系第一卷·建设理论集·导言》，1935。

诸种政治关系。①国语表征着国民，而将语言重铸成国语的则是构筑国民的政治力学。

以此观之，从理论上谋求言文一致的"五四"时期国语统一论争，其在近代中国语言民族主义方面所处的决定性地位就会浮现出来。不过，我们不必急于下结论，先来追溯一下这场论争的背景。

二、论争的背景——"国语"的诞生

在中国，表示国民语、国家语意思的"国语"一词的出现，是在日语中的新汉字词汇被大量输入到中国的20世纪初。以官话为标准语的国语教育和表音字母的制定首先在民间层面有各种各样的尝试，为国家富强而实施语言统一的要求也随着光绪新政的推进逐渐高涨起来，然而，清朝政府的最终认可则要等到1911年即辛亥革命那一年。这年6月，在北京由学部举行的中央教育会议上，"国语统一办法案"得以通过，之后不久，政府表明要积极参与国语教育。这个议案决定以明治日本为前例设立国语调查会，以"京音"为"音声话"的标准制定"音标"，以及为了普及"音标"设立"国语传习所"等等。②

可是，学部着手实施这些计划之后不久，辛亥革命爆发而清朝归于崩溃。包括国语统一案在内的教育部教育政策，虽然

---

① 柄谷行人：《日本精神分析（3）》，载《批评空间》第7号，1992年11月。
② 倪海曙：《清末汉语拼音运动编年史》，上海人民出版社，1959，第235—236页。

积蓄了各方人士的很多努力，但也因此成为一纸空文。不过，仅就民国初年的教育行政而言似乎意外地并未因为革命而发生严重的中断。这是由于承担清末教育改革提倡国语教育的大多数都是在地方教育会有根基的立宪派人士，他们在民国成立以后，亦可以通过全国教育联合会等对政府的教育行政、国语政策发挥相当的影响力。为此，在国语统一运动的过程中，革命的影响被控制到了最小的限度。换言之，清末"国语统一办法案"所提出的国语教育计划，在民国时期被几乎完好无缺地继承下来了。①

教育部于民国元年（1912）冬组织成立读音统一会筹备处，亦是延续革命前的既定路线实行的举措。1913年2月召开的读音统一会确立了下列任务：统一各方言中明显不同的汉语字音确定"法定国音"，考虑制定表记"字母"。由此，民国政府迈出了制定国语统一政策的第一步。三个月的会议期间，南北各方会员的对立相当明显，甚至出现了会长吴稚晖提出辞职而审议一时中断的一幕，不过，最终还是审议通过了6500余字的标准发音（国音），决定采用后来被称之为注音字母的39个表音字母。

本来应该是根据读音统一会所通过的"国音推行方法"，迅速公布实施这些决议事项的，但由于二次革命发生，袁世凯开始独裁统治后，包括教育总长的更迭等行政上的混乱使国语统一运动一时陷于停顿。而填补了这个政治上之空白的是以教育界为中心的民间活动。1916年北京成立了以"研究本国语

---

① 陈懋治：《统一国语问题》，《最近五十年来之中国》，申报馆，1922，第194页。

言，选定标准，以备教育界之采用"为宗旨的中华民国国语研究会。次年召开成立大会，前教育总长蔡元培当选为第一任会长。而这一年也正是以杂志《新青年》为舞台提倡白话文学、文学革命汹涌澎湃的一年。借此时机，国语研究会对教育部积极展开了尽快公布注音字母、推行国语教育的请愿活动。研究会的规模也急遽扩大，据说1919年会员已有9800余人，1920年则上升到12000人。[①]其中还包括胡适、钱玄同等集结于《新青年》周围的新文化界领袖们。

这样，清末的国语统一和"五四"时期的文学革命合流，以"国语的文学，文学的国语"（胡适）为共同标语组成了联合战线，毫无疑问，这给教育部造成了巨大的社会压力。同时，新上任的教育总长是对新文化运动多有理解的傅增湘，也对国语统一运动起到了有力的作用。到1918年11月即读音统一会成立的第5年，教育部终于公布了注音字母。另，1919年4月，决定设立作为教育部附属机关的国语统一筹备委员会。这个模仿日本的国语调查会而构想出来、于整个民国时期成为中央政府语言政策之中枢的国语统一筹备委员会，于11月29日在北京召开第一次会议，选举张一麐为会长，吴稚晖、袁希涛为副会长，通过了"国语统一进行方法"等9个议案。进而，1920年1月，实施了将国民学校（小学）的"国文"科改为"国语"的教育部改正令。与此同时，向各省下达了"兹定自本年秋季起，凡国民学校一二年级，先改国文为语文体，以期收言文一致之效"

---

① 黎锦熙：《国语运动史纲》，商务印书馆，1934，第73页。

的训令，至此1911年通过的"国语统一办法案"这一悬案终于得以实现。

对于学校教育中语文体的全面导入，当时的社会是以震惊的态度予以接受的。胡适于1920年5月讲道：由于这一改革使"中国教育的革新至少提早了二十年"。[①]那么，到了1919年至1920年，此前一直处于停滞状态的国语政策何以突然活跃起来了呢？值得关注的一个变化是中央和地方的中小学数量的增加及同时出现的教员人数的增长。正如本文开头提到的毛泽东那样，成为新兴都市型知识分子的这些人脱离了传统的科举教育，在接受《新青年》所代表的"新文化"过程中，开始追求与文言一统天下的"国文"不同的语言媒体。文学革命的成功也多得力于这个阶层的支持。而教员阶层通过强大的法定社会团体即各省的教育会，得以对地方和中央的教育政策行使一定的影响力。例如，据说国语教育上最具革新性的江苏省，因教育会的运动而于1917秋（这正与《新青年》的白话运动相并行）就开始采用了白话文作为国文课的教材。

其中，能够左右中央国语政策的一大社会势力是全国教育联合会。每年于各省轮流召开的大会所表决的包括国语政策在内的多数议案，多为教育部所采用。1920年1月决定导入国语教育，实际上亦是回应前一年全国教育联合会（在山西省太原召开）表决的"推行国语以期言文一致案"的结果。可以说，正是有教育界多次的请求，这个"急进的改革"才得以实现。另

---

① 胡适：《〈国语讲习所同学录〉序》。

外，不可忽视的还有与教育界联合在教育部的内外为国语统一奋斗的国语研究会成员的存在。他们的大多数是不满教育部的政策而共鸣于新文化运动的人们，视国语统一为社会运动的一个环节，在一系列制度改革上发挥了巨大的作用。[①]国语统一筹备会成立之后，研究会的重要成员都加入进来，构筑起更直接地推动教育部政策立案的根基。

正是由于以上的状况，民国初年的国语统一运动在1919年至1920年之间，获得了连当事者们也感到惊讶的巨大进展。当然不用说，单是法令的修改和制度改革，并不意味着国语统一立刻就实现了。一系列政策措施终归只是出发点而已。这一点在各地小学国语课开始后立刻得到证实。最大的问题在于虽然导入了国语教育，但应该教授的国语其轮廓依然不甚明了。因为国语的标准一般认为是基于言文一致的"语体文"，故特别在语音方面问题突出地暴露出来。例如，江苏省苏州城内的某小学一二年级班里，虽然最先导入了国语教育，但当地的方言与"国音"的乖离很大，加之可以充分讲国语的教员太少，结果不得不用"土音"来读口语体的教科书。[②]同样的事例在南方各省的小学也应该不少的。注音字母已经公布，也重新编写了国语教科书。但是，没有规范字典、辞书和文法书，如何才能实行国语教育？学校中教授的国语之标准应该是怎样的？这些都是教育工作者们不得不面对的问题。

同样的问题，先于小学也在师范学校发生了。1918年4月在

---

① 黎锦熙：《国语运动史纲》，第71—72页。
② 刘儒：《考察国语教育笔记》，《教育杂志》第13卷第6号，1921年5月。

北京召开的全国高等师范学校校长会议，经讨论决议采取教育部在全国七所高等师范附设国语讲习科的提案原案。在此基础上，教育部下令决定设立国语讲习所，7月，全国最早在南京高等师范学校举行了开学典礼。这年冬天注音字母的公布也正是为了给国语讲习科的授课做准备。我们从公布的传达中可以知道，当时其中就包含了国语教育的试行、试验的内容。而实际上，国语讲习一开始，便暴露了根据注音字母讲授国语的问题点。特别是源自读音统一会的《国音字典》中没有标准音的明确定义，而产生了关于国语的理解和印象上的巨大差异。

国语统一论争就是在这种状况下发生的。论争中所涉及的问题，除了国语的定义外，还有对公布不久的注音字母的不同意见，汉字改革的是非，国语普及方法，国语教育的进度，教科书和字典辞书的编纂，规范语法的研究，国语行政管理和人才培养，等等，涉及方方面面，而最大的争论焦点则是标准语、标准音的定义问题。具体的情况将在后面叙述，这里事先要确认的一点，是论争中有关国语统一的可否并没有成为问题。论争的参加者无一例外都承认国语统一的必要性，对从"国文"向"国语"的变动亦表示支持。就是说，从"文言"到"语体文"这一国语教育的主题转换得到了承认。这一点在论争者之间是不存在意见分歧的。当然，不是说在论争的圈子之外没有文言派对白话文学、国语教育的反驳和批判。不过，从正面直接与教育部的新方针唱反调的声音的确非常少，有折中的意见也只是要求适当保留文言教育而已。可以说，在教师中间对全面废除国文表示担忧的也有其人，但国语支持的一派在言论界、教育界具有压倒多数的势力。①

三、论争的原委——京音还是国音？

民国时期最早的官制字典《国音字典》由商务印书馆出版是在1919年9月（教育部正式公布则在1920年12月）。这个字典与注音字母一样，都是读音统一会国音审议的遗产。这部《国音字典》是受教育部委托，吴稚晖（读音统一会会长、国语统一筹备会副会长）将用注音符号表记的约6500字按《康熙字典》部首排列顺序重新编排而成的。这是政府第一次尝试公布国语标准音，但从一开始便由于音价审议决定手续的暧昧不清，以及增补、修订工作几乎是在暗箱操作的状态下进行的，对此不断有批判意见出现。另外，《国音字典》根据读音统一会的方式采用了"母（声母）、等（四呼）、声（声调）、韵（韵母）"的音韵表记体系，

---

① 尽管如此，"国语"派的全面胜利并没有直接反映到教科书的内容中来。这里，1920年1月教育部的通知是针对国民学校一、二年级学生规定的，这一点值得注意。这是因为考虑到当时国语教科书一册也没有，而预计三、四年级学生将分阶段地转向国语教育。另外，文言文也并没有完全从教科书中排除掉。实际上国文与国语并存的状况持续了一段时间，高年级学校中随着学年的升高文言的比重也加大了。以1924年发行的中学用《初中国语教材》（叶绍钧等编，共6册）为例，260篇文章中，白话文95篇，文言文165篇，文言远远超过了白话（陈必详：《中国现代语文教育史》，云南教育出版社，1987，第56页）。还有，高等小学（三年制）中，一年级语体文为六分之五，文言文六分之一，二年级文言文占四分之一，到了三年级则语体文为三分之二，文言文占三分之一（见刘儒《考察国语教育笔记》）。由此可以知道，即使导入了国语教育，也并非全部换成语体文的教材。另，在整个20世纪20年代，依然可以看到有纯文言的国文读本的出版和流通。顺便一提，当时的学校教科书并非国家制定，与当代日本一样也是采取检定制度的。

若从表示国语标准音的目标来衡量，则依然远远不够完善。所谓"国音与京音之争"便是缘此而产生的。

在当时被作为最大的问题提出的，是以"普通音""官话用音"为依据的《国音字典》的字音乃是历史上的方言性音位的混合体，而非以某个地方的语音为基准的单一音系。[①]这本来是从读音统一会的字音审议方式发展而来的问题，它成了在标准国语音声方面实现等质性的重大障碍。因此，一些批判者以揶揄的口气称其为"四不像的国语"。特别是，接受南方出身的读音统一会成员的强烈要求，将北方官话所没有的浊音声母、尖音与团音之别，进而将入声吸收进《国音字典》，结果使官话与标准国语的错位凸显出来了。就是说，由于加入了北京所操官话中没有的"南方音"，造成了事实上没有一个国民能够正确掌握此种发音这一奇怪的事态。尤其是最后那个入声问题，在《国音字典》中只注出"阴平、阳平、上、去、入"五声，而没有明确规定是根据哪一地域音的声调。这也招来了视没有入声的北京官话为国语标准的那些人的批判。如后面所述，公布《国音字典》校改本之际，国语统一筹备会方面就已经意识到了问题的存在，故在给教育部的书简中有"诚以五声读法，因各地风土之异与语词语气之别而千差万殊，决难强令一致"的表述。[②]以特定的地域音为标准国语的基础，各种条件还没有达到成熟，这种认识在教育部内或者其外围恐怕是广泛存在的。

---

① 高天如：《中国现代语言计划的理论和实践》，复旦大学出版社，1993，第102页。
② 黎锦熙：《国语运动史纲》，第100页。

挑起国语统一论争的是南京高等师范英文科主任张士一。他于1920年10月7日在上海《时事新报》副刊《学灯》所发表的讲演录《国语统一问题》，[①]由于对教育部和国语统一筹备会的国语政策提出了全面批判并要求其进行根本修改，因而在社会上引起巨大反响。其主张大略如下：

1. 为了国语的统一，言文一致是必要的，然而，有关言与文的关系，应当是文趋近于言，而不应该相反。即不是经过言的读书音之统一，而应该是先有口语的统一。

2. 如此，实行言文一致之际，其前提条件必须是标准语与标准音的确定。国语统一的第一步在于确定国语的标准语与标准音而实行口语的统一。

3. 目前，有关国语统一的方法有两种大的意见。一是混合折中各地的方言而编制出统一语来，另一个是制定与方言不同的另一种"第二公共语言"，让国民来学习。前者包括了将既有的混合语即"官话"作为标准国语之基础的意见，但又认为现行的"普通话"没有客观的标准，在"普通话"和试图说"普通话"两者之间几乎没有可以相互理解的等质性，故无法成为国语统一的依据。另外，方言的特性在于其寿命的长短，强制性地予以变更和排除是很困难的。因此，国语统一宜于采取后一种方法，创造出依据某一特定地区方言的标准国语来，加以普及。

4. 那么，应取哪一个方言为标准呢？这要求可以成为标准语基础的方言，其音与文字比较接近，常用于书籍报刊，流通

[①] 张士一关于国语问题的文章，后来曾编为《国语统一问题》一书。《国语话教授法》（中华书局，1922）也是同一个作者的著作，但两书均未见。

范围广泛，有足以聚集人们信仰的威信，等等。

5. 基于上述认识，将"中华民国的标准语"定义为"受过中等教育的北京本地人的口语"。

张士一对现状的批判还有许多，涉及注音字母的缺点和国语行政管理的弊端等，为了避免议论的分散，这里就略而不谈了。在此，张所强调的是：读音统一会确定的"国音"难以成为国语的标准音，混合语的官话亦没有做标准语的资格。关键在于，重视"学理"的张士一从口语（声音）中心的立场出发，针锋相对地批判了读音（文字）优先的国语政策。在他看来，教育部和国语统一筹备会所推行的国语教育乃是缺乏对标准语与标准音之明确定义的本末颠倒行径。注音字母的公布亦是先制定字母后确定标准音（国音），这不但顺序颠倒了，而且拖延了以口语为基础的国语统一的实施。

正巧，在上述意见发表前后，1920年10月至11月在上海召开了全国教育联合会第六次大会。会上通过了多达24件议案，其中之一便是向教育部"请定北京音为国音并颁国音字典案"。另，关于是否要向国民学校一二年级学生教授注音字母的问题也得到讨论，结果出现了大多数否定性意见。总之，这次会议的议论趋势是要求教育部的国语政策向北京话的路线转变。不难想象，张士一有关国语统一所提出的问题，某种程度上代表了教育界的意向。[①]

张士一根据京音／京话将国语标准化的意见，的确是对

---

① 张士一：《国语教育上的两大改革》，《学灯》，1920年10月25日。

以往国语政策的根本质疑，因此，立即招来了"官话""国音"（指读音统一会制定的音系）拥护派和国语研究会成员等的反驳。其重点在于，张士一所期待的那种成为标准国语之基础的北京音/北京话能否抽取出来？所谓"受过中等教育的北京本地人的口语"其内部有各种变易，能否称其为等质的语言共同体？于"五方杂居"的北京所操的语言也还是一种混合语，而并非与官话不同的语言。刘孟晋的这种主张就是反驳意见之一。①另一方面，也出现了下面这样的意见：消除了俚语、俗谚成分的北京话和普通话（官话）并没有大的隔阂，故迟早会成为标准语。②

另一个批判张士一等京音/京话派的观点认为，官话长期以来发挥了"普通话"的功能，从使用者的众多和流通范围之广来说，已经获得了成为国语的地位和威信。因此，以官话为基础的国语统一不仅可能而且必要。持这种观点的代表人物是后面将要详述的黎锦熙。而另一个国语研究会的成员陆基也认为现行的官话=普通话已经是"无形的标准语"，而表达了支持混合语的立场。③还有，陆基指出所谓标准语并非可以事先规定的东西，而是通过"文字的读音"即"语体文"无形之中得以普及的，排斥了制定标准语这样的思考。

针对陆基的议论，张士一立即提出反驳，进而引来陆基的再反驳。论争就这样展开来，其中涉及语言是自然变化的还是

---

① 《标准音问题》，《学灯》，1920年11月18日。
② 何仲英：《国语标准问题平议》，《教育杂志》第12卷第12号，1920年12月。
③ 《问张君士一》，《学灯》，1920年10月24日。

可能人工改变的这样一种语言观的对立。张士一在此前的讲演中，从方言寿命长只可依其自然的变化而不能强制改变的观点出发，反对将标准语强迫给不说官话的操方言者。为此，他提出下列方案：从同等的距离出发，让国民来把握某一特定的地区方言（北京话），将其作为第二语言来学习。不过，如预料的那样，这又招来了陆基等人的批判，即张士一一边承认方言之对等的存在价值，一边又只将北京话特权化，岂不自相矛盾。就是说，让非北京方言区的说话者学习京音／京话，是有强制意味的。如果要人们离开方言学标准语，那么，无论是京音还是国音，其付出的代价不是一样吗？另者，有人认为不管《国音字典》还是注音字母，教育部主导的国语政策既然已经开始实施，那么，要求从零开始重新做起是不现实的。这也成了批判京音／京话派的论据之一。

"普通话"拥护派中最强有力地对张士一提出反驳的是黎锦熙。他认为，国语之不统一不在方言的分歧，而主要是由于"词类的不同"所造成的，因此，国语的统一首先要统一词类，标准语的制定则首先应当确定标准词类。[①]关于方言音，他认为国音与京音的实际差异，并非京音派所说的那么大。两者的不同，因声韵导致的有二十分之一，如果忽略腔调（五声）的差异不计，整体上也只有八十分之一而已。就是说，国音和京音的差异乃是细枝末节问题，不会动摇国语标准语的根本。因此，以这"八十分之一的小问题"来否定国语／国音是不合

---

① 《何谓国语教育》，《学灯》，1920年11月1日。

理的。以上是黎锦熙的主张。①

另外，对京音派和国音派的论争焦点即声调特别是入声的问题，黎锦熙认为暂时采用方言音也未尝不可，甚至没有统一"京腔""京调"的必要。用北京的"腔调"可以读国音（国音京调），如果是较困难的南方方言区的说话者，使用当地的"腔调"也没有关系。国音是根据在全国五分之四地区使用的"普通话"为基础规定的东西，根本不必据"北京之一隅"而使"多数"从之。②总之，国音终究是一个"粗枝大叶"的统一，并非连五声的"腔调"都要规定好的东西。实际上，在中国"覆盖北部、中部、西南部的各省，占全国最大部分的官话区域"中，人们讲着"大同小异的普通官话"，这正是中华民国的标准语。③

以上，是黎锦熙反对将京音／京话标准化的理由。从他的议论中，可以发现与胡适等白话文学的主要倡导者们同样的语言观：标准语以广泛区域的方言为基础，应该是从社会上公认的普通话自然生长出来的东西，而不该认为是把标准语和方言对立起来的人工性的语言体。

黎锦熙是国语统一筹备会创立以来的主要成员，与教育部的国语行政有深深的关联。依照他的看法，国语的统一（标准化）是面向未来的目标，而现在还处在预备阶段。1920年的教育部令，称教授国民学校一二年级学生的国语为"语体文"，这

---

① 《国语中"八十分之一"的小问题》，《学灯》，1921年2月15—17日、19日。
② 《国语三大纲及国音之五大问题》，《学灯》，1920年10月14日。
③ 《国语教育上应当解决的问题》，《教育杂志》第13卷第2号，1921年1月。

也是考虑到难以期待马上实现国语／国音的标准化这一状况而做出的"权宜之法"。就是说，要统一、普及国语当然必须制定其标准（音韵、文法、语汇），只是鉴于在目前的阶段条件还没有具备，所以有了仿佛允许"以当地方言读语体文教科书"这样的文章表述[①]。标准国语的体系化是将来的事情，眼下先宽松地定义国语／国音的界限，作为预备期首先普及"语体文"的教育。这仿佛是包括黎锦熙在内的国语统一会的方针。

始于1920年10月的这场国语统一论争，从国音／官话派对京音／京话派的批判开始，进而有京音派的进一步反驳以及新的论客登场，到了1921年夏发展到白热化的程度。其中虽有论点的扩展，但基本上没有超出张士一和陆基、黎锦熙之间的对立所划定的范围。两派的议论互不相让，最终迎来了虎头蛇尾似的结束。

促使这次论争暂时收场的乃是那个国语统一筹备会。设立于该会中的审音委员会（成员为黎锦熙、钱玄同、汪怡三人）对《国音字典》公布以来议论得沸沸扬扬的国音做了再次审议，1921年6月完成了该字典的修订工作。国语统一筹备会在将这部校改本《国音字典》上报教育部时附有一份书简，阐释了他们的正式意见：

> 查读音统一会审定字典，本以普通音为根据。普通音即旧日所谓官音，此种官音即数百年来全国共同遵守之

[①] 《国语问答一束》，《学灯》，1920年10月31日。

读书正音，亦即官话所用之音。实具有该案所称通行全国之资格，取作标准，允为合宜。北京音中所含官音比较最多，故北京音在国音中适占极重要之地位。《国音字典》中所注之音，什九以上与北京音不期而暗合者，即以此故。惟北京亦有若干土音，不特与普通音不合，且与北京人读书之正音不合。此类土音当然舍弃，自不待言。①

很明显，这是针对京音／国音论争而表达的意见。这样，国语统一筹备会及教育部虽然对于京音／京话派的主张表示了一定程度的理解，但以北京的"官话"与标准国音并不相异为由，拒绝了再次对依据北京音制定字音的审议要求。而关于成为京音／国音论争焦点的声调（五声）问题，国语统一筹备会给教育部的书简进一步解释说："概语音统一，要在使人人咸能发此共同之音，但求其能通词达意，彼此共喻而已；至于绝对无殊，则非惟在事势上有所不能，抑亦在实用上为非必要也。"②

最后一点，标准国语终究是增进相互理解的手段，即使在个人层面使用的语言要保持等质性也不可能，京音派的张士一等也认识到了这一点，故没有成为大的争论焦点。但是，对于张士一来说，即使个人的发话行为另当别论，标准语作为理念的语言体如果缺乏自我同一性也就难以成立。仅就这一点而言，"京音还是国音"的对立已经超出了语言学解释上的范围，而与近代国语的确立这一重要事项深深联系在一起。可以说，论

---

① 黎锦熙：《国语运动史纲》，第99页。
② 黎锦熙：《国语运动史纲》，第100页。

争中被质疑的是等质的语言共同体之创出如何才可能，这样一个与国民统合相关的极具政治性的问题。如果是这样的话，那么，国语统一筹备会的妥协案也不过是一个将问题留给将来处理的方案，国语统一上地域方言之间的偏差这一问题早晚还要改变形式而被提起的。

这暂且不论。国语统一筹备会基于以上见解，提出了国民学校的国语教育应以校改本《国音字典》为准来实行的方针。这意味着国音派的论点得到了全面认可（或者说黎锦熙深深参与了文案的制定，才更准确吧），由此，至少在形式上暂时结束了国语统一论争。

四、语言民族主义的多重性
—— 文与白，方言与标准语及其国语

如上所述，针对张士一主张依据京音/京话来规定国语的基本构架，国音/官话派以现在通行的"普通官话"与北京话没有大的差异、可以成为标准国语之母体来予以反驳。不过，即使根据北京话制作标准国语，在视其为相对封闭于一地方的方言，还是认为乃通行于广大区域的混合语（普通话）方面，国语统一的想象还是有很大差异。当给国语这一单一而等质的语言共同体下定义时，则可以说再次使汉语内部的多样性=偏差前景化了。[1]

---

[1] 汉语内部的语言多样性常常是作为方言的分歧来论述的，但正如迪弗兰西斯所述，北京话和福建话、广东话的关系等，能否将这些相互理解十分困

成为京音、国音两派论争焦点的这种偏差，与地域、历史、阶级等因素复杂地牵连在一起，这说明国语问题正是近代中国民族主义的一个函数。而以语言为媒介创出国民，这一志向成为典型的语言民族主义，表现出来的，便是"五四"时期这场国语统一论争。可是，这种语言民族主义在如何解释成为论争主题的地域（空间的）、历史（时间的）、阶级（社会的）的偏差，以及如何将这些因素与标准国语的理念结合起来方面，产生了内部的分裂和矛盾纠葛。同样是语言民族主义，其表现方式绝非相同。下面，结合这场论争，我将把这些复杂的因素联系起来，在20世纪中国思想的视野中，分三个部分来考察国语这一近代特有的理念是如何建立起来的。这三个部分包括：（一）文与白，（二）方言与标准语，（三）作为理念的国语。

（一）文与白／文字与声音

中国现代语言学家高名凯在谈到汉语中文言、白话的对立时说：

难的语言区分为属于某个语言体内部的"方言"，这在语言学上还是一个不能确定的问题。特别是发音上的悬隔之大可以与欧洲诸语言之间（法语与西班牙语，英语与德语）的距离相匹敌甚至超过其上，或者与其说是方言（dialect），不如说称其为地区语言（regionalect）更为合适（John DeFrancis, *The Chiese Language: Fact and Fantasy*, University of Hawaii Press, 1984）。当然，尽管如此，人们依然把"方言"放在归属于汉语这一统一体的下位范畴来把握，当然是由于通常认为的多来自文字的等质性。不过，文字的等质性并不能先验地保证语言共同体的自我同一性，这从欧洲诸语言之例来看亦很明显。相反，当做另外的国语也不会感到奇怪的汉语诸"方言"与世界其他地区不同，并没有发挥作为对抗汉语自我同一性的离心力而发挥作用。这一现象恐怕需要结合语言承担者的意识乃至包括政治诸关系的语言之外的事实来加以说明。

以语言学的眼光来看，文言文与白话文的分别并不在于写不写，因为白话文也是写的，也和说话不同，而是在于时代。换言之，文言文是古代的写的语言，而白话文则是现代的写的语言。因为其为古代的写的语言，所以它和现代的说的语言相去更远。①

比如，将上面这一明快的界定与胡适的国语论重叠起来观之，会怎样呢？实际上，高名凯对标准国语的想象与黎锦熙十分接近。胡适说"国语的中坚分子"是"比较的通行最远，比较的产生了最多的活文学"的，而不是先有什么国语的标准。有了"国语的文学"才会产生出"文学的国语"，然后再定文法、辞书等的标准。从这样的立场出发，他对标准语的制定显示出消极的姿态。胡适所谓"国语的中坚分子"乃是"从东三省到四川云南贵州，从长城到长江流域，最通行的一种大同小异的普通话"。②对于标榜"国语的文学、文学的国语"的他来说，"标准国语"是从"标准白话"产生出来的，"造中国将来白话文学的人，就是制定标准国语的人"。③如前所述，黎锦熙反驳张士一的标准语论的论据，基本上与此相同。在黎锦熙看来，广大区域的方言自然地变成共同语的就是官话（普通话），现在通行的最有力的官话才最适合成为标准语。

---

① 高名凯：《汉语语法论》，开明书店，1948，第12—13页。
② 胡适：《〈国语讲习所同学录〉序》（1920年5月17日）。现据姜义华主编《胡适学术文集·语言文字研究》，中华书局，1993。
③ 《建设的文学革命论》，《新青年》第4卷第4号，1918年4月。

我在另外的文章①中已经指出，"国语的文学、文学的国语"这一"五四"俗语革命的纲领，是以作为口语的白话之优越地位为前提而做出文学语言的价值反转之尝试。"活的口语"之白话保证了自我充足的显在性和透明的传达性，在此之上期待着从文言到白话，乃至走向标准国语的语言变革的可能性。但是，虽然赋予了白话以口语的显在性，白话只要是"现代的书写语言"，那么，其文与白的不透明关系便无法消解掉。

正是在这里，张士一抛出了"口语的标准应当是口语，而不能将文字当做口语的标准"这一对白话的批判。胡适从白话文已经通行于全国的事实找到了国语形成的历史根据。对此，张士一则指出，白话"文"决不能保证标准"语"的等质性，如果说活的语言是白话，那也是由声音的自我充足的前景化所支撑着的，而绝非是其文字。我们由此可以了解到，张士一试图从更彻底的语音中心主义立场出发来批判胡适观点的局限，即通过"活的语言"之优越性企图扭转文言与白话的阶层秩序，但是，其认识却只停留在写出的白话之文字的等质性上。他明确指出，胡适所谓的"国语"乃是"语体国文"，只着眼于"文字"和"文学"，实际上，白话是不足以成为国语之母体的。②胡适强调以"活的语言"白话创出国语来，在"五四"思想界点燃了言文一致的俗语革命的战火。张士一则坚持"死的书籍不能决定活的语言"，试图更彻底地实行语音中心主义式的俗语革命。在此，他舍弃了缠绕着国语的一切历史性因素（胡

---

① 拙文《"文白"的彼岸——近代中国的国语问题》，载《思想》1995年6月。
② 《答陆基君问》，《学灯》，1920年11月9日。

适所谓白话文学的正统性），只于声音语言的透明性和前景性方面寻求标准国语的成立条件。

然而，强调声音对于文字的优越性，并不能立刻消解掉文与白的二元对立结构。针对张士一比起读音的统一更应当优先考虑口音之统一的主张，国音派的陆基则问道"口音的统一为何？"，并质疑"若要把参差不齐的口音均一化，比起文字读音的均一来还有什么更好的口语均一化的办法吗？"。[①]陆基此处所说的读音大概不是读音统一会的那个"读书的正音"吧。因此，可以说那一时期所使用的读音概念负载着两重含义。一个是文人官僚（文字书写精英）的读书字音，另一个是书写化的声音（根据说话写下来的语音）。在读音统一会上，前一个意义上的字音审议成为要解决的课题，而经过了白话运动之后陆基所提出的"文字的读音"，则必然是后一个意义上的"读音"了。

就是说，这时陆基向京音派提出的质疑在于：没有文字介乎其间的口音之均一化、标准化可能吗？当我们要统一因地域乃至文体和说话者的不同而相异的口音之际，在声音之前有自我同一性保证的文字不是已经介入进来了吗？比如，可以看看国音、京音论争中一些学者举例的"黑"字的读音。京音读作hei（阴平）或hei（去声），国音读作he（入声）和"被随意读的音"，究竟应该以哪个为标准呢？当时人们从各自的立场出发，讨论了标准音的理想状态。国音派考虑到京音中有雅俗两

[①]《问张君士一》，《学灯》，1920年10月24日。

种发音，指出其驳杂不齐的特点，对北京话之标准化的可能性表示了怀疑。虽然如此，重要的是汉语内部的读音（声音）偏差成为国语标准化的障碍这一两派共有的前提，实际上并非声音，而是由文字的同一性所支撑的。很明显，这里所显示的京音/国音，或者京音中的雅俗差异，是由于"黑"字的自我同一性所引起的，就是说，声音决定性地从属于文字。

针对陆基的批判，张士一通过强调读音是"看到文字而发音"、口语是"要传达意义而发音"这一"心理结合"之不同，再一次确认了口语（语音）统一应该先于读音统一的原则。[①]坚持把文字的意义作用从声音语言中排除出去，这是他始终一贯的立场。这无可厚非。然而，当他排除了读音统一，将标准语定义为"受过中等教育的北京本地人的口语"时，那个曾一度被排除掉了的文字语言不是又被召唤回来了吗？这原因就在于，将理想的北京话之承担者加上了"受过中等教育"这一限定，实际上正是以说话者的写字、读书能力为前提。如果要最大限度地缩小语言的阶级性偏差，应该没有必要将目标锁定到很难说是多数的中等教育毕业者身上。然而，当依据"口音统一"来定义标准语之际，不得不提到说话者的教育程度，其原因在于保证等质的声音语言之空间的存在，文字和文本的同一性是不可或缺的。这无疑是一种颠倒。但是，要消除这种颠倒，使人们去强调"仿佛说话那样地写"之可能性的，不正是言文一致的普遍性机制吗？

---

① 《答陆基君问》，《学灯》，1920年11月9日。

（二）方言与标准语

将白话文置于文学史的正统地位，虽然是假想依然可以把文与白、文字与声音的乖离状态消解掉，但是，对于国语统一来说，当然会意识到地域性偏差是最难超越的障碍。然而，这里需要指出的是，在国语统一论争中，排除、矫正方言这一近代民族国家形成所伴随的问题几乎没有得到议论。至少，处于标准语对立面的方言其负面形象并不那么明显。的确，阻碍国语统一的障碍在于方言的巨大悬隔，这一点在国音派和京音派两者之间认识几乎是一致的。其中，以国语统一的先进国家为例要求在政策上展开对方言的矫正这种意见也不是没有。[①]但是，整个论争中几乎没有出现对通过国语统一来压制和矫正方言的肯定性意见，提出疑问的也只是注音字母的方言化（闽音字母）是否得当这种程度的意见。国音派不用说，是反对排除方言那种国语标准化的；京音派亦如张士一称标准国语为"第二共通语"那样，采取的是两种语言并举主义。

当然，既然要提倡国语统一，这里就难免要出现标准语和方言的价值排列顺序问题。[②]虽说并没有排除和压制方言的使用，但国语一元化的志向并没有减弱。这一时期里，方言问题

---

① 天一：《创设国语周》，《教育杂志》第12卷第8期，1920年。
② 当然，不限于汉语，一般来说，方言是相对于标准语（国语）而言的概念，并非自身完结的自足的语言统一体。在中国对于语言地区偏差的认识历史上积蓄了作为文字学（小学）之一部分的"方言研究"成果。但是，把方言土语作为语言现象的一个重要部分加以对象化的方法之导入，则正是在"五四"时期的国语统一论争之后。这说明了方言乃是国语的相关物，国语概念的成立成了近代方言研究的前提。国语统一筹备会成员之一，

没有那么凸显出来，是因为当时国语教育刚刚就绪，大家有一个共同的认识即消除方言的存在还不是时候。就是国音派，也不是为了对抗中央集权式的国语政策才拥护方言音的。他们原本就没有从标准语和方言的排他性关系上来把握问题。相反，认为标准语吸收一部分方言的成分可以形成更为丰富的国语。还有胡适那样的学者，作为应该达成的"国语文学"的有机组成要素而赞扬方言、土语的价值，①这是不是可以称之为一种典型的国民文化论腔调呢？可是，既然国语统一在本质上乃是从中央／上层进行国民统合（社会编制的均一化）的一环，则政治社会的对立和抗争就会立刻产生方言自立的要求和对国语的批判。而在革命和战争的交织状态中，以重新质疑标准国语的存在根据的方式，方言问题再次进入了人们的视野之中。这是从不久之后的20世纪30年代开始的。②

这个暂且不说。国语统一论争中通过校改《国音字典》，规范的国音体系最终得到了确认。另外如后所述，其后的国语运动也是以国音之彻底的京音化而展开的。不过，即便如此，也并不意味着"特定方言→北京话→标准语"这样一种国语形成的逻辑，从一开始就是不言自明和必然的。

依据近代语言学而开创了汉语方言研究先河的赵元任，1928年曾这样说道："吴语范围的大小要跟着吴语的定义而定的，吴语的定义又是要看跟着哪个点或哪几个同变的点而定的。……定义本身无所谓对不对，只有好不好。将来这一带的语言调查得更清楚之后，大概还有更好的定义，因而把吴语观念的范围也改变了也未可知。"（《现代吴语的研究》）

① 《〈吴歌甲集〉序》，1925。
② 关于语言标准化政策与方言土语的关系，本文无法充分展开论述。围绕这个问题的30年代的论争，可参考汪晖《地方形式、方言土语与抗日战争时期"民族形式"的论争》（载《学人》第10辑，江苏文艺出版社，1996）。

首先，针对欲将特定地区的方言作为标准语之基础的意见，黎锦熙是站在反对的急先锋立场上的，这在前面已经论述过。在国语统一论争中，京音派和国音派形成两个极端，地区方言能否成为通用于全国规模的国语？没有被选入标准语的地方方言说话者怎样学得国语／国音呢？还有如何解释广大区域使用的官话和标准语的关系？等等，实际上关于这些问题有过各种各样的意见交锋。从方言与地区同一性相关联的角度讲，当然会在特定方言"升格"为国语其权力和威信的分配上引起激烈的斗争。在此，下面这个问题将受到尖锐的追问：如何把地区同一性接合到民族同一性上来？或者超越地区的国民意识的形成如何成为可能？

与此相关联，深有意味的是，关于将可以成为国语的标准方言设定为北京话一事，即使在期待尽早确立标准国语的人们当中，也看不到意见上的一致。不用说，北京不但是当时中华民国的首都，更是历代王朝的政治中心，乃至从官僚、文人、商人到资深艺人、僧侣、学生等各阶层出身者"交通"的帝国心脏。正如五四新文化运动也在这里发生那样，我们今天所看到的，作为政治、文化中心地的北京其地位是不可动摇的。这种印象，通过民国的"国语"乃至人民共和国的"普通话"都是以北京话为基础这一事实，会进一步被强化。可是，在这个时期有关国语统一的讨论中，作为标准语的候补而举例出来的，并非北京话一种。相反，在试图将北京话／北京音作为标准音之基础的议论中，还出现了相当有力的反对意见。下面举几个例子观之。

1. 章炳麟认为"惟江、汉处其中流，江陵、武昌，韵纽皆正"，故与此同时"犹须旁采州国，以成夏声"，[①]就是说，他主张以武汉话为标准语。而其弟子胡以鲁亦据此称"湖北之音为'夏声'"，又以"交通上乃我国之中心"为由主张应将湖北方言作为标准语音。[②]到了民国后期，随着首都的南迁（指1928年南京国民党政府的成立），也有语言学者甚至认为"南方官话之一种"[③]的湖北方言亦有成为标准语的资格。[④]

2. 蔡元培在1920年国语讲习所的讲演中，列举说明应该成为标准语的方言区候补者时，指出南京话可以作为国语的基础。[⑤]对于民国成立之际曾从临时首都南京北上迎接袁世凯的政府使节代表的蔡元培来说，大概是觉得"蓝青官话"之"本家"的南京当是新生民国的语言中心的。至少，他没有赋予中华帝国中心的北京以语言上的权威地位，是确实无疑的。具有留学德国经验的蔡元培，以柏林话和标准德语的关系为例，对首都方言未必就一定被选为国语做了解释。不过，可推测的政治上的理由之外，我们还不清楚他推举南京话为国语候补的理由。另者，他所谓的南京话，与其说是指某一地方的方言，不如说是帝国神圣象征的"蓝青官话"。这一点值得注意。可以想见，蔡元培试图把混合语作为标准国语的基础，这一点给予国音派以一定的影响。

---

① 章炳麟：《驳中国用万国新语说》，1908。
② 《国语学草创》，1923。
③ 王古鲁：《语言学概论》，1930。
④ 何九盈：《中国现代语言学史》，广东教育出版社，1995，第32—34页。
⑤ 蔡元培：《在国语讲习所演说词》，《晨报》，6月25日。

3. 五四新文化运动的骁将陈独秀认为，为实现其作为理想的"世界主义"应该采用世界语。不用说，民族的语言无法即刻废除，中国各地的方言也不能马上强制性地排除掉。但各国的"民族语言"在迈向世界大同的目标时应当逐步"进化"，中国现阶段则有必要首先提倡"普通官话"。所谓"普通官话"乃是"多数通用之官话"，并非"强人皆用北京话或广东话"的东西。①持上述观点的陈独秀，是将北京话与广东话一样看待的，似乎并没有承认其可以成为标准语的资格。另外，钱玄同对北京话／北京音的标准化也表示了强烈的反对，曾质问："借这似是而非的语来抹杀一切，专用北京土语话做国语吗？"②不过，据说后来他觉悟到依据《国音字典》来读国语教科书的局限，才转向了以京音为国音的立场。③

从这些议论中可以看到一个共通的地方，那就是在民国初年的言论界中北京话的地位并非预想的那样高。吴稚晖后来证明：实际上，民国成立后召开的读音统一会上，有人提出"长安乃汉唐之国都，洛阳为成周之国都"的意见，围绕是否将首都北京的音作为标准曾经有过激烈的论争。据说，南方出身的会员们反对将北京音定为基准，其背景在于北京是腐败的清朝政府所在地这一集体心理起的作用。④的确，像胡以鲁那样认为"京片子"夹杂着满洲语而非纯正的"中原音"的学者和文人

---

① 《答陶孟和［世界语］》，《新青年》第3卷第6号，1917年8月。
② 《新青年》第3卷第6号。
③ 黎锦熙：《钱玄同先生传》(1939)，见曹述敬《钱玄同年谱》，齐鲁书社，1986，第152页。
④ 周铭三：《国语问题的问答［二］》，《学灯》，1921年1月30日。

绝非少数。赵元任则追溯历史上语言的变化，将北京官话威信相对低下的原因归于古代声调、格律的丧失（如入声和尖团音区别的消失等）。①

与近代日本知识界没有什么抵抗就选择了东京方言为标准语相比，作为国语标准的北京话的地位是不够安定的。其理由不仅在于北京是革命所打倒的对象即王权的所在地，而且还可以从分配语言之权威于特定地区的各种社会装置（如学校教育、交通通信、媒体网络等）相对地还没有成形找到原因。实际上，随着20世纪20年代以后这些装置逐渐普及、落实于地方各省，北京话的地位和威信也便得到了强化。

或者不如说，实际上，国语统一论争中成为焦点的并非北京话和南方方言的孰优孰劣之争。京音与国音的对立也没有马上连接到北音与南音的对立上。值得注意的是，虽然两派对立的构图与当时南北政治上的分裂状况并非没有关系，但每个议论者的立场没有因为出身地的不同而可以清晰分辨出来。即京音派并非就是说北京话的人们，相反倒是如张士一那样，在江苏省等地的教育工作者当中主张应以京音／京话为国语标准的比较强烈。这恐怕与制定标准国语的要求主要是从初等、中等学校教国语的教员们提出来的深有关系；另一方面，如上所述，国音派一方对京音／京话被吸收到标准语中也没有提出异议。对国音派来说，语言上的南北对立是应该极早消除的，而读音统一会中暴露出来的语言上之地区对立应该超越，以此

---

① 何九盈：《中国现代语言学史》，第35页。

为根据，他们反而强调官话（普通话）广泛流通的事实。可以说，在民族同一性的构筑或者国民文化、国民文学的创造这一要求之下，把标准语和方言视为对抗性关系来把握的视角，得到了回避。

（三）作为理念的国语

"五四"时期的国语统一论争，并非南北双方以各自方言的威信为盾牌相互竞争要求升格为国语。京音派也好国音派也好，对他们来说，国语都是面向未来而应该重新创造的理念性的语言体。如果是这样的话，那么京音派主张的国语同时必须是标准语，其根据是什么？反过来说，他们何以认为官话那样的混合语不具备成为标准语的资格？

有一点是清楚的，京音派是将不曾存在的标准语作为"想象=创造"的依据，而在眼下"发现"了被纯化的北京话／北京音的体系。就是说，他们是在"受过中等教育的北京本地人"之中找到了理念上预设的北京话／北京音的理想的承担者。然而，声音语言的体系、规范并不是可以预先定义得了的。它是在对话交往的过程中只能于事后被确认的东西。这里将伴随着马克思在以货币为媒介的商品交换中看到的那个"拼死的跳跃"过程。所发出的声音，只是在那一刻那一场合里才能以回溯的方式测定其自我同一性。认为颠倒这个过程，就能预先知道其体系和规范，从这样一种思考中才产生了作为理念的国语。先假想标准语的体系就好像已经是自我充足地现形于面前，再进而加以追溯，将其起源、母体投影到过去。正是在这里，近代特有的国语叙述得以诞生。

对于京音派来说，官话（普通话）正是作为缺乏自我充足体系性的语言而必须从标准国语的范畴中排除出去的。这是一个只能保证具体场合的对话交往，而不具备持续的规范性和等质性的异种混合式的"官话"。而且，这是没有音韵和词汇的明确轮廓，容许杂种的多语言状况的作为神圣象征的"普通话"。京音派把这种杂交的语言视为威胁标准语的等质性的存在而试图予以否定。[1]这里所谓的杂种式多语言状况，是考虑到酒井直树下面这个定义而使用的。

> 在十八世纪的日本列岛所采用的是包括汉文、和汉混合文、所谓拟古文、候文、歌文乃至俗语文等多种不同的文体和书写体系的。这些不同的雅俗混合文体与各地方的俚语或郡国的语言混杂在一起，将这些文体和书写体系作为民族语言收编到一个框架中来是不可能的。虽说存在着阶级、身份所带来的不同差异，但那时有一种每个人在不同的语言之间移动往还而不觉得奇怪和异常的社会编制存在过。因此，个人多重地从属于不同的语言，而不曾想到

---

[1] 在思考官话之混合语的性格时，平田昌司结合徽州休宁方言调查而做出的下列说明可供参考：在接待县外来客的场合所使用的"休宁官话""休宁普通话"，"基本上是以本地方言的音韵为基础尽可能模仿官话式的发音，词汇和语法也尽量多用官话的表现，仅此而已。在体系上是一种极为不稳定的混杂语言"。不仅如此，平田还观察了浙江建德"浙江官话"的例子，即官话中还有不同的类型，与县外的人会话时多用方言中的"文读"音，以更有利于意思的疏通。后者在全国官话和方言之间形成了可谓"地方官话"或"地区普通话"那样的语言体。（《徽州休宁的语言生活》，载《未名》第14号，1996年3月）

能在无媒介的情况下同化于一个语言共同体。在那里,是找不到作为于一贯的体系性的共同体中具有共通理解可能性的民族语言或国民语的。①

张士一那般固执地批判官话(普通话)的混合性、杂种性,就在于有必要把那个作为底片的具有明确轮廓和等质性的国语这一语言共同体(国语)显象出来。为了假想出只是作为理念才可以叙述的标准国语就仿佛显现在眼前一样,必须把北京话这一等质的声音语言叙述出来。这是一个不断投向未来之可能性的而于当下这一场所可以自我充足地呈现出来的标准国语。国语总是作为标准语,换言之,作为等质封闭的语言共同体而被表述出来,原因也正在于此。

但是,在朝向国语所要求的国民共同体这一抽象物进行自我同化当中,总是隐含着背叛其自身的时空上的错位和颠倒。这也是由于"人们可以感知到的那个语言共同体的同一性或者国语体(语言)的同一性,只是作为一个形象而存在的"。②标准国语这一等质的语言共同体像,在与非自我者(例如,针对"母语"的"外语",针对"国语"的"方言")的关系上,一定是在事后才能结合到一起的。正是于这样的瞬间,在定义国语的边界周围,同化与排斥的机制启动了。

当然,这也不仅仅是与国语创立相关的颠倒。把方言和土语或地域共同语作为一个封闭的语言共同体来描述的时候,

---

① 酒井直树:《成为死胎的日本语·日本人》,新翟社,1996,第184—185页。
② 酒井直树:《日本思想问题》,岩波书店,1997,第213页。

也会有同样的机制被启动开来。不过，问题在于将单纯等质的语言空间加以公开正式地确定，而赋予内部的成员（国民）以自我同一性的归属感，这乃是近代特有的现象。换言之，国语这一理念的成立与近代国家的国民统合过程有着不可分割的关系。果真如此，那么人们是怎样成为这等质的语言共同体的承担者的呢？要使人们感到排他性地归属于特定的语言·文化共同体之不言自明和自然而然，又需要怎样的条件呢？还有，它与社会编制的变动有着怎样的关系呢？随着中华民国这一民族国家的成立，使围绕国民文化、国民语言（国语）之形成所出现的问题机制得以前景化的，乃是"五四"这个时代的思想性地平线的出现。

五、结语

以黎锦熙为首的国语统一筹备会成员，虽然对京音／京话的标准化主张表示了一定的理解，但反对将北京方言作为标准国语的基础，拥护依据《国音字典》和注音字母的国语统一路线。可是，黎锦熙、钱玄同等国音派的大多数，经过根据注音字母对国音表记的修订，则增强了以北京音为基准的这一姿态。这也是从实际的国语讲授的经验而来的对于原有路线的修正。其后，教育部的国语政策也是以"国语"非常接近于"京音"化的形式展开的，作为标准国语的北京话其地位得到了巩固。①另外,在迅速扩大的初等教育的实际岗位上,以北京音编写的教科书得到使用,到了20世纪20年代末,以至于京音实质上占据了国音的地位。而在行政层面上最后承认其地位的,是在公布全面采用北京音(新国音)的《国音常用辞汇》之际(1932)。由此,标准国语的体系化,在音韵、文字、表音字母、语汇等方面,暂且得到了实现。

不过,这当然并不意味着国语统一的理论和实践到此已经完成。在20世纪20年代到30年代的期间里,围绕方言与国语、文言与白话、语言与阶级等问题,时而有尖锐对立的意见交锋,有关语言统一和文字改革的论争亦时断时续地发生过。众所周知,特别是在抗日战争爆发、民众民族主义情绪高扬的形势下,大众语、白话、国语、普通话、方言等的相互关系重新受到质疑,围绕文艺大众化和大众语问题,以上海为中心掀起了一场大论争。有关这场论争,我只能另文讨论。不过,与本文有关而深有意味的是,在交织着各种政治社会立场的这次论争中,再次就标准语的定义和普及方式问题引发了讨论。如果借当事人之一陈望道的归纳,大众语论争中作为问题被讨论的有三点:①大众语与文言、白话的关系,尤其是关于大众语是否与白话相对立的问题。②大众语应该以北平语(北京话)为基准,还是应该以"现代中国的普通话"为基准,抑或应发展各地的方言土语?③大众语的语言形式与内容意义有怎样的关系?②这里,代替国语而使用了大众语这一概念,但很明显其中的①乃是"五四"白话运动的延

---

① 黎锦熙:《京音入声字谱》,1923。
② 《大众语论》,《文学》,1934年8月。

伸，②乃是国语统一论争的再现。

以20世纪30年代的左翼文学运动为背景，大众语论争中在语言的阶级性成为问题的同时，国语运动的资产阶级性受到批判，以大众为根基的新的言文一致得到提倡。因此，"五四"时期不曾出现的大众语概念成了论争的主题，而且，还出现了瞿秋白那样把"普通话"规定为从"官话"（官僚语言）的桎梏中解放出来而"通用于都市大众（特别是劳动者）之语言"的国语、白话批判论者。但即使将白话换成大众语，把标准国语置换成现代普通话，在语言统一的想象成了与国民统合直接关联的政治场域这一点上，大众语论争的基本性格依然在于探讨语言民族主义，而与此前的论争没有根本的不同。在此，国民文化、国民语言（国语）的等质化和规范化仍然是语言、文学论争的主题。

的确，由于战争造成的社会秩序混乱及国共两党政治抗争的激化等，这个语言民族主义并没有立刻与社会编制之大规模的等质化、国民化结合起来，而是于自身内部一直保持着多语言的杂种状态。通过民族主义对语言上的"非国民"（方言使用者和少数民族）实行同化和排除这一机制真正得到前景化的，是中华人民共和国成立后由共产党政府开始推动的"普通话"（由国语改成标准语）普及运动。20世纪50年代制定了"以北京语音为标准音，北方方言为基础方言"的标准语（普通话）政策，这以后，则以不曾有过的规模和密度推进了等质的语言共同体的创出。从这种情况观之，可以说最后是京音派时隔数十年后取得了全面的胜利。

胡适版的"欧洲各国国语史"
——作为旁证的伪证

程 巍

一

对新文学运动或胡适所谓"中国文艺复兴"有所了解的人,不难在胡适1917年6月19日的日记里发现厄迪丝·薛谢儿(Edith Sichel)及其著作 *Renaissance*。其人其书第一次出现在这里,以至连专业研究者也误认为胡适是在这一天才第一次读到这本书。如余英时在《文艺复兴乎?启蒙运动乎?》一文中写道:"1917年6月,在回国途中,当前往温哥华的火车穿越加拿大境内的洛基山脉时,他阅读着Edith Sichel的《文艺复兴》(*Renaissance*, 1915)。令他相当喜悦的是,他发现,他提倡用白话文对抗文言文,来作为中国文学的媒介,恰好在欧洲文艺复兴时期土语文学的崛起上得到历史的印证。但丁与佩脱拉克(今作"彼特拉克"——原刊注),胡适指出,最早在他们的写作中使用土语。他特别注意下面这个事实,虽然Leon Battista Alberti已公开宣称拉丁语是'一种死的语言',但最后还是靠Cardinal

Pietro Bembo在*Prase della vulgar lingua*中支持用土语取代拉丁语，才完全解决了文学语言的问题。"①

1917年6月19日，胡适乘火车穿越北美洛基山，以便在温哥华搭船回国。车窗外重峦叠嶂，危岩高耸，"其高峰皆石峰无土，不生树木。山巅积雪，终年不化。风景绝佳"。这幅片草不生、孤寂高悬的壮美景象，倒十分投合这位要为中国开创"但丁、路德之伟业"的哥伦比亚大学博士候选人的心境。他的目光从巉岩峭壁那里收回来，落在随身携带的一本英文书上。他在当天的日记里写下了他的读书笔记：

> 车上读薛谢儿女士（Edith Sichel）之《再生时代》（*Renaissance*）。"再生时代"者，欧史十五、十六两世纪之总称，旧译"文艺复兴时代"。吾谓文艺复兴不足以尽之，不如直译原意也。书中叙欧洲各国国语之兴起，皆足供吾人参考，故略记之。
>
> 中古之欧洲，各国皆有其土语，而无有文学。学者著述通问，皆用拉丁。拉丁之在当日，犹文言之在吾国也。国语之首先发生者，为意大利文。意大利者，罗马之旧畿，故其语亦最近拉丁，谓之拉丁之"俗语"（Vulgate）。（亦名Tuscan，以地名也。）
>
> "俗语"之入文学，自但丁（Dante）始。但丁生于一二六五年，卒于一三二一年。其所著《神圣喜剧》（*Di-*

---

① 该文原为英文，经江政宽译成中文，收入余英时《重寻胡适历程——胡适生平与思想再认识》，广西师范大学出版社，2004，第244—245页。

vine Comedy）及《新生命》（Vita Nuova），皆以"俗语"为之。前者为韵文，后者为散文。从此开"俗语文学"之先，亦从此为意大利造文学的国语，亦从此为欧洲造新文学。

稍后但丁者有皮特赖（Petrarch, 1304—1374）（即彼特拉克——原刊注）及包高嘉（Boccaccio, 1314—1374）两人。皮氏提倡文学，工诗歌，虽不以国语为倡，然其所作白话情诗风行民间，深入人心。包氏工散文，其所著小说，流传一时，皆以俗语为之。遂助但丁而造意大利文学。

此后有阿襃梯（Leon Battista Alberti, 1405—1472）者，博学多艺。其主张用俗语尤力。其言曰："拉丁者，已死之文字，不足以供新国之用。"故氏虽工拉丁文，而其所著述乃皆用俗语［下略］。

此外名人如大主教彭波（Cardinal Bembo）著《用俗语议》，为俗语辩护甚力。

意大利文自但丁以后不二百年而大成。此盖由用俗语之诸人，皆心知拉丁之当废，而国语之不可少，故不但用以著述而已，又皆为文辩护之。以其有意的主张，辅之以有价值的著作，故其收效最速。

吾国之俗语文学，其发生久矣。自宋代之语录，元代之小说，至于今日，且千年矣。而白话犹未成为国语。岂不以其无人为之明白主张，无人为国语作辩护，故虽有有价值的著述，不能敌顽固之古文家之潜势力，终不能使白话成为国语也？①

日记很长，这里仅摘其前半部分，已足够说明其见解，后一半主要谈论"法国国语文学之发生"，而提到德文英文，则一笔带过："此外德文英文之发生，其作始皆极细微，而其结果皆广大无量。今之提倡白话文学者，观于此，可以兴矣。"

余英时在文中于"他阅读着Edith Sichel的《文艺复兴》"一句之后，添了一个有关该书版本的小注——"*Renaissance*, New York and London，1915"。不知胡适在穿越洛基山的火车中所阅读者是否为此版本，或是否竟有此版本。该书初版于1914年秋，由伦敦Thornton Butterworth、Williams & Norgate和纽约Henry Holt and Company几家出版社同时出版。胡适日记中并未标明版本，即便有1915年纽约版，也是初版的再版，因为薛谢儿于1914年去世，不可能修订它了。版本不会产生问题，问题是：胡适并不是迟至1917年6月19日才"碰巧"第一次读到该书，尽管他在这一天的日记中才第一次提及它。他于1917年6月6日离开纽约哥伦比亚大学踏上漫漫归国路时，为旅行所准备的书籍大概不会太多，而薛谢儿《文艺复兴》即是其中之一，虽无证据说是唯一（日记中罗列出火车阅览室为旅人打发时光而准备的那些无聊书报，足证他随身所带之书甚少，而薛谢儿此书并非火车阅览室所存）。

胡适当然不是"碰巧"在出发前把这本书塞进自己的旅行

---

① 胡适：《胡适日记全编·2》，曹伯言整理，安徽教育出版社，2001，第600、605—606页。

箱的，因为这本书是他的秘密的圣经，他关于文学革命的核心主张几乎都源自他对该书的阅读——确切地说，是误读。就像巴尔扎克笔下的那些野心勃勃的外省青年总穿着一身漂亮行头来征服巴黎一样，时年27岁的胡适随身携带着薛谢儿的《文艺复兴》，所谓欧洲各国国语形成史的"经验的证据"，作为有力的旁证，来支持以白话取代文言的中国文学革命。在他踏上归国之路几个月前，确切地说，是在1917年1月，他在陈独秀主编的《新青年》第2卷第5号上发表了那篇后来被他称作文学革命"发难"之作的《文学改良刍议》，其中，在最重要的"不避俗语俗字"一条下，他写道：

> 吾国言文之背驰久矣。自佛书输入，译者以文言不足以达意，故以浅近之文译之，其体已近白话。其后佛氏讲义语录尤多用白话为之者，是为语录体之原始。及宋人讲学以白话为语录，此体遂成讲学正体（明人因之）。当是时，白话已久入韵文，观唐、宋人白话之诗词可见也。及至元时，中国北部已在异族之下，三百余年矣（辽、金、元）。此三百年中，中国乃发生一种通俗行远之文学。当是时，中国之文学最近言文合一，白话几成文学的语言矣。使此趋势不受阻遏，则中国几有一"活文学出现"，而但丁、路德之伟业（欧洲中古时，各国皆有俚语，而以拉丁文为文言，凡著作书籍皆用之，如吾国之以文言著书也。其后意大利有但丁（Dante）诸文豪，始以其国俚语著作。诸国踵与，国语亦代起。路德（Luther）创新教始以德

文译《旧约》《新约》，遂开德文学之先。英、法诸国亦复如是。今世通用之英文《新旧约》乃1611年译本，距今才三百年耳。故今日欧洲诸国之文学，在当日皆为俚语，迨诸文豪兴，始以"活文学"代拉丁之死文学；有活文学而后有言文合一之国语也），几发生于神州。不意此趋势骤为明代所阻，政府既以八股取士，而当时文人如何、李七子之徒，又争以复古为高，于是此千年难遇言文合一之机会，遂中道夭折矣。①

括号中那一长段有关"但丁、路德之伟业"的注释，可以说是胡适几个月后（1917年6月19日）写于车中的那篇读薛谢儿《文艺复兴》所作读书笔记的缩小版，主要表述相同，且从结构上说，也是以欧洲国语发生史与中国的"俗语史"两相比较。这足以证实胡适在1916年11月间（即其写作《文学改良刍议》之时）已读过薛谢儿的《文艺复兴》，而1917年6月19日当他在穿越洛基山的火车上读此书时，已是重读，而非初读。这说明胡适的白话革命主张，并非与薛谢儿《文艺复兴》里描述的"欧洲各国国语史"的经验暗合，即余英时所说的"恰好在欧洲文艺复兴时期土语文学的崛起上得到历史的印证"，毋宁说胡适受了薛谢儿《文艺复兴》的启发。但1916年11月还不是胡适初读《文艺复兴》的时间。在注明"1916年4月5日夜"的那篇很长的日记里，最后有一段文字，兹抄录如下：

---

① 胡适：《文学改良刍议》，《新青年》第2卷第5号，1917年1月。

文学革命，至元代而登峰造极。其时，词也，曲也，剧本也，小说也，皆第一流之文学，而皆以俚语为之。其时吾国真可谓有一种"活文学"出世。倘此革命潮流（革命潮流即天演进化之迹。自其异者言之，谓之"革命"。自其循序渐进之迹言之，即谓之"进化"可也）。不遭明代八股之劫，不受明初七子诸文人复古之劫，则吾国之文学必已为俚语的文学，而吾国之语言早已成为言文一致之语言，可无疑也。但丁（Dante）之创意大利文，却叟（Chaucer）（今作"乔叟"——原刊注）诸人之创英吉利文，马丁路得（Martin Luther）之创德意志文，未足独有千古矣。惜乎五百余年来，半死之古文，半死之诗词，复夺此"活文学"之席，而"半死文学"遂苟延残喘，以至于今日。

这段文字与胡适1917年1月《文学改良刍议》及1917年6月19日日记，从表述方式和结构上来说亦相同。查胡适自1910年1月到1916年4月5日的留学日记，在1916年4月5日前，他几乎从来没有提到过但丁、乔叟和马丁·路德以及他们的和有关他们的著作，更别说把三人放在一起进行论述了。由此可以断定，他在写这篇标号"1916年4月5日夜"的日记前夕，恰好已读过或正在读一本书，而这本书谈到了这三个人——若这三个风马牛不相及的人出现在同一本书里，那除了是一本有关欧洲文艺复兴及欧洲各国国语形成史的书，还能是什么呢？

此外，如果胡适阅读的是诸如爱德华·吉本《罗马帝国衰亡史》或雅各布·布克哈特《意大利文艺复兴时期的文化》一类有关文艺复兴的大部头著作，那他就不会在日记中写下如此简单的结论，而且——关键在于——这几位大著作家的眼光全盯着意大利这片土地，同时他们又都是文化精英主义者，绝不会对"俚词俗语"有丝毫兴趣——那是20世纪后半叶以颠覆这类有关文艺复兴的精英叙事为乐事而给予一直遭到忽视的"民间文化"以地位的米哈伊尔·巴赫金和彼特·伯克等人的兴趣。如吉本就说："在古典著作输入前，欧洲的蛮族还处在无知中，而他们的粗俗的语言也彰显出他们举止方面的粗野和匮乏。而以更完美的希腊和拉丁的为业的学者则被引导到了一个智慧和科学的世界，一个由自由而且文雅的民族组成的古代社会，被引导去与那些说着既雄辩又理性的崇高语言的不朽者们进行亲切的交谈。"[1]

胡适1916年4月5日日记，与其1917年1月《文学改良刍议》一文和1917年6月19日日记之间的相似性，说明他至迟在1916年4月5日以前读过薛谢儿的《文艺复兴》，尽管薛谢儿及其著作直到1917年6月19日才在胡适的日记中出现。这当然不仅是就这三个文本的相同表述和相同结构而言，更是就其错误的一致性而言。换言之，一直到1917年6月19日，就"欧洲文艺复兴"或"欧洲各国国语史"来说，胡适只读过薛谢儿的《文艺复兴》，尽管读了好几遍，但均读得相当潦草，以至多有误读，而他并没有阅读其他相关著作，以校正其误读之处。

---

[1] Edward Gibbon, *The Decline and Fall of the Roman Empire*, *Volume III*, The Modern Library, p.725.

二

我们先比较一下上引胡适1916年4月5日日记、1917年1月《文学改良刍议》以及1917年6月19日日记这三个文本的相关文字：

1916年4月5日日记：

> 但丁（Dante）之创意大利文，却叟（Chaucer）诸人之创英吉利文，马丁路得（Martin Luther）之创德意志文。

1917年1月《文学改良刍议》：

> 欧洲中古时，各国皆有俚语，而以拉丁文为文言，凡著作书籍皆用之，如吾国之以文言著书也。其后意大利有但丁（Dante）诸文豪，始以其国俚语著作。

1917年6月19日日记：

> 中古之欧洲，各国皆有其土语，而无有文学。学者著述通问，皆用拉丁。拉丁之在当日，犹文言之在吾国也。国语之首先发生者，为意大利文。意大利者，罗马之旧畿，故其语亦最近拉丁，谓之拉丁之"俗语"（Vulgate）。（亦名Tuscan，以地名也。）"俗语"之入

文学，自但丁（Dante）始。"

如果说欧洲中古时，"凡著作书籍"，"著述通问"，皆用拉丁文，那当然就意味着"但丁创了意大利文、却叟创了英吉利文、马丁·路德创了德意志文"，即他们分别是这几种书面语的始创者。这不符合史实。在他们之前，早有人用这些"俚语"或"土语"写作。何况，一种书面语的成熟非一人之力可为，它一定会有无数有名的及无名的先驱。但丁、乔叟和马丁·路德分别只是意大利语、英语和德语这几种民族语在"雅化"过程中起了重要作用的人。

胡适一再强调，但丁、乔叟、路德诸人分别为意大利、英国和德国"创"或"造"了意大利文、英文和德文，后来又说"造"了意大利、英国、德国的"国语"。查薛谢儿原著，可知胡适所谓"国语"乃书中反复出现的"the national language"，其意同于the Vulgate或vernacular（方言）。但丁之时，尚无作为一个国家的意大利，连一个作为国家象征的宫廷都没有，因此不可能有作为"国语"的意大利语。薛谢儿所谓的"the national language"，乃指意大利的"民族语"，具体来说，是意大利托斯卡纳地方的方言。胡适将其译作"国语"颇成问题，虽然"national"一词含"国家"和"民族"两义。此外，"民族语"是自然语言，而"国语"可以是人造语言。换言之，"民族语"不能被发明，但"国语"可以被发明。如果说"民族语"是一个民族共同体自然的语言的话（但丁所谓"从保姆那里学来的语言"），那么，"国语"则经常是由若干民族组成的一个政治共同体的"共同语"(如但丁时代的拉丁语,即薛谢儿所谓"帝国共同语"),而其中某一个民族的语言要成为其他各民族共同的"国语",则要依靠政府之力。难道薛谢儿居然无知到认为但丁、乔叟、马丁·路德分别为意大利、英国和德国"创"了或"造"了意大利文、英吉利文、德意志文,或"文学的国语"?

我们来看胡适1917年6月19日的日记。既然这篇日记是读书笔记,那么有理由认为胡适上述说法有所本,本于他所读的薛谢儿的《文艺复兴》。日记谈到但丁时,说但丁以《神曲》和《新生》"从此为意大利造文学的国语"。查薛谢儿原书,此句原文为"in that colossal work and in the Vita Nuova he built up the national language"。对欧洲文艺复兴史稍有知识并对英语"build up"这个动词词组不望文生义的读者,一定会将这句英语理解为"通过这部巨作[指《神曲》]以及《新生》,他提高了这种民族语[指托斯卡尼①地方语]的声誉",而不会认为但丁以《神曲》和《新生》"创意大利文"或"为意大利造文学的国语",他只不过以这两部作品提高了托斯卡纳语的声望,而托斯卡纳语要成为意大利的"国语",还得依靠意大利国家。日记谈到包高嘉(薄伽丘)时,说"包氏工散文,其所著小说,流传一时,皆以俗语为之。遂助但丁而造意大利文学"。查薛谢儿原文,其对应句子为"Boccaccio, whose vivid, marvelous prose continued the work of Dante and helped to mould the mother-tongue",意为"包氏活泼而优美之散体文踵但丁作品之后,于

---

① 今译作"托斯卡纳"。

意大利民族语的规范亦有功焉"。

彼得·伯克在他那部研究早期欧洲语言的著作中谈及托斯卡纳语时写道："这种标准语言只被极少数的人口所接受，而他们主要是居住在托斯卡纳和罗马地区的人口，尽管其他地区的上层阶级可能会在一些特殊场合使用托斯卡纳语标准。18世纪那不勒斯的精英们比较普遍地使用了这种标准。例如，18世纪伦巴第的作家卡洛·戈齐把意大利语称作'死语言'，像拉丁语一样。据统计，意大利在1860年统一为一个国家时，知道并使用托斯卡纳标准语的人只占总人口的2.5%。"[1]

这就像英格兰的乔叟，其《坎特伯雷故事集》只是提高了那种以伦敦为中心、方圆约100公里区域内的盎格鲁-撒克逊人所使用的那种"东中部土语"的声望。在他出现之前，已有无数有名或无名的文学先驱者，例如以英语所写的史诗《贝奥武甫》(Beowulf)。英格兰地方语绝非自14世纪早期的乔叟才始"入文学"，何况，薛谢儿还以不少篇幅提到过《贝奥武甫》。更重要的是，乔叟之时，在大不列颠岛上，除英语外，还存在其他民族语，主要是凯尔特语（爱尔兰语、威尔士语、苏格兰语、康沃尔语和马恩语），而且，在18世纪前，它一直是大部分人使用的语言，有自己的书面语和文学。英语从英格兰的"东中部土语"跃升为英国的"国语"，主要依靠英格兰对其他地区的征服和殖民扩张。正如彼得·伯克所说，但丁、彼特拉克和薄伽丘的文学成就出于政治原因而被利用。所谓"政治"，

---

[1] 彼特·伯克：《语言的文化史：近代早期欧洲的语言和共同体》，李霄翔等译，北京大学出版社，2007，第138—139页。

即形成一个政治共同体的政治。实际上，包括但丁、乔叟、马丁·路德在内的"民族语作家"的文学地位，主要是被后来的民族–国家主义者赋予的，并且他们致力于通过立法来废止境内其他民族语的书面语形式，而被选定的那种民族语则在语言学专门家的规范下（主要是编纂词典、设立语言委员会、编纂教科书并通过国民教育体系予以强制推广等）成为"标准的国语"。对欧洲各国国语形成史做过一番通盘考察的历史家埃里克·霍布斯鲍姆就此写道："不论这种建构或操弄语言的动机是什么，也不论他们将语言作了多大幅度的修改，国家政权在其中都扮演着举足轻重的角色。"①

　　胡适不仅误理解了薛谢儿笔下的"national language"，还误译了"build up"。这两项重大的误解导致他得出如下斩钉截铁的结论："没有一种国语不是这样造成的。没有一种是教育部的老爷们造成的。没有一种是语言学专门家造成的。没有一种不是文学家造成的。"这个斩钉截铁的结论，见于胡适1918年4月15日发表于《新青年》第4卷第4号的《建设的文学革命论》。该文再一次援引他所臆想的"欧洲各国国语史"这一旁证材料，且占去一页半篇幅。在"中国将来的新文学用的白话，就是中国将来的标准国语。造中国将来白话文学的人，就是制订标准国语的人"两句之后，他写道：

　　　　我这种议论并不是"向壁虚造"的。我这几年来研

---

① 埃里克·霍布斯鲍姆：《民族与民族主义》，李金梅译，上海人民出版社，2000，第133页。

究欧洲各国国语的历史，没有一种国语不是这样造成的。没有一种是教育部的老爷们造成的。没有一种是语言学专门家造成的。没有一种不是文学家造成的。我且举几条例为证：

一，意大利。五百年前，欧洲各国但有方言，没有"国语"。欧洲最早的国语是意大利文。那时欧洲各国的人多用拉丁文著书通信。到了十四世纪的初年意大利的大文学家但丁（Dante）极力主张用意大利话来代拉丁文。他说拉丁文是已死了的文字，不如他本国俗语的优美。所以他自己的杰作"喜剧"，全用脱斯堪尼（Tuscany）（意大利北部的一邦）的俗话。这部"喜剧"，风行一世，人都称他做"神圣喜剧"。那"神圣喜剧"的白话后来便成了意大利的标准国语。后来的文学家包卡嘉（Boccaccio，1313—1384）和洛伦查（Lorenzo de' Medici）诸人也都用白话作文学。所以不到一百年，意大利的国语便完全成立了。

二，英国。英伦虽只是一个小岛国，却有无数方言。现在通行全世界的"英文"在五百年前还只是伦敦附近一带的方言，叫做"中部土话"。当十四世纪时，各处的方言都有些人用来做书。后来到了十四世纪的末年，出了两位大文学家，一个是赵叟（Chaucer，1340—1400）[①]，一个是威克列夫（Wycliff，1320—1384）。赵叟做了许多诗

---

① 即前文中的"却叟"，今作"乔叟"。原刊《北京第二外国语学院学报》2009年第6期，原刊注。

歌，散文，都用这"中部土话"。有了这两个人的文学，便把这"中部土话"变成英国的标准国语。后来到了十五世纪，印刷术输进英国，所印的书多用这"中部土话"，国语的标准更确定了。到十六十七两世纪，萧斯比亚和"伊利沙白时代"的无数文学大家，都用国语创造文学。从此以后，这一部分的"中部土话"，不但成了英国的标准国语，几乎竟成了全地球的世界语了！

此外，法国、德国及其他各国的国语，大都是这样发生的，大都是靠着文学的力量才能变成标准的国语的。我也不去一一的细说了。

意大利国语成立的历史，最可供我们中国人的研究。为什么呢？因为欧洲西部北部的新国，如英吉利、法兰西、德意志，他们的方言和拉丁文相差太远了，所以他们渐渐的用国语著作文学，还不算希奇。只有意大利是当年罗马帝国的京畿地近地，在拉丁文的故乡；各处的方言又和拉丁文最近。在意大利提倡用白话代拉丁文，真正和在中国提倡用白话代汉文，有同样的艰难。所以英、法、德各国语，一经文学发达以后，便不知不觉的成为国语了。在意大利却不然。当时反对的人很多，所以那时的新文学家，一方面努力创造国语的文学，一方面还要做文章鼓吹何以当废古文，何以不可不用白话。有了这种有意的主张（最有力的是但丁（Dante）和阿儿白狄（Alberti）两个人），又有了那些有价值的文学，才可造出意大利的"文学的国语"。①

如果大不列颠岛上有几种不同的方言,且各有其书面文学,英格兰"中部土话"(英语)只是其中一种,那么,英语成为大不列颠的共同语继而成为日不落帝国的"世界语"的过程,就非英格兰文学家之力了。这一语言征服和殖民的过程正是英格兰对苏格兰、威尔士、爱尔兰及世界其他地方进行征服和殖民的过程。胡适把征服史描述成了自然史,英国皇室应该授予胡适一枚勋章。胡适自称"我这几年来研究欧洲各国国语的历史",有意给人造成一种错觉,仿佛几年来他对欧洲各国国语的历史进行了广泛而深入的研究,因此,他提出的观点具有足够的毋庸置疑的可信性和权威性,非"向壁虚造",谁若对此表示怀疑,那只能说无知。不过,上引胡适《建设的文学革命论》的相关段落却透露出了真相,即他所谓"我这几年来研究欧洲各国国语的历史",其实相当有限,所"研究"者,无非还是那本他已读了多遍且每次都读得相当潦草的通俗小册子——薛谢儿的《文艺复兴》。读一本书(而且是一本通俗小册子)就来评论一个遥远的而且是欧洲的时代,这在学术上要冒巨大风险,好在当时中国学界对欧洲史所知甚少,于是胡适的臆想就变成了一种权威描述,以致今日的文学革命史家若不把文言与白话的关系按照胡适的方式类比为拉丁语与欧洲各民族语的关系,就感到在理论上缺乏说服力。

---

① 胡适:《建设的文学革命论》,《新青年》第4卷第4号,1918年4月15日。

胡适1918年4月《建设的文学革命论》中的这段文字，与前面罗列的三段文字的表述方式相同，结构也基本一致，完全可说是他1916年4月5日日记、1917年1月《文学改良刍议》以及1917年6月19日日记的相关段落的扩充。只不过，他在这里修改了前面三个文本中一处过于明显的常识错误：在1917年1月《文学改良刍议》和1917年6月19日日记中，他言之凿凿地说"中古之欧洲，各国皆有其土语，而无有文学。学者著述通问，皆用拉丁"或"欧洲中古时，各国皆有俚语，而以拉丁文为文言，凡著作书籍皆用之"，此处改成"五百年前，欧洲各国但有方言，没有'国语'。欧洲最早的国语是意大利文。那时欧洲各国的人多用拉丁文著书通信"；谈到中世的英国，他甚至说"各处的方言都有些人用来做书"。这等于承认欧洲中古之时并非所有著述皆用拉丁文，还存在"方言"文学。

如此一来，但丁、乔叟、马丁·路德就失去了胡适曾经分别赋予他们的"创意大利文、创英吉利文、创德意志文"的不实之誉。但胡适依然坚持另一个同样违反常识的观点：文学家才是创造"国语"的力量。换言之，他依然没有读懂薛谢儿笔下的那句"in that colossal work and in the Vita Nuova he built up the national language"。稍令人感到意外的是，到1921年7—8月间，当他在《新青年》上连载长文《国语文法概论》时，他又回到了他在《建设的文学革命论》之前对"欧洲中古之时"各国语文状况的臆想："当四百年前，欧洲各国的学者都用拉丁文著书通信，和中国人用古文著书通信一样。"[1]这不仅再次臆想了一个"全部拉丁文"时代的欧洲，也再次臆想了一个"全部文言"时代的中国。倘若如此，不知胡适何以写出他的《白话文学史》。此外，就"中世的英国"而言，法语比拉丁语可能更为流行。

胡适的《文学改良刍议》和《建设的文学革命论》都是文学革命时期"重要的理论著作"。这里之所以给"重要的理论著作"打上引号，是因为其重要性不是发生在文学革命中，而是得自文学革命史，即它们作为"重要的理论著作"的地位是事后被赋予的，而且是被胡适本人赋予的。为了把自己虚构为"历史开创者"而写入历史，他采取了一种非历史的方法，将"白话的局面"归功于己或"胡适之陈独秀一班人"，并把北京政府（晚清政府和民国的北京政府）说成是文学革命最危险的敌人。他在1922年2—3月间抢先为此时大局已定的文学革命撰史（《五十年来中国之文学》的第10节）时，将自己的《文学改良刍议》和《建设的文学革命论》分别当作文学革命的"发难之作"和明确了文学革命方向的"重头文章"。不过，这两篇文章在所有关键问题上的重大误解，使人怀疑它们是否真的发生过与其后来被赋予的地位相一致的历史作用。

我们必须牢记被这种文学革命史遮蔽的历史事实，即当时的北京政府是推动"白话"这种北方地方语走向"国语"的核心领导力量，而"胡适之陈独秀一班人"无非是受了政府的征

---

[1] 胡适：《国语文法概论》，《新青年》第9卷第3号，1921年7月1日。

召来从事文学革命的宣传鼓动工作的。北京政府之所以大力推动以"白话"（北方官话）统一全国语文，是因为"北方官话"与"北方的统治"构成一种深刻的语言政治学关联：在南方与北方处于分裂对峙的时代，北方政府试图以北方作为语言的中心和统治的中心，建立一个统一的政权，使南方"北方化"。

像胡适一样作为一个参与者亲历过整个文学革命的黎锦熙提供了一个与胡适版的文学革命史（即正统的文学革命史）大不一样的文学革命史版本，尽管这个更真实的版本一直不被现代文学史教科书所接受（如果接受，则整个基于新/旧、政府/民间的二元对立模式上的五四新文化运动史就得改写）。1927年，黎锦熙为胡适即将出版的《白话文学史》一书作序，其中无一字半句提到"胡适之陈独秀一班人"于文学革命的功劳。作为一个比"胡适之陈独秀一班人"早几年参与北京政府国语统一计划的语言学家，黎锦熙对这一过程的全部细节了如指掌，深知政府在文学革命中的核心领导作用，而"胡适之陈独秀一班人"，就像成千上万的其他人，只是北京政府领导下的这场运动的参与者而已。在这篇以信代序的文字中，黎锦熙先勾勒了秦汉以来中国漫长的语文史，最后停留在1919年12月底到1920年初北京政府接连发布的两道命令上，视1920年为秦汉以来中国语文的一个新纪元：

> 这一年是四千年来历史上一个大转捩的关键。这一年中国政府竟重演了秦皇、汉武的故事。第一件，教育部正式公布《国音字典》，这和历代颁行韵书著为功令的意味

大不相同，这是远承二千二百年前秦皇李斯"国字统一"的政策进而谋"国语统一"的，二千二百年来历代政府对于"国语统一"一事绝不曾这样严重的干过一次。第二件，教育部以明令废止全国小学的古体文而改用语体文，正其名曰"国语"，这也和历代功令规定取士文体的旨趣大不相同，这是把那从二千一百年前汉武、公孙弘辈直到现在的"文体复古"的政策打倒，而实行"文学革命"的，二千一百年来历代政府对于文体从不敢有这样彻底的改革，从不敢把语文分歧的两条道路合并为一。①

也就在胡适通过《中国新文学运动小史》等著作将文学革命的功劳再次归于"胡适之陈独秀一班人"名下的1934年——其时，更多人参与的更大规模的《中国新文学大系》亦在筹划之中——黎锦熙出版了那部近600页的《国语运动史纲》，其中，就1916到1920年的文学革命，他写道："在中国现代史上，有比辛亥革命（一九一一）更为艰巨的一种革命，就是'国语运动'（按：此指广义的：大凡民八以后所谓国语运动，都是广义的，连新文学和新文化运动都在一起）。辛亥革命之役，将民族革命和政治革命一气呵成，似乎是很不容易的事。'国语运动'则不然。因为这种革命运动，实实在在牵涉了数千年来的文化和社会生活，要以人力办到，政府的力量和社会的潮流必须合拍。所以民国元年（一九一二）蔡元培先生长教育时，曾有读

---

① 黎锦熙：《〈国语文学史〉代序：致张陈卿、李时、张希贤等书》，欧阳哲生编《胡适文集》（8），北京大学出版社，1998，第16页。

音统一会的设立,这已经是小题小作,然而社会潮流不相应,终于办不通。民国五年(一九一六)张一麐先生长教育时,又想把该会决议的注音字母设法推行,那时政府社会两方面底复古空气都很浓厚,除私人提倡外,更没有法子可以办到。大凡一种关于历史文化与社会生活的改革事业,要不是社会自身受了惊心动魄的刺激,感觉急切的需要,单靠政府的力量,虽起秦皇于地下,迎列宁于域外,雷厉风行,也不见得能办得通。直到民国七八年间(一九一八——一九一九),欧战结局,全世界发生一种新潮流,激荡着中国的社会,于是这'国语运动'才算水到渠成,政府和社会互助而合作,三五年功夫,居然办到寻常三五十年所办不到的成绩。"[1]

无论黎锦熙在政治上如何反感"北洋政府",作为一个有史德的历史学家,他不能因新政府上台就迁就新的意识形态,将"北洋政府"说成是一个阻扰文学革命和新文化运动的"反动而保守"的政府。尽管"北洋政府"在其他方面或许并没有留下多少值得称道的遗产,但仅文学革命或国语统一来说,其对中国的国家统一和现代转型的深远贡献不能被低估。单靠一帮"新文学家",是不可能将白话升格为国语的;何况,在文学革命于1920年1月获得成功时,"新文学家"还没有写出多少具有文学价值的新文学作品。换言之,胡适"几年来研究欧洲各国国语的历史"获得的那个创见("没有一种是教育部的老爷们造成的。没有一种是语言学专门家造成的。没有一种不是文学家造成的。")的确

---

[1] 黎锦熙:《国语运动史纲》,第129—130页。

是"向壁虚造"之物,既没有在欧洲各国国语形成史中获得经验的证明,也没有在中国国语形成史中获得现实的印证。

三

英国女学者薛谢儿(1862—1914)没有受过正规的学校教育,但她读书甚多,对欧洲文艺复兴史兴趣尤浓,写过好几部相关的通俗著作,以便为那些没有时间或没有兴趣阅读吉本、布克哈特等大著作家的大部头专业著作的普通读者提供一些简易的历史知识。其《文艺复兴》一书即是如此。考虑到决心开启"中国文艺复兴"的胡适只读过这么一本通俗小册子,而且多处读错了(当然,这并非薛谢儿女士的错),那他的"装备"就过于匮乏了。但关键问题还不在这里,而在于他基于"国语"(实为"民族语")而将中国文学革命比作欧洲的文艺复兴,本身就是一个不伦不类的历史类比。

欧洲文艺复兴的人文学者都经历了一个从"世界主义"(欧洲天主教帝国的世界主义)向民族主义的心理转折。他们起初狂热地研习拉丁文献,并将其纷纷译成本民族语,使本来鄙俗的民族语受惠于拉丁文,经历了一场"拉丁化"或者说"雅化"的改造,足以成为一门与拉丁语一样优美的语言。不过,由于罗马教廷的专横刺激了他们的民族自尊心,他们就转而为自己的民族语辩护了。假若按照胡适的说法,但丁诸人认为拉丁文"不如他本国俗语的优美",那他们为何如此狂热地沉醉于拉丁古籍,又何来"Renaissance"?胡适的朋友和北大同事、曾在瓦萨女子学院专治欧洲文艺复兴史的陈衡哲于1930年出版《欧洲文艺复兴小史》，其中写道："欧洲中古时的通行文字，是一种变形的拉丁文。"并加注曰："这个中古拉丁文在欧洲文学上的地位，犹之我国的官牍文字：和他对峙的，一方面有更美更佳的古拉丁文；一方面又有为普通人所用，而尚无文学价值的各国方言。"[1]欧洲文艺复兴时代的人文学者正是通过对拉丁古籍的反复阅读和大量翻译（译成各民族语），才获得一种敏感的文体意识和严谨的语法规范，以此来改造"尚无文学价值"的本民族语。各民族语在文体和语法上的"拉丁化"，使其渐渐摆脱了乡土气和地方性，变成了一门标准的语言。薛谢儿在其《文艺复兴》一书中亦评价说："学者们从古拉丁文借来的词汇，迅速渗透到了日常言语中，鄙俗的方言变得丰富了。"

但丁诸人在美学上和政治上是矛盾的。他们一方面崇拜拉丁古籍，以能阅读、翻译和写作拉丁语为荣，一方面又希望以民族文学来支持本民族摆脱罗马教皇统治以建立意大利民族国家的事业，而他们对本民族的贡献恰恰在于他们利用古拉丁语来丰富和改造了本民族语，使其文学价值不次于古拉丁语，然后就从民族主义情感出发，完成了一场对有功于意大利语完善的拉丁语的"弑父"仪式。薛谢儿说："文艺复兴以近乎狂热的古学复兴始，以反古典主义以及浪漫主义运动的胜利终。"谈到阿贝蒂转向自己的本民族语时，薛谢儿写道："他犹犹豫豫地离开了他所珍爱的拉丁语，开始使用他的托斯卡尼本地语，并

---

[1] 陈衡哲：《欧洲文艺复兴小史》，商务印书馆，1930，第20页。

复兴了托斯卡尼的古代文学,以此促进意大利民族[意识]的成长。"

拉丁文在文艺复兴时代开始遭到欧洲各民族的贬斥,不是因为它缺乏表现力,而是因为它是一门"外语",是罗马教廷的官方语。以语言学家弗格森的概念来说,拉丁文与各民族语之间的关系是外语与本族语的"双语现象"(bilingualism),而非同一种语言不同的语用之间的"二言现象"(diglossia)。拉丁语与意大利语不是胡适所说的"文言与白话"的二言关系,因为古拉丁文(the classic Latin)与俗拉丁文(the spoken Latin)才构成"文言与白话"的二言关系。可是,胡适只知道有古拉丁文,而不知有俗拉丁文,因此,当他寻找拉丁语的"俗语"时,就找到了另一门语言即意大利语(或英语、德语等)了,而意大利语本身,得益于但丁一代意大利人文学者的努力,渐渐出现了一种成熟的语言必定会出现的"二言现象",即在"村俗"的意大利语之外形成了一种"光辉的、基本的、宫廷的和法庭的"的意大利语。

胡适此时甚至没读过但丁专门为"方言"(相对于罗马天主教世界的官方通用语拉丁语而言的"地方话"或者说"民族语")辩护的 *De Vulgari Eloquentia*(《论俗语》),否则,他就不会将但丁所谓"俗语"理解为汉语所谓"俗语俗字""俗语""俚语""土语"或者"白话",并且说中国"一般的人,把社会分成两个阶级,一种是愚妇顽童稚子,其他一种是知识阶级,如文人学士,绅士官吏。作白话文是为他们——愚夫愚妇,顽童稚子——可以看而作,至于知识阶级者,仍旧去作古文,这种看法，根本的错误了，并不是共和国家应有的现象"。①但丁是一个意大利民族主义者，而不是一个民粹主义者或者社会主义者，他期望的正是"文人学士、绅士官吏"的意大利语，而非"愚夫愚妇、顽童稚子"的意大利语。他在《论俗语》中明确地把他所谓"俗语"定义为一种"光辉的、基本的、宫廷的和法庭的"的民族语，以区别于"村俗"之语，而且，他还将他理想中的"俗语"比作"有香无迹的豹子"，"它的香气在〔意大利的〕每个市镇，但它的巢穴却不在任何一个城镇中"。②倘若他心目中的"俗语"或意大利语不是如此，他又何敢声称意大利语是"最优秀的语言"，足以取代优美的拉丁语而成为一种"文学语言"？

胡适将拉丁语与意大利语等同于"文言"与"白话"，毋宁说"光辉的、基本的、宫廷的和法庭的"意大利语与"村俗"的意大利语才是"文言"与"白话"的关系。但丁绝不会赞同意大利来一场胡适式的文学革命，以"引车卖浆之徒"的白话作为意大利独尊的书面语，取代"文人学士"的文言。如果作一个不太恰当的类比的话，但丁的文学立场（既使用"白话"意大利语，又使用"文言"拉丁语，并以拉丁语来丰富意大利语）更接近反对文学革命的林琴南，而不是鼓吹文学革命的胡适。林琴南当然不反对白话，而是反对尽废古文的白话革命，因此，当他看到北大胡适等人鼓吹要以"俗语俗字""俗语""俚

---

① 胡适：《新文学运动之意义》（1925年9月演讲），《胡适文集》（12），第21页。
② 但丁：《论俗语》，朱光潜译，伍蠡甫主编《西方文论选》（上），上海译文出版社，1979，第166页。

语""土语"来取代文言时,他按捺不住,于1919年3月发表致北京大学校长蔡元培公开信,指责北京大学这座当时中国的"最高学府"鼓吹尽废文言而采用"都下引车卖浆之徒所操土语"的倾向:"若尽废古书,行用土语为文字,则都下引车卖浆之徒所操之语,按之皆有文法……据此,则凡京津之稗贩均可用为教授矣。若《红楼》《水浒》,皆白话之圣,并足为教科之书,不知《水浒》中辞吻,多采岳珂之《金陀萃篇》①;《红楼》亦不止为一人手笔,作者均博极群书之人。总之,非读破万卷,不能为古文,亦并不能为白话。"②也就是说,林琴南反对文学革命的理由,在于北大文学革命派主张以"俗语俗字""俗语""俚语""土语"为文,并尽废古文,而在他看来,"白话"不应是市井土语,而应该是一种"雅化"的文体,为此,就必须借鉴古文,而要借鉴古文,自然就不能尽废古文。

四

1915年8月26日夜,胡适在日记中写道:"今之文言,终不可废置,以其为仅有之各省交通之媒介物也,以其为仅有之教育授受之具也。"③此时他认定"白话"(北方官话)只是一种地方语,而他考虑的是如何使教授文言变得容易,而不是废除文言,以"白话"代之。所谓"白话",即北方官话,乃一种地方

---

① 岳珂原书名为《金佗稡编》,此处似为林书笔误。——编注
② 林纾:《答大学堂校长蔡鹤卿太史书》,《畏庐三集》,上海书店据商务印书馆1927年版影印本,第25页。
③ 胡适:《胡适日记全编·2》,曹伯言整理,2001,第259页。

语，南方方言区的普通人并不一定听得懂或看得懂。陈独秀在1916年9月也写道："此时所谓官话，即北京话，仍属方言，未能得各地方言语之大凡，强人肄习，过于削足适履。采为国语，其事不便。"[1]换言之，他们认为文言不可废的理由恰恰在于：在缺乏一种标准的国语的情况下，文言这种共同的书面语为不同方言区的人的交往，起到了媒介作用，此即同于拉丁语之于罗马天主教大帝国的情形。

不过，在同一天的日记中，胡适开始将"汉文"称为一种"半死之文字"，并作注道："活文字者，日用语言之文字，如英法文是也，如吾国之白话是也。死文字者，如希腊、拉丁，非日用之语言，已陈死矣。半死文字者，以其中尚有日用之分子在也。如犬字是已死之字，狗字是活字；乘马是死语，骑马是活语。故曰半死文字也。"1916年7月6日日记又明确写道："今日之文言乃是一种半死的文字，因不能使人听得懂之故。今日之白话是一种活的语言。"[2]

胡适这里没有从语言学上仔细区分"语言"与"语用"的不同层级。英语（或法语等）正如汉语，是一种语言，而汉语之文言和白话乃汉语之不同的语用，两者不可混淆。英语也分化为不同的语用。一个剑桥教授讲授哲学，剑桥一带的引车卖浆之徒不见得能听得懂，但不能据此就说那位剑桥教授的"英语"是半死之语言，这正如引车卖浆之徒的黑话，剑桥的教授可能一句不懂一样。在语言学上，当说一门语言"已死"（a

---

[1] 《陈独秀答沈慎乃》，《新青年》第2卷第1号，1916年9月1日。
[2] 胡适：《胡适日记全编·2》，曹伯言整理，2001，第414页。

dead language）时，并不是说它缺乏表现力，而是说它"不再被说"（no longer spoken），即不再作为口语使用（《牛津英语大词典》对"dead language"的释义即是如此）。简言之，"死语言"意味着一门不再有其"言说群体"的语言。

如前所述，汉语的文言与白话并非一门外国语与本国语（如拉丁语之于英语）的双语关系，而是二言关系，即它们是汉语的不同的语用，不构成一种非此即彼的对立关系，而是一种相互借鉴的关系。对此，陈独秀的看法尤为中庸，尽管他在1917年5月1日，致胡适信中偶失分寸地说出如下一段逆其本意的话："以白话为文学正宗之说，其是非甚明，必不容反对者有讨论之余地也，必以吾辈所主张者为绝对之是，而不容他人之匡正也。其故何哉？盖以吾国文化，倘已至文言一致地步，则以国语为文，达意状物，岂非天经地义，倘有何种疑义必待讨论乎？"[1]这一段话被胡适以及后来的文学革命史家当作陈独秀坚决支持白话革命的证据，但他们却没留意陈独秀1917年4月1日《答曾毅》中的如下文字："鄙意今日之通俗文学，亦不必急切限以今语。惟今后语求近于文，文求近于语，使日赴'文言一致'之途，较为妥适易行。"[2]在上引那封1917年5月1日致胡适信发表后不久，他迅速退回到自己的真实立场，在1917年8月1日致钱玄同信中写道："此时用国语为文，当然采用各省多数人通用的语言。北京话也不过是一种特别方言，哪能算是国语呢？而且既然是取'文言一致'的方针，就要多多夹入稍稍通

---

[1] 《陈独秀答胡适之》，《新青年》第3卷第3号，1917年5月1日。
[2] 《陈独秀答曾毅》，《新青年》第3卷第2号，1917年4月1日。

行的文雅字眼,才和纯然白话不同。俗话中常用的文话(像岂有此理、无愧于心、无可奈何、人生如梦、万事皆空等类),更是应该尽量采用。必定要'文求近于语,语求近于文',然后才做得到'文言一致'的地步。"①这和林琴南关于"白话"的主张相距较近,而与胡适此时关于"白话"的主张相距较远。自清末以来,林琴南一直就在探索"文言"与"白话"之间的一种"文求近于语,语求近于文"的文体。此外,如果我们细读陈独秀1917年2月1日发表的《文学革命论》就会发现,与其说它是声援胡适的白话革命主张,不如说是提出了自己的主张:全文无一句提到要以"白话文学"取代"文言文学",只是说要建立一种"通俗的国民文学",而关于"通俗的国民文学"的定义,则是他屡次提到的作为文学改良原则的"文求近于语,语求近于文"。既然两者相互"求近",则不是以此取代彼的革命。

　　胡适说文言乃一种"半死"或"已死"的语言,是因为"引车卖浆之徒"不懂这种语言,因此必须废止,而代以他们能够懂得的"白话"。其实,文言与白话之间的界线并非像外语与本国语那样泾渭分明,在文言与白话之间有许多过渡层次,例如清末以来最为流行的报馆体和新体。吕叔湘在1944年做过一个试验,他从古籍中选取了十二段文字,请他的一些朋友分辨哪些是文言,哪些是白话,结果"意见不一致;甚至同一个人,初看和再看,对于有些段,意见也不一致"。②如果文言

---

① 《陈独秀答钱玄同》,《新青年》第3卷第6号,1917年8月1日。
② 张中行:《文言和白话》,黑龙江人民出版社,1995,第7页。

和白话并非两种泾渭分明的文体,那么,又如何以白话取代文言,像以英语取代拉丁语?此外,考虑到文学革命时代的低度的社会流动性,对南方方言区的平民百姓("引车卖浆之徒")而言,也可能听不懂"白话"(北方官话),他们只听得懂本地方言,但文学革命恰恰意味着他们必须以自己平日不说的"白话"来读写——以胡适所列举的那些文艺复兴时期的地方语支持者的观点来看,对南方人来说,"白话"即是一门"死语言"。

而且,南方地区(尤其是江南地区)是当时全国文化发达之地,而这种文化的载体主要是文言。还有一重历史的原因(清军当初在江南地区制造的多起血腥屠城事件)使江南人对这种北方官话持一种反感态度,那就是它带有京腔,充斥着满州贵族统治者的词汇。使这种直到19世纪20年代依旧被那些执着于本地语言传统的外省人,尤其是南方人视为"老妈子的话"[①]的北方官话于1920年1月一跃而升格为国语的,并非北大几个教授的"有意的提倡",也不是因为这种地方语自身拥有怎样的文学优势,而是清末民初各种政治-语言势力权力博弈的结果。尽管南北处于分裂对峙状态,但至少作为名义上的中央政府,北京政府手里拥有更多的行政资源,可以推行其既定的语言政策。

---

① "老妈子的话"对不同方言区的人来说所指范围有所不同,例如山东聊城人傅斯年家把北京话看作"老妈子的话",而江苏常州人赵元任家则把长江以北的话统统说成"老妈子的话"。"我对于那种话有一种阶级性的联想。"赵元任在其《语言自传》(1971)里回忆道,"还有一种类似的联想,就是我们对于北京话虽然不像傅孟真家里拿它当'老妈子话',可是总觉得那只是日常的随便说话,常州音就好像高一等似的,因为我念古书作诗文都是用常州音的"。见赵元任《语言自传》,吴宗济等编《赵元任语言学论文集》,商务印书馆,2002,第649页。

当时的北京政府于1920年1—4月间接连颁布几道命令，规定在1922年前，全国国民学校和高等小学全部改用白话，并将白话法定为国语。这对北方地区并非难事，但与北方各省情形不同，国语的推行在南方一些省份遭到了群体的抵制。作为教育部特派的巡视员，黎锦熙观察到："南方各省，因为国语文不如北方之为本地风光，所以有些学生底家庭极端主张仍读文言，因之出版界投机的小学文言教科书，在两三年内出得很不少。"[1]这惹怒了南方许多省区的教育当局和学校教员（他们大多是教育部国语统一会地方分会和省教育联合会的成员）。1925年12月3日，在无锡第三师范的操场上发生了一件可以作为整个文学革命缩影的焚书事件：这一天，来自江苏、浙江和安徽三省的师范小学教员在无锡召开联合大会，作为大会开幕仪式，代表们将他们在当地能够搜集到的文言教科书在无锡第三师范的操场上堆成一座书山，然后付之一炬。当烧卷的纸屑在操场上空的浓烟中纷乱地飘飞时，代表们情绪激昂地宣读了一份宣言书，称焚书乃"尊重教育法令"的行为，"国家对小学教学国语既十分提倡，我们尊重国家法令，小学校就不应当再教文言"。[2]如果将文言比作"古拉丁语"的话，那么，白话就是"俗拉丁语"，对说自己本地话的南方人来说，它依然是一门"言文分离"的"死语言"。对北方话区域之外的全国其他方言区而言，文学革命恰恰意味着"言文分离"，即以一种不属于本地区的口语来取代本地方言，以此为全国统一的书面语。

---

[1] 黎锦熙：《国语运动史纲》，第143页。
[2] 黎锦熙：《国语运动史纲》，第143页。

因此，如果一个苏州人按照"言文一致"原则将他的自然口语"说未实梗说，到辰光，就是勒浪笑，总归勿起劲个"①笔之于书，而不是使用对他来说与文言一样属于"死语言"的北方官话来表达同一个意思——"话虽然这么说，到时候，即使笑，总是没劲的。"——那他肯定不会被北方的文学革命派视为同志，而是一个在语言上制造地区隔阂、分裂祖国的地方主义者。如果我们把文学革命仅仅理解为"白话针对文言"的一场革命，那是不够的，这只是这场革命的一个目标。文学革命还有一个更重要的目标，即以北方官话统一全国语言。这两个目标，使文学革命与一个统一的现代民族国家的形成息息相关。

回到胡适1917年6月19日的日记，其中谈到意大利的阿褒梯（Alberti）时，说："其主张用俗语尤力。其言曰：'拉丁者，已死之文字，不足以供新国之用。'"查薛谢儿原文，知阿贝蒂语为薛谢儿所转述，非阿贝蒂自己所说："A dead language, he averred, cannot suffice for a living nation." 这里，胡适依然将"nation"译为"国"，而非"民族"，而意大利民族并非一个"新民族"（不存在什么"新民族"）。显然，"living"一词也不该译作"新"（此处仅作为一个疑问，并提供理由，希望大方指教）。如前所述，"死语言"仅指"不再说的"语言，对意大利人来说，拉丁文不仅是一门"死语言"，而且是一门"外语"。

在薛谢儿原书中，紧跟着上引的这句话，后面的句子是："他［阿贝蒂］犹犹豫豫地离开了他所珍爱的拉丁语，开始使

---

① 石汝杰：《明清吴语和现代方言研究》，上海辞书出版社，2006，第95页。

用他的托斯卡尼本地语,并复兴了托斯卡尼的古代文学,以此促进意大利民族［意识］的成长。"既然提到意大利的"古代文学",则说明意大利民族非"新民族";此外,这个句子反复强调的是阿贝蒂的"民族意识",即他之所以离开"他所珍爱的拉丁语",是因为它是一门不被意大利民族日常所说的"外语",是罗马天主教世界的"世界语",即薛谢儿在书中所说的"the imperial language"(帝国通用语),它不足以表现"本民族"(意大利族)的民族性。此处的"living",疑为"本地的、地方的"之意。与"死语言"(a dead language)相对的"a living language"(活语言)指的也是尚在使用的"地方语、民族语、本地语"。阿贝蒂对拉丁语和意大利语的区分,并不是建立在旧／新对立的基础上,而是外语／本族语对立的基础上,倘若是新／旧对立,则他也应当离开意大利的"古代文学"。"语言的本地化"这才是但丁们的政治民族主义在语文上的诉求,而中国的文学革命——对非北方方言区来说——则是"语言的非地方化",即"北方化",其政治目标是:在中国处于四分五裂、南北对峙的"地方化"(以传统政治术语来说是"藩镇割据")时代,以"罗马"(北京)为中心,重建一个统一的政权。

周氏兄弟早期著译与汉语现代书写语言

王 风

一

不管是被认为,还是实际作为新文学创作的起源,鲁迅的《狂人日记》都是突然的。这并不止于其将整个历史作为寓言所激发的巨大的现实批判力量,单就书写语言而言,也是空前的。那个时期新文学的著译,比如胡适、比如刘半农,在文学革命之前都有白话实践,他们个人的书写史均有脉络可寻。但如果回溯周氏兄弟二人的文学历程,可以发现,此前十五年,文言在他们的写作中占有绝对统治的地位。似乎鲁迅决定改用白话是瞬间的转变,即便周作人,直到1914年,其主张仍然是小说要用文言:

> 第通俗小说缺限至多,未能尽其能事。往昔之作存之,足备研究。若在方来,当别辟道涂,以雅正为归,易俗语而为文言,勿复执着社会,使艺术之境萧然独立。斯

则其文虽离社会,而其有益于人间甚多。①

所谓"易俗语而为文言",可以看作周氏兄弟文学革命之前书写语言选择的缩影。在他们刚进入文学领域的时候,其所抱持原非什么"萧然独立",而恰恰相反。1903年,初涉翻译的鲁迅在书写语言上所努力的却是白话。该年,在《浙江潮》上的《斯巴达之魂》《哀尘》用的固然是文言,但同时开始的文字量更大、持续更久的,却是用白话——或者从结果上看,试图用白话翻译"科学小说"《月界旅行》《地底旅行》。

选择这样的文本作为翻译对象,源于梁启超的影响。据周作人回忆:"鲁迅更广泛的与新书报相接触,乃是壬寅(1902)年二月到了日本以后的事情……《新小说》上登过嚣俄(今称雨果)的照片,就引起鲁迅的注意,搜集日译的中篇小说《怀旧》(讲非洲人起义的故事)来看,又给我买来美国出版的八大本英译雨果选集。其次有影响的作家是焦尔士威奴(今译儒勒·凡尔纳),他的《十五小豪杰》和《海底旅行》,是杂志中最叫座的作品,当时鲁迅决心来翻译《月界旅行》,也正是为此。"②从当年资料看,周氏兄弟对梁启超文学活动的关注亦可得到证明。鲁迅那时日记不存,但如周作人日记癸卯(1903)

---

① 周作人:《小说与社会》,《绍兴县教育会月刊》第5号,1914年2月20日。转引陈子善、张铁荣编《周作人集外文》上集,海南国际新闻出版中心,1995。
② 周启明(周作人):《鲁迅与清末文坛》,《鲁迅的青年时代》,中国青年出版社,1957。嚣俄照片刊于《新小说》第2号,光绪二十八年(1902)十一月十五日。

三月初六日云,"接日本二十函,由韵君处转交,内云谢君西园下月中旬回国,当寄回《清议报》《新小说》,闻之喜跃欲狂"。十二日记鲁迅"初五日函"所列托寄书籍的"书目",就有《清议报》八册、《新民丛报》二册,以及《新小说》第三号。①自然这些鲁迅此前都已经读过,而这仅仅是他们对梁的阅读史的一个事例。②

1902年梁启超在《新小说》创刊号发表《论小说与群治之关系》,将"新一国之小说"作为"新一国之民"的前提,小说因此承担了"新道德""新宗教""新政治""新风俗""新学艺""新人心""新人格"诸多任务。③鲁迅早期文学主张一个主要构成部分即来源于此,《月界旅行·辨言》云:

盖胪陈科学。常人厌之。阅不终篇。辄欲睡去。强人所难。势必然矣。惟假小说之能力。被优孟之衣冠。则虽析理谭玄。亦能浸淫脑筋。不生厌倦。……故掇取学理。去庄而谐。使读者触目会心。不劳思索。则必能于不知不觉间。获一斑之智识。破遗传之迷信。改良思想。补助文明。势力之伟。有如此者。我国说部。若言情谈故刺时志怪者。架栋汗牛。而独于科学小说。乃如麟角。智识患隘。此实一端。故苟欲弥今日译界之缺点。导中国人群以

---

① 周作人:《周作人日记》上,大象出版社,1996。
② 他们对梁启超的接受可参看周作人《我的负债》,《晨报副刊》,1924年1月26日;周启明(周作人):《鲁迅与清末文坛》,《鲁迅的青年时代》。
③ 梁启超:《论小说与群治关系》,《新小说》第1卷第1号,光绪二十八年(1902)十月十五日。

进行。必自科学小说始。①

"故苟欲……必自科学小说始"云云，从句式到语气都类于梁启超的"故今日欲改良群治，必自小说界革命始，欲新民，必自新小说始"。②当然就其个人因素而言，"我因为向学科学，所以喜欢科学小说"。③至1906年回乡结婚前，就现在所知，鲁迅编撰了《说鈤》《中国地质略论》《物理新诠》《中国矿产志》等，都属于所谓"科学"。而翻译《月界旅行》《地底旅行》《北极探险记》这些"科学小说"，本就是"科学"的延伸。

两部"旅行"都试图采用白话，但又都混杂着文言，这种情况的产生自有其原由。那些科学论文具有学术性质，自然采用正式的书写语言文言。而科学小说，其目的在于开启民智，并不在文学本身，因而就翻译策略而言，必然是希望迁就尽量多读者的阅读能力，以使"不生厌倦""不劳思索"。所以"原书……凡二十八章。例若杂记……今截长补短。得十四回"，"其措词无味。不适于我国人者。删易少许"。④这与林纾《黑奴吁天录·例言》"是书言教门事孔多，悉经魏君节去其原文稍烦琐者"目的相同，都在于"取便观者"。

但林纾预设的是能读出"该书开场、伏脉、接笋、结穴，

---

① 《月界旅行》，中国教育普及社，光绪二十九年（1903）十月十五日。
② 梁启超：《论小说与群治之关系》，《新小说》。
③ 《鲁迅全集》第12卷"书信"，340515①"致杨霁云"，人民文学出版社，1981。
④ 《月界旅行·辨言》。

处处均得古文家义法"的"观者","所冀有志西学者,勿遽贬西书,谓其文境不如中国也"。或者可以说,他预想的就是鲁迅这样的阅读对象,所以"就其原文,易以华语",[1]这个"华语"是古文一派的文言,为鲁迅们所熟知。而梁启超、鲁迅的翻译是以小说吸引尽可能多有识字基础的读者,使其不期然而受到文学以外其他方面的影响,就语体的选择策略而言,当然只能是所谓"俗语"。

"俗语"在这个语境中可以理解为白话,实则中国历史提供了一千多年这种语体的产品。梁启超《十五小豪杰·译后语》"本书原拟依水浒红楼等书体裁。纯用俗话",[2]明白指出这种翻译要进入哪个文体和语体传统。语体上采用白话,文体上章回小说的各种特征一应俱全。鲁迅《北极探险记》已佚,然就《月界旅行》《地底旅行》而言,每回皆用对仗作为回目。《月界旅行》各回,诸如"却说"这样的开头,回末"正是"后接韵语数句,再加以"且听下回分解"之类。到《地底旅行》,回末的套话消失,但其他都还保留。[3]

文体上选择章回,则语体上自应使用白话。梁启超本来就是如此设计,"但翻译之时。甚为困难。参用文言。劳半功倍。计前数回。每点钟仅能译千字。此次则译二千五百字。译者贪省时日。只得文俗并用"。[4]就梁这样从小受到文言训练的文

---

[1] 转引自陈平原、夏晓虹编《二十世纪中国小说理论资料》第1卷,北京大学出版社,1989。
[2] 梁启超:《十五小豪杰》,第四回"译后语",《新民丛报》1902年第6号。
[3] 鲁迅:《地底旅行》,南京启新书局,光绪三十二年(1906)三月二十九日。
[4] 梁启超:《十五小豪杰》,第四回"译后语",《新民丛报》1902年第6号。

人而言，白话反而困难，那是另一种带有历史限制性的写作，需要专门的才能，远不是胡适所谓"有什么话，说什么话；话怎么说，就怎么写"那样简单。[1]鲁迅也是"初拟译以俗语。稍逸读者之思索。然纯用俗语。复嫌冗繁。因参用文言。以省篇页"，[2]其理由虽与梁启超有所不同，好像是主动而非被迫的选择。不过对他而言，虽然此前一定有过丰富的阅读经验，但从未有过此类写作，白话较之文言可能还是吃力得多，陡然实践，自然别扭。

鲁迅后来回忆，"那时又译过一部《北极探险记》，叙事用文言，对话用白话"，[3]是双语体的结构。实际上此前的两部"旅行"已经是在白话的基础上混用文言，只是这文言更多在对话中出现。[4]《北极探险记》如许翻转过来，倒是很不一样的实践，可惜现在看不到了。

两部"旅行"，从总体上看，是文言成分失控地不断增加的过程。《月界旅行》前半部分，基本还守着章回的味道，如：

> 却说社员接了书信以后。光阴迅速。不觉初五。好容易挨到八点钟。天色也黑了。连忙整理衣冠。跑到纽翁思开尔街第廿一号枪炮会社。一进大门。便见满地是人。黑

---

[1] 鲁迅：《建设的文学革命论》，《新青年》第4卷第4号，1918年4月。
[2] 《月界旅行·辨言》。
[3] 第12卷"书信"，340515①"致杨霁云"《鲁迅全集》。
[4] 卜立德就这两部书的观察得出判断，"译文中叙事用白话，对白则用文言"，虽说不尽如此，但大致对白中的文言成分要远多于叙事。氏《凡尔纳、科幻小说及其他》，王宏志编《翻译与创作——中国近代翻译小说论》，北京大学出版社，2000。

周氏兄弟早期著译与汉语现代书写语言 401

潮似的四处汹涌。

其后如"众人看得分明。是戴着黑缘峨冠。穿着黑呢礼服。身材魁伟。相貌庄严"云云，[1]都是话本语言的风格。但到后半部，叙事上不时不自觉地使用文言：

> 众视其人。则躯干短小。奚如羚羊。即美国所谓"歌佉髯"也。目灼灼直视坛上。众人挨挤。都置之不问。……社长及同盟社员。都注目亚电。见其挺孤身以敌万众。协助鸿业。略无畏葸之概。叹赏不迭。[2]

则几乎有林译的味道。不过总体上叙事大部分还是文白兼用，至于对话部分，则前后截然是两个样子：

> 大佐白伦彼理道。这些事。总是为欧罗巴洲近时国体上的争论罢了。麦思敦道。不错不错。我所希望。大约终有用处。而且又有益于欧罗巴洲。毕尔斯排大声道。你们做甚乱梦。研究炮术。却想欧洲人用么。大佐白伦彼理道。我想给欧洲人用，比不用却好些。……[3]
>
> 社长问道。君想月界中必有此种野蛮居住的么。亚电道。余亦推测而已。至其实情。古无知者。然昔贤有言

---

[1] 《月界旅行》第二回。
[2] 《月界旅行》第九回，"畏葱"当作"畏葸"。
[3] 《月界旅行》第一回。

曰。"专心于足者不蹶"。余亦用此者为金杖。以豫防不测耳。社长道。然据余所见。则月界中当无此种恶物。读古书可知。亚电大惊道。所谓古书者，何书耶。社长笑道。无非小说之类耳。……①

再如第二回社长的长篇报告纯用口语，第八回亚电的长篇演说则古韵铿锵，是更鲜明的对比。而到了《地底旅行》，似乎已经完全不管文言白话，只照方便。

鲁迅后来谈到他的早期作品，曾明言"虽说译，其实乃是改作"，②又说："但年青时自作聪明，不肯直译，回想起来真是悔之已晚。"③关于是否"直译"，倒不能光以"自作聪明"视之。《地底旅行》署"之江索士译演"，演者，衍也，增删变易，文体上不顾原来格式，语体上随意变换，本就是题中应有之义。如周作人所言，此时鲁迅"不过只是赏玩而非攻究，且对于文学也还未脱去旧的观念"。④而于雨果特别重视，致有"好容易设法凑了十六块钱买到一部八册的美国版的嚣俄选集"，并寄给周作人这样当年绝无仅有的豪举，⑤缘于"大概因为《新小说》里登过照片，那时对于嚣俄十分崇拜"。⑥虽说雨果的重要性无可置疑，但这并不来自自身的选择，而是接受他

---

① 《月界旅行》第十三回。
② 第12卷"书信"，340506"致杨霁云"，又340717②"致杨霁云"《鲁迅全集》。
③ 第12卷"书信"，340515①"致杨霁云"《鲁迅全集》。
④ 周作人：《关于鲁迅之二》，《瓜豆集》，岳麓书社，1989。
⑤ 周作人：《学校生活的一叶》，《雨天的书》，岳麓书社，1987。
⑥ 周遐寿（周作人）：《鲁迅的故家》"补遗三"，人民文学出版社，1957。

者的判断。揆诸鲁迅以后的文学经验，实在并不是他真正的趣味。所译《哀尘》，[①]从译文和"译者曰"看，其介绍是隆重而谨慎的，与对"科学小说"的态度绝异。陈梦熊曾"根据法文原著略加核对"，"发现鲁迅虽据日译本转译，但除一处可能出于日译本误译外，几乎是逐字逐句的直译"，[②]而这个文本所使用的却是文言。周作人后来说："当时看小说的影响，虽然梁任公的《新小说》是新出，也喜欢它的科学小说，但是却更佩服林琴南的古文所翻译的作品。"[③]指的不是这件事，但也能说明他们对文言白话两种语体的态度。

至翻译《月界旅行》《地底旅行》之举，自然有"向学科学"的背景，但就题材选择也可判断受梁启超译《十五小豪杰》和卢藉东译《海底旅行》的影响。"辨言"中谓："然人类者。有希望进步之生物也。故其一部分。略得光明。犹不知餍。发大希望。思斥吸力。胜空气。泠然神行。无有障碍。若培伦氏。实以其尚武之精神。写此希望之进化者也。"纯是严复观念，梁启超文风。其后如"殖民星球。旅行月界"，"虽地球之大同可期。而星球之战祸又起"，借此"冥冥黄族。可以兴矣"，[④]此类军国民主义的思路和幻想，无非将《斯巴达之魂》的寄托衍为说部，"掇其逸事。贻我青年"，[⑤]与文学没什么关联。而即便这难说是著是译的《斯巴达之魂》，大概题材选择上

---

① 嚣俄:《哀尘》，庚辰（鲁迅）译，《浙江潮》1903年第5期。
② 熊融:《关于〈哀尘〉、〈造人术〉的说明》，《文学评论》1963年第3期。
③ 周作人:《周作人回忆录》七七"翻译小说（上）"，湖南人民出版社，1982。
④ 《月界旅行·辨言》。
⑤ 《斯巴达之魂》附语，《浙江潮》1903年第5期。

也渊源于梁启超此前的《斯巴达小志》。①

鲁迅给周作人寄了一大套雨果选集，再加上"那时苏子谷在上海报上译登《惨世界》，梁任公又在《新小说》上常讲起'嚣俄'"，②其直接的后果是周作人创作了一部《孤儿记》，"是记为感于嚣俄哀史而作。借设孤儿以甚言之"。③周作人当时与丁初我发生关系，④投稿《女子世界》，所以著译大多与女性有关，如《侠女奴》《好花枝》《女猎人》《女祸传》等等。当然女性问题周作人终生关注，不过此前他的角度还多与所谓"英雄"有关，不乏应景的因素。《侠女奴》篇首附语曰："其英勇之气。颇与中国红线女侠类。沈沈奴隶海。乃有此奇物。亟从从欧文迻译之。以告世之奴骨天成者。"⑤《题侠女奴原本》："多少神州冠带客。负恩愧此女英雄。"⑥而《女猎人·约言》自述撰作动因，"因吾国女子日趋文弱。故组以理想而造此篇"，并进一步发挥说："或谓传女猎人。不如传女军人。然女军人有名之英雄。而女猎人无名之英雄也。必先无名之英雄多，而后有名之英雄出。故吾不暇传铁血之事业。而传骑射之生涯。"

在这样的目的驱动下，《女猎人》"是篇参绎英星德夫人

---

① 《斯巴达小志》，《新民丛报》第13号。可参看牛仰山《近代文学与鲁迅》五（一）的分析，漓江出版社，1991。
② 周作人：《学校生活的一叶》，《雨天的书》。
③ 《孤儿记》绪言，小说林社，丙午年（1906）。
④ 《周作人回忆录》四一"老师（一）"言在南京水师学堂时，"我的一个同班朋友陈作恭君，定阅苏州出版的《女子世界》，我就将译文寄到那里去……"又《丁初我》，《知堂集外文·〈亦报〉随笔》，岳麓书社，1988。
⑤ 萍云女士（周作人）：《侠女奴》，《女子世界》1904年第8期，第43页。"亟从从"当作"亟亟从"。
⑥ 会稽碧罗女士（周作人）：《题侠女奴原本》，《女子世界》1904年第12期，第60页。

南非搏狮记。而大半组以己意",并明言"所引景物。随手取扳""猎兽之景。未曾亲历""人名地名。亦半架空"。[1]类似的例子是"抄撮《旧约》里的夏娃故事"而成的《女祸传》。[2]这些大概已完全不能算是翻译,"南非搏狮记"、《旧约》顶多是题材,或者干脆就是材料。至于确实发意撰述的《孤儿记》,据说写到后半段"便支持不住,于是把嚣俄的文章尽量的放进去,孤儿的下半生遂成为Claude了"。[3]这部小说的"凡例"确曾说明:"是记中第十及十一两章。多采取嚣俄氏Claude Geaux之意。此文系嚣俄小品之一。"[4]

《周作人日记》1903年四月初二日:"看小说《经国美谈》少许,书虽佳,然系讲政治,究与我国说部有别,不能引人入胜,不若《新小说》中《东欧女豪杰》及《海底旅行》之佳也。"[5]此时周作人尚未起意于文学,阅读兴趣似乎与乃兄相近,也有"旅行"这一类。但所言"说部",其实已经有自己的看法,即评判标准在于能否"引人入胜",而不在"讲政治"。因而随后入手著译,虽然也有其他目的,但对于文本选择则有自己的判断。初着手的《侠女奴》,来源于著名的阿里巴巴故事,后来他将《天方夜谭》称为"我的第一本新书","引起了对于外国文的兴趣",而之所以起意翻译是因为"我看了

---

[1] 会稽萍女士(周作人):《女猎人》,《女子世界》1905年第1期,第101—102页。
[2] 周作人:《周作人回忆录》五三"我的笔名"。《女祸传》,《女子世界》1905年4、5期合刊。
[3] 周作人:《学校生活的一叶》,《雨天的书》。
[4] 《孤儿记》凡例。
[5] 周作人:《周作人日记》上。

觉得很有趣味","一心只想把那夜谭里有趣的几篇故事翻译了出来"。①首先是有趣,至于将女奴曼绮那弄成主人公,比之于红线女,命之以女英雄,那是另外的问题,毋宁说是附加的意义。至《孤儿记》,则干脆声称:"小说之关系于社会者最大。是记之作。有益于人心与否。所不敢知。而无有损害。则断可以自信。"②只是从消极的一面说,相较鲁迅翻译"科学小说"的目的,至少是不太在意诸如"获一斑之智识。破遗传之迷信。改良思想。补助文明"。③在语体的选择上,他从不曾试过使用白话,原因也在于此。

与鲁迅一开始关注"科学小说"相仿,周作人虽对"政治小说"印象不佳,但于"侦探小说"却有兴趣。辛丑(1901)12月13日日记,"上午……大哥来,带书四部。……下午,大哥回去,看《包探案》《长生术》二书,……夜看《巴黎茶花女遗事》一本竟"。④这一天的阅读,除接触了林译的哈葛德、小仲马,还有科南道尔所谓《包探案》,其经验几乎代表那时候的流行和兄弟俩所受的影响。诚如鲁迅后来所言:"我们曾在梁启超所办的《时务报》上,看见了《福尔摩斯包探案》的变幻,又在《新小说》上,看见了焦士威奴(Jules Verne)所做的号称科学小说的《海底旅行》之类的新奇。后来林琴南大译英国哈葛德(H.Rider Haggard)的小说了,我们又看见了伦敦小姐之缠绵

---

① 周作人:《周作人回忆录》四一"老师(一)",五一"我的新书(一)"。
② 《孤儿记》凡例。
③ 《月界旅行·辨言》。
④ 周作人:《周作人日记》上。

和菲洲野蛮之古怪。"①不过，周作人翻译的科南道尔《荒矶》，却并不从"福尔摩斯全案"选择，而是"小品中之一。叙惨淡悲之凉景。而有缠绵悱恻之感"。②

爱伦坡The Gold-bug乙巳（1905）正月译竟，五月初版，取名"山羊图"，旋被丁初我易曰"玉虫缘"。这部小说是"还没有侦探小说时代的侦探小说"，周作人"受着这个影响"，但注意的却是"它的中心在于暗码的解释，而其趣味乃全在英文的组织上"，"写得颇为巧妙"。③所谓"惨怪哀感""推测事理，颇极神妙"，这已经没有什么济世的想法，而仅仅出于对文学和语言的喜好。甚至因为"日本山县氏译本名曰掘宝"，④故而特意提醒"我译此书。人勿疑为提倡发财主义也"。⑤

出于这样的翻译目的，尽量传达原本的面貌成为必然的选择，周作人因而态度迥别。对读原本，可以发现译者至少主观上希望完全忠实原著。如"例言"中特别指出："书中形容黑人愚蠢。竭尽其致。其用语多误……及加以移译。则不复能分矣。"当时翻译风气，遇到这种情况，或略过，或改写。但周作人特意间注说明，如I问"And what cause have you"，Jupiter答"Claws enuff"，译本加括号说明，"英语故Cause与爪Claws音相近、故迦误会"。甚至有些显得过于细致，"As the evening wore

---

① 《祝中俄文字之交》，《鲁迅全集》第四卷《南腔北调集》。
② 陶尔：《荒矶》，会稽平云译述，《女子世界》1905年第2、3期，被标为"恋爱奇谈"。引见第2期该译"咐言"，"惨淡悲之凉景"当作"惨淡悲凉之景"。
③ 周作人：《周作人回忆录》五二"我的新书（二）"。
④ 《玉虫缘·例言》，文盛堂书局，丙午（1906）。
⑤ 《玉虫缘·附识》。

away"译作"夜渐阑",本已经很妥当了,但还是特意注曰,"此夜字英文用Evening、与Night有别、Evening指日落至寝前、Night指寝后至破晓、其别颇微、惟在中文则无可分"。而小说后部高潮是对暗码的破译,符号、格式非常特殊,阿拉伯数字和英文字母等更无法改易,周作人一一译出。当然此一文本被选择时这就是躲不开的问题,或者就恰恰因为其"却不能说很通俗",[1]才使得他另眼相看了起来。

周作人晚年回忆中,对于自己的早年译作多有说明,而创作则从未提起,《孤儿记》如此,还有一篇非常短小的《好花枝》也未见道及。这篇小说见于《女子世界》,而且也正因为这篇小说,该杂志有了"短篇小说"栏目之设。[2]基本可以判定,这是周作人有意的试验,而并非对杂志采择稿件倾向的迎合。

这个短小的作品在当时虽未见得有多么奇特,却也相当集中地体现了周氏兄弟文言著译的面貌,以及那个时代新型文本的形式特征。这种形式特征首先是在翻译过程中搬用的,对于自己所重视的文本,"直译"成为选择,诸如分段、标点等也尽量遵照原式,并由此影响到他们的写作。《好花枝》中,就可以看到密集的分段,以及频繁使用的问号和叹号。比如:

少顷少顷。[3]月黑。风忽大。渐渐雨下。斜雨急打窗纸。如爬沙蟹。

---

[1] 周作人:《周作人回忆录》五二"我的新书(二)"。
[2] 萍云(周作人):《好花枝》,《女子世界》1905年第1期,第67—68页。
[3] "少项"当作"少顷"。

阿珠。大气闷。思庭前花开正烂熳。妬花风雨恶！。无情！。无情！。恐被收拾去愁！。野外？。花落！。明日不能踏青去？！。

雨益大。

【按】：由于排版横行，本文所引语例，句读本应改置于句末文字之下。但排版系统无法支持，只能排入句中。由此出现标点之后加句读的情况，则类于两个标点并存。惟请阅读时明察。

段落和标点符号属于书写形式的范畴，汉语古典文本中本不存在，无论诗文小说，在"篇"这个层面上并不分段，而在"句"这个层面上亦无标点。一篇文章，就是方块字从头到尾的排列，无形式可言。这当然限制了某种表达的可能产生，或者更准确地说，其所造就的表达方式成为一种风格。比如话本中常见的"却说""一路无话／一夜无话""花开两头／话分两头，各表一枝"就起着事实上的分段功能，由于通篇不提行，只能用此类词汇手段来区分段落。现代人可能已经很难意识到这些形式因素存在与否如何影响汉语文本的表达。

句读通常被认为是古代的标点符号，实际上其性质并不相同。句读出现于南宋，一直以来，在童蒙读物或者科考选本中被广泛使用。（某些印刷文本以空格断句，作用同于句读。）但这种使用是针对已经存在的文章施加的，也就是说，这些文章写作时并无句读存在，只是为了特定的目的在印刷中加以使用，或者个人阅读时自行断句。在写作中其实并不随时句读，句读不参与写作，因而性质上与标点符号绝异。

近代报刊的兴起，区分出不同以往文集之文的报章之文。由于媒介的不同，从一开始，报刊上的文章就有一部分实行分段，而句读则普遍施加。但分段只是简单区分文章层次，并非追求表达效果。句读无论是作者还是编辑所为，都是为了方便普通读者的阅读。至19、20世纪之交，某些标点符号才开始进入汉语文本，比如括号，是代替旧式双行夹注的。引号也在部分文本中被使用，但不为标识对话，而是施于专有名词。再有就是问号和叹号，对表达情绪有比较明显的作用。

不过这不包括起断句作用的逗号和句号，当时的诸多文本，实际上是句读和新式标点的混合体。值得注意的是，在书写格式上，这些新式标点是排入行中，占用与文字相等的地位。而句读则置于文字一侧，并不占用行内空间，仅仅起到点断的作用。即使该处已有新式标点，其旁依然施以句读。这种二元体制体现了那时候普遍的认识，即句读的功能是划分阅读单位，而新式标点是参与表达的。所以新式标点具有准文字功能，与句读是两套系统。

《好花枝》的这个语例也是这种体制，问号和叹号排入句中，与文字占同样的地位。而即便是施加了这样的标点符号，还是照样在旁边"点句"。具体而言，叙述部分只施以句读，心理描写则加上叹号和问号。

这个文本内部，如果没有标点，很多句子是无法断开的。"野外花落"没人会想到该断开。而即便用上句读，"野外？花落！"这样的内心问答也无法表现。还有这样的段落：

奇！。下雨？。梦！。阿珠。今者真梦？！。何处有风雨。

取消标点仅存句读，则不知何意：

奇。下雨。梦。阿珠。今者真梦。何处有风雨。

如果像古代文本没有句读：

奇下雨梦阿珠今者真梦何处有风雨

就可以有不止一种断句方式，意思大不相同。正如一个有名的例子"下雨天留客天天留客不留"，加上不同标点，可以有上十种句式，各说各的话。

密集分段和问号叹号大量使用在晚清最有名的例子是陈冷血，或者可看作"冷血体"的重要特征。不过，周作人初接触时似乎并无好感，癸卯（1903）年三月十一日日记："上午无事，看《浙江潮》之小说，不佳。"[1]这是该刊第一期，其小说栏下所刊即喋血生的《少年军》和《专制虎》。当然，所谓"冷血体"的成型和出名，是在1904年《时报》和《新新小说》的大量撰述之后，其体式确让人耳目一新。周作人谈及"在上海《时报》上见到冷血的文章，觉得有趣，记得所译有《仙女

---

[1] 周作人：《周作人日记》上。

缘》，曾经买到过"，[1]则受影响大体是有的。不过，比较二者的句式，还是有很大的区别，例如冷血的句子：

> 恶！、汝亦人耶！。汝以人当牛羊耶！、即牛羊、且不忍出此。
> 噫！彼何人。其恶人欤？。何以其设施。为益世计？。其善人欤？。何以全无心肝。残忍若是？。[2]

在加叹号的句子中，有"耶"；在加问号的句子中，有"欤""何以"。也就是说，如果不加标点，凭阅读也是能够分辨出这个句式的性质。至于给"恶""噫"这样的叹词加上叹号，就更不用说了。问号或叹号只是在过往已有的句式上加强了语气，不是非此则无以成立。而周作人的"奇！下雨？梦！阿珠。"并无词汇手段，标点完全取代了词汇，成为文本中不可移除的新的形式因素。

而即便是句读，某些句子也有特殊之处：

> 室中。孤灯炯炯。照壁。焰青白。如萤。

这个段落仅施句读，不过值得注意的是，句读可能在写作时就已经参与，未必是后加的。如取消，他人无法像这样断

---

[1] 周启明（周作人）：《鲁迅与清末文坛》，《鲁迅的青年时代》。
[2] 冷血：《侠客谈·刀余生传》（第二），《新新小说》第1年第1号，光绪三十年（1904）八月初一日。

开,比如可以断成"室中孤灯。炯炯照壁"等等,这说明这个文本中的句读已部分具有标点的功能。

类如《好花枝》这样的频密分段,同样是"冷血体"的特点。胡适后来谈及《时报》以陈冷血为代表的"短评","在当时却是一种文体的革新。用简短的词句。用冷隽明利的口吻。几乎逐句分段。使读者一目了然。不消费工夫去点句分段。不消费工夫去寻思考索"。[1]这确实迎合了报章的阅读特性,亦即可以快速浏览。冷血的"论"多以排比式和递进式为主。如:

> 侠客谈无小说价值!
> 侠客谈之命意。无小说价值。何则、甚浅近。
> 侠客谈之立局。无小说价值。何则、甚率直。无趣味。
> 侠客谈之转折。无小说价值。侠客谈之文字。无小说价值。何则、甚生硬。无韵。不文不俗。故侠客谈全无小说价值。[2]

至于小说,尤其是短篇或者系列短篇,比如他经常著译的侠客、侦探或虚无党等类型,也是能提行就提行:

> 路毙渐转侧。

---

[1] 胡适:《十七年的回顾》,《时报》"时报新屋落成纪念增刊"第九张,1921年10月10日。
[2] 冷血:《侠客谈·叙言》,《新新小说》第1年第1号。

少年闻诸人语。不耐。睨视曰。君等独非人类欤。其声凄远。

路毙开眼回首视少年。曰、子独非我中国人欤。其声悲。

少年见路毙能言。乃起。脱外衣披路毙身上。呼乘舆来。载路毙。告所在。

少年乃解马系。乘怒马、。去、。①

后来周作人提到自己的《侠女奴》和《玉虫缘》,说"那时还够不上学林琴南……社会上顶流行的是《新民丛报》那一路笔调,所以多少受了这影响,上边还加上一点冷血气"。②而同时期的《好花枝》,从面貌上看其"冷血气"可不只一点:

咦!。阿珠忽瞥见篱角虞美人花两朵。凉飔扇。微动好花枝!。不落?。否!。阿珠前见枝已空。——落花返枝!。

落花返枝?。

蝴蝶!。

蝴蝶飞去!。

标点和分段的使用与陈冷血风格相近。因而在当时,除了

---

① 冷血:《侠客谈·路毙》,《新新小说》第1年第2号,光绪三十年(1904)十月二十日。
② 《丁初我》,《知堂集外文·〈亦报〉随笔》。

"严几道的《天演论》,林琴南的《茶花女》,梁任公的《十五小豪杰》"这"三派"之外,①冷血一路也是他的文学语言来源之一。而且严林梁等大体影响的还是语言风格,冷血一路则直接与书写形式相关,引发一系列的表达变化。不过周作人后来的回忆虽然也经常提到陈冷血,但并不与严林梁并列。所谓"还够不上学林琴南"云云,实际隐含着当年的高下判断。回顾自己的阅读史,先是庚子以后读梁启超,"愉快真是极大",这从他的日记中可以得到印证。后来是"严几道林琴南两位先生的译书",使他降心相从,"我虽佩服严先生的译法,但是那些都是学术书,不免有志不逮,见了林先生的史汉笔法的小说,更配胃口,所以他的影响特别的大",②则大体还是以为严林高于梁陈。梁影响最早,至于陈,则只是"一点冷血气"。或许周作人此时能读西文,此后能读东文,新的书写形式在东西文中本就自然如此,冷血体只是在汉语文本环境中"有趣",并没有什么需要敬服的。

当然,仅就这个《好花枝》而言,是与陈冷血文本有不同之处的。陈冷血的书写形式如果取消的话,固然会使其强烈的叙述效果消失,但并不妨碍文本的成立。而周作人的则有完全无意义的危险,比如上例中"不落?否!",问号、叹号是不可或缺的。而结尾,如果没有标点分段,则成为"落花返枝落花

---

① 周作人:《我学国文的经验》,《谈虎集》,岳麓书社,1989。
② 周作人:《我的负债》。周作人日记记载阅读梁著的感受如壬寅年(1902)七月所记,三日"看至半夜不忍就枕",初六日"阅之美不胜收"。按,本年周作人日记西历7月25日起借用梁启超斋名,署题"冰室日记",至8月5日"纪日改良",改用中历从"七月三日"起记。《周作人日记》上。

返枝蝴蝶蝴蝶飞去"，变得莫名其妙，其书写形式与文本紧紧粘连，已经无法脱开。

至于鲁迅，周作人晚年谈及《哀尘》，言曰"文体正是那时的鲁迅的，其时盛行新民体（梁启超）和冰血体（陈冷血），所以是那么样"。①这里提到冷血的影响，主要也是由于文本频密的分段和短峭的句式。"陈冷血在时报上登小说，惯用冷隽，短小突然的笔调"，而《哀尘》中"如……'要之嚣俄毋入署'。'嚣俄应入署'。又……'兹……（另行）而嚣俄遂署名。（另行）女子惟再三曰：云云'均是。"②当然，鲁迅翻译《哀尘》的1903年中，"冷血体"尚未流行，不过周作人后来回忆，冷血"又有一篇嚣俄（今改译雨果）的侦探谈似的短篇小说，叫作什么尤皮的，写得很有意思"。③这篇作品实际上题"游皮"，署西余谷著，收在冷血译的《侦探谭》第一册，④离《哀尘》发表不远，况且在《浙江潮》上冷血也早于鲁迅发表作品。

1906年《女子世界》发表的鲁迅译《造人术》，同样被标明为"短篇小说"，⑤也是满身"冷血气"。随着人造生命逐渐诞

---

① 熊融《关于〈哀尘〉、〈造人术〉的说明》引周作人给作者的复信。原函影印件见陈梦熊《知堂老人谈〈哀尘〉〈造人术〉的三封信》，《鲁迅研究月刊》1986年第12期。该函写于1961年4月22日，其中"冰血"当作"冷血"，系周作人手误。
② 陈梦熊《知堂老人谈〈哀尘〉〈造人术〉的三封信》引周1961年5月16日回信。所谓"另行"亦即别起一段。信中另例举《哀尘》受梁启超、严复影响的段落。另外还可参看熊融《关于〈哀尘〉、〈造人术〉的说明》中所引《造人术》与《天演论》语例的比较，牛仰山《近代文学与鲁迅》五（二）中对《哀尘》受冷血影响的引例。
③ 周作人：《关于鲁迅之二》，《瓜豆集》。
④ 西余谷：《游皮》，冷血译，《侦探谭》第1册，时中书局，1903。
⑤ 路易斯托仑：《造人术》，索子（鲁迅）译，《女子世界》4、5期合刊，1906。《鲁迅全集》中《鲁迅著译年表》误系1905年。

生，主人公"视之！""视之！视之！""否否——重视之！重视之！""视之！视之！视之！"。最后：

> 于是伊尼他氏大欢喜。雀跃。绕室疾走。噫吁唏。世界之秘。非爱发耶。人间之怪。非爱释耶。假世果有第一造物主。则吾非其亚耶。生命！。吾能创作。世界！。吾能创作。天上天下。造化之主。舍我其谁。吾人之人之人也。吾王之王之王也。人生而为造物主。快哉。

同《好花枝》一样，这也是一篇几乎没有"故事"，而以心理描写为重的作品。《新新小说》创刊号曾预告其翻译，但在第二期却有冷血"译者附言"云，"前定造人术篇幅短趣味少恐不能餍读者望故易此"。[1]"篇幅短"固是一个原因，而"趣味少"云者，则恰显现其与周氏兄弟的区别。

有关分段和标点这些书写形式的问题对现在的阅读者来说，早已习焉不察，但在晚清的汉语书写语言变革过程中所起的作用，无论如何估价都不过分。此类变化在文言和白话系统内部都在发生，总体而言尤以文言为甚，或者可将之称为近代文言。这当然与口语没有关系，完全是书写的问题，所以不妨将其看成"文法"的变化。可以这样认为，就"词法"和"句法"的层面，出现了一些新的"文法"。而真正全体的变化在于

---

[1] 见《新新小说》第1年第2号《巴黎之秘密》文末。可参考张丽华对这一问题的考证，《读者群体与〈时报〉中"新体短篇小说"的兴起》，《南京师范大学文学院学报》2008年第2期。

整个篇章层面——姑且称为"章法",出现了新的文章样式,这是由段落标点这些书写形式的引入所造成的。周氏兄弟的文本也是这一历史环境中书写大革命的产物。

二

1906年夏秋之际,完婚后的鲁迅与周作人都来到东京,开始了他们三年的共同工作。此前半年,鲁迅从仙台退学,弃医从文。其心路历程,俱载《呐喊》自序。虽说其中并未提及周作人,但对于文学,显然他们是有默契的。固然,兄弟的气质、偏向不会完全一致,但互相影响之下,已经很难对那个时期的两人作出清晰的划分。

此前,鲁迅在日本,其主要发表刊物是《浙江潮》。而在江南的周作人则主要向《女子世界》和小说林社供稿。相对而言弟弟对文学的兴趣更纯粹一些,而鲁迅一直在建构他对于民族未来的方案,文学是在这一基础上的最终选择。他们发表作品的地点也各自不同,哥哥在关东,弟弟在江南。

《造人术》是个例外,而曾经周作人之手推荐,应无疑义。[①]从题材上看,这篇也是所谓"科学小说"。当时化学界已从无机物中合成有机物尿素,因而创造生命在理论上成为可能,大可幻想造出人来。但在这非常短小的篇幅中,并无所谓"科

---

① 陈梦熊《知堂老人谈〈哀尘〉〈造人术〉的三封信》中周作人1961年8月23日函影印件,其中言及"由我转给《女子世界》"。

学"，①其重点在描写"伊尼他氏"造人过程的心理变化，很容易让人联想到后来《不周山》中的女娲造人。当然此处鲁迅想要表达什么，并不容易确定。当时周作人跋语倒是有个解释：

> 萍云曰。造人术。幻想之寓言也。索子译造人术。无聊之极思也。彼以世事之皆恶。而民德之日堕。必得有大造鼓洪炉而铸冶之。而后乃可行其择种留良之术。以求人治之进化。是盖悲世之极言。而无可如何之事也。②

这篇文章应该是鲁迅在仙台时所译，③跋语简直可以作《呐喊》自序中弃医从文的注解。周作人将之归为"幻想之寓言""悲世之极言"，正不在于其是否"科学"。虽然他晚年说"《造人术》跋语只是臆测译者的意思，或者可以说就是后来想办《新生》之意，不过那时还无此计划"。④但就鲁迅选择的文本性质而言，显然与译介两个"旅行"的目的并不一样，也许当时兄弟二人已有思想上的交流或者默契。

1907年筹办《新生》没有成功，不过按周作人说法，"但在后来这几年里，得到《河南》发表理论，印行《域外小说集》，

---

① 有趣的是，当时鲁迅所据翻译的日文本标为"怪奇小说"，而他所未见到的英文原作恰标为"非科学小说"。参看神田一三《鲁迅〈造人术〉的原作》，《鲁迅研究月刊》2001年第9期。
② 《女子世界》1905年第4、5期合刊。
③ 陈梦熊《知堂老人谈〈哀尘〉〈造人术〉的三封信》中周作人1961年8月23日函影印件，其中言及当时鲁迅"计当已进仙台医学校矣"。
④ 熊融《关于〈哀尘〉、〈造人术〉的说明》引周作人另一封答复笔者的信。原函影印件见陈梦熊《知堂老人谈〈哀尘〉〈造人术〉的三封信》，该函写于1961年9月6日。

登载翻译作品，也就无形中得了替代，即是前者可以算作《新生》的甲编，专载评论，后者乃是刊载译文的乙编吧。"①

这"乙编"的工作，其实还应包括中长篇的《红星佚史》《劲草》《匈奴骑士录》《炭画》《神盖记》《黄蔷薇》等，其中最后一种翻译时鲁迅已经回国。东京共同工作期间，《河南》上的论文鲁迅写得多，而翻译则主要靠周作人，这缘于弟弟的西文水平要远好于哥哥。最早选择《红星佚史》，显然是周作人的趣味，因为这是古希腊的故事，而两位原作者哈葛德和安特路朗，一位是他所喜欢的林译《鬼山狼侠传》的原作者，一位以古希腊研究著名。②这部稿子卖给商务印书馆，封面书名之上赫然印着"神怪小说"，估计他们见了哭笑不得。其"序"云：

> 中国近方以说部教道德为桀。举世靡然。斯书之翻。似无益于今日之群道。顾说部曼衍自诗。泰西诗多私制。主美。故能出自繇之意。舒其文心。而中国则以典章视诗。演至说部。亦立劝惩为臬极。文章与教训。漫无畛畦。画最隘之界。使勿驰其神智。否者或群逼拶之。所意不同。成果斯异。然世之现为文辞者。实不外学与文二事。学以益智。文以移情。能移人情。文责以尽。他有所益。客而已。而说部者。文之属也。读泰西之书。当并函泰西之意。以古目观新制。适自蔽耳。③

---

① 周作人：《周作人回忆录》八一"河南——新生甲编"。
② 周作人：《周作人回忆录》七七"翻译小说（上）"。
③ 商务印书馆丁未年（1907）初版，为"说部丛刊初集"第七十八编。

这已是《河南》诸文对于文学一系列论述的先声。《摩罗诗力说》云:"由纯文学上言之,则以一切美术之本质,皆在使观听之人,为之兴感怡悦。文章为美术之一,质当亦然,与个人暨邦国之存,无所系属,实利离尽,究理弗存。"①《论文章之意义暨其使命因及中国近时论文之失》亦言:"文章一科,后当别为孤宗,不为他物所统。"②也就是说,文学自身就有意义自足性。而不像此前鲁迅的翻译,小说的价值存在于"科学"。周作人"组以理想而造此篇",希望他日有人"继起实践之""发挥而光大之"。③

有了这样的意义自足性,才会"宁拂戾时人。移徙具足",为的是"移译亦期弗失文情"。《域外小说集》"集中所录。以近世小品为多",他们当然知道"不足方近世名人译本",期待的读者是"有士卓特。不为常俗所囿",正与最初翻译科学小说的预设成两极。这是一种不计商业后果的试验,为的是"异域文术新宗。自此始入华土"。④有这样的自我标的,"略例"中对诸多细节都作出规定,其中一条也涉及书写形式:

！表大声。？表问难。近已习见。不俟诠释。此他有虚线以表语不尽。或语中辍。有直线以表略停顿。或在句之上下。则为用同于括弧。如"名门之儿僮——年十四五

---

① 鲁迅:《摩罗诗力说》,《鲁迅全集》第1卷《坟》。
② 周作人:《论文章之意义暨其使命因及中国近代时论文之失》,《周作人集外文》上集。
③ 会稽萍云女士(周作人):《女猎人·约言》,第101页。
④ 《域外小说集》第1册"略例""序言",1909年东京版。

耳——亦至"者。犹云名门之儿僮亦至。而儿僮之年。乃十四五也。

因为要"移徙具足",所以类此标点符号这样的书写形式也就必须"对译"。① 比如所举例子,见于周作人译迦尔洵《邂逅》,破折号的使用使得这种插入语结构的新的文法得以实现,否则只能改变语序,如"犹云"之下的句式,因而这实际上是强调了标点符号对句式的创造。

叹号和问号确实是"近以习见",这两种符号使得情绪表达未必需要表决断和疑问的语气词来实现。而所谓虚线即省略号亦使得"语不尽"和"语中辍"无需改用文字说明,可以直译。在没有标点的时代,这都需要词汇手段。随手举个著名的例子,比如《红楼梦》九十八回黛玉之死:

刚擦着猛听黛玉直声叫道宝玉宝玉你好说到好字便浑身冷汗不作声了

必须要有"说到好字",表明"语不尽",否则很难让人明白,"你好"甚至可以理解为问候语或判断句,因而确实是需要词汇手段以避免歧义。白话如此,文言亦如此,如章太炎谈到的例子:

---

① "对译"一语见商务印书馆给周作人的《炭画》退稿函,《关于〈炭画〉》,《语丝》第83期,1926。

《顾命》"陈教则肄肄不违",江氏集注音疏谓:"重言肄者,病甚气喘而语吃。"其说是也。[1]

还有"期期艾艾"这个成语的出处:

昌为人口吃,又盛怒,曰:"臣口不能言,然臣期期知其不可。陛下虽欲废太子,臣期期不奉诏。"(《史记·张丞相列传》)

邓艾口吃,语称艾艾。(《世说新语·言语》)

所谓"肄肄""期期",在有标点符号的文本环境中,都可以免去这些词汇手段,即使拟音,也可以加添省略号,模拟声口的时值。此前,用省略号表明"语不尽"已经很常见,但鲁迅所译《四日》中不擅俄语的鞑靼人的"语中辍",则还是相当特别的:

操俄语杂以鞑靼方言曰。彼善人。善人。然汝则恶。汝恶也。彼魂善。然汝则一兽。……彼生。然汝则死。……神令众生皆知哀乐。而汝无所求。……汝乃一石。……土耳!。石无所需。而汝无所需。……汝乃一石。……神不汝爱。然神彼爱也。[2]

---

[1] 《文学说例》,《中国近代文论选》下,人民文学出版社,1959。
[2] 《域外小说集》第2册,1909年东京版。

这样过于复杂的断断续续在以往的文本环境中很难出现，因为不可能在每处都用词汇手段说明"语中辍"。正是由于《域外小说集》坚持"移徙具足"，才使得这种句式的"直译"得以实现。

像省略号一样，周氏兄弟此前的文本，破折号也是使用的。所不同的是，以往文本中多是"表略停顿"，并不由此改变语序。此时则另有"句之上下"的功能，则出现了新的句式：

> 时困顿达于极地。乃颓然卧。识几亡。忽焉。——此岂神守已乱。耳有妄闻耶。似闻。……不然。否。诚也。——人语声也。[①]

如此直接描写心理活动的表达方式可以说是全新的，如果没有这三个标点符号的综合运用，依古典文本的写法，估计只能"暗自寻思"如何如何。

这个时期他们的翻译思想也显现出变化，《域外小说集》广告言："因慎为译述，抽意以期于信，译辞以求其达。"[②]几乎同时的《〈劲草〉译本序》也说："爰加厘定，使益近于信达。托氏撰述之真，得以表著；而译者求诚之志，或亦稍遂矣。"[③]

[①] 《四日》，《域外小说集》第2册。
[②] 原载《时报》宣统元年（1909）闰二月二十七日，转引自郭长海《新发现的鲁迅佚文〉域外小说集〉（第一册）广告》，《鲁迅研究月刊》1992年第1期。
[③] 《鲁迅全集》第8卷《集外集拾遗补编》。又此残稿当为"又识"，原稿署"乙酉三月"，"乙酉"当为"己酉"之误，《鲁迅著作手稿全集》（一），福建教育出版社，1999。

严复所谓"信达雅",存其信达而刊落其雅,这是因为听到章太炎"载飞载鸣"的评价而不佩服其"骎骎与晚周诸子相上下"的雅。① 由于自身文学主张的确立,兄弟二人与梁启超,甚而陈冷血背道而驰;而师事章太炎又使得他们与严几道、林琴南分道扬镳。太炎有关文章的主张,当时随学的周氏兄弟当然是知道的,也会受影响。不过这也要看如何看,无论如何,他们是写不出章太炎的文字的。正像此前受严复、林纾影响,"觉得这种以诸子之文写夷人的话的办法非常正当,便竭力的学他。虽然因为不懂'义法'的奥妙,固然学得不象"。确实,如林纾这样的古文家,是数十年如一日的自我训练,至少周氏兄弟年轻时的经历中并没有这样的苦功。至于"听了章太炎先生的教诲……改去'载飞载鸣'的调子,换上许多古字",② 恐怕确实也就仅限于"文字上的复古"。③ 求学章门本为"只想懂点文字的训诂,在写文章时可以少为达雅"。④"改去'载飞载鸣'的调子"未必就成为章太炎的文章路子,那也是有某种"义法"的,即便"竭力的学他",最终恐怕还是"学得不象"。

况且《域外小说集》中兄弟两人的风格自身就不尽一致,其中部分可能是由于西文水平的差异。鲁迅德文终生使用不

---

① "载飞载鸣"语见《社会通诠商兑》:"严氏固略知小学。而于周秦两汉唐宋儒先之文史。能得其句读矣。然相其文质。于声音节奏之间。犹未离于帖括。申夭之态。回复之词。载飞载鸣。情状可见。盖俯仰于桐城之道左。而未趋其庭庑者也。"《民报》第12号,1907年3月6日。"骎骎与晚周诸子相上下"语见吴汝纶《天演论序》,《中国近代文论选》上。
② 周作人:《我的复古的经验》,《雨天的书》。
③ 周作人:《我的负债》,其中甚至说受影响"大部分却是在喜欢讲放肆的话,——便是一点所谓章疯子的疯气"。
④ 周作人:《记太炎先生学梵文事》,《秉烛谈》,岳麓书社,1989。

畅，译文可以看出句句字字用力，对原文亦步亦趋。而周作人此时的英文水平已经完全胜任，显得游刃有余。这种状况从鲁迅仅译三个短篇而周作人包办其它之余，还译了多部中长篇可以看出来。但更大的影响在于两人性格的差异，鲁迅的彻底性和周作人的中庸也使得二人在译作中显露出不同的个性。

周作人后来谈到他当时选择了"骈散夹杂的文体，伸缩比较自由，不至于为格调所牵，非增减字句不能成章"，[①]大概也并没有什么刻意的效法对象，或者是小时读《六朝文絜》之类的影响。[②]而尤其在景物描写的翻译上，多骈举排比，这样的文字风格，弱化句子之间的逻辑关系，甚至词组之间也能保持原文的语序：

（1）明月正圆。（2）清光斜照。（3）穿户而入。（4）映壁作方形。（5）渐以上移。（6）朗照胡琴。（7）纤屑皆见。（8）时琴在室中。（9）如发银光。（10）腹尤朗彻。（11）扬珂注视良久。

（1）The moon in the sky was full, (2) and shone in with sloping rays (3) through the pantry window, (4) which it reflected in the form of a great quadrangle on the opposite wall. (5、6) The quadrangle approached the fiddle gradually (7) and at last illuminated every bit of the instrument. (8) At that

---

① 周作人：《谈翻译》，《苦口甘口》，太平书局，1944。
② 周氏兄弟小时家里就有《六朝文絜》，为他们所喜读。《鲁迅的国学与西学》，《鲁迅的青年时代》。

time it seemed in the dark depth （9）as if a silver light shone from the fiddle,（10）— especially the plump bends in it were lighted so strongly （11） that Yanko could barely look at them.[①]

几乎可以完全对应，似乎是更高程度的"直译"，但词组次序的完全一致却解散了原文的句式关系，也就是重新结句，因而从句子的层面上看倒是不折不扣的"意译"，可以随便成文，难怪他觉得"这类译法似乎颇难而实在并不甚难"。[②]而此前对严林"学得不象"时的译法并不如此，比如晚年回忆时觉得"也还不错"[③]的《玉虫缘》的开头：

岛与大陆毗连之处。有一狭江隔之。江中茅苇之属甚丛茂。水流迂缓。白鹭水兔。多栖息其处。时时出没于荻花芦叶间。岛中树木稀少。一望旷漠无际。

It is separated from the mainland by a scarcely perceptible creek, oozing its way through a wilderness of reeds and slime, a favorite resort of the marsh-hen. The vegetation, as might be supposed, is scant, or at least dwarfish. No trees of any

---

[①] 《乐人扬珂》Yanko the Musician, and Other Stories,《域外小说集》第1册。英文原文据Henryk Sienkiewich : Sielanka: a Forest Picture and other stories, trans. Jeremiah Curtin, Boston: Little, Brown, and Company, 1899.周作人《关于〈炭画〉》："1908年在东京找到了寇丁译的两本显克微支短篇集，选译了几篇。"《语丝》1926年第83期。其中除《炭画》译自Hania外，《域外小说集》所收几篇皆据此本。
[②] 周作人：《谈翻译》，《苦口甘口》。
[③] 周作人：《周作人回忆录》五二"我的新书（二）"。

magnitude are to be seen.

虽无法像前例那样词组顺序完全一致，但至少句间的逻辑关系比较清晰。反而到了《域外小说集》时期，某些句式的规整却造成了意义上的削足适履，比如俯拾即是的"明月正圆。清光斜照"之类，简直将异域改造成古昔，[①]想必是译笔的不假思索。至于这两个语例中一个将"fiddle"译成"胡琴"，一个用"白鹭水凫"译"the marsh-hen"，[②]则是更加极端的例子。

相对而言，尽管鲁迅只译了三篇，而且其中大概也有误译，但几乎没有此类情况。确如其后来所言"许多句子，即也须新造，——说得坏点，就是硬造。据我的经验，这样译来，较之化为几句，更能保存原来的精悍的语气。"[③]而"化为几句"正是周作人当年的译法：

> 先将原文看过一遍，记清内中的意思，随将原本搁起来，拆碎其意思，另找相当的汉文一一配合，原文一字可以写作六七字，原文半句也无妨变成一二字，上下前后随意安置，总之要凑得像妥贴的汉文，便都无妨碍，唯一的条件是一整句还他一整句，意思完全，不减少也不加多，

---

① 袁一丹曾论及《域外小说集》周作人为了句子的整齐，多少会损伤原文意义的完足。《作为文章的"域外小说"》，未刊。
② 张丽华曾就本条语例谈及周作人译文中此类附载传统意象色泽的词汇改变了原文的风味。《现代中国"短篇小说"的兴起——以文类形构为视角》第三章第二节，未刊。
③ 《二心集·"硬译"与"文学的阶级性"》，《鲁迅全集》第4卷。

那就行了。①

鲁迅则"按板规逐句,甚而至于逐字译的"。②毫不忌讳于"新造"和"硬造":

吾自愧。——行途中自愧。——立祭坛前自愧。——面明神自愧。——有女贱且忍!。虽入泉下。犹将追而诅之。
"Ich schäme mich auf der Strasse, — am Altar schäme ich mich — vor Gott schäme ich mich. Grausame, unwürdige Tochter ! Zum Grabe sollte ich sie verfluchen ..."
及门。尚微语曰。言之。而为之对者。又独——幽默也。
erreichte die Tür und flüsterte keuchend: "Sprich!" und die Antwort: —Schweigen.③

可以看出,与周作人相异,他是坚决不去"解散原来的句法",④反倒像是因此而解散了译文的句法。或者可以说,正是这样一种状态,使得鲁迅形成其终生的语言习惯。即便是没有

---

① 周作人:《谈翻译》,《苦口甘口》。
② 《"硬译"与"文学的阶级性"》。
③ 二例均见《默》Schweigen,《域外小说集》第1册。德文原文据Andrejew, Leonid: *Der Abgrund und andere Novellen. Kroczek*, Theo (ed. & trans.), Halle a.S.: *Verlag von Otto Hendel*, 1905.相关考证据Mark Gamsa. *The Chinese Translation of Russian Literature*: Three Studies. Leiden, Boston: Brill, 2008, P.233, note12, 这个考证主要依据鲁迅1906年《拟购德文书目》。
④ 《艺术论》小序,《鲁迅全集》第10卷《译文序跋集》。

430 重访五四新文化:语言与文学

原本牵制，由己之意的写作，照样追求语句的极限，这种不惜硬语盘空的姿态正根植于他此时强迫性的语言改造。

尽管周氏兄弟译法并不相同，但对原文的尊重态度则是一致的。如此带来书写形式的全面移用，尤其鲁迅的译作，实际上是将西文的"章法"引入——亦即"对译"到汉语文本之中。句法的变化，甚至所谓"欧化"的全面实现端赖于此。从这个意义上说，《域外小说集》确实可以被认为是汉语书写语言革命的标志性产物，尽管那是文言。

不过，奇怪的是，标点符号系统中的引号始终未被周氏兄弟所采用，少量引号只用来标识专有名词，而不标识引语。对于小说这样的叙事文体，通常情况下总有大量的对话，缺失这个"小东西"对表达效果而言可谓影响至巨。同样在鲁迅译的《谩》中，其开头与原文出入如此：

吾曰。汝谩耳。吾知汝谩。

曰。汝何事狂呼。必使人闻之耶。

此亦谩也。吾固未狂呼。特作低语。低极茸茸然。执其手。而此含毒之字曰谩者。乃尚鸣如短蛇。

女复次曰。吾爱君。汝宜信我。此言未足信汝耶。

"Du lügst! Ich weiß es, daß du lügst！"

"Weshalb schreist du so？ Muß man uns denn hören？"

Auch hier log sie, denn ich schrie nicht, sondern flüsterte, flüsterte ganz leise, sie bei der Hand haltend und die giftigen Worte "Du lügst" zischte ich nur wie eine kleine Schlange.

> "Ich liebe dich!" suhr sie sort, "du mußt mir glauben! Überzeugen dich meine Worte nicht?"

原文开头由引号直接引语构成一组对话，而译文没有这个形式因素，因而必须添加"吾曰"和"曰"的提示，不如此则变成或独白或自语或心理活动，对话中的"汝"必被认为同是一人所言。后面"女复次曰"与原文语序有别，否则"吾爱君"则不能确定是"女"说的话。正是这一标点符号的缺失，在翻译原则上强项如鲁迅者，也不得不妥协，对语序作出调整。

二十五年后鲁迅《玩笑只当它玩笑（上）》引了刘半农一段"极不费力，但极有力的妙文"：

> 我现在只举一个简单的例：
> 子曰："学而时习之，不亦悦乎？"
> 这太老式了，不好！
> "学而时习之，"子曰，"不亦悦乎？"
> 这好！
> "学而时习之，不亦悦乎？"子曰。
> 这更好！为什么好？欧化了。……①

三种句式，一个"不好"，是因为"老式"；两个"好"，则是因为"欧化"。事实上，还可以再有个"好"，即如有上下

---

① 刘复：《中国文法通论》（四版）附言，求益书社，1924。鲁迅文见《花边文学》，《鲁迅全集》第5卷。

文，可能根本不用指明"子曰"。不过这些个"欧化"在书写中能够成立正是由于引号的存在，中国古典文本，无论文言还是白话，大体只好是"老式"的句式。而且"曰""道"每处皆不可省，否则究竟谁说的话就无以推究了。[①]至于"曰"等之后是直接引语还是间接引语，至少在形式上无法分别。

文言时代的周氏兄弟，既然不采用引号，则无论原文如何，都只能一律改为"老式"的句式。随便举《玉虫缘》中几句对话为例：

> Presently his voice was heard in a sort of halloo.
> "How much fudder is got for go？"
> "How high up are you？" Asked Legrand.
> "Ebber so fur." replied the negro；"can you de sky fru de top ob de tree."
> "Never mind the sky, but attend to what I say. Look down the trunk and count the limbs below you on this side. How many limbs have you passed？"

> 但闻其语声甚响曰。
> 麦撒。如此更将如何。
> 菜在下问曰。
> 汝上此树。已高几许？。

[①] 这类"欧化"被王力界定为"五四以后新兴的句法"；又，在先秦，"曰"有时可被省略，此后则罕觏。分见第42节"词序的发展"、第51节"省略法的演变"，《汉语史稿》，中华书局，1980。

周氏兄弟早期著译与汉语现代书写语言

迦别曰。

甚远。予可于树顶上望见天色。

莱曰。

汝惟留意于予所言。天与非天。不必注意。—试数汝之此边。已有若干枝越过。汝刻已上树之第几枝？。

原文四句对话均为直接引语，有四种不同的叙述格式：第一句，先提示说话者，然后引出话语；第二句，先引出话语，再提示说话者；第三句，将话语分成两部分，中间提示说话者；第四句，因为可以类推，只引话语，不提示说话者。但到周作人的翻译文本中，都统一成一种类似话剧剧本的格式。

到《域外小说集》时代，由于译法的改变，句式安排比较灵活。在某些情况下，没有引号周作人也可以做到保持原语序，如安介·爱棱·坡《默》的开头：

汝听我。为此言者药叉。则举手加吾顶也。曰。吾所言境地。在利比耶。傍硕耳之水裔。景色幽怪。既无无动。亦无无声。[①]

"Listen to me," said the Demon, as he placed his hand upon my head. "The region of which I speak is a dreary region in Libya, by the borders of the river Zaïre, and there is not quiet there, nor silence."

---

① 《域外小说集》第2册。

原文将引语打成两截，中间点出说话者及其动作，译文照此次序。不过后半部用"曰"提示，是原文没有的。"said the Demon"译作"为此言者药叉"，属于补叙性质。如照普通译作"药叉曰"，则整段句意不明。

况且，这种情况也是不常有的，对话往返次数一加多，在有引号的情况下，通常可以不再提示对话者。但他们没有用到这个标点，就不得不反复添加原文未有的句子。兹举《灯台守》一截：

"Do you know sea service？"

"I served three years on a whaler."

"You have tried various occupations."

"The only one I have not known is quiet."

"What is that？"

The old man shrugged his shoulders. "Such is my fate."

"Still you seem to me too old for a light-house keeper."

"Sir，" exclaimed the candidate suddenly, in a voice of emotion, "I am greatly wearied, knocked about. I have passed through much, as you see. This place is one of those which I have wished for most ardently.……"

曰。汝习海事乎。老人曰。余曾居捕鲸船者三年。曰。君乃遍尝职事。老人曰。所未知者。独宁静耳。曰。何也。老人协肩曰。命也。曰。然君为灯台守者。惧太老矣。老人神情激越。大声言曰。明公。余久于漂泊。已不

胜倦。遍尝世事。如公所知也。今日之事。实亦毕生志愿之一。……①

无论如何，这是极为忠实的翻译，"意思完全，不减少也不加多"，但需处处点名某"曰"，无一处可以遗漏。无论如何，周氏兄弟此时已尽其所能"移译亦期弗失文情"，但一遇到对话，必然出现这种无法"对译"的情况。

可以比较吴梼《灯台卒》相同的段落：

"海里的事呢。……"

"坐在捕鲸船里三年。"

"如此说来。老翁简直色色精明。没一件事不干到么。……"

"俺所不知道的。……惟有平安无事四个字。……"

"怎么那样。……"

老人耸起肩甲。答说。

"那也是俺的命运。"

"但则老翁。我想看守灯。像似老翁那样。年纪不过大了么。……"

老人徒然叫一声"不。……"那声气觉得非常感激。随后接下去。

"呀。恁地说时。实在不好。你老也看见知道。俺已

---

① 《灯台守》 *The Light-house Keeper of Aspinwall*，《域外小说集》第2册。英文原文据 *Sielanka: A Forest Picture and other Stories*。

疲倦非常。俺是从那世上汹波骇浪之中。隐闪而来。俺素来愿得这样的生活。这样的位置。……"①

　　吴梼也以直译得到后世的佳评，他是从日语译入，用的是白话。从这个段落来看，就"文情"的传达，确实不如周作人。比如"色色精明"是多出来的；"quiet"译成"平安无事四个字"，不管数词还是量词都不对；而"恁地说时"云云则流露出古典白话小说的口吻。吴译在书写形式上也是句读加标点的双重体制，问号在他的译文中用为省略号。不过由于引号的使用，而且每个对话都提行，至少文本在直观上比周译接近原文面貌。
　　汉语文本对话中使用引号，其实在周氏兄弟开始从事翻译之时就被隆重引入。1903年《新小说》第8号上开始连载的周桂笙译《毒蛇圈》，其译者识语云：

　　……其起笔处即就父母问答之词。凭空落墨。恍如奇峰突兀。从天外飞来。又如燃放花炮。火星乱起。然细察之。皆有条理。自非能手。不敢处此。虽然。此亦欧西小说家之常态耳。爰照译之。以介绍于吾国小说界中。幸弗以不健全讥之。②

---

① 星科伊梯：《灯台卒》，田山花袋译，吴梼重译，《绣像小说》第68、第69期，1906年2月。所据日文本田山花袋译，见《太阳》第8卷第2号，明治三十五年（1902）二月。
② 鲍福原：《毒蛇圈》，上海知新室主人（周桂笙）译，《新小说》第8号，1903年10月5日，第115页。

吴趼人在第三回批语中也着重点评,"以下无叙事处所有问答仅别以界线不赘明某某道虽是西文如此亦省笔之一法也"。①所谓"别以界线"就是标上引号,所以可以"不赘明某某道"。着重介绍之余,此译尚在连载,吴趼人已出手撰《九命奇冤》,开头也模仿了一道:

> "唅!。伙计!。到了地头了。你看大门紧闭。用甚么法子攻打。""呸!。蠢材。这区区两扇木门。还攻打不开么。来!、来!!、来!!!、拿我的铁锤来。""砰訇、砰訇、好响呀。"……"好了。有点儿红了。兄弟们快攻打呀。"豁、刺、刺。豁、刺、刺。"门楼倒下来了。抢进去呀。"……哄、哄、哄、一阵散了。这一散不打紧。只是闹出一段九命奇冤的大案子来了。
>
> 嗳、看官们。看我这没头没脑的忽然叙了这么一段强盗打劫的故事。那个主使的甚么凌大爷。又是家有铜山金穴的。志不在钱财。只想弄杀石室中人。这又是甚么缘故。想看官们看了。必定纳闷。我要是照这样没头没脑的叙下去。只怕看完了这部书。还不得明白呢。待我且把这部书的来历。与及这件事的时代出处。表叙出来。庶免看官们纳闷。
>
> 话说这件故事出在广东……②

---

① 鲍福原:《毒蛇圈》,上海知新室主人(周桂笙)译,《新小说》第9号,1904年8月6日,第110页。
② 岭南将叟(吴趼人):《九命奇冤》,《新小说》第12号,1904年12月1日,第145页。

只是这先锋的试验一下子就露出"这一散不打紧"的老腔调,随后一口一个"看官",终而至于与《毒蛇圈》一样,必须"话说",而转入话本的叙述语调。

吴趼人后来还有《查功课》这样大量使用引号,全文基本由对话结构的短篇小说。①《月月小说》中,白话文本里此类书写形式和表达方式不算少见。至于文言文本,当属陈冷血最为喜用,《新新小说》中以他为首的著译,除叹号问号满天飞外,引号也神出鬼没。如他自著自批解的《侠客谈》,一开始对话的格式是"曰"后提行缩格,与周作人《玉虫缘》等同是当时文言译作通行的格式。不久毫无规律地偶尔加了些引号,似乎慢慢熟悉了句法,就开始不断表演倒装:

"汝恐被执欤"?。旅客又笑问。

"否!、否!、是乃余所日夜求而不得者。"盗首正色答。

"然则汝何恐怖欤?。汝被执时亦如余昨夜欤"?旅客又问。

盗首云、是不然!、是不然!、是盖所以与大恐怖于我者。②

最后的"盗首云"露出了马脚。如此这般的时用引号时不用引号,肯定不是直接引语和间接引语的区别。其"重译"《巴

---

① 趼(吴趼人):《查功课》,《月月小说》第1年第8号,1907年5月26日。
② 冷血:《侠客谈·刀余生传》(第七),《新新小说》第1年第1号。

黎之秘密》以及其他文本大体亦如此，越往后引号越频密，一样很难找出何时用何时不用的规律，短篇小说也是有的文本用有的文本不用。不过无论如何，这种不顾前后挥洒自如的作风即使不能算作"冷血体"的一个特点，却也确实是陈冷血的最大特点。

《域外小说集》为了"移徙具足"，而至于在体例上列专条说明标点符号的使用。独独避用引号，造成无法"对译"，实在让人有点难以理解。他们可是直读英德原本，所绍介的"异域文术新宗"恰是小说，不会感觉不到引号对于文本面貌的巨大影响。也不可能是印刷所缺乏排印标点的条件，那时日本的出版物绝大部分已都有新式标点。当然，兄弟前后曾所服膺的，不管是梁启超、林琴南，也不管是严几道、章太炎，其无论是小说还是文章，无论是著是译，都不曾使用这种书写形式，但似乎也不成其为完全的理由。那么虽然这方面周氏兄弟并没有留下解释，或者可以悬揣，引号所起作用在于标示直接引语，也就是声口的直接引述，则文言如何是口语？！他们大概未必有这方面的自觉判断，也许是出于某种直觉而不自觉地避用。如果这样，那也就不是文言这一语体所能解决的问题了。

三

鲁迅1909年8月先行回国，1911年5月再赴日本，不久后与周作人一家同回绍兴，至1912年2月赴南京任职教育部，其间约半年多兄弟共处。在此期间，鲁迅创作了后来被周作人起名为

《怀旧》的小说。①

这篇文言小说大致作于辛亥革命至民国建元之初的绍兴，周作人言是"辛亥年冬天在家里的时候"，"写革命前夜的情形"，既是写"革命前夜"，那当然是写于革命之后。②有关它的研究，已经有各种各样的论述。普实克读出文本前后不同的面貌，亦即他所谓"情节结构"，开头部分"一大段这样的描写"，其后"才接触到可称为情节的东西"。③姑不论用"描写"与"情节"来说明是否合适，能体味其间分别，自是出色的感觉。实际上，原始文本前后的差异远要大得多，现在的整理本统一了全文的书写形式，这样的更动遮盖了鲁迅写作过程中手法的突然变易。

小说开头部分描述秃先生的教学法，原刊的书写形式是分段和句读的结合：

　　……久之久之。始作摇曳声。曰。来。余健进。便书绿草二字。曰。红平声。花平声。绿入声。草上声。去矣。余弗遑听。跃而出。秃先生复作摇曳声。曰。勿跳。余则弗跳而出。

这样的叙述策略并不大需要标点符号的参与，其间"曰"

---

① 《怀旧》，《小说月报》第4卷第1号，署名周逴，1913年4月25日。
② 周作人：《关于鲁迅》，《瓜豆集》。鲁迅《集外集拾遗》将《怀旧》编年于1912年，略有问题，最大可能当在1911年11月至1912年1月间。
③ 《鲁迅的〈怀旧〉——中国现代文学的先声》，乐黛云编《国外鲁迅研究论集（1960—1981）》，北京大学出版社，1981。

所引领的对话自然无需引号。不过,似乎作者写作感觉发生变化,突然之间转为一种戏剧化场景:

> "仰圣先生!。仰圣先生!。"幸门外突作怪声。如见眚而呼救者。
> "耀宗兄耶。……进可耳。"先生止论语不讲。举其头。出而启门。且作礼。

这里一组对话,先直接引语,由于其语是互相称呼,自然点明对话者,无需言某"曰",其后以倒装的方式补叙情节,如此则对话必须加上引号。

其后则是有关长毛的故事,主体情节的推进依赖于不断的对话来组织。可以说是"章法"全变,再也离不开引号的使用。这一书写形式的引入使得行文多变,场景组织空前灵活,远非《域外小说集》所能相比,反而与以后他所创作白话小说体式相近:

> "将得真消息来耶。……"则秃先生归矣。予大窘。然察其颜色。颇不似前时严厉。因亦弗逃。思傥长毛来。能以秃先生头掷李媪怀中者。余可日日灌蚁穴。弗读论语矣。
> "未也。……长毛遂毁门。赵五叔亦走出。见状大惊。而长毛……"
> "仰圣先生!。我底下人返矣。"耀宗竭全力作大声。进且语。

"如何!"秃先生亦问且出。睁其近眼。逾于余常见之大。余人亦竞向耀宗。

"三大人云长毛者谎。实不过难民数十人。过何墟耳。所谓难民。盖犹常来我家乞食者。"耀宗虑人不解难民二字。因尽其所知。为作界说。而界说只一句。

"哈哈难民耶。……呵……"秃先生大笑。似自嘲前此仓皇之愚。且嗤难民之不足惧。众亦笑。则见秃先生笑。故助笑耳。

"包好,包好!"康大叔瞥了小栓一眼,仍然回过脸,对众人说,"夏三爷真是乖角儿,要是他不先告官,连他满门抄斩。现在怎样?银子!——这小东西也真不成东西!关在牢里,还要劝牢头造反。"

"阿呀,那还了得。"坐在后排的一个二十多岁的人,很现出气愤模样。

"你要晓得红眼睛阿义是去盘盘底细的,他却和他攀谈了。他说:这大清的天下是我们大家的。你想:这是人话么?红眼睛原知道他家里只有一个老娘,可是没有料到他竟会那么穷,榨不出一点油水,已经气破肚皮了。他还要老虎头上搔痒,便给他两个嘴巴!"

"义哥是一手好拳棒,这两下,一定够他受用了。"壁角的驼背忽然高兴起来。

"他这贱骨冷打不怕,①还要可怜可怜哩。"

花白胡子的人说,"打了这种东西,有什么可怜呢?"——

康大叔显出看他不上的样子,冷笑着说,"你没有听清我的话;看他神气,是说阿义可怜哩!"②

由此我们可以看到"仰圣先生"和"耀宗兄"互相称呼那一组对话的意义。鲁迅晚清民初的著译事业,实际上为他的新文学创作准备了新的"章法"。这是一个不断添加的过程,到了《怀旧》,已大体完备。与文学革命时期鲁迅的小说相较,其区别可能只在文言和白话这个语体层面。似乎只要待得时机到来,进行文言与白话的语体转换即可化为新文学。

那么,是否可以认为新文学的大部分目标无需乎胡适的白话主张,因为不管是思想还是文学,至少从《怀旧》看,文言也能完成文学革命的诸多任务。

事情当然并不如此简单,《怀旧》可以说是文言文本最极端的试验,而恰恰因为走到了这个限度,语体与新的书写形式之间出现了难以克服的矛盾。《怀旧》有这样一句引语:

秃先生曰。孔夫子说。我到六十便耳顺。耳是耳朵。到七十便从心所欲。不逾这个矩了。……余都不之解。

---

① "贱骨冷"当作"贱骨头"。
② 鲁迅:《药》,《新青年》第6卷第5号,1919年5月,第482—483页。

这是开头部分的叙述，秃先生所"曰"，并未加上引号，而全文只有此处引语是直接传达声口。这就形成有意思的现象，后面带引号的热闹对话并非日常口语，实际上是将口语转写成文言，却以直接引语的方式出现，而这句真正描摹语气的，却以间接引语的方式出现。

汉语古典文本，无论文言还是白话，实际上是无法从形式上区分直接引语和间接引语，因为没有引号这个形式因素来固定口说部分，从文法上也无法分别。无论是"曰"是"道"，其所引导，只能从语言史的角度判断其口语成分，一般的阅读更多是从经验或者同一文本内部的区别加以区分。唐宋以来文白分野之后，文言已经完全不反映口语，文言文本中直书口语是有的，但那只是偶尔的状况。如今对文言句子直接加引号，从形式上看是直接引语，但所引却是现实中甚至历史上从未可能由口头表达的语言。由《怀旧》的文本揣测，鲁迅在这篇小说开笔时似乎并未预料到后面会写法大变，只是进入有关"长毛"的情节时发现不得不如此。结果新的表达需求必须新的书写形式的支持，而新的书写形式的实现又带来了语体上的巨大矛盾，所显示的恰是文言在新形式中无法生存的结果，简直预告了文言的必须死灭。

民元之后，鲁迅入教育部，至民国六年秋周作人到北京，兄弟二人重聚之前，他的工作基本转入学术领域，大致在金石学和小说史。留在家乡的周作人，则主要兴趣除民俗学外，还在文学。无独有偶，1914年周作人也发表了一篇小说《江村夜话》，[1]其结构与《怀旧》颇为相似，开头部分也是"描写"，然后转入一个片断式"情节"，以数人的对话来结构故事。其间连缀曰，"秋晚村居景物。皆历历可记。吾今所述。则惟记此一事。"因而更像一则长笔记或传奇。周作人并没有像鲁迅那样引入新的对话格式以制造戏剧感，当然也就没有像《怀旧》那样显露出语体与书写形式的紧张关系。不过，话说回来，这也许是兄弟二人天分差异所致。鲁迅后来谈到自己的小说，说是"写些小说模样的文章"，[2]而周作人在白话时代也令人惊讶地试手写过小说，如《夏夜梦》《真的疯人日记》《村里的戏班子》等。[3]只是鲁迅即使真是写文章，无论《朝花夕拾》《野草》还是杂文，也都有些"小说模样"。周作人写起小说来，说到底干脆还是文章，并无"假语村言"的才华，《江村夜话》自不例外。

按周作人自己的说法，日本回国以后到赴北大任教这一时期，正在他"复古的第三条支路"上，"主张取消圈点的办法，一篇文章必须整块的连写到底"。不过正因为种种复古的实践，

---

[1] 《江村夜话》，《中华小说界》1914年第7期。按：张菊香、张铁荣编《周作人年谱》并陈子善、张铁荣编《周作人集外文》均误系于1916年。另，二书均有署名"顽石"的白话小说《侦窃》，原刊《绍兴公报》，实则此篇并该报上十多篇署此笔名者均非周作人作品。参看汪成法《周作人"顽石"笔名考辨》，《湖南人文科技学院学报》2007年第1期。
[2] 《呐喊·自序》，《鲁迅全集》第1卷。
[3] 前二篇分别写于1921年9月、1922年5月，收《谈虎集》。后一篇写于1930年6月，收《看云集》。又《周作人回忆录》九八"自己的工作（一）"言及，约当《怀旧》的"同时也学写了一篇小说，题目却还记得是《黄昏》"。

"也因此知道古文之决不可用了"。①如此有了文学革命的周作人，1918年伊始在《新青年》上发表作品，早于鲁迅。第4卷第1号刊载译作《陀思妥夫斯奇之小说》，但据周作人自己说，"我所写的第一篇白话文，乃是"第2号上的《古诗今译》Theokritos牧歌第十，"在九月十八日译成，十一月十四日又加添了一篇题记，送给《新青年》去"。②不过无论原刊还是周作人日记，均未记录这两个时间，则晚年回忆如此确切，或者另有所据。③而在回忆录中将"题记"全文照录，可见其重视。其第二条云："口语作诗不能用五七言，也不必定要押韵，只要照呼吸的长短作句便好。现在所译的歌就用此法，且试试看，这就是我所谓新体诗。"

《古诗今译》中有两处"歌"，确实是"照呼吸的长短作句"，而且不押韵，如：

> 他每都叫你黑女儿，你美的Bombyka，又说你瘦，又说你黄；我可是只说你是蜜一般白。
>
> 咦，紫花地丁是黑的，风信子也是黑的；这宗花，却都首先被采用在花环上。
>
> 羊子寻苜蓿，狼随著羊走，鹤随著犁飞，我也是昏昏

---

① 周作人：《我的复古的经验》，《雨天的书》。又周作人《周作人回忆录》九七"在教育界里"。
② 周作人：《周作人回忆录》一一六"蔡子民（二）"。
③ 周作人1920年4月17日所作《点滴·序言》称，"当时第一篇的翻译，是古希腊的牧歌"，引"小序"末注"十一月十八日"，与回忆录所记微有出入。《点滴》，"新潮丛书第三种"，1920年8月版。

的单想着你。①

周作人晚年回忆并说"这篇译诗和题记,都经过鲁迅的修改",②大概也是事实。从题记时间看,应该是给1月出版的4卷1号,不过却延了一个月发表。而就在这第1号上,明显是由胡适邀约沈尹默、刘半农发表《鸽子》《人力车夫》等新诗。这无论对新诗史还是胡适个人都是极为重要的一批作品,简单说,就是"自由体"出现了。此前胡适所作,按他自己的说法,"实在不过是一些刷洗过的旧诗!这些诗的大缺点就是仍旧用五言七言的句法",其实还有骚体和词牌,结集时收在《尝试集》第一编。而第二编收录自称"后来平心一想"而成就"诗体的大解放"的作品,③正是以此号所刊《一念》等开头的。

1918年5月15日出版的《新青年》第4卷第5号,有鲁迅首篇白话作品《狂人日记》,另外"诗"栏中刘半农《卖萝卜人》其自注云:"这是半农做'无韵诗'的初次试验。"④胡适等的自由诗一开始确实还是押韵的,不过周作人《古诗今译》早已主张"也不必定要押韵",而且实践了。自然那是翻译,至他发表第一首新诗《小河》,其题记则更明确提出主张:"有人问我这诗是什么体,连自己也回答不出。法国波特来尔(Baudelaire)提

---

① 周作人:《古诗今译》,《新青年》第4卷第2号,1918年2月15日,第126页。
② 周作人:《周作人回忆录》——六"蔡孑民(二)"。
③ 胡适:《尝试集》自序,上海亚东图书馆,1920。
④ 又,《扬鞭集》"自序"言:"我在诗的体裁上是最会翻新鲜花样的。当初的无韵诗,散文诗,后来的用方言拟民歌,拟'拟曲',都是我首先尝试。"《扬鞭集》上卷,北新书局,1926。

倡起来的散文诗,略略相像,不过他是用散文格式,现在却一行一行的分写了。内容大致仿那欧洲的俗歌;俗歌本来最要叶韵,现在却无韵。或者算不得诗,也未可知;但这是没有什么关系。"①

"一行一行的分写"当然并不是他的首创,此前胡适等的白话新诗早已如此。甚至早在晚清,诗词曲等也有分行排列的,周氏兄弟文本中如骚体等也大多"分写"。不过那只是排版而已,分不分行并无区别。就如中国古典韵文,实际上无论写作还是印刷,并不分行,亦无标点,因为押韵,而且每句字数各有定例,分不分行并不影响阅读。如今周作人主张不规则作句、不押韵,如果再用"散文格式",那确实"算不得诗"了。在不押韵、不规则作句的情况下,"一行一行的分写"是新诗必须有的书写形式,新诗之所以成其为诗体端赖于此。

不规则作句、不押韵、分行,是周作人"我所谓新体诗"的观念,大概也是汉语新诗主流的特点。不过要说到实践,其实早在他的文言时代就已进行。1907年的《红星佚史》,据周作人所言,其中十几首骚体"由我口译,却是鲁迅笔述下来;只有第三编第七章中勒尸多列庚的战歌,因为原意粗俗,所以是我用了近似白话的古文译成,不去改写成古雅的诗体了"。②则"古雅的诗体"非周作人所擅,故由其兄代劳。后来《域外小说集》里《灯台守》也有一首骚体译诗,被收入《鲁迅译文

---

① 周作人:《小河》,《新青年》第6卷第2号,1919年2月15日,第9页。
② 周作人:《周作人回忆录》七七"翻译小说(上)"。

集》,①应该没有问题。至于周作人"用了近似白话的古文译成"的那一首,其文如下:

> 其人挥巨斧如中律令。随口而谣。辞意至粗鄙。略曰。
> 勒尸多列庚。是我种族名。
> 吾侪生乡无庐舍。冬来无昼夏无夜。
> 海边森森有松树。松枝下。好居住。
> 有时趁风波。还去逐天鹅。
> 我父啼涅号狼民。狼即是我名。
> 我挐船。向南泊。满船载琥珀。
> 行船到处见生客。赢得浪花当财帛。
> 黄金多。战声好。更有女郎就吾抱。
> 吾告汝。汝莫嗔。会当杀汝堕城人。②

这首译诗,应该算作"杂言诗"。"杂言诗"用韵、句式在古典韵文中最为宽松,大概可以视为古代的"自由诗"。这一首三五七言夹杂,是杂言诗中最常见的句式组合。

译于1909年的《炭画》也有诗歌,周作人并不借重乃兄,自己动手,如:

> 淑什克……作艳歌曰。
> 我黎明洒泪。直到黄昏。

---

① 《鲁迅译文集》第10册"附录",人民文学出版社,1959。
② 《红星佚史》第三编第七章。

又中宵叹息。绝望销魂。
又如：
身卧白云间。悄然都化。眼泪下溶溶。
天地无声。止有藓华海水。环绕西东。
且握手。载飞载渡。——①

虽是押韵，但也仅此而已，而且凭己意"长短作句"，已不是杂言诗的体制。而到1912年译《酋长》，其中的"歌"则连韵也免了，又不分行，简直就是文言版的《古诗今译》：

却跋多之地、安乐无忧。妇勤于家、儿女长成、女为美人、男为勇士。战士野死、就其先灵、共猎于银山。却跋多战士、高尚武勇、刀斧虽利、不染妇孺之血。②

如果不是预先标示"歌有曰"，根本无法判断这是诗歌。《新青年》时期，周作人白话重译此作，这几句被译成：

Chiavatta狠是幸福。妇人在舍中工作；儿童长大，成为美丽的处女，或为勇敢无惧的战士。战士死在光荣战场上，到银山去，同先祖的鬼打猎。他们斧头，不蘸妇人小

---

① 分见《炭画》第六章、第七章，文明书局，1914。
② 《域外小说集》，上海群益社，1920。此版较1909年东京版新增入周作人此后的文言翻译，同时所有文本均添加新式标点。有关《酋长》的翻译时间见《周作人回忆录》一〇〇"自己的工作（三）"。

儿的血，因为Chiavatta战士，是高尚的人。①

整体观之，可以看出二者处理语言的理路是一致的，即"不能用五七言，也不必定要押韵，只要照呼吸的长短作句便好"，白话文本如此，早到民国元年的文言文本就已经如此了。1919年开始的《小河》等，其先声是在这里，只是再度增加了分行这一书写形式要素，以使诗重新有别于文。

不过两个语例最后一句的语序有差别，文言本作"却跋多战士、高尚武勇、刀斧虽利、不染妇孺之血"；白话本作"他们斧头，不蘸妇人小儿的血，因为Chiavatta战士，是高尚的人。"白话本主句在前从句在后，亦即王力所谓"先词后置"。②鲁迅也有类似的例子，1920年9月10日日记："夜写《苏鲁支序言》讫，计二十枚。"③发表于《新潮》时题"察拉图斯忒拉的序言"，④共十节。而保存于北京图书馆则有前三节文言译本，题"察罗堵斯特罗绪言"。⑤两个文本开头部分有如下句式：

你的光和你的路，早会倦了，倘没有我，我的鹰和我的蛇。

---

① Henryk Sienkiowicz著，周作人译《酋长》，《新青年》第5卷第4号，1918年10月15日，第375页。
② 《汉语史稿》第42节"词序的发展"。
③ 《鲁迅全集》第14卷。
④ 《新潮》第2卷第5号，1920年9月。
⑤ 《鲁迅译文集》第10册"附录"。研究界引用普遍标为1918年译，不知来源。实际上这种说法颇为可疑，而且仅这三节就不可能译于同时，因为第三节已不译为"察罗堵斯特罗"，而译为"札罗式多"了。

载使无我与吾鹰与吾蛇。则汝之光耀道涂。其亦倦矣。

　　白话本同样是从句后置。这种新的"文法"的产生，是周氏兄弟进入白话时代以后一个新的书写形式因素引入的结果，这一新书写形式就是逗号和句号的配合使用。晚清以来诸多文本句读和标点并存，他们亦不例外，而句读很容易让人误以为就是句号和逗号。事实上周氏兄弟著译，写作过程中并不加句读，只是在最后誊写时才进行断句，[①]甚至有些还可能是杂志编辑所为。句号和逗号是最常用的两种标点符号，但其实最晚被引入汉语书写中，就因为汉语文本原就有施以句读的历史。句读和句号逗号都有断句的功能，虽然断句方式并不相同，但表面上看似乎差别不大，不过句号、逗号的配合使用有时可以反映某种文法关系，为句读所不备，更何况当时"读"用得极少。就这两对语例，白话文本如果一"句"到底，那就无从知道从句归属的是前一个句子还是后一个句子，也就是其主句到底在前在后无法判别。

　　这两个标点符号是周氏兄弟文本引入的最后一种书写形式，就翻译来说，可以最大程度将原文的语序移植过来。周作人发表的第一篇白话作品《陀思妥夫斯奇之小说》，其中有这样的语例：

---

① 他们文言时期的手稿大都不存，不过遗留下来的《神盖记》可作推断。《周作人回忆录》八八"炭画与黄蔷薇"云，该稿"已经经过鲁迅的修改，只是还未誊录"。百家出版社1991年6月版的《上海鲁迅研究》4，影印了首页，文句连写并无句读。

> 他们陷在泥塘里、悲叹他们的不意的堕落、正同尔我一样的悲叹、倘尔我因不意的灾难、同他们到一样堕落的时候。
>
> And they mourn, down there in the morass, they mourn their incredible fall as you and I would mourn if, by some incredible mischance, we ourselves fell.
>
> 但他自己觉得他的堕落、正同尔我一样、倘是我辈晚年遇着不幸、堕落到他的地步。
>
> ...he fells his degradation as I would feel if, in my later years, by some unhappy chance, such degradation fell on me.[①]

移用的是句读的符号，功能却完全是句号和逗号。两处英文原文都是"if"所带领的从句后置，原文照译有赖于逗号和句号的配合，句读不可能完成这样的任务。

如此终于全面实现了书写形式的移入，亦即《域外小说集》所言的"移徙具足"，或者也可以说是"欧化"的全面实现。这使得文本面貌远离汉语书写的习惯，即便在《新青年》同人中也是极端的例子。钱玄同和刘半农导演的那场著名的"双簧戏"，钱玄同化名王敬轩以敌手口吻批判周作人的译文：

> 若贵报四卷一号中周君所译陀思之小说。则真可当

---

① 汉语文本见《新青年》第4卷第1号，1918年1月15日。英文原本见W.B. Trites "Dostoievsky"，*The North American Review*, Vol.202 No.2, 1915 August。周作人译文题注"第七一七号译北美评论"，期数有误。

不通二字之批评。某不能西文。未知陀思原文如何。若原文亦是如此不通。则其书本不足译。必欲译之。亦当达以通顺之国文。乌可一遵原文迻译。致令断断续续。文气不贯。无从讽诵乎。噫。贵报休矣。林先生渊懿之古文。则目为不通。周君謇涩之译笔。则为之登载。真所谓弃周鼎而宝康瓠矣。[1]

所谓"一遵原文移译",正是周作人的原则;"断断续续。文气不贯",也是周作人在所不辞的。次年,《新青年》"通信"中有封张寿彭来函,指责周作人在"中国文字里面夹七夹八夹些外国字","恨不得便将他全副精神内脏都搬运到中国文字里头来,就不免有些弄巧反拙,弄得来中不像中,西不像西",并特别点到所译《牧歌》"却要认作'阳春白雪,曲高和寡'了"。其实,此前的文言译本,周作人早就得到相类的异议,"确系对译能不失真相,因西人面目俱在也。行文生涩,读之如对古书"。[2]那是一封《炭画》的退稿函,周作人置于无可如何。如今面对有关《牧歌》的批评,他有强硬得几乎是鲁迅语调的回答:

> 我以为此后译本,仍当杂入原文,要使中国文中有容得别国文的度量,不必多造怪字。又当竭力保存原作的"风气

---

[1] 王敬轩(钱玄同)、半农(刘半农):《文学革命之反响》,《新青年》第4卷第3号,1918年3月15日。
[2] 《关于〈炭画〉》,《语丝》1926年第83期。

习惯，语言条理"；最好是逐字译，不得已也应逐句译，宁可"中不像中，西不像西"，不必改头换面……但我毫无才力，所以成绩不良，至于方法，却是最为正当。①

周作人此时译本里对人地名等专有名词采取直用原文的策略，并不转写为汉字，此即"杂入原文"。"最好是逐字译，不得已也应逐句译"，则是放弃《域外小说集》时期的译法，而与鲁迅的翻译原则相一致。这一翻译原则按鲁迅的说法就是"循字移译"，②为周作人在白话时代所遵用，而鲁迅，则是从《域外小说集》开始，不折不扣地执行终生。晚年在上海有关他的翻译的一系列争论，其译本效果如何姑且不论，但就翻译原则而言，确实在他是一以贯之的。

鲁迅去世后，周作人在回忆文章里提到当年受章太炎的影响，"写文多喜用本字古义"，认为"此所谓文字上的一种洁癖，与复古全无关系"。③不过对于他们而言，绍介域外文学所坚持的"对译"原则，毋宁说也是另外一种文字上的洁癖，即是"弗失文情"，而且将其执行到彻底的程度——所谓"移徙具足"，所谓"循字移译"。正是在这一过程中，汉语书写语言在他们手里得到最大程度的改变。

这个过程横跨了两种语体，从文言到白话。在周氏兄弟手

---

① 周作人：《答张寿朋》，《新青年》第5卷第6号"通信：文学改良与礼教"，1918年12月15日。
② 鲁迅1913年《艺术玩赏之教育·附记》："用亟循字迻译。庶不甚损原意。"《鲁迅全集》第10卷。
③ 周作人：《关于鲁迅之二》，《瓜豆集》。

里，对汉语书写语言的改造在文言时期就已经进行，因而进入白话时期，这种改造被照搬过来，或者可以说，改造过了的文言被"转写"成白话。与其他同时代人不同，比如胡适，很大程度上延续晚清白话报的实践，那来自"俗话"；比如刘半农，此前的小说创作其资源也可上溯古典白话。而周氏兄弟，则是来自于自身的文言实践，也就是说，他们并不从口语，也不从古典小说获取白话资源。他们的白话与文言一样，并无言语和传统的凭依，挑战的是书写的可能性，因而完全是"陌生"的。一个有趣的例子，当时张寿朋在批评周作人《牧歌》不可卒读的同时，表扬"贵杂志上的《老洛伯》那几章诗，狠可以读"，而《老洛伯》就是胡适的译作，胡适在按语中提到原作者Lady Anne Lindsay"志在实地试验国人日用之俗语是否可以入诗"，[①]译作所用语言确实就是"日用之俗语"。

刘半农后来曾提到一个观点："语体的'保守'与'欧化'，也该给他一个相当的限度。我以为保守最高限度，可以把胡适之做标准；欧化的最高限度可以把周启明做标准。"[②]周氏兄弟的白话确实已经到了"最高限度"，这是通过一条特殊路径而达成的。在其书写系统内部，晚清民初的文言实践在文学革命时期被"直译"为白话，并成为现代汉语书写语言的重要——或者说主要源头。因为，并不借重现成的口语和白话，而是在书写语言内部进行毫不妥协的改造，由此最大限度地抻开了汉语书写的可能性。"当时很有些'文法句法词法'是生造的，一

---

① A. Lindsay：《老洛伯》，胡适译，《新青年》第4卷第4号，1918年4月15日。
② 刘复：《中国文法通论》（四版）附言。

经习用","现在已经同化，成为己有了"。[1]之所以有汉语现代书写语言，正是因为他们首先提供了此类表达方式。

这源于《狂人日记》，作为白话史上全新"章法"的划时代文本，鲁迅第一篇白话小说几乎可以看作对周作人第一篇文言小说《好花枝》的遥远呼应。与《好花枝》一样，提行分段是《狂人日记》文本内部最大的修辞手段。开头"今天晚上，狠好的月光"。结尾"救救孩子……"都是独立的段落，全文的表达效果皆有赖于类此的书写手段。如果没有这些书写形式的支持，几乎可以说，这个文本是不成立的。

《狂人日记》正文之前有一段文言识语，有关其文本意义，学界多有阐释。不过识语称"语颇错杂无伦次"，或许这种全新的书写语言在时人眼中确是这样一副形象。这些新式白话被"撮录一篇"，[2]则白话正文或者可以看作全是文言识语的"引文"。如果换个戏剧性的说法，则新文学的白话书写正是由经过锻造的文言介绍而出场的。

---

[1] 《二心集·"硬译"与"文学的阶级性"》，《鲁迅全集》第4卷。
[2] 鲁迅：《狂人日记》，《新青年》第4卷第5号，1918年5月15日，第414页。

晚清白话文运动的官方资源

夏晓虹

依照目前学界达成的共识,"五四"以后成型的现代白话文,向前可直接追溯到晚清的白话文,并与古代白话有源流关系。无可否认,在现代白话文形成的过程中,外来语的输入产生了很大影响,因此,早在1919年,已有识者将其称为"欧化的白话文"。[①]近年来,一些研究者也着力从传教文献探讨现代汉语与近现代文学中的西方资源。[②]凡此,都有利于加深对现代白话文复杂来源的认识。不过,笔者希望在以上论述的基础上,特别关注来自清朝官方的白话力量,从而为晚清白话文运动的发生寻找更有力的内部支持,并对梳理白话从古代到现代的发展脉络提供一个易被忽略的视角。

---

① 傅斯年:《怎样做白话文》,《新潮》第1卷第2期,1919年2月。
② 代表性论述有王本朝的《20世纪中国文学与基督教文化》,安徽教育出版社,2000;袁进的《重新审视欧化白话文的起源》,《文学评论》2007年第1期;等。

一、古白话的分类

现代汉语与古代汉语在书面上的分界，大体可以白话与文言的区别为标志。但这并不意味着在中国古代没有白话书写。事实上，语言学界普遍认为，即使今日古奥难懂的《尚书》，其中一些篇章也是当年口语的记录。只是因为口语变化快，而文字发展慢，言、文逐渐分离，上古的白话才成为后来的文言。

"五四"以前的白话，或称为"古白话"，或称为"近代汉语"。自中国社会科学院语言研究所的刘坚1982年对其进行分类，并于次年编成了《近代汉语读本》，[1]此项研究已吸引了越来越多学者的投入。古代白话数量众多，文献纷杂。下文将先列述重要的诸家分类，再回到笔者特别的观照点上。

1982年，刘坚在《古代白话文献简述》中将古白话分为八类，即敦煌文献、禅宗语录和宋儒语录、诗词曲（曲分诸宫调、戏文、元杂剧与元散曲四体）、文集、史籍、笔记小说、白话小说、会话书（指非汉族人学习汉语白话的教科书）。其中史籍部分包括《元朝秘史》《元典章》与元代白话碑。[2]

1988年，张中行撰写的《文言和白话》一书，单列了《白话典籍》一章。作者"把白话文献分为三期：第一期是唐以前，第二期是唐宋到明清，第三期是现代"。他认为，前期只有

---

[1] 刘坚编著的《近代汉语读本》由上海教育出版社出版，首版于1985年印行，1988年第二次印刷，1995与2005年又两度刊行修订本。
[2] 刘坚：《古代白话文献简述》，《语文研究》1982年第1辑，第98—104页。

零散资料,尚未成典籍,"大致可以分为三类:一是谣谚之类,二是夹在文言作品里的一些白话,三是早期的乐府诗";而后期的现代白话则数量多,且为人熟悉,可谈的不多。其着重介绍的重要而常见的乃是中间一段的白话典籍,分为佛经译文及其他、变文、曲子词、语录、话本、章回小说、弹唱作品、戏曲、民歌和笑话九类。其中《元朝秘史》《元典章》以及教会印行的《新旧约全书》《天路历程》,均放在第一类。①张氏的分类显然带有文学的眼光,故史籍与会话书已被排除在外。

2000年,列入"百种语文小丛书"的江蓝生著《古代白话说略》,第二节为"古代白话文献一览",主要参考刘坚的论著进行了分类:1. 敦煌俗文学作品(变文、话本、俗赋、曲子词、王梵志五言白话诗);2. 禅宗语录;3. 宋儒语录;4. 诗、词、曲;5. 史书、史料;6. 直讲和直译;7. 话本和长篇小说;8. 会话书。江著取消了刘文中的"文集"与"笔记小说"两类,而将"禅宗语录"与"宋儒语录"分列,并增加了"直讲和直译"。后者举例为元朝吴澄的《经筵讲义》、许衡的《大学直解》以及贯云石的《孝经直解》等,主要是元代统治者"让大臣用口语讲解儒家经典,或者把一些汉文典籍译成白话,以便学习推广"而留下的记录。此外,《元典章》以及明代的《皇明诏令》《纪录汇编》等文献中含有的白话资料,也纳入了"史书、史料"一类。②

---

① 张中行:《白话典籍》,《文言和白话》第十五章,黑龙江人民出版社,1988,第204—237页,引文见第204、205页。
② 江蓝生:《古代白话说略》,语文出版社,2000,第9—42页。

在2007年出版的徐时仪著《汉语白话发展史》中，古白话被择要分成了十类：一、汉译佛典；二、敦煌吐鲁番文献；三、禅儒语录（内分1. 禅宗语录；2. 宋儒语录；3. 出使语录）；四、诗词歌曲（内分1. 诗；2. 词；3. 散曲；4. 民歌）；五、戏曲；六、散文（内分1. 史书；2. 公文法典；3. 碑帖）；七、笔记；八、小说；九、方言；十、其他（1. 文集；2. 会话书；3. 宝卷；4. 医药、科技；5. 书信；6. 笑话）。①这是目前分类最繁复的一种，即使"其他"中的"文集"与"会话书"，在前列的刘坚文中，也都作为单独一类处理。

上述论列大体出自语言学家。若返观文学研究者的论述，最简化的分类大概属于袁进，他在2006年面世的《中国文学的近代变革》一书中肯定："古白话的文本主要有三类：一类是说书人说书发展而来的话本小说等文学作品；一类是学者、高僧平时所讲的语录；还有一类是近年来才发现当时外国人教外国人中国汉语的读本。"袁进在这里所说的"白话"，显然仅指向散文类文本，因而在上述所有类别中均含括在内的诗词曲反无一进入其视野。而他特别看重的汉语教学读本，也只限于支持其西方传教士"对汉语的发展起过极为重要的作用"②论点的《语言自迩集》一类，却并不包含语言学者先已提及的、成书于元末的《老乞大》与《朴通事》。

其实，如果单从文学的角度，最早系统论述白话文学的学

---

① 徐时仪：《汉语白话发展史》第二章"古白话系统概述"第三节"古白话的文献"，北京大学出版社，2007，第28—49页。
② 袁进：《中国文学的近代变革》，广西师范大学出版社，2006，第64、69页。

者，正是"五四"文学革命的领袖人物胡适。结合他那本1928年出版、只完成了上卷的《白话文学史》，以及再早六年构拟的《国语文学史》纲目，可以大体看出其论述范围。依据胡适对"白话"的界定："一是戏台上说白的'白'，就是说得出，听得懂的话；二是清白的'白'，就是不加粉饰的话；三是明白的'白'，就是明白晓畅的话。"他的"白话文学""范围放的很大"，包括了"旧文学中那些明白清楚近于说话的作品"。历史叙述是自西汉说起，由汉乐府一直讲到晚清小说，结尾应在论者身居其中的"国语文学的运动"。[①]所涉种类涵盖了民歌、散文、佛教翻译文学、诗、词、语录、小说、曲（包括散曲、诸宫调与戏曲），今日语言学界仍极为重视的敦煌文献，其时胡适已作为新材料大加征引。

以上各种日趋精细的分类，使我们对古白话的源流认识越来越丰富。不过，这些类别之间只呈现为平列的关系，并不能真实反映语言的现实层级。而假如考虑到话语权在其间的作用，回到历史现场，我们会发现，虽然同样是白话，仍然有地位高低、影响大小之别。

此处不妨借用《水浒传》中的一段描写。武松打虎是个尽人皆知的故事。在上景阳冈之前，武松在一家酒店里喝酒，一连喝了十八碗，之后，一边嘲笑着店家"三碗不过冈"的招幌，一边就要上路。酒店主人赶出来叫住武松，要其"且回来我家，看抄白官司榜文"，说是："如今前面景阳冈上有只吊睛

---

① 胡适：《白话文学史》（上卷）之"自序"，新月书店，1928，第13、14—16页。

白额大虫，晚了出来伤人，坏了三二十条大汉性命。官司如今杖限猎户擒捉发落。冈子路口，都有榜文。"要求来往客人只能在中午前后三个时辰过冈，且须结伙成队，不可独行。武松因"这条景阳冈上，少也走过了一二十遭，几时见说有大虫"，以此疑心酒家要其留宿，是想谋财害命，"却把鸟大虫唬吓我"，故而执意前行。

走出四五里，来到景阳冈下，武松见到一棵大树，刮了皮，上有两行文字，正与酒家所述相同。武松仍是不信，笑道："这是酒家诡诈，惊吓那等客人，便去那厮家里宿歇。我却怕甚么鸟！"而上得山来，不到半里多路，又看到一座破败的山神庙，"庙门上贴着一张印信榜文"。武松这才认真对待，停下脚来，细读这则"阳谷县示"的文告，却也与店家说的一般无二。小说于此处写道："武松读了印信榜文，方知端的有虎。"而其反应也与前番截然不同，竟"欲待转身再回酒店里来"。[1]只是因为武松的好面子胜于爱惜性命，方才留下了赤手空拳打死一只斑斓猛虎的英雄段子。

《水浒传》虽是小说家言，这里反映的心态倒相当真实。普通店家的说话或转抄的榜文，自然抵不上官府带印章的告示来得权威。回到语言的权力场，出自官方的白话，照理也应当比下层文人或艺人写作的章回小说、变文、杂剧等白话文本更受社会各阶层的重视。这也是本文格外优待"官样文章"的理由。

---

[1] 陈曦钟等辑校《水浒传会评本》，北京大学出版社，1981，第421—423页。

以官方身份为视点，上列白话文献中，笔者因此特别看重"公文法典"与"直讲直译"。而前述各家分类中，列出"公文法典"的徐时仪著作，只将其置于"散文"的大类别中，与"史书""碑帖"并列；收入其中的《元典章》，在其他学者那里，又出入于"史籍"与"译文"之间。至于"直讲直译"，尽管江蓝生独具慧眼，单列为一类，不过，刘坚与徐时仪却都归入"文集"中，虽然"文集"在二人的分类系统中仍有大、小类之分。

落实在清代的语境中，"公文法典"可以面向民众的榜文告示为大宗，"直讲直译"最合适的范文则推《圣谕广训》的各种宣讲、阐释本。下文即以此两类文本为主，考察其为晚清的白话文运动提供了怎样的语境与资源。

有必要先行说明的是本文对于"白话"的设定与使用。虽然一般而言，白话与文言是可以区分的，但二者混杂的现象也时有出现。根据张中行先生的判断："文言和白话并存，难免互有影响，可是影响力量的大小不同：文言大，白话小。"这主要是因为文、白在"五四"以前，有高雅与俚俗的地位差别，造成了文言的势力强盛。并且，传统文人也没有明确的划清文、白边界的意识，于是"怎样方便就怎样写"，混用文言因此比纯粹的白话更常见：

> 因为照那时候的看法，即使有意要求通俗易懂，也不会想到必须同于口语的白话才通俗易懂。换句话说，在他们眼里，兼用些浅近的文言是同样通俗易懂的。总之，文

白界限不清，十之九是由于文言越界，可是这越界不是侵入，而是受到欢迎才混进去的。①

这个见解深中肯綮。既然文言经常越界，混入白话，本文对于白话的认定便在接近口语之外，也容纳了"兼用些浅近的文言"、追求"通俗易懂"的文白混杂体。

二、"明白晓谕"的白话告示

清朝为少数民族建立的全国政权，汉语本非满人母语，再用文言写作，自然更加困难。其情形虽不致如蒙代统治者的以白话书写圣旨与即位诏书，②但行文的通俗化已相当明显。奏折后常见的皇帝批语"知道了"，从康熙到宣统，一以贯之，可谓最典型的一例。台北故宫博物院曾于2004年举办过"'知道了'

---

① 张中行：《文言和白话》，第160、199页。
② 参见刘坚编著《近代汉语读本》所收《一二六八年周至重阳万寿宫圣旨碑》，以及徐时仪《汉语白话发展史》所引《元史》卷二十九元泰定帝登极诏。前一由成吉思汗"长生天气力里、大福荫护理里皇帝"（相当于汉语"上天眷命皇帝"）发布的圣旨开头为："管军官人每根底，军人每根底，管城子达鲁花赤官人每根底，过往使臣每根底宣谕的圣旨"；末后署"圣旨俺每的"（相当于汉语"钦此"），"龙儿年十一月初五日，大都有的时分写来"（《近代汉语读本》，上海教育出版社，2005，第262—264页）。后一登极诏书后半说道："今我的侄皇帝生天了也么道，迤南诸王大臣、军上的诸王驸马臣僚、达达百生每，众人商量著：大位次不宜久虚，惟我是薛禅皇帝嫡派，裕宗皇帝长孙，大位次里合坐地的体例有，其余争立的哥哥兄弟也无有，这般，晏驾其间，比及整治以来，人心难测，宜安抚百姓，使天下人心得宁，早就这里即位提说上头，从著众人的心，九月初四日，于成吉思皇帝的大斡耳朵里，大位次里坐了也。交众百姓每心安的上头，赦书行有。"（《泰定帝本纪》，《元史》卷二十九，中华书局，1976，第638—639页）

朱批奏折展",亦可见此三字白话几可视为朱批的代称。

由于朱批乃出自皇帝之手,反映了清代帝王的文字本色,故比臣下代拟、正式发布的诏书更多口语成分。如《宫中档康熙朝奏折》第一份文件,为康熙十六年(1677)《浙江杭州府天目山狮子禅寺住持臣僧行淳谨奏为遵旨进缴御书御札恭谢天恩事》,玄烨所作的批语为:

> 览尔所奏进缴御书御札并谢天恩,其情一一悉备,知道了。但世祖章皇帝御笔特赐老和尚,以光佛法,今遽收回,朕心甚为不忍。还赐于住持和尚收存。①

其间便不乏文白夹杂。倘若批示的对象为八旗近臣,则白话的程度显然更高。类似文档在《关于江宁织造曹家档案史料》中所在多有,仅示一例:康熙五十一年(1712)七月十八日,苏州织造李煦奏曹寅病重,代请赐药,折后的朱批作:

> 尔奏得好。今欲赐治疟疾的药,恐迟延,所以赐驿马星夜赶去。但疟疾若未转泄痢,还无妨。若转了病,此药用不得。南方庸医,每每用补济,而伤人者不计其数,须要小心。曹寅元肯吃人参,今得此病,亦是人参中来的。金鸡挐(按:原为满文)专治疟疾。用二钱末酒调服。若轻了些。再吃一服。必要住的。住后或一钱。或八分。连

---

① 台北故宫博物院故宫文献编辑委员会编辑《宫中档康熙朝奏折》第1辑,台北故宫博物院,1976,第1、4页。

晚清白话文运动的官方资源 467

吃二服。可以出根。①若不是疟疾，此药用不得，须要认真。万嘱，万嘱，万嘱，万嘱！②

其间白话口吻的使用，比文言公式化的"钦此"自然更透着亲切，更容易让臣下感激报效。此类朱批固然显示了皇家享有特权，再俗白的文字也无人敢耻笑，但亦确实酿成了一种风气，模糊甚至改变了白话原本隐含的阶层歧视，并浸染到官场中人某些特定的公文写作。

实际上，在光绪三十二年（1906）出版的《汉文典》中，作者来裕恂已将包括当时通用的"上逮下"之谕、札、告示、批，"平行"之咨文、移文、照会，"下达上"之申文、详文、禀、呈，"外交"之约章、条约等所有"公移之文"，一概归入"属于通俗之种类"的文体首列，与柬牍、语录、小说并置。其理由是："此等文字，别有程式，但求明达，不事精深。"③不过，来氏的归类已带有近代人的眼光与趣味。其未加区分的"上逮下""平行""下达上"等公文，在古代的文体分类著述中实际并不平等看待。

历代公文中，本专有一类面向民众的下行文字，以便上令下达，一般称之为"榜文"或"告示"。恰恰是这类文字，尽

---

① 原注：自"金鸡挐"起至此止，所有句圈，均是原有的朱圈。
② 《苏州织造李煦奏曹寅病重代请赐药摺》，故宫博物院明清档案部编《关于江宁织造曹家档案史料》，中华书局，1975，第98—99页。
③ 来裕恂：《汉文典》，南开大学出版社，1993，第397—398页。初版由上海商务印书馆1906年印行。

管数量綦多，在古代文体论述中却少人关注。[1]按照研究者的分辨：

> 历史上告示的称谓有布告、榜文、文告、公告等多种，不同历史时期的称谓也有变化。明代前期及以前各代，"榜文""告示""布告"等名称混相使用。明代中叶以后，为了体现"上下有别"并区分其适用地域的范围，皇帝和中央机构其及［及其］长官的布告通常称榜文，地方各级政府和长官的布告则称为告示。

而无论榜文还是告示，均为"兼有法律和教化双重功能的官方文书"。[2]二者既为宣示大众的文字，自当迁就文化水准不高的下层百姓，其应通俗易懂，甚至有意使用白话，也是想象得到的题中之义。

这类日常公务性的文字，因一向不被视为可以流芳百世的"文章"，因此各家文集中难得收录。即使有杨一凡与王旭经过二十多年的广泛搜集，编成十卷本的《古代榜文告示汇存》，所辑仍不过是九牛一毛。而历经战乱，各级地方政权所保存的文书档案亦散失严重，故"明代以前发布的榜文、告示大多失传"。特别是此类用于张贴的文告，"一般是应急而发"，"适用

---

[1] 如明人吴讷的《文章辨体》与徐师曾的《文体明辨》，对榜文、告示均未加论列。
[2] 编者：《序言》，杨一凡、王旭编《古代榜文告示汇存》第1册，社会科学文献出版社，2006，第1页。

时效较短",①这一文体应用特征也缩短了其作为文件保管的时限。更为不幸的是其中的白话布告，无论从审美角度还是重要性而言，在进入文集时，都会尽先遭到删汰。虽然在晚清一些重臣的文集中，公牍已获得了较前更多的重视，不过，其中所录大多仍为奏折、咨文与札付，告示，尤其是白话文告示并未得到应有的重视。

值得单独一表的是乾嘉年间的张五纬。其人从县丞起步，辗转于南北各地，长期担任县、州、府等基层政权机构长官，以"循能"著称："每治一郡，不数月间，政化大行，士习民风日尚，治效之速，备受世人称道。"②具此丰富的仕宦履历，张氏于嘉庆二十二年（1817）印行的《讲求共济录》，卷四所收"历任告示"也别具一格，总共三十四则文告中，白话竟超过了文言，占到十九篇；即使加上卷三"历任示谕"二十三篇中的五篇，③白话文告的比例有所降低，却仍居2／5，这在清代的官书中可谓仅见。而张氏的"治效之速"，应当也与其多用"明

---

① 编者：《序言》，杨一凡、王旭编《古代榜文告示汇存》第1册，第2、5页。
② 辛从益：《〈讲求共济录〉跋》，张五纬：《讲求共济录》，嘉庆二十二年（1817）刊本，刊刻时间据卷首辛跋；杨一凡、王旭：《文献作者简介》，《古代榜文告示汇存》第十册，600页。张五纬为监生出身，十九岁由贰尹入仕途，历任江西新建县县丞、南昌县知县、瑞州府铜鼓营同知、南康府知府（署）、南昌府同知；山东兖州府知府，湖南岳州府知府、长沙府知府（署）、衡州府知府，直隶保定府知府、大名府知府、广平府知府、天津府知府、定州直隶州知州、通永道、天津道，山东按察使。据《张五纬基本资料》（见http://npmhost.npm.gov.tw/ttscgi2/ttsquery？0：0：npmauac：TM%3D%B1i%A4%AD%BDn）及前引杨一凡、王旭《文献作者简介》。
③ "历任告示"中有六篇为四、五、七言韵文示谕；"历任示谕"中的五则白话文告均为韵文体。

白晓谕"的白话告示有关。①

张五纬刻意留存的案稿集虽为特例,但起码证明白话文告的数量其实相当可观。更多的情况则是如历任多官的李璋煜道光年间刊印的《视已成事斋官书》。此编计十一卷,"以一官为一集";更有意味的是,其"所谓文章者,皆察吏教民之语也",即是将古来不入"文章"之流的告示郑重其事地汇辑成个人文集。虽然从数量上估算,集中所收显然并非李氏为官作宰期间发布的全部文告,但已相当珍稀。既然有意在"官之与民"间"务去隔",②编中因而多有浅白文字。如道光二十三(1843)至二十七年(1847)在惠潮嘉道任内③所作《禁拨名示》:

照得设立官府,原为百姓申理冤枉。其实在被屈,不得不诉之于官者,自当据实呈诉,以凭官府拘讯究办。此间风气,往往罗织多人,称为"百余猛"。推原其故,皆被讼师土棍人等,图利架耸,其情可恶,其愚可怜。本

---

① 辛从益跋称其"甫莅任,出示晓谕军民,观听踊跃"。
② 何文绮:《〈视已成事斋官书〉序》,李璋煜:《视已成事斋官书》,道光二十八年(1848)刻本。关于"以一官为一集",该书各卷注明的任职如下:卷一为"署江宁府任内",卷二、三为"署扬州府任内",卷四为"苏州府任内",卷五为"署江宁藩司任内",卷六为"署江苏臬司任内",卷七至九为"惠潮嘉道任内",卷十为"调署南韶连道任内",卷十一为"广东按察司任内"。
③ 据李璋煜《敦勉士民示》:"照得本升道自二十三年冬月观察是邦,一赴省垣,一赴南韶;迨客冬擢任,复留办蕆务,半载有余。"(《视已成事斋官书》卷九)另据陈历明编校《明清实录潮州事辑》(香港:艺苑出版社,1998),知道光二十六年(1846)八月,李氏升任浙江按察使,因被"委办潮桥盐务","已有端绪,未便骤易生手","准其暂留惠潮嘉道本任"(第254—255页)。李氏在三年多的惠潮嘉道任内,所存公文稿不过五十四篇。

晚清白话文运动的官方资源 471

道看来，凡民间田土水塘，坟山界址，及树植畜产等项，遇有争竞，是常有的事。若实在被邻乡本乡欺压，起了争端，只要请两造正派的公亲，替你们劝和，得了即了，不可便出家伙，就要闹事。……你们细细想想，还是忍耐的好，还是强很的好，还是老实的好，还是诈骗的好。若能大家省悟，唤醒痴迷，救了多少性命，保了多少身家，就是好百姓，万不可辜负本道劝谕的一片苦心。切记切记！特示。

此文开篇还是文言气息，忽然转入白话，显得很不协调。不过，越到后面，白话倒是越多越流畅；当然，最终仍要回归公文套语。这篇收入《视已成事斋官书》卷八的文告，与卷十一作于道光二十七（1847）至二十八年（1848）广东按察使任内[①]的《访拿讼棍衙蠹示》倒可相映成趣。后文不长，全录如下：

> 为明白晓谕事：本司在山东时也是百姓，最知百姓的苦楚。百姓万不得已，方打官司；地方官不能替他随告随审，拖累就无穷了。百姓万不幸，方遭劫窃；地方官不能替他拿赃起赃，受害就不浅了。本司家居目睹情形，深以为戒。粤东讼狱的苦累，盗贼的踪迹，较之山东更加百倍。自本年四月到任以来，屡屡与各属地方官坚明约束，

---

① 见钱实甫《按察使年表》，《清代职官年表》第3册，中华书局，1997，第2151—2152页。

欲清讼源而株累尚多，欲靖萑苻而鸦音未变，以致吾民纷纷控愬，弥抱不安。因思积案所以不结者，讼棍之把持串唆为之也；巨憝所以不除者，衙蠹之勾通贿脱为之也。讼棍衙蠹，暗中维持之，虽有明察之吏，整顿无由。现在密访两项人等，督同地方官设法拿办。本司耳目尚周，强御不畏，非施辣手，难望革心。勿谓言之不预也。此示。

这篇文、白错出的次序与前文正好相反，而作者日常对骈偶的偏好，也尽情流泻其中。诸如两句"百姓""地方官"的列举，"欲清"与"欲靖"的排比，"因思"以下及"耳目尚周"等四句的两两相对，无论白话还是文言，都是力求工整的对偶句。特别是，此类句式在全文中占到一半篇幅，则八股积习入人之深已昭然若揭。当然，这种文告中的白话无法纯粹，也在很大程度上受制于公文的程式要求。

其实，就白话而言，清朝各级地方政府更多使用的是一种韵文告示。许同莘在《公牍学史》中对其做过文体溯源：

> 榜文以四字为句者，近代谓之斗方告示，其体始见于应劭《风俗通义》。至宋时则州守劝谕部民，间一用之。真西山（按：即真德秀）再守泉州，《劝谕文》云：……全文凡六百余言，皆四字为句。又泉州隆兴《劝农文》，亦四言而用韵语；其一用五言韵语。虽名榜文，实歌

谣也。①

近代所谓"斗方告示"本不限于四言，在清代也有不同的称呼。而此种在宋代"间一用之"的公文体式，入清后，也随着清朝官方语言的通俗化趋势而获得长足发展。

就中，汪辉祖（1730—1807）推波助澜的作用实不容低估。其于乾隆五十八年（1793）写成的《学治臆说》二卷，乃是"为吏者言治"之书，②一向被官场中人奉为官箴、指南。卷上有《告示宜简明》一条云：

> 告示一端，谕绅士者少，谕百姓者多。百姓类不省文义，长篇累牍，不终诵而倦矣。要在词简意明，方可人人入目。或用四言八句、五六言六句韵语，缮写既便，观览亦易。庶几雅俗共晓，令行而禁止乎。

此言一出，以之为沟通官民的方便法门者纷纷学步。如李璋煜的《视已成事斋官书》卷九即收录了一则四言八句、一则六言六句的告示，③完全与汪氏的教导相符。值得关注的还有其所申说的"雅俗共晓"一语，相对于白话的流行下层社会，通

---

① 许同莘：《公牍学史》卷五，档案出版社，1989，第142页；初版由上海商务印书馆1947年印行。
② 汪辉祖：《自序》，《学治臆说》，收许乃普辑《宦海指南》，咸丰九年（1859）刊本。
③ 四言八句者为《禁差役藉案滋扰示》，六言六句者为《禁差役私押平民示》。如前则云："已结各案，牵控有名。乡民畏拿，不敢入城。被差扰累，饮恨吞声。一经访出，责惩非轻。"

俗韵语介乎文白之间的模糊地带，百姓可晓，绅士亦不致因其鄙俚而排斥，由此反而成就了斗方告示在清后期的盛行一时。

从现存文本看，此类文字不只出现在完全由公文构成的官书汇编中，为重要人物编辑的全集也会予以收录。如左宗棠的《左文襄公全集》中，专有"告示"一卷，总共收入十篇文告，内有两篇采用四言体。①题为《禁种罂粟四字谕》的一则极言吸食鸦片的危害：

> 谕尔农民，勿种罂粟。外洋奸谋，害我华俗。
> 借言疗病，实以纵欲。吁我华民，甘彼鸩毒。
> 广土南土，吸食不足；蔓连秦晋，施于陇蜀。

左氏指出，流毒广远的鸦片吸食不但耗费金钱，使各行业的男女不事生产，而且伤害自家身体，所谓"家败人亡，财倾命促"，因而在篇末大声疾呼："自今以往，是用大告：罂粟拔除，祸根永剧。张示邮亭，刊发村塾。起死肉骨，匪诅伊祝。"在宣布禁约的同时，左宗棠也明示将以严刑峻法对付违令者："听我藐藐，则有大戮。"而最后的"发言成韵，其曰可读"，②则概括了此类韵语布告便于记诵流传的特点，正可与汪辉祖的说法相发明。只是，这篇四字谕长达八十四句，已大大超过了

---

① 以光绪十六年（1890）开雕的《左文襄公全集》为底本的《左宗棠全集》，在"告示"一卷中又补入四文，其中一篇为斗方告示。本文所用为《左宗棠全集》（札件），邓云生校点，岳麓书社，1986。
② 左宗棠：《禁种罂粟四字谕》，《左宗棠全集》（札件），第557页。标点有改动。

晚清白话文运动的官方资源 475

汪氏的八句之约。由此可知，斗方告示的形式一旦流传开来，篇幅上便很容易突破成规。

尽管斗方告示已进入一些晚清重臣的全集，但相比于其他公文，数量仍极为稀少。左宗棠集中五分之一的比例已经算高，而究其实际，亦不过两则。曾任湖广总督的张之洞在庚子事变、东南互保时，留下过"颁四言韵示于境内"，辜鸿铭以英语为驻汉口各国领事译述之，"于是中外帖服，人心遂安"的佳话。然而产生过强大威慑力的"谕旨钦遵，戢匪安民。造谣闹教，正法示惩"[1]的这则斗方告示，却并不见于为数八十四卷的《张之洞全集》"公牍"类中。目前存留下的四则四言示稿，也无一例外，均系于札文之后，明显带有附录的性质。[2]如以这样微末的数量作论据，很有夸大其事的嫌疑。即使此前张五纬的《讲求共济录》所收二十四篇白话文告里，韵文示谕已多达十一篇，显示出其在实际应用中可能具有的普遍性，只是张书毕竟为特例。于此，幸好有近代报章出现，保存了大量原始资料，我们才可以更为清晰、准确地了解告示的发布情况。

同治十一年三月（1872年4月）在上海创办的《申报》，乃是中国近代历时最久、深具影响力的一份大报。同年七月（8月）出任上海县知县的叶廷眷，可算是"升"逢其时。此公走马上任之初，即在《申报》发表《恤民示谕》，周知其决意改变"向来新官到任，署内应用一切器具什物等件悉由书役备办，

---

[1] 许同莘：《牍髓》卷二《外篇·通俗第三》，《公牍学史》，第342—343页。许氏曾在张之洞幕府中帮办文书，其说应可信任。

[2] 见张之洞《张之洞全集》（公牍），河北人民出版社，1998，第5册第3246、3263页，第6册第4881—4882、4887页。

名曰填宅"的旧习："为此示仰书差地保及铺户人等知悉，自示之后，如有不肖差保家丁在外招摇，借填宅名目，向店铺苛派扰累者，一经察出或被告发，定即严提重办，决不姑宽。"[①]这一篇安民告示，倘若以江蓝生对于文言与白话的简单区分标准来衡量，"那些句中带有'之、乎、者、也、矣、焉、哉'的书面语是文言，而那些跟人们口头上讲的话大体一致的书面语是白话"，[②]则除去两处"之"字，此文竟无其他文言虚词，倒比李璋煜的白中掺文告示更易解读。并且，自此以后，叶知县的公告隔三差五即在《申报》刊出，其人也可称为最早善于利用新兴报刊的地方官员。

频频在《申报》露面的叶廷眷，果然是"新官上任三把火"。就职半年之内，便接连启动了都台河、护城河、三林塘河三项河道清挖工程。而韵文告示亦在其中扮演了极为重要的角色。

同治十一年九月（1872年10月），先是都台河动工。为此，十月十六日（11月16日）的《申报》上，首次揭载了由叶廷眷发布的《河工告示》：

> 该处都台河道，现已筑坝兴挑。出土十丈以外，就近不准弃倒。
>
> 倘敢贪便倾卸，定即押令挑好。河工黎明上工，勿许挨延缺少。

---

① 《新任上海县叶宪恤民示谕》，《申报》，1872年8月14日。
② 江蓝生：《古代白话说略》，第5页。

晚清白话文运动的官方资源　477

薄暮停工时候，各开水线一条。各董差保夫头，传谕一律遵照。①

为有效督促，半个月后的十一月二日（12月2日），叶县令又在《申报》接连刊布了两则《河工告示》，且均采六言韵语体，可见其确实热衷此道。根据新闻报导，疏浚都台河工程自九月二十六日（10月27日）堵坝，十月五日（11月5日）开工，开挖河道总长为"2249丈"，共计土方量"46467方"。由于工期紧（"限一个月蒇事"），施工量大，叶氏"常诣工所，亲自督率"。②为保证质量、加快进度，在后出的告示中，他也一再要求："尔等逐挑实地，务遵应浚丈尺。各夫实力赶挑，更须加紧捞挖。"③而以斗方告示的形式，对从总董到役夫的各级施工人员反复训令，及时通告各项规定，确实有利于明确责任，使工程能够尽早完工。

应该是受到了这一成功先例的鼓舞，在《申报》十一月二十五日（12月25日）刚刚宣告开浚都台河"大工告成"④之后不过两天，叶廷眷又再接再厉，公布了《捞浅城河告示》。该文也如前一般，仍取六言十二句韵语：

天旱城河淤浊，现经雇夫清理。凡尔柴粪船只，未便聚泊一处。

---

① 《邑尊开浚都台河工告示》，《申报》，1872年11月16日。
② 《记邑尊开张家河工》，《申报》，1872年11月26日。
③ 《河工告示·又示》，《申报》，1872年12月2日。
④ 《叶邑尊开浚都台河工土方段落》，《申报》，1872年12月25日。

应各暂移城外，船夫方可捞泥。粪牙船行保甲，遍行传谕勿遗。

沿河铺户居民，莫将垃圾倾弃。大众各相警戒，庶几同沾水利。[①]

而仅仅又过了一天，《申报》上即再次出现叶知县关于挑浚三林塘河的告示。并且，这份通告不但有散文体，也同时使用了被称为"短句告示"[②]的韵文体。只是，此回已非区区十二句所能打住，叶氏显然兴致大发，篇幅于是比前扩增了一倍。

如此密集地在很短时间内，接二连三刊发斗方告示，当然可能有叶廷眷个人的趣好，借由报纸的流播，也放大了其影响力；但此种布告体式之受欢迎、有效力，才应是激发这位行政长官高效生产的最大动力。而叶氏的做法本身亦具有示范意义，此后在《申报》出现的各级官员的韵文告示，其内容便不再限于河工，凡是牵涉面较广的公共事务，无论大小，都可借此"明白晓谕"。

如清明寒食节的折柳习俗，在中国传统中是雅事，所谓"清明攀折柳条，系招介子推魂"。但在租界中，文化背景相异，此举便遭遇抵拒，甚至会引来官司。同治十一年（1872），即因此发生过纠纷。当时西人铺设的"马路直接静安寺一带，西商布种树木尚未成阴，为人攀折者，皆为巡捕获送，清明节

[①] 《邑尊捞浅城河告示》，《申报》，1872年12月27日。
[②] 见《上海叶邑尊挑浚三林塘河》《又开挑三林塘河工短句告示》，《申报》，1872年12月28日。

晚清白话文运动的官方资源　479

送到公廨者不下百数十人"。时任公共租界会审公廨中国谳员的陈福勋参与审案，尽管存心回护，但恪于"工部局定章，未便故意开脱"，只好"分别申饬，或令随意罚钱一二百或数十文充偿"。并且，其所拟结案堂谕中有句云："东园杨柳，却非塞北章台；西国甘棠，莫作江南驿赠。"因用典适切、"语意文雅，一时传为美谈"。可惜，这样的美文只能为文人雅士所欣赏，普通民众却无法领会其奥妙。于是，转年临近清明之际，陈氏为免士民误触法网，"先期晓谕"，便出之以雅俗共赏的"短句告示"，借《申报》宣言：

> 时届清明，桃柳发圻。租界所种，素所爱惜。
> 往岁士民，每多攀折。被获送案，致于惩斥。
> 特此谕知，勿蹈前辙。倘敢故违，后悔莫及。①

此则告示虽由叶廷眷喜用的六言改作四言，全篇仍取十二句之数，这也是一个易于观览与记诵的长度。

至于光绪二十四年五月二十八、二十九日（1898年7月16、17日），由分巡苏松太兵备道（通称"上海道台"）蔡钧与上海知县黄爱棠先后发出的"六言示谕"与"六言告示"，所针对的已是法租界公董局强占四明公所、拆毁围墙，引发民众抗议风潮，法兵开枪致死伤多人的重大政治事件。曾经有过驻西班牙参赞的出使履历，又十分推崇交涉之道的蔡钧，②在事发当晚分贴

---

① 《陈司马禁攀折柳枝短句告示》，《申报》，1873年3月26日。
② 参见笔者《上海道台跳舞会记》，《文物天地》2003年第5期。

法租界的告示中，既须恪守地方长官的职责，维护国家与国人的利益，又希望控制事态发展，息事宁人，落笔之时便相当艰难：

> 照得四明冢墙，早年圈入法界。彼此长久相安，自来保护藉赖。
>
> 只因欲办善举，苦于界内地隘；因此法公董局，欲将冢地租买。
>
> 叠为尔等调停，另觅一地以代。无如福建义冢，早经迁移界外。
>
> 因此筹办为难，犹思保全无碍。昨午事机较紧，通宵会商不懈。
>
> 原思展限宽期，今将围墙拆坏。知非绅民所愿，亦系出于无奈。
>
> 本道煞费苦心，始终难代化解。赶即禀明上宪，一面谕董商办。
>
> 尔等务顾大局，切勿逞愤图快。须知仅取一隅，并非公所全块。
>
> 设使一朝偾事，贻祸国家堪畏。特此谆谆告谕，以免自贻后悔。
>
> 倘有无业匪徒，藉端簧惑致啄；定必按名严拿，照章重办不贷。①

---

① 《详纪公所被夺后情形》，《申报》，1898年7月18日。

读此浅白韵语，不难察觉其书写刻画之淋漓尽致，反比程式化的文言告示更加生动传神。故而，其对民众的动之以情、怖之以法，也更易奏效。

蔡钧的示谕见报之时，已在晚清白话报刊逐渐兴起之际。继光绪二年三月五日（1876年3月30日）申报馆发行的第一份白话报《民报》很快夭折之后，光绪二十三年十月（1897年11月）创刊的《演义白话报》，却真正成了白话大潮涌起的先声。要启蒙大众，必须扩大白话的使用范围，已为有识者所信奉。康有为万木草堂弟子陈荣衮所说："大抵今日变法，以开民智为先；开民智莫如改革文言。"①改用《大公报》主人、满人英敛之的白话表述，即为："如今中国兴办新政的地方太多，第一就是先得开通民智。人民不认识字的太多，不得不将就对付。怎么个对付呢？就是提倡白话文。"②

英敛之本人不仅"提倡"，而且从光绪二十八年五月十二日（1902年6月17日）《大公报》创办之日起，即开始在"附件"栏不时登载白话文。在从中选编的白话文录《敝帚千金》两集大受欢迎后，光绪三十一年七月（1905年8月），《大公报》即沿用此名，开始逐日印行白话附张。③而上引次年七月（1906年9月）英氏在《敝帚千金》上写作的这篇白话文，用意本在提倡

---

① 陈荣衮：《论报章宜改用浅说》，《知新报》111册，1900年1月。
② 《白话告示的好处》，《敝帚千金》第17册，1906年9月7日。
③ 参见杜新艳《〈敝帚千金〉研究》，北京大学硕士论文（未刊稿），2004。其中部分以《白话与模拟口语写作——〈大公报〉附张〈敝帚千金〉语言研究》为题，收入夏晓虹、王风等《文学语言与文章体式——从晚清到"五四"》（安徽教育出版社，2006）一书。

白话告示：

  政府里再出告示，一律改用白话，越浅近越好。有个政令，贴出告示去，叫那认识字的人，念给不认识字的听，念完了大家也就都明白拉，这有多们省事呢。

  需要强调的是，这里用的是"一律"，说明作者显然很清楚，此前的告示中已有白话书写。不过，与汪辉祖的告示"谕百姓者多"，而"百姓类不省文义"的考虑相同，英敛之也认为，"我们中国的人民，认识字的，一百个人里头，不过才有两个三个。就是有个认识字的人，也不晓得那文字眼儿是怎么讲"。因此，在他看来，"政府里出的告示，本是叫人民，大家奉行的事情"，应该"跟当面交派的话，是一个样"。[①]而要做到这一点，就必须把先前的部分使用白话，转变为一律写作白话告示。如此，才能要求所有人民遵守奉行。而与汪辉祖一味强调令行禁止不同，近代报人英敛之已明确将白话告示与"兴办新政""开通民智"联系起来。二者在当时的语境中，都一致指向富国强兵，激发民众参与新政的热情亦已包含在内，并正在成为现实。这也应该是英氏在文中以"人民"取代古来惯用语"百姓"的深刻用心。

  而随着白话文运动的迅速扩展，以清末至少一百三十多种白话报刊的强大阵容与声势，其对于白话写作的呼吁，也着实

---

① 《白话告示的好处》，《敝帚千金》第17册，1906年9月7日。

使得白话文告数量大增。此时，连韵文告示这类"迁就愚民"的浅俗文字亦被认作不合格，不仅"念出来总不顺嘴，大概勉强凑成句儿的多"，而且"文义不通的人念着，还是莫名其妙"。从言文合一的要求出发，《京话日报》的主笔因此提出了更高的标准："据我们的见解，凡是告示文字，都当用白话编成。各处的言语不同，也可以随著土音编造。"①此文刊出后不到半月，在官话书写上具有优势的京师外城工巡分局已经起而响应，颁发纯粹的白话告示：

> 查现在快到新年的时候，各铺户住户，有祭神有开张的，必要放些个鞭炮。若要是放那不往高处飞升的炮竹，还不致有什么危险；要是放那双响炮竹和起花等类，一定是往高处里飞升。现在天气这么样老不下雪，各样物件都是干燥的。倘然飞起来的火星儿，落在容易引火的物件上，着起火来，害处实在不小。若烧了自己的房子物件，那是自不小心，无的可怨；倘若延烧别人房子，总得将放炮竹的人，究问出来，送到当官，按例治罪，那时后悔岂不晚了？看起来这放双响花炮和起花，真是有损无益。我们工巡局，原有保护人民公安的责任，岂可不预先告诉大众知道，免得叫住户铺户受了害？你们要是心疼自己合人家的房子物件，怕担那放火的罪过，就应该不放这等花炮才是。

---

① 《文言不喻俗》，《京话日报》第155号，1905年1月17日。

此布告一贴出，即让《京话日报》的编辑大为兴奋，称道"工巡分局，可称为第一开通"，"这分巡局的官长，一定是个明白道理的人，居然用了本报说的话，可敬可感"。[①]工巡局（后改称"巡警厅"）本属新政机构，用京话出告示自然也应算作革新之举。

而如果要为从朱批到告示的清代公文与晚清白话文运动的内在联系找到当事人自觉的论证，窃以为，黄遵宪光绪二十八年（1902）致严复信中所言最为有力。严复不赞同梁启超在《新民丛报》批评其所译《原富》"太务渊雅"，"非多读古书之人，一翻殆难索解"，针对梁氏就此发出的"文界之宜革命久矣"的慨叹，反驳说："若徒为近俗之辞，以取便市井乡僻之不学，此于文界，乃所谓陵迟，非革命也。"[②]黄遵宪为此致函严复，表明立场：

> 公以为文界无革命，弟以为无革命而有维新。如《四十二章经》，旧体也，自鸠摩罗什辈出，而内典别成文体，佛教益盛行矣。本朝之文书，元明以后之演义，皆旧体所无也，而人人遵用之而乐观之。文字一道，至于人人遵用之乐观之，足矣。[③]

---

① 《工巡分局出了白话告示》，《京话日报》167号，1905年1月29日。以上两条资料由郭道平提供，特此致谢。
② 《绍介新著·原富》（原文未署名）、严复《与〈新民丛报〉论所译〈原富〉书》，《新民丛报》1、7号，1902年2、5月。
③ 黄遵宪：《致严复书》（1902年），王栻主编《严复集》第5册，中华书局，1986，第1573页。标点有改动。

在支持梁启超倡导的"文界革命"的论述中,"本朝"即清代之"文书"正与小说演义同列,明确认定了其俗语性质。虽然黄遵宪所下"皆旧体所无也"的断语并不准确,但白话在清朝官方文书中已成气候、"人人遵用之而乐观之"的事实,已分明证实白话文告理应被视作晚清白话文运动的一个重要源头。

三、"家喻户晓"的《圣谕广训》

除了与民众日常生活关系密切的官府告示,另有一种由地方官与读书人竞相参与编写的"圣谕"与《圣谕广训》阐释本,可统称为《圣谕广训》系列读物,在清代社会也具有强大的渗透力,对白话文的传播同样功不可没。

按照对明清庶民生活作过专门研究的台湾学者王尔敏的说法:"在清代二百余年历史中,《圣谕广训》是朝野最熟知之书,大致除去《时宪通书》及《万宝全书》两者之外,就是《圣谕广训》为全国第三种最通行之普通书籍。"[①]而关于此书的来历,简言之,即是雍正皇帝对康熙皇帝教化民众的"圣谕十六条"所作的解说。

康熙九年(1670)十月,清圣祖在给礼部的一道上谕中,鉴于"至治之世,不以法令为亟,而以教化为先"的深谋远虑,提出:

---

① 王尔敏:《清廷〈圣谕广训〉之颁行及民间之宣讲拾遗》,周振鹤撰集《圣谕广训:集解与研究》,上海书店出版社,2006,第633页;初刊《"中研院"近代史研究所集刊》22下期,1993年6月。

> 朕今欲法古帝王，尚德缓刑，化民成俗，举凡敦孝弟以重人伦，笃宗族以昭雍睦，和乡党以息争讼，重农桑以足衣食，尚节俭以惜财用，隆学校以端士习，黜异端以崇正学，讲法律以儆愚顽，明礼让以厚风俗，务本业以定民志，训子弟以禁非为，息诬告以全良善，诫窝逃以免株连，完钱粮以省催科，联保甲以弭盗贼，解仇忿以重身命，以上诸条，作何训迪劝导，及作何责成内外文武该管各官，督率举行，尔部详察典制，定议以闻。

而礼部于十一月奏禀时，对于推行方法即已明确为"应通行晓谕八旗，并直隶各省府州县乡村人等，切实遵行"。[①]由此揭开了解读、宣讲"圣谕十六条"的序幕。

至雍正二年（1724）二月，清世宗又将"上谕十六条寻绎其义、推衍其文，共得万言，名曰《圣谕广训》"，[②]颁行全国。此"万言"书不仅很快成为科举考试初级阶段童生应试的默写科目，与应考八股文必须背诵的《四书》获得了同样的重视；而且亦厕身各级官学，为教官必须"传集诸生""朔望宣讲"的固定篇目之一。[③]当然，其所期待的最大读者群乃在"群黎百姓"，必欲使之"家喻而户晓也"。不过，雍正皇帝虽自许

---

① 《圣祖实录》卷三十四，《清实录》第4册，中华书局，1985，第461、466页。
② 清世宗：《〈圣谕广训〉序》，《圣谕广训：集解与研究》，第559页。
③ 《教官事例》，《钦定礼部则例》卷五十三，乾隆四十九年（1784）刻本。另，关于童生考试须默写《圣谕广训》的规定，见周振鹤《圣谕、〈圣谕广训〉及其相关的文化现象》，《圣谕广训：集解与研究》，第584页。

《广训》"意取显明，语多直朴"，①但因所用文体仍为文言，其亟图教化的黎民百姓便不可能完全了悟，实与康熙皇帝"化民成俗"、稳固统治的宏图大略尚有距离。于是，接续先前的通俗化思路，只是将对康熙"十六条"本身的解说更扩大到兼及《圣谕广训》，一场更大规模的圣谕宣传活动就此展开。

而从康熙到雍正，对于十六条"圣谕"的宣讲也逐渐制度化。雍正七年（1729）闰七月，经大学士马尔赛等奏准："直省各州县大乡大村人居稠密之处俱设立讲约之所"，"每月朔望齐集乡之耆老、里长及读书之人，宣读《圣谕广训》，详示开导，务使乡曲愚民共知，鼓舞向善"。并将其规定为地方官的日常职责，纳入考核范围，州县官员如"不实力奉行"，则督抚应"据实参处"。②尽管此初一、十五定期宣讲《圣谕广训》的制度也有形同虚设的弛废之时，不过，直至清末，这项活动仍不绝如缕。

由地方官督导，以将《圣谕广训》熟读成诵的生员为主力，在遍布各地的至少两万个以上的讲约所中，③月复一月、年复一年地进行着宣讲，不难想象，如此庞大的需求，会催生出多少译解类文本。何况，地方官要显示政绩、规范导向，宣讲者想树立楷模、留名后世，也使得类似的创作与翻刻层出不穷。幸好有周振鹤撰集的《圣谕广训：集解与研究》一巨册出版，让我们得以大开眼界。收入此编中的各种讲解康熙"圣谕十六

---

① 清世宗：《〈圣谕广训〉序》，《圣谕广训：集解与研究》，第559页。
② 《学政全书》卷九"讲约事例"，《圣谕广训：集解与研究》，第512页。
③ 此数字根据周振鹤的估算，见《圣谕、〈圣谕广训〉及其相关的文化现象》，《圣谕广训：集解与研究》，第586页。

条"与雍正《圣谕广训》的中文著作已达三十种,这还不包括其所经眼的与善书合流之作以及复刻本;并且,周氏亦坦承,其汇编仍有缺失。而在耿淑艳所作《圣谕宣讲小说:一种被湮没的小说类型》文中,又补充了多种由岭南士人创作的宣讲故事集。①甚至民国年间,这类读物仍在重印,②足见其影响的深入与持久,也显示出《圣谕广训》解说类书册的普及以至泛滥。

既然以教化百姓为目标,这些对"圣谕"与《圣谕广训》的阐释文本,因此多半采用了白话体。在周振鹤收集的三十种著作中,除去雍正皇帝的《圣谕广训》与赵秉义的《广训附律例成案》(即《圣谕广训》加律例成案)可以不计,余下各书内,白话读物占二十三种。③据此也可以断言,在广泛流播的《圣谕广训》注释本中,直解直译的白话书为绝对主流。

这些解说者的白话水平尽管参差不齐,其中的优秀之作,依照在文化语言学上颇多著述的周振鹤的看法,则是"语言生动,修辞高明","白话是精彩已极,如同评话说书,甚至可以品出方言的味道"。得周氏如此称赞、且经其考证"应被视为诠

---

① 见耿淑艳《圣谕宣讲小说:一种被湮没的小说类型》,《学术研究》第4期,2007。
② 如周振鹤提及的1917年版《宣讲维新》、1924年版《宣讲选录》(见《圣谕·〈圣谕广训〉及其相关的文化现象》,《圣谕广训:集解与研究》,第626页)、耿淑艳论列的1928年版《宣讲余言》(见《圣谕宣讲小说:一种被湮没的小说类型》)等。
③ 《圣谕像解》(梁延年)、《恭释上谕十六条》(蒋伊)、《韵文衍义》(张亨钉)、《宣讲当言》(简景熙)与《圣谕广训疏义》(广仁善堂)五书为文言写作。

释圣谕十六条的第一人"①之陈秉直,所著《上谕合律注解》因此值得看重。特抄录该书解说"敦孝弟以重人伦"的开头几句如下:

> 你们众百姓可晓得为何上谕第一条把人伦说起?只为人生天地间,父子、兄弟、君臣、夫妇、朋友是个五伦,人人有的,所以叫做"人伦"。然人自少至长,未有君臣、夫妇、朋友之时,先有父子、兄弟,那父子、兄弟实为人伦之始,所以皇上先说出"孝弟"两字来叫你们知道。②

陈氏后任浙江巡抚,满洲镶黄旗人的出身,应是其官话著述得心应手的原因。

无独有偶,清代最流行的《圣谕广训》讲解本中,亦有一种出自天津人王又朴之手。王氏其时的官职为陕西盐运分司,所著《圣谕广训衍》,其文字也被周振鹤赞叹为:"王氏的白话翻译写在二百多年前,但是其平明流利的程度,连民国时期的某些擅长白话的小说家都应自叹不如。"③同样摘引其所译《圣谕广训》第一则开篇的文字为例。雍正的文言写的是:

---

① 周振鹤:《圣谕、〈圣谕广训〉及其相关的文化现象》,《圣谕广训:集解与研究》,第595、596、597页。
② 陈秉直:《上谕合律注解》,《圣谕广训:集解与研究》,第4页。
③ 周振鹤:《圣谕、〈圣谕广训〉及其相关的文化现象》,《圣谕广训:集解与研究》,第605页。

我圣祖仁皇帝临御六十一年，法祖尊亲，孝思不匮，钦定《孝经衍义》一书，衍释经文，义理详贯，无非孝治天下之意，故圣谕十六条首以孝弟开其端。朕丕承鸿业，追维往训，推广立教之思，先申孝弟之义，用是与尔兵民人等宣示之。

王又朴的白话译文为：

万岁爷意思说：我圣祖仁皇帝坐了六十一年的天下，最敬重的是祖宗，亲自做成《孝经衍义》这一部书，无非是要普天下人都尽孝道的意思，所以圣谕十六条，头一件就说个孝弟。如今万岁爷坐了位，想着圣祖教人的意思，做出《圣谕广训》十六篇来，先把这孝弟的道理讲给你们众百姓听。①

其白话衍述不但贴切，而且不露翻译痕迹，实在难得。这样的白话著作挟官方之力，与皇帝圣谕合并大量印行，其具备相当的权威性，能够顺利抵达各阶层，亦可想见。

引人注目的是，延至晚清，《圣谕广训》的宣讲更与时俱进，出现分化与变形。随着维新变法的启蒙思潮日益深入人心，报章，特别是白话报刊在各地的兴起，演说亦逐渐风行。报纸、演说加上教授新知的学校，被梁启超称为"传播文明三

---

① 清世宗：《圣谕广训》、王又朴：《圣谕广训衍》，《圣谕广训：集解与研究》，第162—163页。

利器"，其间的分别是："大抵国民识字多者，当利用报纸；国民识字少者，当利用演说。"而无论哪一种"文明普及之法"，①都摆脱不了《圣谕广训》的影子。

光绪二十七年（1901），山东巡抚袁世凯奏办山东大学堂时，其试办章程的"条规"中即明列："每月朔望，由教习率领诸生行礼，并宣讲《圣谕广训》以束身心。"②而在次年颁布的《钦定学堂章程》里，无论是京师大学堂、高等学堂，还是中学堂、小学堂的"堂规"，也都载有"教习、学生一律遵奉《圣谕广训》"，"每月朔，由教习传集学生，在礼堂敬谨宣读《圣谕广训》一条"③的规定。可见，在官办的新式学堂中，最初仍有意保留已成规制的宣读或宣讲《圣谕广训》这一传统节目，只是，山东大学堂的做法更接近原样照搬。不过，其间的新旧抵牾显然已为主持学务的朝臣察知，转年，《奏定学堂章程》颁行，以上规约已经取消。但有意味的是，《圣谕广训》并未完全退场，而是转变了功能。通行本《圣谕广训直解》在"中国文学"学科中，已被指定为"习官话"的教材，因"其文皆系京师语"，每星期应学习一次。④尽管此一举措怀有暗度陈仓的深

---

① 任公：《饮冰室自由书》，《清议报》26册，1899年9月。此则原未单独标目，收入1902年横滨新民社版《清议报全编》时，题为《文明普及之法》，同年由横滨清议报馆活版部出版的《饮冰室自由书》单行本中，则改题为《传播文明三利器》。
② 《光绪二十七年（1901）山东巡抚袁世凯奏办山东大学堂折（附章程）》，朱有瓛主编《中国近代学制史料》第1辑下册，华东师范大学出版社，1986，第791页。
③ 《钦定大学堂章程》《钦定高等学堂章程》《钦定中学堂章程》《钦定小学堂章程》，《钦定学堂章程》，1902。引文见后三种章程中。
④ 《高等小学堂章程》，《奏定学堂章程》，学校司排印局，1904。

492　重访五四新文化：语言与文学

心，我们却更当重视《圣谕广训》的白话阐释本已然堂皇进入官办新学课堂的事实。换言之，这正是晚清白话文运动在官方教育系统被接纳的曲折反映。

白话杂志在南北各地逐渐兴起后，至光绪二十八年（1902），报纸中又有《大公报》首开白话栏目。[①]而英敛之"每日俱演白话一段，附于报后，以当劝诫"的"化俗之美意"，也大受时人关注，"颇蒙多人许可"，"各报从而效之者日众"。[②]英氏的举动自然会引起其时已调任直隶总督、同居天津的袁世凯的注目。在其指令下，同年十一月二十六日（1902年12月25日）创办的二日刊《北洋官报》，每期封面上均连载吕守曾编撰的《圣谕广训直解》。这一别出心裁的编排方式，除了尊崇上谕的意思外，实际也把白话放在了官报最显眼的位置。而其间未必没有《大公报》刊载白话文的影响。

更明显的是与白话报章结盟的演说。台湾学者李孝悌在研究清末下层社会的启蒙运动时，已窥见"演说"与"宣讲"有关，并认定："从宣讲到演说，我们一方面可以看出时代蜕变的痕迹，一方面也可以看出新生事物、现象的根苗。"[③]而笔者更关注的是，晚清《圣谕广训》的宣讲在逐渐蜕变为承载新知识、以启蒙为目标的演说过程中，官方与民间的合作及其制度

---

① 英敛之在《〈敝帚千金〉凡例》中曾自言："中国华文之报附以官话一门者，实自《大公报》创其例。"（《敝帚千金》第1册，1905年8月）
② 英敛之壬寅年五月十八日（1902年6月23日）日记，《英敛之先生日记遗稿》，沈云龙主编《近代中国史料丛刊续辑》第22册，台北：文海出版社，1974，第516页；英敛之：《〈敝帚千金〉凡例》，《敝帚千金》第1册。
③ 李孝悌：《清末的下层社会启蒙运动：1901—1911》，河北教育出版社，2001，第94页。

化的过程。

由直隶总督袁世凯授意创立的天齐庙宣讲所，在天津显然具有首开风气的示范意义。该所于光绪三十一年六月初一（1905年7月3日）开张，"每晚自八点钟至十点半钟，宣讲《圣谕广训》及古今中外各种有益之书"，后者既有《朱子格言》《训俗遗规》等传统道德读本，也有时新的《国民必读》以及包括《大公报》《京话日报》《天津日日新闻》在内的"各种报章"。每日轮值的主讲人多为本地士绅，每周两次，袁世凯的总督署乐队还会在宣讲间歇奏乐助兴。由于形式多样，演说生动，故开办之后，即吸引了大批听众。①

这一官民合力的成功模式不仅在天津迅速推广，而且很快影响到京城。学部光绪三十二年四月（1906年5月）制订的《奏定各省劝学所章程》，已明确将"宣讲所"纳入各厅、州、县必须设立的劝学所建制中。有关规定也强调了与宣讲《圣谕广训》的衔接，内容要求与天津成例亦相近：

各属地方一律设立宣讲所，遵照从前宣讲《圣谕广训》章程，延聘专员，随时宣讲。……宣讲应首重《圣谕广训》，凡遇宣讲圣谕之时，应肃立起敬，不得懈怠。……其学部颁行宣讲各书，及国民教育、修身、历史、地理、格致等浅近事理，以迄白话新闻，概在应行宣

---

① 《宣讲所牌示》《纪宣讲所》，《大公报》，1905年7月1日、8月15日、7月26日。

讲之列。①

在随后公布的《学部采择宣讲所应用书目表》中,可以看到,列于首位的仍是《圣谕广训》,此外,《训俗遗规》与《国民必读》两种见于天齐庙宣讲所的书目也在其中。②

对这种新旧混杂的现象,目光敏锐者如《大公报》主人英敛之已及时表达过不满。在他看来,"《训俗遗规》等书,其间不免有不合时宜之旧理","与国民之新智识相矛盾"。因为"演说一道,影响于社会者极大,开风气、牖民智,端赖于此",③所以,他最担心的是,"讲的稍有个宗旨不正,好者弄成一个从前初一、十五宣讲圣谕的具文,坏者结成一个寻常说书厂儿的恶果"。为此,英氏迫切要求"宣讲所主讲的诸公",真正负起"开通民智的极大的责任"。不过,这些评说都是专就内容而言,至于沿袭宣讲《圣谕广训》而来的"宣讲所"名称,英敛之倒并不反感。甚至在其心目中:"这宣讲二字,也就是演说的别名儿。"④如此,仍然表现出以往的圣谕宣讲植根之深,即使对其颇为反感的英敛之,⑤也无法割断二者间的联系。

---

① 《遵议各省学务详细官制办事权限并劝学所章程》,《学部官报》第2期,1906年9月。
② 《学部采择宣讲所应用书目表》,《学部官报》第4期,1906年10月。
③ 《纪宣讲所》,《大公报》,1905年8月15日。
④ 《敬告宣讲所主讲的诸公》,《大公报》,1905年8月16日。
⑤ 虽不便公开挑剔《圣谕广训》,但英敛之多次透出对其不以为然。如1902年11月6日《大公报》发表的《说演说》,即将"演说"及开民智所需要的言论自由与《圣谕广训》所代表的言论一律对立起来:"但窃谓中国欲演说之风盛行,以拔颠愚之幽滞者,非先稍明言语自由之公理不可。若为上者之意,常以自由为非,则斯民所得餍闻者,舍《圣谕广训》之外,无他物也。斯民之智,予日望之!"

口头的宣讲或演说，落在纸面上即为白话文。晚清的文言杂志时常将白话栏目称为"演说"或"演坛"，①但其中真正的演讲稿并不多，由此正可见出白话与演说关系之密切。或者也可以认为，晚清的白话文实为模拟演说的写作。天津知县唐则瑀光绪三十一年十二月初五、初十（1905年12月30日与1906年1月4日）在西马路与河东地藏庵两处宣讲所的演说，为我们提供了晚清官方主导的宣讲标本。这两篇保留在《大公报》附张《敝帚千金》上的白话讲稿，开场白完全一样：

> 本县是地方官，有亲民之义务，有教养之责任。今与各位白话讲讲。设宣讲所是为民智不甚开通，不知争胜，不能自强。所以请几位读书明理的先生，每晚登台演说，或讲康熙皇帝的《圣谕广训》，或讲大人先生训俗警世的书，或讲本朝的《圣武记》，或讲劝人行善的格言，总是有益人心风俗的好话。

而接下来演讲的主题，一次是"合群"与"崇俭"，一次是"正人心"与"自强"。②在宣讲《圣谕广训》等老套的话头下，引发出的已是含有"合群"与"自强"这类关切时局的

---

① 因有专门的白话杂志，因此文白混杂现象在女报中尤其明显。如创刊于1902年5月的《女报》（《女学报》）有"白话演说"（后改为"演说"）栏，1904年1月创办的《女子世界》有"演坛"栏。
② 《十二月初五日西马路宣讲所开讲天津县正堂唐演说白话》《十二月初十日天津河东地藏庵宣讲所开讲唐县尊演说》，《敝帚千金》第9册，1906年1月3、14日。

496　重访五四新文化：语言与文学

新理。

其实,直到宣统二年(1910),《圣谕广训直解》在官方眼中,仍可与国民通俗教育挂钩。为取代高步瀛与陈宝泉光绪三十一年(1905)编写的白话本《国民必读》,清朝学部于宣统元年(1909)已在酝酿编辑新版《国民必读》课本。次年,书出试行,因其"系专备各学堂暨简易识字学塾之用,惟于不能入学之人民尚未筹及",故又有白话本之议,其取法样板正是《圣谕广训直解》:

> 伏维我圣祖仁皇帝御制圣谕十六条,我世宗宪皇帝御制《圣谕广训》,先后颁行天下,凡士子岁科试敬谨默写,著在令甲,久经遵行。而地方官吏敬谨宣讲,以晓军民,亦复垂为故事,且有以白话演为《直解》等书者,取其语意浅明,妇孺共晓,与现纂《国民必读》之意隐合。臣等拟俟试行之后,熟察何种课本之尤为适用者,即据以演成通俗之文,作为定本,发交各地方劝学、宣讲等所,广为教授传播,务使人人能明国民之大义,以植预备立宪之基础。

而在预备立宪之际,这本立意"为国民完其道德,扩其智识,定其责任"[①]的《国民必读》课本的普及方式,仍然沿袭的是《圣谕广训直解》的路数,则《圣谕广训》的白话解读本始

[①] 《奏编辑〈国民必读〉课本分别试行折》,《学部官报》第114期,1910年3月。

终作为晚清白话文运动的一条线索存在，已是确定无疑。

其实，无论是官方有意识的溯源，还是民间不自觉的沿用，甚至对之心怀异见者如英敛之，《圣谕广训》的宣讲与白话注疏读物这一贯穿清代历史的文化现象，都已成为沉淀在时人意识最深处的记忆与司空见惯的日用常识，随时会被召唤出来。实际上，正是借助《圣谕广训直解》，白话已然成为政府认可的学堂教材，并站上了官办杂志的封面，在朝廷上下受到了前所未有的尊崇。而晚清白话文运动的参加者原本来自不同阶层与政治集团，"开通民智"也是一个可以为社会各种力量接受的口号，[1]由《圣谕广训直解》所代表的渊源甚深的官方白话文，才能够最终汇入晚清的启蒙浪潮。

应该说，讨论晚清白话文运动的渊源，可以从不同的角度进入。但大体而言，这些资源从社会结构上可区分为官方与民间，从文化程度上可划分为文人与大众。已有的文学史论述，对文人与大众的互动关注较多，不过，即使加上新近钩稽出的传教士白话文，所有的视角仍拘于民间立场。本文认为，这种对民间的刻意强调其实已形成一种思维定势，会妨碍我们对事实的全面观照。毕竟，在语言的权力场中，官方占有更多的文化资本，其动用国家机器所造成的影响力，通常应在民间社会之上。正如马克思、恩格斯所说："统治阶级的思想在每一个时代都是占统治地位的思想。这就是说，一个阶级是社会上占统治地位的物质力量，同时也是社会上占统治地位的精神力

---

[1] 参见笔者《晚清白话文运动》，《文史知识》1996年第9期。

量。"①这本是常识。而回归常识，返回历史现场，我们便可以认定，关切民生的白话告示与定期宣讲的《圣谕广训》及其白话读本，既为晚清的白话文运动先行作了强有力的铺垫，又在其展开过程中，成了官方与民间不断汲引的资源。

甚至更放大一点来看，晚清的白话文运动中，虽有个别激进者如裘廷梁主张"崇白话而废文言"，②但，属于主流的思想则是文白并存、各行其道："一修俗语，以启瀹齐民；一用古文，以保存国学。"③这一对"白话"史无前例的肯定，将其提升至与"文言"并列的地位，固然直接源于迫切的启蒙需求，然而，在其底里，清代满洲贵族统治者对白话的宽容态度，亦应是此一运动获得普遍支持、一呼百应的重要历史成因。

---

① 马克思、恩格斯：《德意志意识形态》，《马克思恩格斯选集》第1卷，人民出版社，1972，第52页。
② 裘廷梁：《论白话为维新之本》，《中国官音白话报》(《无锡白话报》)第19、20期合刊，1898年8月。
③ 刘光汉：《论文杂记》，《国粹学报》第1年1905年2月第1号。并参见笔者《晚清白话文运动》。

《甲寅》与《新青年》渊源新论

孟庆澍

章士钊的《甲寅》杂志（1914—1915）与《青年杂志》（《新青年》）颇有渊源。据笔者考证，《甲寅》作者中至少有16人曾在《新青年》发表文章。其主要政论作者如高一涵、易白沙、李大钊、刘叔雅等，成了陈独秀创办《青年杂志》时的基本班底；在《甲寅》偶露峥嵘的胡适、吴虞，则成了《新青年》的骨干。笔者试图从杂志形成、发展的外部因素，包括编辑和作者的人际互动以及刊物所依托的出版机构等角度切入，重新释读这两份杂志之间的渊源，尝试以微观史学的方法，再现新知识者在民初特殊的时代背景下，如何围绕报刊杂志这一新兴的言论空间进行交往和互动，构筑自己的思想和文化网络，制造引导时代进步的新议题的历史过程。

一

晚清以降，报刊业日渐兴盛。一个显见的事实是，无论是商业报刊、党派机关刊物还是同人杂志，凡获得成功者其背后必有一支得力的作者队伍。这或许正是"杂志"作为一种现代出版物的特点。《甲寅》草创于危难乱离之际,仓促间章士钊难以组织起一班整齐的人马,因此第一期的主要政论和时评看似出自多人之手,实则都是章士钊变换不同笔名一人操办。但出版大型期刊毕竟不同于没有时间限制的私家著述,即使才高如章士钊者也不可能以一人之力长期包打天下,况且这也有违章士钊"以文字与天下贤豪相交接"的创刊初衷。因此,打造一支像样的作者阵容,开拓更丰富的稿源,就成了章士钊的当务之急。从第二期开始,陈独秀、李大钊、杨昌济、吴虞、胡适、易白沙、高一涵、刘文典等人逐一登场亮相,为《甲寅》增色不少。这样一批背景不同、经历各异的作者如何聚集在《甲寅》帐下,而章士钊又是如何处理与他们的关系,本来就是文化史、出版史和民国期刊研究中不应忽略的重要课题,而如果考虑到这批作者日后均成为新文化运动的领军人物,这一过程就更值得认真检视。如果将章士钊的作者群粗略分为革命旧友、文字新朋、海外新锐、国内名宿等四种身份,那么陈独秀、李大钊、胡适、吴虞或者正可以分别作为代表。

在《甲寅》诸作者之中,与章士钊交往最早且最久者无疑当属陈独秀。章士钊与陈独秀相识甚早,可谓"总角旧交""于其人品行谊知之甚深"。[①]1902年,章士钊从武昌顺江而下,到南京江南路师学堂求学,结识了同学汪希颜(后亚东图书馆主人汪孟邹之兄)、赵声(伯先)等,并通过汪希颜结识了因宣传

---

① 章士钊:《致龚代总理函》,《章士钊全集》第4卷,文汇出版社,2000,第107页。

反清而逃至南京的陈独秀。①1903年"《苏报》案"发生之后，章士钊与陈独秀、张继、苏曼殊、何梅士等在上海创办《国民日日报》，继续宣传革命，负责主要编辑工作的就是章士钊和陈独秀，两人"夜抵足眠，日促膝谈，意气至相得"，②结下深厚友谊。1904年章士钊和杨笃生一同组织了华兴会的外围组织爱国协会，自任副会长，陈独秀、蔡元培、蔡锷等为会员，准备实施暗杀等暴力革命行动。其后由于黄兴在长沙事泄失败，万福华在上海刺杀前广西巡抚王之春又不中，上海的革命团体遭到破坏，同志星散，章、陈也各谋出路。章士钊后在日本及英国"苦学救国"，陈独秀则继续自己职业革命者的冒险生涯，但两人友谊并未中断。因此，1914年，当因"二次革命"失败遭通缉而困居上海、"静待饿死而已"③的陈独秀来信寻求谋生之计时，章士钊便很自然地想起邀请这位文才出众、擅长办报的老友来协办《甲寅》。虽然陈独秀在《甲寅》上除几首旧诗之外，只发表了一篇正式论说文《爱国心与自觉心》、一篇小说序言《〈双枰记〉叙》以及一封通信，实在算不上多产，但这并不妨碍陈独秀成为《甲寅》的幕后英雄，留下自己的印迹。吴稚晖就曾经说过："今日章先生视《甲寅》为彼惟一产物，然别人把人物与《甲寅》联想，章行严而外，必忘不了高一涵，亦忘

---

① 见汪原放《回忆亚东图书馆》，学林出版社，1983；袁景华：《章士钊先生年谱》，吉林人民出版社，2005。
② 唐宝林等编《陈独秀年谱》，上海人民出版社，1988，第26页。又见孤桐（章士钊）《吴敬恒-梁启超-陈独秀》，《甲寅》周刊第1卷第30号，1926年2月6日。
③ C.C生（陈独秀）：《通信》，《甲寅》杂志第1卷第2号，1914年6月10日。

不了陈独秀。"①事实上，虽然由于材料的缺乏，今天已不可能再现陈独秀加入《甲寅》工作的具体过程，但从一些蛛丝马迹仍可看出，陈独秀在编辑过程中发挥着重要的作用。吴虞曾在《甲寅》第1卷第7号发表自己的得意之作《辛亥杂诗》，而这些诗就是陈独秀选载并加以圈点的。②一年多之后，吴虞又向《新青年》投稿，陈独秀不仅大加欢迎，而且表示已经停刊的《甲寅》正准备续刊，如果吴虞愿意把自己的文章全部寄来，可以"分载《青年》《甲寅》，嘉惠后学，诚盛事也。"③与此同时，在给胡适的信中，陈独秀也代《青年杂志》和《甲寅》同时向胡适约稿。④由此可见，陈独秀不仅确实在《甲寅》承担编辑工作，推出吴虞等一批有广泛影响的作者，而且在筹划《甲寅》复刊的过程中也发挥着重要的作用——即便他此时已经拥有自己的刊物《青年杂志》。事实上，陈独秀是将《甲寅》与《青年杂志》视为有密切关系的姊妹刊，从而尽心尽力为它们筹划稿源的。

如果说在《甲寅》作者群中，陈独秀是章士钊革命旧友的代表，那么李大钊则堪称章士钊以文会友策略的一大收获。1914年春，李大钊入日本早稻田大学政治本科。他主动向章士

---

① 吴稚晖：《章士钊—陈独秀—梁启超》，张若英编《中国新文学运动史资料》，光明书局，1934，第254页。
② 《独秀复吴虞》，《新青年》第2卷第5号，1917年1月1日。
③ 《吴虞致独秀》《独秀复吴虞》，《新青年》第2卷第5号，1917年1月1日。
④ 《陈独秀致胡适》，中国社会科学院近代史研究所中华民国史研究室编《胡适来往书信选》上册，中华书局，1979，第6页。原文为"《甲寅》准于二月间可以出版，秋桐兄不日谅有函与足下，《青年》《甲寅》均求足下为文。足下回国必甚忙迫，事畜之资可勿顾虑。他处有约者倘无深交，可不必应之。"

钊投稿，稿件和信函都得以在《甲寅》刊出，从此开始了与章士钊长达十余年的深厚友谊。章士钊对此有详细的回忆：

> 1914年，余创刊《甲寅》于日本东京，图以文字与天下贤豪相接，从邮件中突接论文一首，余读之，惊其温文醇懿，神似欧公，察其自署，则赫然李守常也。余既不识其人，朋游中亦无知者，不获已，巽言复之，请其来见。翌日，守常果到。于是在小石川林町一斗室中，吾二人交谊，以士相见之礼意而开始，以迄守常见危致命于北京，亘十有四年，从无间断。两人政见，初若相合，卒乃相去弥远，而从不以公害私，始终情同昆季，递晚尤笃。①

虽然对章士钊而言，李大钊只是初识的新朋，但李大钊在与章士钊谋面之前，已经是《独立周报》的热心读者，对章士钊"敬慕之情，兼乎师友"。②虽然李大钊在《甲寅》连通信在内也只发表了四篇文章，但李、章的结交，对双方而言却产生了重大而深远的影响。有论者已指出，章士钊在李大钊早期思想变化过程中扮演了重要角色，而东京《甲寅》杂志时期尤为明显。③这也从一个侧面反映出章士钊在当时舆论界、知识界的地位和影响。反之，李大钊也以其文笔和品德得到了章士钊的

---

① 章士钊：《李大钊先生传序》，《章士钊全集》第8卷，第82页。
② 李大钊：《物价与货币购买力》，《甲寅》第1卷第3号"通信"，1914年8月10日。
③ 朱成甲：《李大钊早期思想与近代中国》，人民出版社，1999，第54—73页。

高度信任，成为倚若股肱的重臣。1917年章士钊创办《甲寅》日刊之后，李大钊、高一涵随即进入编辑部，担任主笔。正如章士钊所言："守常在日刊所写文章较吾为多，排日到馆办事亦较吾为勤。"①在《甲寅》日刊时期，李大钊承担了主要编辑工作并发表文章六十多篇，不仅继续阐扬了章士钊的"调和论"政治思想，而且以其近于章士钊的文风，与高一涵、李剑农等一道被胡适写入文学史，列为"甲寅派"，进一步扩大了《甲寅》在知识界、思想界的影响。其后章、李虽在政治、文化观点上分道扬镳、渐行渐远，但始终保持良好私交。刊物主编与作者因投稿而结下深厚友情，章、李二人可谓是典型。

除李大钊之外，章士钊在《甲寅》时期发掘的新人还有不少。由于章士钊自己曾留英多年，政治思想也倾向于英国议会政治，因此在《甲寅》后期推出了杨端六、皮宗石、周鲠生等一批留学英美的作者。现在看来，在这些新面孔中，最值得注意的当然就是留美学生胡适。虽然胡适只在《甲寅》发表了一篇译作和一封通信，实在算不上主要作者，但由于胡适在日后新文化运动中的特殊地位，他与《甲寅》的这段文字缘以及其中透露出的线索值得认真解读。

对于胡适，章士钊的欣赏与器重是显而易见的。在1915年10月出版的《甲寅》第1卷第10号，章士钊发表了胡适的一封来信，并在"记者按语"中说："胡君年少英才，中西之学俱粹，本年在哥伦比亚大学，可得博士。"②这大概是国内报刊第一次

---

① 章士钊:《李大钊先生传序》,《章士钊全集》第8卷，第83页。
② 《通讯·记者按语》,《甲寅》第1卷第10号，1915年10月10日。

将胡适与"博士"头衔联系起来,向知识界读者郑重介绍这位暂时还藉藉无名的哥伦比亚大学学生。然而这并不是他们的初次交往。在《甲寅》出版之前,章士钊、胡适二人对对方就已经有所耳闻。章士钊曾主笔《民立报》,胡适"彼时即有意通问讯",对章士钊其人其文已颇感兴趣。①而胡适1913年8月发表在《神州丛报》上的《诗三百篇言字解》,也给章士钊留下了深刻的印象。1914年8月25日,胡适将短篇小说译作《柏林之围》投给《甲寅》。②由于《甲寅》第1卷第3号已经于8月10日出版,章士钊在接到胡适稿件后,就马上把它编入第1卷第4号,于11月10日刊出,而这也是十期《甲寅》中唯一的一篇翻译小说。1915年3月,章士钊又写信给胡适约稿,希望胡适"稗官而外,更有论政论学之文,尤望见赐,此吾国社会所急需,非独一志之私也",此外能作通讯体随意抒写时事也可,并希望胡适向同学中能文之士广为介绍。③胡适的回信发表在《甲寅》第10号,信中表示:"学生生涯,颇需日力,未能时时作有用之文字,正坐此故。前寄小说一种,乃暑假中消遣之作,"并承诺"更有暇晷,当译小说或戏剧一二种"。④从这些只言片语中,我们不难窥见,作为刊物主编的章士钊与作为投稿人的胡适,关注的对象并不一致。章士钊素不喜小说(虽然他也曾写过一篇小说《双枰记》),因此他希望胡适多写"吾国社会所急需"的"论政论学之文",而胡适此时的兴趣显然是在西方文学特别是戏剧。在

---

① 《通讯·非留学》,《甲寅》第1卷第10号,1915年10月10日。
② 胡适:《胡适留学日记》(上),安徽教育出版社,1999,第345页。
③ 章士钊:《致胡适函》,《章士钊全集》第3卷,第369页。
④ 《通讯·胡适致章士钊》,《甲寅》第1卷第10号,1915年10月10日。

给章的回信中,他并没有迎合章士钊而大谈政治,反而依旧对西洋文学津津乐道:

> 近五十年来欧洲文字之最有势力者,厥惟戏剧,而诗与小说,皆退居第二流。名家如那威之Ibsen,德之Hauptmann,法之Brieux,瑞典之Strindberg,英之Bernard Shaw及Galsworthy,比之Maeterlinck皆以剧本著声全世界。今吾国剧界,正当过渡时代,需世界名著为范本,颇思译Ibsen之A Doll's House或An Enemy of the People,惟何时脱稿,尚未可料。①

虽然胡适随信也寄上了一篇较为正式的论说文《非留学篇》,但显然他更希望章士钊注意自己正在进行的文学翻译事业。说到底,他们对什么才是"吾国社会之所急需"的问题,答案全不相同——在这里,章士钊对胡适的期待与胡适的自我期许产生了明显的错位,而这种错位,在胡适于《新青年》大放光芒、将自我期待付诸实现之后,显得格外醒目。但是,不论怎样,胡适是把《甲寅》视作一个值得信赖并有一定自由发挥空间的言论阵地,否则也不会在信中将自己的翻译计划和盘托出,并且自告奋勇,负责《甲寅》在留美学生中的代售业务。② 由于《甲寅》的停刊以及胡适自己的延宕,胡适的翻译计划并没有成为现实。但此事并未不了了之。如所周知,胡适其后不

---

① 《通讯·胡适致章士钊》,《甲寅》第1卷第10号,1915年10月10日。
② 《汪孟邹致胡适》,《胡适来往书信选》上册,中华书局,1979,第2页。

久就在《新青年》第4卷第6号"易卜生号"发表了《易卜生主义》,而他和罗家伦合译的《娜拉》(即《玩偶之家》)以及陶履恭翻译的《国民之敌》也在同期发表。这很容易使人产生遐想:如果《甲寅》没有停刊而胡适又寄来自己的译作,"五四"时代的"易卜生热"是否会提前上演?不过,答案很可能令人失望。因为章士钊的文学趣味更接近传统文人,如果有足够的稿件可以选择,我相信他更愿意采用吴虞的古典诗词而非胡适的西洋剧本来充实《甲寅》的文学栏。

1914年,时任四川省川西道公署顾问兼内务科长的吴虞,第一次从他正在日本留学的兄弟吴君毅那里知道了《甲寅》杂志和章士钊:"君毅本月廿二日曾寄《甲寅杂志》五月号一册,长沙章行严主宰,留学英国,吴保初(挚父子)之女婿,学术文章皆有时誉,其署名秋桐者是也。"[①]吴虞对章士钊的背景经历一无所知,而他与《甲寅》发生联系则属于友人之间的辗转引荐,而这样的事情在当时以文人为主的舆论界可谓司空见惯。据《吴虞日记》记载,《甲寅》第2号《中华民国之新体制》的作者"重民"即时在日本留学的成都人张重民。张重民与吴虞之弟君毅相识,他在给吴君毅的信中说:

> 昨以《秋水集》示章士钊(字行严,湖南人,即《甲寅》自署秋桐者。)顷章氏来谈及,极言识解之超,断非东南名士所及。倾慕之忱,溢于词色,必欲仆为之介绍。

---

① 吴虞:《吴虞日记》(上),四川人民出版社,1984,第134页。

并请令兄出其平昔所为文,以光《甲寅》。仆于令兄初无一面之识,然北海不必知人间有备,谓备不知北海则不可。本当迳以书干之,惟仆不文,惧无以达章氏之意,仍以此烦执事,可乎?章氏好为政论,其所怀可征诸《甲寅》,言教则排孔尊耶者也。余不白。①

之所以不厌其烦地征引此信,是因为其中披露了颇多讯息。吴虞作为蜀中名宿,在此之前已颇有文名,然而其影响只局限于四川一隅。②日后他之所以能够借《新青年》暴得大名,追根溯源,与张重民向章士钊推荐《秋水集》有直接之关系。事实上,不仅章士钊看到了《秋水集》,当时正协编《甲寅》的陈独秀对《秋水集》也欣赏有加,在尚未得到吴虞允许的情况下,就从中选择了20首在《甲寅》登出。虽然这并不是吴虞第一次在国内著名杂志上发表作品,但却是吴虞与陈独秀建立关系之始。吴虞在章士钊约稿之后,也的确向《甲寅》投过稿,但因为《甲寅》中途停刊,没有发表。③1915年10月12日,吴虞又向《甲寅》投稿,计《儒家重礼之作用》《儒家主张阶级制度之害》《儒家大同之说本于老子》等三篇文章和五言律诗五首。④但是他并不知道《甲寅》在10月10日出版第10号之后已经

---

① 吴虞:《吴虞日记》(上),第149页。
② 吴虞在1916年之前所发诗文不多,只有《新民丛报》登诗十一首,《宪政新志》登诗八首,《小说月报》登小说一首、文一首,《进步》杂志登文一首,《甲寅》登诗二十首。他在四川本地刊物上发表非孔文章,曾引起争议,但并没有形成全国性的影响。
③ 吴虞:《吴虞日记》(上),第181页。
④ 吴虞:《吴虞日记》(上),第221页。

再次停刊，所以文章又没能发表。好在陈独秀这时已经是《新青年》的主编，吴虞再次向《新青年》投稿之后，《儒家主张阶级制度之害》《儒家大同之说本于老子》两篇文章得以在《新青年》上刊出，吴虞因之名声大噪。[1]由此视之，杂志的崛起与作者的走红，背后固然有其历史规律，但有时也不能不说是出于某些偶然的机缘。不过，阴差阳错之中其实又有必然：发现吴虞这样有潜力的作者，离不开章士钊作为资深编辑所具有的敏感和眼力；而《甲寅》"排孔而尊耶"的文化立场，在筛选读者的同时也在筛选着作者，它对志同道合的作者有强烈的吸附和聚集效应，从而奠定了《新青年》作者队伍的雏形。

也许从《甲寅》杂志本身短暂的发展过程来看，章士钊与陈独秀、李大钊、胡适、吴虞等人的关系是一种再普通不过的编辑和作者之间的关系，很难说有何种特殊的意义。然而，从《新青年》杂志的角度来看，章士钊与他的这些短期合作者（有些只写了很少的文章）之间建立的却是一种松散、无意识然而却极其"有效"的联系。在这里，章士钊扮演的角色更像是一位组织者，在他打造的这个平台上，具有某些相近社会、政治、文化观念的作者逐渐聚集在一起，虽然并没有结成固定的团体，但已然发出了某些共同的声音。有意思的是，由于陈独秀的存在，《甲寅》时期萌发的这种人际联系在章士钊淡出之后并没有消失，反而在《新青年》时期得到了进一步的强化。

---

[1] 1916年12月6日，吴虞第一次向《新青年》投稿四篇文章，其中就有这两篇曾向《甲寅》投过的旧文，后来分别发表在《新青年》第3卷第4号和第3卷第5号，见《吴虞日记》（上），第273页。

二

  《甲寅》与《新青年》的人事联系不仅仅局限于作者团队的渊源，这两家刊物与出版发行机构之间以及两家出版机构之间都有千丝万缕的联系，这或许是导致它们具有特殊亲缘关系的另一原因。

  1901年，汪希颜、汪孟邹兄弟先后入南京江南陆师学堂学习，与章士钊、赵声成为同学，并结识了逃亡在宁的陈独秀。1902年汪希颜去世之后，汪孟邹仍然与章士钊、陈独秀等保持着密切的联系。"二次革命"失败后，亚东图书馆也始终在经济上支持着柏文蔚、陈独秀等人的反袁活动。[①]由于共同的思想背景和革命经历，汪孟邹的科学图书社和亚东图书馆始终是陈、章等人值得信任的出版阵地。[②]章士钊虽然在办《甲寅》之前就已经在舆论界创下显赫名声，但直至《甲寅》，才可以说真正拥有了属于自己的刊物。《苏报》时期，章士钊只是受雇之主笔，虽然有老板陈范的信任，能放言无忌，但不得不有经济上之考虑；《民立报》时期，章士钊则因在政治观点上与同盟会有所冲突，备受指责攻击；《独立周报》时期，初期无事，后则因王无生暗中接受袁世凯津贴，愤而出走。章士钊独立不倚的办报宿愿始终没能实现。因此，当他为形势所迫，必须将《甲寅》发

[①] 见汪原放《回忆亚东图书馆》，第33—34页。
[②] 陈独秀主编的《安徽俗话报》就是由汪孟邹主持的芜湖科学图书社出版发行，由章士钊办的上海大陆印刷局承印，见汪原放《回忆亚东图书馆》，第15页。

行权转让之时，首先想到的自然就是亚东图书馆。第1至第4期的《甲寅》出版于日本，由于资料匮乏，现在已很难确定这四期《甲寅》具体是怎样发行的。不过章士钊曾经回忆，《甲寅》第1期的赠阅和邮寄都是由自己家人经手。由此看来，前期《甲寅》的出版发行工作可能都是由章士钊自己来联系的。这似乎可以从《甲寅》1至4期杂乱无章的广告编排上略见端倪。从伊文思图书公司的更名通告到各小型书局的新书广告，从印刷、电镀技师的自荐到"人造自来血"的吹嘘乃至"民国艳史丛书"，都曾登上《甲寅》的广告栏，与严肃理性的政论刊物定位相去甚远，倒是更接近当时商业刊物的作派。这显然不是章士钊有意为之，而是由于当时他的经济条件还远没有宽裕到可以挑选广告客户的地步。然而，在亚东图书馆全盘接手《甲寅》的印刷、出版、发行工作之后，这种情况发生了根本性的改变。虽然由于印刷改在上海，纸张和版式有所改变，但广告版面整洁了许多——牙医和"自来血"广告消失了，取而代之的是亚东图书馆自家书籍和群益书社出版物的广告，此外也为《正谊》和《科学》杂志刊登了几次通告。由于这些客户与亚东图书馆的渊源，这些广告很可能都属于"友情赞助"的性质，因而无法给亚东带来什么经济利益。所以，发行权的易手对章士钊而言固然是有利无弊，可以使他心无旁骛，致力于写作和编务。但对于亚东图书馆而言，却意味着要承担一定的经济压力，这对于小本经营的亚东图书馆来说并不容易。自1913年依靠2000元股本在上海开业，到1918年为止，亚东一共只出版了6

种图书。①这些图书的销量大多并不理想,在店主汪孟邹的日记中经常有"社务乏款,焦急之至""芜(芜湖)款未到,焦灼万分""暂借到洋五百元,真正可感"之类的记载,可见其经营不易。②在如此窘迫情况之下,亚东图书馆能够接过《甲寅》的发行事务,固然是因为对章士钊的能力与声望有相当的信心,同时不能不说与他们之间的旧交有很大关系。③

由于和汪孟邹同是皖人,陈独秀与亚东图书馆的关系更非同一般。亚东的前身"芜湖科学图书社"创办的第二年,就出版发行了陈独秀主编的《安徽俗话报》。汪孟邹走出安徽到上海开店,也是出于陈独秀的建议。④"二次革命"失败后,陈独秀亡命上海,穷困潦倒之中,正是依靠替亚东编辑了一套《新体英文教科书》救急。因此,陈独秀筹划出版《青年杂志》杂志,首先也是选择与亚东图书馆合作。但是,由于亚东图书馆此时已承担了《甲寅》的发行,已无力再负担一份刊物,遂转而介绍给了群益书社。对此,汪孟邹有真切的回忆:

民国二年(1913年),仲甫亡命到上海来,"他没有事,常要到我们店里来。他想出一本杂志,说是只要十

---

① 汪原放:《回忆亚东图书馆》,第23页。这六种图书是胡晋接、程敷锴合编的《中华民国地理讲义》《中华民国分类地理挂图》《中华民国地理新图》,CC生(陈独秀)编《新体英文教科书》,方东树著《昭昧詹言》和章士钊编《名家小说》。
② 汪原放:《回忆亚东图书馆》,第32页。
③ 亚东图书馆与章士钊的关系持续甚久。1919年亚东图书馆因为出售无政府主义书籍,导致店主汪孟邹被捕,正是由于章士钊从中设法,仅罚款了事。见汪原放《回忆亚东图书馆》,第49—50页。
④ 汪原放:《回忆亚东图书馆》,第23页。

年、八年的功夫，一定会发生很大的影响，叫我认真想法。我实在没有力量做，后来才介绍他给群益书社陈子沛、子寿兄弟。他们竟同意接受，议定每月的编辑费和稿费二百元，月出一本，就是《新青年》（先叫做《青年杂志》，后来才改做《新青年》。"①

亚东图书馆在如此窘境中，能够想到让群益书社来出版《青年杂志》，而群益书社也愿意在前途未卜的情况下担负起这份风险，正凸显了两家书店有着非同寻常的关系。事实上，早在科学图书社时期，汪孟邹去上海办货办书，就在章士钊的《苏报》馆里认识了群益书社创办人陈子沛，并在群益书社搭铺借宿。②亚东图书馆开张时出版的几种地图，也是由群益书社帮助在日本印刷。尤其值得注意的是，就在《甲寅》已经发行和《青年杂志》筹备问世的1915—1917年初，亚东图书馆和群益书社曾经谋划合并，吸收安徽、湖南两处的资本，组建一家新的公司，陈独秀、章士钊、柏文蔚等亚东老友均奔走其间，积极参与其事，因此《青年杂志》的出版发行从亚东转到群益也就并不令人奇怪。③此外，这两家书店关系之好，还可以从它们各尽所能为对方捧场看出。在亚东接手之后的《甲寅》杂志上，群益书社出版物的广告比自家的广告更多，几乎占据了《甲寅》全部广告版面的三分之二，并且在第8号封底和第9

---

① 汪原放：《回忆亚东图书馆》，第31—32页。
② 汪原放：《回忆亚东图书馆》，第21页。
③ 汪原放：《回忆亚东图书馆》，第34—36页。

号的扉页位置连续刊登了《青年杂志》的出版预告。群益书社也同样投桃报李，在《新青年》上多次辟出专门版面对亚东的《中华民国地理讲义》等看家书籍以及代为发行的《建设》《新潮》《少年中国》等刊物进行广告宣传。

虽然《甲寅》《新青年》与亚东、群益之间的合作方式带有浓厚的人情色彩，用现代商业运营的标准去衡量，其结局可能难如人意。但或许正是这种"前现代"的、带有乡土色彩的企业运作方式，才能够在激烈商业竞争的环境中，为非主流的思想和言论留出一丝缝隙和空间。随着近代出版业的发展，上海等一些口岸城市出现了大量中小书局，亚东图书馆和群益书社正是这些中小书局的代表。《甲寅》《新青年》这样的重要杂志由亚东和群益这样的家族式小书局而非商务、中华等大型出版机构出版发行，并非特例，反而是民初相当普遍的文化现象。正是中小民间出版机构的纷纷出现，为文化事业的多元化以及新思想的传播提供了必要的土壤和空间。

结　语

如上所言，《甲寅》与《新青年》之间的渊源，值得重新诠释之处，正在于诸多社会性因素在其中发挥了相当重要的作用，章士钊、陈独秀的私谊以及前者与出版界的人脉是其中一大关键。在清末民初政界，章士钊以阐发学理见长，陈独秀则热衷于投身实际革命，而二人皆为著名之报人，既有独立之思想，亦有强健之笔力，更有广泛之人脉，于是乃会聚李大钊、高一涵、易白沙、胡适、杨昌济、易培基、吴虞等人于《甲寅》，掀动言论，执舆论界一时之牛耳。后得益于亚东图书馆及群益书社之助，乃有陈独秀之《新青年》破土而出，新文化运动就此发轫。就其中彼此胶结的人事、经济关系而言，从《甲寅》到《新青年》，种种机缘凑泊之难得，几乎使之成为无法复制的一段传奇。这也从一个侧面提醒人们，作为复杂的历史过程，新文化运动的发生并非几条坚硬的"历史必然律"所能轨范，政事、制度、市场乃至琐细如私人情谊者，都有可能于关键时刻"即兴表演"，[①]从而推动历史的转进。

---

① 托克维尔：《托克维尔回忆录》，董果良译，商务印书馆，2004，第94页。

五四新文化运动"修正"中的"志业"态度
——对文学研究会"前史"的再考察

姜 涛

将创立于1921年的文学研究会归因于"为人生"的启蒙立场，或仅从文学独立性的角度进行阐释，都有失笼统，并不能真正揭示"以文学为业"——这一"志业"态度，究竟发生于何种思想脉络之中，与"五四"时期的社会思潮又存在着怎样的对话关系，在其内部又交织着怎样的张力。事实上，在文学研究会成立之前，郑振铎、瞿秋白、耿济之、瞿世英等发起者，都曾投身于"五四"时期的社会改造实践，他们后来对文学的参与以及理解，无疑也会携带着上述实践的痕迹。因此，稍稍将视线前移，重新考察文学研究会发起之前郑振铎等人的言论及活动，或许能提供一个具体而微的视角，再次从起点审视在"五四"与"文学"之间，到底发生了怎样的"塑形性"关联。

一、"纸上的事业"之"修正"

所谓文学研究会的"前史"，并不是什么崭新的话题，在描述该社团缘起时，一般论者都会提及郑振铎、瞿秋白、耿济之、瞿世英、许地山等人在1919年以社会实进会的名义创办的《新社会》旬刊，以及1920年创办的《人道》月刊。这两份刊物的创办，不仅为文学研究会"提供了最初的核心人物"，也提供了最初的"社团和刊物的组织经验"。[①]但单纯着眼于群体构成、组织形式、文学观念等方面的延续性，还不足以呈现这段"前史"的重要性，与其孤立地描述社团、刊物的历史，不如将"五四"时期整体的社会思潮纳入到视野中。

《新社会》杂志依托的社会实进社成立于1913年，本来是北京基督教青年会下属的学生组织，以社会服务、改良风俗为宗旨。五四运动爆发后，郑振铎、瞿秋白、耿济之、瞿世英等几个大学生，由于"平常见面多，比较熟悉"，也"成了一个小单位"。[②]当这个"小单位"承担了《新社会》的编辑工作，在延续"社会服务"的思路的同时，他们也试图淡化其中的教会色彩，试图将这种思路和"五四"普遍的社会改造思潮联系起来。在他们的努力下，这份杂志也获得了相当的反响，与《解放与改造》《少年中国》及《时事新报》等报刊一起，被当局视为"以改造社会、推翻旧道德为标帜，掇拾外人过激言论，迎合少年浮动心理"的激进杂志。[③]终于在1920年5月1日推出劳动

---

① 石曙萍：《知识分子的岗位与追求——文学研究会研究》，东方出版中心，2006，第1—11页。
② 郑振铎：《记瞿秋白早年的二三事》，《郑振铎全集》第2卷，花山文艺出版社，1998，第630页。
③ 此种评断出自浙江督军卢永祥、省长齐耀珊发给北洋政府的密电，见《北洋政府国务院档案》。转引自陈福康《郑振铎年谱》，书目文献出版社，1988，第24页。

专号后,《新社会》因"主张反对政府"被禁,"小单位"的同人转而创办了《人道》月刊。

虽因"过激"之名遭到查禁,但值得注意的是,《新社会》群体的态度实际上并不十分激进。相反,他们自觉采取的倒是一条温和的改造路线。由郑振铎撰写的发刊词,就明确将"我们"的态度和方法定位于"向下的""渐进的""彻底的""慎重的"与"诚恳的",并请读者予以批评讨论。①在随后的《我们今后的社会改造运动》《再论我们今后的社会改造运动》等文中,郑振铎又进一步重申了上述态度,并说明他们之所以要从一点一滴的实际做起,如办学堂、通俗报刊、演讲会,进行社会调查等,目的无它,是为了纠正当时文化运动局限于智识阶级、不切实际、范围广漠等问题,"这样做去,在表面上看起来,似乎功效很慢,又没有什么很大的影响,但这就是达到社会改造目的之惟一方法,舍此以外,再没有别的捷径可寻的了!"②如果抽离了历史情境,这样的表述似乎并无特别之处,但在1919年底这一特定时刻,它却暗示出:当这个"小单位"形成并正式向社会发言的时候,他们并不是一般性的表态,而是对自己的发言角度、立场,已经有所考虑、有所选择了。

出于对民国政治活动的普遍厌弃,从思想、伦理、文化入手的社会改造,成为"五四"一代知识分子更为青睐的方案,而在方法和手段上,也存在着诸多的争议,诸如"问题"与"主义""点滴的改造"与"根本的解决"之间的冲突,就显示

---

① 郑振铎:《新社会》发刊词,《新社会》创刊号,1919年11月1日。
② 郑振铎:《我们今后的社会改造运动》,《新社会》第3号,1919年11月21日。

了新文化运动内在的张力。《新社会》杂志创刊的1919年下半年，北京的知识界就爆发了著名的"问题"与"主义"之争。这场争论后来被叙述为自由主义者与马克思主义者分化的标志，但诚如有学者分析的那样，冲突的双方其实不存在决然的对立，相互渗透的情况倒经常发生。①尤其是当新文化运动流于一种"纸上"的概念运动之时，出于对各种时髦"主义"的厌弃，对一点一滴实际运动的重视相当普遍。《新社会》群体最初选取的路线，似乎就呈现于这种背景中，与当时知识界的风气变动不无关联。比如，郑振铎多次指摘时人热衷的"纸上的事业"，说："现在什么改造、解放，各处？都说得很热闹。可是他们都是纸上的文章。见之实行的有几个人？"②"纸上的事业"这一提法，并不是他的个人发明，此前胡适的《多研究些问题，少谈些"主义"》已经指出："偏向纸上的'主义'，是很危险的。"③在当时的报刊上，类似的说法也屡见不鲜。再有，上文提到的郑振铎《我们今后的社会改造运动》一文，全面阐发了《新社会》群体"点滴改造"的思路，该文恰恰是郑振铎和耿匡拜访陈独秀后撰写的，其中的许多说法，也直接受到了陈的启发。④有意味的是，此文发表后，上海《时事新报》主笔张东荪也注意到了，还专门写了《现在的文化运动是否应得修

---

① 罗志田：《对"问题与主义"之争的再认识》，《激变时代的文化与政治——从新文化运动到北伐》，北京大学出版社，2006。
② 郑振铎：《纸上的改造事业》，《新社会》第8号，1920年1月11日。
③ 胡适：《多研究些问题，少谈些"主义"》，《每周评论》第31号，1919年7月20日。
④ 郑振铎：《我们今后的社会改造运动》，《新社会》第3号，1919年11月21日。

正?》一文进行回应。对于郑振铎提出的方案,张东荪虽然颇多不满,但也不乏认同之处:"譬如郑君上头所说的第二条,说现在的文化运动多半是纸上的,这种见解便与我相同。"[①]张东荪的回应,让郑振铎非常兴奋,此后不断投稿《时事新报》,就文化运动的走向等问题,与张进行了更多的讨论。

在新文化运动形成的权势网络中,《新社会》群体所占据的显然不是什么中心位置,与《新青年》《新潮》《少年中国》等群体相比,他们在背景、学识、文化资本等方面,都处于某种劣势。这在某种意义上决定了他们对文化讨论的参与,更多显现出一种位居"下游"的依附性。郑振铎与胡适、陈独秀、张东荪等人的对话关系,就显示了这一点。但无论怎样,在1919年底到1920年上半年,他们主动选择的改造路线,是吻合于当时知识界的普遍潮流的,用张东荪的话来说,即:当新文化运动逐渐自我空洞化,甚至流于一场"纸上的事业"时,所谓"修正"的思路便应运而生。更为重要的是,在这样的潮流中,《新社会》群体不仅选取了相应的路线,而且这一路线也在"修正"中不断被再"修正",某种"分工"进行的专业意识,也随之浮现了出来。

二、"固本培元"的"分工"之途

上文提到,当空谈"主义"成为一种风尚,对新文化运动

---

① 东荪:《现在的文化运动是否应得修正?》,《时事新报》1919年11月26日。

的方向进行"修正"的呼声四处传来，但具体的"修正"方式却各有不同。如果说《新社会》群体所鼓吹的从实际做起、从下层入手、着眼于小区域等，代表了一种"自下向上"的社会启蒙与社会重建思路；那么除此之外，还有另一种声音颇为强劲，那就是强调应从学理的角度，乃至专业分工的角度，为这场运动奠定稳固的知识基础。1920年初，在给《少年中国》月刊编辑的信中，《学灯》编者宗白华曾不客气地指出：

> 现在一班著名的新杂志（除去《北京大学月刊》同《科学》杂志），都是满载文学的文字同批评的文字，真正发阐学理的文字极少，只能够轰动一班浅学少年的兴趣，作酒余茶后的消遣品，于青年的学识见解上毫不增益，还趾高气扬的自命提倡新思潮。

他建议《少年中国》月刊以后发表的文字，"篇篇都有学理的价值"，根本打破"一切主观直觉的思想"。[①]对于"杂志之学"的反感以及对系统研究的强调，宗白华不是第一次表露，在"杂志之学"的持续批判中，他进一步提出了"分工"的重要性。在《我对于新杂志界的希望》一文中，他采用一种生物进化的想象，认为新出版物的雷同与笼统"好像是原始生物的时期"，"但是我们的目的总是要向着分工的一途（进化）做去"，以后新出版品应该"每一种就有一个特别的目的，特别

[①] 宗白华：《致〈少年中国〉编辑诸君书》，《少年中国》第1卷第3期，1919年9月15日。

的范围",因为在宗白华看来,"'分工'就是'进化'最大的表示"。①

将专业化的知识分工,当作是修正"纸上的运动"的关键,这并不是宗白华的个人看法,类似见解也被当时相当多的人分享。在五四运动一周年之际,《新潮》"大将"罗家伦撰写了长文《一年来我们学生运动底成功失败和将来应取的方针》,此文以"穷则变——变则通——通则久"为副题,目的在于全面反思一年来的学生运动,针对出现的弊病提出解决之道,以求"固本培元",以"养成真正永久的活动"。在罗家伦看来,导致"五四"学生运动"失败"的原因,最后归结到一点,"就是因为我们只知道做'群众运动'","在现代最重要不过的根本问题,可以说是文化运动了!我们这次运动的失败,也是由于文化运动基础太薄弱的缘故"。为了进行纠正,他提出的最终方案则是:"最要紧的,就是要找一班能够造诣的人,抛弃一切事都不要问,专门去研究基本的文学哲学科学。世局愈乱,愈要求学问!"显然,在罗家伦的眼里,只有系统的文化运动才能解决"五四"的内在危机,起到"固本培元"的效果,而分工进行的知识活动,也被当成了最为紧迫的任务。

基于社会分工的"专业化"取向,是现代知识生产不可避免的趋势。在著名的《学术作为一种志业》中,韦伯就谈道:"学问已进入一个空前专业化的时代,并且这种情形将永

---

① 宗白华:《我对于新杂志界的希望》,《时事新报·学灯》1920年1月22日。

远持续下去。"①韦伯的问题框架当然不能随意挪用,"五四"时代中国的情境有相当的不同,但对于那一代知识分子而言,"专业化"的问题并不是某种"后设"的虚构。自晚清以降,随着"四部之学"向"七科之学"的转化,以"分工"为前提的现代知识体系,已逐渐深入人心,对学术独立性、专业性的强调,也是以蔡元培、胡适等为代表的知识分子群体一贯的思路。然而,"五四"之后出现的对"分工进行""系统研究"的渴望,并不简单呈现于现代学科、知识体制自然扩张的脉络之中,而是内涵了一种特定的历史紧迫感。简单地说,突然骤起的学生运动,让一代青年走上了历史的舞台,他们在相当短的时间内,感受到自身蕴涵的社会能量、同时也囫囵吞咽了各种流行的观念,怎样消化那些异质的,甚至是彼此冲突的思想资源,使激进的"行"得以在一种稳定的"知"的基础上展开,成为许多青年面对的问题,某种知识上的焦灼感因而也普遍存在。1920年11月,在湖南从事社会运动的毛泽东,致信身在法国的萧三,信中就专门谈道:

> 我意你在法宜研究一门学问,择你性之所宜者至少一门,这一门便要将他研究透澈。我近觉得仅仅常识是靠不住的,深慨自己学问无专精,两年来为事所扰,学问未能用功,实深为抱恨,望你有以教我。②

---

① 钱永祥编译《学术与政治:韦伯选集(1)》,台北:远流出版事业股份有限公司,1991,第138页。
② 引自中共中央文献研究室编《毛泽东年谱:一八九三——一九四九》上卷,中央文献出版社、人民出版社,1993,第73页。

在"五四"后一两年里，毛泽东曾多次做出这样的表白，他也一直希望通过成立"自修大学"等方式，弥补自己在知识上的不足。与毛泽东所代表的边缘知识分子相比，宗白华、傅斯年、罗家伦等人的情况还有所不同。在某种意义上，他们具有更完备的现代知识结构，后来也都曾有留学欧美的经历，因而在他们身上，能看出一种对学术生活本身的兴趣。他们也确实希望通过系统的研究，通过现代科学体系的建立，来确立文化运动的基础，这也就是"固本培元"的含义所在。依照某种阐释，他们努力的目标在于建立一个精英性的"学术社群"，让潜心于各种专业的现代专家发挥指导性作用，逐渐使中国的文化、政治步入合理化的现代轨范。[1]

值得提及的是，1920年7月，少年中国学会还曾发起一次会员终身志业调查，理由是"夫个人不自知其终身欲究之学术与欲做之事业，则其人必终无成就。团体若不自知其各分子终身欲究之学术与欲做之事业，则其团体必无成就，可断言也"。[2]在这项调查中，"志业"的提法饶有意味，它不仅与韦伯的概念"Beruf"之汉译"志业"恰好重合，也体现了大致相似的诉求，即：在现代的社会分工中，去从事某项事业，应当以一种明确的专业意识为前提，它要求一种全身心的价值投入感。无独有偶，"终身的事业"这个提法也出现在文学研究会宣言中：

---

[1] 对此问题的分析，参见王汎森《"主义"与"学问"：1920年代中国思想界的分裂》一文中有关"五四"前后所谓"新学术运动"的叙述，许纪霖主编《启蒙的遗产及反思》，江苏人民出版社，2010，第221—255页。
[2] 此项调查由少年中国学会欧洲同人提议，引文出自《致少年中国学会》，《少年中国》第2卷第4期，1920年10月15日。

"我们相信文艺是一种工作,而且又是于人生很切要的一种工作;治文学的人也当以这事为他终身的事业,正如劳农一样。"这段高调的论述,不仅传达了"为人生"的理念,同时也体现出一种鲜明的专业意识。它虽然出自周作人之手,但未尝不可看作是文学研究会发起者的共同心声。就本文的话题而言,这种专业意识也不是凭空产生的,相关的线索已包含在他们《新社会》时期思路的转换之中。

三、从"向下的运动"到"根本的学问"

虽然从创刊之日起,《新社会》群体就试图与诸多"纸上的事业"区分开来,尝试一条"自下向上"的社会改造道路,但实际上,在他们后来展开的工作中,这种方案并没有得到有效实行。1919年11月,郑振铎和耿匡拜访陈独秀之时,陈曾建议《新社会》改变体裁,变成一种"通俗的报纸,记载本会附近地方的新闻,随事发挥议论,专卖给一个地方的人看"。这种建议无疑吻合于《新社会》"从小区域"做起的思路,但郑振铎等人最终还是没有接受,依然将刊物定位于"传播社会学问的机关",登载"社会研究的著作",至于通俗报纸的刊行,"则俟之将来另外组织"。①

暂时放弃下层的启蒙运动,或许与这项工作的难度及可行性的缺乏有关,但更值得关注的,是郑振铎等人思路的转变。

---

① 郑振铎:《我们今后的社会改造运动》,《新社会》第3号,1919年11月21日。

1920年4月，在给张东荪的信中，郑振铎这样写道："现在的新文化运动，实在有修正的必要！前天我在时事新报上看见你的时评，也如此说。不知有什么具体的办法？"[①]他提到的时评，大概是张东荪在4月16日《时事新报》上发表的《再答一苇君》，此文坦明了张的"修正"思路："我所谓修正文化运动也是指此。将来果真人人不法这些直观的见解而埋头去研究一种学问，便是我们修正的效果。"这种说法与宗白华等人的相近，也是《时事新报》的基本论调，郑振铎的表态似乎又是在迎合这种风气。在这封书信中，郑振铎还反省了自己以前的"修正"方法，亦即《我们今后的社会改造运动》中提出的"自下向上"的点滴改造方案："现在想起来，似乎过于具体，并且也已经过时；因为现在大家差不多都渐渐的趋向这一方面——向下的运动——来了！我想现在的修正应该从运动者的本身上着想。"具体说来，这里所说的运动者本身的"修正"，说白了就是从所谓的"根本的学问"入手："就是从前从事杂志事业的人，现在渐渐的有许多人觉着自己学问的不够，重又从根本上做工夫，实心实意地研究起学问来。这实在是一个极好的现象——我有许多朋友都是如此！中国文明的再造，或者可以实现了！"[②]表面看，郑振铎重申的不外是"修正"的老调，但"此"修正已非"彼"修正了，它的重心已从"自下而上"的社会启蒙转向了"实心实意"地研究学问。

　　过去的方案已然"过时"。"修正"的本身也需要及时调

---

① 郑振铎：《通讯》，《时事新报·学灯》，1920年4月22日。
② 郑振铎：《通讯》，《时事新报·学灯》，1920年4月22日。

整，在郑振铎言论的转向里，仍不难看出上文言及的那种依附性。但"变"中也自有"不变"：一方面，是反拨"纸上运动"的点滴渐进、自下而上的改造思路；另一方面，又保持着"传播社会学问"方案，仍回到"纸上的事业"，二者看似有些矛盾，但实际上紧密关联。在《新社会》之后的《人道》杂志上，一位作者就明确地指出了点滴改造与"分工"进行之间的关系。在《人道》创刊号上，陈其田连续发表了两篇文章，强调"社会越发展，职业就越复杂，分门别类，一界一界渐渐的自树一帜起来"。①而各"界"的分化，恰好与"零碎的社会事业"相关，因为这种事业的"手段不是'批发'的却是'零碎'的，不是空谈却是实行，看症下药，分门别类"。②在这位作者看来，在"批发"与"零碎"、"空谈"与"实行"的对峙中，"分工"似乎也成为点滴改造的具体手段。陈其田大谈各"界"的分化，目的无他，只是想强调当时"短了一个社会界"，而这恰好是《新社会》《人道》群体的强项，他们的"分工"意识也突出表现在对"社会学"的译介上。

四、"社会学"抑或"文学"

对于社会问题的重视，本来就是《新社会》的一大特色，曾多次发表社会调查或研究，就"女佣""婚姻""犯罪""强奸

---

① 陈其田：《短了一个社会界！》，《人道》创刊号，1920年8月5日。
② 陈其田：《零碎的社会事业与新文化运动》，《人道》创刊号，1920年8月5日。

自杀"等问题展开讨论。1920年初,社会实进社还召开会议,决定该刊须"注重社会学说的介绍,每期应有一篇社会研究的著作,由瞿世英、许地山、郑振铎三君担任"。①在谈及"书报介绍"的时候,他们也明确表示:"我们的介绍是以关于社会科学及社会问题的书籍为限,而不涉旁的科学的。"②将刊物的重心设定于社会学一项,此承诺也基本得到实现。在《新社会》以及后来的《人道》上,有关社会学知识及研究方法的介绍,都占有相当的版面。在1920年4月社会实进会的会议上,还通过了瞿世英的提议,邀请各大学教授及社会学专家演讲社会问题、社会学原理及世界各国的社会问题。③

谈论中国社会学(社会科学)的发展史,一般都要从康有为、梁启超、严复等人对"群学"(社会学)的阐发讲起,自清末民初,包括早期的生物社会学、稍后的心理社会学,甚至处于萌芽阶段的文化社会学,都曾被引进中国,并渗透到诸多社会政治问题的讨论中。④在"五四"时期,社会改造思潮的兴起,更是推动了这门学科的发展,⑤《新社会》群体的译介工作,自然呈现于这样的背景中。但他们对社会学的这种"偏

---

① 《北京社会实进会消息》,《新社会》第8号,1920年1月11日。
② 郑振铎:《书报介绍:关于社会科学及社会问题的》,《新社会》第11号,1920年2月11日。
③ 郑振铎:《北京社会实进会纪事》,《人道》创刊号,1920年8月5日。
④ 有关社会学在中国的早期传播,见姚纯安《社会学在近代中国的进程(1895—1919)》,生活·读书·新知三联书店,2006。
⑤ 社会学家孙本文曾言:"欧美新文化思潮,源源输入,社会科学思想,渐受知识分子的重视,而尤以五四运动以后为盛。社会学的译著,亦渐见增多,各大学中添设社会学课程,并进而创办专系,造就人才。"(孙本文:《当代中国社会学》,胜利出版公司,1948,第20页)

爱"，似乎也与社会实进会的性质及资源有关。在社会学的历史展开中，教会因素的介入是一个饶有意味的话题。譬如在美国，社会学的发展就依靠于一批热衷于社会改革的人士，许多早期美国社会学家都是牧师的儿子，或本人当过牧师，或在神学院就读。美国社会学协会的最初几任会长，在成为社会学家之前，都曾担任过新教牧师的职务。[1]社会学在中国的萌芽，在某种意义上，也离不开教会主办的教育事业。最早将社会学作为一门学科引入学院，并专门培养这一类专业人才的，就是美国基督教会在上海开办的沪江大学。[2]据郑振铎回忆，"五四"前一年，他常到北京基督教青年协会的图书馆看书，由于那里社会学方面的书籍很多，"我最初很喜欢读社会问题的书"，并认识了青年会干事步济时。这个美国人步济时，后来成为燕京大学社会学系的教授，还曾一度担任过系主任。1918—1919年间，他与美籍教士甘博（S. D. Gamble）仿照美国春田社会调查的成例，调查北京的社会状况，结果于1921年用英文在美国出版，书名为《北京——一种社会调查》（Peking, A Social Survey），"这是我国都市社会调查的开端"。[3]正是在这个图书馆里，在步济时的指点下，郑振铎等几个青年走到了一起，形成了一个"小单位"，对社会学的兴趣被激发出来。[4]

详尽讨论《新社会》群体对社会学的译介，并不是本文的

---

[1] 王康主编《社会学史》，人民出版社，1992，第112页。
[2] 该校于1913年设置了社会学系，由美国教授授课，参见韩明谟《中国社会学史》，天津人民出版社，1987，第36页。
[3] 孙本文：《当代中国社会学》，第211页。
[4] 郑振铎：《想起和济之同在一处的日子》，《郑振铎全集》第2卷，第580页。

重点,值得关注的是,几乎是在同时,他们也开始着手另外的工作。在北京基督教青年协会的图书馆里,不仅社会学方面的书籍丰富,俄国文学名著的英译本也最多,而那个美国人步济时,"他是研究社会学的,思想相当的进步,而且也很喜欢文学"。①在这个图书馆里,郑振铎等人不仅接触到了社会学,文学之门也向他们敞开了。就在《新社会》大力向读者推介"社会学"的同时,郑振铎、耿济之、瞿秋白等人翻译俄罗斯文学的工作也热烈地展开。耿匡、瞿秋白在《新中国》杂志上连续发表了大量俄罗斯文学的翻译,郑振铎相继撰写了《俄罗斯文学底特质及其略史》《写实主义时代之俄罗斯文学》《俄国文学发达的原因与影响》等论文,②《俄罗斯名家短篇小说第一集》也于1920年7月由《新中国》杂志社出版。他们的译介工作,也产生了相应的影响,后来该群体成员参与蒋百里主持的"共学社丛书"译编,进而得以与商务印书馆接洽,乃至文学研究会的创立,都肇始于1920年间他们对俄国文学的"极力介绍"。

从类型上看,"社会学"与"文学"肯定属于不同的领域,但在《新社会》群体这里,介绍社会学与翻译俄罗斯文学,这两项工作之间并不存在冲突,③它们完全可以齐头并进,共同包容于新文化运动的自我修正方案中——社会改造运动应从运动者

---

① 郑振铎:《回忆早年的瞿秋白》《郑振铎全集》第2卷,第625页。
② 上述几文分别发表于《新学报》第2期,《新中国》2卷7期—8期,《改造》第3卷第4期。
③ 直至1921年6月,郑振铎在一篇随感中仍强调:"文学与科学与哲学与社会主义并不冲突。"(郑振铎:《随感录》,《民国日报·觉悟》,1921年6月8日)

本身的改造着想，最终都服务于"中国文明的再造"。①从他们的角度看，在新文化运动的整体构架中，"文学"和"社会学"一样，不单是自我情感、经验的表达艺术，同时也是一门有用的"学问"，需要以"工作"的方式来推进，而文学研究会成立后，他们除致力于翻译、批评等工作外，也十分重视"文学"知识的普及，思路与《新社会》时期大力译介"社会学"，似乎也并无二致。

五、在"文化运动"与"社会运动"之间

无论是大力介绍社会学，还是翻译俄罗斯文学，从文学研究会的这段"前史"中可以看出，"以文学为业"的态度，不是抽象提出的，而是深深地嵌入到"五四"社会改造思潮的脉络之中，与当时新文化运动之"修正"意识紧密相关。这种"起点"决定了文学在郑振铎等人那里，作为一种工作，或作为一种"志业"，一方面发生于"固本培元""分工"进行的思路之中；另一方面，它又绝非是一个封闭于自身的场域，而是关联着社会改造、伦理革命等诸多命题。换句话说，知识传播与社会改造、专业分工与互助联合，在他们的眼中，还不是彼此冲突的领域，而是能够相互沟通、相互推动。②从某个角度说，正是这种内在的开放性和有机性，而非"为人生"的笼统理念，

---

① 郑振铎：《通讯》，《时事新报·学灯》，1920年4月22日。
② 事实上，《新社会》同人在社会学、文学译介之外，并没有放弃其他社会活动，仅以"小单位"中最活跃的郑振铎为例，他的身影也常现于其他小组织之中。

或许才是郑振铎等人文学"志业"态度的历史独特性所在。

如果扩展来看,这种态度也并非孤立,它发生于"社会运动"与"文化运动"之间有机关联的总体想象之中。依照"五四"时期的思想逻辑,文化、伦理的变革最终导致社会的变革,不同的"场域"不仅交错重叠,而且应该呈现出"一元化"状态,用陈独秀的话来讲:文学、政治、伦理本是"一家眷属"。[1]1920年初,郑振铎曾有所针对地称:"俄罗斯革命的成功,人家说是列宁们的功绩,我却说是虚无党十年来改变方针,鼓吹农民的效果。没有他们的传播运动,我恐怕俄国到百年后还没有革命呢?"[2]这里,他强调的是下层启蒙的重要性。一年多以后,他又有这样的表述:"假使没有托尔斯泰这一批悲壮、写实的文学,将今日社会制度,所造出的罪恶,用文学的手段,暴露于世,使人发生特种感情,那所谓'布尔什维克'恐也不能做出什么事来。"[3]这两段话的表述方式十分相似,社会革命的发生要追溯更根本的动因,只不过"由下向上"的社会启蒙,被替换为"悲壮、写实"的文学。

然而,文化与政治的有机贯通构成了"五四"新文化的独特性,但某种内在的紧张也一直存在,"五四"之后激进思潮的分化线索或许就包含其中。以《新青年》为例,在杂志创办之初,陈独秀就明确宣称:"盖改造青年之思想,辅导青年之修养,为本志之天职。批评时政,非其旨也。"[4]日后,《新青年》

---

[1] 陈独秀:《答易宗夔》,《新青年》第5卷第4号,1918年10月。
[2] 郑振铎:《社会服务》,《新社会》第7号,1920年1月1日。
[3] 郑振铎:《文学与革命》,《文学旬刊》第9号,1921年7月30日。
[4] 记者(陈独秀):《答王庸工》,《青年杂志》第1卷第1号,1915年9月15日。

的重心的确落在思想、伦理、文学之改造上，但对于时事政治，也一直保持着强烈的关注，有关"孔教"等问题的批判，也指向共和与帝制的纷争。在文学研究会的"前史"中，类似的紧张也同样存在。瞿秋白曾言《新社会》停刊后，《人道》的倾向已有所转变："要求社会问题唯心的解决。振铎的倾向最明了，我的辩论也就不足为重。"①对此，郑振铎也有追述，他谈到《人道》月刊定名时，瞿秋白当时表示了反对，原因是"秋白那时已有了马克思主义者的倾向，把一切社会问题，作为一个整体来看，我们其余的人，则往往孤立的看问题，有浓厚的唯心论的倾向"。②《人道》之名引发的这场小小的争论，经常为后人提及，以表明"五四"之后该群体的分化。但事实上，即使是在《新社会》的时期，瞿秋白的声音也有些异样，对于当时热闹的社会改造思潮，他表现出了更多的反思意识，明确地将文化运动、群众运动与社会运动区分开来，暗示从文化运动到社会运动尚有很大的距离。③

瞿秋白的相关言论，暗含了某种忧虑和抵拒。在"五四"之后激变的社会氛围中，特别是在各种乌托邦式的社会改造实践纷纷挫败之后，"文化运动"与"社会运动"之间的自动关联，也受到了越来越多的质疑。原本持"一家眷属"看法的陈独秀，在1920年的《新文化运动是什么》一文中，还专门谈

---

① 瞿秋白:《饿乡纪程》,《瞿秋白文集》第1卷,第24页。
② 郑振铎:《记瞿秋白同志早年的二三事》,《郑振铎全集》第2卷,第632—633页。
③ 瞿秋白:《社会运动的牺牲者》,《新社会》第8号,1920年1月11日;《文化运动——新社会》,《新社会》第15号,1920年3月21日。

道："新文化运动要影响到别的运动上面。"①到了1921年，他却特意撰文指出文化运动与社会运动本来是两件事，不能混为一谈，——虽然承认文化运动的价值，但已指出了有机性的迂阔，希望那些"拿文化运动当做改良政治及社会底直接工具"的"有速成癖性的人们"打消幻觉。②在社会运动与文化运动的区分中，郑振铎等人选择的显然是文化运动，但两种运动之间的有机性想象并没有改变。换言之，在他们看来，中国先有了"托尔斯泰"，"列宁们"自然会随之产生。但问题是，"分工并进"的知识活动与社会改造的总体抱负之间，并不总是完全一致。郑振铎等人的尴尬在于：一方面，他们的工作仍以文化运动与社会运动之间的有机关联为前提；另一方面，当文学作为独立的"场域"分化出来，他们的努力其实也暗中加剧了有机性的分化。20世纪20年代初，伴随了新文学的扩张，"研究文学和享受文学逐渐成为多数人的欲望"，③文学青年大量涌现，感伤的诗歌与小说风行一时，文学不仅独立了出来，而且进一步实体化了，甚至消费化了。"为人生"文学的倡导者们，自然对于这种状况不满，开始呼吁"血与泪"的文学，希望能借此挽回文学工作的历史现实性。但"血与泪"的呼吁不免又被吸纳到文学"场域"的内部，成为一种风尚化的符号游戏。

  概言之，在社会改造的总体视野中，文化运动与社会运动应呈现出一种彼此连带又彼此区分的动态关系，但在"五四"

---

① 陈独秀：《新文化运动》，《新青年》第7卷第5号，1920年4月1日。
② 陈独秀：《文化运动与社会运动》，《新青年》第9卷第1号，1921年5月1日。
③ 叶圣陶：《略叙文学研究会》，《文学研究会资料》（中），河南人民出版社，1985，第788页。

之后"分化"与激变的语境中，上述关系一旦丧失了"动态"特征，作为一种现实的、制度化的区分被接受下来，郑振铎等人的尴尬之处就显露了出来。1923年底，《中国青年》杂志上出现了一系列共产党人的文章，集中火力对当时兴盛的文学运动展开批判。在发难文章《告研究文学的青年》中，作者秋士就意味深长地写道："以文学为助进社会问题解决的工具的，实在很多——这从他们的言论和作品上，可以看得出来。"但对于这些"有意于解决社会问题的人"，作者的态度是："我很抱歉地说，实在他们只是'有意'罢了！"[①]虽然没有明确的材料证明，但早有学者推测，"秋士"可能就是瞿秋白的笔名。[②]如果此说成立，那么他的话显然是针对他的老朋友们的，他明确呼吁激进的青年们要在"文学运动"与"实际运动"中做出选择，二者的对峙表明了"五四"时期整体性方案的进一步分化。

更有意味的是，在1923—1924年间的《中国青年》上，当"文学"遭到猛烈攻击的同时，对于"社会科学"的提倡正紧锣密鼓地展开，相关的文章、通讯发表了多篇，"《中国青年》是提倡社会科学之研究的"，也成为杂志明确提出的口号。[③]当然，此时他们倡导的已不是资产阶级"孔德系"的社会学，而是马克思主义的社会科学。但重要的不是社会学内容、性质的变化，而是某种知识有机性的彻底分裂。文学批判与社会科学

[①] 秋士：《告研究文学的青年》，《中国青年》第5期，1923年11月17日。
[②] 张毕来：《1923年〈中国青年〉几个作者的文学主张》，李何林等：《中国新文学史研究》，新建设杂志社出版，1951，第38页。
[③] 启修：《俄国的社会科学》（编者前言），《中国青年》第22期，1924年3月15日。

的提倡同步进行表明：在峻急的历史现实面前，不同的知识之间是有轻重缓急的区分的，"什么样的知识更为紧迫"的提问，已取代了"五四"时期分工合作的温和方案。

无声的"口语"
——从《古诗今译》透视周作人的白话文理想

张丽华

《古诗今译》是周作人对古希腊诗人谛阿克列多思（Theocritus，今通译忒奥克里托斯）牧歌的现代白话文翻译，它发表于正酝酿着文学革命的《新青年》第4卷第2号。在《知堂回想录》中，周作人论及文学革命时，即举出了此篇译作，称这是他"所写的第一篇白话文"，[①]并将题记全文照录，可见其重视程度。[②]实际上，周作人不仅以发表此文为标志，正式加入了以《新青年》为场域的文学革命运动，同时也通过题记及翻译文本或隐或显地表达了自家立场。值得注意的是，这"第一篇"白话文的实践，周作人乃是通过翻译来完成的，而所翻译的对象——谛阿克列多思的牧歌，他后来亦坦言，"原作均系韵文，又其文章近于拟古，非当时白话"。[③]那么，周作人到底是以什

[①] 周作人：《知堂回想录·蔡子民二》，河北教育出版社，2002，第383页。
[②] 事实上，在此之前，《新青年》第4卷1号上已刊出周作人的白话译作《陀思妥耶夫斯奇之小说》，只不过其译后记仍用文言撰就。另据周作人回忆，《古诗今译》之题记还经过鲁迅的仔细修改。
[③] 周作人：《希腊拟曲·例言》，上海商务印书馆，1934，第7页。

么为中介，将这一"拟古"的文章转化为现代中国的白话文的呢？翻译又在其中扮演了怎样的角色呢？众所周知，周作人清末以来的翻译与创作，都是以文言形态的书面语进行，何以此时会突然接受胡适的改革主张，转而用白话文来写作，从而与自己曾经无视的俗语化趋势合流的呢？而这一走向白话文的通道，又将带给他此后怎样的关于新文学文体的想象呢？本文将围绕着《古诗今译》，同时结合周作人清末以来相关的译介活动以及文学革命的话语背景，通过考察他这"第一篇白话文"的形成，来对上述问题作一探讨。

一、题记的意义

谛阿克列多思是公元前3世纪的古希腊诗人，其牧歌通常被视为西方文学传统中一种重要诗歌类型——田园诗（Pastoral Poetry）的源头。关于牧歌，周作人在同时期所编的《欧洲文学史》中解说如下："古者Artemis祭日，牧人作歌相竞，后人模拟其式，因称Eidyllion Bukolikon或Eidyllion Aipolikon。唯所歌亦不尽关牧人事，故或释Eidyllia为小图画。描写物色，以及人事，诗中有画，论者或以是与浮世绘（genre）相比。"[1]现在流传下来的谛氏牧歌集（Idylls）中的三十首作品，其形态其实非常多样，包括田园诗、拟曲、神话诗、宫廷诗以及情爱私语等多种类型。《古诗今译》翻译的是谛阿克列多思的牧歌第十，题

---

[1] 周作人：《欧洲文学史》，河北教育出版社，2002，第43页。

为《割稻的人》。这首诗由两位割稻农人的对话组成,其中一位是年长的Milon,另一位是年轻的Bucaeus。对话发生在割稻的过程中:Bucaeus害了相思病,无法集中工作,在Milon的建议下他唱了一首情歌,而Milon则以一首收获歌(reaping-song)来作答,并称这才是割稻的人应该唱的歌。[①]谛阿克列多思原作采用的是亚历山大时期诗歌中常见的六步拍(hexameter)的史诗体韵律;诗中的两首歌,其主题相互对立,但在长度、对句、韵律等形式特征上均保持着高度的一致,充分体现出竞歌的特色,而后者的粗俗蹩脚亦与前者的精心结撰形成了鲜明对比。[②]周作人将诗中的对话和两首歌,一律用"口语"翻译成了自由体散文,译诗题记便是对这一翻译策略的"辩解":

一、Theokritos[③]牧歌(Eidyllion Bukolikon)是二千年前的希腊古诗,今却用口语来译他;因我觉得他好,又信中国只有口语可以译他。

什法师说,"翻译如嚼饭哺人";原是不差。真要译得好,只有不译。若译他时,总有两件缺点;但我说,这却正是翻译的要素。一,不及原本,因为已经译成中国语。如果还同原文一样好,除非请Theokritos学了中国语,自己来作。二,不像汉文,——有声调好读的文章——因为

---

① J. M.Edmonds trans., *the Greek Bucolic Poets*, Harvard University Press, 1996[1912], pp.129-137.
② G.O. Hutchinson, *Hellenistic Poetry*, Clarendon Press, 1988, p176.
③ 周作人当时采用的拉丁字母的拼法与现在通行的略有不同,在引文中一仍其旧。

原是外国著作。如果同汉文一般样式,那就是我随意乱改的胡涂文,算不了真翻译。

二、口语作诗,不能用五七言,也不必定要押韵;止要照呼吸的长短作句便好。现在所译的歌,就用此法,且来试试;这就是我的所谓"自由诗"。

题记一共四条,第三条是说明人地名及专有名词悉用原语,第四条则强调这是"此刻的见解",日后若有更好的方法则从更好的走。这几条题记虽然简单,却触及了多方面的问题。首先是关于翻译。这里对于"真翻译"精神的强调,与《域外小说集》时期坚持到"人地名悉如原音"的直译主义是一脉相承的;不过,这篇题记却没有从正面来强调翻译的信与达,而是从一个似乎相反的角度来澄清翻译的要素——"不及原本""不像汉文"。鸠摩罗什所说的"翻译如嚼饭哺人",是中国翻译史上的著名论断,它针对的是"改梵为秦"的佛经翻译中,"虽得大意,殊隔文体"的问题。[1]佛经原文中的偈颂体式,蕴涵着与"天竺国俗"不可分的音乐性,而一旦从梵语译为汉文,则音乐性的丢失无法避免,因此,作为缺陷的"殊隔文体"也几乎是佛经翻译中的宿命。显然,周作人在翻译谛阿克列多思的牧歌中遇到了同样的问题;然而,他却采用了一种迂回的方法,即既不期望复制原本的"文体",亦不译成"声调好读"的汉文,而是干脆采用"口语"来翻译,希望由此在中

---

[1] 参阅《出三藏记集》记鸠摩罗什与僧叡论西方辞体,收入朱志瑜、朱晓农《中国佛籍译论选辑评注》,清华大学出版社,2006,第175页。

国文学语境中唤起希腊牧歌的回音。这一关于翻译的论述，其实超越了严复的"信、达、雅"之说所蕴涵的以原著为中心的观念，而是将重心放在了译文本身的样式之上，同时它也基本上构成了周作人此后言说翻译问题的出发点。

　　第二条题记从"口语"引出了自由诗的问题。周作人将谛阿克列多思诗中两首史诗体韵律的"歌"，一律用"口语"翻译成了"照呼吸的长短作句"的自由体；这一"诗体的大解放"，在当时显然是破天荒的。在胡适的"文学革命"主张中，最引人瞩目的无疑是其白话诗的尝试；然而，在他最初的白话文学构想里，只是要用白话诗来实地试验白话可以作一切文学，却并没有试图对既有的诗体（无论是诗、词还是曲）本身进行"革命"。胡适在《新青年》第2卷第6号刊出的白话诗八首及第3卷第4号刊出的白话词四首，都没有突破传统的诗体及词体的形式规范。然而，到了《新青年》第4卷第1号刊出的《诗九首》，则发生了一个关键性的变化，即是以《鸽子》《人力车夫》为代表的自由诗的出现，这便从根本上扭转了胡适此前的白话诗写作的方向，其"诗体的大解放"亦标志着现代中国新诗的起点。周作人在《知堂回想录》中注明，《古诗今译》乃于"（一九一七年）九月十八日译成，十一月十四日又加添了一篇题记，送给《新青年》去"。① 查《周作人日记》，在这年的十一月十八日，有"晚抄稿并テオクリトス（即Theocritus——引者注）译一章"的记载，可见《回忆录》所说的时间大致属

---

① 周作人：《知堂回想录·蔡子民二》，河北教育出版社，2002，第383页。

实。据王风推断，他这首译诗应该是给1918年1月出版的《新青年》第4卷第1号，不过却延了一个月发表。①这样看来，在诗体解放的意义上，周作人这篇译作与以自由体为标志的现代中国新诗的开端，几乎是捆绑在一起而出现的。相比于胡适的从清末的俗语化趋势中发展而来的"白话"，周作人的"口语"似乎更具革命意味，它一出场便具备了建构新诗体的魄力，因为只要"照呼吸的长短作句"，便是摆脱了一切诗体成规的"自由诗"。

由此看来，用"口语"翻译出的古希腊牧歌《古诗今译》，既是周作人实践并表达其翻译理念的核心文献，同时亦构成了以《新青年》为场域的文学革命运动的核心文本，周作人也以此为标志，正式加入了由胡适最先倡导的现代白话文的写作行列，随后他便开始陆续在《新青年》上刊出用白话翻译（或重译）的短篇小说作品，至第5卷第6号则发表了著名的《人的文学》。胡适在追溯中国新文学运动史时，作为"文学革命的背景"，指出了晚清以来同时进行的两个变革潮流，一是"士大夫阶级努力想用古文来应付一个新时代的需要"，一是"士大夫之中的明白人想创造一种拼音文字来教育那'芸芸亿兆'的老百姓"，在他看来，这两个潮流在晚清始终合不拢来，而民国五、六年来的中国文学革命运动，最关键的"革命见解"便是打破了对古文学的迷恋，并承认"那种所谓'引车卖浆之徒'的俗话是有文学价值的活语言，是能够产生有价值有生命的文学

---

① 王风：《周氏兄弟早期著译与汉语现代书写语言》（下），《鲁迅研究月刊》2010年第2期。

的"。①对周作人而言,他在晚清所进行的文学活动,大概只能归入"用古文来应付一个新时代的需要"那一拨,他与其中的俗语化潮流可以说是一直保持距离。在1914年发表的《小说与社会》一文中,周作人还援引西方小说"由通俗而化正雅"的进化途径,认为中国小说也"当别辟道途,以雅正为归,易俗语为文言"。②那么,导致他在不久之后突然改弦易辙、用"口语"来译诗写作,在实际效果上达到与胡适所倡导的"白话文学"相合流的契机,到底是什么呢?我们知道,周作人并没有在加入《新青年》之时便对此前的文学主张与文化理想大加鞭挞,那么,他这里"口语"的内涵,与胡适的"白话"概念之间,到底有着怎样的不同呢?它们又在何种意义上产生交集,能够最终汇聚成一种文学革命运动的呢?

二、从文言到"口语"

周作人在译出谛阿克列多思牧歌第十的同时,还用同样的方式翻译了古希腊诗人萨复、柏拉图等人的八首小诗,只是当时并未发表,这一未刊稿现在收入钟叔河主编的《周作人散文全集》(2009)中。这八首希腊古诗同样被周作人译成了口语体"自由诗",可以视为其《古诗今译》的扩大版。其实在此之前,周作人在他的文言时代已有过不少译诗的尝试,对萨复、

---

① 胡适:《〈中国新文学大系建设理论集〉导言》,《胡适文集》第1卷,北京大学出版社,1998,第119—120页。
② 周作人:《小说与社会》,陈子善、张铁荣编《周作人集外文·上集》,海南国际新闻出版中心,1995,第157页。

谛阿克列多思等古希腊诗人的介绍，也早在民国初年就已开始。这里不妨先略略回顾一下周作人在这方面的译介活动。

一般印象中，周作人对于诗歌翻译并不擅长，他早年所译的小说《红星佚史》(1907)、《灯台守》(1909)中的诗歌，基本上都是鲁迅代劳；只有《红星佚史》中的一首"勒尸多列庚"族人的战歌，"因为原意粗俗"，所以是他"用了近似白话的古文译成，不去改写成古雅的诗体了"。① 所谓"古雅的诗体"，是指鲁迅所采用的四言体和骚体，而这首"近似白话"的战歌，则被周作人译成了颇有滑稽风味的杂言体歌谣。尽管语言近似"白话"，却并没有带来翻译的便利，试将此歌后半部分与原诗作一比较：

我拿舟，向南泊，满船载琥珀。
行船到处见生客，赢得浪花当财帛。
黄金多，战声好，更有女郎就吾抱。
我语汝，汝莫嗔，会当杀汝堕城人。②

Southwards I sailed,

Sailed with the amber,

Sailed with the foam-wealth.

Among strange peoples,

Winning me wave-flame,

---

① 周作人：《知堂回想录·翻译小说上》。
② 周氏兄弟合译文集《红星佚史》，新星出版社，2006，第172、86页。

> Winning me war-fame,
>
> Winning me women.
>
> Soon shall I slay thee,
>
> Sacker of Cities! ①

不难看出，为了译出原作的音响效果，周作人采用了一种中国式的歌谣调式。然而，为了将就这种三五七言的体式以及句末的押韵，他对原作改动甚大，他合并了一些诗行，将"among strange peoples"一句提前安置，并译成颇具情境意味的"行船到处见生客"，此外，简单的一句"winning me women"，也被他添加为有声有色的"更有女郎就吾抱"。或许正是因为歌谣体潜在的韵律和腔调的限制，周作人将这首译作称为"近似白话的古文"，所谓"古文"，在他后来的语境里，即意味着保留了太多旧调与格套的僵硬文体。相比之下，鲁迅用古雅的骚体笔述的一首女神情歌，倒是与原诗句句对应，堪称既"信"且"达"。今略引其前半章如下：

> 婉婉问欢兮，问欢情之向谁，
>
> （Whom hast thou longed for most, / True love of mine? ）
>
> 相思相失兮，惟夫君其有之。
>
> （Whom hast thou loved and lost? / Lo, she is thine! ）
>
> 载辞旧欢兮，梦痕溢其都尽，

---

① H. Rider Haggard & Andrew Lang, *The World's Desire*, Longmans, Green & Co, 1894, p301.

（She that another wed/ Breaks from her vow；）
载离长眠兮，为夫君而终醒。①
（She that hath long been bed, /Wakes for thee now.）②

  由此我们不难看出这里的"白话"和雅言在表达能力，尤其是文学功能上的差异：很显然，周作人的歌谣体"白话"要笨拙得多，它似乎必须在一个情境化的叙事框架中表达意义，而鲁迅所用的骚体雅言，则很轻松地胜任了纯粹的抒情功能。这里其实并没有日后胡适意义上的死文字（文言）和活文字（白话）的对立，影响翻译质量以及最终效果的，毋宁说是译者所选择的诗歌体式在本国文学传统里表达能力的强弱及其容纳异质内容的"延展力"的大小。在当时的背景下，骚体和五言古体成为翻译西方抒情诗最常见的诗体，其中的一个重要的原因，便是这两种诗歌体式在中国文学中有着深厚的抒情传统，而其体式本身和近体格律诗相比，又有着更多的弹性。鲁迅在翻译《红星佚史》及《灯台守》中的诗歌时，较多采用了骚体；大约与此同时，苏曼殊翻译拜伦的《去国行》《哀希腊》等抒情长诗，则选择了五言古体。直到刘半农在《新青年》上发表的系列《灵霞馆笔记》，他也是多采用五古或骚体来翻译瓦雷里及拜伦等人的咏物诗和抒情诗。

  1910年，周作人用文言译出了匈牙利小说家育珂摩耳的小说《黄华》（出版时改题《黄蔷薇》），他用了当时通行的五言诗

---

① 周氏兄弟合译文集《红星佚史》，第172、86页。
② H. Rider Haggard & Andrew Lang, 1894, p.152.

体来翻译小说中的牧人之歌，今略引其一：

> 小园有甘棠，繁英覆全树。
> 的的翦秋罗，缭乱华无数。
> 娇女初解情，芳心永倾注。
> 适意不在远，是我勾留处。①

这是小说开篇不久，牧人得酒家女所赠黄玫瑰之后，独自在草原里小声低回地吟出的歌。《黄蔷薇》在体式上，乃是取法于牧歌的传奇小说。周作人说他翻译并推重这部小说，即源自"爱古希腊二诗人"之故，其中的"二诗人"之一即为谛阿克列多思；他在译序里还将牧歌小说的源头追溯到这位公元前3世纪的古希腊诗人，并云"五百年后有朗戈思（Longos）出，始可为之继"，而"后世之人，作牧歌小说，有隽语佳什可称道者，鲜不源出于此"。②与《红星佚史》中那首粗俗的战歌不同，《黄蔷薇》里插入的诸多直抒胸臆的牧人之歌，大概一方面因为符合"言志"的文学传统，另一方面又在西方文学史中有着深厚的渊源，所以周作人用了雅正的五言诗体来翻译。然而，如这里所引的牧人之歌，"甘棠""秋罗""娇女""芳心"……，这些由雅正诗体所带来的如此繁复的传统意象，却使得它很难表现出异域牧歌的色彩。此外如"独行风雨中，邂逅谁家子，

---

① 育诃摩耳:《黄蔷薇》，周作人译，上海商务印书馆，国难后第2版，1935，第2、3、9、10页。
② 周作人:《〈黄华〉序说》（未刊稿），收入钟叔河主编《周作人文类编》（下文简称《文类编》）第8卷，湖南文艺出版社，1998，第551—555页。

不惜锦袍湿,为女温玉体",又如"顾得长偎倚,奚知风雨斜。绣衣一何艳,灿烂见银华",①这些小说人物随口吟出的歌,经过周作人这五言诗的润色,也难得再保留有任何地方特色。尽管周作人在序言里强调,"匈加利大野,其地民风物色,别具异彩";可是他的大部分译诗却只是呈现出一种被五言诗体所"归化"了的中国式的田园风光或情感意绪。

这里其实已经凸显出在两种不同的文学和文化传统之间进行诗歌翻译的根本困难。周作人在1914年发表的《艺文杂话》中,曾引述了苏曼殊对汉诗英译的感慨:"夫文章构造,各自含英,有如吾粤木棉素馨,迁地弗良,况诗歌之美,在乎节族长短之间,虑非译意所能尽也",并云"欲翻西诗为华言者,亦不可不知此意"。②诗歌的"节族长短"尤其是音律调式,其实在根本上是无法翻译的,如果希望用诗的方式在另一种语言和文学语境中再现原作的风貌,译者只能勉强在本土文学系统中找到对应的诗体来另行"创作";然而,这种"创作"却不可避免地受到本土诗体的节奏韵律及其典故系统的制约。周作人在《艺文杂话》中还试着将一首波西米亚古诗译成中国的乐府诗模样,然而随即便自嘲曰,"将亦如什师言,犹之嚼饭哺人而已"。这里他已经意识到诗歌翻译中永恒的"不及原本"的遗憾。作为解决办法之一,周作人干脆开始在译入语中也放逐掉诗歌的"节族长短",而用一种自然节奏的散文来达意,如《艺文杂话》中所译的俄国诗人绥夫兼珂的小诗云:

---

① 育河摩耳:《黄蔷薇》,周作人译,第2、3、9、10页。
② 周作人:《艺文杂话》,载《中华小说界》1914年第2期。

>　　是有大道三歧，乌克剌因（小露西亚人自称其地）兄弟三人，分手而去。家有老母，伯别其妻，仲别其妹，季别其欢。母至田间，植三树桂，妻植白杨，妹至谷中，植三树枫，欢植忍冬。桂树不繁，白杨摇落，枫树亦枯，忍冬憔悴，而兄弟不归。老母啼泣，妻子号于空房，妹亦涕泣出门寻兄。女郎已卧黄土垅中，而兄弟远游，不复归来。三径萧条，荆榛长矣。

周作人用散文翻译得相当直白，但诗作本身的哀怨悱恻之意，却并不因此而减少。这里的"散文"，去掉了押韵的限制，亦不复有骚体或五言古体的句式及其典故系统的制约，无疑是一种更加自由的翻译文体，其大致的四字一句的停顿法，与六朝的译经文体颇有几分相似。实际上，用这样的摆脱了固有诗体及韵律限制的"散文"来达意，也成为周作人此后诗歌翻译的主要方式。

在1915年所撰的《希腊女诗人》一文中，周作人翻译了六首萨复的诗歌断片。在《艺文杂话》中，周作人已提及这位鼎鼎大名的女诗人，并称其诗"情文并胜，异国译者，鲜能仿佛。……譬诸蝶衣之美，不能禁人手沾捉也"。这里所译的六首诗，据他所称，只是用散文"略述其意"而已。不过，尽管只是"疏其大意"，并且"不强范为韵语"，[①]却不难看出，周作人已经试图用散文的自然节奏来建构某种诗体，以期能够配得上

---

① 周作人：《希腊女诗人》，《文类编》第8卷，第164、163页。

原作的"情文并胜",如:

凉风嗫嚅,过棠棣枝间,睡意自流,自颤叶而下。

又如:

甘棠色颓于枝头,为采者所忘。
——非敢忘也,但不能及耳。[1]

这其实已经颇有后来周作人在"五四"时期所提倡的"小诗"的韵味。第二首更是直接以同样的体式进入了1917年的"古诗今译":

你好像那甜频果(Grykomalon),长在枝头面发红。长在树枝上头,那采频果的不曾见。——可不是不曾见,只是他攀不着。[2]

这的确是"照呼吸的长短作句"的新体自由诗。来自"口语"的"甜频果"一词,也最后洗刷了"甘棠"这一文言词汇中所残留的传统意象。如此看来,在全面改用白话写作之前,周作人在他的文言译述时代,已经进行了所谓"自由诗"的试

---

[1] 周作人:《希腊女诗人》,《文类编》第8卷,第164、163页。
[2] 周作人:《古诗今译》(未刊稿)所译萨复之诗,钟叔河编《周作人散文全集》第1卷,广西师范大学出版社,2009,第514页。

验；他在"文学革命"中从文言到白话的顺利转化，与这一提前实践的以"散文"为媒介的在语言和体式上都日趋自由的诗歌翻译，无疑有很大的关系。①

这一走向"自由诗"的通道，显然与胡适的白话诗取径非常不同。胡适在美国被友朋们"逼上梁山"开始写作白话诗，其初衷是"要用白话来征服诗的壁垒"，进而"证明白话可以做中国文学的一切门类的唯一工具"；②至于具体的实践方案，无论是在给绮色佳的朋友们所写的信中宣称的"要须作诗如作文"，③还是《文学改良刍议》中提到的"八事"（如"须言之有物""不用典""不讲对仗"以及最关键的"不避俗字俗语"等），④其实都没有对诗歌这一文类本身提出"革命"的主张。所谓"作诗如作文"，亦只是将"文之文字"移入诗歌之中而已，并非要用文的体式来撼动原有的诗体。对此，废名后来曾有一个非常透彻的说法："胡适之先生最初白话诗的提倡，实在是一个白话的提倡，与'诗'之一字可以说无关。"⑤如果简要回溯一下晚清梁启超、谭嗣同等人的"诗界革命"，不难发现，他们最初的"革命"动机，便是试图将大量的新名物注入传统诗歌体式之中；而当这些外来词形成了破坏诗体的张力时，最

---

① 王风在《周氏兄弟早期著译与汉语现代书写语言》一文中从书写形式的角度提出了类似的观点，可参阅。
② 胡适：《逼上梁山》，欧阳哲生编《胡适文集》第1卷，北京大学出版社，1998，第156页。
③ 胡适1915年9月20日作，《逼上梁山》，《胡适文集》第1卷，第144页。
④ 胡适：《文学改良刍议》，《新青年》第2卷第5号，1917年1月。
⑤ 废名：《周作人散文钞序》，王风编《废名集》第3卷，北京大学出版社，2009，第1278页。

终为维持"诗之为诗"的最后底线，他们选择了向以黄遵宪为代表的古风格的回归。在这个意义上，胡适在来北京之前的白话诗与白话词的尝试，其变革的限度，并没有在根本上超越晚清梁启超等人的"诗界革命"，他的"白话"，在功能上大致相当于梁启超他们的"新名物"，而面对在美国的友人梅光迪、任鸿隽的"足下所作，白话则诚白话矣，韵则有韵矣，然却不可谓之诗"的质疑时，[1]胡适所努力的方向，正是试图证明白话乃是传统诗歌体式之内可以容纳的一种语言风格；也正是在这个意义上，来自另一个阵营的钱玄同批评他的这些诗词"未能脱尽文言窠臼""失之于文"，所谓"太文"，并不单指语言的不够直白，根本的原因还在于未能摆脱诗体词调这些附着于已有的文学形式之上的躯壳与"亡灵"。

钱玄同正是敦促胡适的白话诗从整齐的五七言走向"诗体的大解放"的关键人物；有趣的是，也正是他在1917年下半年的频频访问绍兴会馆，在周氏兄弟与《新青年》上的"文学革命"讨论之间架设了桥梁。周作人在此时精心推出他的《古诗今译》，并在题记中阐述了一番"自由诗"的道理，自然未尝没有通过钱玄同而与胡适的白话诗进行对话的意味。钱玄同在1917年10月22日接到胡适的《尝试集》，读完后即在日记中记下了"失之于俗，失之于文"[2]的评语，在10月31日致胡适的书信

---

[1] 任鸿隽1916年7月24日致胡适信，引自胡适《逼上梁山》，《胡适文集》第1卷，第154页。
[2] 北京鲁迅博物馆编《钱玄同日记》第3册，福建教育出版社影印2002年版，第1653页。

中则将这一意见表达为"宁失之俗,毋失之文"[1]的八字箴言。在1918年1月10日终于写出,并同样揭载于《新青年》第4卷第2号的《〈尝试集〉序》[2]中,钱玄同再次强调了这一意见,并用大量篇幅从造字法开始申述了一番"言文一致"的道理,在结尾更是对理想的"白话韵文"作了一个透彻的论述:

> 现在做白话韵文,一定应该全用现在的句调,现在的白话。那"乐府""词""曲"的句调,可以不必效法;"乐府""词""曲"的白话,在今日看来,又成古语,和三代汉唐的文言一样。有人说:做曲子必用元语。据我看来,曲子尚且不必做,——因为也是旧文学——何况用元语?即使偶然做个曲子,也该用现在的白话,决不该用元朝的白话。

很显然,钱玄同不太满意胡适白话诗中所残留的某种词体或曲调(亦即他所说的"失之于文"),在他看来,要使"白话"成为传达思想感情的透明媒介,就必须抛弃一切附着于白话之上的已有文学形式的句调、声律乃至用语习惯。所谓"诗

---

[1] 耿云志主编《胡适遗稿及秘藏书信》第40册,黄山书社影印1994年版,第252页。

[2] 此序在《新青年》中刊出前实未经胡适寓目。钱玄同在1918年1月10日日记中写道,"将尝试集序修改一番即登入新青年四卷二号"——此期《新青年》正是由钱玄同轮编,1月14日日记便有"交稿寄出"的记录;而此时正值胡适回家省亲,他在1月12日致钱玄同信中还询问此序的进展情况(参阅《胡适来往书信集》)。后来随《尝试集》刊出的序言与《新青年》上刊出的版本有很大出入,值得留意。

体的大解放",在钱玄同这里,远比胡适所理解的突破五七言句法来得彻底,它的目的是要涤荡掉一切"旧文学的腔套",建立绝对的"用今语达今人的情感"[①]的新文学,其背后的根本机制,则是严格地贯彻在他的文字改革与文学革命之中的"言文一致"的主张:他这里的"言"是指绝对服从于今音的"今语",而"文"则是指文字或者是文学的书写形式;因此,钱玄同这里的白话,乃是被理解为一种与今音和今语绝对合一的理想的书写语言。

如果将"言文一致"的"文"放在"文体"的意义上来理解,那么,周作人自清末以来的诗歌翻译的推进方式,其实与钱玄同的"革命"逻辑相当一致。为了更加妥贴地翻译和传达域外诗歌的意旨与风格,周作人选择了用散文来达意的方法,他首先将固有的诗体形式(这亦是他理解的"文"的一种)从翻译文体中涤荡了出来,他的"自由诗"乃先于"口语"而存在。从这个角度再来理解周作人的所谓"从文言到口语"的转变,那么,其"口语"便是解放翻译文体的更进一步的产物,它从一开始就不是"引车卖浆"之徒所用的俗语,或者胡适所追摹的明清小说中的白话,——按照钱玄同的逻辑,这些俗语和白话,也是某一类人或某一类文的特殊用语,类似于"元朝的白话";而是从用"散文"译诗的逻辑发展而来的,一种摆脱了任何"旧文学的腔套"(亦即其题记中所称的"声调好读"的"汉文一般样式"),作为翻译的近乎透明的,同时又是普遍的

---

① 钱玄同:《〈尝试集〉序》,《新青年》第4卷第2号,1918年2月。

书写媒介。

"革命"的破坏逻辑如此，作为韵文的建设方案，刘半农在《我之文学改良观》中提出的"重造新韵"和"增多诗体"的主张，得到了钱玄同的大力赞同。所谓的"重造新韵"，其实是在"今音"的基础上，为韵文的写作建立新的形式规范，它所契合的正是钱玄同所追求的绝对的文学上的"言文一致"。然而，周作人走得更加彻底，他根本就打算放弃韵律和诗体，认为只要用口语"照呼吸的长短作句"，"不能用五七言，也不必定要押韵"，便可以成就将来新文学的"自由诗"；事实上，在周作人此后的新诗创作中，对不押韵的近乎执拗的坚持，也成为他区别于胡适以及同时期其他《新青年》同人鲜明的风格标志。看来，尽管在改革文体或诗体的层面上，周作人与钱玄同的革命主张达成了一致，可是他却并不执着于钱玄同所念兹在兹的作为"今语"所必须服从的那个"今音"——亦即作为终极目标的"言"，而是将他的文学改革思路严格限定在"文"的畛域之内来进行：他这里的"口语"，其实与"今音"没有关系，它乃是一种摆脱了任何形式与腔调（甚至是"今音"）限制的纯粹的书写语言。这其实为周作人此后主张在白话文中请进方言和古语，乃至文言词汇等通达的文体主张埋下了伏笔。那么，周作人究竟是如何达到这种关于白话文的文体自觉的呢？这里不妨回到他的《古诗今译》，对他如何用"口语"对译Theocritus牧歌的内部过程，作进一步的考察。

三、翻译作为形式

对于谛阿克列多思这首牧歌，周作人后来又有不断的修订和重刊：继《新青年》上刊出之后，1921年又以《割稻的人》为题刊在《晨报副镌》的古文艺栏目中，1925年收入《陀螺》时改题《农夫，一名割稻的人》，1926年又在《骆驼》杂志中重刊，直到1934年又经过再次校改收入了《希腊拟曲》。1926年，周作人将这首牧歌在《骆驼》中重刊时，曾特别说明："《农夫》一篇数年前曾从Andrew Lang英译本重译过，今据希腊原文校改。"[①]这"数年前"所译的《农夫》，所指的正是《新青年》上刊出的《古诗今译》，其时径直题作《Theokritos牧歌第十》。看来，周作人在最初的翻译中，并非直接用"口语"对译了谛氏牧歌的希腊原文，而是对英国文人安特路朗（Andrew Lang，1844—1912）的英译本的"重译"。

安特路朗是英国维多利亚时代一位著作颇丰的诗人、文学批评家、历史学家和民俗学家。他对周作人的趣味、学问与文学，甚至是作为"杂家"的身份认同等各方面都影响至深。除了以开创人类学派的民俗学研究而著称之外，安特路朗在当时还是一位颇为知名的古典文学的译者。他在1879年用英语散文体译出了荷马史诗《奥德赛》（与S.H.Butcher合著），1883年又出版了《伊利亚特》的散文译本（与Walter Leaf和Ernest Myers

---

① 周作人：《沙漠之梦》，原载1926年7月《骆驼》第1期，收入《文类编》第8卷，第210页。

无声的"口语"——从《古诗今译》透视周作人的白话文理想　557

合著），后者正是使得他声名大噪的作品。安特路朗的翻译以文风古雅著称。著名的希腊古典文学译者穆雷（Gilbert Murray）曾将他与Butcher合译的《奥德赛》称作"一本漂亮的书"，并指出，"尽管作者采用了散文的形式，并且是直译（literal translation），但这不妨碍它仍然成其为一首诗，有着自身的典雅风格，——即使它并不完全等同于希腊学者所认可的荷马史诗的那种无与伦比的风格"。①面对当时另一位荷马史诗译者Samuel Butler的批评，——Butler认为他使用了一种过于古旧的英语，安特路朗曾经辩解说，"我必须申明，我们是在翻译一种本身就很古雅、并且很复杂的希腊作品，它们从来就不是一种口头语言，而我们所使用的词汇，也从来没有超过英语《圣经》的读者所不熟悉的程度。"②

1880年，安特路朗独立完成了对三位古希腊诗人Theocritus，Bion与Moschus之牧歌的散文体英译，这便是周作人在《古诗今译》中所用的底本。据周作人回忆，他在1907年前后译出安特路朗与哈葛德合著的《红星佚史》时，已搜集到不少朗氏的著作，其中除了《习俗与神话》及《神话仪式与宗教》这两部神话学的书之外，"还有一小册得阿克利多斯牧歌译本"，③它所指的应该就是朗氏这册1880年的牧歌译本。与上述史诗译本的引起争议不同，这册牧歌译本一经问世即被公认为作为翻译

---

① R. L. Green, *Andrew Lang: A Critical Biography*, De Montfort Press, 1946, pp.75-76.
② Andrew Lang, "Notes on new books", *Cosmopolis: an International Monthly Review*, vol.ix, Jan 1898, p.64.
③ 周作人：《习俗与神话》，《夜读抄》，上海北新书局，1934，第20页。

者的安特路朗最好的作品，——它甚至在正式出版前一年就有人以"样本"的方式抢先出了盗版；朗氏的传记作者Green说，这是因为译者的典雅文风恰到好处地唤起了希腊化时代之拟古文体的回音。①安特路朗为这册译本写了一篇长达三十六页的导言，题曰《Theocritus与他的时代》。周作人在1910年所写的《〈黄华〉序说》中，即大量摘译了这篇导言，直接用作对谛阿克利多思牧歌的解说。此外，他还引用了谛氏牧歌中的诗句，来与一首"近世希腊民谣"作对比，以为"谛氏田园诗，记其国人生活，事皆如实，农牧行歌，未可为异"的佐证，并反驳了"法人方台纳氏"的指斥。这一对读及反驳，同样出自朗氏的长篇导言，并且也正是他在其中反复申说的核心观点。在他看来，谛氏之诗天然美妙，很少来自前代诗人的影响，乃是由西西里岛上的民风物色自然孕育而成；针对法国学者Fontenelle（亦即周作人所谓的"法人方台纳氏"）的质疑，即认为谛氏牧歌中的诗句过于典雅，不可能是当时牧人所说的话；安特路朗则反驳说，现今希腊诸岛上所流传的牧人情歌，听起来就像是谛阿克列多思牧歌的回响，他由此反证谛氏的牧歌即来自古希腊时代的牧人的歌吟。他在导言中略带调侃地说："Fontenelle时代的法国农民可能不会唱出如此优雅的情歌，但这不意味着，谛阿克列多思时代的牧人不会如此表达。"②

尽管安特路朗对谛阿克列多思牧歌的解说，并没有超越维

---

① R. L. Green.1946，p76.
② Andrew Lang trans., Theocritus, Bion and Moschus: *Rendered into English Prose, with an Introductory Essay*, Macmillan and Co，1880，p.xxi.

多利亚时代认为牧歌起源于民歌的这一普遍观念,[1]其基于民俗学方法的论证也经不起推敲;但他在"民间"与"古昔"之间所建立的对称性想象,却足以弥合他自身译文的典雅与认定谛氏牧歌"天然美妙",甚至来自民间口语这一普遍论述之间的裂缝。套用他自己的理论:尽管他的译文在今天看来十分古雅,但焉知这不是谛阿克列多思时代的牧人说话的风格呢?我们且来看他所译的牧歌第十中Bucaeus所唱的情歌:

Ye Muses Pierian, sing ye with me the slender maiden, for whatoever ye do but touch, ye goddesses, ye make wholly fair.

They all call thee a gipsy, gracious Bombyca, and lean, and sunburnt, 'tis only I that call thee honey-pale.

Yea, and the violet is swart, and swart the lettered hyacinth, but yet these flowers are chosen the first in garlands,

The goat runs after cytisus, the wolf pursues the goat, the crane follows the plough, but I am wild for love of thee.

...

Ah gracious Bombyca, thy feet are fashioned like carven ivory, thy voice is drowsy sweet, and thy ways, I cannot tell of them![2]

---

[1] 这一观念以当时的牛津学者John Addington Symonds为代表。关于这一时期的希腊牧歌研究的情况,可参阅 Richard Jenkyns, *The Victorians and Ancient Greece*, Ebenezer Baylis & Son Limited, 1980及Kathryn J. Gutzwiller, *Theocritus' Pastoral Analogies: the Formation of a Genre*, The University of Wisconsin Press, 1991二书中的相关论述。

[2] Andrew Lang. p.57.

安特路朗将原作的人物对话与歌咏一律都译成了这种不加区别的无韵散文，以至于周作人在初次翻译时，分不清是歌是话：原本这首情歌以呼唤诗神缪斯开头，这乃是牧歌中常见的竞歌体式，它在朗氏译本中因为分页的缘故与第二句隔开了，而周作人则误以为是Bucaeus的答话，他所译出的歌，乃是从第二句开始的：

乙　唉，你每Pieria的诗神，帮我来唱那枭娜的处女，因为你每惹着凡物，都能使他美丽。

歌　他每都叫你黑女儿，你美的Bombyka，又说你瘦，又说你黄；我可是只说你是蜜一般白。

唉，紫花地丁是黑的，风信子也是黑的；这宗花，却首先被采用在花环上。

羊子寻苜蓿，狼随着羊走，鹤随着犁飞，我也是昏昏的单想着你。

……

唉，美的Bombyka，你的脚象雕成的象牙，你的声音甜美催人睡，你的风姿，我说不出。——

不过，除了第一句的理解失误之外，周作人的译文基本上是对安特路朗原文的逐词"直译"。这里的"口语"，与上文所引的《红星佚史》中那首白话歌谣有很大的不同，它完全摆脱了原作韵律的限制，也放弃了任何试图与原作建立起形式对等关系的新格律的创设，用周作人自己的话说，只是"'照字按句'地写出的'一篇直致的白话文',说明诗意而已"。①当然,所谓的"照字按句",安特路朗的散文体译本在其中所起的中介作用,不可忽视。

周作人后来专门写了《象牙与羊脚骨》一文来讨论这首歌最后一句的翻译。他提到,英国学者J.W.Mackail曾对安特路朗的翻译提出了批评,他说,"你的脚象雕成的象牙"这句诗,朗氏的翻译("thy feet are fashioned like carven ivory"),采用的是一种典雅的宫廷小说体(courtly romance),引起的是一种"有像象牙雕成的脚的人,身穿柔软的衣服,住在王宫里"的联想,而在希腊原文中却并没有象牙雕的这些字样,其原文只是"Podes astragaloi teu",直译便是"你的脚是羊脚骨";而周作人则以"羊脚骨"在汉语中难以引起任何诗与美的联想为由,为自己仍然遵照安特路朗的译法("象牙")作辩护。②后来周作人结合希腊原文并参照其他英译,将上面这句歌重译如下:

可爱的滂比加,你的脚是象牙,你的声音是阿芙蓉,你的风姿,我说不出来。③

和《新青年》上刊出的版本相比,修改后的译文,文词显得更加质直简朴,自然也更有"牧歌"的灵韵。当然,这一质直简朴的效果,远非胡适的"话怎么说,便怎么写"这么简

---

① 周作人:《余音的回响》,《晨报副镌》1924年7月2日。
② 周作人:《象牙与羊角骨》,《谈龙集》,开明书店,1927,第233—235页。
③ 《农夫,一名割稻的人》,周作人译,《陀螺》,新潮社,1925,第8页。

单,而是来自周作人的精心拼贴:"你的脚是象牙"源自安特路朗的翻译,作为对句的"你的声音是阿芙蓉"却是取自Loeb丛书版的J.M.Edmonds的英译。①

由此看来,在翻译过程中,周作人首先关注的并非与原文的对等关系,而是更希望仔细斟酌译文在译入语语境中所引起的对应的联想。事实上,周作人的翻译,虽然以"直译"为号召,却并不是执着于对某一底本的忠实再现:与希腊原文相比,他的译文摒弃了诗的韵律,而对于任何一种英译而言,他亦有根据自己的理解而作出调整的权利,他所在意的是在中国文学语境以及汉语表达的限度之内,最大程度地唤起与域外诗文相当的文体感觉。实际上,周作人的不少译作,都是经过了种种中间环节之后的"重译",对于这种"重译",我们本身就很难对所谓的"原作"作出实体意义上的界定。从这个角度来返观周作人在题记中所说的"不及原本",则不能不说这的确是一种洞悉了翻译本质的论述。而周作人自己的翻译,毋宁说,乃是以一种看似"疏离"的迂回方式——"不及原本""不像汉文",来达到对想象的,但永远无法企及的"原作"之旨意与风格的最大程度的贴近。这一方式,不禁让我们想起本雅明在《译作者的任务》中所举出的那个著名的瓶子碎片的比喻:为了达到最大程度的拼贴,碎片和碎片之间需要彼此吻合,却不是相同。

---

① Edmonds的英译如下:"Bombyca fair, your pretty feet are knucklebones, and O! Your voice is poppy, but your ways—they pass my power to show."[J. M. Edmonds trans.1996(1912)P.135.]

在收入《陀螺》中的《日本俗歌六十首·译序》(1921)中,周作人对他这一迂回式的翻译法又有一番通透的论述:

> 我的翻译,重在忠实的传达原文的意思……但一方面在形式上也并不忽略,仍然期望保存本来的若干风格。这两面的顾忌使我不得不抛弃了做成中国式的歌谣的妄想,只能以这样的散文暂自满足。……正如中国的一篇《蘼芜行》,日本可以译成中国的子夜歌,而不能译成俗歌,所以我们也不能将俗歌译成中国的子夜歌。欧洲人译《旧约》里的《雅歌》只用散文,中国译印度的偈别创无韵诗体,都是我们所应当取法的。

这里的六十首原本体式各异的日本民间合乐或徒歌的歌词,周作人一律译成了无韵的散文,实际上,包括这些俗歌在内的《陀螺》中所收的278篇外国诗的译文,他全都是如此译法,也就是说,其文体乃是从《古诗今译》中延续下来的"直致的白话文"。周作人在这里举出的两种取法对象——《旧约》与印度偈的翻译,是译经史上的著名案例,实则他自身的翻译的确与这种译经的精神和方法颇有可比之处:作为"原作"的经文,既是至高无上的,又是无法企及的,因此译者只能变换形式,以一种卑微的、碎片化的文体去最大程度地贴近。换言之,为了在译文中完整地唤起原作的"内外之美",必须同时从原作和译文的体式格律或文类成规中解放出来。他这里的"直致的白话文",既不是对原作的复制,亦非汉文中习见的表达方式，借用本雅明的说法，乃是通过翻译而建立起来的一种"自成一体的文学形式"：[1]它与译经史上的无韵偈体以及《雅歌》的散文译本一样，一方面，通过对异域思想与文词最大程度的贴近而扩大了本土文学的范围；另一方面，又通过翻译而涤荡了这一表达式中任何可能的附着其上的固化体式韵律的残迹，因此而获得了更为自由和更富于弹性的表达力。这一以翻译为途径所建立的"白话文"，很快就超越了译诗的界限，而被确立为致力于向一切已有传统思维方式和文学体式进行挑战的"新文学"的理想而普遍的书写媒介。

四、结语

日本学者柄谷行人和小森阳一论及日本近代的"言文一致"运动时，都不约而同地指出了其中所隐含的"声音中心主义"的意识形态，在他们看来，正是在由对声音文字的重视才产生了所谓口头语的意识，而在此之前，口头语和书面语的乖离并未成为问题。[2]从这个角度来看待周作人通过翻译所建立起来的"直致的白话文"，换言之，一种无声的"口语"，那么它在同样以"言文一致"相号召的中国文学革命的话语语境中，无疑是一种的形式：一方面，它通过与口头语的接近而达到了

---

[1] 汉娜·阿伦特编《启迪：本雅明文选》，张旭东、王斑译，生活·读书·新知三联书店，2008，第88页。
[2] 柄谷行人：《日本现代文学的起源》，赵京华译，生活·读书·新知三联书店，2006，第37页。另参阅小森阳一《日本近代国语批判》（陈多友译，吉林人民出版社，2004）第4章的相关论述。

与"文学革命"的合流，但同时又通过对"声音"的摈弃，而与同时代的"言文一致"的意识形态拉开了距离。与句法、章法这些有形的形式相比，声音的格律乃是翻译过程中的"终极形式"，因为它在根本上是无法翻译的。周作人通过对翻译史上的相关论述以及自身翻译实践的体认，早已洞悉这一翻译的本质。既然因为有这一"终极形式"的制约，译文永远也无法做到与原本绝对合一，那么不如放弃这种"合一"的幻想，通过将声音格律从文章形式中彻底地涤荡出来，从而获得翻译与表达的自由。周作人的《古诗今译》，便是通过建立"直致的白话文"这一新的彻底摒弃了声音格律的文章形式，而对原作韵律和汉文声调进行了双重疏离，从而超越了翻译中"殊隔文体"的宿命而获得了自由。

这种经由翻译而锤炼出的文体感觉，无疑也对周作人此后的文章理想与散文写作，产生了重要意义。周作人后来对八股文以及以韩愈为代表的讲究腔调的古文，进行了几乎是终其一生的批判，这背后则包含着他对植根于汉字特质的文章的音乐性的警惕：在他看来，正是因为声调在其中作为文章形式的顽固存在，八股与古文这些文体，才在历史的发展中逐渐失去了对意义与色泽的敏感而变得空洞和僵化；相比之下，我们亦不难理解，他何以对六朝散文与佛经文学表示出特别的爱好，甚至对骈文这种高度形式化的文体亦有所包容，——因这诸种文体中都至少包含了对"谐调"的放逐。自20世纪20年代后半期开始，周作人的散文风格出现了一定程度的变化，简言之，即放弃了自我表现这一"五四"时代的文学信念，转而追求一种迂回、生涩亦即废名所说的"隔"的风致；如果我们将周作人对于翻译本质的体认稍作引申，那么，这里他所放弃了的"自我"，不正等同于翻译中那个不可企及的"原作"吗？这么说来，周作人其实早已通过翻译而洞悉了"文"不能与终极之"言"——此"言"可由声音引申为翻译中的"原作"、文学表达中的情志或自我——合二为一的道理，从而将终身的文体与文学改革的努力，限定在了"文"的畛域之内。

解放汉语
——白话文引发的语文论争与汉字拼音化运动论证策略的调整

王东杰

中国近代语文革新运动滥觞于清末，新文化运动后进入高潮，直到20世纪晚期逐渐式微，持续了百年之久。改革者批评中国传统过于重视文字而轻视语言，以至于言文不一；繁杂的象形文字和过于典雅的文言，都耗费了学习者的大量时间和精力，成为难以逾越的认知障碍，不利于知识的普及和人民素质的提升。为此，他们提出了"言文一致""言文合一"的口号，要求在"文体"和"文字"两个层面进行变革：在前一方面，提倡"俗语入文"，也就是一般所谓白话文运动；在后一方面，要求废除方块汉字，改用直接记录口语的拼音文字，通常称为汉字拼音化（下文或简称"拼音化"）运动。

白话文和汉字拼音化是一对"孪生"运动，它们的学理基础相同，目标相近，参与人员多有交集；但拼音化的目标显然比白话文来得激烈，而这也造成它们实际影响力的差异：白话文很快就被广泛采用，拼音化虽也曾在20世纪三四十年代兴盛一时，遇到的社会阻力却比白话文大得多。①早在1911年，就有人提出，汉字确实不利于教育普及，但决不可因此废汉字，只需多作"通俗文"即可。②"五四"时期，即使那些赞同拼音化的人士，也多把它视为一个较长远的目标，在落实阶段上，放在白话文之后。

但白话文的迅速成功，也为拼音化的开展提供了若干方便，这特别地可以从拼音化运动论证策略的调整中看出。自清末起，拼音化论者对汉字的批判主要围绕着汉字本身的性质和功能展开。白话文运动铺开后，人们越来越多地注意到，汉语在表达新事物和新思想方面，存在明显不足。这引发了思想界对汉语发展水平问题的讨论。经过讨论，新文化人认为，汉语可以适用于现代社会，但也存在一些缺陷。为此，主张拼音化的人士提出，汉语的不足并非其自身原因造成的，而是受到汉字牵累所致；要解放汉语，推行真正的白话文，就必须废除汉字。这个论点从汉语发展水平入手，突破了拼音化论者长期就汉字论汉字的思路，且巧妙借助已基本稳定下来的白话文权威，使二者结成"一损俱损，一荣俱荣"的关系，在拼音化运

---

① 同样的主张在明治时期的日本已出现。柄谷行人指出，近代日本的"文言一致运动"看起来是要追求书面语的口语化，但其"本质"实是"文字改革和汉语的否定"。柄谷行人：《内面之发现》，《日本现代文学的起源》，赵京华译，生活·读书·新知三联书店，2003，第36页。中国的语文革新运动直接受到日本影响，思路相近，柄谷的议论在一定程度上对中国也是适用的。不过，白话文比拼音化来得成功这一事实也表明，文体改革和文字改革都是"言文一致"的嫡生子，很难把其"实质"归结为其中的某一种。当然，汉字的意义对中日两国是不同的，这一判断是否适合于日本，笔者难以断定。
② 博山：《全国初等小学均宜改用通俗文以统一国语议》，《东方杂志》第8卷第3号，1911年5月23日，第9—10页。

动的历史上，提供了一个全新的论证角度。

白话文历来都是学界讨论的重点，汉字拼音化近年也吸引了不少学者的注意。不过，这两个孪生运动存在什么关联，既存成果仍很有限，已有的研究也更侧重于对它们的思想结构进行分析。①与此取径不同，本文考察的是，白话文的广泛推行怎样引发了思想界的语文论争，又怎样进一步促成了拼音化运动论证策略的调整。换言之，本文关注的是白话文和拼音化运动的动态思想关联，而不仅是它们在思想结构上的静态联系。

其次，这个问题的解决，必须同时注意到文字、语言和文体三个层面。②但既存研究往往只注意到文字和文体，对语言层面重视不足。事实上，在新文化人那里，白话文和汉语常是一而二、二而一的，密不可分；同时，白话文在实际上也不可避免地受到汉字影响。因此，它最为集中地展示了汉语和汉字的关系。这也就不难理解，何以自白话文运动兴起后，关于汉语的评估，以及汉语和汉字的关系，就不断引发争论。这些议题主要包括三点：第一，汉语是否适用于现代社会？第二，汉语是不是一种进步的语言？在这两个议题的基础上，第三个问题

---

① 在近年的成果中，刘进才注意到中国现代语言运动中"书写符号变革"和"文体变革"的关系，并专章梳理了废汉字思潮的发展，其中也注意到本文第一节所述废汉语的讨论，但对于白话文运动和废汉字思潮的互动过程，并无实质论述，见刘进才《语言运动与中国现代文学》，中华书局，2007，第38—83页。桑兵指出白话文在从废汉字到制造汉语拼音文字的过程中扮演了一个逻辑上"承上启下"的角色，但对这段历史的曲折性论述不多，见桑兵《文与言的分与合——重估五四时期的白话文》，《社会科学战线》2010年第10期。

② 需要说明的是，今日所谓"汉语"，有时包括汉字乃至汉文在内。本文的"汉语"一词，则是在"汉语言"意义上使用的，与"汉字"相对。

被提了出来：在汉语的发展史上，汉字到底扮演了什么角色？前述拼音化运动从汉语论汉字的思路，正是通过这些讨论，一步步形成的。

一、"仅废中国文字乎？抑并废中国言语乎？"

1918年8月，《新青年》发表了朱经农给胡适的一封信。信中把当时国内各种"文字革命"（即本文所谓语文革新）的主张归纳为四种：一是"'改良文言'，并不'废止文言'"；二是"'废止文言'，而'改良白话'"；三是"'保存白话'，而以罗马文拼音代汉字"；四是"把'文言''白话'一概废了，采用罗马文字作为国语"。①朱氏所用"文字"一词是广义的，包含了文体、文字及语言在内。这四种主张均与白话文运动有关，而一种比一种更为激进：前两种都还集中在文体的层面，第三种已涉及汉字的存废，第四种更是把汉语、汉字、汉文一网打尽，全部推翻。

在这四种主张中，《新青年》同人最热心的主要是第二和第三种，但也有人支持第四种，其中最积极、影响最大的是钱玄同。②1918年4月，《新青年》发表了他给陈独秀的一封信，明

---

① 朱经（朱经农）：《新文学问题之讨论》，《新青年》第5卷第2号，1918年8月15日，第163页。
② 朱氏原函所举第四种意见的代表人物是钟文鳌。此人是美国清华学生监督处书记，基督徒，曾在留美学生里宣传废汉字、改用拼音字母（胡适：《中国新文学运动小史·逼上梁山》，《胡适文集》第1卷，北京大学出版社，1998，第140页）。但他那时身在国外，除了几个留学生，几乎没有什么人知道他，自然谈不上影响力。

确反对"改汉字为拼音"。钱氏认为，中国言文不一，且方言纷歧，要靠几个人的力量"在十年八年之内"完成统一语言的事业是不可能的。然语言不一，"即断难改用拼音"，何况汉文乃"单音文字，同音者极多，改用拼音，如何分别"？更重要的是，汉文本来就缺乏"新理、新事、新物"，如用汉字造新词，"既改拼音，则字中不复含有古义，新名词如何造法？难道竟译Republic为Kung-huo，译Ethics为Lun-li-hsuh吗"？盖译义容易造成对原文的曲解，不利于新思想传播；若在文中直接夹杂西字，"则一文之中，用西字者必居十之七八，而'拼音之汉字'，不过几个介、连、助、叹之词，及极普通之名、代、动、静、状之词而已"，又有何必要？①

但钱玄同这样说决不是要退回朱经农所讲的前两种主张，相反，他实以为汉字已无可救药，必须废除，代以"文法简赅、发音整齐、语根精良之人为的文字ESPERANTO（今通译'世界语'——引者）"。用Esperanto写作，意味着汉语至少已不能作为书面语使用；而钱氏是要求言文合一的，则口头语也势必行用Esperanto方可。显然，他的"废汉文"实已不止废汉字，且是要废汉语了。自然，他也知道这很难一下办到，故建议"在过渡之短时期中"，采用"某一外国文字"如英文或法文"为国文之补助"，同时限制汉文字数，以"减杀"旧文字的"势力"；对于输入新学问，则应"直用西文原书"。

钱玄同这些观念是有所本的。他专门抄录了吴稚晖的一段

---

① 本段和下段，钱玄同：《中国今后之文字问题》，《新青年》第4卷第4号，1918年4月15日，第352—355页。

话，以为张目："中国文字，迟早必废。"为"暂时改良"计，可"限制字数：凡较僻之字，皆弃而不用"。这样，"凡中国极野蛮时代之名物，及不适当之动作词等"，就都可以"屏诸古物陈列院"了。若"发挥较深之学理，及繁赜之事物，本为近世界之新学理新事物"，而汉字又难以表达的，"即可搀入万国新语（即Esperanto）；以便渐搀渐多，将汉文渐废，即为异日经用万国新语之张本"。①这段话出自吴稚晖1908年发表的一篇文章；不过，吴文发表时，钱玄同还是一个虔诚的国粹主义者，追随章太炎研习国学，对吴说极是反感，曾在日记中痛骂之。②十年之后，随着他自己观点的改变，吴文也就从批判对象变成了思想资源，甚至是激进化的踏板。

不久，钱玄同再次强调，中国人要"生存于二十世纪"，必须全盘西化，"凡道理、智识、文学，样样都该学外国人"。这"就应该学外国文，读外国书。那固有的汉语，因事实上不能立刻消灭，只好暂时留住一部分勉强可用的"，然只能用于日常交流，不能用于"学术"。"至于汉字之代兴物，我以为与其制造罗马字母的新汉字，远不若采用将来人类公用的Esperanto。即退一步说，亦可采用一种外国语来代汉文汉语"。这要"比制造什么罗马字母的新汉字，上算得多，有用得多"。③据他的估

---

① 吴稚晖：《编造中国新语凡例》，《吴稚晖先生全集》第5卷，台北：中国国民党中央委员会党史史料编纂委员会，1969，第35—36页；钱玄同：《中国今后之文字问题》，《新青年》第4卷第4号，第355页。
② 钱玄同：《钱玄同日记》第2册（1908年9月27日），福建教育出版社，2002，第619页。
③ 钱玄同：《对于朱我农君两信的意见》，《新青年》第5卷第4号，1918年10月15日，第425—426页。

计，中国全面改用世界语，只要"十年廿年"即可。①

钱文发表后，一位读者致函《新青年》，加以响应。他的理由也和钱玄同差不多：按进化公例，"世界合一"之势"终无可逃"，届时各国语言均将废弃；汉字是"单音单义的文字"，在世界上独一无二，极为"拙劣"，与其费力改革，不如"将改革的时间精力移到Esperanto上去"，其效或更速。②另一位读者则提出，用一门外语做"第二国语"，可能会"先入为主，阻碍世界语之进行"；建议"一方面鼓吹废弃汉文，一方面则提倡采用世界语，彼此乘除"，不须"第三者之侵入"。这却是钱玄同也觉得做不到的。③

应钱玄同之约，吴稚晖也写了文章参与讨论。他提出，制造汉语拼音文字不出两种心态：一来，既是"向汉人改革"，用汉语自然比较"便当"；二来，"汉语用什么替代"，难以悬断，故唯有仍以汉语"承乏"。但这只是"应急"，未考虑长远需要。即使费心费力，制造成功，也将得不偿失：新理新事多由西方引入，未来汉语的大部分词汇势必采用外来语，只余下少数不重要的词汇与人"立异"，不过是"叫世界上添了一种七分相像、三分不像的'拼音文字'"而已，何如主动"加进大同的计划"？至于"现在只好用汉语的时候，莫妙于把汉文留着，将一种'拼音'帮他的忙"。但他特别声明，这里说的仅是

---

① 钱玄同：《中国文字与Esperanto》附言，《新青年》第5卷第5号，1918年11月15日，第543页。
② 姚寄人：《中国文字与Esperanto》，《新青年》第5卷第5号，第540页。
③ 胡天月：《中国文字与ESPERANTO》；钱玄同附言，《新青年》第5卷第5号，第544页。

粗糙的"拼音",仅为"辅助文字"之用,决不是精密的"拼音文字"。①

吴稚晖的看法与钱玄同大致相同,也以为改革汉字只是应急,凑合一下即可,不应投入太多精力。不过,在是否可用世界语直接替代汉语的问题上,二人就有了不同意见。吴稚晖说,这"倘使做得到,真是一种可以要得的东西",但这"是不大容易做得到的"。故不如采用"和平"方式推行之,且应把这和"代替汉语"视为"两个问题"较"妥当"。在这方面,吴的态度要相对稳健,不过二人的终极目标仍是一致的。对于"采用一种欧洲文字作为第二国文"的主张,吴稚晖则一口赞成,并力推法语担当此任。

后来给人留下"保守"印象的李思纯,那时却很支持吴稚晖。他1920年写于巴黎的一篇文章说,汉字有功又有过,"功罪相当";但人类将来总归大同,故"世界用共同语言文字,至多不过数世纪后,便要实现",而这种共通文字,"必以衍音文字为粉底",汉字"必不能与世界公共文字相衔接"。因此,"费大力"制造中国拼音文字,只为"过渡"之用,实无必要;不如一边"保存汉字,救以注音",一边"竭力推行各种的外国语"——英、德、法乃至Esperanto均可,以"使中国人的脑筋,渐渐的与拼音文字接近,造成了普遍化,自有一种彻底的解决在后"。②

---

① 本段和下段,吴稚晖:《补救中国文字之方法若何》,《新青年》第5卷第5号,第485—486、491、492、501—502、507页。
② 李思纯:《汉字与今后的中国文字》,《李思纯文集·论文小说日记卷》,巴蜀书社,2009,第946页。

其时，世界语在中国的新派人士中甚为风行，新文化诸子多少都受其影响。他们大多认可，在"大同"时代，会有一门世界通行的语言，很可能就是Esperanto；但一二十年内就用世界语替代汉语，即使在激进的《新青年》同人中，也难以找到知音。

陈独秀在给钱玄同的回信中，表示完全支持废汉字，因汉字"既难传载新事新理，且为腐毒思想之巢窟，废之诚不足惜"。但他也提醒，要搞清楚，"仅废中国文字乎？抑并废中国言语乎"？这是两个"关系密切，而性质不同"的问题，必须区分开来。废汉字只是换一种书写形式，其语言基础还是汉语；如汉语亦废，就是根本的颠覆，戛戛其难。陈独秀指出："国家""民族""家族""婚姻"等词虽"皆野蛮时代狭隘之偏见所遗留"，然"根底甚深，即先生与仆亦未必能免俗，此国语之所以不易废也。倘是等观念，悉数捐除，国且无之，何有于国语"？故"当此过渡时期，惟有先废汉文，且存汉语，而改用罗马字母书之；新名悉用原语，无取义译；静、状、介、连、助、叹及普通名、代诸词，限以今语"。此"虽稍费气力"，已较汉字"便于进化"多多。[1]显然，陈氏所谓"废汉文"，仅只是废汉字，而不包括废汉语，与钱玄同所云不同。

然而，陈独秀的话也有自相矛盾的地方：汉字是"腐毒思想之巢窟"，所以当"废"；汉语也有许多"野蛮时代"的遗存物，何以就当"存"（即使是暂时的）？任鸿隽就表示，废汉

---

[1] 陈独秀：《中国今后之文字问题》附言，《新青年》第4卷第4号，第356页。

语和废汉字乃是一丘之貉，本无差别："我想钱先生要废汉文的意思，不是仅为汉文不好，是因汉文所载的东西不好，所以要把他拉杂摧烧了，廓而清之。"任氏讥讽道："却不是根本的办法。吾国的历史、文字、思想，无论如何昏乱，总是这一种不长进的民族造成功了留下来的。此种昏乱种子，不但存在文字历史上，且存在现在及将来子孙的心脑中。所以我敢大胆宣言，若要中国好，除非中国人种先行灭绝！可惜主张废汉文汉语的，虽然走于极端，尚是未达一间呢！"①

胡适则说："独秀先生所问'仅废中国文字乎？抑并废中国言语乎？'，实是根本的问题。"对于"先废汉文，且存汉语，而改用罗马字母书之"的办法，他也"极赞成"。他也认为，"中国将来应该有拼音的文字"，惟"凡事有个进行次序"，不能操之过急："文言中单音太多，决不能变成拼音文字。所以必须先用白话文字来代文言的文字，然后把白话的文字变成拼音的文字。"②这段话提出的语文革新的两步走方案，代表了《新青年》同人的共识。至于制造汉语拼音文字以后，是否还要废汉语，胡适未提。大约在他看来，这是一个过于遥远而不切实际的问题吧。

另一方面，胡适本来也认为学习外国语和世界语并不易。朱经农说："罗马文字并不比汉文简易，并不比汉文好。……就是英文，我也算读了几年，动起笔来仍是不大自然，并不是

---

① 任鸿隽：《新文学问题之讨论》，《新青年》第5卷第2号，第170页。原文"除非"二字下衍一"人"字，本文删去。
② 胡适：《中国今后之文字问题》附言，《新青年》第4卷第4号，第356—357页。

我一人如此。虽说各人天分有高低，恐怕真正写得好的也不甚多。试问今日如果把汉文废了，要通国的人民都把娘肚子里带来的声调腔口全然抛却，去学那ABCD，可以做得到吗？"况且，欧洲诸国也各有方言与文字，"彼此不能强同，至今无法统一。……何以中国人却要废了汉文，去学罗马文字呢"？胡适立刻肯定此论"极有道理"。①

陈独秀和胡适都从办到办不到的角度考虑问题，傅斯年则想到，假如废汉语的主张真的实施，会造成怎样的后果。他在1919年发表《汉语改用拼音文字的初步谈》，激烈表示："中国可以不要，中国的语言不可不存。"因"外国语是极难学的，更不是中国人都能学得的，万一改用外国语当做国语，大多数的中国人登时变成哑子，意见不能发泄，岂不要闷死人呢"？②文字改革的目的之一本是普及教育，打破上流人士和"引车卖浆者流"间的社会隔阂；废汉语却势必使少数会说外语的上层人士和只会讲汉语的普通民众之间进一步拉开距离，这是傅斯年完全无法接受的。

实际上，钱文发表不久，一位叫张月镰的读者就表示：Esperanto固然可能是"最善文字"，却是"理想中之大同世界"用的，"非二十世纪东方人之责任；而且万万非我辈之责任"。中国的文字改革，"并非完全抱大同观念，不过为产于亚东大陆之四五亿同胞争存保种起见"。他提出，中国缺的不是学者，

---

① 朱经（朱经农）：《新文学问题之讨论》胡适附言，第163—164、166页。
② 傅斯年：《汉语改用拼音文字的初步谈》，《新潮》第1卷第3号，1919年3月1日，第394页。

而是"技术家"。要迅速造就"多数之技术家",应多多灌输科学知识,并不须掌握高深学理,故并无人人研习外语之必要。因此,他坚决拥护白话文,对制造汉语拼音文字,便"未能十分赞同";至于废汉文,更是"绝对的反对"。①张氏自称工科学生,关心实业的发展,和傅斯年立意不同,但注意到废汉语会给大多数普通民众带来严重困难,不利于普及教育,则是一样的。

张月镰对汉语拼音文字也不大赞同(虽亦不全反对),傅斯年则因"一边觉得汉文用起来不方便,一边又觉得外国语用起来不方便",故把"全力"都用在了"替汉语造一个拼音文字"上。不过,废汉语的议论对他刺激不小,因此,隔了几页,他又一次回到这个主题:"制造拼音文字只是制造拼音文字,并不是改造汉语。我们主张汉语改用拼音文字,不过把这四四方方的单音字去了,换上以字母集合、横行的拼音文字,丝毫不碍汉语相干。"②

其实,钱玄同在1918年8月就承认:"文字易废,语言不易废。"故建议一方面采用外语做"第二国语","以求学问";一方面采用汉语拼音文字,"以适于普通说话,粗浅记载之用"。③不久,他又说,汉字也"一时不能废去",故不妨用注音字母"补偏救弊"。④但废汉语的念头一直盘踞在他心中。1919年10月,他说,虽然"明明知道"废汉文"不是旦暮间就做得到的

---

① 张月镰:《汉文改革之讨论》,《新青年》第5卷第5号,第534—536页。
② 傅斯年:《汉语改用拼音文字的初步谈》,《新潮》第1卷第3号,第397页。
③ 钱玄同:《革新文学及改良文字》附言,《新青年》第5卷第2号,第177页。
④ 钱玄同:《对于朱我农君两信的意见》,《新青年》第5卷第4号,第428页。

事，但我总觉得'人定可以胜天'",故废汉文能否做到,"全在人为"。①四年之后,他又对周作人表示:"我近来废汉文汉语的心又起了,明知废汉文容或有希望,而废汉语则不可能的。但我总想去做。"惟此时他已不再反对制造汉语拼音文字,只是希望以此为过渡,达到"全用外国语"的地步。②

钱玄同为何明知废汉语不可能而欲为之?这当然是因为他那时是主张激烈西化的。具体来说,则有如下几个原因:首先,正如任鸿隽观察到的,他因不满汉字汉语所表达的思想而迁怒于汉语文本身。其次,他相信世界大同很快就能实现,届时汉字汉语必将消失。再次,他也认为汉语本身就有很大缺陷:一方面,汉语是"单音",其"代名词、前置词之不完备,动词、形容词之无语尾变化",使其"意义极为含糊";另一方面,"各省土语不同,互相非笑,绝不肯彼此都牺牲一点,使他慢慢接近,因之全国不同的语言,少说些,也必有一千种左右"——这都使它无法"适用"于现代生活。③

不过,整体看,废汉语论只是昙花一现,并未引起大规模响应。事实上,就在钱氏宣布"又起了"废汉语之心的同时,他和黎锦熙共同主持的《国语月刊》推出了一期《汉字改革号》,乃是"汉字革命"史上最有名的文献之一。在这上面,黎锦熙就公开声明:"汉字革命,为的是要使汉语脱离汉字,得到

---

① 钱玄同:《写白话与用国音》附言,《新青年》第6卷第6号,1919年11月1日,第649页。
② 钱玄同:《致周作人》,《钱玄同文集》第6卷,中国人民大学出版社,1999,第64—65页。
③ 钱玄同:《中国文字与Esperanto》附言,《新青年》第5卷第5号,第542页。

一个'真切的表现'。质言之,是改革本国的文字,不是废除本国的语言;并且是用改革文字的手段来保存语言,整饬语言,提高语言,修饰润色语言。"①这和傅斯年是一致的,都是要划清拼音化和废汉语的界限;而比傅斯年更进一步的是,他还指出这二者之间存在更为积极的关联,特别提出了"保存语言"四字,以消除读者有可能的反感。这意味着,废汉语的激进提法,已经对拼音化这样稍显"温和"的提议,制造了社会心理的障碍。要推动拼音化,必须与之撇清关系。而在那之后,钱氏也很少再在公开场合宣扬废汉语了。

不过,废汉语论虽未被接受,也带来一个问题:对现代生活来说,汉语是否是"适用"的?新文化诸子极力推动的白话文以及他们视为理想目标的拼音化,都建立在认可汉语的前提下;若钱玄同所言正确,汉语本身就存在重大缺陷的话,白话文和拼音化岂不也要随之垮台?反过来,如果白话文可以成功,就证明汉语完全可以适应现代社会生活,即使存在一些缺陷,也可以改造弥补,废汉语自然就是不必要的。任鸿隽就敏锐地抓住这一点,讽刺"《新青年》一面讲改良文学,一面讲废灭汉文",乃是"自相矛盾":"既要废灭不用,又用力去改良不用的物件。我们四川有句俗话说,'你要没有事做,不如洗煤炭去罢。'"②换言之,废汉语和白话文、拼音化的主张,在逻辑上是不兼容的。

---

① 黎锦熙:《汉字革命军前进的一条大路》,《国语月刊》第1卷第7期,1923年8月20日,第36—37页。
② 任鸿隽:《新文学问题之讨论》,《新青年》第5卷第2号,第170页。

这场讨论中，以废汉语为一方，白话文和拼音化为另一方，也确实存在一条分界线。钱玄同之所以思及废汉语，一个重要原因就是对白话文缺乏信心："白话用字过少，文法亦极不完备；欲兼采言文，造就一种国文，亦大非易事。"①同样，他和吴稚晖又都反对制造汉语拼音文字，以为不能解决根本问题，反而治丝益棼。这都源于他们对汉语适应现代社会能力的怀疑。②另一方面，那些反对废汉语又力主语文革新的人，则都把白话文视为一条出路。胡适与陈独秀不用说了，前边引用的傅斯年那句"中国语言不能不存"之前，就还有一句"老实说罢，我近来对于白话文学主义竟是信得狠坚"。③这两句话显然存在一种因果关联：正因相信白话文足以担当开启民智的使命，傅斯年才会满怀信心地捍卫汉语。张月镰一边坚决反对废汉语，一边明确赞同白话文，也可以从同一思路理解。虽然他们对拼音化的意见不同，但这只是对汉字认知的差异，并不妨碍他们在废汉语这一问题上的"联合战线"。

　　当然，这条分界线并不总是清晰而稳定的。在具体的个人那里，它更时时处在变动中。钱玄同就是最好的例证：废汉语的主张受挫后，他转而支持拼音化；再之后，他更把主要精力

---

① 钱玄同：《中国今后之文字问题》，《新青年》第4卷第4号，第353页。
② 如前所述，钱玄同废汉文的基本理由在清末已经由吴稚晖等人提出。不过，那时吴说的实际影响并不大，唯一值得注意的只是引发了章太炎和刘师培的几篇回应文章（关于此问题，参考罗志田：《国家与学术：清末民初关于"国学"的思想论争》第4章，生活·读书·新知三联书店，2003；彭春凌：《以"一返方言"抵抗"汉字统一"与"万国新语"——章太炎关于语言文字问题的论争（1906—1911）》，《近代史研究》2008年第2期）。要待新文化运动时期，随着白话文运动的开展，这一观点才真正产生反响。
③ 傅斯年：《汉语改用拼音文字的初步谈》，《新潮》第1卷第3号，第394页。

都投入推行注音字母（相当于吴稚晖所谓"拼音"）和编制简化字方案中，实际又从拼音化后退了半步。当然，钱玄同始终未曾放弃废汉语的理想，这些退让都可以看作是权宜性的。但他的徘徊也和这一时期的舆论形势分不开：废汉语的极端主张，即使新文化诸子，也难以接受；拼音化在新文化诸子中的知音倒不少，但社会上的反对声音也很大；至于白话文，虽也遇到不少阻力，然较之其他主张，同情者毕竟要多得多，更为切实。实际上，在钱玄同的废汉文论发表后，他的朋友郭惜龄就劝他，此论既遭人"非议"，也难以一下实行，徒说无益；不如集中精力于"言文合一"，待民智已开，"那就一切改革的事都容易下手了"。①郭并没有表示反对废汉文，但他显然对其时的舆论环境做了充分估计。

二、"打破不进步的字，讲天天进步的语言"

钱玄同虽对白话文的前途怀有疑虑，但他和陈独秀、胡适、傅斯年等人的交锋，乃是同一阵营内部的激进与缓进之争。与此同时，也有一些人站在维持或至少是同情文言文的立场上对白话文展开了批评（但并不意味他们必然反对白话文本身），引起了胡适等人的反驳。在他们的争论中，怎样评估汉语的发展水平，又成为一个根本性的问题。

1919年，孙中山在一篇文章中，专门批驳了废汉字论。他

---

① 郭惜龄：《写白话与用国音》，《新青年》第6卷第6号，第648—649页。

承认,"中国文言殊非一致",汉字仍是"古昔"之体,汉语却屡经更易。但在他看来,汉字虽不变,"其使用之技术实日见精研";汉语却有"变迁"而"无进化",乃世界语言中之"粗劣者",以致"往往文字可达之意",言语反"不得而传"。盖"文字可传久远,故古人所作,模仿匪难;至于言语,非无杰出之士妙于修辞,而流风余韵无所寄托,随时代而俱湮,故学者无所继承",自然不能发展。故中国"文字有进化而言语转见退步"。这和汉字作为一种表意文字的性质有关:"欧洲文字基于音韵,音韵即表言语;言语有变,文字即可随之。中华制字以象形、会意为主,所以言语虽殊而文字不能与之俱变。"然"此不过为言语之不进步,而中国人民非有所阙于文字。历代能文之士其所创作突过外人,则公论所归也。盖中国文字成为一种美术,能文者直美术专门名家,既有天才,复以其终身之精力赴之,其造诣自不易及"。因此,"中国文字决不当废"。①

孙中山此说显然不只针对汉字,实涉及白话文问题,故它一发表就引起了胡适的不满。在胡适藏书信集中,有一封廖仲恺1919年7月19日的来函:"尊函得读,即以呈之孙先生。所论中国'文字有进化,而语言转见退化',孙先生谓此层不过随便拾来作衬,非潜深研究之结果,且于文学之途本未考求,拟请先生将关于此层意见详细开示。"显然,胡适曾写信给廖,表达对孙说的不满。廖仲恺认为,中国"文字有进化"一语"自非实

---

① 孙中山:《建国方略》,《孙中山全集》第6卷,中华书局,2006,第181、180页。按此段原出1919年春出版的《孙文学说(卷一行易知难)》,后编入《建国方略》。

在"，但"语言退化却系事实"。他问胡："即以白话文论，近时之白话小说、白话文字，较之前代之小说、语录，已大不如。以此为退化之征，未悉有当否？外此未审有语言不退化之征象否？"廖氏强调，这不是要反对白话文，相反，"惟其如此，所以我辈对于先生鼓吹白话文学，于文章界兴一革命，使思想能借文字之媒介，传于各级社会，以为所造福德，较孔孟大且十倍；惟其如此，而后语言有进化而无退化"。①最后一句是何意思？原文语意不详，据上下文推断，廖仲恺的大意当是，口语入文，必经推敲锤炼；书面语言又可反过来推动口语的进步，其思路实和孙中山的"文字进化"论相同。显然，对廖氏而言，白话文的意义实际更多落在"文字"，而非胡适宣称的"语言"上。这又绝非廖氏一人之见，吕芳上先生注意到，其时国民党人中的胡汉民、朱执信等也都同意"国人善文而拙于用语"一说。②显然，如果由钱玄同做裁判，他显然会反对前半句（"国人善文"），而赞同后半句（"拙于用语"）；而胡适在这两方面皆与孙、廖不同。

虽然廖仲恺声明，这并不意味他们反对白话文，反而正是他们支持白话文运动的理由。但这一评价在逻辑上确会导向反对白话文的结论。梅光迪就在给胡适的信中说：白话"多出于市井伧父之口，不合文字学之根源与法律"，语意"含糊、无精微之区别"，岂可用于文章？故提倡白话，实是欲"以缩小吾

---

① 《廖仲恺致胡适函》，1919年7月19日，见中国社会科学院近代史研究所中华民国史研究室编《胡适来往书信选》，（香港）中华书局，1983，第62页。
② 吕芳上：《革命之再起——中国国民党改组前对新思潮的回应（1914—1924）》，台北："中研院"近代史研究所，1989，第359页。

国文章之Vocabulary"。①胡先骕也说:"口语所用之字句,多写实;文学所用之字句,多抽象。"故"用白话以叙说高深之理想,最难剀切简明。今试用白话以译Bergson之'创制天演论'必致不能达意而后已"。因此,"何必不用简易之文言,而必以驳杂不纯口语代之乎"?②直到30年代,还有人用同样的理由为文言背书:"就句法言之,中国人的口语实嫌呆笨,不及文言变化之多。无论写何种书籍,欲不用文言文句法之结构,殆为不可能。"③

然而,胡适提倡白话文运动的重点是使"文字"向"语言"看齐,而不是要用"文字"去提升"语言",汉语较汉字进步是其题中应有之义,孙、廖、梅、胡的主张是他根本无法接受的。早在1916年7月,他就已提出:"白话并非文言之退化,乃是文言之进化。"④对于梅光迪的批评,他强调,提倡白话,正是要"扩充"汉语的词汇,而不是要"缩小"之。⑤在1921年底发表的《国语文法概论》中,他对孙中山抛出了一连串质疑:

---

① 梅光迪:《致胡适信四十六通·第三十七函》,《梅光迪文录》,辽宁教育出版社,2001,第170页。
② 胡先骕:《中国文学改良论》,《胡先骕文存》上卷,江西高校出版社,1995,第2页。
③ 余景陶:《小学读经与学习文言文》,见任重编《文言、白话、大众话论战集》,民众读物出版社,1934,第23—24页(类页)。
④ 胡适:《胡适日记全编·1》,安徽教育出版社,2001,第416页。同一时期赵元任亦云:中国方言"文法比起书面语的文法来要有规律得多",因"书面语更多地依赖现成的词组"而阻碍了其发展。见赵元任《中国语言的问题》,原载《中国留美学生月报》1916年第5期,收《赵元任语言学论文集》,商务印书馆,2002,第672—673页。此时胡适与赵元任就语言文字改革问题交流甚多,此论或是二人共识。
⑤ 胡适在梅光迪信中的批语,见《梅光迪文录》,第170页。

"可曾研究言语的'变迁'是朝什么方向变的?这种'变迁'何以不能说是'进化'?试问我们该用什么标准来定那一种'变迁'为'进化的',那一种'变迁'为'无进化的'?"就语言文字的作用看,写在纸面上的文言无不退化,用在口头的语言无不进化。这进化具体表现为两个相反趋势:一是"该变繁的都变繁了"("单音字变为复音字"、字数上的增加等),一是"该变简的都变简了"(废除了"文言里一切无用的区别"、简化了"繁杂不整齐的文法变化""许多不必有的句法变格,都变成容易的正格了"等)。①

不过,直到此时,胡适都还只说汉语是"进化"的;而在大约同一时期发表的《国语文学史》中,汉语文法已一跃成为"全世界最简单最有理的文法"。②此后,他不断在各种场合重复这一观点:"我们的语言,照今日的文法理论上讲起来,最简单最精明,无一点不合文法,无一处不合论理",在"今日之世界上,为进化之最高者"(1925年)。"中国方块字写起来虽然困难,但是文法的简单可称为世界第一"(1947年)。"我们讲的话是世界上最简单、最规则、最容易学的一种语言"(1954年)。③这都是从语法方面说。1960年他又从发音方面立论:汉语是全

---

① 胡适:《国语文法概论》,《胡适文集》第2卷,第338、340—348页。此文是根据1921年7月和8月在《新青年》第9卷第3、4号连载的《国语文法的研究法》修改而成,收入1921年底出版的《胡适文存》时添入《国语的进化》一段,并改为此题;这里引用的文字都出自新添部分。由此看来,胡适虽然一直对孙说不满,具体的意见应是在1921年下半年思考成熟的。
② 胡适:《国语文学史》,《胡适文集》第8卷,第22页。
③ 胡适:《新文学运动之意义》《白话文运动》《白话文的意义》,分别见《胡适文集》第12卷,第25、47、81页。

世界"最好说的"语言,"因为没有m、n的声音"。①胡适对汉语评价如是之高,且长期一贯,虽不能说是在孙中山、廖仲恺及钱玄同等人的刺激之下"逼上梁山"的结果,但与他们的争论无疑强化了这一观念。

孙、廖等人使用的"文字"一词是广义的,主要集中在文字的使用技术也就是文体层面,故胡适的回应也集中于此,双方实际并未围绕(狭义的)汉字是否当废的问题展开交锋。但他们在争论中,也不可避免地要涉及语言和文字问题。孙中山明言不赞同废汉字,又把汉语退化和汉字的表意性质联系起来,认为其间存在因果关系;胡适则强调,"单音字变成复音字"是中国语言的"一大进化":"现在的白话所以能应付我们会话讲演的需要,所以能做共同生活的媒介物,全靠单音字减少,复音字加多。……将来中国语言所以能有采用字母的希望,也只是因为这个缘故。"②前边讲过,钱玄同、吴稚晖反对汉字拼音化的一个理由就是汉语同音字太多;胡适此论显然是对此而发。据此,汉语的进化不仅为白话文提供了动力,也使得拼音化成为可能,这两大运动的同盟关系进一步被强化了。

另一值得注意的问题是,胡适和孙中山的观点虽然恰好相反,却都强调汉字和汉语发展的不同步性,这样,就把二者区分为两个完全不同的认知范畴,而这也是新文化人的一个共识。1922年,黎锦熙指出,西洋语言学家一般认为汉语是单音

---

① 胡颂平:《胡适之先生晚年谈话录》,1960年3月4日,台北:联经出版事业公司,1985,第51页。
② 胡适:《国语文法概论》,《胡适文集》第2卷,第342—343页。

语,"一字一音、一音一义",在人类语言中最原始,但这是错的:"我国的字是单音的,但与语言无关。"汉语"实在乃双音语,以双音节表一意义",构成一个完整的词,不能分开。至于那些"纯单音的字,多数只可算是syllable"。简言之,就语法上看,汉字和汉语是性质不同的两样东西,前者是"单音的",后者是"集合的"。如果"单音"就代表落后的话,那么,真正落后的乃是汉字,而非汉语。①

语言和文字打作两橛,部分挽救了汉语的声誉,也给黎锦熙带来了反驳西洋语言学家的信心。不过,在黎看来,汉语虽脱离了最低一级台阶,还远未达到"音节有屈折""语尾有变化"的"屈折语"这一最高阶段。也就是说,黎氏对汉语的估计远没有胡适那么乐观。不过,由于和汉字划清了界限,汉语的未来仍是光明的:"我国言语由单音语向关节语进步,已有三千年了,只是被汉字所拘束,不易看出这个趋势来。"因此,"我们现在想创建一种美的国语",那就"必须打破不进步的字,专来讲天天进步的语言"。很明显,他这里所说的"打破文字",既包括了白话文,也包括了拼音化。

把汉语和汉字放在两个完全不同的模式下处理,也是傅斯年20年代后期反复使用的方法。1928年,他在中山大学讲授中国古代文学史,就一则曰:"把语言和文字混做一件事,在近代欧洲是不会有的,而在中国则历来混得很利害。"再则曰:汉字汉语看起虽"是'一对一'的关系",实际却"并没有什么生

---

① 本段和下段,黎锦熙:《国语学大概》,《晨报副刊》第2版,1922年12月31日。

理上的关系,我们固然可以汉字写英语,也可以腊丁乃至俄罗斯字母写汉语。这里只有一个方便不方便的较量,没有不可能性"。三则曰:"把文字语言混为一谈,实在是一个大谬误。"不但阻碍了语言学的进步,也"很足以阻止纯语的文学之发展"。从历史发展看,"中国古人尚知文、语两件事的区别",自汉以后"古文"盛行,语言和文字的分别才"渐渐模糊",以致"文即是言,言即是文了"。[1]

同时,傅斯年也高度肯定了汉语的进步。他根据比较言语学知识提出,从印度支那语族的整体特点看,"汉语是在这一族中进步最剧烈的,固有的若干文法质素现在尚可在西藏等语中找到者,在汉语均早消灭了痕迹,现在的汉语几乎全以虚字及'语序'为文法作用,恰若近代英语在印欧语中一样,改变得几不是印欧语旧面目了"。[2]在同期的另一篇文章里,他更是不吝惜对汉语的赞美:"汉语在逻辑的意义上,是世界上最进化的语言。"[3]所谓"在逻辑的意义上",当然不是说汉语已尽善尽美,但"最进化"的范围,显然也不限于"印度支那语族",应是包含全世界在内的。至于汉字,则"完全另是一回事",从六书的形声、假借看,它"本有进步成一种字母之可能",然而,"或者当时没有这层需要,又因这个非字母的文字发达到甚完备的地步,且适宜于笼罩各方的读音",故始终未曾"进步"。[4]

---

[1] 傅斯年:《中国古代文学史讲义》,《傅斯年全集》第2卷,湖南教育出版社,2003,第15—16页。文中自注已删。
[2] 傅斯年:《中国古代文学史讲义》,《傅斯年全集》第2卷,第18页。
[3] 傅斯年:《战国子家叙论》,《傅斯年全集》第2卷,第252页。
[4] 傅斯年:《中国古代文学史讲义》,《傅斯年全集》第2卷,第18—20页。

应注意的是，与"五四"时代相比，傅斯年对汉语的评估已有了不小改变。在《汉语改用拼音文字的初步谈》中，他虽反对废汉语，但也提出，由于"既没有国语的文学"使语言"齐一"，"又不曾在上等人嘴里造好标准"，现行的汉语不免"杂乱"。要制作汉语拼音文字，就须从中寻出条理。①在那时发表的另一篇文章中，他也提出，汉语"实在有点不长进：有的事物没有名字，有的意思说不出来，太简单，太质直，曲折少，层次少"。写得极好的西文，一旦译成中文，立刻"层次减了，曲折少了，变化去了——总而言之，词不达意"。这是言文分离导致的："白话愈变愈坏，到了现在，真成了退化的语言。"②这和孙中山、廖仲恺的见解其实是极接近的。

从"退化的语言"到"世界上最进化的语言"，不到十年，傅斯年对汉语的认知发生了一百八十度的大转弯；而他对汉字的看法虽有变化，基本却一以贯之。此后他并未再公开倡导汉字拼音化。但是，他说汉字没有"进步成一种字母"，价值取向是很鲜明的。他坚持把汉字和汉语二分，至少在理论上保留了汉字拼音化的可能。而直到20世纪30年代中后期，他还说：字只是语言的符号，"与其所代表之实体无关"。汉语采用汉字的形体，不过是"一事之偶然"而成为"数千年之习惯"罢了。"故今日可以罗马字母写汉语，亦可以汉字记英语"，并无差别。③口吻平和了许多，甚至允许了"汉字记英语"的可能，但

---

① 傅斯年：《汉语改用拼音文字的初步谈》，《新潮》第1卷第3号，第405页。
② 傅斯年：《怎么做白话文》，《新潮》第1卷第2号，1919年2月1日，第178、180页。
③ 傅斯年：《性命古训辨证》，《傅斯年全集》第2卷，第562页。

真正落脚处恐怕还是"以罗马字母写汉语"。

这样，在胡适、黎锦熙、傅斯年等人的论述中，汉语和汉字的发展形成了鲜明对照：前者"天天进步"，甚至已是天下第一；后者则几乎停步不前。因此，废汉语已经不是做得到做不到的问题，而是在价值上该不该的问题。

当然，并非所有的白话文支持者都赞成胡适对汉语的高度评估。1921年，周作人就以调侃的口吻说"今日阅《教育杂志》的国语号，看到几件妙的事情。一位讲言语学的，以为'分析语似乎是最文明的民族才能发生'。分析语的中国当然是天下最文明的民族，但是同语族的西藏、安南、缅甸又怎样呢？……就实际上说，这缺少前置词（除了'自''于'两三个字）的中国语，即使最文明，也未免太简单了一点吧。"[①]他反对的主要是"中国是天下最文明的民族"这一推论，而非汉语本身，但他对汉语是最进步的语言一说显然不欣赏。反过来，周作人认为当时通行的白话有很多问题。他抱怨："简单的国语"不足以"表现复杂微密的思想之需要"，民间语言也是"言词贫弱，组织单纯，不能叙复杂的事实，抒微妙的情思"。[②]直到1935年在日本访问时，他还批评中国现代文学"用语猥杂生硬，缺乏洗练，所以像诗与戏剧等需要精妙语言的文学，目下

[①] 周作人：《国语》，陈子善、张铁荣编《周作人集外文》上集，海南国际新闻出版中心，1995，第354页。
[②] 周作人：《国语改造的意见》，《东方杂志》第19卷第17号，1922年9月10日，第9、10页。

佳作甚少，发展的只有小说罢了"。①持此看法的当然不止他一个，前边引用的钱玄同及1919年的傅斯年，也都表达了类似感受。

然而这也未必就和胡适的判断截然对立。胡适表扬汉语最进步，主要从语法角度立论，周作人等则多着眼于词汇和表述方式。而在这些方面，胡同样认为汉语有改进的必要。朱自清就注意到，胡适所以提出"文学的国语"的口号，就因为他"觉得我们的国语太贫弱了"。②也就是说，胡适和周作人的分歧仅在于观察视角的差异。这两种意见都有支持者，国民政府教育部档案中保存了一份未署名文稿，更把这两个观点综合到了一起：中国语具有"优越的音韵体系和优越的文法体系"，颇合"言语经济原理"；其"唯一缺点"是"词汇贫乏"，而这不过是"中国社会经济发展落后"的结果，是很容易改进的。③

到了三四十年代，一批左翼文化人旧话重提，对汉语的发展程度提出质疑。瞿秋白断言，汉语仍是"比较落后的言语"。④20世纪40年代后期，一位福建的语文工作者施翊之也说：

---

① 长濑诚：《中国文学与用语》，朱自清译，《朱自清全集》第3卷，江苏教育出版社，1996，第67页。
② 朱自清：《新语言》，《朱自清全集》第8卷，江苏教育出版社，1993，第292页。
③ 佚名：《中国文字改革运动前途展望》，中国第二历史档案馆藏国民政府教育部档案，第5—12293号。这份文稿写在教育部的公函信笺上，作者与具体时间皆不详，从内容和文件所放位置推断，当是教育部主持的某一期国语讲习班的讲义或讲稿的一部分，时间应在20世纪40年代中后期。
④ 瞿秋白：《罗马字的中国文还是肉麻字中国文》，《瞿秋白文集》（文学编）第3卷，人民文学出版社，1989，第212页。

"汉语的落后性我们是无法否认的。"①但要指出的是,这一时期的思想环境已和钱玄同提出废汉文的时代完全不同,故其实际意义也不一样。他们这样说的时候,也同时肯定,汉语已出现了发展迹象。瞿秋白强调,中国传统语言是单音节的,但"现代普通话已经是有字尾字头的言语,字尾字头的变化恰好是又简单又合理的",同时也"已经是多音节的言语"。和胡适一样,瞿秋白也在这里看到了汉字拼音化的可能:**"他本身已经是可以用拼音方法写的言语。"**②这样,他们无需走到废汉语的地步,只要极力推动汉语已经呈现的发展态势即可。

同时,瞿秋白等人强调汉语落后,也和孙中山、廖仲恺不同,因为这个论断不是要肯定汉字的"进化",相反,对于他们来说,再"落后"的汉语也要比汉字进步。因此,黎锦熙笔下那"不进步"的汉字和"天天进步"的汉语的对比,依然是一个不言自明的前提。然而,这个思路在把汉语从濒危边缘挽救回来的同时,也给了汉字致命一击:"不进步"的文字要想追上"天天进步"的语言,就必须改为拼音字。

三、"汉字配文言,拼音字配语体"

经过几次论争,汉语的地位已在学理上获得肯定,新文化人虽然也程度不同地注意到它在实际应用中存在的不足,但

---

① 施蛰之:《文字革命的问题》,见倪海曙编《中国语文的新生》,时代书报出版社,1949,第442页。
② 瞿秋白:《罗马字的中国文还是肉麻字中国文》,《瞿秋白文集》(文学编)第3卷,第216页。黑体字原文有着重符号。

也都认可，汉语不失为一种进步的语言，至少也处于进化过程中。因此，它完全是向现代生活开放的，所有不足都可改进。此后，如同"五四"时期那样质疑汉语在性质上不能适应现代社会的论调已经很难看到了。

显然，不管对白话文运动，还是拼音化运动，这种形势都是有利的，但二者从中受益的程度并不同。由于汉语与白话文被视为同一关系，故汉语地位的稳固，也就是白话文地位的稳固；但对拼音化运动来说，这只是一个先决条件，远不足以证明废汉字、改用拼音文字的合理性。在这种情况下，为了说服更多信众，拼音化论者一面继续围绕汉字的特点做文章，一面又试图向白话文借力。这样，汉语的发展水平问题再度被带回讨论桌上，不过，这一次人们更关心的是：对汉语中存在的问题，汉字要承担怎样的责任？

前述孙中山的言论对此问题实已有所涉及。他认为，汉字的非拼音特性，使语言得不到书面训练，乃是其"退化"的主要原因。这虽然受到了胡适的反驳，但不少鼓吹汉字拼音化的人士却同样持此观点。赵元任在1916年就表示："口语听起来"确是"粗俗"的，这是因为人们不用口语写文章，"结果口头语言就只能跟粗俗联系起来"。[1] 20世纪30年代中期，王造时批评中国言文分离，致使二者不能互助，反而互损：语言"失却文字的帮助，运用异常简狭"；文字"失却语言的帮助，内容异常枯竭"。[2] 语言学家陆志韦也在40年代后期提出："目前的口语，

---

[1] 赵元任：《中国语言的问题》，《赵元任语言学论文集》，第708页。
[2] 王造时：《中国问题的分析》，商务印书馆，1935，第75页。

因为没有文化人来写，全靠老百姓的嘴，说来说去，结果越说越土，有些方言净是骂人的话，粗俗不堪。"①这些言论，不管是思路还是结论，都与孙中山如出一辙，只是他们对汉字的观感和孙氏正好相反而已。

不过，若仅止于此，白话文运动已可解决问题，汉语改用拼音文字的必要性又在何处呢？因此，拼音化论者必须要证明汉字在"积极"的意义上阻碍了汉语发展才行。这一思路在20年代初形成，到了三四十年代，已成为拼音化人士反复使用的论点之一。周建人1945年的一篇文章，就简明地表达了这一思路的基本内涵：中国人说话"太简短，不够明白，含胡处不容易分辨"，以致日常生活中，经常"听错对方的意思"，都"与写汉字有关系"。在言文一致的文化中，语言与文字能够"互相助长"，而汉字对汉语的帮助极为有限，甚至是有害的。改用拼音文字，就能为语言提供更多的表现空间，"文字与言语都会有进步了"。②这段短文提出的说话简短、意思含糊、听不清楚等问题，分别涉及词汇、语法、语音，已涵盖汉语的各个层面，是一个总结性的批评。本文以下即以此为序，把拼音化论者的有关言论做一大致勾勒。

汉语词汇不够丰富，是新文化人苦恼的一大问题。要增加词汇，来源主要有二：一是方言，一是外语。在这两方面，都有人看出了实行汉字拼音化的必要性。1922年，钱玄同提出，

---

① 陆志苇：《谈中国语文改革》，见倪海曙编《中国语文的新生》，第425页。
② 周建人：《论为甚么要用拼音字》，见倪海曙编《中国语文的新生》，第402页。

要扩充文学用词,就应多用方言和外国语,以"造成"它们作为"国语的资格"。但这些词汇如不照原音读,就会失其神采;要传其音,则"非绝对的废弃现行的汉字而改用拼音新字不可"。①1931年,瞿秋白也说:"汉字使'新的言语'停滞在《康熙字典》的范围里面,顶多只能从《说文》里面去找'古音古义'等来翻译现代的科学的字眼",而不能直接"采取欧美科学技术的新名词"。采用拼音文字,这就不成问题了。②拼音化运动的另一位热心参与者施效人则指控,汉字不但不能"消化方言",还"有意的拒绝"之;即使想采纳,由于汉字字音比语音简单,现代方言实也"无法写下去"。③

拼音化人士对汉字的另一个攻击是汉字不利于复音词的发展。1937年,胡愈之提出:汉字是单音,"因此也就影响到我们的口头语。在中国无论什么地方的方言,单音的词儿总是占的很多"。④1946年,一个名叫上官公仆的人也说:"中国大众的口头语,不但语汇贫乏,而且事实上不能不受汉字向内钻的恶劣影响,例如'他的爹爹'可以说成'他的爹',也可以说'他爹'。所以中国语文中'复音语'的发展,仍旧不够发达。"⑤前

---

① 钱玄同:《高元〈国音学〉序》,《钱玄同文集》第3卷,中国人民大学出版社,1999,第10—12页。
② 瞿秋白:《鬼门关以外的战争》,《瞿秋白文集》(文学编)第3卷,第168页。
③ 施效人:《表意字与中国语的特性》,见倪海曙编《中国语文的新生》,第453页。
④ 胡愈之:《有毒文谈》,《胡愈之文集》第3卷,生活·读书·新知三联书店,1996,第554—555页。
⑤ 《一九四六年七月上海时代日报"语文"周刊征求各界对于中国文字拼音化的意见》,见倪海曙编《中国语文的新生》,第537页。

边讲过，胡适认为汉语进步的一个表现就是复音字的增多，因为这有利于表述的清晰。在上官所举的例子中，"他爹"与其他两个表述语意相等，而更加简洁和顺口。因而，"他爹"已经满足了胡适所举语言进步的条件。可是，上官的评价却恰相反，似乎重要的不是表述效果，而是"复音语"本身。两人的另一点不同是，胡适指出，复音字增多，为汉字拼音化创造了条件；但上官公仆关心的却是：汉字阻碍了汉语复音词的发展。在这两点上，上官对汉语的指责都更严厉些，这显然是直接服务于他的拼音化主张的。

前边说过，胡适也曾表扬汉语语音的简单。但这方面仍是见仁见智，反对意见不少。1928年，有人列举汉字造成汉语"不能完全表情达意"的七宗罪，第一宗就极具杀伤力："用汉字的民族辨音力薄弱"；底下则具体包括，使用汉字会"淆乱词儿（Vorto）和音节（Silabo）""不容易读出真切的音""限死语音的进步"等。① 瞿秋白在30年代初指责汉字的三大罪过，前两个都和语音有关："阻碍中国字的读音的简单化"和"使单音节制度僵尸化"。② 就是说，胡适眼里的简单，在瞿秋白等人看来，就是简陋。这个观点在40年代中后期更为流行。齐沧田说，中国语音原来很多，但因受到汉字这一"缺乏伸缩性笨拙的语言代表"的束缚，只剩四百多个音，异常"贫乏"。③ 施劲

---

① 黎维崧：《读"废止中国字，用拼音文字"惹起的话》，见李中昊编《文字历史观和革命论》，文化学社，1931，第438页。
② 瞿秋白：《汉字和中国的言语》，《瞿秋白文集》（文学编）第3卷，第264、269页。
③ 齐沧田：《中国文字也应该赶快民主化！》，见倪海曙编《中国语文的新生》，第411页。

人则利用章太炎的研究指出，汉字早期有一字二音的，只"因拘于一字一音的原则，所以连字头、字尾都淘汰净尽了，原来在语言上为双缀音的，在文字里便都化为单缀音了"。故汉语的单缀音是"语音单纯化"的结果，而"汉字因为是表意字"，至少"加强"了语音"贫乏"的现象。①如是，汉语在语音方面不但未尝进步，反处于退化中。

需要指出的是，齐沧田、施效人以及前边提到的施翊之、上官公仆等人，都是"拉丁化新文字运动"（或称"中国话写法拉丁化运动"等，以下统一简称"拉丁化运动"）的积极参与者。拉丁化运动是中国近代汉字拼音化运动中的一支，20世纪30年代初从苏联传入中国，瞿秋白是这一方案的主要制定者之一。三四十年代，它在左翼人士中广泛流行。从目标看，这一运动的意图是采用拉丁字母制作汉语拼音文字。它和其他一些拼音化方案的实质性差异有二：一是制作方言拉丁化文字，二是反对拼写声调。②与本文有关的是第二点。拉丁化的主张在拼音化运动者中引起了不少争论，这些争论也不可避免地把汉字拉扯了进来。

汉语拼音文字是否应保留声调，关键在于声调是否是汉语的内在属性。拉丁化人士认为，声调是由于汉字才产生，或至少是由于汉字才保留的。瞿秋白说，汉字本没有声调，由于社

---

① 施效人：《表意字与中国语的特性》，见倪海曙编《中国语文的新生》，第449页。
② "拉丁化运动"和其他一些拼音化运动（如下文提到的"国语罗马字"）的竞争情形，极为复杂，也涉及国共两党的斗争，此处无法赘述，只把它视为拼音化运动的一个组成部分。

会文化的发展，字不够用了，但"又受着汉字制度的束缚，总只想用一个汉字代表一个意思，而十分的不愿意去造出许多多音节的字眼"，结果不得不想出四声的"把戏"，这又使得读音"更加困难"。①施翙之也说："汉字的本身里不许有多音缀"，只能增加文字数目；又"不许有尾辅音""不许有复辅音"，结果是"字音贫乏到了极点"。这样一来，要区分不同意义，便"不得不在四声里求出路"，但这"顶多只能把发音数增为四倍"，仍不够用。②聂绀弩则承认声调对于汉语发展具有积极意义。他认为，四声并非汉字的产物，但"它是因为汉字底存在，才能够取得重要的位置，才能够在语言里存续到现在"。在书面上，汉字字形将不同意义区分开来；在口头上，类似的功能由四声承担。这样汉语就满足了能看能听的需求，"不需要语言上的尽量的多音化，也不迫切地需要语尾变化底规则"了。但聂绀弩并不是要表扬汉字，而是强调：正因有此"两种宝贝"，"中国语言才苟安到没有长足的进步和发展"。③

在维护汉字的言论中，影响最大的一个观点是，汉字为维护中国文化统一做出了重大贡献。但拼音化论者对此也提出了质疑。沈兼士在1922年提出，中国语言的纷岐杂乱是汉字造成的。语言随时随地变异，在拼音文字中，"声音的一部分虽然变了，还有原来音符的遗形留存，可以考查"；汉字则不然，"语

---

① 瞿秋白：《汉字和中国的言语》，《瞿秋白文集》（文学编）第3卷，第264页。
② 施翙之：《文字革命的问题》，见倪海曙编《中国语文的新生》，第442页。
③ 绀弩：《四声是不是天然的存在》，见倪海曙编《中国语文的新生》，第216页。

言或字音一变，固有的表音作用就完全失掉而不易捉摸了，于是不得不随时随地又另借其他的字来表示活的语言"，遂使"语言文字纷纭不一"。①这说得还客气。到了三四十年代，火力就猛烈得多。胡愈之明确地说，他"主张非废弃方块字不可"的"最主要的"理由是，汉字要对中国语言的分裂负"大部分责任"。在有"统一的拼音文字"的国家，"只要是读过书，识了字的人，就会逐渐把方音改正。因此在教育普及以后地方语就慢慢消失了"。汉字则不然，各地人都可按自己的方音去读，"不但不能促成中国语言的统一，反而妨害了中国语言的统一"。②也有拉丁化人士直截了当地宣判："妨害中国语言统一的最大障碍，就是方块汉字。"③

这个论证可谓直入虎穴而取其子。不过，它要多绕些弯子，远不如拥护汉字的观点那么简单明了，易于动人。故直到20世纪40年代后期，上官公仆还说："为什么不统一的拼音文字能够促进中国语言的交溶，而统一的汉字，倒反而不可能呢？这些理由，凡是研究语文问题的人，似乎觉得简单到不必解释。然而绝大多数的人，却还是疑惑着。"他的理由还是一样：汉字"没有音符，而又不适于标音"，故"不但是语言融化的障壁，是吸收外来语、方言土话的障壁，同时也是语言的纷岐的

---

① 沈兼士：《国语问题之历史的研究》，《沈兼士学术论文集》，中华书局，2004，第33页。
② 胡愈之：《新文字运动的危机》，《胡愈之文集》第3卷，第458—459页。
③ 应人：《中国文字拼音化与中国统一语》，见倪海曙编《中国语文的新生》，第202页。

主要原因"。[1]

相对来说，从语法方面攻击汉字的言论不多，瞿秋白是其中最激烈的一位。他强调：在汉字制度下，"一切实体词都用形声字来作符号，而文法上最重要的'字眼和句子的形式部分'，就是字尾、字头、虚字眼，却没有办法用形声字来表示"，只有采取假借的办法，借用其他字表示。"然而这些虚字词和字尾变化很多，所谓'形声'的汉字只能够每一个字表示一个音节，却不能够拼音，于是乎永世也赶不上实际言语的文法部分（形式部分）的发展。另一方面，实际言语的文法部分，因为没有适当的记录的工具，也就随生随灭，不能够保存，锢定的发展。这个影响，就使中国文和中国话的文法都停留在野蛮的幼稚的阶段"。重要的是，文法上的落后还影响了使用汉语的人的思维水平：由于虚字不够，"所以在古代就大半省掉不写，只把有形象的实体词象画花样式的堆砌上去，等读的人去猜谜子"。但"猜谜子只能够猜到'常识的一般水平线'上的事情，因此，抽象的思想就不容易发生，复杂的事变不容易描写，只有一些原始的、primitive的意思"。[2]在另一篇文章里，他除了指责汉语"名词不够用，形容词粗浅，动词的概念模糊，尤其是细密的前置词缺乏"外，还特别提出"动词当名词用、名词当动词用"等文法现象，认为这都表明汉语词汇"不能够变化自

---

[1] 上官公仆：《区际语和语文统一的问题》，见倪海曙编《中国语文的新生》，第512—513页。
[2] 瞿秋白：《汉字和中国的言语》，《瞿秋白文集》（文学编）第3卷，第270—271页。

己的概念来表现更抽象的意思"。①

胡愈之曾说，文字的书写形式是"皮"，语汇和语法是"肉"，"表现的观念形态"是"骨"。对汉语的批评涉及思想，就触到了最深层次。他强调，一般对汉字的争辩，"大多就只是皮的问题"；民国以后的语文革新运动触及了"文字的皮"和"肉"。但这还不够，"肉是附着在骨上面的，而皮是包在肉外面的。如果一种文字已经死了，那不仅是皮肤溃烂了，而且肉一定也已经腐化，骨一定也已经僵直"。重要的是，"这腐朽的皮和肉和骨，却又影响了我们的口头语，甚至影响了我们的头脑子，也像腐烂的死尸，把病毒传染给活人一样"。因此，要"辨别我们的文字语言中的幽灵的质素"，就不能仅仅从"皮"，也要从"肉与骨"也就是"文字组织和文字所表现的意识上面"去找。②

这样，汉字的"病毒"已感染了汉语的词汇、语音、语法、思想各个层次，而这势必会对白话文产生影响。其实，早在1923年，庄泽宣就观察到"我们把白话文用说话的情形来念，人家听了如不知道是念白话文，一定以为你讲话太文太呆，和平常讲话不同，好像外国人讲话似的"。这表明，白话文并不能真正做到"言文合一"，要给言文分离一个"最后"的解决办法，"非用根据于语音的拼音文字不可"。③温锡田在1934年

---

① 瞿秋白：《罗马字的中国文还是肉麻字中国文)》,《瞿秋白文集》(文学编)第3卷，第212页。
② 胡愈之：《有毒文谈》,《胡愈之文集》第3卷，第553—555页。
③ 庄泽宣：《解决中国言文问题的几条途径》,《晨报副刊》第3版，1923年8月22日。

也提出:"笨拙的汉字压根儿就不能代表灵活的语言。所以用汉字写白话文的无论怎样求其白话,也摆脱不了汉字的桎梏。想要写真正的白话文,非得改良写白话文的工具,就是非得改用拼音字不可。"①不但与庄泽宣思路相近,连句式和斩钉截铁的语气都如出一辙。

20世纪30年代,左翼文化人发动了"大众语运动",对白话文的批评更是激烈。瞿秋白说,白话文运动不但没有完成文学革命,反而向文言文妥协,已沦落为一种"新文言":由于"每一种文字的特点,都在于它的所谓'形式部分'——虚字眼、字尾、字眼的构造等等",而白话文"随便乱用不必要的文言的虚字眼——口头上说不出的许多字眼,有时候还有稀奇古怪的汉字的拼凑。这样,这种文字本身就剥夺了群众了解的可能"。②在另一处,他又指出,"五四"以来的白话文实际上是一种"旧小说式的白话文":"凡是比较复杂的议论、或者描写景致的地方,一定搀杂着文言,凡是用文言的成语可以减省篇幅的地方,也一定用文言的字眼和句法",这都是因为采用汉字,不能记录"真正正确的口头上说话"的缘故。③

把白话文视为"新文言"并归结为汉字影响的结果,也是拉丁化运动的立场。叶籁士说"凡执笔写过方块字文章的人"

---

① 温锡田:《"连书"什么"词类"》译后记,见《赵元任语言学论文集》,第409页。
② 瞿秋白:《再论大众文艺答止敬》,《瞿秋白文集》(文学编)第3卷,第37页。
③ 瞿秋白:《普通中国话的字眼的研究》,《瞿秋白文集》(文学编)第3卷,第240—241页。

都知道,"一定要把他的土话经过头脑的翻译,才能写成白话文(文言文更不必说)。企图用方块汉字来容纳方言土话,有如用筛汲水,永远是落空的"!①"翻译"说曾是白话文攻击文言文的一个重要论据,如今却被反施其身,而攻击者想要借此达到的目标是相同的。齐沧田也说:"要多用活的语言,这个口号在民初文学革命时已经高高地唱过了,可是仍然没有很大的成绩,缘故是文字没有彻底地改革过。"很多已不在嘴里使用的"死字",因为"好看"的缘故,还在文章里使用:"若是拼音化了",这些字"一定都给不客气地加以淘汰净尽"了,而只保留"活的耳朵里认为好听的语言"。这样自然"演成一种高度发展的文字,为人民手中有力的武器"。②

这并非拉丁化运动的独家观点。1939年,有人提议发起组织"国语新字运动会",不过他们拥护的不是"拉丁化新文字",而是赵元任等制作的"国语罗马字"(这正是"拉丁化运动"打击的主要对象之一),其目标之一就是:"发展真正的国语的文学。"作者提出,"文学的要素,除了内容技术以外",也包括"语言文字的优美"。"所以好的文学作品,人物的个性,常藉语言来表示。"这是因为"语言是活的,听其音就如见其人。若用汉字记录语言,因为汉字是表义的文章,宜于简洁,不能标音,写不出语言的曲折变化"。国语罗马字则"写的和说的完全一致"。故"真正的国语的文学,过去用汉字写的尚不多

---

① 叶籁士:《一个拉丁化论者对于汉字拜物主义者的驳斥》,见倪海曙编《中国语文的新生》,第92页。
② 齐沧田:《中国文字也应该赶快民主化!》,见倪海曙编《中国语文的新生》,第413页。

见",采用国语罗马字,"就可以大大发展"。①

新文化运动时期,《新青年》诸子都不同程度地相信拼音化是汉字的发展方向,唯他们那时的主要精力还放在与文言文的斗争上,除了少数文章外,多数论述对拼音化都是一带而过。前边已说过胡适关于语文革新两步走的设想,而这主要是出于学理的考量:"文言中单音太多",必须先经过白话文这一步骤,大力发展复音语,才能为拼音化创造条件。不过,除此之外,应该还有一个原因,那就是思想环境问题:其时,连白话文都还遇到不少阻力,更不要说废汉字了。但这也就意味着,随着白话文被社会接受,新文化人很快就会把拼音化提上议程。

1923年,赵元任写了一篇长文,设想了种种反对拼音化的理由,有一条是:拼音字"不能写文话"。他说:"要是在七、八年前答这问题,就有一手打两仗的困难。因为拼音文字和语体文运动是互相依靠的。"意思是说,"如今"情况不同了,白话文已站稳脚跟,可以讨论拼音化问题了。不过,他讨论拼音化的必要性,还是先从白话文讲起:文言用字简练,传情达意却明明白白;白话则往往累赘不堪。此点每被"旧文学派指破","而新文学的代表常常因为胆小畏缩,只得含糊过去算它不要紧"。其实,此问题极重要。但它并非白话文自身造成的,

---

① 《国语新字运动会成立宣言》,中国第二历史档案馆藏国民政府教育部档案,第5-12295号。国语罗马字是经国民政府认可颁布的。按官方解释,国语罗马字的主要用途是为汉字注音,不能作为单独的文字使用。不过,实际推动罗马字的人,不少都把它看作了汉语拼音文字。这份宣言的作者就是其中一位。

实际只是"汉字不合语体文的症状"。由于汉语同音字太多，"声音不够懂"，不得不用几个字表达一个意思，写出来当然啰嗦。要补救它，决不能复古，也不是简化字就能解决的，只有"进一层向完全拼音文字走，这才是语体文底罗辑地必要的结果"。[1]赵元任和胡适一样，认为白话文和拼音化是语文革新的两个步骤，但和胡不同的是，他更明确指出，汉字对白话文的发展造成了障碍。能够做如此坦率的评说，显然和白话文的迅速发展分不开。

1946年，吕叔湘在一篇长文中宣布："汉字的优点和文言分不开，语体文的长处也必须用拼音字才能充分发挥。汉字配文言，拼音字配语体，这是天造地设的形势。"[2]比起一般反对汉字的言论来，这段话要"中立"很多，毕竟，他承认了汉字的"优点"。但这"优点"同时又只是"历史"的，对未来已不发生作用，故又很有点"不打落水狗"的意味。实际上，比起"非得改用拼音字不可"一类表述，吕叔湘的语气显得极为轻松，表明他对拼音化的胜利已充满信心。经过他这番组合，汉字和白话文已成为两条道上的车，和"五四"时期的论述相比，不能不说是一大变化。时代确实不同了。[3]

---

[1] 赵元任：《国语罗马字的研究》，《国语月刊》第1卷第7期，第91页。
[2] 吕叔湘：《汉字和拼音字的比较——汉字改革一夕谈》，《吕叔湘文集》第4卷，商务印书馆，2004，第114页。
[3] 这里的判断只是与20世纪10—20年代比较而言，并不是说当时没有反对的声音，也不意味着拼音化思想已在此时的中国文化界占据了压倒性的优势。至于拼音化运动在20世纪末的式微，则是另一个话题，与此处所言40年代的情况并不矛盾。

四、结论

直到今天,汉字拼音化也没有成为现实,且有渐行渐远、离开历史舞台的趋势;不过,在中国近代文化史上,它确曾风光一时,不光受到专业语言学家的青睐,更吸引了一大批左翼青年追随;其影响不仅是思想上的,而是落实到具体的行动中,实实在在成了一场"运动"。本文当然不是要展示这一运动的全貌,只想大致勾勒它在论证策略方面的一个变化。为此,必须把它放到中国近代语文革新的整体脉络中理解。

以"言文一致"为导向的语文革新运动内部,至少存在两个具体目标颇为参差的分支,一个是以文体改革为主的白话文运动,一个是以文字改革为主的拼音化运动(这自然不是说拼音化运动乃文字改革的唯一路径),它们形成了一种既相互支持,又相互竞争的关系。在这两个孪生运动中,白话文在语文革新诸主张中是较温和的一种,又具有历史的铺垫,更易为社会接受。此外,由于它同时具有语言和文字的两面特征,故也在整个语文革新中处于枢纽地位。它的迅速传播,把汉语带入了思想论争的旋涡之中,而这些讨论又进一步促使汉字拼音化运动论证策略的调整。

"五四"时期,围绕着钱玄同"废汉文"的主张,《新青年》刊发了一系列争论文章,其焦点是要不要在"废汉字"的同时兼"废汉语",结果是废汉字而存汉语的意见占了上风。第二场讨论以孙中山提出"汉字进化,汉语退化"的观点为契机，集中在汉语是否比汉字落后这一问题。在这次讨论中，新文化人虽然对汉语发展水平存在不同评价，但多主张应把汉字和汉语视为两个不同的语法范畴，也都认可汉语的发展比汉字更进步。这样，他们既在学理上稳固了汉语的地位，又使汉字成为中国语文诸问题的替罪羊。在此前提下，拼音化论者顺势推动了第三个议题的讨论：汉字要为汉语中存在的不足承担什么样的责任？这一议题使拼音化运动突破了清末以来就汉字论汉字的思路，开始从汉语的发展角度思考问题，形成了"废汉字以救汉语"的论证策略。

拼音化论者对此论点的证明，又采用了两种论证模式：最常用的是从正面攻击汉字对汉语的束缚。不过，他们也注意到，汉字在其长期发展过程中，已产生一套详备手段，以应付实际生活的需求。这促使他们又提出了一个辩证的论证模式：汉字功能的成熟，正是汉语发展的重要障碍。聂绀弩说，汉字字形和四声分别满足了视觉和听觉上分辨意义的需要，而使汉语不能进步，就是一例。沈兼士也说：汉字因找到"借字表音"的方法，养成"苟安"习惯，才"不积极的去想法造那以简御繁的正式音符文字"，以致"中国语言到今日仍徘徊于语根语阶级而不能完全达到语尾语阶级"。[1]瞿秋白亦抱怨："因为汉字的字形已经能够表示相当的意义"，写字的人遂"自然而然的偷懒，不肯照着口头上应当讲的声音去写"，是白话文不能取得最终成功的主要原因。[2]

---

[1] 沈兼士：《国语问题之历史的研究》，《沈兼士学术论文集》，第30—31页。
[2] 瞿秋白：《鬼门关以外的战争》，《瞿秋白文集》（文学编）第3卷，第168页。

当然，这个新论点的风靡，并未导致从汉字论汉字的传统思路失效，相反，后者仍在延续，其理论重要性也没有减弱；从汉语论汉字的论证方式，毋宁是补充性，而不是替代性的。也就是说，对于拼音化运动而言，这是一种论证策略上的调整，而不是彻底的改变。不过，这一调整却有助于拼音化运动争取那些支持白话文而未必认可拼音化的人士的同情。

也有几个问题需要说明：首先，以上论述或给人太过整齐的印象，似乎很难摆脱"言论愈有条理统系，则去古人学说之真相愈远"的嫌疑。[1]其实，本文只是要说明，拼音化运动"废汉字以救汉语"这一论证策略的形成和广泛使用，是建立在思想界围绕着汉语发展水平展开的两场争论的成果上的。白话文运动初期，胡适等确实有过白话文和拼音化两步走的计划，但他们这样做的意图，或是顾及舆论的接受程度，或是考虑到汉语中单音词过多造成的麻烦，却很少从汉字阻碍了汉语发展这一角度立论。这一论点的提出，和前两场争论有直接关联。其次，以上对几次讨论的结果所做的"意义"阐发，主要是从拼音化运动的视角做出的，换一个视角，这些"意义"或许就完全不同，这恐怕也是使其看起来太过整齐的一个原因，不过，本文实无意把这一阐释视为唯一的路径。

如果我们借鉴生物学术语，把一个时代某一论域中的种种主张，看作一个"思想生态圈"，那么，每一特定的主张就是其中的一个"物种"。它们目标不一，在生态圈中地位不同，既相

---

[1] 陈寅恪：《冯友兰中国哲学史上册审查报告》，《金明馆丛稿二编》，生活·读书·新知三联书店，2001，第280页。

互依赖，又彼此竞争，尽量吸取各种各样的资源（如社会影响力等）。它们中哪一个能够强大起来，取得实质性的胜利，既受制于社会和政治条件，也与生态圈的内部构成有密切关系；而其构成情况又常常变动，每一次思想论争，每一个新议题、新主张、新论点的提出，都可能导致其结构发生改变，从而导致某些"物种"地位上升，竞争力增强；另一些"物种"地位下降，乃至消亡。

回到本文所讲述事例。如果按照朱经农的看法，新文化运动时期，在语文革新这一思想生态圈中，至少活跃着四大"物种"（朱的总结实不完善，此处只是大概而言），它们地位平等，竞争力也大体相仿。但经过思想界的几次语文争论，到20年代中期，这个生态圈的形势已发生了显著改变。四大"物种"的第一和第四种都被淘汰出局，只剩下第二和第三种；其中，白话文又占了绝对优势。这种形势既为拼音化运动创造了一个有力条件（作为其基础的汉语被保留下来），又使其面临着更大的竞争压力——如果白话文已经可以完成语文革新的使命，拼音化还有必要吗？"废汉字以救汉语"的论点，就是拼音化论者在此种变化了的形势下所做出的策略调整。这调整当然未必是有意的，也并未给拼音化带来成功；但这个运动在三四十年代的兴旺，也要在相当程度上归功于这一论证策略。更重要的是，这一事例提示我们，必须把某一特定观念放入其所在的动态化的思想生态圈中，才能更好地理解它的演变。就此而言，其意义已超出了一个运动本身的成败。

中国现代文学的"起点"问题

严家炎

中国现代文学起点在何时？——这个问题的提出，并非始于近年。实际上，早在半个世纪以前，笔者就根据当时掌握的部分史料，已向有关方面的领导提出过。

记得那是1962年秋天，在前门饭店连续举行三天审读唐弢主编的《中国现代文学史》提纲（约有十五六万字）会议上，我曾利用一次休息的机会，向当时与会的中宣部副部长林默涵提了一个问题："黄遵宪1887年定稿的《日本国志·学术志》中，已经提出了'言文一致'、倡导'俗语'（白话）的主张，这跟胡适三十年后的主张是一样的，我们的文学史可不可以直接从黄遵宪这里讲起呢？"林默涵摇摇头，回答得很干脆："不合适。中国现代文学史必须从'五四'讲起，因为毛主席的《新民主主义论》已经划了界线：'五四'以前是旧民主主义，'五四'以后才是新民主主义。黄遵宪那些'言文一致'的主张，你在文学史《绪论》里简单回溯一下就可以了。"我当然只能遵照林默涵的指示去做，这就是"文化大革命"结束后到1979年才由人民文学出版社出版的《中国现代文学史·绪论》

里的写法。它简单提到了黄遵宪《日本国志·学术志》，提到了黄的"适用于今，通行于俗"的语文改革主张，以及"欲令天下之农工商贾妇女幼稚，皆能通文字之用"的理想，但打头用来定性的话却是："中国现代文学发端于五四运动时期""现代文学是新民主主义革命时期现实土壤上的产物。"之所以会形成这种状况，一方面是政治结论框住了文学历史的实际，另一方面又跟当时学术界对文学史料的具体发掘还很不充分也有相当的关系。

所谓中国现代文学史，是指主体由新式白话文写成，具有现代性特征并与"世界的文学"（歌德、马克思语）相沟通的最近一百二十年中国文学的历史。换句话说，中国现代文学之所以有别于古代文学，是由于内含着这三种特质：一是其主体由新式白话文所构成，而非由文言所主宰；二是具有鲜明的现代性，并且这种现代性是与深厚的民族性相交融的；三是大背景上与"世界的文学"相互交流、相互参照。理解这些根本特点，或许有助于我们比较准确地把握中国现代文学与古代文学的分界线之所在。

中国现代文学的开辟和建立，是经历了一个过程的。它的最初的起点，根据我们现在掌握的史料，是在19世纪80年代末、90年代初，也就是甲午的前夕。

根据何在？我想在这里提出三个方面的史实来进行讨论。

一、黄遵宪早于胡适提倡"言文合一",以俗语文学取代古语文学

首先,"五四"倡导白话文学所依据的"言文合一"(书面语与口头语相一致)说,早在黄遵宪(1848—1905)1887年定稿的《日本国志》中就已提出,它比胡适的《文学改良刍议》《建设的文学革命论》等同类论述,足足早了三十年。"言文合一"这一思想,导源于文艺复兴时期的欧西各国,他们在建立现代民族国家的过程中,改变古拉丁文所造成的言文分离状态,以各自的方言土语(就是法文、英文、德文、意大利文等)为基础,实现了书面语与口头语的统一。黄遵宪作为参赞自1877年派驻日本,后来又当过驻美国旧金山领事等职务,可能由多种途径得知这一思想,并用来观察、分析日本和中国的言文状况。我们如果打开《日本国志》卷三十三的《学术志二》文学条,就可读到作者记述日本文学的发展演变之后,用"外史氏曰"口吻所发的这样一段相当长的议论:

> 外史氏曰:文字者,语言之所出也。虽然,语言有随地而异者焉,有随时而异者焉;而文字不能因时而增益,划地而施行,言有万变而文止一种,则语言与文字离矣。居今之日,读古人书,徒以父兄师长,递相授受,童而习焉,不知其艰。苟迹其异同之故,其与异国之人进象胥舌人而后通其言辞者,相去能几何哉。

余观天下万国，文字言语之不相合者莫如日本……

余闻罗马古时仅用腊丁语，各国以语言殊异，病其难用。自法国易以法音，英国易以英音，而英法诸国文学始盛。耶稣教之盛，亦在举《旧约》《新约》就各国文辞普译其书，故行之弥广。盖语言与文字离，则通文者少；语言与文字合，则通文者多，其势然也。然则日本之假名有裨于东方文教者多矣，庸可废乎！泰西论者，谓五部洲中以中国文字为最古，学中国文字为最难，亦谓语言文字之不相合也。然中国自虫鱼云鸟[①]屡变其体，而后为隶书为草书，余乌知夫他日者不又变一字体为愈趋于简、愈趋于便者乎！自《凡将》《训纂》逮夫《广韵》《集韵》增益之字，积世愈多则文字出于后人创造者多矣，余又乌知乎他日者不有孳生之字为古所未见，今所未闻者乎！周秦以下文体屡变，逮夫近世，章疏移檄、告谕批判，明白晓畅，务期达意，其文体绝为古人所无。若小说家言，更有直用方言以笔之于书者，则语言文字几几乎复合矣。余又乌知夫他日者不更变一文体为适用于今，通行于俗者乎！嗟乎，欲令天下之农工商贾妇女幼稚皆能通文字之用，其不得不于此求一简易之法哉！（标点符号为引者所加——严注）

胡适在写《五十年来中国之文学》时，大概只读过黄遵宪的诗而没有读过《日本国志》中这段文字，如果读了，他一定

[①] 此处"虫""鱼""云""鸟"四字，当指最初的象形字。

会大加引述，佩服得五体投地的。这段文字所包含的见解确实很了不起。首先黄遵宪找到了问题的根子："语言与文字离，则通文者少；语言与文字合，则通文者多。"这可能是西欧各国文艺复兴后社会进步很快，国势趋于强盛的一个重要原因。胡适在20世纪30年代谈到白话文学运动时曾说："我们若在满清时代主张打倒古文，采用白话文，只需一位御史的弹本就可以封报馆捉拿人了。"[①]可黄遵宪恰恰就在"满清时代"主张撇开古文而采用白话文，这难道不需要一点勇气么？胡适说："白话文的局面，若没有'胡适之陈独秀一班人'，至少也得迟出现二三十年。"[②]可是黄遵宪恰恰就在胡适、陈独秀之前三十年，早早预言了口语若成为书面语就会让"农工商贾妇女幼稚皆能通文字之用"的局面，这难道就不需要一点胆识么？黄遵宪得出的逻辑结论是：书面语不能死守古人定下的"文言"这种规矩，应该从今人的实际出发进行变革，让它"明白晓畅"，与口头语接近乃至合一。事实上，黄遵宪所关心的日本"文字语言之不相合"问题，也已在1885—1887年间由坪内逍遥、二叶亭四迷发动的文学革命[③]倡导以口语写文学作品，真正实行"言文一致"所解决；只是黄遵宪写定《日本国志》时，早已离开了日本，因而可能不知道罢了。应该说，黄遵宪所谓"更变一文体为适

---

① 《中国新文学大系·建设理论集导言》。
② 《中国新文学大系·建设理论集导言》。
③ 坪内逍遥从研究欧洲近代文学中得到启发，1885年发表《小说神髓》，提倡写实主义，反对江户时代一味"劝善惩恶"的主观倾向；二叶亭四迷则于1887年听取坪内逍遥的意见，用口语写出了小说《浮云》，体现了"言文一致"的成功。这是日本近代文学史上一场很大的变革。请参阅山田敬三《中日文化交流史大系·文学卷》第六章，浙江人民出版社，1996。

用于今，通行于俗者"，这种文体其实就是白话文。不过，由于黄遵宪毕竟由科举考试中举进入仕途，而且是位诗人，自己又未能通晓一两种欧洲语（只是通晓日语），这些局限终于使黄遵宪未能发动一场"白话文学运动"以践行其主张。虽然如此，黄遵宪在《日本国志》中所鼓吹的"言文一致"的思想依然产生了很大的影响，尤其当清廷甲午战败，人们纷纷思考对手何以由一个小国突然变强，都希望从《日本国志》中寻找答案的时候，"言文合一""办白话报"等措施也就成了变法维新的组成部分，声势猛然增大。只要考察不同版本就可知道：该书自1890年起就交羊城（广州）富文斋刊刻（版首有光绪十六年刻板字样），却由于请人作序或报送相关衙门等原因，直到甲午战争那年才正式发行。驻英法大使薛福成在1894年写的《序》中，已称《日本国志》为"数百年来少有"之"奇作"。到战败后第二年的改刻本印出（1897），又增补了梁启超在1896年写的《后序》。梁序对此书评价极高，称赞黄遵宪之考察深入精细："上自道术，中及国政，下逮文辞，冥冥乎入于渊微"，令读者"知所戒备，因以为治"。可见，包括黄遵宪"言文一致"的文学主张在内，都曾引起梁启超的深思。梁启超后来在《小说丛话》中能够说出"文学之进化有一大关键，即由古语之文学变为俗语之文学是也。各国文学史之开展，靡不循此轨道"，其中就有黄遵宪最初对他的启发和影响。至于裘廷梁在《无锡白话报》上刊发《论白话为维新之本》，倡导"崇白话而废文言"，更是直接受了黄遵宪《日本国志·学术志》的启迪，这从他提出的某些论据和论证方法亦可看出。到戊戌变法那年，

《日本国志》除广州最早的富文斋刻本外,竟还有杭州浙江书局的刻印本、上海图文集成印书局的铅印本共三种版本争相印刷,到1901年又有上海的第四种版本,真可谓风行一时了。黄遵宪本人晚年的诗作,较之早年"我手写我口"突出"我"字的主张,也更有新的发展,不但视野开阔,还大量吸收俗语与民歌的成分,明白晓畅,活泼自然,又有韵味,力求朝"言文合一"的方向努力。总之,黄遵宪在中国应该变法维新方面始终是坚定的,一直到百日维新失败、被放归乡里的1899年,他还对其同乡、原驻日大使何如璋说:"中国必变从西法。其变法也,或如日本之自强,或如埃及之被逼,或如印度之受辖,或如波兰之瓜分,则吾不敢知,要之必变。"并预言说:"三十年后,其言必验。"[①]虽然他自己在1905年就因病去世,早已看不到了。

黄遵宪的局限,却由同时代的另一位外交家兼文学家来突破了,此人就是陈季同。下面我们的讨论也就逐渐转向第二个方面。

二、陈季同向欧洲读者积极介绍中国文学,同时又在国内倡导中国文学与"世界的文学"接轨

陈季同(1851—1907)和黄遵宪不一样,他不是走科举考试的道路进入仕途的。他读的是福州船政学堂,进修的是造船

[①] 见黄遵宪为《己亥杂诗·滔滔海水日趋东》诗作的自注。

专业，老师是从法国聘请来的，许多教材也是法文的。他必须先读8年法语，还要学高等数学、物理、机械学、透视绘图学等理工科的课程。而为了学好法国语文，老师要求学生陆续读一些法国小说以及其他法国文学作品。出身书香门第的陈季同16岁进船政学堂之前，已经受过良好的中国文化和文学方面的传统教育，根基相当厚实。据《福建通志》列传卷三四记载："时举人王葆辰为所中文案。一日，论《汉书》某事，忘其文，季同曰：'出某传，能背诵之。'"[1]可见他的聪明好学、博闻强记和求知欲的旺盛。西学、国学两方面条件的很好结合，就使他成为相当了不起的奇才。他先后在法国16年，虽然身份是驻法大使馆的武官，人们称他为陈季同将军，但他又从事大量文学写作和文化研究活动，是个地道的"法国通"。他在巴黎曾不止一次地操流利的法语作学术演讲，倾倒了许多法国听众。罗曼·罗兰在1889年2月18日的日记中写道：

> 在索邦大学的阶梯教室里，在阿里昂斯法语学校的课堂上，一位中国将军——陈季同在讲演。他身着紫袍，高雅地端坐椅上，年轻饱满的面庞充溢着幸福。他声音洪亮，低沉而清晰。他的演讲妙趣横生，非常之法国化，却更具中国味，这是一个高等人和高级种族在讲演。透过那些微笑和恭维话，我感受到的却是一颗轻蔑之心：他自觉高于我们，将法国公众视作孩童……他说，他所做的一切，都

---

[1] 转引自李华川《晚清一个外交家的文化历程》，北京大学出版社，2004，第11页。

是在努力缩小地球两端的差距，缩小世上两个最文明的民族间的差距……着迷的听众，被他的花言巧语所蛊惑，报之以疯狂的掌声。①

可见陈季同法语讲演之成功。他还用法文写了七本书，有介绍中国人的戏剧的著作，有介绍中国文化和风俗的著作，有小品随笔，有《聊斋志异》法译，主要传播中国文学和文化。这些书在法国销路相当好，有的还被译成意大利文、英文、德文等出版。值得注意的是，七本书中竟有四本都与小说和戏剧有关，占了半数以上，可见陈季同早已突破中国传统的陈腐观念，在他的心目中小说戏剧早已是文学的正宗了。尤应重视的，陈季同用西式叙事风格，创作了篇幅达三百多页的中篇小说《黄衫客传奇》，成为由中国作家写的第一部现代意义上的小说作品（1890年出版）。他的学生曾朴（《孽海花》作者）曾说："陈季同将军在法国最久……尤其精通法国文学。他的法文著作，如《支那童话》（Contes Chinois），②《黄衫客》悲剧（L'homme de la Robe Janne）等，都很受巴黎人士的欢迎。他晚年生活费，还靠他作品的版税和剧场的酬金。"曾朴把法文版的《黄衫客传奇》称为"悲剧"，可见他确是读过这本书的。陈季同更早出版的学术著作《中国人的戏剧》（1886年），则在中西两类戏剧的比较中准确阐述了中国戏剧的特点。"作者认为中

---

① 转引自《罗曼·罗兰高师日记》中译文，译者孟华。见孟华为李华川著《晚清一个外交官的文化历程》一书所写的《前言》。
② 《支那童话》（Contes Chinois），即陈季同选译成法文的《聊斋》二十六篇。

国戏剧是大众化的平民艺术,不是西方那种达官显贵附庸风雅的艺术。在表现方式上,中国戏剧是'虚化'的,能给观众以极大的幻想空间,西方戏剧则较为写实。在布景上,中国戏剧非常简单,甚至没有固定的剧场,西方戏剧布景则尽力追求真实,舞台相当豪华,剧院规模很大。作者的分析触及中西戏剧中一些较本质的问题,议论切中肯綮,相当精当。"[1]可以说,陈季同是中法比较文学最早的一位祖师爷。后来,陈季同回到国内还采用不同于传统戏曲而完全用西方话剧的方式,创作了剧本《英勇的爱》(东方出版社,1904),虽然它也由法文写成,却无疑是出自中国作家笔下的最早一部话剧作品,把中国的话剧史向前推进了好几年。陈季同所有这些写作实践活动,不但在法国和欧洲产生了影响,而且都足以改写中国的现代文学史。

问题还远不止于此。陈季同的更大贡献,在于当历史的时针仅仅指在19世纪80年代、90年代,他就已经形成或接受了"世界的文学"这样的观念。他真是超前,真是有眼光啊!下面请看他的学生曾朴在戊戌年间所记下的他老师的一段谈话:

> 我们在这个时代,不但科学,非奋力前进,不能竞存,就是文学,也不可妄自尊大,自命为独一无二的文学之邦;殊不知人家的进步,和别的学问一样的一日千里,论到文学的统系来,就没有拿我们算在数内,比日本都不

---

[1] 引自李华川博士研究陈季同的专著《晚清一个外交官的文化历程》,第57页。

如哩。我在法国最久，法国人也接触得最多，往往听到他们对中国的论调，活活把你气死。除外几个特别的：如阿培尔·娄密沙（Abel Rémusat），是专门研究中国文字的学者，他做的《支那语言及文学论》，态度还公平；瞿亚姆·波底爱（M. Guillaume Pauthier）是崇拜中国哲学的，翻译了《四子书》（*Confucius et Menfucius*），和诗经（Ch'iking）、《老子》（Lao-Tseu），他认孔孟是政治道德的哲学家，《老子》是最高理性的书。又瞿约·大西（Guillard d'Arcy），是译中国神话的（*Contes chinois*）；司塔尼斯拉·许连（Stanislus Julien）译了《两女才子》（*Les Deux Jeune Filles Lettrée*），《玉娇李》（*Les Deux Cousines*）；唐德雷·古尔（P. d'Entre—Colles）译了《扇坟》（*Histoire de La Dame a L'éventail blanc*），都是翻译中国小说的，议论是半赞赏半玩笑。其余大部分，不是轻蔑，便是厌恶。就是和中国最表同情的服尔德（Voltaire），他在十四世纪哈尔达编的《支那悲剧集》（*La Tragédie Chinoise, Par le Pére du Halde*）里，采取元纪君祥的《赵氏孤儿》，创造了《支那孤儿》五折悲剧（*L'orphelin de la chine*），他在卷头献给李希骝公爵的书翰中，赞叹我们发明诗剧艺术的早，差不多在三千年前（此语有误，怕是误把剧中故事的年代，当做作剧的年代），却怪诧我们进步的迟，至今还守着三千年前的态度。至于现代文豪佛朗士就老实不客气的谩骂了。他批评我们的小说，说：不论散文还是韵文，总归是满面礼文满腹凶恶一种可恶民族的思想；批评神话，又道：大半叫人读了不喜欢，笨重而不像真，描写悲惨，使我们觉到是一种扮鬼脸，总而言之，支那的文学是不堪的。这种话都是在报纸上公表的。我想弄成这种现状，实出于两种原因：一是我们太不注意宣传，文学的作品，译出去的很少，译的又未必是好的，好的或译得不好，因此生出重重隔膜；二是我们文学注重的范围，和他们不同，我们只守定诗古文词几种体格，做发抒思想情绪的正鹄，领域很狭，而他们重视的如小说戏曲，我们又鄙夷不屑，所以彼此易生误会。我们现在要勉力的，第一不要局于一国的文学，嚣然自足，该推扩而参加世界的文学。既要参加世界的文学，入手方法，先要去隔膜，免误会。要去隔膜，非提倡大规模的翻译不可，不但他们的名作要多译进来，我们的重要作品，也须全译出去。要免误会，非把我们文学上相传的习惯改革不可，不但成见要破除，连方式都要变换，以求一致。然要实现这两种主意的总关键，却全在乎多读他们的书。①

（着重号为引者所加——严注）

这是陈季同长期在法国所感受到的痛彻肺腑的体会。作为中国的文学家和外交家，他付出了许多痛苦的代价，才得到这样一些极宝贵的看法。他发现，首先该责怪的是中国的"妄自

---

① 引自曾朴答胡适信，原载1928年4月16日出版的《真美善》第1卷第12号，亦收入胡适《论翻译》文后附录，见《胡适全集》第3卷，安徽教育出版社，2003，第807—809页。

尊大，自命为独一无二的文学之邦"，不求进步，老是对小说戏曲这些很有生命力的文学品种"鄙夷不屑"。其次，陈季同也谴责西方一些文学家的不公平，他们没有读过几本好的中国文学作品甚至连中文都不太懂，就对中国文学说三道四，轻率粗暴地否定，真要"活活把你气死"，这同样是一种傲慢、偏见加无知。陈季同在这里进行了双重的反抗：既反抗西方某些人那种看不起中国文学、认为中国除了诗就没有文学的偏见，也反抗中国士大夫历来鄙视小说戏曲、认为它们"不登大雅之堂"的陈腐观念。陈季同所以要用法文写那么多著作，就是为了消除佛郎士这类作家对中国文学的误解。他提醒中国同行们一定要看到大时代在一日千里地飞速发展，一定要追踪"世界的文学"，参加到"世界的文学"中去，要"提倡大规模的翻译"，而且是双向的翻译，"不但他们的名作要多译进来，我们的重要作品，也须全译出去"，这样才能真正去除隔膜和避免误会，才能取得进步。正是在陈季同的传授和指点下，曾朴在后来的二三十年中才先后译出了五十多部法国文学作品，成为郁达夫所说的"中国新旧文学交替时代的这一道大桥梁"（郁达夫：《记曾孟朴先生》）。事实上，当《红楼梦》经过著名翻译家李治华和他的法国夫人雅歌再加上法国汉学家安德烈·铎尔孟三个人合作翻译了整整27年（1954—1981）终于译成法文，我们才真正体会到陈季同这篇谈话意义的深刻和正确。可以说，陈季同作为先驱者，正是在参与文学上的维新运动，并为"五四"新文学的发展预先扫清道路。他远远高于当时国内的文学同行，真正站到了时代的巅峰上指明着方向，引导中国文学走上与世界文学交流的轨道。稍后，伍光建、周桂笙、徐念慈、周瘦鹃的新体白话，也正是在翻译西方文学的过程中逐渐形成的。

三、几部标志性的文学作品

这里再说第三个方面，就是当时有无标志性的文学作品可供人们研究讨论。答案是肯定的：除了前面提到的黄遵宪的"新派诗"之外，陈季同1890年在法国出版的中篇小说《黄衫客传奇》，就是很重要的一部。[①]这部小说当时很受法国读者的欢迎，不久还被译成意大利文出版。1890年的《法国图书年鉴》就有一段专门的文字介绍《黄衫客传奇》："这是一本既充满想象力，又具有独特文学色彩的小说。通过阅读这本书，我们会以为自己来到了中国，作者以一种清晰而富于想象力的方式描绘了他的同胞的生活习俗。"《黄衫客传奇》虽然只是一部

[①] 也许会有读者产生疑虑：用外文写作的小说可以进入中国文学史吗？我认为，在歌德和马克思先后指出"世界文学正在形成"或者"已经形成"的时代，中国有一些作家用外文来写作品，这件事本身恰恰显示出了鲜明的现代特征。陈季同生活在120多年前的法国，又看到了佛朗士一类作家公开发表在报上的非常看不起中国文学的那些批评，他几乎是情不自禁地拿起了自己的笔。陈季同之外，创造社成员陶晶孙曾用日文写过小说《木犀》，台湾作家杨逵也在日本左翼报刊上发表过《送报夫》等作品（为了躲避日本殖民当局对汉语文学的严密审查），凌叔华用英文发表过自传性小说《古韵》，林语堂更用英文创作过《京华烟云》等一系列长篇作品，鲁迅则在日本《改造》杂志上用日文刊出过文章。认真搜索起来，曾经用外文写作的中国作家人数恐怕还更多。当然，他们的作品也只有被翻译成汉语之后，才能对更广大的中国读者产生影响。所以，我认为，在中国现代文学史里写到陈季同的《黄衫客传奇》，实在是一种非常正当、非常合乎情理的事情。

爱情题材的作品，艺术上却很具震撼力，并显露出鲜明的现代意义。早在"五四"之前三十年，它就已对家长包办儿女婚姻的旧制度以及"门当户对"等旧观念、旧习俗提出了质疑。小说通过新科状元李益与霍小玉的自主而美满的婚姻受到摧残所导致的悲剧，振聋发聩地进行了控诉，促使读者去思考。书中李益那位守寡母亲严酷专制的形象，刻画尤为深刻。两年之后的1892年，韩邦庆（1856—1894）的《海上花列传》也开始在上海《申报》附出的刊物《海上奇书》上连载。《海上花列传》可以说是首部有规模地反映上海这样现代都市生活的作品。如果说《黄衫客传奇》借助新颖的小说结构、成功的心理分析、亲切的风俗描绘与神秘的梦幻氛围，构织了一出感人的浪漫主义爱情悲剧，控诉了专制包办婚姻的残忍；那么《海上花列传》则以逼真鲜明的城市人物、"穿插藏闪"的多头叙事与灵动传神的吴语对白，突现了"平淡而自然"（鲁迅语）的写实主义特色，显示了作者对受压迫、受欺凌的女性的真挚同情。它们各自显示了现代意义上的成就，同属晚清小说中的上乘作品。虽然甲午前后小说阅读的风气未开，人们对韩邦庆这位"不屑傍人门户"、[1]有独到见地的作家未必理解，因而《海上花》当时的市场反应只是销路平平（颠公《懒寓随笔》）。但不久情况就有改变。尤其到"五四"文学革命兴起之后，那时的倡导者鲁迅、刘半农、胡适，各自用慧眼发现了《海上花列传》的重要价值。胡适在《〈海上花〉序》中甚至称韩邦庆这部小说为一

---

[1] 海上漱石生（孙玉声）：《退醒庐笔记》。

场"文学革命"。近几年上海几位学者如栾梅健、范伯群、袁进等更纷纷撰文探讨这部小说的里程碑意义，为学界所瞩目，我个人也很赞同。所有这些，都从各方面证明：《黄衫客传奇》与《海上花列传》的意义确实属于现代。

如果还要继续列举标志性作品，我想用鲁迅称作"谴责小说"的《老残游记》和《孽海花》两部来讨论。刘鹗（1857—1909）的《老残游记》是文学史上较好的一部。它采用游记结构，正便于实写清末社会而又兼具象征寓意。对《海上花列传》也有所借鉴（如全书开头均由"一梦而起"）。作者阅世甚深，忧国忧民，笔致锋利，文字则含蓄简洁。在第一回自评中，刘鹗就说："举世皆病，又举世皆睡，真正无下手处。摇串铃先醒其睡。无论何等病症，非先醒无法治。"这就是老残到处走江湖、摇串铃，行医"启蒙""醒世"的根由。书中所写治理黄河、揭露酷吏等篇章，亦均极有见地。曾朴（1872—1935）的《孽海花》，其实是历史小说，语言已经是相当纯熟的白话，艺术上比其他被称做"谴责小说"的三本都要高出一筹。鲁迅自己就称赞它"结构工巧，文采斐然"，还夸誉其人物刻画"亦极淋漓"。用杨联芬著作中的话来说："曾朴的《孽海花》因为深入和生动地描绘了傅彩云、金雯青这样一类历史进程中的'俗人俗物'，描绘了他们真实的人性和他们很难用'善''恶'进行衡量的道德行为，及由他们的生活所联系起的千枝百态的世态人生，使这部小说显得那样元气淋漓。"① 在这点上，曾

---

① 杨联芬：《晚清至五四：中国文学现代性的发生》，北京大学出版社，2003，第277页。着重号为引者所加。

朴和他的老师陈季同一样，都受了法国小说很深的影响。郁达夫则更由此推崇曾朴是"中国二十世纪所产生的诸新文学家中""一位最大的先驱者"。可见在郁达夫心目中，新文学的起点是在晚清。

以上我们分别从理论主张、国际交流、创作成就三种角度，考察了中国现代文学起点时的状况。可以归结起来说，甲午前后的文学已经形成了这样三座标志性的界碑：一是文学理论上提出了以白话（俗语）取代文言的重要主张，并且付诸实践；二是开始了与"世界文学"的双向交流，既将外国的好作品翻译介绍进来，也将中国的好作品向西方推介出去。三是伴随着小说戏剧由边缘向中心移位，创作上出现了一些比较优秀的真正具有现代意义的作品。这就意味着，当时的倡导人本身已经开始具有世界性的眼光。这些事例都发生在19世纪末、20世纪初，看起来似乎只是文学海洋上零星地浮现出的若干新的岛屿，但却预兆了文学地壳不久将要发生的重大变动。它们不但与稍后的"诗界""文界""小说界"的"革命"相传承，而且与二三十年后的"五四"新文学革命相呼应，为这场大变革作着准备。尽管道路有曲折：戊戌变法被扼杀，甚至付出血的代价，国家也几乎到了被瓜分、宰割的边缘，但随着科举制度的彻底废止，留学运动的大规模兴起，清朝政府的完全被推翻，文学革命的条件也终于逐渐走向成熟。

19世纪80年代末以来的许多文学史实证明：如果说1890年前后中国现代文学已经有了起点，那么，后来的"五四"文学革命实际上是个高潮，其间经过了三十年的酝酿和发展，两三代人的共同参与。黄遵宪、陈季同当然是第一代，梁启超、裘廷梁、曾朴以及其他用白话翻译西方文学的伍光建、周桂笙、徐念慈、周瘦鹃等都是第二代，胡适、钱玄同、刘半农、傅斯年、沈雁冰、郑振铎、郭沫若、郁达夫等则是第三代，陈独秀、鲁迅、周作人可以说二代、三代的活动都参加过。他们各自创建出不少标志性的业绩，最后在诸多条件比较成熟的情况下，才取得了圆满成功。"五四"文学能够在几年时间内迅速获得胜利，与许多条件都有关系，"五四"前夕中国留学生已达到近五万人之谱，则是一个非常重要的条件。

眼睛的文学革命·耳朵的文学革命
——二十世纪二十年代中国听觉媒体的发展和"国语"的实验

平田昌司

中国文学史一般把"文学革命"的起点放在民国六年（1917）《新青年》第2卷第5期上发表的胡适《文学改良刍议》，也有的人放在1916年胡适、梅光迪、任鸿隽等留美学生的一场争论。如果考虑到对中国国内的影响，应该认为"文学革命"这一概念在民国六年出现。笔者试图论证在中国文学史上这一番"漫长的革命"过程中，①有过前后两次分水岭式的高峰：第一次"眼睛（视觉）的文学革命"发生在20世纪10年代，开辟了白话文"国语 national language"化的道路；第二次"耳朵（听觉）的文学革命"发生在20世纪20年代，正式结合了"白话文"和标准国音。

---

① 前人已经指出，文学革命起飞之前曾有一段长时间的滑行阶段，诸如：瞿秋白所谓"流产的第一次文学革命（梁启超、林纾）"、李孝悌：《清末的下层社会启蒙运动1901—1911》（台北："中研院"近代史研究所，1992）举出的白话报刊、阅报社、讲报社、演说、戏曲等活动。清末这些作家、新兴传媒方式对文学革命的影响，可能已经成为学界的共识。

一、从1917年开始——眼睛的文学革命

胡适、陈独秀等发起的文学革命,是跟现代中国的"国语"相辅相成的。本尼迪克特·安德森曾经指出,欧洲的"印刷语言以三种不同方式奠定了民族主义的基础。首先,并且是最重要的,他们在拉丁文之下,口语方言之上创造了统一的交流与传播的领域"。[①]在清代中国,"在'文言'之下,口语方言之上"已经存在官话《圣谕广训》、吏牍、小说曲本等白话文献。可是当时的白话并没有形成严格意义上的规范语法和词典,而且把不识字人口(多数男性和大部分女性)拒斥在外,还没有资格成为"统一的交流与传播的领域"。民国初期的中国必须给白话(1)确定规范语法和词典、(2)保证"国语"正式写作语言的地位。

1918年4月,胡适在《建设的文学革命论》里声明:

> 所以我以为我们提倡新文学的人,尽可不必问今日中国有无标准国语。我们尽可努力去做白话的文学。我们可尽量采用《水浒传》《西游记》《儒林外史》《红楼梦》的白话:有不合今日用的、便不用他;有不够用的,便用今日的白话来补助;有不得不用文言的,便用文言来补助。这样做去,决不愁语言文字不够用,也决不用愁没有

[①] 本尼迪克特·安德森:《想象的共同体——民族主义的起源与散布》,吴叡人译,上海人民出版社,2003,第52页。

标准白话。中国将来的新文学用的白话，就是将来中国的标准国语。造中国将来白话文学的人，就是制定标准国语的人。

关于"制定标准国语"需要做哪些准备、按照怎么样的程序进行，胡适是非常乐观的。他所设想的"创造新文学的进行次序"，只有"多读模范的白话文学""用白话作各种文学"等非常松散的框架。这种"进行次序"完全沿用了传统语文教育的"多读模范的文言文学""用文言作各种文学"的模式。胡适在这篇文章里甚至还说过欧洲各国国语"没有一种国语是教育部的老爷们造成的。没有一种是言语学专门家造成的。没有一种不是文学家造成的"。可谓壮矣，但这种约定俗成式的"标准国语"很不容易在全国学校里同时推行。对"标准国语"的这一个要害问题体察最深刻的，有可能是面向全国发行图书的出版家。例如中华书局总经理陆费逵的《学校国语教授问题》（1919）说：

> 看见各杂志、各教科书所用的口语文，没有一定的规则，往往你写的北京话，我写的南京话；你写的湖北官话，我写的山西官话，更有浙江官话，夹了许多土话的官话。我怀疑的，将来弄了这许多种的官话，怎样统一？恐怕比桐城派、阳湖派、某某派的古文还难分得清楚呢！
> 我父亲生在故乡嘉兴，几岁就随侍出门，长在直隶、山东、河南，二十几岁又到陕西。我母亲虽然也是浙江人，已

经几代在北方，生在大同，长在陕西、四川。我生在汉中，二弟生在兴安，三弟生在南昌。我像十方僧，只有在上海的年数多点，南北各省大半都跑到了。我妻是福建人，长于湖北、广东、北京、上海。只有仲姐是纯粹的杭州人。家中女佣四个，江苏、福建、浙江、安徽每省一个。我家的说话，可算得国语标本了。然而家中公用的言语，没有经过标准的审订，故这一句是北方话，那一句是南方话，这一句是北京话，那一句是上海话。发音更不相同了。①

在20世纪的20年代很少有人系统地进行白话语法以及方言语法的调查研究，②什么是"标准国语"的规范语法、各地方言之间有哪些语法上的差异，学术界远没有达成共识。③

胡适的"标准国语"还有一个重大缺陷：完全没有考虑到语音标准和发音的统一问题。关于这问题，胡适到《〈中国新文学大系·建设理论集〉导言》（1935）的阶段还认为：

我们不管那班国语先生们的注音工作和字典工作，

---

① 载《中国近代教育史史料汇编普通教育》，上海教育出版社，1995，第681—685页。
② 来华传教士等西方人是例外，他们写下了不少官话语法、方言语法、方言词典。
③ 甚至晚到1944年，赵元任致胡适信里谈到如下疑问："'一碗饭也没吃得完'这句子通不通？这儿的北平发音人都说不是说'一碗饭也没吃得完'，就是得说'一碗饭也吃不完'。你觉得怎么样？"（《胡适遗稿及秘藏书信（38）》，黄山书社，1994，第452页）。如果现在查阅现代汉语语法，外国人也能判断"一碗饭也没吃得完"是不合法的。可见，"标准国语"规范语法定型以来仅有半个世纪左右的时间。

我们只努力提倡白话的文学，国语的文学。国语先生们到如今还不能决定究竟国语应该用"京音"（北平语）作标准，还是用"国音"（读音统一会公决的国音）作标准。他们争了许久，才决定用"北平曾受中等教育的人的口语"为国语标准。但是我们提倡国语文学的人，从来不发生这种争执。《红楼梦》《儿女英雄传》的北京话固然是好白话，《儒林外史》和《老残游记》的中部官话也是好白话。甚至于《海上花列传》的用官话叙述，用苏州话对白，我们也承认是很好的白话文学。甚至于欧化的白话，只要有艺术的经营，我们也承认是正当的白话文学。这二十年的白话文学运动的进展，把"国语"变丰富了，变新鲜了，扩大了，加浓了，更深刻了。

这一段话语很明显地受到了文言语文教育模式的影响。中国的传统很强调"识字的人都得把字写对，用文言造出正确的句子，按照传统的音念字"，但所谓"传统的音"是一种相当宽容松散的规范，允许全国各地私塾各自使用各自的方言字音读书教书。①

总之，1917年开始的文学革命本来仅具有"印刷语printlanguage"的视域，并且缺乏完善的白话文规范，可以说这是一场"眼睛的文学革命"（阅读、写作）。

---

① 参赵元任《什么是正确的汉语？》。清代雍正、乾隆年间在两广、福建出现过"正音书院"，但其影响力是比较有限的。

二、"国语"前史简论

宋元"中原雅音"、明清"官话",带有一点现代标准语音色彩的概念,并作为"桥梁"语言起过一定的作用。但明清朝廷从来没有正式宣布"中原雅音、官话"是标准口语语音,也没有确定其语音系统由多少个声、韵母构成。

清代末年,最早向朝廷提出口语标准化的要求的,有可能是马建忠(1845—1900)在朝鲜壬午之乱以后所作《上李伯相覆议何学士如璋奏设水师书》(1882):

> 朝鲜之役,南、北洋师舰相遇,且不能以旗号通语,更何望其合操布阵。南、北洋不能一律如此,而他省可知矣。……中国沿海七省之民,虽风气各殊,刚柔不一,而募为水师兵卒,适可相济为用。拟于粤之南澳、闽之北馆、浙之定海、奉之旅顺,设练船各一艘,就近招募……岁四百人……各事口令皆用北音,以便他日南北各船互调,不致有隔阂之病。[①]

各地军队的语言不统一,对外联合作战会面临严重的困难。甚至在辛亥革命的过程也有过语言障碍的问题。据卡尔·克罗(Carl Grow)的叙述,1911年革命军在南京会师,粤

[①] 马建忠:《适可斋记言》第3卷,台北:文海出版社。

军和各地部队的沟通很困难:"当然汉语书面语言是统一的,各军能得到书面通知。不过,作战会议上讨论战事、作出决定都要很及时,书面记载不适合作战会议的进行速度",因此精通汉语多种方言的美国人罗伊·安德森(Roy Anderson)担任了革命军的翻译。①还有黄仁宇所谈1924年教导团募兵情形也牵涉到了军队和方言的问题:

> 各省与地域亦有其内在的利害冲突。因为方言不同,风俗习惯迥异,这种种因素借着军之统御经理、人事派遣、财政税收,而产生争执。②

> 募兵开始于一九二四年七月……所募兵多系浙江人,除注重蒋之家乡奉化县外,及于绍兴、金华、台州与处州。再次之则及于江苏与安徽两省。……只能揣想教导第一、第二团总人数约三千中,多数来自长江下游。……可能多数为农民。因为离家既远,又不通广东方言,亦不易逃亡。③

就是说,为了建设现代化的国民军,必须建立全国通用的标准口语"国语"。甲午战争以后,清朝政府开始注意到了这个问题。1904年《奏定学务纲要》规定新式学堂的制度说:

> 各学堂皆学官音。各国言语,全国皆归一致,故同

---

① Carl Crow, *China Takesher Place*, pp37–38.
② 黄仁宇:《从大历史的角度读蒋介石日记》,第100页。
③ 黄仁宇:《从大历史的角度读蒋介石日记》,第31页。

国之人其情易洽，实由小学堂教字母拼音始。中国民间皆操土音，致一省之人彼此不能通语，办事动多扞格。兹拟以官音统一天下之语言。故自师范以及高等小学堂，均于中国文一科内附入官话一门。其练习官话，各学堂皆应用《圣谕广训直解》一书为准。将来各省学堂教员，凡授科学，均以官音讲解。虽不能遽如生长京师者之圆熟，但必须读字清真，音韵朗畅。

可是这里所谓"官音"跟现代意义上的"国语"完全不相同。首先，细看各学堂的规定可以读出，初等小学堂（五年制）、女子初等小学堂（两年制）的教育课程完全不包括官话。[①]既然"官音"把多数男性"国民"、全部女性"国民"拒斥在外，当然不具有"国语"的资格。其次，清朝学部并没有审定官话的字音、语法，仅说了一句"皆应用《圣谕广训直解》一书为准"而已。

三、1926年前后——耳朵的文学革命

上文已经说到，在"眼睛的文学革命"的过程中，胡适基本按照传统文言教育的模式去思考"标准国语"的建设程序，完全跳过了语音规范的问题。事实上，在20世纪10年代，全国普及汉语标准语音是可言不可行的一种空想。而给空想变为现

---

① 最有代表性的资料是《学部女学堂章程折》（1907）。

实的是20年代艺术、传媒的发展：（1）西方现代戏剧理论的传播、（2）国语无线电广播、（3）有声电影。

先说第一，西方现代戏剧理论的传播。中国传统戏剧以唱为主，所有剧目怎样咬字全由老师传授。现代话剧以对白为主，而且不断出现新的剧目，台词的读音、语调都可以由导演、演员自己决定。演出的大幅度自由化，迫使人们去寻求戏剧理论、"自然"的口语。对中国现代话剧的发展史上的标识性事件，可能是1922年洪深的回国、1926年熊佛西的回国。他们两个人都在美国学习过现代戏剧，洪深在哈佛大学、熊佛西在哥伦比亚大学。洪、熊回国的时候，在他们面前的中国现代戏剧根本没有成熟。例如1913年在贵州省贵阳达德学校演出"新剧"全用贵州方言，1917—1918年演出的"文明戏"演员"甚至不会说国语，便说苏州、上海、宁波、绍兴、南京、江北的土话，或是土话化，四不像，令人发笑的国语"，1921年汪仲贤在上海演出《华伦夫人之职业》时说"登场人物不能一律都用国语，这是一桩点。但是如果人人都说了普通官话，我想看的人定要比现在多些，我们自己也要拘束得厉害些"。而话剧对所有演员都严格要求按照导演的指示念台词，假如"剧中对话以国语为规例者、南人忽而乡音，是为违背规例。又如以土白为规例者，苏人忽而国语，亦为违背规例"。1924年2月洪深导演的《好儿子》，"剧员剧词，声浪高低缓急，悉由洪君指导，甚有一句话，练至十数次者"，[①]这跟过去的演出何等不同。同年

---

① 《申报》上的评语，转引自洪深《〈中国新文学大系·戏剧集〉导论》。

4月《少奶奶的扇子》的演出，意义更为重要，我们不妨引用洪深的自我评价：

> 国内戏剧界久已感觉到须要向西洋效习的改译外国剧的技术，表演时动作与发音的技术，处理布景，光影，大小道具的技术，化装与服装的技术，甚至广告宣传的技术，到表演《少奶奶的扇子》的时候，都获得了相当满意的实践了。①

第二是国语无线电广播的开始。据行政院新闻局1947年所言，中华民国中央广播电台创设时的情况如下：

> 到民国十七年八月，中央广播电台开幕，才有正式的广播。当时北伐大业已告完成，国府奠都南京，一切建国工作方在肇始，而一般民众对于新政府之了解，与夫主义之信仰，均尚不深刻，倡导宣传之工作刻不容缓。政府遂筹设五百瓦特电台于首都，由现任中央广播电台管理处处长吴道一主持其事。开幕之初，请今主席蒋公首致开幕词，声被全国，视听一新。②

在广播出现以后，各地群众可以同时收听一个人的声音了。我们从1932年10月《中央广播电台节目表》可以看出国民

---

① 洪深：《〈中国新文学大系·戏剧集〉导论》，第62—64页。
② 行政院新闻局：《广播事业》，1947，出版地不详。

政府对这一个新兴传媒的关心所在：每天广播时间早上8点到晚上10点，其中包括讲读《总理遗政》20分钟、教授国语（星期一）30分钟、教授英文（星期三）30分钟、教授日文（星期五）30分钟、日语报告20分钟、英语报告20分钟，其他还有不少演讲之类节目。可以看出，官方广播起了对国内外宣传政策、推广国语等重要作用。

第三是带有同步声音的有声电影。在无声电影时代，郑心南译述的《电影艺术》（1926）概括舞台优伶和电影演员的不同断言："舞台剧的优伶一面奏技一面说话，而电影的演员则演不说话的剧。"这情形一直到20世纪20年代在各国非常普遍，对专业电影演员完全没有发音、说话方面的要求。

20世纪20年代完成的有声电影技术，彻底改变了"演不说话的剧"的局面。而且这冲击波很快传到中国。据中国电影史的记载，首次尝试同步声音技术的国产片是张石川导演、袁牧之编剧《歌女红牡丹》（1930），第一部真正成功地运用有声电影手法的作品是应云卫导演、袁牧之编剧《桃李劫》（1934）。[①] 从此以后，电影"演不说话的剧"的局面彻底改变，来自非官话区的演员不得不学习标准国语或者苦练其他特技。赵丹举出演员王为一的例子说，"他是苏州人，普通话说得不好，他将全部精力用在动作的设计上"，还很感慨地回顾了自己的经验：

---

① 程季华主编《中国电影发展史：初稿》（一），中国电影出版社，1963，第161—162、384页。《桃李劫》现在还能看到影片，《歌女红牡丹》只留下了剧照。

> 我咬字不准是缺点,我是南方人,不够用功,我也不肯改,因为我不喜欢南方人硬学北方味。"甭"呵"甭"的,算了,我不喜欢,故意卖弄"味儿",我也不喜欢,字字准确,这是国语教员,不是演员,与角色无关。当然我不是不要你们正音,平时是要一字一字的咬,但上了台不要去咬。有时为了想咬字出了戏,那我宁可音咬不准。最好是像你们有学习过程。有国语的正音基本功。[①]

以上三点都是促使产生"耳朵的文学革命"的新技术、新动向。这一场革命的主将先后在1926年前后都到齐了——洪深1922年、赵元任1925年重游欧美回国、熊佛西1926年,因此笔者暂时把"耳朵的文学革命"的起点定在1926年前后。

四、赵元任和"耳朵"的国语

如果我们让胡适代表"眼睛的文学革命",代表"耳朵的文学革命"的人物应该首推赵元任(1892—1982)。赵元任在1910年以第二名成绩考取庚款赴美留学生的资格,1910—1920年在美国学习,除了主修数学、哲学以外,选修了物理学、音乐学、语言学等课程,业余还作曲、编写独幕戏剧 *Hang number letter*(《挂号信》)。回国以后,1920年9月任为教育部国语统一筹备会的成员,1921年录音编写《国语留声片课本》。1921—

---

① 赵丹:《地狱之门》。

1925年，赵元任长期访问欧洲、美国，在此期间，1923年提出国语罗马字草案，1924年修改了《国语留声片课本》。1925年回国担任清华国学研究院教授，除了从事语言学研究以外，1927年业余编译戏剧、担任清华戏剧社导演，1930年担任北平小剧院的活动。其中最关键的一点就是赵元任和话剧的关系。赵新那等指出，赵元任"二十年代对话剧的兴趣主要在于把活的语言搬上舞台。用北京口语（就是按照人们怎么说话）编译剧本。导演主要是指导咬字和语调，话剧可以说是推动说国语的一种重要活动"，[1]北平小剧院的活动也是"从推广国语及研究语调的兴趣出发"。赵元任应用语音、音乐各领域的知识，为"耳朵的文学革命"所作出的贡献，可以分为三个方面。

其一是口语语法研究。在1926年发表的《北京、苏州、常州语助词的研究》里有下面一段话："就是有好些是人人天天说话用的语助词或语助词的用法，都是作语法书的人不大提、写白话文的人不大用的，所以现在的结果很可以给写'话剧'剧本的人参考参考。"如果回顾一下汉语语法学史就可以看出，这篇论文开创了中国人自己对汉语口语语法研究的先河。

其二是句子语调的描写。中国传统音韵学非常注意单字字音的研究，但没有人去描写说话的语调。对赵元任影响比较大的，可能是旅日英国学者桃乐希·帕玛（Dorothée Palmer）[2]用国际音标注音的英语喜剧《软体动物》（*The Mollusc*，1929年出版）：

---

[1] 赵新那、黄培云：《赵元任年谱》，商务印书馆，1998，第143、171页。
[2] 桃乐希·帕玛是哈罗德·帕玛（Harold E.Palmer，曾担任日本文部省顾问，后来自建英语教育研究所）的女儿，当时居住在日本。哈罗德·帕玛对20

现在Dorothée Palmer的 *The Mollusc* 的本子可以算是对于剧本写法上的一个大创举。皮儿上说："这大概是第一部全文注音注调的。"……现在Palmer就把全戏用国际音标注起音来了。这一点我觉着倒是不必要的,因为读音虽然是重要,而在表情方面究竟是次要的因子。Palmer的长处是把句句的语调都注全了。并且有好几十处地方因对于表演的见解不同而用不同的语调,他也都给注出来……[①]

赵元任在1929年2月至9月,"将1927年编译的剧本《最后五分钟》加以修改,全部写成国语罗马字本,附一篇长篇序言,及《北平语调的研究》论文",有可能受到了帕玛这部剧本的刺激。《最后五分钟》以及 "A Preliminary Study of English Intonation (with American variants) and its Chinese equivalents" (1933)、"Tone and Intonation in Chinese" (1933) 都是汉语语调研究的拓荒性著作,也是经典之作。

其三是为电台工作人员编写的《广播须知》(教育部,1937) 这是一本广播概论,内容涵盖机械、声音、语音、讲稿、材料、礼貌6个方面。1934年赵元任离开北平到南京,以后每年在中央广播电台做了多次有关国语罗马字、国语训练、英语教学

世纪日本的英语教育、罗马字运动影响至为巨大。《软体动物》的注音是帕玛父女合作的成果。参看Richard C.Smith. *The Writings of Harold E.Palmer: An Overview.*

① 参《胡适的日记》手稿本(第十册)(台北:远流出版股份有限公司,1990)的1931年7月11日日记所收《北平小剧院院刊》第四期上的赵元任《Dorothée Palmer音的 *The Mollusc*(软体动物)》。

的演讲（到1937年2月为止）①。用"眼睛"写出来的文字，怎样才能让"耳朵"接受——这是赵元任最关注的一点。《广播须知》谈到讲稿方面强调，播音员应该"用声音饱满漂亮而同音字不多的词字""第一次用冷词先略微停一禁"。可见他对"眼睛"和"耳朵"的区别相当敏感。

总之，由于赵元任、洪深、熊佛西、袁牧之等的努力，30年代的社会对"耳朵"的认识远比10年代的"新青年"深刻。关于30年代所谓大众语运动的背景，最有代表性的意见是"大众语运动的发生是由于文言文的复活和白话文的文言化与过度欧化所激成的"。②笔者以为，我们应该更认真地去考虑30年代中国知识界对"耳朵"的敏感。还有一件事情我们不能忽视："耳朵的文学革命"的主要人物所设想的中国语言的前景，就是书写法的全面拼音化、罗马字化。

五、国语、抗日战争、"文化大革命"

1937年7月7日日本发动全面侵华战争以后，国语在中国各地的推广工作被迫停顿了一段时间。但是，国语作为凝聚国民的手段、对敌抵抗的宣传工具，起了相当重要的作用。据行政院新闻局《广播事业》（1947）附表六《抗战期间各电台应用各种语言统计》，1938年中国广播使用的方言或语言（国语、上海话、粤

---

① 赵新那、黄培云：《赵元任年谱》，第193、204、208—209页。
② 郑伯奇《星期一通信.第五封　大众语·普通话·方言》，《两栖集》，上海良友图书印刷公司，1937，第67页。

话、闽语、客家语、潮州话、海南话、厦门话、蒙古语、维吾尔语、藏语、英语、日语、朝鲜语、泰语、越南语、缅甸语、马来语等）或增或减，但语种始终在20种上下。

另外，在沦陷区也有语言的问题。在日本投降以后，汪精卫政权司法行政部长李圣五写的《为请调查证据致首都高等法院声请状（1947年3月31日）》里出现下面一段文字：

> 而敌人之第二步计划，即提倡方言，无非破坏我语方言之统一……即将小学教科书加注注音符号，并通令伪国立师范学校及各省市伪教育厅局训练注音符号之师资。①

日本有没有"提倡方言"、有没有凭借这样的手段去破坏中国"语言之统一"，不无疑问。我们必须注意的是：李圣五好像认为"加注注音符号"就能维护国语的独立。1918年胡适提倡"眼睛的文学革命"说过"尽可不必问今日中国有无标准国语"，1935年还说过"我们不管那班国语先生们的注音工作和字典工作"。而经过了二三十年代"耳朵的文学革命"以后，注音符号（即汉字读音）和语言统一的关系，已经成为政界上层的共同认识。

抗日战争、国共内战结束以后，国语开始渗透到全国农村。下面介绍的是安徽省黄山市休宁县的退休小学老师项毓芬女士的口述记录（1995年笔者所记录）。项老师在1950年接受师

---

① 南京市档案馆编《审讯汪伪汉奸笔录》，江苏古籍出版社，1992，第633页。

范教育以后,到婺源县山区担任了小学老师:

> 学校很小,四个老师。学生一百多一点。有的(小孩)不来,特别是女生。那个村子里面说的不是普通话,也不是(休宁县城)海阳镇的话,说的是婺源话。我出去就遇到很大的困难了。那小孩子全讲婺源话,我只好讲一句普通话,再向小孩学习。慢慢地学,慢慢学。学了之后,便于教学。再那个特别是女生少得不得了。少得不得了我就……放学以后走家串户去动员女孩子上学校。动员她们上学,有的家长就讲:不是我们不给她上学,没有钱,交学费怎么办?买书怎么办?那我就讲:交学费钱也很少,只有一块钱就够了,买书几角钱就够了。真正不行的话,我就借给你,我就买书送给你。

普通话能推广到皖南山区,主要依靠这些老师们的孜孜不倦的工作和努力,这一点值得我们永远记忆。

最终把"眼睛的文学革命""耳朵的文学革命"推动完成的,也可能是人手一本《毛主席语录》、八亿人民八个戏的"文化大革命"。在这十年,官方动员报刊、书籍、音乐、戏剧等一切媒体,不论"眼睛"还是"耳朵"都灌输了规范性的语言。为了探讨中国"国语"形成的历史,我们不妨进一步地探讨"文化大革命"所起的作用。

一次失败的诗学探索
——现代中国诗歌从意象主义到惠特曼主义的转化

方志彤（Achilles Fang）/著　何吉贤/译

1917年开始的"文学革命"其实是由一个人发动的，在这场运动开始前的几个月，心怀雄心壮志的他在纽约写下了一首步行整齐的诗。1916年8月23日，这位哥伦比亚大学的优秀年轻毕业生偶然看到了他位于黑文大街92号寓所窗外的一双蝴蝶，[①] 随即兴笔写下了一首以四行为一节的诗歌，并把这首诗称为"一首实实在在的实验诗"，全诗如下：

> 两个黄蝴蝶，双双飞上天。
> 不知为什么，一个忽飞还。
>
> 剩下那一个，孤单怪可怜，
> 也无心上天，天上太孤单。[②]

---

① 参看胡适《藏晖室札记》（初版于上海，1939；后以《胡适留学日记》名重印，1948）1916年8月23日条。
② 首次刊登在《新青年》第2卷（1917年2月1日），名为《朋友》，遵照作者

对于这首诗，作者曾冠以《朋友》和《蝴蝶》两个不同的名字，[①]正如哈罗德·阿克顿（Harlod Acton）所言，这首诗的"意象和情感如此不动声色，几乎与'传统'毫无二致"。[②]然而，这首诗所运用的寻常意象及其所蕴涵的感情并不是一种浩如烟海的中国正统诗歌或中国传统诗歌中的形式。相反，这首诗标志着对中国文学传统的一种背离。因为它使我们想起了奥卡西恩（Aucassin）大逆不道的提问："上天何为？"（En paradis qu'ai je faire?）[③]事实上，这首诗的内容与传统派的看法相去甚远，以致后者对这首诗及其作者胡适都不遗余力地大加挞伐。

传统经典的维护者们（Temporis acti）之所以对这首诗如此不满，原因很多。这首诗的音节与正统颇为不合；其韵脚a-b-a-b（在中国传统诗体学中称为"隔句韵"）在韵律学家看来，也过于随便怪异。另外，这些平均分布在8个半句诗行中的40个音节或字（在中文里，一个音节一般就是一个字），完全重复的有11个，不断重复出现的音韵并不那么让人舒服。最后，这首诗的语言也是那么平板、冗赘，例如，"不知为什么"这半行诗就可以用"奇怪地"一词替代，或者干脆全部删去。"剩下那一个 /

的意思，以西式诗歌印刷格式印出，即第二和第四行诗与前一行适当交错。在此有必要指出，该诗的韵脚是a-b-a-b，由Tsi C. Wang翻译，载《中国的青年运动》（1927），第125页。哈罗德·阿克顿在其专著《现代中国诗歌》（1936）的"导言"中转引了该诗。该诗译文的准确性仍有值得推敲之处。

① 在1916年8月23日的《胡适留学日记》中，这首诗尚没有题目，当它在《新青年》上发表时，题目是《朋友》（见注2）。在胡适的《尝试集》（最早于1920年在上海出版）中，这首诗放在了最前面，题目则变成了《蝴蝶》。
② 哈罗德·阿克顿：《现代中国诗歌》导言。
③ 该诗是相当个人化的，奇怪的是，《蝴蝶》还是胡适早期的代表作之一，参看《胡适留学日记》1915年8月9日。

孤单怪可怜"这两个半行诗也不需占整一行。

如果守旧派在指责这首诗内容怪异、技巧幼稚时还有一定道理的话，他们根深蒂固的颠顸顽固就无法让人饶恕了：在幸灾乐祸之余，他们把这首诗的失败归之于表面上触发它的那个文学运动纲领。确实，这首诗是有感而发，有备而写的，但一首有目的的标题诗并不一定是坏诗（如标题音乐），只要它后面的想法并不坏，执笔者是一个有经验的诗人。任何一位负责任的批评者都不会否认这首的作者胡适是一个经验老到的诗人，他所标举的文学革命纲领也是非常好的，因为它是在当时英美处于全盛期的一个诗歌运动：意象主义（imagism）的激发下提出来的。这一文学运动纲领的内容包含在胡适1916年8月21日写给《新青年》杂志编辑的信中，它出现在这个出版于北平的"大逆不道的"月刊的10月号（《新青年》第2卷第2号）上，包括了以下8点内容：

1. 不用典。
2. 不用陈套语。
3. 不讲对仗。
4. 不避俗字俗语。
5. 须讲求文法之结构。
6. 不作无病之呻吟。
7. 不摹仿古人，语语须有个我在。

8.须言之有物。①

然而,这些内容却似乎与艾兹拉·庞德(Ezra Pound)在1913年提出的《意象主义者的几"不"》②和爱米·罗厄尔(Amy Lowell)1915年提出的意象主义者的信条③非常相似。第1条到第5条主要是关于禁用专用的诗歌语言及其他有关诗歌装置的问题。在诗歌语言方面,意象主义者一直在反对使用专门的诗歌语言。罗厄尔的六信条中,第一条就是"运用日常会话的语言,但要使用精确的词,不是几乎精确的词,更不是仅仅是装饰性的词"。而且"日常会话语言"是一种"仔细地剔除了老式诗歌套话中被颠倒了的语言和陈词滥调的语言"。④另外,就在文学革命纲领提出前几个月,罗厄尔就对"新形态"的诗人作出了如下描述:"他们致力于写作散文句法的诗歌。语言的

---

① 《胡适留学日记》1916年8月21日。最初的8点后来被作者在措辞和次序上作了适当的细小的改动:改动后的第二个版本出现在《新青年》第2卷(1917年1月1日)上,第三个版本出现在该杂志的第4卷(1918年4月1日)上。参看Tsi C. Wang,第126、128和135页。由于改动很小,此处用的是第一个版本。

② 最初出现在《诗刊I》(1913年3月)上,并在他的诗集《帕凡舞》(Pavannes)、《分裂》(Divisions)和《焕新》(Make it New)中。中文译文见彼得·琼斯编《意象派诗选》,裘小龙译,漓江出版社,1986。此处有关译文(包括罗厄尔的"六信条")参考了裘小龙的译文,但略有改动——译者。

③ 载爱米·罗厄尔编《意象派诗人们》(1915)的"序言",1915年4月17日出版发行。也请参看S. 福斯特·达门(S. Foster Damon)《爱米·罗厄尔》(1935)第301页。意象主义者的信条(实际上署名理查德·阿丁顿(Richard Aldington),参看达门,第732页)重版于1916年版的《意象派诗人们》(按达门说述,出版于1916年5月6日)。 信条六原则的归纳是由威廉·斯坦利·布拉斯维特(William Stanley Braithwaite)在对《意象派诗人们》1915年版的评论中作出的,载《波士顿记录晚报》1915年4月21日。

④ 《现代美国诗歌倾向》,1917,第241页。

倒置于他们格格不入,除了有意使用,以示强调。他们致力于日常会话语言写成的普通散文形式作品的写作,并把这种形式的作品变成诗。这种写作方法有多难,只有那些尝试过的人才会知道……他们使用俗语;'诗歌语言'在他们这儿名声不佳,只有那些报屁股诗人及他们的同类才会使用它们。"[1]罗厄尔的所有这些宣言都是庞德的回声,后者说过:"不要让'影响'仅仅意味着你生吞活剥了某一两个你碰巧推崇的诗人的某些修饰性词汇……不要用装饰,也不要用好的装饰。"他还说:"不要以为你试着把你的作品切成了行,避开了优秀散文艺术的极难的难处,就能骗得过任何一位聪明人的眼睛。"

余下的三条是有关诗歌主题的,总起来被称为"精神革命"原则。它们是前面五条——被称为"形式革命"原则——的合乎逻辑的结论。总之,正如罗厄尔所言,"在诗歌中,一种新的韵律意味着一种新的观念",或者如胡适本人雄辩地所称的,"没有任何死的语言能产生出活的文学"。然而,这三条与罗厄尔的第二条原则看起来非常相像。罗厄尔的第二条原则是这样的:"创造新的节奏——作为新的情绪的表达——不要因袭旧的节奏,老的节奏只是老的情绪的回响……我们相信,一个诗人的独特性在自由诗中也许会比在传统的形式中常常得到更好的表达。"另外,那句看起来高深莫测的禁令,"不要作无病之呻吟",如果与"须言之有物"有什么不同的话,也主要是指受传统诗歌影响的那种悲悲切切的情调。如果是这样,则罗厄尔也

---

[1] 《现代诗歌的新形态》,《新共和》第6期,1916年3月4日,第125页。

已经抢先中国文学革命者一步了,因为她曾这样写道:"幽思善感不是非得越旧越好,好象军服上的肩章一样……对于许多过去时代的诗人,多愁善感是一种时尚。而我却认为,如果在今天有一种时尚,那就是真诚。"①

总而言之,很难否认作为文学革命纲领的胡适的"八事"没有受意象主义的影响。对于1917年的中国文学革命,艾兹拉·庞德是它的教父,爱米·罗厄尔是教母。意象主义曾被认为受惠于中国古典诗歌,如果确实如此,那么它就以另一种方式作出了回报。极而言之,意象主义与中国诗学之间的关系非常微弱,因此,这里不存在互相欠债的问题:债务是单向的。

但债务看起来也没有那么大,因为胡适的"八事"纲领只是与处于肇始之时的意象主义有关。爱米·罗厄尔的信条中的第4条是这样的:

> 呈现一个意象(因此我们的名字叫"意象主义")。我们不是一个绘画的流派,但我们相信诗歌应该精确地处理个别,而不是含混地处理一般,不管后者是多么辉煌和响亮。正因为如此,我们反对那种大而无当的诗人,在我们看来,他似乎在躲避他艺术的真正困难之处。

意象主义的这一核心问题并没有进入中国文学革命的纲领中,尽管胡适还继续写一些意象主义和半意象主义式的诗歌。

---

① 《现代诗歌的新形态》,第125页。

在文学革命发动大约三年后，胡适无意中泄露了自己的秘密：在一篇名为《谈新诗》①的文章中，他认为诗应该用具体的而不是抽象的语言写作。无疑，这是爱米·罗厄尔关于"诗歌应该精确地处理个别，而不是含混地处理一般"的宣言的回声。但正如事实所表明的那样，批评家并没有注意到《蝴蝶》这首诗和其他"实验"诗中意象主义的痕迹，而文学革命的后来者也在没有真正认识这个曲调的真谛之前，就随着这个曲调盲目地起舞，但实际上，他们的领导者却五指飞动，弹奏着一曲意象主义之曲。②

如果中国版的意象主义没有产生出任何杰出的作品，那错误不在意象主义，因为在美国它已留下了许多重要的诗作。有人认为中国诗人患了欲速则不达之疾：到今天为止，他们还没有接触到原汁原味的意象主义。

歌德曾对艾克曼说："我的所有诗歌都是即兴之作，受了现

---

① 《谈新诗》，首次刊登在1919年10月的《星期评论》上，后收入《胡适文存》。
② 《胡适留学日记》中记载，1916年12月25日后胡适收集的剪报中，有一则未标明日期的《纽约时报书评》的剪报，上面载有爱米·罗厄尔的意象派六信条。该文是一篇未署名的评论，刊登在1916年12月24日（周日）的《纽约时报书评》上，是对即将刊登在《耶鲁评论》第6期（1917年1月出版）上的约翰·厄尔斯凯恩（John Erskine）的文章《新诗歌》的先期评论，见该期杂志第379—395页。也许，文学革命的纲领是受了爱米·罗厄尔发表在《新共和》上文章的启发，毕竟，8月21日与3月4日还是非常接近的。但《胡适留学日记》对此却只字未提。对胡适"文学革命"的意象派背景略有涉及的唯一一位中国批评家是他的朋友梅光迪，他在登载于1922年1月号的《学衡》杂志的《评提倡新文化者》一文中写道，"中国所谓的口语诗只不过是法国自由派诗和美国意象主义的残渣，而这两个流派则不过就是颓废运动的两个支流而已"，颓废主义运动则包括了印象主义、神秘主义和未来主义。（此处梅光迪的话未经核实——译者）

实生活的激发,都有坚实的现实基础。那些空想出来的诗在我看来一钱不值。"[①]如果有人不喜欢歌德的抒情诗和哲理诗,很可能是因为它们是即兴创作(Gelegenheitsgedichte),中国的大多传统诗也是这样,它们向以即兴创作著称。

中国的文学传统源远流长,有2500多年的积累,包括诗(Odes)、乐府(Ballads)、赋(Prose Poems)、词(Lyric Songs)、曲(Dramatic Poetry)等不同文类。让我们考察一下诗,这是最易于写作,也是经由不准确和饶有趣味的翻译而为西方所熟知者。另外,它的特性中也包含了其他文类的基本要素,以至于近来"ode"(韵律诗,颂诗)常常被用来绝妙地统称诗歌(poetry)。从任何角度说,人们都不会怀疑文学革命者将poetry(诗歌)等同于了ode(韵诗、颂诗)。这是很容易理解的,因为伟大的中国文学传统中非常奇怪地从没有发明一个相当于或可以被翻译成"poetry"的词。中国的批评者区分了"韵文"(rhymed writing)和"无韵文"(unrhymed writing),这相当于西方对于韵文和散文的二分法。西方理解意义上的诗或诗歌并没有在中国出现,结果是中国人很少有关于诗学的系统论述。卷帙浩繁的关于诗歌的作品,大都是有关诗人的轶闻趣事,以及关于诗律好坏的品鉴。从这一角度,我们可以说,所谓的文学革命在建立诗学上是暗哑无声的。

"诗"(ode)的名称最早出自孔子所编的一个集子,在过去两千多年中,ode(韵诗)即指五言和七言律诗——一首诗

---

① 《歌德对话录》,约翰·奥克森汉姆译,1823年9月18日。

654　重访五四新文化:语言与文学

4—8行，每行5—7字。① 这样的诗歌非常"诗化"："漂亮、善感、飘逸、精致。"② 在传统诗歌多少有些严格的作诗法的要求下，诗人得小心翼翼地避免重复用词，并做到对仗工整，因此，ode（韵诗）从来就不是通往真正诗歌的合适媒介，除非有少数诗人想互相唱和。（律诗在中国的地位与十四行诗在西方的地位大致相当。）由于具有1917年文学革命者所攻击的诸般罪孽，慢慢地，它最后降低为一种纪念、留言诗。从好的方面说，它是工整而优美的，但正如罗伊·坎贝尔（Roy Campbell）所言：

> 你称赞他们写作中坚韧的克制——
> 当然，这我赞同：
> 他们正确地使用了马嚼子和勒索，
> 但那有血有肉的马呢？③

确实，在卷帙浩繁的中国"诗歌"卷集中，琐碎和庸见触目皆是。

从这一角度说，中国的文学革命来得太迟了。如果对文学革命进行了短暂而无效的反抗的反动者——大多由欧文·白璧德的学生组成——目光短视，那么，文学革命者本身也没有对文学革命本身有一种正确的认识。他们的纲领从其所有意向和目的

---

① 还有许多变体。为了方便起见，这里不能全部提及，但这种概括也并非过分简单化的。
② 沃尔特·德·玛尔：《散文诗》，1937，第3页。
③ 《论Adamastor中的几位南非小说家》，1930。

来看都是一个诗歌运动，但它对"意象"却视而不见，它也没有任何替代性的目标。简而言之，中国文学革命的纲领在其制定之时就象美国的宪法一样，是一个宪法，却没有前言，也没有人权法案。中国文学革命涉及的问题是诗学，但在发起者和追随者的脑子中，诗学问题却不是一个最重要的问题。旗子高高举起了，炸弹却在引信的嗞嗞声中归于无声，整个战场弥漫的是烟雾，而不是战火。

坚韧顽强的文学革命者拒绝相信战斗失败了，对于"文学的文艺复兴"和"中国的文艺复兴"，①还存在很多愤怒的反对之声。但文学革命者经常自诩的"新生"集中在最初纲领中的第四条，即"不避俗字俗语"上，尽管他们也撰写了不少优秀的"本国文学史"，②在这些文学史著作中，作者们力图证明，白话产生了中国最优秀的文学作品，但人们还是忍不住要怀疑，仅仅使用"日常会话语言"，能不能产生一个文艺复兴。更加糟糕的是，文学革命者对什么是本国会话语言的认识非常模糊。没有人像但丁在其《俗语论》（*De Vulgari Eloquentia*）一书——一本关注于寻找"'套语滥调'和弥尔顿式的浮华夸张的语言之间的界线"的书（艾兹拉·庞德语）③——中所作的

---

① 第一个说法为胡适一篇文章的标题，该文章收在Sophia H. Chen Zen女士编的《中国文化研讨会论文集》，1931；第二个说法来自1933年哈斯克尔演讲的标题，1934年已由芝加哥大学出版社出版。对中国这一非意象派的意象主义还有许多其他称法，如："新文化运动""新潮"等。
② 胡适：《白话文学运动史》，首版于1928年的上海。与其《中国哲学史》一样，该书从未出版过第2卷和最后一卷。
③ 《书信集》，1950，第262页；《致W. H. D. 罗斯》，日期为1934年12月30日。

那样，去探索日常会话语言的文学可能性。传统中国诗歌的语言——一种死语言——以简洁而著称，[1]而文学革命者所用的白话却有点非驴非马。如果一定要说它是什么，那它就是啰嗦和散漫的。那么，后来文学中的左翼再往前走一步，对简短、清晰、透明及其他文学中的一切传统都嗤之以鼻的时候，就不那么让人奇怪了。文学中的左翼致力于彻底清算过去，他们最终发动了大众语运动。如果文学革命的发动者读过但丁的论文，文学革命的道路可能就会不同了。但丁的论文被乔治·圣茨伯里（George Saintsbury）称为"不仅至少是从朗吉努斯到17世纪文论家为止最为重要的批评作品，而且，其重要性也是内在于古往今来所有最伟大的批评作品中的。"[2]

尽管如此，文学革命的历史作用是不容抹杀的，因为它在警示如何写诗方面起到了重要的作用，现在，他们已经认识到，再也不可能继续按传统的方式写诗了。按照乔治·奥维尔（George Orwell）的说法，传统诗歌——"好的坏诗"——是一座"显赫而优雅的纪念碑"。[3]而他们现在要"无中生有"地写诗了。诗歌不再仅仅是一种消遣的东西。高度认真是他们现在的主导性情绪。然而，他们现在已处于孤立无援的境地，他们

---

[1] 翟理斯（Herbert A. Giles）认为，"简洁确实是中国诗歌的灵魂，比起其所指的，说什么没有那么重要"。见《中国文学史》，1901，第145页。罗伯特·库尔提乌斯（Robert Curtius）在其《欧洲文学和拉丁中世纪》（维拉·R.特拉斯克译，柏林根丛书第36卷，1953）中所说的"简洁作为一种形式的理想"（题外第十三章，第487—494页）在一定程度上适用于以往的中国文学。
[2] 《欧洲文学批评和文学趣味史》，第1卷，1934年第5版，第431页。
[3] 这是对吉卜林的说法。参《狄更斯、达利及其他》，1946，第158页。

只能将凝视的目光转向别处,以获得新的灵感,这时候,他们发现了沃尔特·惠特曼。

在这方面作出努力的是惠特曼的中国使徒郭沫若。郭沫若是一个真正博学多才的全才,他在文学创作、文字学、历史研究和政治学方面都成绩卓著。在文学创作方面,他写了多部历史剧、大量诗歌、系列自传故事,还有大量翻译作品。1920年,他写下了如下诗句:

> 我是个偶像崇拜者哟!
> 我崇拜太阳,崇拜山岳,崇拜海洋;
> 我崇拜水,崇拜火,崇拜火山,崇拜伟大的江河;
> 我崇拜生,崇拜死,崇拜光明,崇拜黑夜;
> 我崇拜苏彝士、巴拿马、万里长城、金字塔,
> 我崇拜创造的精神,崇拜力,崇拜血,崇拜心脏;
> 我崇拜炸弹,崇拜悲哀,崇拜破坏;
> 我崇拜偶像破坏者,崇拜我!
> 我又是个偶像破坏者哟![1]

试将它们与惠特曼在《再见》(*So Long*)一诗——这是青年庞德向他的父亲推荐的一首诗,认为这首诗包含"几乎整个的他"[2]——中的15行"宣言"相比:

---

[1] 此处据《郭沫若全集》文学编第1卷,人民文学出版社,1982,第99页——译注
[2] 《书信集》第21页(1913年6月3日):"从《别离的歌》——也许是从最后那首《再见!》开始,我认为几乎所有的他都在诗歌里了。"

我宣告自然的人将要出现,

我宣告正义将获得胜利,

我宣告毫不妥协的自由和平等,

我宣告坦率是正当的,傲慢也合理。

我宣告合众国将愈来愈严密,不可分解,

我宣告壮丽与庄严将使世界上所有以前的政治

都平淡无奇。

我宣告人的粘合性,我说它将是无限的,永不松扣,

我说你一定还会找到你一直寻觅的那个朋友。

我宣告一个男人或女人正在走来,也许你就是

那个人,(再见!)

我宣告那个伟大的个人,象自然那样融和,贞洁,

钟情,友善,并且武装齐全。

我宣告一个生命诞生,那将是丰饶的,热烈的,

神圣的,勇敢的,

我宣告一种结束,那将轻松愉快地同它的转化

相会合。

我宣告将由无数的青年,美丽,魁梧,血液精纯,

我宣告一大批杰出而原始的老年人。

............①

郭沫若的诗与惠特曼的这段诗之间表面上的相似性是一目

---

① 此处译文据楚图南、李野光的译本,人民文学出版社,1987,第938—939页。译文略有调整。——译注

一次失败的诗学探索——现代中国诗歌从意象主义到惠特曼主义的转化　659

了然的，以致我们很容易将前者误认为是后者无数戏仿作品中的一首。但这是极其错误的。严肃的真诚、刻板的认真，甚至有点迟钝、无趣，这都是郭沫若诗歌的特色，也是传统中国诗歌中稀有的特质。

如果可能，兰达尔·贾雷尔（Randall Jarrell）会在惠特曼的墓碑上刻上，"沃尔特·惠特曼：一个有魄力的人"，在碑基上他会刻上："诗人中最鲁莽、最无法言说、最不可靠——最匪夷所思的人。"[1]郭沫若的个性和诗歌似乎非常吻合贾雷尔对惠特曼的描述。他的诗歌在中国诗歌史上绝对是个强烈的新音符，它们不是华兹华斯式的"在宁静中拣拾起来的情感"，也不是柯勒律治式的"用最好的秩序排成的最好的词"，这两个定义都适合于大多数传统中国诗。对于郭沫若，正如对于惠特曼一样，诗歌是宣泄自己不可压抑的自我和对自由的狂热的渠道，而按照守旧派的观点，这两种东西都是要压抑下去的。贾雷尔还会继续说，"对于这个世界来说，一个惠特曼就足够了，如果他脱胎再世，那无异是世界的末日"。郭沫若在中国诗坛上的出现几乎是一个奇迹，它标志着传统的结束。

在与惠特曼的关系中，25似乎是一个宿命般的数字。郭沫若那些离经叛道的诗是在他25岁时写的，约翰·阿丁顿·西蒙兹（John Addington Symonds）也是在惠特曼25岁时发现他的。[2]（胡适的第一首实验诗《蝴蝶》也是在25岁时写的）。然而，

---

[1] 见《诗歌和时代》中的《来自于惠特曼的诗句》，1953，第131页。
[2] 《沃尔特·惠特曼：一项研究》，1893，第41页。

郭沫若却在1—2年前就发现惠特曼了。[①]在读了泰戈尔和海涅的一些作品后，他开始接触《草叶集》。正如他自己所言，惠特曼主义"火山喷发式"的感情"解放"了他。他马上着手翻译惠特曼的诗，而且自己也开始写惠特曼式的诗，这些诗后来集成一个集子，用了一个非常非中国化的名字《女神》（来自题诗《女神之再生》）。这本诗集中的两三首诗也许值得我们简略一提。其中一首是《匪徒颂》，它歌颂了政治反叛者、宗教异教徒、开拓新领域的科学家、打破偶像别开风气的文学家，如克伦威尔（Oliver Cromwell）、乔治·华盛顿、何赛·黎萨（José Rizal）、马克思、恩格斯、列宁、释迦牟尼、墨翟、马丁·路德、哥白尼、达尔文、尼采、罗丹、惠特曼、托尔斯泰、罗素、佩斯特拉齐（Pestalozzi）和泰戈尔。另一首名叫《地球，我的母亲》，是一首唱给地球母亲的华美壮丽的诗篇，它一眼就被人认做是惠特曼风格的诗篇。另一首短诗名叫《三个泛神论者》，赞颂了庄子、加皮尔（Kabir）和斯宾诺莎，也表明了这首诗受了惠特曼泛神论思想的影响。[②]

《女神》之后，郭沫若很快又出版了另外三部诗集，诗的技巧上已有了进步，但作为诗来说，却要低劣一些。郭沫若本人看来对自己后惠特曼式的诗歌并不怎么在乎。他写道，他作为诗人的职业在《女神》之后就终结了。但如果我们使用郭沫若本人最喜欢用的比喻，喷发的火山倾泻出了大片大片的熔岩，点着了整个原野。

[①]　《序我的诗》，载《沸羹集》，新文艺出版社，1951，第143页。
[②]　郭沫若诗歌的更多译文，请参看哈罗德·阿克顿的《现代中国诗歌》。

如果没有惠特曼带来的推动力，过去30年里中国诗歌可能连它现在已有的这点活力都无法取得。哈罗德·阿克顿说，"如果继续沿着胡适博士或受其影响的一班人铺就的平坦大路走下去，中国诗歌的前途堪忧"。这是一个苛刻的评论，因为从这一不愉快的文学革命中脱胎出来的新月派继续着诗歌形式的试验。尽管他们也没有成功地带来什么文艺复兴，他们反对郭沫若及其创造社同仁和同道者所鼓吹的革命文学，他们的主要兴趣在于诗歌的内容（社会意识）。争论的最后，文学左派赢了，至少表面上是如此。这一派的一位诗人这样解释他们的胜利：我们的诗歌是"自然长成的"，像民歌一样。它与民歌的不同只是它要写下来。但它不会采用通常的形式，因为与旧式诗歌不同，它必须从旧的"诗歌语言"中解脱出来。[1]

这样的一种解释忽视了中国新诗的一个真实背景——惠特曼主义。正如文学革命的追随者并不愿明言他们所受意象主义的影响一样，新诗歌的批评者对于他们所欠文学保姆沃尔特·惠特曼的债仍然懵然不觉。正如最著名的美国意象主义诗人在他与惠特曼所订立的"合约"里所言的：

> 是你，破开了这棵大树，
> 现在已是雕刻的时候。
> 我们有一腔树液，一掊树根——
> 我们之间应有循环交流。

---

[1] 《现代中国诗歌》。[《论现代诗歌：一次对话》，作者：冯废名（原文如此，应作"废名"或"冯文炳"——译者注）]。

后期惠特曼主义可能确有过火之处。后来可能不再重执诗笔的郭沫若在1950年写了一首名叫《六一颂》的诗,[①]第一节是这样的:

> 小朋友们,亲爱的小朋友们,
> 今天是你们的节日,太阳照耀得这样辉煌,
> 这六月一日和正月一日的元旦一样。
> 我诚恳地祝你们健康,健康,健康,
> 祝你们自由自在地在自由的天地中成长。
> 祝你们一个个都长成为人民中国的栋梁,
> 祝你们一个个都长成为人类社会的栋梁。[②]

这首诗清楚地表明,当一个反叛的诗人回归秩序后,他通常就只能写些沉闷乏味的套话了。正如T. E. 劳伦斯所言,"反叛者,特别是成功的反叛者,肯定是不好的被统治者,同时也是更坏的统治者"。不管怎样,这首诗包含了最近中国诗歌的两个特性:高昂的民族精神和对劳动人民的赞美。这两个特性其实是惠特曼主义的纯化和简化。惠特曼在其《回视走过的路》(1888)一文的结尾引用了赫尔德的话,称"伟大的诗歌从来都是民族精神的结晶(像《荷马史诗》和《圣经》中的赞美诗一样)",在同一篇文章中,惠特曼还声称,"在我的诗篇中,从第一篇到最末一篇,男男女女的劳动人民须臾没有离开过"。

---

① 《新华颂》,1953。
② 译文引自《郭沫若全集》文学编第3卷,1983,第19页。——译注

总而言之，1917年受意象主义启发的文学革命敲响了中国传统诗歌的丧钟，但它没能对传统诗歌取而代之，也许是因为它本身并不是意象派的。将文学的不满者推向革命文学的惠特曼主义也没能产生伟大的诗歌，尽管它已成为新的诗歌的主要特性。寻找一种有效的诗学，一种能够诚实而认真地面对艺术和社会的诗学的工作，必须继续下去。

"深文理"
——晚清新教来华传教士与"文言"及"文言文"

段怀清

在晚清新教来华传教士的语境中，与"深文理"（High Wenli）、"浅文理"（Easy Wenli）以及"白话"（Vernacular Chinese）相关的语文观察与思考，最早或正式见诸伦敦传道会（L.M.S）之来华传教士米怜（William Milne，1785—1822）的《新教在华传教前十年回顾》（*A Retrospect of the First Ten Years of the Protestant Mission to China*）这一报告。在其第九章中，有"《圣经》中译的适当形式"以及"古老的中文经典著作不宜作为《圣经》中译的模仿对象及其原因"两节。[1]

> 在将《圣经》译成中文的过程中，马礼逊先生有段时间对选用最适宜的文体风格感到茫然无措。正如在其他大多数国家一样，中文书籍中也有三种文体风格：文言、白

---

[1] 米怜（William Milne）：《新教在华传教前十年回顾》，北京外国语大学中国海外汉学研究中心翻译组译，大象出版社，2008，第43—45页。

话和折中体。①

上述对于"文言""白话"与"折中体"三种文体风格的观察结论,与1890年第二次上海传教士大会上分别成立的"深文理""浅文理"与"官话"三个翻译委员会,并翻译完成《圣经》中译的"深文理译本""浅文理译本"和"北京官话译本"这三种译本的思路几乎一脉相承。所不同者,1810年代的马礼逊,当时孤身一人来华,辗转澳门、广州、香港、马六甲等地,不仅直接向本土民众宣教布道是不现实的,即便是学习中国语言乃至购买中文文献都有不少障碍,甚至还要为此承担一定风险。主、客观条件的限制,使得马礼逊当时只能够在文言、白话和折中体之间择其一而非统而兼之。"'四书''五经'中的文体非常简洁,而且极为经典。大多数轻松的小说则是以十分口语化的体裁撰写的。"②上述两种文体,就是米怜所谓的"文言"与"白话",而《三国演义》这部在中国被广泛阅读的历史小说,则成了介乎"文言"和"白话"之间的"折中体","《三国演义》——一部在中国深受欢迎的作品,其文体风格折中于二者之间"。③

尽管条件有限,从米怜的叙述来看,早期传教士们还是很快接触并认识到中国语文环境的"特殊状况",尤其是普通民众的受教育水平、识字率以及语言文化因为区域方言差异而更

---

① 米怜(William Milne):《新教在华传教前十年回顾》,第43页。
② 米怜(William Milne):《新教在华传教前十年回顾》,第43页。
③ 米怜(William Milne):《新教在华传教前十年回顾》,第43页。

趋复杂多样等客观事实，亦因此，马礼逊、米怜们并没有简单地肯定并选择作为知识-权贵精英阶层的书面语文的文言文，更没有直接认同这种语文、语文权力及其背后所潜隐着的语言-文化政治，而是从宣教布道的宏旨及实践需要出发，将作为基督福音的读者与听众的普通民众，作为了这种转化外来语言的本土语文更具潜力的对象。也因此，从早期传教士们的语文理论及实践中，就已经反映出"适应"与"改造"兼顾的策略。前者主要是针对中国语言因为社会阶层、区域范围以及受教育状况等而实际存在的语言差异而制定或客观生成的因应方式，或者则是传教士们对于一种具有"统一性"的语文愿景的期待与初步努力。与知识-权贵精英用传承捍卫文言文的方式来获得维护其历史语言-文化权力的方式有所不同的是，传教士们所传播的这种福音语言，无论是对于传教士抑或本土信众，并没有前者本土知识-权贵精英阶层那样的历史负担或权力分享的压力与挑战。更有甚者，传教士们引进的这种福音语言，本身就带有将本土信众从本土知识-权贵精英阶层所掌控的历史语言权力中"解救"出来的神圣初衷。"深沉的黑暗真正是在笼罩着他们。唉！那号称最古老、最机敏、最聪慧的中国人竟然仍旧沉浸在最严重的偶像崇拜中，而且全然地出于无知，是什么足以自夸的理由，影响着可怜的中国人长达数千年这样做呢？"[1]"这也唤起了我们休眠的热情，让我们认识到必须寻求一切合法的手段，使中国人明白只有崇拜和相信并依靠那位值得崇拜的真神

---

[1] 马礼逊夫人编《马礼逊回忆录》，顾长声译，广西师范大学出版社，2004，第56页。

上帝才是正确的。"也就是说,单纯就语言技术层面及现实状况而言,早期传教士们不得不采取"适应"策略:文言适应、方言适应、白话适应等;但就长远而言,传教士们最终希望看到的,并非这样一种"适应"策略下的语言持续延续现状,而是一种以基督福音语言为精神灵魂、具有超越时间与空间限度且具有地域阶层民族普适性与统一性的新语言。这种新语言,最终将既不是传统意义上的文言文,也不是千差万别的方言口语,而是依托于一种最广泛使用的语言,借鉴"文言"通过书写文字来"统一"语言在声音以及书面语与口头语之间差别的方式,来实现传教士们通过掌控中国人的语言,来推动中国的基督教化乃至西方化的使命与理想——1877、1890年两次传教士上海大会上所提出的"通用语"(common language)与"国语"(national language)概念与愿景背后,其实都潜隐着这种在语言"表现"背后所垫伏着的话语权力博弈与争夺。

而从马礼逊时代以来即累积的对于本土语文历史与现状的观察、思考以及书写实践经验,在1890年的第二次上海大会上都得到了重新反思与总结。[①]无论是会议日程安排、报告以及最终所达成的成立三个翻译委员会之决定——"深文理委员会""浅文理委员会"以及"北京官话委员会"——1890年在

---

① 但就第二次上海会议记录而言,其中涉及《圣经》汉译反思与总结的议程安排就有:1.各种《圣经》汉译本的历史总结;2.《圣经》的汉译;3.讨论;4.各种《圣经》俗语汉译本评议;5.《圣经》俗语白话译本。(参阅 *Records of The General Conference of The Protestant Missionaries of China in Shanghai*, held ay Shanghai, May 7—20, 1890, American Presbyterian Mission Press, 1890, 第33—104页)

上海召开的第二次新教来华传教士大会对于重新翻译中文《圣经》这一议题之重视，都是显而易见的。①

可以肯定的是，直到1890年第二次新教来华传教士上海大会，"深文理"的英文表述，依然没有统一为后来所熟知的High Wen-li，而是Wen-li。与后来的英文标记相比，1890年第二次上海会议记录中的标注方式有两点不同，其一是"深文理"前面并没有High，其二是Wenli之间有一连接号"-"。与之相对应的是"浅文理"的英文表述，为Simple Wen-li，与后来所习用的Easy Wenli亦有差别。尽管《圣经》的中文翻译成为此次大会的重要议题，但无论是分别成立"深文理""浅文理"以及"北京官话"三个翻译委员会，还是对于这三个委员会的语言定位的英文表述的差别，都显示出当时传教士社团内部所存在的差别乃至分歧——第二次上海大会就《圣经》重新中译所达成的结论，与其说体现了传教士团体内部的"妥协"，还不如说将传教士们的中文《圣经》翻译的"分歧"昭示于世人。而这一点，在后来三个翻译委员会之间甚至内部翻译实践中亦有不同程度的反映。

除了慕威廉（Rev.W.W.Muirhead，1822—1900；1847年来华）、艾约瑟（Joseph Edkins， 1823—1905；1848年来华）等少数传教士于1850年代前来华外，参加第二次上海大会的其余绝大多数传教士，来华时间在1850年代之后，尤以1860、1870及1880年代抵华者为多。在出席此次大会的445人中，男性238

---

① 在第一天（1890年5月7日）的开幕等议程之后，第二日（5月8日）由倪维思（Rev.J.L.Nevius）主持的会议议程，基本上都是围绕着圣经汉译议题。

人,女性218人。也就是说,这些传教士代表,基本上都是在第二次鸦片战争之后来到中国的,且相当部分在北方方言区宣教布道,这也应该是第一次上海大会(1877)富善"势单力薄"地呼吁重视北京官话之后,传教士们宣教地域所发生的明显改变。此后《圣经》中译在语文策略尤其是语文选择方面所发生的调整乃至改变,亦与此密切相关。

一

早期新教来华传教士——像马礼逊、米怜甚至麦都思、理雅各等——的来华使命及终极目标,当然也是向中国人宣教布道以完成中国的基督教化,但这一终极目标限于当时的主客观条件,又被分解成为若干阶段性目标。伦敦传道会在有关选派马礼逊来华的决议中即明示:马礼逊去中国特定的目标是掌握中国语言文字,把《圣经》翻译成中文,而传教不是首要任务。[①]这一决议所设定的目标,在后来米怜所著《新教在华传教前十年回顾》报告中得到了佐证。"掌握汉语并将《圣经》译成中文,是在华传教工作的首要目标;教化民众并向民众宣道并没有在近期计划之内。""在那个时期,若试图在中国传播福音,极有可能完全断送了任何在中国本土学习汉语和将《圣经》译为中文的机会,而后者正是他们的首要目标。有理由相信,正是由于上帝明智的指示,他们没有将口头传教作为他们的近期

---

① 马礼逊夫人编《马礼逊回忆录》,第18页。

目标。"①

而且，至于应该由什么样的译者来承担《圣经》的翻译工作，或者说，究竟什么样的人，才是符合标准的理想译者，当时无论是差会抑或传教士自身，似乎亦有明确而坚定之认识。"《圣经》应该由一位自己就对其教义之真理深信不疑的译者来翻译，以区别于一名异教徒或是对基督教真理只略懂一二的译者的翻译。"②对此，伦敦会还有更为具体的阐述，"应该由一位熟知《圣经》内容并热爱真理的译者来将其翻译成中文，这一点非常重要。最重要的是，这两个条件缺一不可"。③

在米怜的报告中，不仅认真详细地比较讨论了上述两个必要条件的具体内涵，更为引人注目的是，报告中还专门提到了传教士译者与本土归化译者之间的身份"差异"，以及传教士译者与本土译者之间无论是在宗教信仰、读经与解经能力、跨语际翻译转换能力方面所存在着的"差距"：

> 一方面，如果内心没有对真理的诚挚热爱和对其权威的服从，仅有对《圣经》语言的语法、习语和文体风格的知识，那么翻译这部极其重要的作品的准备工作是远远不够的。

---

① 米怜（William Milne）：《新教在华传教前十年回顾》，北京外国语大学中国海外汉学研究中心翻译组译，第25页。
② 米怜（William Milne）：《新教在华传教前十年回顾》，北京外国语大学中国海外汉学研究中心翻译组译，第24页。
③ 米怜（William Milne）：《新教在华传教前十年回顾》，北京外国语大学中国海外汉学研究中心翻译组译，第24页。

另一方面，仅有对真理的挚爱、对基督教教义的大致了解和一系列道德箴言的诠释能力，或仅有对于任何篇章的常识，也是远远不够的。一个从异教归信基督教三四年的教徒也可能会具备这些条件。但一名胜任的译者还不应仅仅具备人们认为理当具有的这些条件，他必须对原初语言、《圣经》的形式和结构体系、犹太人的古代生活（风俗习惯）、《圣经》所涉及的地理知识、全部的《圣经》评论等知识更为熟知。[①]

上述要求，无疑是有些过于理想化的。这种理想化表现在两个方面，其一是对本土译者的过于理想化的想象与规定；其二是在对传教士译者的设想方面同样有些理想化。而正是与对于上述两方面的同等关注与坚持相关，早期的《圣经》"深文理"的翻译实践，亦就成为与上述"理想化"的目标之间具有内在一致性或彼此呼应的一种"设定"，但现实往往难以真正完全满足上述愿望。

很显然，马礼逊时代的《圣经》中文翻译条件，客观上远不能与80年后的1890年代相提并论。其中最显而易见的改变，除了传教士几乎已经可以深入到中国广阔的北方内地乃至所有他们当初想去且能够抵达的地方，更关键的是，无论是他们汉语中文的能力还是他们获得中文文献的条件，均非马礼逊时代可以相比。

---

① 米怜（William Milne）：《新教在华传教前十年回顾》，北京外国语大学中国海外汉学研究中心翻译组译，第24页。

相对而言，为什么马礼逊时代及早期新教传教士对中国知识精英的经典文献表现出了相当程度的尊重？这与他们在翻译策略及翻译语文的选择上倾向于或并不鄙弃"文言"文体之间是否存在某些关联？早在马礼逊来华前几年，在写给友人的一封劝说信札中，马礼逊就曾提醒过对方，"中国人当中有许多博学之士，他们决不低下于我们，而比我们更优秀"。[①]这种说法，并非是一种笼统的说辞，而是基于马礼逊"有关中国的书我也看了一些"之后的判断。而马礼逊来华之前，在英语之外，基本上还掌握了希腊文、希伯来文、拉丁文、西班牙文，这种多语种、跨语际的语文学习经验，一方面为其中文学习提供了丰富的语文学习经验与方法，另一方面也影响到他对书面语以及各种语言中的经典语文的重视乃至尊重。这种基于西方语文历史经验的古典语文与现代语文之间的分别意识，似乎在早期新教来华传教士中已经有所具备及表现。

不仅如此。马礼逊来华之前在伦敦学习中文的经历，也与半个世纪之后那些美国传教士们有着明显不同——马礼逊学习中国语言的经验，从一开始就是与"深文理"的经典文本密不可分的：1. 在伦敦跟一位名叫荣三德（Yong Sam Tak）的中国侨民学习中文，没有口头语的学习和练习环境；[②] 2. 学习内容为中国经典，包括被翻译成为中文的《圣经》译本，"他到伦敦博物院借到了一部《新约全书》中文译稿，其中有《四福音书》《使徒

---

① 马礼逊夫人编《马礼逊回忆录》，顾长声译，第18页。
② 除了伦敦时期的荣三德，马礼逊后来提到的中文教师还有容关明、蔡兴等，但这些人的生平背景则一概语焉不详。

行传》和《保罗书信》，只缺《希伯来书》。他的中文老师就开始教授这批圣经读物"；①3. 中文老师的教授方法是中国私塾式的：从识字和背诵开始。尽管马礼逊最初一度曾甚为反感这种语言教授方式，但他后来还是接受了。而这种方式，恰恰是中国以文字和文本为中心的古典语文的常规教授方式。②

换言之，以文字和书面语为中心的经典文本，成为奠定并塑造马礼逊的中文观的起点与持续性力量。③而差会当时对于口头宣教目标的暂时搁置安排，以及到达广州之后的短暂寄居难以同当地人直接口头接触，都影响甚至强化了马礼逊对于经典文献的中文即文言文的接触、认同与接受。④而从马礼逊抵达广州之后直至迁居澳门前近十个月的日记和信札来看，尽管他甚为勤勉努力地学习中文，但他的中文老师或助手频繁更换这一

---

① 马礼逊夫人编《马礼逊回忆录》，顾长声译，第21页。
② 对于中文语法的学习，限于文献资料的缺乏，马礼逊最初主要是依靠《拉丁文——中文字典》以及一部西班牙文的中文文法书。这种以文献为中心的学习，亦强化了马礼逊对于书面汉语的接受。
③ 而马礼逊也亦奉差会之安排为其来华之首要目标，抵广州一段时间之后仍坚持这一点。"我的主要目标是要把圣经翻译成中文。""我坚信上帝会赐给我健康，给我时日，以编纂一部英中字典，并将圣经陆续翻译成中文。"（参阅马礼逊夫人编《马礼逊回忆录》，顾长声译，第49页）
④ 马礼逊在初抵广州后致差会的一封书札中，提到了在广州寄居和学习中国语言所面临的巨大挑战，"欧洲人根本不知道要住在中国并请中国老师教授中文有多么大的困难。……中国人是被禁止对欧洲来此地的西洋人教授中文的，如被发现，是要判处死刑的。"（见马礼逊夫人编《马礼逊回忆录》，顾长声译，第38页）当然，这种状况后来有所好转，尤其是在中国语言学习方面，马礼逊在广州不仅学习了粤语，而且还学习了官话，更是通过购买到的《康熙字典》，学习到了许多新的中文字。

事实，①也说明当时的语言学习环境确实并不如意。

影响并塑造马礼逊对经典文本或知识阶层文化的认同取向的因素并非仅止于此。马礼逊个人的气质，似乎亦昭示出他的这种认同有着属于他自己的内在因素，"外表风度翩翩，有着一种自然的坚定和高贵的气质。他的举止文雅、严肃、富有思想，有虔敬和献身的精神"。②而当时英国社会的知识文化氛围，以及马礼逊的自我身份认同意识等，似乎让他对远在东方的中国传统经典和知识分子文化并没有本能的反感或排斥，这从他在前往中国的航船上依然坚持学习中文的行为中可见一斑，"今天从早晨一直到半夜里，我都在勤读中文，我非常喜欢中文。我从伦敦带来的中文书籍非常有用"。③

就现有可查的文献而言，相当数量的新教来华传教士，都在中国语言文字的学习方面表现出颇强的个人意志和能力。而这一点似乎在像马礼逊这些早期传教士身上表现得更为突出：马礼逊、米怜、郭士腊、麦都思、理雅各……几乎都在跨语际与跨文化交流和中西典籍的翻译方面做出了历史性贡献。相比之下，他们在宣教归化本土信徒方面的贡献，与19世纪后期的传教士们相比，就显得有些逊色。与那些传教士相比，早期这些

---

① 马礼逊并不讳言自己在中文学习方面所面临的挑战，那些中文老师或助手要么对基督教一无所知，要么不遵循信徒的生活习惯，要么出于金钱目的来教中文，要么就是畏惧当时政府的禁令，即便是一位名叫容明的中文教师，在教授一段时间之后也离他而去。"我仍在跟一位名字应为容关明的中文老师学习中文。""容阿沛已不愿意教我中文。现在我已恢复学习中文，但无人辅导我，也没有看到我以前的老师。"（参阅《马礼逊回忆录》，顾长声译，第48页）
② 马礼逊夫人编《马礼逊回忆录》，顾长声译，第35页。
③ 马礼逊夫人编《马礼逊回忆录》，顾长声译，第37页。

传教士在翻译著述方面的事功似乎更具有探索性和先锋性。而马礼逊在抵达广州仅一年之后,不仅对中国的语言状况有了基本了解,并基本掌握了广州话、官话以及文言书面语。[①]

其实,早期来华传教士由于受到禁令的影响,他们在当地所接触到的本地人亦颇为有限。"在澳门和广州所见到的中国人主要是商人和他们的助手及佣人。"[②]这种人群,自然也会影响到马礼逊的中文认知,尤其是他对汉语口语及方言的学习。不过,他坚持自学的那部分中文经典文本,对于他来华之后建构汉语中文的基本认知依然有着不可低估的作用。

可以肯定的是,在正式开始圣经翻译之后,马礼逊在翻译语文的选择方面,一方面受到了他学习中文以及抵华之后所初步形成的中文观的影响,另一方面,也与他在伦敦博物院所发现并抄写的《四福音书》中译稿不无关系。此外还有其他一些因素也在不同程度地影响着他:

> 马礼逊将在伦敦博物院抄写的《四福音书》的中译稿带到中国参考。几位中文老师的循循善诱和帮助,当地一位中国天主教徒提供给他一部三卷本的《天主教义问答》,更有以前在伦敦教他中文的老师荣三德先生在回到

---

① 从马礼逊写给差会的报告看,他当时不仅聘请了一位"中文根底很好"且"写得一手好字"的秀才教授他中文,而且还专门请了一位来自山西与天主教传教士有往来的人教他说官话。这说明马礼逊对于中国语言语、文分离且方言众多的事实已有所认识。
② 马礼逊夫人编《马礼逊回忆录》,顾长声译,第50页。

广州之后继续给他帮助等。①

上述这些因素，成为马礼逊翻译《新约全书》的基本语文背景。其中天主教来华传教士们完成的中译本《四福音书》以及《天主教义问答》，应该对马礼逊开始他的圣经翻译在文体及语体上有典范意义，尽管他未必完全受其左右。事实上，在着手翻译《新约》之际，马礼逊还曾专门聘请过一位本地中文教师，由其专门教授儒家典籍，"今年我又请了一位中文老师，专门教我读孔子的书，他很愿意教我，也教得不错。……还有原来的蔡兴，他帮助我一起翻译《四福音书》和《使徒行传》。我仍想留住这两位中文老师。"②翻译过程中，口译者（传教士）与笔述者（中文助手）之间，显然会涉及对于基督教义的准确理解以及精准翻译。"我们常常谈论到主耶稣的事迹，他的救恩和我们所信奉的真神上帝。对于后者，他们甚难理解。"③这段叙述，揭示了马礼逊时期《圣经》中译的组合式翻译模式及其工作方式的一些基本特征。如果按照马礼逊自己及其所属差会对于《圣经》翻译的理想化设计，这些对于基督教及上帝浑然无知的本土语文助手，应该是没有资格担任译者或者参与到《圣经》翻译工作之中的。他们的出现，只能说明一个事实，那就是圣经汉译的难度，显然超出了最初预期。

---

① 马礼逊夫人编《马礼逊回忆录》，顾长声译，第57页。
② 马礼逊夫人编《马礼逊回忆录》，顾长声译，第60页。从稍后马礼逊写给他人的信札中可知，这位教马礼逊儒家经典的中文老师，所授为"四书"。
③ 马礼逊夫人编《马礼逊回忆录》，顾长声译，第60页。

二

从马礼逊开始,人们就发现,无论是《圣经》中译,抑或是各种宣教布道的小册子,甚至其他任何内容形式的中文文本,所有这些文本的生成过程中都离不开中文助手,而在相关文献记载中,中文助手又往往被有意无意地"遗忘"或"忽略"。这一普遍现象,并非是因为传教士的疏忽,而是有着更为复杂且在传教士社团内部又通常隐而不宣的原因。

如上所述,传教士们的所有中文著述——无论是《圣经》中译还是西学翻译,或者宣教布道一类的小册子等——都离不开中文助手。尽管马礼逊这样极具语言天赋者,"在短短的两年内,竟然能够书写中文,也能用官话和当地土话与中国官员谈判",但他同时也提到,"我的家庭老师,还有我的助手蔡兴,至今仍与我在一起"。[①] 其实,即便是像马礼逊、麦都思、理雅各、艾约瑟这些称得上汉学家的早期来华传教士,要想自由、流畅地使用汉语,始终是一个不小的挑战。也因此,本土中文助手的帮助,几乎一直伴随着这些传教士——汉学家的翻译与研究生涯。理雅各在返回英国之后,其翻译中国古代儒家、道家及佛教经典的工作仍要继续完成,所以才会成全王韬只身前往英国的"海外壮游"。

可以肯定的是,在从19世纪初期来华传教士的中文观及

---

① 马礼逊夫人编《马礼逊回忆录》,顾长声译,第65页。

翻译实践，到19世纪中后期的传教士中文观及翻译实践之间，有一个重要的不可或缺的关联。这一关联，让早期传教士对于古典中文或者"深文理"的认同与实践，影响并延伸到了19世纪后半期。尽管后来经过传教士们改良的北京官话，成了《圣经》中译本中最具有影响力的一种翻译语言，但就这一漫长的翻译过程及具体实践而言，"文言"及"文言文"与《圣经》中译之间的联系，一直未曾真正中断。

为什么在1890年第二次上海传教士大会上成立《圣经》翻译委员会时，依然成立了"深文理"与"浅文理"委员会，而不是只成立了官话翻译委员会？由"深文理"与"浅文理"分别组成的翻译委员会，是否意味着传教士社团内部，对于《圣经》翻译语文的选择，保持了一种相对慎重或渐进的立场和主张，而不是一步到位地倾向于官话语文译本？这种相对稳健谨慎的语文策略，是否一方面反映出此间传教士们对于中国本土古典语文的尊重，另一方面也反映出他们对于19世纪早期来华传教士们的中文观及翻译实践的尊重？

具体而言，这种"双重尊重"，其实就体现在"委办本"《圣经》及其参与翻译者们在整个19世纪后半期的依然存在和影响力的延续上。

1890年所成立的"深文理译本"委员会之成员，其中三人来自当年"委办本"保存委员会，即慕稼谷、艾约瑟和湛约翰（John Chalmers, 1825—1899）。"在委员会中事奉的后两者，实际上都是最强烈地拥护修订'委办译本'而不是翻译一部新译本的人。"①

而作为"深文理"译本委员会的主席（湛约翰担任"深文理"翻译委员会的主席，直到逝世），湛约翰对于即将开始的"深文理译本"的《圣经》与"委办译本"之间的关系，有着清楚的判断和观点，"不过大家的共识和在其他场合中宣称的是，在'委办本'的基础上作出修订或翻译，而这正是我所要承担的工作部分，至少包括了《新约》和《旧约》的大部分。我们无意要对麦都思、施敦力和美魏茶贡献给我们的一切崇高事奉作出任何减损"。②这是湛约翰在1890年10月30日也就是上海传教士大会确定"深文理翻译委员会"且他当选为委员会主席之后致伦敦传道会的信札。如果考虑到"委办译本"与伦敦传道会以及该差会早期来华传教士之间的密切关联，湛约翰上述言论立场亦就不令人怀疑了。

从这里可以看出，湛约翰对于文言中文译本的"维护"，似乎更多是出于对早期新教来华传教士像麦都思等人曾经的侍奉贡献的尊重，而不是在晚清汉语中文改良语境中来讨论文言、官话、白话之间的选择——当时新教来华传教士是否具有晚清中国语境中的语文改良意识，还是仅仅在传教士语境中讨论《圣经》中译的语文选择问题，并非是可以混淆互换的问题。

湛约翰及早期来华传教士——尤其是伦敦会来华传教士——对于中国经典文献以及知识分子文化，似乎一直保持着一定

---

① 尤思德：《和合本与中文圣经翻译》，蔡锦图译，香港：国际圣经协会，2002，第214页。
② 尤思德：《和合本与中文圣经翻译》，第210页。

"好感"乃至"认同"。①湛约翰曾经在谈到"委办本"时指出，"（委办本）必定仍然是早期新教传教士赢取荣誉胜利的不朽功业，而且它可能比其他任何事物更能博得中国知识分子阶层对基督教的尊敬"。②

而1890年的上海传教士大会，在《圣经》翻译的语文选择立场上，似乎呈现出两种思考维度及语文价值判断。首先而且最关键的是，传教士内部对于重新组织翻译委员会以及翻译语文的选择之态度，就存在着不小分歧。对此，传教士们明显因为其国别、差会以及来华早晚和宣教区域之差别，而分化成为多个有所差别的阵营。③湛约翰、"深文理翻译委员会"，显然与伦敦传道会、"委办本"《圣经》以及"委办本保存委员会"有关。这也宣示出传教士内部对于《圣经》译本所使用的汉语中文的语文权力以及话语权的争夺与控制；其次，此次大会就北京官话译本成立的翻译委员会，一方面呼应了北方方言区宣教布道之实际需要，另外亦"无意"顺应了晚清语文改良中的白话语文运动。但就1890年代"深文理译本委员会"乃至湛约翰此间的言论看，也并没有表现出对于官话译本强烈的排斥或

---

① 有关湛约翰对于中国古典语言及文学的态度及观点，参阅段怀清《〈中国评论〉时期的湛约翰及其中国文学翻译和研究》（刊《世界汉学》，2006年第4期），以及段怀清《晚清〈圣经·诗篇〉中译的文学化问题初探——以湛约翰〈圣经·诗篇〉中译本为中心》（辑录于朱寿桐、黎湘萍编《近现当代传媒与澳港台文学经验》，社会科学文献出版社，2012）。
② 尤思德：《和合本与中文圣经翻译》，第214、210页。
③ 其实，传教士们在翻译过程中所面临的挑战以及所发生的争论，并非仅止于汉语中文或者中国文化方面，在《圣经》原文本方面，传教士们在《钦定本》《英文修订译本》以及希腊、希伯来原文本之间，亦曾有过讨论争议。

者对于文言译本在语文层面无条件的维护。换言之，传教士们似乎并没有过深地卷入到中国本土文士围绕着文言、白话所展开的一场语言-文化及语言-政治斗争之中。慕稼谷就曾经指出过，译经者在《圣经》学及汉语中文方面的学识修养存在着"不足"，"虽然很多译经者都是中国语言和文学的专家，却缺乏经文鉴别学的专门知识，而这是判断任何一段经文正确与否所必需的"。[1]值得注意的是，传教士们的翻译语文策略，虽然未必是有意配合晚清中国的语文改良运动，但传教士内部围绕着《圣经》中译所实际存在着的国别政治、差会政治等所发生的分歧辩论，以及最终反映出来的语文观及翻译语文实践，与晚清本土围绕着语文改良所发生的阶层／阶级-政治和语言／文化-政治之间，实际上又存在着某种相似性及同步性。

与湛约翰持相近语文立场的，还有亦曾参与到"委办本"《圣经》翻译、修订工作的艾约瑟。艾约瑟以往曾是"北京官话译本"委员会的成员，不过晚年的艾约瑟似乎已经改变了对官话的看法。在1877年上海传教士大会上，他强烈地反对官话，并且提倡使用文言中文。[2]如果检索一下1870年代一直到1940年代《申报》对于艾约瑟的相关报道，就会发现他对官话及文言立场的两次调整或转变并不令人吃惊。艾约瑟的语文观基本上与马礼逊、理雅各相近，对于古典语文，他们有着近乎一致的观点。更引人注目的是，艾约瑟在华半个世纪，在本土文士眼中，其文化身份乃一"西儒"或学者，而且他也多与本

---

[1] 尤思德：《和合本与中文圣经翻译》，第211页。
[2] 《教务杂志》，*The Chinese Recorder and Missionary Journal*，1877，第220页。

土中上阶层的文人雅士往来，在此方面，他与积极推动"官话和合本"《圣经》翻译的富善、狄考文等人明显不同。

"委办本"翻译过程中对于语文的选择——在当时除了方言白话之外，并不存在对于后来地位逐渐升高的北京官话的那种强烈需要，因为当时传教士宣教区域，集中于南方方言区的开埠口岸城市及周边地区。而这些地区，尤其是当时上海、杭州，正是南方文人集中的城市，文言文化或知识分子阶层文化传统比较浓厚，而当时都市新兴读者阶层又尚未形成。这些因素，有形无形之中都影响甚至塑造了"委办本《圣经》"翻译的语文选择。

而1890年10月上海传教士大会之后所选定的"深文理译本委员会"，其成员最初包括湛约翰、慕稼谷（G.E.Moule，1828—1912）、花之安、惠志道（John Wherry，1837—1918）和摩怜（C.C.Baldwin，1820—1911）五人。[①]这些人与南方口岸城市的本土文士之间，一直保持着较为稳定持续的关系。而这些本土文士，又往往是一方面接受西学，另一方面亦保持着对于中国传统古典文化的信念和忠诚的"双重经验"者。他们之间的这种跨文化关系甚至友谊，某种程度上也进一步强化了传教士内部一部分人对于"文言"以及"文言文"的维护立场。

① 花之安辞职后，由瑞士巴色会来华传教士韶泼（Martin Schaub，1850—1900）接任，直到1900年去世。摩怜去职之后，谢卫楼（Davello Z.Sheffield，1841—1913）接任，并在湛约翰去世之后，成为深文理翻译委员会主席。慕稼谷1891年在新成立的三个翻译委员会第一次上海会议上，因为试图说服译经者改变关于基础经文的决定未果而辞任，艾约瑟继任，成为深文理翻译委员会成员。湛约翰、艾约瑟等人，与"委办本"的麦都思、理雅各等重要译员之间，关系尤为密切。

尽管"官话"语文译本的呼声得到了重视和接纳，但第二次上海传教士大会，对于"委办本"依然给予了足够的尊重与肯定也是不争的事实。在会议第九日上午由来自登州（今烟台）的狄考文所作的"文理译本委员会的修订报告"中即表现出这一点。某种意义上，"委办本"的经验或诉求，在"深文理译本"实践过程中得到了尊重及延续，"译者们的目的乃是要写成一册并不拘泥文字的译本"。这里所谓"不拘泥文字"，在实践中表现在两个层面，首先是对于原文本在阅读、理解上的不拘泥文字；其次是翻译语言对原文语言的不拘泥文字。正如谢卫楼在1907年第三次上海大会上就"深文理译本"所作的报告中强调的那样，这一译本在翻译目标上，就是对于"极端直译的强烈的反动"。但这里所谓的"反动"，并非意味着时时处处与"直译"相对——在"不拘泥于文字"与"直译"之间，并非是一个毫无交集的完全隔绝地带。具体而言，"深文理译本"委员会其实很"留心谨慎"，以免"坠入与直译相对的错误中"，另外，"译文也竭力避免儒家的名辞，使不致掩饰基督教所有的涵义"，而且对于汉译句式等，也有所规范，"不允许将译文伸长，作为意译"。

也就是说，一方面"深文理译本"翻译委员会对于《圣经》直译的翻译目标或"忠于原文"的原则显然有所质疑和批评，但这种批评又是谨慎的、有所保留的，以与"委办本《圣经》"的翻译实践及其文本形态之间，适当保持立场及观点上的"弹性"。在"浅文理译本"翻译委员会提出的"忠于原文"原则，与"官话译本"翻译委员会所提出的"直译"原则之间，

"深文理译本"用这种方式，依然保持了一定的"超然性"。这种超然性，其实不仅与他们所选择的"文言文"这种语文形式有关，也与这种语文所蕴涵的强烈的语文-文化特性及价值属性有关。

三

但是，在19世纪中后期，包括在第二次上海传教士大会上，"委办本"《圣经》的语文策略及翻译实践，并非得到了全盘接受，事实上，从"委办本"《圣经》问世以来，传教士内部对它的质疑及批评就一直存在。这些质疑和批判，在1877、1890年两次上海传教士大会上不过是以另外一种形式表现了出来。这种形式并不是之前的那种直接的质疑与批判，而是提出了在"文言"及"文言文"之外的另外一种语言即"北京官话"，不仅可以用来作为《圣经》中译的一种"新语言"，而且，这种新语言还被想象为一种"共同语言"，即作为《圣经》中译的未来新语言。而且这种新语言，还被一些传教士奉之为将来的一种"国语"。

作为这种语文观念及翻译实践的一种具体体现，就是在第二次上海大会上，"深文理""浅文理"和"北京官话"三个翻译委员会，共同确立了今后为三种不同语文译本的《圣经》中译实践所共同尊奉的翻译原则。而这种在"深文理"与"官话"译本之间确立的"一致性"，事实上已经超越了"委办本"《圣经》翻译中所积累下来的某些翻译实践经验，或者说是对"委办本"《圣经》的语文策略的某种形式的否定。在这种否定之中,最为明显的一条,就是认为"委办本"《圣经》所反映出来的"意译"倾向,而这种倾向,在那些质疑反对该译本以及支持并呼吁使用北京官话的一些传教士看来,恰恰是与"委办本"《圣经》的"文言"及"文言文"立场不无关联。某种程度上,"和合本"《圣经》的"北京官话"译本,其实就是对以"委办本"《圣经》为代表的早期来华传教士中文观及其翻译实践的挑战,而不仅仅只是一种翻译语文的另起炉灶。

而这一为"深文理""浅文理"及"北京官话"译本共同尊奉的翻译原则,[1]值得注意的是,其中1—8条原则"类似'委办本'的业已存在的形式"。而接下来的某些原则,则是为了避免再次出现一部显然不是直译的译本——如'委办本'那样而"特意"进行的明确规定。尤其是旨在保留隐喻的第9条原则,亦可以作如是观——"和合本",译经者经常强调隐喻的重要性,但这却并非"委办本"译经者的看法。[2]

而这些在事实上也昭示出,在1890年成立的三个翻译委员会最初所共同确定并一直尊奉的翻译原则之中,已经包含了对于1850年代完成并一度被奉为《圣经》中译本经典的"委办本"所确立的"文言"及"文言文"原则有所保留的延续,但为早期来华传教士曾经尊重并奉行的某些原则,不仅在翻译方法上遭到了19世纪下半期众多传教士的挑战,而且它所确立的

---

[1] 见海格斯报告,刊《教务杂志》,1892,第26页。
[2] 参阅韩南(Patrick Hanan):《作为中国文学之〈圣经〉:麦都思、王韬与〈圣经〉委办本》,段怀清译,《浙江大学学报(人文社会科学版)》2010年第2期。

语文策略及语言——文化立场,亦开始明显地遭到传教士们的质疑甚至背弃。《圣经》中译的"文言"及"文言文"中心时代,某种意义上在1890年代画上了一个句号,而1919年"官话和合本"《圣经》的最终完成出版,无疑亦宣告了19世纪新教来华传教士系统内部"文言文"时代的落幕。

到底是《圣经》中译影响并推动了晚清本土的语文改良,还是其本身即为晚清语文改良的一部分?又或者传教士们对展开的语文实践,与晚清本土的语文改良全无干系,完全是另外一个系统、语境之中的翻译语文实践?对此,1907年第三次上海传教士大会上,代表"浅文理译本"委员会就该译本工作进展向大会报告的汲约翰(John C.Gibson),曾提议重新考虑1890年第二次上海传教士大会上作出的分别成立"深文理""浅文理"两个委员会并推出两种"文理译本"决定的"合理性":

> 自从决议翻译深文理及浅文理两种译本以来,已有许多情形发生。文字的本身已有改变,杂志报章风起云涌,在整个教育界内起了革命,将流行的文体作了极大的改变,而浅文理渐渐成为今日时行的文体。①

上述阐述中所列举的几种时代因素,确实对晚清语文变迁产生过影响,有些影响甚至是决定性的。值得注意的是,来华传教士们并非只是上述形势改变的旁观者,相反,他们也深深

---

① 贾立言(A.J.Garnier)、冯雪冰(H.P.Feng):《汉文圣经译本小史》,上海广学会出版,1934,第49页。

地参与到上述不少变革之中，某些方面甚至还是倡导者与引领者，但同时他们也受到过本土语文环境或语文变化的影响，并积极地呼应了这些变化。只是在此大变局中，他们与"文言"及"文言文"的那种关系，基本上也随着这种时局及语境的改变而改变了。除了他们当中一些日后转型为职业汉学家之外，大多数来华传教士基本上成了"白话"与"白话文"立场的同情者及这种中文文本的书写者及使用者。

来源说明

雅罗斯拉夫·普实克著，沈于译：《鲁迅的〈怀旧〉——中国现代文学的先声》，载乐黛云编《国外鲁迅研究论集》，北京大学出版社，1981。

王瑶：《中国现代文学与古典文学的历史联系》，载《北京大学学报（哲学社会科学版）》1986年第5期。

木山英雄著，赵京华译：《"文学复古"与"文学革命"》，载《学人》第10辑，江苏文艺出版社，1996。

藤井省三：《鲁迅〈故乡〉的阅读史与中华民国公共圈的成熟》，载《中国现代文学研究丛刊》2000年第1期。

陈平原：《经典是怎样形成的——周氏兄弟等为胡适删诗考》，载《鲁迅研究月刊》2001年第4、5期。

吴晓东：《鲁迅第一人称小说的复调问题》，载《文学评论》2004年第4期。

陈思和：《试论"五四"新文学运动的先锋性》，载《复旦学报》2005年第6期。

刘皓明:《从"小野蛮"到"神人合一":1920年前后周作人的浪漫主义冲动》,载《新诗评论》2008年第1期。

村田雄二郎著,赵京华译:《"五四"时期的国语统一论争——从"白话"到"国语"》,载《东亚人文》第一辑,生活·读书·新知三联书店,2008。

程巍:《胡适版的"欧洲各国国语史"——作为旁证的伪证》,载《北京第二外国语学院学报》2009年第6期。

王风:《周氏兄弟早期著译与汉语现代书写语言》,载《鲁迅研究月刊》2009年第12期、2010年第2期。

夏晓虹:《晚清白话文运动的官方资源》,载《北京社会科学》2010年第2期。

孟庆澍:《〈甲寅〉与〈新青年〉渊源新论》,载《中国现代文学研究丛刊》2010年第5期。

姜涛:《五四新文化运动"修正"中的"志业"态度——对文学研究会"前史"的再考察》,载《文学评论》2010年第5期。

张丽华:《无声的"口语"——从〈古诗今译〉透视周作人的白话文理想》,载《中国现代文学研究丛刊》2011年第1期。

王东杰:《解放汉语:白话文引发的语文论争与汉字拼音化运动论证策略的调整》,载《四川大学学报》2013年第4期。

严家炎:《中国现代文学的"起点"问题》,载《文学评论》2014年第2期。

平田昌司:《眼睛的文学革命·耳朵的文学革命——二十世纪二十年代中国听觉媒体的发展和"国语"的实验》,载《文化制度和汉语史》,北京大学出版社,2016。

方志彤(Achilles Fang)著,何吉贤译:《一次失败的诗学探索:现代中国诗歌从意象主义到惠特曼主义的转化》,载《现代中文学刊》2017年第6期。

段怀清:《"深文理":晚清新教来华传教士与"文言"及"文言文"》,载《华东师范大学报(哲学社会科学版)》2019年第1期。

主编简介

王 风

福州人,北京大学中文系教授,现代文学教研室主任,北京大学现代中国人文研究所副所长、中国昆剧古琴研究会理事。主要研究领域有中国近现代文学、中国学术史、中国文化史。具体涉及的学术分支和课题,包括近代文章,现代散文,周氏兄弟、废名等现代作家,章太炎、王国维等现代学者,古琴史,古琴器等,均有多篇重要论文。出版有《世运推移与文章兴替》《琴学存稿》《琴史与琴器》。编有《废名集》(全六卷),获第二届中国出版政府奖图书奖。主编《曹禺全集》(全十一卷),助理郑珉中先生编写《故宫古琴》。

王 芳

北京大学文学博士,现为中国社会科学院文学研究所助理研究员。主要从事中国现代文学与文化研究,研究领域为现代文学,重点关注周氏兄弟研究和西方博物学和中国博物传统研究。在《文学评论》《中国现代文学研究丛刊》《鲁迅研究月刊》《文艺争鸣》《现代中文学刊》等学术刊物上发表论文多篇。

壹卷
YE BOOK

洞 见 人 和 时 代

官方微博：@壹卷YeBook
官方豆瓣：壹卷YeBook
微信公众号：壹卷YeBook
媒体联系：yebook2019@163.com

壹卷工作室
微信公众号